제4판(수정판)

무역계약론

Contracts of International Trade

강원진 저

Incoterms® 2010, CISG 1980 & CUEC 2005

General obligations of the seller
e seller must provide the goods and the commercial invoice in conformity with the contract of sale and any other evidence of conformity that y be required by the contract.

y document referred to in A1–A10 may be an equivalent electronic record or procedure if agreed between the parties or tomary.

Licences, authorizations, security clearances and other formalities
ere applicable, the seller must obtain, at its own risk and expense, any export ... carry out all toms formalities necessary for the export of the goods.

Contracts of carriage and insurance
Contract of carriage
e seller has no obligation to the buyer to make a contract of carriage. However, if reque... buyer does not give an instruction to the contrary in due time, the seller may contract ... risk and pense. In either case, the seller y decline to make the contract of carriage and, if it does, shall promptly notify the buyer.

Contract of insurance
e seller has no obligation to the buyer to make a contract of insurance. However, the seller m... buyer's request, k, and expense (if any), with information that the buyer needs for obtaining insurance.

Delivery
e seller must deliver the goods to the carrier or another person nominated by the buyer at the agreed point, if any, at the named place on agreed date or within the agreed period.

ivery is completed:
If the named place is the seller's premises, when the goods h... ed on the means of transport provided by the buyer.
In any other case, when the goods are placed at the disposal o... r another person nominated by the buyer on the seller's means transport ready for unloading.

no specific point has been notified by the buyer under B7 d) within the named place of delivery, and if there are several points available, the er may select the point that best suits its purpose.

박영사

제4판(수정)을 내면서

이 책 제3판이 출간된 이후, 무역계약에서 물품의 인도 및 가격조건 등의 약정과 관련된 주요한 국제규칙인 인코텀즈(Incoterms)가 제7차 개정되어 국제상업회의소(ICC)에서 2010년 9월 "Incoterms® 2010"을 공식 채택하여 2011년 1월 1일부터 발효되고 있다.

Incoterms® 2010부터는 국제무역거래뿐만이 아닌 국내 상거래를 포함하는, 이른바 "국내 및 국제무역거래조건의 사용에 관한 국제상업회의소 규칙"(ICC rules for the use of domestic and international trade terms)이라는 표현을 사용하고 있으며 ICC의 인코텀즈를 적용할 경우 가격조건(인도조건) 뒤에 "Incoterms® 2010"을 반드시 명시하도록 하고 있다.

이러한 취지를 고려하여 2011년 2월 제3판 추록을 별책으로 임시 제공되었던 내용을 다듬어 수정 및 보완된 제4판을 간행하여야 할 필요성이 있었다. 따라서 이 판에서는 다음과 같은 부분이 반영되었다.

첫째, 제3장의 무역계약과 주요 약정조건, 제4장 국제상관습과 국제매매계약에 관한 법제 그리고 제5장 정형거래조건 부분을 새로운 관행에 부합되게 수정 및 보완하였다.

둘째, 무역계약에서 주요 관습 및 협약으로 적용되는 "Incoterms® 2010", "국제물품매매계약에 관한 유엔협약"(CISG) 그리고 "국제계약에서 전자통신의 사용에 관한 유엔협약"(CUEC)에 대한 원문 및 번역본을 이 책의 부록에 제시하여 이에 대한 연구 및 실무수행 시 참조할 수 있도록 하였다.

셋째, 이 책 제3판까지는 국한문이 혼용되어 한글세대의 학생들이 부분적으로 한자를 해독하는 데 다소 불편함이 있었던 점을 고려하여 제4판부터는 모두 한글로 통일하였다.

국제관습의 변화에 따른 새로운 무역거래 환경에서 무역계약론을 공부하는 학생이나 일선 무역계약 체결 및 실무를 담당하는 분들에게 이 책이 도움이 되고 또한 계약상의 미비에서 발생되는 상거래분쟁을 예방하는 데 일조될 수 있다면 저자로서는 큰 보람을 느낄 것이다.

끝으로 이 책 제4판을 출간하는 데 도움을 주신 영업부 김중용 부장님 그리고 편집부 우석진 부장님의 노고에 감사를 드린다.

2013년 9월 1일
저 자

머 리 말

무역거래는 매매당사자간의 계약에서 비롯된다. 무역계약은 국제상거래를 수행하는 데 기본이 되기 때문에 계약성립 후 그 이행 및 종료에 이르기까지 상거래전반에 영향을 미치게 된다. 무역계약은 청약과 승낙에 의하여 법률적 효력이 발생되지만 실제 무역거래에서 청약과 승낙의 관행은 매우 단순하기 때문에 당사자간의 거래조건을 보다 명확히 하고 후일의 분쟁에 대비하기 위해서는 무역거래상의 기본적 조건 및 부수적 조건에 이르기까지 당사자의 의무와 책임에 관하여 상세하게 약정한 정식의 무역계약서를 교부하는 것이 중요하다.

그러나 청약에 대한 승낙 이후 신용장이 발행되어 이를 매도인이 수령하게 되면 정식으로 무역계약을 체결하는 것 자체를 아예 무시하거나 경시하는 풍조가 무역업계에 만연되어 있는 실정이다. 설령 별도 계약을 체결한다고 하여도 약정내용 불충분 등으로 후일의 분쟁에 충분히 대응하지 못하는 경우가 많다. 이 결과 물품인도는 완료하였으나 계약위반을 이유로 클레임이 제기되어 경제적 손실을 입게 되는 실증적 사례를 많이 볼 수 있다. 이는 무역계약의 중요성에 대한 인식부족에서 오는 결과로 개별기업이나 국민경제의 입장에서도 커다란 문제가 아닐 수 없다. 따라서 매매당사자는 적용법제나 국제상관습을 고려하여 약정내용을 구체적으로 또한 명확하게 하여 계약을 체결하는 노력이 절실히 요구된다.

저자는 이러한 문제의식에서 무역업체에서의 실무경험과 대학에서의 강의노트를 토대로 이 책을 쓰게 되었다. 따라서 이 책은 다음과 같은 점에 특징을 두어 구성하였다.

첫째, 무역계약의 성립과 그 이행 및 종료에 따른 계약이론과 실제를 물품매매를 중심으로 법리적·상거래적 양면을 조화시켜 폭넓게 고찰하여 무역계약을 연구하는 기본적 지침서가 되도록 하였다.

둘째, 무역계약의 성립에 관해서는 청약과 승낙에 대한 법리를 상세히 검토하고 무역계약에서 매매당사자간의 주요 약정조건과 국제상거래관습에 대해서는 국제물품매매계약에 관한 유엔협약, 인코텀즈 등 정형거래조건에 특히 비중을 두어 고찰하였다. 또한 무역계약체결의 실제에 대해서는 국제물품매매계약을 위한 계약서, 대리점계약·특허 및 기술도입계약·합작투자계약에 따른 국제거래계약서 그리고 국내에서의 수출입대행계약서에 대하여 모범적인 실례를 들어 검토하였다.

셋째, 무역계약의 이행에 관해서서는 무역계약의 인도, 소유권의 이전, 위험의 이전 및 대금의 지급에 따르는 문제를 고찰하였다.

넷째, 무역계약의 종료에 관해서는 무역계약의 위반과 구제, 무역클레임의 해결 및 상사중재에 대하여 고찰하였다.

이 책을 쓰느 과정에서 저자는 국내외의 여러 학자들의 계약이론과 법률가의 실증적 사례에 많은 힘을 얻었다. 그러나 저자의 역부족으로 내용에 미흡한 곳이 많을 줄 안다. 이에 대하여 개선하고자 한다.

아무튼 이 자그마한 책이 무역계약을 연구하는 학생들의 교과서로, 무역업체의 경영자 및 실무자들의 무역계약 실무지침서로 활용되어 원활한 무역거래수행과 상거래 분쟁예방에 대한 이해를 도모하고 나아가 한국의 무역증진에 작은 보탬이 될 수 있다면 커다란 보람으로 여기고 싶다.

끝으로 이 책이 간행되기까지 많은 조언과 격려를 해주신 은사님과 선배 및 동료 교수님께 감사드리며 항상 자상하게 보살펴 준 나의 가족에게도 고마움을 표한다. 이 책의 교정을 도와 준 부산대학교 대학원 석사과정의 이천수, 이상훈 그리고 조비오 군의 수고에 고마움을 전하며 특히 이 책의 출판에 많은 협조와 정성을 아끼지 않은 박영사의 황인욱 부장님, 우석진 선생님 그리고 임직원 여러분께 감사를 드립니다.

1994년 7월 20일

저자 씀

차 례

Chapter 1 무역계약의 개념

Chapter 2 무역계약의 성립과 법리

Chapter 3 무역계약과 주요 약정조건

Chapter 4
국제상관습과 국제물품매매계약에 관한 법제

Chapter 5
정형거래규칙

Chapter 6

기타 상관습 및 법제상의 거래조건

Chapter 7
무역계약의 실제

Chapter 8
무역계약의 이행

Chapter 9
무역계약의 위반과 구제

Chapter 10
무역계약의 종료와 무역클레임의 해결

Chapter 1 무역계약의 개념

1. 무역계약의 의의

일반적으로 상거래는 거래당사자간의 계약(contract)에서 비롯된다. 계약이란 일정한 채권관계[1]의 발생을 목적으로 하는 복수당사자 사이에 서로 대립하는 의사표시의 합치에 의하여 성립되는 법률행위이다.[2]

영미법에서는 계약을 약속(promise)으로 보고 있다. 계약은 소송을 제기할 수 있는 단일의 또는 복수의 약속이다.[3] 즉 계약이란 그 위반에 대하여 법이 구제를 부여하거나 또는 이행을 법이 어떠한 방법으로든 의무로서 인정하는 단일의 또는 일조의 약속이라고 말하고 있다.[4] 이와 같이 계약을 약속으로 본다는 것은 약속자(promisor)와 수약자(promisee)간에 또는 청약자와 승낙자간의 합의를 의미하는 것이 된다.

---

1) 채권이란 어떤 특정인[채권자]이 다른 특정인[채무자]에게 일정한 행위를 하도록 할 수 있는 권리를 말한다. 예컨대, A의 물품을 B에게 매각하는 경우에 A는 B로부터 대금지급을 받을 권리, B는 A로부터 물품 인도를 받을 권리가 생기는데 이러한 권리를 말한다. 여기서 채무자의 일정한 행위를 급부라고 한다. 채권은 별개로 분리하여 생각하기보다는 동시이행의 항변권으로 결합된 유기적 관계로 보고 있다.

2) 末川 博, 「契約法」, 法經出版社, 1985, 30面.

3) A. G. Guest, *Anson's Law of Contract*, 26th ed., Oxford University Press, 1984, p. 21.

4) American Law Institute, *Restatement of the Law, Second, Contracts* 2nd ed., St. Paul, Washington, 1981, §1; "A contract is a promise or a set of promises for the breach of which the law gives a remedy, or the performance of which the law in some way recognizes a duty."

무역은 상이한 국가간의 물품(goods)을 대상으로 이루어지는 상거래로 물품매매 역시 계약에 의하여 이루어진다. 무역계약은 "무역물품의 매매계약"을 약칭한 것이며 물품계약은 무역계약 가운데서도 가장 전형적으로 널리 쓰여지고 있다.[5)]

영국 물품매매법(Sale of Goods Act: SGA)에 의하면 "물품매매계약이라 함은 매도인이 대금이라는 금전의 대가를 받고 매수인에게 물품의 소유권을 이전하거나 이전하기로 합의하는 계약을 말한다"[6)]라고 정의하고 있다.

또한 미국 통일상법전(Uniform Commercial Code: UCC)에서도 "매매는 대가를 받고 매도인으로부터 매수인에게 권리를 이전하는 것"[7)]이라고 규정하고 있다. 그리고 한국 민법도 "매매는 당사자 일방의 재산권을 상대방에게 이전할 것을 약정하고 상대방이 그 대금을 지급할 것을 약정함으로써 효력이 생긴다"[8)]라고 규정하고있어 영미법과 한국법 모두 그 취지가 같다고 할 수 있다.

계약은 합의라는 형식을 취하게 되는데 이는 곧 법적으로 구속력이 있는 합의(agreement)를 말한다. 여기서 합의란 각 당사자의 상대방에 대한 상호동의의 표시로 넓은 뜻의 계약으로 볼 수 있다.

매매계약(contract of sale)은 "매매"(sale)와 "매매의 합의"(agreement to sell)를 포함하는 일반적인 표현이다.[9)] 매매는 물품에 대한 소유권이 매매계약에 의하여 매도인으로부터 매수인에게 이전 하는 경우에 그 계약을 말하며, 매매의 합의는 물품의 소유권이전이 장래에 행하여지거나 또는 계약 성립 후에 일정한 조건이 성취될 것을 전제로 할 경우에 그 계약을 말한다. 매매의 합의는 기한이 도래하거나 물품의 소유권이전을 전제로 하는 조건이 성취한 때에 매매로 된다.[10)]

따라서 매매계약은 현물매매(Present sale of goods)와 미래의 시점에 물품을 매매할 계약, 즉 선물매매를 포함한다.[11)] 이처럼 계약 체결에 의하여 이행되는 현

5) 上坂酉三, 「貿易契約」, 東洋經濟新報社, 1967, 26面.

6) SGA 1979, § 2-2(1). "A contract of sale of goods is a contract by which the seller transfers or agrees to transfer the property in goods to the buyer for a money consideraction, called the price."

7) UCC, §2-106(1). "A sale consists the passing of title from the seller to the buyer for a price."

8) 한국 민법 제 563조.

9) A. G. Guest, *Benjamin's Sale of Goods*, Sweet & Maxwell Limited, 1987, p. 25.

10) SGA 1979, §2-(4)(5)(6), §61-(1).

11) UCC, §2-106(1).

재의 매매(present sale)를 이행계약 또는 기이행계약이라 하고 매매합의에 의하여 장래의 선물(future goods)에 관련된 매매계약을 미이행계약(executory contract)이라고 한다. 실제 무역계약에서는 미이행계약이 대부분을 차지하고 있다.

2. 무역계약의 법적 성격

국제매매계약의 뜻을 볼 때 이는 합의계약이며 쌍무계약이면서 유상계약과 불요식계약으로서 다음과 같은 법적 성격을 가지고 있다.[12)]

2.1 합의계약

합의계약(consensual contract)이란 일방이 청약(offer)에 대하여 상대방이 승낙(acceptance)함으로서 성립되는 계약을 말하며 낙성계약이라고도 한다. 따라서 매매당사자의 합의가 있으면 그 자체로 계약이 성립되는 것으로 물품의 점유이전, 소유권의 이전이나 문서의 작성 및 교부와 같은 사실이 계약성립의 요건이 되는 것은 아니다. 이런 점에서 분명히 요물계약[13)]과 구별되며 보통 이행미필인 상태에서 무역계약이 성립된다.

2.2 쌍무계약

쌍무계약(bilateral contract)이란 계약의 성립에 의하여 즉시 계약 당사자가 상호 채무를 부담하는 계약을 말한다. 다시 말하면 매도인은 물품인도 의무를 부담하고 매수인은 대금지급의무를 부담하는 것을 의미한다. 여기에서 채무를 부담한다는 것은, 즉 A가 채무를 부담하는 것은 B가 채무를 부담하기 때문에 라는 교환적 원인관계에 서는 것이며 채무이행 문제와 위험부담 문제를 수반하게 된다.[14)]

---

12) 上坂酉三, 前揭書, 26～27面.

13) 요물계약이란 합의 이외의 물품의 인도, 소유권의 이전과 같은 법률사실이 없으면 성립되지 않는 계약을 말하며 소비대차, 사용대차, 임치 등이 이에 속한다.

14) 이에 반하여 증여와 같은 것은 일방적인 의무부담이므로 편무계약이다.

2.3 유상계약

유상계약(remunerative contract)이란 계약당사자가 서로 대가적 관계에 있어 급부를 목적으로 하는 계약을 말한다. 물품매매계약에서는 우선 쌍방의 채무를 발생하게 하고 급부도 서로 대가를 이루어 그 대가의 보상으로서 금전지급을 원칙으로 하여야한다.

여기에 대하여 일본의 上坂酉三은 물품매매계약의 법적 성격을 다음과 같이 구분하고 있다.[15]

- 물품매매계약
  - 낙성계약–계약의 성립
    - 계약조건의 청약
    - 청약조건의 승낙
  - 쌍무계약–채무의 부담
    - 매도인의 의무(물품인도의 의무)
    - 매수인의 의무(대금지급의 의무)
  - 유상계약–채무의 이행
    - 급부(계약물품의 급부)
    - 반대급부
      - 전액금전의 급부
      - 일부금전·일부물품의 급부

2.4 불요식계약

불요식계약(informal contract)이란 요식에 의하지 아니하고 문서나 구두(oral)에 의한 명시계약(express contract)이나 묵시계약(implied contract)으로서도 계약이 성립된다는 것이다. 물품매매계약에 있어서는 청약과 승낙 자체는 반드시 서면으로 입증하지 않고 증인에 의해 입증하여도 된다.[16] 무역계약은 자유계약(free contract)으로 단순계약(simple contract)이나 날인계약(contract under seal)도 좋다는 의미이다. 무역계약은 계약형식상의 자유, 계약내용을 구성할 때 거래조건 약정의 자유 그리고 계약상대방 선택의 자유가 있다. 이와 같이 계약을 매매당사자간의 자유의사에 맡겨 당사자의 합의를 최우선으로 존중하고 시인한다는 이른바

15) 上坂酉三, 前掲書, 27面.

16) United Nations Convention on Contrast for the International Sale of Goods(이하 CISG라 한다), 1980, Artcle 11; Uniform Law on the Formation of Contract for the International Sale of Goods 〔이하 ULF라 한다〕, 1964, Article 3.

계약자유의 원칙(principles of the freedom of contract)이 무역계약에서도 적용된다.

그러나 계약자유의 원칙도 공서양속이나 강행규정에 위반되지 않아야 하고, 인허가를 요하는 공법적 규제를 받게 되며, 당해 거래가 독점 규제 및 공정거래에 관한 법률 등에 제한을 받게 된다.

3. 무역계약의 대상

국제매매의 대상은 물품(goods)이며, 무역계약은 물품매매계약이라고 할 수 있다.

영국 물품매매법(SGA)에 의하면 "물품(goods)은 무체동산(thing in action)과 금전을 제외한 모든 순수동산(chattels personal)을 포함하며, 스코틀란드에서는 금전 이외에 모든 유체동산(corporeal moveables)을 포함한다"[17]고 정의하고 있다.

한편 미국 통일상법전(UCC)에서는 "물품(goods)이라 함은 매매계약에 특정될 당시에 이동시킬 수 있는 것으로서 지급수단인 금전, 투자증권 및 무체동산 이외의 특히 제조품을 포함한 모든 것을 말하며, 동물의 태아, 성장중의 수확물, 기타 부동산에 부착한 특정물로서 부동산으로부터 분리될 수 있는 것을 포함 한다"[18]고 규정함으로써 영국법의 경우보다 상세한 물품의 정의를 내리고 있다.

그러나 비엔나협약(Vienna Convention)이라고 일컫는 "국제물품매매계약에 관한 유엔 협약"(United Nations Convention on Contracts for the International Sale of Goods: CISG)에서는 물품의 정의를 내리지 않고 있다.[19] 한국 민법 제98조에는 "본 법에서 물건이라 함은 유체물 및 전기 기타 관리할 수 있는 자연력을 말한다"고 규정하고, 한국 민법 제99조에는 "토지 및 그 정착물은 부동산이며, 이외의 물

17) SGA 1979, §61-(1)

18) UCC, §2-105.

19) 그러나 CISG 제 2 조에서는 "이 협약은 다음의 물품매매에는 적용하지 아니한다"라고 규정하고 있다.

(a) 개인, 가족 또는 가정용으로 매입한 물품, 그러나 매도인이 계약체결시 또는 그 이전에 물품이 그와 같은 용도로 매입된 것을 알지 못하고, 또는 알아야 할 것도 아닌 때에는 그러하지 아니하다. (b) 경매(auction), (c) 강제집행 기타 법률의 규정에 의한 매매. (d) 주식, 지분(shares), 투자증권(investment securities), 유통증권(negotiable instruments) 또는 통화의 매매. (e) 선박, 부선, 헬리콥터 또는 항공기의 매매. (f) 전기(electricity)의 매매.

건은 동산"이라고 규정하고 있다.

위와 같은 정의들을 종합하여 볼 때 영미법에서와 같이 무체동산은 채권이나 소송청구의 목적물과 같이 소유자가 현재 점유하고 있지 아니한 동산을 의미하며, 유체동산은 소유자가 현재 점유하고 있는 동산을 말한다고 할 수 있다. 따라서 물품매매계약상의 물품(goods)에 해당 될 수 있는 것은 유체동산에 국한되는 것으로 보아야 할 것이다.[20]

이와 같이 유체동산이 매매계약의 목적물로 되는 경우에는 그것이 계약 당시 이미 매도인이 소유 또는 점유하고 있는 현물(existing goods)이거나 계약체결 후 매도인이 제조 또는 취득할 물품, 즉 선물(future goods)도 될 수 있다.[21]

20) 고범준,「국제물품 매매계약에 관한 UN협약과 한국법」, 대한상사중재원, 1985, 9~10면.
21) SGA 1979, §5(3).

Chapter 2 무역계약의 성립과 법리

1. 무역계약의 성립과 효력발생의 요건

1.1 무역계약의 성립요건

무역계약이 유효한 계약(valid contract)으로 성립되기 위해서는 기본적으로 계약당사자간의 "합의"(agreement)가 있어야 한다. 계약성립을 위한 계약당사자의 의사표시는 내용적으로 일치할 뿐만 아니라 그 일치하는 바에 따라 통일적 법률효과를 발생하게 된다. 무역계약에서의 합의는 보통 청약(offer)과 승낙(acceptance)에 의하여 이루어진다.

영미법상 유효한 계약이 되기 위해서는 그 합의가 법정방식에 의해 행하여졌거나 약인(consideration)이 수반된 것이어야 한다. 날인계약(contract under seal)은 날인증서작성[1]이라는 요식성에 계약성립의 근거를 두고 있는 데 반하여 단순계약(simple contract)은 당사자간의 합의 이외에 약인의 존재를 계약성립의 근거로 삼고 있다. 약인이란 약속과 교환하여 약속자(promisor)가 받는 권리 · 이익 · 이윤 · 편의 또는 약속을 받는 자, 즉 수약자(promisee)가 부담하는 부작위 · 불이익 · 손실 · 의무 또는 이러한 것들의 약속이라고 정의할 수 있다. 예컨대, 물품매매계약에서 대금지급이나 그 약속 또는 대금지급에 대한 물품인도나 그 약속

1) 날인증서 작성이란 단순히 서면작성을 의미하는 것이 아니라 날인계약으로서의 효력을 발생시키는 행위를 말한다.

과 같이 계약상 약속의 대가로 제공되는 행위, 즉 대가의 상호교환(bargained for exchange)을 말한다. 이러한 약인의 요건[2]은 첫째, 약속과 동등한 가치를 지닐 필요는 없으나 법률상으로 보아 가치가 있는 것, 즉 실제적인 것이어야 한다. 둘째, 계약성립시를 기준으로 하여 볼 때 현재의 작위(act)[3] 또는 부작위(forbearance)[4]이든 장래의 작위 또는 부작위의 약속이든 상관없으나 과거의 약인은 약인이 될 수 없다(Past consideration is no consideration)는 점이다.[5] 왜냐하면 과거의 작위나 부작위는 약인과 교환된 것이라고는 볼 수 없기 때문이다. 셋째, 약인은 적법한 것이어야 한다. 따라서 불법적인 약인에 의하여 이루어진 약속은 모두 무효이다. 넷째, 약인은 수약자에 의하여 제공된 것이어야 한다. 따라서 약인을 제공한 자만이 그 계약에 의하여 소송을 제기할 수 있다.

이러한 약인이론은 미국 및 영국이 채용하고 있지만 역사적 · 전통적인 의미로 간주하고 점차 완화하는 추세에 있다.[6] 그러나 영국이나 미국에서 강제로 이행되어야 할 가능성이 있는 계약은 이 약인요건이 충족되어 있는지의 여부를 미리 검토할 필요가 있다.

1.2 무역계약의 효력발생요건

무역계약은 매매당사가간의 합의에 의하여 성립되었다 하더라도 계약내용이 확정되어 있거나 확정될 수 있어야 하고 그 계약내용은 가능한 것이어야 한다.

무역계약의 효력이 발생되기 위해서는 매매당사자간의 법률적 행위능력(legal capacity of parties)이 있어야 하며, 계약내용이 적법성(legality)이 있고 사회적으로 타당성이 있어야 한다. 즉 밀수품(smuggled goods)이나 공서양속에 반하는 물품에 대한 매매계약은 무효가 된다. 또한 하자(defects) 있는 계약이 아니어야 한다. 즉 사기(fraud), 착오(mistake), 부실표시(misrepresentation), 강박

2) 서희원, 「영미법강의」, 박영사, 1987, 268~270면.

3) 어떤 일을 직접 하는 것을 말한다.

4) 어떤 일을 하지 아니한 것을 말한다.

5) 그러나 어음행위에 있어서는 과거의 채무도 유효한 약인이 된다; Bills of Exchange Act, 1882, §27(1).

6) 영국이나 미국과 거래하는 무역계약에서는 약인문제를 고려하여 계약서상에 "In consideration of mutual convenants and promises herein set forth, it is agreed as follows."와 같은 문구를 기재하고 있다.

(duress)과 부당위압(undue influence)에 의한 계약은 무효가 된다.

2. 무역계약의 성립단계

무역계약은 매매당사자간에 여러 단계를 거쳐 체결될 수도 있지만 보통 실무적으로는 거래제의(business proposal)단계에서 비롯하여 조회(inquiry)에 따른 회신과 아울러 청약자(offeror)의 청약(offer)과 피청약자(offeree)의 승낙(acceptance)의 단계를거쳐 매매계약을 성립시킬 뜻에 대한 의사표시의 합치점에서 성립된다.

거래제의를 하기 위해서는 국제마케팅(international marketing)에 대한 전략을 수립하고 해외시장조사(overseas market research)를 통하여 목적시장을 결정한 다음 동 시장에서 거래처를 물색한다. 거래처를 발굴하는 방법으로는 무역업자명부(directory), 해외광고 또는 인터넷 홈페이지를 이용하거나 국내외 공공기관을 접촉하거나 현지에 직접출장 또는 무역 관련 기관에서 주선하는 박람회 등 각종 행사(event)를 이용할 수 있다. 발굴된 거래처에 대하여는 신용상태(credit standing)를 확인하여야 한다.

관심있는 고객으로부터 조회(inquiry)가 있을 경우에는 감사의 표시와 함께 신속하게 회신을 하여야 한다. 이때는 보통 청약자가 청약(offer)을 보통서면이나 E-mail 등으로 하게 되는데 대부분은 가격을 흥정하거나 거래조건의 수정을 요청하는 피청약자의 반대청약(counter offer)이 많다. 이에 대하여 청약자가 다시 확정청약(firm offer)을 하면 피청약자가 승낙(acceptance)하므로서 계약이 성립된다. 이는 무역계약이 성립되는 최초의 시기라고 할 수 있다. 또한 매수인의 주문(order)에 따른 매도인의 주문승낙(acknowledgement)도 계약이 성립되는 것으로 본다.

여기에서 실무적으로 주의를 하여야 할 사항은 청약과 승낙의 합치된 의사표시로서 교환된 문서나 E-mail 또는 쌍방이 합의한 청약서(offer sheet)만으로는 완전한 계약서라고 할 수 없다. 왜냐하면 그 합의내용이 단순하여 만일 후일에 분쟁이 야기될 경우에는 매매당사자의 책임소재를 명확하게 구분하기가 매우 어렵기 때문이다. 이에 대비하기 위해서는 청약과 승낙이 있더라도 항상 매도인과 매수인사이에 구체적인 거래조건이 포함된 계약서(contract sheet)를 교부하여 각각

| 그림 2-1 | 무역계약의 성립단계

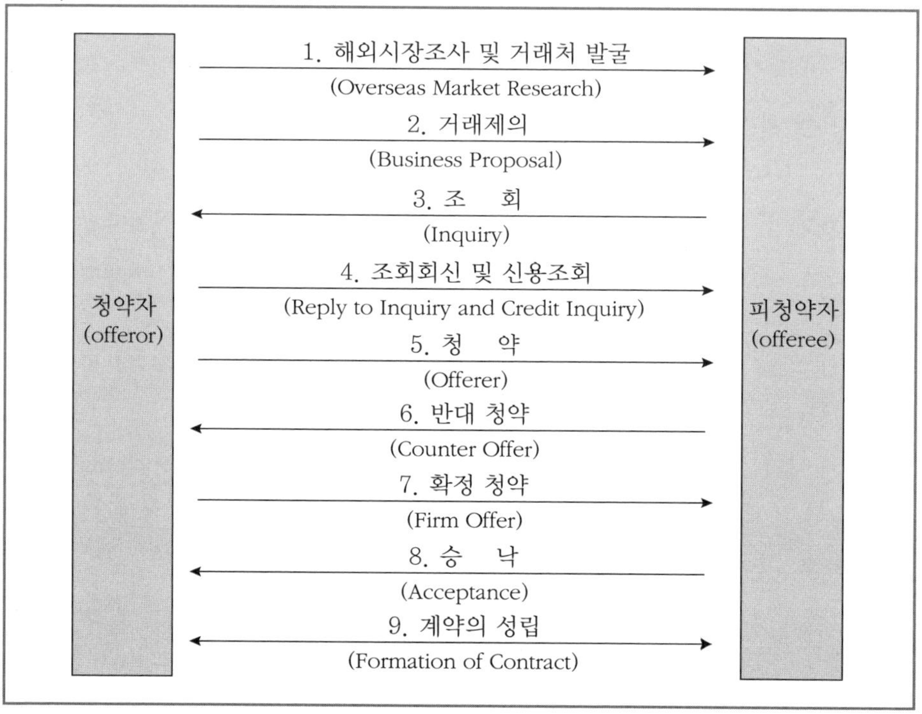

1통씩 보관하여 두는 것이 중요하다.

3. 청약의 법리

3.1 청약의 의의

청약(offer)이란 일반적으로 청약자(offeror)가 피청약자(offeree)에게 계약을 체결하고자 하는 의사표시를 말한다. 즉 청약은 매매관계에 있는 당사자의 일방이 그 상대방의 승낙(acceptance)과 아울러 일정조건의 매매관계를 기대하고 행하는 의사표시이다.[7]

---

7) 原 猛雄,「貿易契約の硏究」, シネルヴァ書房, 1958, 48面; American Law Institute, *Restatement of the Law, Second, Contract*, 2nd. ed., St. Paul 1981, §24; A.G. Guest, Anson's Law of Contract, 26th ed., Oxford University Press, 1984, p. 25.

영미법에서는 계약은 약인(consideration)에 근거를 두고 있다. 따라서 청약은 청약자가 행하는 방법대로 수행할 것이라는 약속(promise)으로 보며, 이에 대해 수약자로부터 약인이 제공되어 성립되는 것으로 보고 있다.

한편, 대륙법계인 독일 및 일본의 법리는 매도인의 청약에 대하여 매수인이 이를 승낙하면 계약이 성립하는 것으로 보기 때문에 청약은 계약성립의 기능을 매수인에게 주는 행위, 다시 말하면 계약성립을 전제로 한 계약상의 행위로 보고 있다.

한국 민법에서는 청약에 대한 정의는 없지만 그 성질을 볼 때 청약은 하나의 의사표시이지 법률행위는 아닌 법률사실에 불과하고, 계약이 성립하는 확정적 의사표시이며, 상대방은 특정인이나 불특정 다수인에 대해서도 유효하며, 계약내용을 결정할 수 있는 정도의 사항이 포함되어 있어야 하는 것으로 보고 있다.[8] 청약은 승낙만 있으면 계약을 성립하게 하는 효력, 즉 승낙을 받을 수 있는 효력을 가지고 있는데 이는 청약의 실질적 효력이며 "승낙적격"이라고 한다. 따라서 승낙기간이 경과하면 승낙적격을 잃게 된다.

"국제물품매매계약에 관한 유엔협약"(CISG)에서는 청약의 정의는 내리지 않고 있으나, "1人 이상의 특정한 자에 대한 계약 체결의 제의는 그 제의가 충분히 확정적이고, 승낙이 있는 경우에 구속된다고 하는 청약자의 의사가 표시되어 있는 때에는 청약으로 한다.[9] 그러나 1人이상의 특정한 자 이외의 자에 대한 제의는 그 제의를 한 자가 반대의 의사표시를 명확히 한 경우를 제외하고는 단순히 청약의 유인으로 본다"[10]고 규정하고 있다.

이는 청약을 할 경우에 청약상대방을 특정시켜야 하며, 청약내용이 충분히 확정되어야 함을 의미하는 것이다.

3.2 청약의 유인

청약의 유인(invitation to treat; invitation to offer)이란 타인을 유인하여 자기

8) 옥선종, 「무역계약론」, 법문사, 1991, 344면; 곽윤직, 「채권각론」, 박영사, 1982, 46~47면.

9) CISG 1980, Article 14(1).

10) CISG 1980, Article 14(2); "A proposal other than one addressed to one or more specific persons is to be considered merely as an invitation to make offers, unless the contrary is clearly indicated by the person making the proposal."

에게 청약하도록 하는 행위로 청약과는 구별된다. 결국 이로 인하여 유인된 자가 의사표시를 하여도 계약은 성립되지 않으며 다시 유인한 측으로부터 승낙의 표시가 있어야 비로소 계약은 성립되는 것이다.[11] 따라서 청약의 유인과 청약을 구별하는 것은 개별적 상황에 따라 결정지어야 한다. 예를 들면 확인조건부 청약(offer subject to confirmation; sub-con offer)과 상대방이 특정되지 아니하고 예컨대, 신문이나 텔레비전 또는 방송에 의한 광고(advertisement), 견적서(quotation), 가격표(price list), 물품목록(catalog) 등의 배포를 통하여 불특정의 1인 또는 그 이상의 일반대중을 상대로 하고 있는 경우와 경매(auction) 및 입찰(bid; tender)과 같은 것들은 단지 청약의 유인에 불과한 것으로 본다.

그러나 입찰안내장을 보내면서 입찰에 붙인 자가 최고가격[12] 또는 최저가격을 정하고 기타 계약조건을 구체적으로 명시하거나 또는 최저가격으로 입찰에 참가한 신청인에게 계약할 것임을 표명한 경우에는 이 입찰안내장은 청약으로 본다. 또한 불특정인에 대한 경우라도 제의자가 그 제의(proposal)에 대하여 승낙이 있으면 곧 계약으로 보겠다는 등의 의사를 확실히 표명하였을 경우에도 그러한 제의는 단순한 청약의 유인이아니라 이를 청약으로 본다.[13]

실제 무역거래에서 청약의 유인으로 볼 수 있는 예문과 그 법적 의미를 살펴보면 다음과 같다.

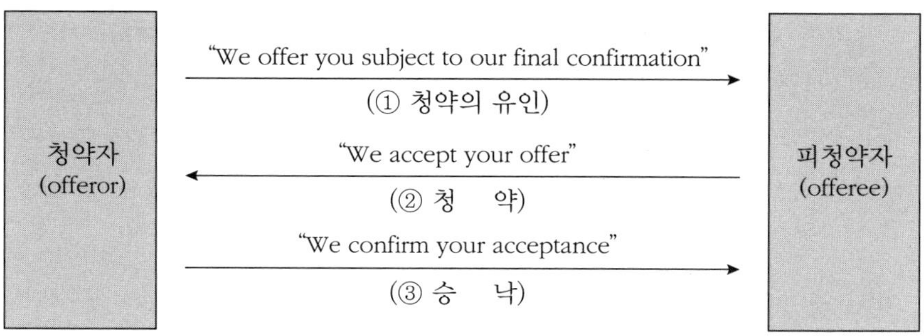

청약당사자가 위에서와 같이 의사표시를 하였다면 ①은 청약이 아니고 청약의 유인, 즉 예비적 교섭(preliminary negotiation)이며, ②는 청약의 따른 승낙이

11) 末川 博, 「契約法」, 法経出版社, 1985, 49面.
12) 보통 가격에 제한 없이(without reserve)라는 말을 사용한다.
13) CISG 1980, Article 14(2).

아니고 청약의 유인에 대한 사실상의 청약으로 봐야 하며, ③은 ②에 대한 승낙이라고 할 수 있다. 따라서 청약의 유인에 따른 매매계약은 "청약자의 예비적 교섭"→"피청약자의 청약"→"청약자의 승낙"→"양 당사자의 계약체결"의 순서로 성립된다고 할 수 있다.

3.3 청약의 종류

청약의 종류를 청약의 주체, 청약의 발행지, 청약의 확정력을 기준으로 분류하여 살펴보기로 한다.

(1) 청약의 주체 기준

1) 매도청약(selling offer)

매도인의 매도의사를 말하며 무역거래에서의 일반적인 청약이라 하면 매도청약을 의미한다.

2) 매수청약(buying offer)

매수인의 매입의사를 말하며 매입주문서(Purchase Order: P/O) 등의 형식으로 이루어진다.

(2) 청약의 발행지 기준

1) 국내발행청약

청약의 주체가 거래상대국의 물품공급자 및 본사를 대리하여 국내에서 무역대리업자가 발행 또는 의사표시 한 매도청약을 말한다.[14)]

2) 국외발행청약

청약의 주체가 거래상대국의 물품공급자나 제3자가 국외에서 발행 또는 의사표시한 매도청약을 말한다.

(3) 청약의 확정력 기준

1) 확정청약(firm offer)

청약자가 청약내용에 대하여 승낙회답의 유효기간(validity of offer)을 지정하

14) 속칭 오퍼상이 발행하는 오퍼가 그 예이다.

고 그 기간 내에 승낙하면 계약이 성립되는 청약이다. 또한 유효기간을 정하지 아니한 경우라도 그 청약이 확정적(firm) 또는 취소불능(irrevocable)[15]이라는 표시가 있거나, 승낙·회답의 유효기간과 확정적 또는 취소불능이라는 표시가 동시에 있는 청약도 확정청약이 된다.

무역계약을 위한 확정청약(firm offer)의 예문을 보면 다음과 같다.

"We offer you firm subject to your acceptance reaching us by May 10 as follows."

2) 불확정청약(free offer)

청약자가 청약시에 승낙 · 회답의 유효기간이나 확정적(firm)이라는 표시를 하지 아니한 청약이다. 이는 상대방이 승낙을 하기 전까지는 청약자가 청약내용을 일방적으로 철회하거나 변경할 수 있다.

불확정청약(free offer)의 예문을 보면 다음과 같다.

"We offer you the following goods on the terms and conditions mentioned hereunder."

3) 반대청약(counter offer)

청약자의 청약에 대하여 피청약자가 수량·가격·선적·결제 등 청약내용을 일부 추가, 제한 및 변경 등 새로운 조건을 제의해 오는 청약을 말한다.[16]

반대청약은 원래의 청약(original offer)에 대한 거절이 되고 동시에 새로운 청약이 된다. 따라서 원래의 청약은 반대청약에 의하여 소멸 된다.

반대청약(counter offer)의 예문을 보면 다음과 같다.

"Your offer dated May 7 is too high. We can accept the offer at U.S. Dollars 15 per piece CFR New York Incoterms® 2010."

4) 교차청약(cross offer)

청약자와 피청약자 상호간에 동일한 내용의 청약이 상호 교차되는 청약을 말한다. 즉 우연히 각 당사자가 상호 청약을 하였는데 그 청약내용이 완전히 일치

---

15) CISG 1980, Article 16에서는 취소불능청약(irrevocable offer)이라고 하고 있다.

16) CISG 1980, Article 19(1); "A reply to an offer which purports to be an acceptance but contains additions, limitations or other modifications is a rejection of the offer and constitutes a counter offer."

하고 있을 경우에 동일내용에 대하여 동시 의사표시가 행하여지기도 한다.

이러한 경우에는 청약과 승낙을 나눌 수는 없지만 오히려 계약이 성립된다는 데에는 의심의 여지가 없다.[17)]

5) 조건부청약(conditional offer)

청약자의 청약내용에 단서가 있는 청약으로 피청약자의 승낙만으로는 계약이 성립되지 아니하고 다시 청약자의 최종확인(final confirmation)이 있어야만 계약이 성립된다.[18)]

조건부청약(conditional offer)의 예문을 보면 다음과 같다.

"offer subject to our final confirmation"
"offer subject to prior sale"
"offer subject to being unsold"
"offer subject to market fluctuation"
"offer without engagement"
"offer on approval"

3.4 청약의 효력발생

일반적으로 청약은 피청약자에게 도달하였을 때에 비로소 그 효력이 발생한다. 왜냐하면 청약은 피청약자에게 도달하지 않으면 청약자의 청약내용을 상대방이 인지할 수 없기 때문이다. 청약의 효력발생시기에 대하여 영미법에서는 대체로 청약이 피청약자에게 도달하여야 한다는 도달주의 입장을 취하고 있다.[19)] 또한 CISG에서도 청약은 피청약자에게 도달하는 때에 효력이 생긴다[20)]고 규정 하고 있으며, 한국 민법도 상대방 있는 의사표시는 그 통지가 상대방에게 도달한 때로부터 그 효력이 생긴다[21)]라고 하고 있어 청약의 효력발생은 도달주의 원칙이 준수되고 있다.

17) 末川 博, 前掲書, 45面; 한국 민법 제533조에서는 "당사자간에 동일한 내용의 청약이 상호 교차된 경우에는 양 청약이 상대방에 도달한 때에 계약이 성립한다"고 규정하고 있다.
18) 조건부청약은 형식상으로는 불확정청약(free offer)의 범주이지만 엄밀한 의미에서는 청약이 아니고 예비적 교섭의 하나에 지나지 않는다.
19) A. G. Guest, *op. cit.*, p. 30.
20) CISG 1980, Article 15(1); "An offer becomes effective when it reaches the offeree."
21) 한국 민법 제11조 제1항.

교차청약(cross offer)의 경우 한국에서는 양 청약이 상대방에 도달할 때 계약이 성립하는 것으로 규정 하고 있으며[22] 일본에서도 교차청약의 경우 계약이 성립하는 설이 유력시되고 있다. 그러나 영미법은 의사표시의 상호관련을 중시하기 때문에 교차청약에서는 계약은 성립하지 않는 것으로 하고 있다. 교차청약에 관하여 이렇게 다른 견해를 갖는 이유는 대륙법에 있어서는 행위자의 "의사"를 중심으로 고찰하는 데 반하여, 영미법에 있어서는 청약과 승낙의 "관계"를 중심으로 고찰하려고 하는 경향이 강하기 때문이다.[23]

3.5 청약의 유효기간과 확정성

확정청약(firm offer)의 경우에는 청약의 유효기간(validity of offer)이 명시되는 것이 일반적이다. 그러나 유효기간이 명시되어 있더라도 그 기간 내에 승낙의 의사표시가 청약자에게 도달되어야 할 것인지 아니면 발신만으로 효력이 있는지를 미리 다음과 같이 명확히 하여 둘 필요가 있다.[24]

"We offer you firm subject to your acceptance reaching us by May 10."
"Validity of Offer: Until May 10 our time."

확정청약의 실질적 요건으로서 미국 통일상법전(Uniform Commercial Code: UCC)[25]에 따르면 ① 청약의 서명된 문서로서 발행되고, ② 상인(merchant)이 발행하고, ③ 청약의 유효기간은 3개월을 초과하지 않을 것이며 만일 3개월을 초과하는 경우에는 피청약자가 청약자에게 대가(consideration)를 지급하여야하며, ④ 피청약자로부터 제공된 서식(form)에 유효 기간이 있는 경우에는 청약자가 별도 서명할 것을 규정하고 있다.

---

22) 한국 민법 제533조.
23) 中村 弘, 「貿易契約の基礎」, 東洋經濟新報社, 1983, 107~108面; A, G, Guest, *op. cit.*, p. 31.
24) 이에 대하여는 본장의 승낙부분을 참조 바람.
25) UCC, §2-205; Firm Offers: An offer by a merchant to buy or sell goods in a signed writing which by its terms gives assurance that it will be held open is not revocable, for lack of considerarion, during the time stated or if no time is stated for a reasonable time, but in no event may such period of irrevocability exeed three months; but any such term of assurance on a form supplied by the offeree be separately signed by the offeror."

그런데 유효기간이 명시되어 있지 아니한 경우의 청약에 대해서는 언제까지 그 효력이 있는지 문제된다. 청약의 유효기간이 확정되지 않는 이른바 불확정청약(free offer)이라 하여 그 청약이 무한정 유효하다고는 볼 수 없다. 다수국의 법에서는 "합리적인 기간"(reasonable time)또는 "상당한 기간"이내에 승낙을 하면 계약이 유효하게 성립된다고 규정하고 있다.[26] 그러나 사실문제(question of fact)로서 합리적 기간 또는 상당한기간의 결정에는 어려운 점이 많다.

따라서 유효기간이 없는 청약의 경우에는 청약자에게 다시 문의하여야 할 것이다.

3.6 청약의 효력소멸

청약의 효력은 일반적으로 다음과 같은 경우에 소멸된다.

(1) 청약의 철회

청약의 철회(withdrawal)란 청약의 효력이 아직 발생하기 이전의 상태에서 청약자가 임의로 청약의 효력을 소멸시키려고 하는 의사표시로 취소(revocation)와 구별된다.[27]

CISG에서는 청약은 취소불능이라도 그 철회가 청약의 도달 전 또는 그와 동시에 피청약자에게 도달하는 경우에 이를 철회할 수 있다[28]고 규정하고 있다. 청약은 의사표시가 상대방에게 도달할 때 효력이 발생되는 것이 일반 원칙이므로 도달 전의 청약에 대한 취소는 당연하다고 할 수 있다.

영미법에서는 날인증서가 첨부된 청약이나 제정법이 규정을 하고 있는 경우를 제외하고 청약은 승낙 전에 철회가 가능하나 승낙되면 철회불능으로 된다. 이는 비록 유효기간을 정한 확정청약(firm offer)의 경우에도 동일한 원칙이 적용된다.[29] 영미법에서는 청약철회의 효력이 발생되기 위해서는 상대방에게 철회의 사

26) UCC §2-206; CISG 1980, Article 18(2); 독일 민법 제147조; 일본 민법 제542조; 한국 민법 제529조.

27) 취소란 일정한 원인에 의하여 의사표시 또는 법률행위의 효력을 소급하여 소멸시키는 것을 말한다.

28) CISG 1980, Article 15(2); "An offer, even if it is irrevocable, may be withdrawn if the withdrawal reaches the offeree before or at the same time as the offer."

29) A, G, Guest, *op, cit.*, p. 46.

실을 통지하여야 하고, 그 철회는 상대방이 승낙하기 이전에 도달되어야 하는 것이 원칙이지만 반드시 청약자가 상대방에게 철회의 의사표시를 하지 않았더라도 상대방이 어떠한 방법으로 철회의 사실을 알게 되어도 무방한 것으로 보고 있다.[30)]

그러나 대륙법계는 확정청약은 그 기간 내 또는 합리적 기간 동안 철회할 수 없다는 원칙이 지배적이다.[31)]

(2) 청약의 취소

청약의 취소(revocation)는 청약이 상대방에게 일단 도착하여 효력을 발생시킨 후 승낙의 통지를 보내기 전에 취소시킬 수 있는 요인에 의하여 청약이 소멸하게 되는 것을 말한다. 청약은 승낙이 이루어지기 전에는 언제나 취소할 수 있다.[32)]

CISG에서는 청약은 계약이 체결될 때까지 피청약자가 승낙의 통지를 발송하기 전에 취소의 통지가 피청약자에게 도달하는 경우에는 이를 취소 할 수 있다고 하여[33)] 청약이 승낙될 때까지 취소가능하며, 또한 청약은 승낙기간을 정하고 있거나 혹은 그것이 취소불능임을 나타내고 있는 경우 또는 피청약자가 청약을 취소 불능으로 만든 것이 합리적이고, 또 피청약자가 그 청약을 신뢰하여 행동한 경우에는 취소될 수 없다고 규정하고 있다.[34)]

미국 UCC에서도 확정청약의 경우에는 그 기간 동안 청약을 취소하지 못하고 그 기간은 3개월을 넘지 못하도록 규정하고 있다.[35)]

그러나 영국법에 의하면 청약은 날인증서에 의한 청약 및 제정법의 규정에 의한 청약의 경우를 제외하고 약인이 없으면 확정청약이라 하더라도 승낙이전에는 언제나 철회는 물론 취소할 수 있는 것으로 하고 있다.[36)]

---

30) [1876]2 Ch. D. 463, Dickinson v. Dodds; 中村 弘, 前掲書, 11面.

31) 독일 민법 제145조; 일본 민법 제521조.

32) A. G. Guest, *Benjamin's Sale of Goods*, 3rd ed., Sweet & Maxwell, 1987, p. 99.

33) CISG 1980, Article 16(1); "Until a contract is concluded an offer may be revoked if the revocation reaches the offeree before he has dispatched an acceptance."

34) *Ibid.*, Article 16(2).

35) UCC, §2-205.

36) A. G. Guest, *Anson's Law of Contract*, 26th ed., Oxford University Press, 1984, pp. 46~49.

청약의 취소는 상대방이 그 청약이 취소된다는 통지를 받은 시점부터 유효하다. 실제 무역거래에서는 CISG의 규정과 같이 확정청약(firm offer)의 경우에는 그 유효기간까지는 취소될 수 없는 것이 일반적이므로 청약의 종류를 선택하는데 신중을 기하여야 한다.

(3) 청약의 거절

청약의 거절(rejection)이란 청약자의 청약에 대하여 승낙(acceptance)하지 않는다는 의사표시를 말한다. 따라서 청약은 피청약자에 의하여 거절되면 효력이 소멸된다.

CISG도 청약은 취소불능이라도 거절이 청약자에게 도달하는 때에 그 효력을 잃게 된다[37]고 규정하고 있는데 현재 대부분의 법제의 취지와 같다.[38]

그러나 한국 상법에서는 상인이 상시거래관계에 있는 자로부터 그 영업부류에 속한 계약의 청약을 받을 때에는 지체없이 낙부의 통지를 발송하여야하며, 이를 해태한 때에는 승낙한 것으로 본다[39]고 규정하고 있지만 무역거래에서는 CISG의 취지를 받아들이고 있는 것이 일반적이다. 반대청약(counter offer)도 일종의 원청약에 대한 청약의 거절에 해당한다.

한국 민법도 승낙자가 청약에 대하여 조건을 붙이거나 변경을 가하여 승낙한 때에는 그 청약의 거절과 동시에 새로 청약한 것으로 본다고 하여[40] 반대청약은 청약의 거절로 간주하고 있다. 청약의 거절은 그 통지가 청약자에게 도달하여야 효력을 갖는다. 청약거절의 통지는 청약철회의 통지와 같이 도달주의를 취하고 있다.[41]

---

37) CISG 1980, Article 17; "An offer, even if it is irrevocable, is terminated when a rejection reaches the offeror."

38) John O. Honnold, *Uniform Law for International Sales under the 1980 United Nations Convention*, Kluwer Law and Taxation Publishers, 1982, p. 178; 독일 민법 제146조; 일본 민법 제528조.

39) 한국 상법 제53조.

40) 한국 민법 제534조.

41) A. G. Guest, *Anson's Law of Contract*, 26th ed., Oxford University Press, 1984, p. 30; 中村 弘, 前揭書, 120面.

(4) 시간의 경과

승낙기간이 정해져 있는 청약에 대하여 그 기간 내에 승낙의 통지가 청약자에게 도달하지 않을 때에는 청약은 효력을 잃게 된다. 다시 말하면 청약은 시간이 경과(passing of time)하게 되면 실효(lapse)된다.[42)]

시간의 경과에 대하여 CISG에는 명문규정은 없으나, 영미법이나 독일 및 일본 등 대륙법계의 경우에는 시간의 경과에 의하여 청약이 실효된다는 것을 인정하고 있으며,[43)] 한국 민법에서도 승낙기간을 정한 계약의 청약은 청약자가 그 기간 내에 승낙의 통지를 받지 못한 때에는 그 효력을 잃는다라고 규정하고 있고[44)] 또한 승낙기간을 정하지 아니한 계약의 청약은 청약자가 상당한 기간 내에 승낙의 통지를 받지 못한 때에는 그 효력을 잃는다라고 규정하고 있다.[45)]

이와 같이 확정청약(firm offer)의 경우는 시간의 경과여부를 판단하는 것이 어려움이 없으나 유효기간이 명시되지 아니한 불확정청약(free offer)의 경우에는 상당한 기간(reasonable period)의 경과로 실효된다고 할 때 상당한 기간의 해석이 문제시된다. 이에 관하여 영국의 판례는 청약에 사용한 언어, 청약자가 사용한 통지방법, 시장조건, 당사자간의 경험을 고려하여 판단하여야 한다고 하고 있으며, 미국에서는 모든 상황에 따라 결정되어야 할 사실문제(question of fact)라고 하고 있다.[46)]

(5) 당사자의 사망

청약자가 청약의 승낙되기 전에 사망하면 피청약자가 청약자의 사망을 알거나 모르거나를 막론하고 청약의 효력은 당연히 소멸된다. 그러나 청약이 승낙된 후에 청약자가 사망한 경우에는 청약은 승낙에 의해서 합의가 성립되었으므로 청

42) A. G. Guest, *op. cit.*, p. 52; 실효(lapse)란 말은 권리를 행사하지 않든지 또는 그 경신을 청구 하지 않으면 권리가 상실됨을 말한다; 中村 弘, 前揭書, 122面; 이하에서 살펴보는 시간의 경과, 당사자의 사망, 후발적 위법과 같이 당사자의 의사표시에 의하지 아니한 청약의 효력 소멸사유는 모두 실효에 속한다.

43) American Law Institute, *op. cit.*, §36(1); 독일 민법 제146조; 일본 민법 제521(2)조 및 제524조.

44) 한국 민법 제528조 제1항.

45) 한국 민법 제529조; 그러나 한국 상법 제51조에서는 대화자간의 계약의 청약은 상대방이 즉시 승낙하지 아니한 때에 그 효력을 잃는다고 규정하고 있다.

46) American Law Institute, *op. cit.*, §41(2).

약의 효력에는 아무런 영향을 주지 않는다.[47)]

CISG는 이에 관한 명문규정은 없으나 영국법에서는 당사자가 사망하는 경우,[48)] 미국법에서는 피청약자나 청약자가 사망하거나 계약체결을 할 수 있는 법적 능력을 박탈당하였을 때에[49)] 소멸한다고 규정하고 있다.

그러나 대륙법계에서는 계약의 성립을 당사자의 의사가 관행 또는 거래의 성질로부터 반대의 결론이 나오지 않는 한 승낙 전 일방당사자의 사망이나 능력상실로 영향을 받지 않는다는 취지이고, 한국 민법도 청약의 의사표시를 발신한 후 그것이 상대방에게 도달하기 전에 청약자가 사망하거나 혹은 행위능력을 상실하더라도 청약의 효력에는 영향이 없으며, 당사자의 인격 내지 개성이 중요시되는 계약에 있어서는 청약자가 사망하면 그 상속인이 청약자의 지위를 계승하지 않으므로 실효되며, 청약의 발신 후 도달하기 전에 청약의 상대방이 능력을 상실하면 이른바 수령한 상대방의 상속인이 그 지위를 계승할 성질의 것이냐 아니냐에 따라 청약의 효력은 결정된다고 규정하고 있다.

무역거래는 주로 상사간에 이루어지고 있어서 사망이나 능력상실 문제는 거래의 편의에 의하여 적절히 대응하여야 할 것이다.

(6) 후발적 위법

청약 이후에 매매계약이행이 위법이 된 이른바 후발적 위법(subsequent illegality)일 경우에는 청약의 효력은 소멸된다.

예컨대 청약자가 피청약자에게 어떠한 물품을 매도청약한 후 청약을 승낙하기 이전에 수출금지 또는 제한 조치의 법률이 제정되어 시행되었다면 청약의 효력은 소멸된다.[50)] 그러나 계약성립 후에 전쟁의 발발과 같은 후발적인 위법인 이행불능, 즉 청약목적의 좌절(frustration)도 계약을 자동 소멸시킨다.[51)]

---

47) 서희원, 전게서, 257면.
48) A. G. Guest, and others, *Chitty on Contracts*, 26th ed., 1989, §102-104.
49) American Law Institute, *op. cit.*, §48.
50) Ralli Brothers v. Compania Naviera Sota Y Aznar, 〔1920〕 2K.B. 287.
51) 이에 대해서는 제 9장을 참조 바람.

4. 승낙의 법리

4.1 승낙의 의의

청약(offer)에 대한 승낙(acceptance)은 계약성립을 완성시키는 행위이며,[52] 승낙은 피청약자가 청약자에 대하여 응하여 계약을 성립시키는 것을 목적으로 행하는 의사표시이다. 청약이 승낙된 경우에는 상호의 동의(mutual assent)가 성립하는 것이므로, 그 동의의 의사표시가 곧 승낙이다. 승낙은 동의를 표시하는 피청약자의 진술이나 기타 행위에 의하여 효력이 발생된다. 표시(indicating)나 동의(assent)라는 말은 계약성립에서 두 개의 중요한 의사표시(communication)와 합의(agreement)를 요약한 표현이다.[53] 모든 매매계약은 청약자의 청약에 대하여 피청약자의 승낙이 있어야 유효하게 성립되는 것이다.

영국의 앤슨(Anson)의 계약법에서는 청약에 대한 승낙은 청약자가 정하거나 지시하는 방법에 따라 청약조건을 말이나 행동으로 동의를 표시하는 것이고 승낙은 절대적이며 청약의 조건과 일치 하여야 한다고 하고 있다.[54] 또한 미국의 제2차 계약법 리스테이트먼트(Restatement)에서는 청약에 대한 승낙은 청약에서 요구하는 방법에 따라 피청약자가 청약조건에 동의를 표시(manifestation of assent)하는 것이라 하고 있다.[55]

동의에 대한 의사표시에 관하여 CISG[56]에서는 청약의 성격상 또는 청약자와 피청약자 사이에 이미 확립되어 있는 관행이나 관습의 결과로서 피청약자가 청약자에게 아무런 통지 없이 물품의 발송이나 대금의 지급 등과 같은 행위를 함으로써 동의의 의사표시를 하는 경우, 즉, "의사실현에 의한 승낙"(acceptance by

52) P. S. Atiyah, *The Law of Contract*, Fourth ed., Clarendon Press, 1989, p. 70.

53) John O. Honnold, *Uniform Law for International Sales Under The 1980, United Nationas Convention*, Kluwer Law and Taxation Publishers, pp. 180～181.

54) A, G, Guest, *Anson's Law of Contract*, 26th ed., Oxford University Press, 1984, p. 32; "Acceptance of an offer is the expression, by words or conduct, of assent to the terms of the offer in the manner prescribed or indicated by the offeror."

55) American Law Institute, *Restatement of the Law, Second, Contract*, 2nd ed., St. Paul, 1981, §50(1).

56) 그러나 그 행위는 승낙의 의사표시 기간 내에 행하여진 경우에 한한다.

conduct)은 그 행위가 행하여짐과 동시에 효력이 발생한다고 하여[57] 청약의 성격상 또는 이미 확립된 관습이 있는 경우에는 승낙으로서의 효력이 있음을 인정하고 있다.

이와 같이 승낙은 본질적으로 무조건적(unqualified)이여야 하며 청약의 조건과 반드시 일치하여야 하고, 적극적인 행위(positive conduct)로 승낙에 대한 의사표시(communication of acceptance)를 하여야 계약이 성립될 수 있는 것이다.[58]

4.2 Mirror Image Rule

승낙은 청약의 내용과 일치 하여야 한다. 청약과 승낙은 거울에 비치는 모습처럼 완전히 동일하지 않으면 안 된다는 뜻으로 이른바 경상의 원칙(mirror image rule),[59] 다시 말하면 완전일치의 원칙이 적용된다. 승낙은 절대적(absolute)이며 무조건적(unqualified)으로 청약의 조건과 반드시 일치하여야 한다.[60] 따라서 거절이나 반대청약, 변경이나 조건부가에 따른 승낙 또는 모호한 승낙 등은 명확하게 승낙으로 결정지우는 데는 어려움이 발생하게 된다.[61]

CISG에서는 청약에 대한 승낙의 취지가 있는 응답이라도 청약에 대한 부가(additions), 제한(limitations) 또는 기타의 변경(other modifications)이 포함되어 있는 경우에는 이는 청약거절이 되며 반대청약(counter offer)이 된다고 하여[62] 이 경우에는 경상의 원칙이 수정될 수 있음을 규정하고 있다.

또한 미국 UCC에서는 승낙은 부가하거나 다른 조항에 대하여 동의를 조건으로 함을 분명히 하고 있는 경우를 제외하고 합리적인 기간 내에 발송된 명확하고 적절한 시기의 승낙 또는 확인서의 표현은 비록 청약 또는 합의된 조항에 대

---

57) CISG 1980, Article 18(3).

58) PWD Redmond & RG Lawson, *Introduction to Business Law*, Pitman Publishing, 1990, pp. 16～17.

59) 新堀 聰,「貿易取引入門」, 日本經濟新聞社, 1992, 32面.

60) Clive M. Schmitthoff, *Export Trade*, 9th ed., Stevens & Sons, 1990, p. 90; Ronald A. Anderson & Walter A Kumpf, *Business Law*, 9th ed., South-Western Publishing Co., 1972, p. 101.

61) A. G. Guest, *op, cit.*, p. 32.

62) CISG 1980, Article 19(1); "A reply to an offer which purports to be an acceptance but contains additions, limitations or other modifications is a rejection of the offer and constitutes a counter offer."

한 부가조항 또는 다른 조항을 진술 하고 있어도 승낙으로서의 효력을 발생한다고 하여[63] 보통법상 경상의 원칙적용을 배제시키고 있다.

서식전쟁(battle of forms)이 발생될 경우 원래의 청약내용에 대하여 피청약자인 승낙자가 다른 내용을 부가하는 승낙이 과연 계약의 효력이 발생되는지 아니면 그러한 승낙은 청약 자체를 거절하는 것인지에 관하여 해석방법이 문제될 수 있으며 청약과 승낙을 하는 당사자간에 소송문제를 야기 시킬 수 있다.[64]

따라서 청약에 대하여 승낙시에 부가 또는 수정조항이 있어도 반대청약으로 취급하지 않고 승낙으로 간주할 수 있다는 것은 어디까지나 계약실무상 청약내용에 대하여 본질적으로 실질적 변경(materially alteration)을 가하는 승낙이 아니라면 사소한 변경내용은 계약의 일부로 인정하여 계약을 성립시킬 수 있는 것으로 보아야 할 것이다.

4.3 승낙적격과 승낙의 요건

청약은 그것에 대한 승낙만 있으면 계약을 성립하게 하는 효력, 즉 승낙을 받을 수 있는 효력을 가지고 있다고 할 수 있다. 이 효력을 청약의 "승낙적격" 또는 승낙능력이라고 부른다.[65] 승낙은 청약이 효력을 발생한 때로부터 그것이 소멸 할 때까지의 사이에 하여야만 계약을 성립시킬 수가 있다. 따라서 승낙적격은 결국 청약의 존속기간이라는 결과가 된다. 따라서 한국 민법에서는 승낙의 기간을 정한 계약의 청약은 청약자가 그 기간 내에 승낙의 통지를 받지 못한 때에는 그 효력을 잃고, 승낙의 기간을 정하지 아니한 계약의 청약은 청약자가 상당한 기간 내에 승낙의 통지를 받지 못한 때에는 그 효력을 잃는다고 규정하고 있다.[66]

촐러리(Chorlery) 경은 승낙에 관한 여섯 가지 요건을 다음과 같이 제시하고

63) UCC, §2-206(2), (3); "A definite and seasonable expression of acceptance or a written confirmation which is sent within a reasonable time operates as acceptance even though it states terms additional to or different form those offered or agreed upon, unless acceptance is expressly made conditional on assent to the additional or different terms."

64) P. S. Atiyah, *The Law of Contract*, 4th ed., Clarendon Press, 1989, p. 72; [1979] 1 WLR 401; James J. White and Robert S. Summers, *Uniform Commercial Code*, 3rd ed., West Publishing Co. 1988, pp. 29～31; Autonumerics, Inc. v. Bayer Industries, Inc., 144 Arig. 181, 696 p. 2d 1330, 39 UCC 802, 808-09(APP. 1984).

65) 末川 博, 前揭書, 54面.

66) 한국 민법 제528조 및 제529조.

있다.[67]

첫째, 승낙은 약정된 기간 또는 합리적 기간 내에 이루어져야 한다.[68]

둘째, 청약이 특정인 앞으로 되었다면 승낙도 그 특정인에 의해서만 행하여져야 한다.

셋째, 승낙은 절대적이고 무조건이어야 한다.

넷째, 피청약자가 청약자에게 승낙을 전달하여야 한다.

다섯째, 승낙자는 청약이 실제 철회되었다 하더라도 철회된 사실을 몰라야 한다.

여섯째, 승낙은 곧 계약을 체결하는 것이며 일단 승낙이 도달되면 승낙은 철회불능이다.

이 밖에 승낙의 요건으로는 승낙은 특정의 청약에 대하여 행하여져야 한다. 청약과 달리 불특정다수인에 대한 승낙은 있을 수 없다. 따라서 승낙은 특정의 청약자에 대하여 청약의 상대방이 계약을 성립시킬 의사를 가지고 행하여야 한다.[69] 또한 승낙은 청약의 내용과 일치 하여야 한다.[70] 객관적으로 합치하지 않는 승낙, 즉 청약에 조건을 붙이거나 변경을 가한 승낙은 청약을 거절하고 새로운 청약을 한 것으로 본다. 청약의 수령자가 승낙을 하느냐 않느냐는 계약자유의원칙에 따라 원칙적으로 자유이고 특별한 사정이 없는 한 승낙의 의무를 부담하지 않는다.[71] 그러나 이미 언급한 바와 같이 한국 상법에서는 상인이 상시 거래관계에 있는 자로부터 그 영업부류에 속한 계약의 청약을 받는 때에는 지체 없이 낙부의 통지를 발송하여야 하며 이를 해태한 때에는 승낙한 것으로 본다.[72] 이는 계속적으로 거래하는 상거래 관계의 신뢰성을 도모하고자 하는 취지라고 할 수 있다.

---

67) Chorlery & Giles, *Slater's Mercantile Law*, 17th ed., Pitman Publishing Ltd., 1978. p. 15.
68) 청약의 승낙적격 존속중에 하여야 함을 의미한다.
69) 이를 주관적 합치라고 한다,
70) 이를 객관적 합치라고 한다.
71) 곽윤직, 「채권각론」, 박영사, 1992, 63~64면.
72) 한국 상법 제3조; 실제 무역거래에서 승낙에 대한 의사표시는 "accept or accepted" 또는 "agree or agreed"와 같은 표현을 사용하고 있다.

4.4 승낙의 효력발생시기

청약자의 청약을 피청약자가 승낙하므로 계약은 성립되지만, 청약자와 피청약자는 공간적으로 떨어져 있기 때문에 엄밀히 말해서 승낙의 의사표시가 피청약자로부터 발송되어 청약자에게 도달되는 어느 시점에서 계약이 성립되는가라는 문제가 생긴다.

승낙의 효력발생시기에 관해서 이론적으로는 피청약자가 승낙의 의사표시를 발신할 때에 계약이 성립한다고 하는 발신주의(dispatch theory; mail-box rule), 피청약자의 승낙의 의사표시가 청약자에게 도달된 때에 계약의 성립으로 보는 도달주의(receipt theory), 단지 물리적으로 승낙의 의사표시가 청약자에게 도달될 뿐 아니라 현실적으로 청약자가 그 내용을 알았을 때에 계약의 성립으로 보는 요지주의(acknowledge theory)[73] 그리고 의사표시하는 자가 자신의 의사를 명백히 표시한 때에 계약이 성립한다고 하는 표백주의(expression theory)가 있다. 그러나 요지주의나 표백주의는 그 효력발생이 자의적이고 입증하는데 주관적인 요소가 있기 때문에 무역계약시에 채택하지는 않는다.

승낙의 효력발생시기를 보면 영미법은 물론 대륙법 계통에서도 승낙의 의사표시에 관한 일반원칙으로는 도달주의를 채택하고 있다.[74] 그러나 승낙의 의사표시에서 대화자간이나 격지간에는 도달주의 또는 발신주의를 채택하는 국가들이 있다. CISG에서는 청약에 대한 승낙은 동의의 의사표시가 청약자가 정한 기간 내에 도달하지 아니하거나, 또는 기간이 정함이 없는 경우에 동의의 의사표시가 청약자가 사용한 통신수단의 신속성도 포함하여 거래의 상황을 충분히 고려하여 합리적인 기간 내에 도달하지 아니하는 때에는 승낙은 효력이 발생하지 아니한다고 규정하여 대화자나 격지간 구분없이 도달주의의 입장을 취하고 있다.[75]

여기에서 청약을 포함하여 승낙의 선언 또는 기타의 의사표시가 상대방에게 도달한 때라 함은 그 의사표시가 구두로(orally) 또는 기타의 방법으로 직접 상대방에게 전달되었을 때, 또는 상대방의 영업소(place of business)나 우편주소(mailing address)로 전달되었을 때, 또는 상대방의 영업소나 우편주소가 없는 경

73) 요지주의는 이탈리아, 이집트에서 채택되고 있다.
74) 新堀 聰, 前揭書, 34面.
75) CISG 1980, Article 18(2).

우에는 상대방의 상주적인 거소로 전달되었을 때로 한다.[76] 이 취지는 통신이 수신인(addressee)의 영업장소나 우편주소에 인도될 때 수신인에게 도착된 것으로 보는 것인데 구체적으로 말하면 적절한 장소에 인도, 즉 우편투입구(mail slot) 내에 또는 수신인이 고용한 수임자에게 점유이전(transfer of possession)이 되는 것으로 한다.[77]

한국 민법은 의사표시의 효력발생시기에 대하여 상대방 있는 의사표시는 그 통지가 상대방에 도달한 때로부터 효력이 생긴다고 하여[78] 도달주의를 취하고 있으나 격지자간의 계약성립 시기에 대하여는, 즉 격지자간의 계약은 승낙의 통지를 발송한 때에 성립한다고 하여[79] 발신주의를 취하고 있다. 특히 발신주의를 적용하는 우편이나 전보에 의한 승낙의 의사표시는 그 기관을 이용하는 것이 합리적인 경우이어야 한다.[80]

| 표 2-1 | 승낙의 의사표시에 대한 효력발생시기

통신수단 \ 준거법			한국법	일본법	영국법	미국법	독일법	CISG
의사표시에 관한 일반원칙			도달주의	도달주의	도달주의	도달주의	도달주의	도달주의
승낙의 의사 표시	대화자간[81]	대면	도달주의	도달주의	도달주의	도달주의	도달주의	도달주의
		전화	도달주의	도달주의	도달주의	도달주의	도달주의	도달주의
		텔렉스	도달주의	도달주의	도달주의	도달주의	도달주의	도달주의
	격지자간	우편	발신주의	발신주의	발신주의	발신주의	도달주의	도달주의
		전보	발신주의	발신주의	발신주의	발신주의	도달주의	도달주의

미국법의 경우에도 영국법과 같이 일반적으로 대화자간에는 도달주의를, 격

76) CISG 1980, Article 24; "For the purpose of this part of the Convention, an offer, declaration of acceptance or any other indication of intention "reaches" the addressee when it is made orally to him or delivered by any other means to him personally, to his place of business or mailing address or, if he does not have a place of business or mailing address, to his habitual residence."

77) John O. Honnold, *op. cit.*, p. 206.

78) 한국 민법 제111조 제1항.

79) 한국 민법 제531조.

80) A. G. Guest, and Others, *Chitty on Contracts*, Contracts, 26th ed., Stevens & Sons, 1989, §65-76.

81) 팩시밀리(facsimile)나 전자문서교환방식(electronic date interchange: EDI)은 대화자간의 범주에 속한다고 할 수 있다.

지지간에는 발신주의를 취하고 있으나 판례를 통하여 볼 때 대화자의 범주인 전화와 텔렉스에 의한 승낙은 발신주의를 택한 사례도 있다.[82] 주요 법제에서 승낙의 의사표시에 대한 효력발생시기를 종합하여 정리하여 보면 〈표 2-1〉과 같다.

무역거래에서는 매매당사자가 어느 국가 또는 어느 지역이 도달주의 또는 발신주의를 채택하고 있는지 일일이 파악한다는 것은 사실상 번잡하고 어려운 일이다. 그러므로 무역계약을 체결하기 위하여 청약(offer)을 할 경우에는 다음의 예와 같이 승낙의 효력발생시기를 명확히 지정하는 것이 매우 중요하다.[83]

"We offer you firm *subject to your reply received here* May 10, 20××."

4.5 승낙의 방법

승낙(acceptance)에 대하여 어떠한 방법 또는 수단으로 하여야 할 것인가를 청약서상에 미리 지정하였을 경우에는 그 지정된 방법에 의하여야 한다. 이를테면 우편(post), 전보(telegram), 텔렉스(telex), 전자우편(E-mail), 전화(telephone) 등으로 지정되어 있다면 그것에 따라야 한다. 청약의 승낙방법에 대해 어떠한 지정이 되어 있지 않는 경우에는 합리적인 수단에 의해야 한다.[84] 즉 청약이 전보로 된 경우에는 전보로, E-mail로 된 경우에는 E-mail로, 항공편으로 된 경우에는 그에 상응하는 수단에 의하여 승낙의 통지를 하면 될 것이다.

이처럼 승낙의 방법은 원칙적으로 자유이지만 특약으로 승낙방법이 정하여져 있을 경우에는 그 방법에 따르지 않으면 안 된다. 더구나 승낙방법에 대하여 지역적으로 혹은 거래상 특별한 관습이 행해져 있을 경우에는 청약자가 반대의사를 표시하고 있지 않는 한 이에 따라야 한다.

그러나 승낙의 통지 등의 과정을 생략하고 청약의 내용에 따라 신용장을 발행하여 통지하거나 송금환으로 대금을 지급하는 방법은 피청약자가 청약의 내용을 실행함으로써, 즉 의사실현에 의하여 승낙하는 것도 승낙으로 간주된다.

---

82) 新堀 聰, 前揭書, 43面; 오세창, 전게서, 212면.

83) 이탤릭체 부분은 승낙의 효력발생시기를 도달주의로 지정한 청약조건이다.

84) American Law Institute, *op. cit.*, §30(2); A. G. *Anson's Law of Contract*, 26th ed., Owford University Press, 1984, p. 43.

4.6 승낙의 효력소멸

일반적으로 승낙은 청약자에게 의사표시를 할 때까지 완전하지는 않기 때문에 승낙의 의사가 도달되기 전에는 철회될 수 있다.[85)]

승낙은 그 의사표시가 청약자에게 도달하여 일단 승낙으로 효력이 생긴 이후에는 원칙적으로 이를 소멸시킬 수 없다. 왜냐하면 승낙과 동시에 계약 그 자체가 성립되기 때문이다. 승낙의 효력이 발생된 이후에 그 효력을 소멸시키는 것은 계약 자체의 취소 또는 해제에 해당하는 것이다.[86)] 따라서 승낙의 효력소멸을 위한 승낙의 철회에 대한 문제는 의사표시의 효력발생시기를 발신주의로 하느냐 아니면 도달주의로 하느냐에 따라 달리 처리되는 것이지만 이는 도달주의 입장을 취하는 경우에 논의의 대상이 될 것이다.

CISG에 의하면 승낙은 승낙의 효력이 발생하기 이전에 또는 그와 동시에 그 취소통지가 청약자에게 도달하는 경우에 철회될 수 있음을 규정하고 있다.[87)] 또한 영국에서는 일반원칙으로 승낙은 도달주의의 입장을 취하고 있기 때문에 승낙의 도달에 의하여 계약이 성립되기 이전이라면, 승낙은 언제든지 철회가능하다.[88)]

무역거래에서 승낙의 의사표시를 철회하고자 할 경우에는 당초의 승낙의 의사표시보다 철회의 의사가 먼저 청약자에게 도달될 수 있도록 하여야 하며 만일 승낙에 의하여 효력이 발생된 경우에는 계약의 취소 또는 해제사유를 들어 계약을 해제하도록 하여야 한다.

4.7 승낙의 유형과 그 효력

(1) 반대청약

반대청약(counter offer)은 청약의 승낙으로 보지 않는다. 그것은 원청약의

85) A. G. Guest, *op. cit*, p. 44.

86) 이균성, "국제매매계약의 성립", 「국제물품매매계약에 관한 UN협약상의 제문제」, 삼지원, 1991, 106면.

87) CISG 1980, Article 22; "An acceptance may be withdrawn if the withdrawal reaches the offeror before or at the same time as acceptance would have become effective"

88) 독일 민법 제130조 제1항에서도 같은 취지로 규정하고 있다. 그러나 한국 민법의 경우에는 이에 대한 구체적 규정이 없다.

거절이고 원청약을 소멸시켜서, 반대청약 자체가 새로운 청약으로 되는 것이다. CISG에서는 승낙을 의도한 청약에 대한 응답으로서 청약에 내용을 부가, 삭제 또는 기타의 변경을 가하고 있는 것은 청약의 거절이면서 반대청약을 한 것으로 한다고 규정하고 있다.[89)]

미국의 제2차 계약법 리스테이트먼트에서는 반대청약이란 피청약자가 청약자에 대해서 원청약에 제기된 내용과는 다른 것을 제기해서 행한 청약이고, 청약자가 반대의 의사를 표시하지 않는 한, 또는 반대청약이 피청약자의 반대의사를 표시하지 않는 한, 피청약자의 승낙의 권능은 그가 반대청약을 함으로써 소멸됨을 규정하고 있다.[90)]

또한 한국 민법도 승낙자가 청약에 대해서 조건을 붙이거나 변경을 가하여 승낙한 때에는 그 청약의 거절과 동시에 새로이 청약한 것으로 본다[91)]고 하고 있어 CISG에 정한 내용과 같은 취지이다.

CISG는 승낙을 의도한 청약에 대한 응답으로서 청약에 부가조건 또는 상이한 조건을 가한 때에도, 청약중의 조건을 실질적으로 변경하지 아니하는 경우에는 그 응답은 승낙으로 하고 청약자가 지체 없이 구두로 그 상위에 이의를 제기하거나 또는 그 취지로 통지를 발송한 때에는 그러하지 않고 청약자가 이의를 제기하지 아니하는 경우에는 승낙중의 조건에 의하여 변경된 내용의 청약조건이 계약조건이 된다고 규정하고 있다.[92)] 이러한 취지는 앞서 언급한 경상의 원칙(mirror image rule)의 엄격성을 무역실무상의 관행과 실익을 고려하여 청약조건의 내용을 실질적으로 변경하지 않는 청약에 대한 응답은 승낙이 될 수 있는 것으로 보는 것이다.[93)]

---

89) CISG 1980, Article 19(1).

90) American Law Institute, *op. cit*, §39.

91) 한국 민법 제534조.

92) CISG 1980, Article 19(2).

93) 그러나 부분승낙(partial acceptance)은 반대청약의 범주에 속하여 CISG에서 규정하고 있는 실질적 변경에 해당되므로 계약은 성립되지 않는다. "We offer you 100 sets of LED Monitors @US$20 per set FOB Busan Incoterms® 2010"과 같은 청약에 대하여 "…We accept only 50 sets…"와 같이 피청약자가 부분승낙을 한 경우에는 당초의 청약자가 "…we agree only 50 sets…"처럼 반대청약에 대한 동의의 확약을 하여야 계약이 성립될 수 있다.

(2) 부가조건부 승낙

청약자의 청약조건을 피청약자가 부가하여 승낙하는 이른바 부가조건부 승낙(additional acceptance)은 반대청약이 되어 계약은 성립하지 않는다.

CISG에서는 특히 가격조건, 대금지급조건, 물품의 품질 및 수량조건, 인도장소와 시기, 당사자의 책임범위 또는 분쟁해결에 대한 부가조건 또는 상이한 조건은 청약조건을 실질적으로 변경한 것으로 본다[94]고 규정하고 있어 이는 앞서 언급한 대로 청약에 대한 거절이면서 반대청약이 되는 것이다.[95]

영국에서는 청약에 포함되어 있지 않는 것을 조건을 부가해서 청약을 승낙하는 경우 원칙적으로 계약은 성립하지 않는 것으로 하고 있다. 왜냐하면 피청약자는 사실상 원청약을 거절해서 반대청약을 행한 것이 되기 때문이다.

서식전쟁(battle of forms)[96]에 대한 예로 어떤 매수인이 매도인에 대하여 매수인의 표준거래조건을 넣은 서식에 근거하여 어떤 물품을 구매하고 싶다는 주문을 보냈다. 매도인은 그 주문을 자신의 표준거래조건을 넣은 서식에 근거하여 승낙하였다. 양자의 서식내용은 실제 차이가 있을 것이다. 어느 쪽 서식이 우선할 것인가 하는 점이다.

이러한 문제의 해결방법의 하나는 매도인이 매수인의 청약, 즉 매수청약(buying offer)을 승낙함으로써 자신의 승낙조건을 포기한 것으로 하여, 계약은 매수인의 조건에 따라서 체결된 것으로 하는 것이다.

Butler Machine Tools Co., Ltd. *v.* Ex-cell-o Corporation(England), Ltd.[97]사건에서 공소원 판결은 매도인의 주문확인서는 반대청약이 되며, 이 반대청약은 매수인 측의 어떤 행위에 의해서 승낙된 것으로 할 수 있다고 하였다.

표준서식은 원칙적으로 이미 성립된 계약조건을 유효하게 변경하는 것이 아니다. 그러나 계약이 계속적 성질을 가지는 경우, 합의가 비공식 또는 잠정적으로 행하여지고, 그 합의를 확인하고 보충하기 위한 문서를 필요로 하는 경우에는 유효하게 되는 경우가 있다. 이 경우에는 새로운 조건에 대해서 적절한 통지가 행

---

94) CISG 1980, Article 19(3).

95) 그러나 청약조건을 실질적으로 변경하지 아니한 경우에는 청약자가 반대하지 않는 한 승낙으로 간주한다; CISG 1980, Article 19(2).

96) A. G. Guest, *op. cit.*, pp. 33~34.

97) [1979] 1 W.L.R. 401; *Ibid.*

하여지고, 표준서식을 수령하는 당사자가 행위에 의하여 승낙된 것이 입증되어야 한다.[98] 만약 승낙이 매매계약서 작성을 조건으로 하는 경우에는 정식의 계약서에 매매당사자가 서명하지 않으면 계약은 성립되지 아니한다.[99]

(3) 지연승낙

CISG에 의하면, 지연된 승낙에서 청약자가 유효하다는 취지를 피청약자에게 구두로 알리거나 그러한 취지의 통지를 발송하였을 경우에는 승낙으로서 효력을 갖게 된다. 지연승낙(late acceptance)이 표시되어 있는 서한이나 기타 문서가 통상적으로 전달된 경우라면 서한이나 기타 문서가 적기에 청약자에게 도달할 수 있었을 그러한 상황하에서 발송되었음을 입증할 경우 지체없이 청약자가 자신의 청약이 실효된 것으로 간주한다는 취지를 피청약자에게 구두로 통지하거나 그러한 취지의 통지를 피청약자에게 발송하지 않는 한, 지연된 승낙의 경우라도 승낙으로서의 효력을 갖게 되는 것으로 규정하고 있다.[100] 따라서 당사자는 계약에 구속된다.

영국에서는 이 경우 격지자간에는 철저한 발신주의를 취하기 때문에 지연 또는 도중에서의 분실의 위험은 모두 청약자가 부담하게 된다.

미국의 경우에도 청약에서 요청한 방법과 전달수단에 의하여 행하여진 승낙은 청약자에게 도달여부에 관계없이 피청약자의 점유를 이탈한 순간에 유효하다고 하고 있다.[101] 그러나 제2차 계약법 리스테이트먼트에서는 지연 또는 기타의 하자 있는 승낙은 원청약자에 대하여 새로운 청약으로서 유효할 수 있다.[102]

피청약자가 청약에 대해서 회신을 하지 않는 경우, 그 침묵 또는 무행위는 후술하는 승낙의 침묵 또는 무행위에 대하여 상당한 이유가 있는 예외적인 경우에는 승낙의 효과를 가지지만, 기타의 여하한 경우에도 효력이 발생되지 아니한다.[103]

한국 민법에서는 승낙의 통지가 승낙기간 후에 도달한 경우에 보통 그 기간

98) A. G. Guest. *op. cit.*, pp. 32~34; 中村 弘, 前揭書, 133~134面.
99) Chilling Worth v. Esche, 〔1924〕 1 Ch. 97; Eccles v. Bryant, 〔1948〕 Ch. 93.
100) CISG 1980, Article 21.
101) American Law Institute. *op. cit.*, §63-1.
102) *Ibid.*, §69-70.
103) 中村 弘, 前揭書, 171面.

내에 도달할 수 있는 발송일 때에는 청약자는 지체 없이 상대방에게 그 연착의 통지를 하여야 하며, 그러나 승낙통지가 도달하기 전에 지연통지를 발송한 경우에는 연착통지의 필요성이 없다. 만일 청약자가 연착통지를 하지 아니한 때에는 승낙통지는 연착되지 아니한 것으로 보아 계약은 성립된 것으로 본다고 규정하고 있다.[104)]

따라서 한국, 일본, 독일의 규정은 청약자에게 의무를 부과하고 있는데 대해서 CISG의 규정은 지연된 승낙을 유효로 하든지, 실효로 하는가에 대하여는 청약자에게 선택권을 부여하고 있는 것이 특징이다.

(4) 승낙의 침묵

무역거래에서 흔히 상대방의 청약에 대하여 하등의 회신을 하지 않는 경우가 있다. 이러한 침묵은 승낙이 되는가, 거절이 되는가에 대한 의문이 발생한다.

CISG에서는 청약에 대한 동의를 나타내는 뜻을 표시한 피청약자의 진술 기타의 행위는 승낙으로 간주하지만, 침묵(silence) 또는 무행위(inactivity) 그 자체는 승낙이 될 수 없다고 규정하고 있다.[105)]

미국의 제2차 계약법 리스테티트먼트에는 피청약자가 청약에 대하여 회신을 하지 않는 경우, 그 침묵 또는 무행위는 다음의 경우 승낙으로서의 효과를 가지지만,[106)] 기타의 여하한 경우에도 효과를 발생시키지 않는다. 즉 첫째, 거절 할 수 있는 합리적 기회가 있는데도 피청약자가 제공된 서비스로부터 이익을 얻었고 당해 서비스가 보상을 받을 기대하에 제공되었음을 알 수 있었을 경우, 둘째, 청약자가 동의는 침묵 또는 무행위로 표시할 수 있다고 말하였거나 피청약자로 하여금 그렇게 알 수 있도록 했고, 피청약자가 청약을 승낙할 의도로 침묵을 지켰거나 그대로 있는 경우, 셋째, 종래의 거래 또는 기타 이유에 의해서 피청약자가 승낙의 의사가 없으면, 그 취지를 청약자에게 통지하는 것이 합리적인 것으로 되는 경우이다.

---

104) 한국 민법 제528조.

105) CISG 1980, Article 18(1); "A statement made by or other conduct of the offeree indicating assent to an offer is an acceptance. Silence or inactivity does not in itself amount to acceptance."

106) American Law Institute, *op. cit.*, §69; Felthouse v. Bindely 〔1862〕, 11 C.B., N.S.869, affirmed 〔1863〕, 7 L. T. 835.

또한 청약물품에 대해서 청약자의 소유권과 모순되는 행위를 한 피청약자는 분명히 불합리한 청약의 조건에 의하여 구속된다. 그러나 그 행위가 청약자에 대해서 부당한 것인 때에는 청약자가 추인한 경우에만 승낙으로 된다.

침묵에 대한 유효성에 대하여 한국 민법은 원칙적으로 승낙으로 인정하지 않고 있으며 한국 상법 및 일본 상법에서는 상인이 항상의 거래관계에 있는 자로부터 계약의 청약을 받는 경우에 지체없이 그 회신을 하여야 하고, 만약 이를 해태한 경우에는 승낙으로 간주된다고 규정하고 있다.[107)]

그러나 실제 무역거래에서는 청약에 대해서 피청약자가 승낙회신을 하지 않는 침묵에는 계약이 성립되지 않는다.

(5) 모호한 승낙

물품매매계약에서 매매당사자가 계약의 줄거리만을 정해 두고 중요한 사항을 합의하여 두지 않는 경우가 간혹 있다.

모호한 승낙(equivocal acceptance)에 대하여 CISG에는 명시적 규정이 없지만, 영국에서는 계약에서 모든 중요한 조건이 합의되지 않으면 구속력이 있는 계약은 성립되지 않는다.[108)] 따라서 만약 중요한 조건이 하나라도 결정되지 않으면, 또 법에 의해 묵시되어 있지 않고, 그것을 확실히 하기 위해서 서류 중에 없는 경우에는 계약이 성립하지 않는다. SGA에서는 매매계약에서 대금이 결정되지 아니할 경우에는 매수인은 이에 상당한 대금을 지급하여야 한다. 무엇이 상당한 대금인지는 개개인의 경우의 상황에 의하여 결정될 사실문제(question of fact)라고 규정하고 있다.[109)]

또한 미국의 제2차 계약법 리스테이트먼트에서는 모호한 승낙의 효력에 대하여 약속에 의한 승낙에 있어서 통지가 필수적인 경우에는 청약자는 그것이 합리적으로 승낙이라고 이해하지 않는 한 모호한 조건으로 행해진 승낙에는 구속되지 않는다고 규정하고 있다.[110)]

---

107) 한국 민법 제528조, 제529조; 한국 상법 제53조; 일본 상법 제50조.

108) A. G. Guest. *op. cit.*, p. 54.

109) SGA 1979, §8(2).

110) 中村 弘, 前揭書, 142～143面; American Law Institute, *op. cit*,. § 57; "Where notification is essential to acceptance by promise, the offeror is not bound by an acceptance in equivocal terms unless he reasonably understands it as an acceptance."

만일 중요한 조건이 당사자의 장래의 합의로 위임되어져 있다면, 계약은 그 시점에서 불완전하기 때문에 성립되지 않는다. 승낙은 청약조건에 대하여 모호하지 않게(unequivocally), 조건 없이(without qualification) 동의를 하여야 한다. 예컨대, "귀사의 청약은 당사의 관심을 끌고 있다"와 같은 의사표시는 승낙이라고 하기에는 너무 모호하다고 할 수 있다. 이러한 승낙은 계약을 준비하는 참조사항으로 또는 아직 협상의 여지가 있는 조건에 대한 참조사항으로 간주될 뿐이다. 이러한 경우에 합의(agreement)는 불완전한 것이며 계약에 구속되지 않는다.[111)]

따라서 중요한 조건에 대하여 합의를 하지 않는 모호한 승낙에 대해서는 유효한 계약이 성립될 수 없는 것이다.

111) A. G. Guest, *op. cit.*, p. 34.

〈서식 2-1〉 Paper Based Offer Sheet

OFFER SHEET

Messrs. : X & Y Inc.
350 Fifth Ave. West,
New York, NY10118, U.S.A.

Date : April 20, 20××
Ref. No. 12

Dear Sirs,
We take much pleasure in offering you as follows:

Packing : Export Standard Packing.
Origin : R. O. K.
Shipment : Within 3 months after the date of contract sheet.
Payment : Under irrevocable L/C at sight to be issued in our favor.
Inspection : Seller's inspection to be final.
Validity : Until May 10, 20× × subject to your acceptance reaching us.
Remarks :

Style No.	Description	Quantity	Unit Price	Amount
	Men's Split Leather Jackets		FOB Busan Incoterms® 2010	
ST-101	----------------------------------	2,000 pcs.	@$25.-	US$50,000.-
ST-102	----------------------------------	2,000 pcs.	@$25.-	US$50,000.-
Total :		4,000 pcs.		US$100,000.-

A & B Co., Ltd.
GildongHong
Gil-dong Hong
President

〈서식 2-2〉 Offer to Sell by Internet

Offer to Sell

From: Gil-dong Hong 〈seoultrade@hanmail.net〉
To: amintl@hotmail.com
Subject: OFFER FOR TRAVEL BAGS
Date: Thu. March 22, 2012 10:04:27

John F. Dolan
President
America Internationl Inc.
350 Fifth Avenue, New York

Gentlemen:

We offer you firm subject to your reply received our company by March 30, 2012 as follows:

Commodity : ST-012 Travel Bags
Minimum Quantity : 5,000 pcs.
Price : @US$50 per pc. CIF New York Incoterms® 2010
Shipment : Within 60 days after the date of formal contract.
Payment : Under irrevocable letter of credit at sight to be issued in our favor.
Packing : Export standard packing
Insurance : To be coverd by seller for 110% of the invoice value including to ICC(B).
Validity of offer : Until March 30, 2012 subject to your reply received our company by E-mail.

This is the best offer we can make and this kind of offer cannot be repeated in the future. We can guarantee that this price will be availabe by the end of March because the cost of materials is steadily advancing.

We hope you will give your prompt attention to this offter.

Very truly yours,

Seoul Trading Co., Ltd.
GildngHong
Gil-dong Hong

President

*Other infomation:
E-mail : seoultrade@hanmail.net
Phone : 82-2-753-1200
Fax : 82-2-753-1201
Telex : K23456 SELTRDCO
Mailing Address : 15, 1-ga, Sogong-dong, Joong-gu, Seoul 100-070, Korea
Home Page : http://web.seltrd.co.kr

Chapter 3 무역계약과 주요 약정조건

1. 무역거래조건에 관한 협정

청약과 승낙에 의하여 계약은 성립될 수 있지만, 실제 거래에서는 청약내용이 매우 간단하므로 상관습이 서로 다른 국가간에 이루어지는 무역거래에서는 매매당사자간에 거래내용에 따른 상세한 사전 합의가 또 필요하고, 후일 야기될지 모르는 분쟁에 대비하여 법적조항 등을 망라하여 무역계약서[1]를 작성하여 두어야 한다.

물품매매에서 일반적이며 기본적인 거래조건의 내용을 협정하여 문서로 교환하는 이른바 "일반무역조건협정서"(agreement on general terms and conditions of business ; memorandum of agreement)[2]를 계약의 기준으로 하기 위하여 계약의 본질, 즉 거래형태에 대한 조건, 청약과 승낙에 의하여 계약이 성립되는 조건, 품질·수량·가격·선적·지급·보험·포장 등 계약물품에 대한 조건 그리고 분쟁의 해결 및 법적 구제조건에 대하여 협정하게 된다.

그러나 실무적으로 매매당사자간에는 표준화 내지 정형화된 매매계약서를

---

1) 무역계약서의 종류로는 매 건별로 이루어질 때마다 하나의 계약서가 작성되는 개별계약(case by case contract), 동일거래처와 어떤 물품을 장기적으로 거래할 경우에 포괄적인 사항을 미리 약정하는 포괄계약(master contract), 일정한 물품의 수출입에 있어서 수출자는 수입국의 특정 수입자 이외에는 동일 물품을 청약(offer)하지 않으며, 수입자 역시 같은 물품을 수출국의 타인과는 거래하지 않겠다는 조건으로 이루어지는 독점계약(exclusive contract) 등이 있다.

2) 일반무역조건협정서의 작성사례에 대하여는 제7장을 참조 바람.

이용하고 있다.[3] 즉 매매계약서 전면(face)에는 계약물품의 가격조건 등 기본조건에 대한 제목만 인쇄하여 약정할 내용은 당사자가 합의하여 작성하도록 공란으로 두고, 계약서 이면(back)에는 거래관련 일반적인 조건과 법적구제조건 등을 미리 서식에 인쇄하여 두었다가 무역상담시에 편리하게 이용하도록 하고 있다.

다음에는 무역계약시에 약정하여야 할 기본조건과 상거래분쟁에 대비한 법적 구제조건에 관하여 살펴보기로 한다.

2. 매매계약물품에 관한 기본조건

계약물품에 관한 기본적인 조건으로는 ① 품질(quality), ② 수량(quantity), ③ 가격(price), ④ 선적(shipment), ⑤ 결제(payment), ⑥ 보험(insurance), ⑦ 포장(packing) 등이 있다.

2.1 품질조건

계약에서 매매의 객체인 물품의 품질(quality)은 거래당사자간에는 매우 중요한 관심사이기 때문에 이 문제로 인하여 상거래 분쟁이 야기되는 경우가 많다, 따라서 물품의 품질조건(quality terms)에 관하여는 ① 품질의 결정방법, ② 품질의 결정시기, ③ 품질의 증명방법 등을 명확히 하여야 한다.

(1) 품질의 결정방법

매매의 대상인 물품에 대한 품질의 결정방법은 다음과 같다.

1) 견본에 의한 매매(sales by sample)

무역거래에서 가장 널리 이용되고 있는 방법으로 실제 매매될 물품의 품질을 매매의 당사자가 제시된 견본에 의하여 인도할 것을 약정하는 방법이다.

견본을 송부하는 데 있어서는 매도인이 매수인에게 송부하는 매도인견본(seller's sample) 또는 매수인이 매도인에게 송부하는 매수인견본(buyer's sample)이 있는데 이는 품질의 기준을 약정하기 위한 원견본(original sample)이 된다. 매

3) 정형무역계약서 등 매매계약서 작성사례에 대하여는 제7장을 참조 바람.

도인이나 매수인견본, 즉 원견본에 대해서 색상(color)이나 무늬(pattern) 등을 수정하여 매매당사자간 새로운 견본을 제시하게 되면 이 견본을 역견본(counter sample)이라 한다. 역견본에 대하여 상대방이 수락하게 되면 승인견본(approval sample)이 되며 동 품질을 기준으로 물품을 생산하게 된다. 만일 매수인의 요청에 의하여 생산 완료된 물품이 선적품과 동일한 품질의 것임을 알기 위하여 보내게 되면 선적견본(shipping sample)이 된다.

견본은 후일에 야기될지 모르는 클레임(claim)에 대비하여 최소한 동일 견본을 2개 내지 3개를 만들어 물품을 매수인측에 인도완료한 후에도 상당한 기간 동안 보관하여 두어야 한다. 견본은 매도인 및 매수인이 각각 1개씩 보관하고 나머지 1개는 물품생산자가 제3자일 경우에 생산자가 참조하고 보관하도록 한다.

매매계약시에 특히 주의해야 할 사항은 견본에 관하여 품질은 견본과 완전히 일치하는 것으로 표현하지 말고 대체로 견본과 비슷한 것이라고 하여 다소 융통성 있게 표현하는 것이 좋다. 즉 "Quality to be fully equal to sample"이나 "Quality to be same as sample"보다는 "Quality to be considered as being about equal to sample"처럼 완곡하게 표현하여야 마켓 클레임(market claim)을 예방할 수 있다.

2) 상표에 의한 매매(sales by mark or brand)

국제적으로 널리 알려진 물품에 대해서는 견본을 제시할 필요없이 상표(trade mark)나 브랜드(brand)에 의하여 품질기준으로 삼는 거래를 말한다. 이를테면, Nikon카메라, Parker만년필, Omega손목시계 등과 같은 상표를 이용하는 방법이다.

3) 규격에 의한 매매(sales by type or grade)

물품의 규격이 국제적으로 통일되어 있거나 수출국의 공적규격으로 특정되어 있는 경우에 이용되는 매매방법이다. 국제표준화기구, 즉 ISO(International Organization for Standardization), 영국의 BSS(British Standard Specification), 일본의 JIS(Japan Industrial Standard), 한국의 KS(Korean Industrial Standard) 등과 같은 규격을 이용하는 방법이다.

4) 명세서에 의한 매매(sales by specification)

거래대상 물품의 소재, 구조, 성능 등에 대하여 상세한 명세서(specification)나 설명서(description), 설계도(plan) 등에 의하여 매매기준으로 삼는 방법이다.

예컨대, 선박, 철도차량, 의료용구, 중장비류 등이 해당된다.

5) 표준품에 의한 매매(sales by standard)

수확예정의 농산물, 어획예정의 수산물 또는 벌채예정의 원목 등은 매매계약시에 현품이 없고 견본제공이 곤란하다. 이러한 물품에 대해서는 그 표준품(standard)을 정하고 실제 인도된 물품과 표준품 사이에 차이가 있을 경우 대금을 증감하여 조정하는 거래방법을 선택하는 것이 좋다. 따라서 품질의 차이에 대하여 견본매매에서는 클레임 사유가 되지만 표준품 매매에서는 사후 정산하면 그만이다.

표준품에 의한 품질의 결정방법에는 다음과 같은 것이 있다.

(가) 평균중등품질(Fair Average Quality: F.A.Q.)

평균중등품질이란 주로 곡물류의 매매에 사용되는 품질조건으로 인도물품의 품질은 선적시, 선적장소에서 당해 계절의 선적물품의 평균중등품질(fair average quality of the season's shipments at the time and place of shipment)을 조건으로 하는 것을 의미한다. 이 조건은 물품의 선물거래(future transaction)에 많이 이용된다.

(나) 판매적격품질(Good Merchantable Quality: G.M.Q.)

판매적격품질이란 목재, 냉동어류 등과 같이 견본이용이 곤란하고 그 내부의 품질을 외관상으로 알 수 없는 거래에 이용되는 방법으로 매도인이 인도한 물품은 판매적격성(merchantability)을 지닌 것임을 보증하는 조건이다.

(다) 보통표준품질(Usual Standard Quality: U.S.Q.)

보통표준품질이란 주로 원면거래에 이용되는 품질조건으로 공인검사기관 또는 공인표준기준에 의하여 보통품질을 표준품의 품질로 결정하는 조건이다.

(2) 품질의 결정시기

무역거래에서의 물품운송은 대부분이 장거리 해상운송에 의하여 이루어지기 때문에 선적시점과 양륙시점에서 품질의 차이가 발생할 가능성이 크다. 따라서 후일의 분쟁을 피하기 위하여 계약시에 품질의 결정시기를 미리 선적시점 또는 양륙시점의 품질을 기준으로 할 것인가 여부를 명확하게 약정하여 두는 것이 중요하다.

1) 일반물품의 품질결정시기

(가) 선적품질조건(shipped quality terms)

인도물품의 품질이 약정한 품질과 일치하는가 여부를 선적시의 품질에 의하여 결정하는 방법으로 일반공산품 등에 널리 이용되고 있다. 매도인은 운송중에 변질된 물품에 대해서는 책임을 지지 않는 조건이다. 일반적으로 FCA, CFR, CIF, CPT, CIP 거래규칙은 선적품질조건이라고 할 수 있고,[4] 표준품매매의 F.A.Q.조건 역시 선적시의 품질을 기준으로 한다.

(나) 양륙품질조건(landed quality terms)

인도물품의 품질이 계약품질과 일치하는가 여부를 도착지 양륙시의 품질에 의하여 결정하는 방법이다. 매도인은 운송중에 변질된 물품에 대하여 책임을 져야 한다. 도착지인도조건(delivered terms)인 DAT, DAP, DDP, 거래규칙은 양륙품질조건으로 볼 수 있으며[5] 표준품매매의 G.M.Q.조건 역시 여기에 해당한다.

2)곡물의 품질결정시기

곡물류의 거래에 있어서 선적시와 양륙시의 품질상위에 대하여 매매당사자 중 누가 책임을 지느냐에 대하여 관용되는 특수한 조건들이 있다.

(가) Tale Quale(T.Q.)

이 조건은[6] 선적품질조건(shipped quality terms)으로 매도인은 약정한 물품의 품질을 선적할 때까지만 책임을 지는 조건이다.[7]

(나) Rye Terms(R.T.)

이 조건은 호밀(rye)거래에 사용되면서 물품도착시 손상되어 있는 경우 그 손해에 대하여 매도인이 보상하는 관례에서 생긴 것으로 양륙품질조건(landed quality terms)을 말한다.

(다) Sea Damaged(S.D.)

이 조건은 해상운송중에 발생한 바닷물 등의 조유 또는 응고(condensation) 등에 기인하는 품질손해에 대하여는 매도인이 부담하는 이른바 선적품질조건과

---

4) Incoterms® 2010.

5) *Ibid.*

6) Tale Quale은 불어로 Tel Quel이라고도 하며, "Such as it is" 또는 "Just as they come"이라는 의미이다.

7) 이 조건에서는 보통 다음과 같이 약정한다. "Shipment in good condition but tale quale as regards condition on arrival."

양륙품질조건을 절충한 조건이다.[8)]

(3) 품질의 증명방법

물품의 품질에 대한 검사는 매매계약시에 매매당사자간에 어느 편에서 할 것인가를 합의하게 되지만[9)] 원칙적으로 품질의 입증은 선적품질조건의 경우에는 매도인이, 양륙품질조건의 경우에는 매수인이 입증책임을 져야 한다.

따라서 품질에 대한 입증은 객관적인 입장에서 검사, 감정, 보고증명 등을 업으로 하는 검정인(surveyor)[10)]을 이용하여 검정보고서(surveyor's report)에 의하여 발생된 손해를 배상할 수 있도록 명확하게 계약시에 합의하여 두는 것이 좋다.

2.2 수량조건

무역거래에서는 수량에 대한 관습이 나라에 따라 서로 다르기 때문에 분쟁이 발생되기 쉽다. 수량조건(quantity terms)에서는 ① 수량의 단위, ② 수량결정의 시기, ③ 과부족의 용인 등에 대하여 명확히 약정하여야 한다.

(1) 수량의 단위

수량의 단위는 물품의 성질에 따라 중량(weight), 용적(measurement), 개수(piece), 포장(package), 길이(length), 면적(square) 등으로 구분하여 표시한다.

중량은 kg, lb(pound), ton 등이 그 단위로 사용되는데 이 중 ton의 경우에는 Long Ton(L/T), Short Ton(S/T), Metric Ton(M/T)[11)] 가운데 어떤 ton으로 할 것인가를 명시하여야 한다. 영국계의 Long Ton(English Ton; Gross Ton)은 2,240lbs(1,016kgs), 미국계의 Short Ton(American Ton; Net

---

8) 이 조건에서는 보통 다음과 같이 약정한다. "Damaged by sea water, if any, to be seller's account." 또는 "All sweeping and damaged by sea water or condensation to be rejected."

9) 무역계약시 물품검사는 어느 쪽에서 하는지를 다음 예와 같이 약정한다.
"Seller's inspection to be final." "Buyer's inspection to be final." "Agency's inspection to be final."

10) 국제적으로 권위 있는 검정인으로는 Lloyd's Surveyor, Lloyd's Agent가 있고 검사기관으로는 SGS(Société Générale de Surveillance S.A.) 등이 있다.

11) M/T는 용적톤(measurement ton)으로 운송회사가 화물의 운임(freight)을 계산할 때 사용되기도 하는데 1M/T는 40cft(cubic feet) 즉 480 S.F.(super foot)에 해당된다.

Ton)은 2,000lbs(907kgs), 프랑스계의 Metric Ton(French Ton; Kilo Ton)은 2,204lbs(1,000kgs)를 나타낸다.[12)]

용적의 단위로 목재에는 cubic meter(M^3; CBM), cubic feet(cft), super feet(S.F.),[13)] 석유 등 액체에는 barrel, gallon, liter 가, 곡물에는 bushel 등이 사용된다. 액체의 경우 영국의 1 English gallon(imperial gallon)은 4.546 liters이고 미국의 1 American gallon(wine gallon)은 3.7853 liters이므로 어떠한 gallon 인가를 확인하여 수량단위를 정해야 한다.

개수는 보통 전자제품과 같은 일반상품의 경우는 piece, set, 연필 · 양말 등은 dozen(12개), 핀(pin)이나 조화(artificial flower) 등 값싼 잡제품의 경우에는 gross(12×12=144개), small gross(12×10=120개) 또는 great gross(12×12×12=1,728개)를 단위로 한다.

포장단위로는 bale, bag, drum, case, can, bundle 등이 있으며 이는 면화, 비료, 밀가루, 유류, 과자, 통조림 등의 거래에 사용된다. 길이의 단위로는 meter, yard, inch, foot 등으로 전선, 원단 등에 사용된다. 그리고 면적의 단위로는 square foot(sft) 등으로 유리, 합판, 타일(tile) 등에 사용된다.

(2) 수량결정의 시기

품질조건의 시기와 마찬가지로 수량조건에서도 수량결정의 시기는 선적수량조건(shipped quantity terms)과 양륙수량조건(landed quantity terms)으로 구분할 수 있다.

선적수량조건은 선적시점에 검량한 수량이 계약에서 명시한 수량과 합치되면 운송중에 감량 되더라도 매도인은 이에 대하여 아무런 책임을 부담하지 않는 조건으로 선적시의 수량을 최종으로 하는 것이다. 일반적으로 FOB규칙이나 CIF규칙에 의한 거래는 선적지인도조건으로 선적수량조건에 의한다.

양륙수량조건은 목적항에서 양륙하는 시점에서 검량하여 인도수량이 계약수량과 합치되어야 하는 조건이며 만일 운송중 감량이 있는 경우에는 매도인이 부

12) 그러나 물품의 중량에 대한 계량방법은 총중량(gross weight)으로 내외포장과 충진물, 내용물을 모두 포함하는 것과, 순중량(net weight)으로 총중량에서 포장 · 용기의 무게를 제외한 것과 정미중량(net net weight)으로 내 · 외포장물과 충진물 등을 제외한 물품내용물만의 순수한 중량으로 하는 것이다.

13) 1S.F.는 square foot×1 inch에 상당하는 부피이다.

담하는 조건이다. DAT규칙이나 DAP규칙에 의한 거래는 도착지인도조건으로 양륙수량조건에 의한다고 할 수 있다.

(3) 과부족용인조건(more or less clause; M/L clause)

휘발성이 있는 유류, 광물이나 곡물과 같은 살물(bulk cargo)의 경우, 운송 도중 감량이 생길 우려가 있는 물품에 대하여 매매계약시 과부족한도를 정해두고 그 범위 내에서 물품인도가 이루어지면 수량부족에 대한 클레임을 제기하지 않기로 약정하는 수량표시방법을 과부족용인조건이라고 한다.

1) 특약에 의한 과부족용인조건 설정

물품의 성질에 따라 수량과부족을 인정해야 할 경우에 얼마만큼 허용할 것인가와 과부족 선택권자를 누구로 할 것인가에 대하여 계약시에 명시해 두는 것이 좋다. 예를들면, "Quantity shall be subject to a variation of 3% more or less at seller's option." 또는 "Seller shall have the option of shipment with a variation of more or less 3% of the quantity contracted, unless otherwise agreed."와 같이 약정하도록 한다.[14)]

2) 신용장거래시의 과부족용인

신용장방식에 의한 거래에서는 과부족이 생기기 쉬운 살물에 대하여 신용장의 금액(amount), 수량(quantity) 또는 단가(unit price) 앞에 "약"이라는 의미의 "about" 또는 "approximately"라는 용어를 사용하여 10%를 초과하지 아니하는 과부족을 용인하는 것으로 하고 있다. 이와 같이 "about" 등과 같은 표현을 하여 과부족의 용인을 신축적으로 운용하는 것을 개산수량조건(approximate quantity term)이라고 한다.[15)]

그러나 신용장상에 물품수량의 과부족 용인문언이 명시가 없더라도 과부족 금지문언이 없는 한 환어음의 발행금액이 신용장금액을 초과하지 않는 범위 내에서 5%까지의 과부족이 용인된다.[16)] 여기에는 포장단위(packing unit)나 개개품목(individual item)에 따라 수량이 명기된 경우에는 적용되지 않는다. 왜냐하면 살물

14) 신용장거래방식 이외의 추심방식인 D/P, D/A거래나 송금방식거래에서 과부족이 생기기 쉬운 Bulk Cargo에 대해서는 특히 more or less 조항을 설정하여 두는 것이 좋다.

15) Uniform Customs and Practice for Documentary Credits, ICC Publication No. 600(이하 UCP 600 이라함), 2007 Article 30-a.

16) UCP 600, Article 30-b.

(bulk cargo)과 같은 거래에서는 그 성질상 신용장이 요구하는 대로 정확한 수량을 선적한다는 것은 사실상 불가능하기 때문이다.

2.3 가격조건

무역거래에서 매매당사자간에 가장 관심을 두는 것은 무엇보다도 좋은 품질의 물품을 적정한 가격으로 매매계약을 체결하고자 하는 것이다.

가격조건(price terms)은 적정한 매매가격을 채산(estimation)하는 데 있어서 기본적인 조건이며, 중요한 조건이다. 가격조건을 약정하는 데는 ① 매매가격의 산출근거, ② 매매가격의 원가 요소, ③ 매매가격의 표시통화 등을 고려하여야 한다.

(1) 매매가격의 산출 근거

매매가격은 매도인과 매수인이 부담해야 할 여러 가지의 원가요소와 물품의 인도장소 등을 감안하여 정하여지게 된다. 그러나 매매당사자간에 이러한 점을 고려하여 매 거래시마다 계약서상에 구체적으로 나열하여 정한다는 것은 번잡하고 불편한 일이다. 따라서 실제 거래에서는 국제적으로 무역거래관습으로 형성된 정형거래규칙을 기초로 하여 매매가격이 산출되고 있다.

이를테면 FOB 또는 CIF 등의 간단한 정형의 사용으로 국가간 상관습의 상이함에서 오는 불충분한 지식과 해석상의 상이점 및 실무상의 번거로운 점들을 대부분 해소시킬 수 있다. 1936년 국제상업회의소(International Chamber of Commerce: ICC)는 "무역거래조건의 해석에 관한 국제규칙"(International Rules for the Interpretation of Trade Terms)을 제정하였다. 이 통일 규칙을 "Incoterms"[17)]라고 한다. 인코텀즈는 그동안 7차례의 개정이 있었고 현재 "Incoterms® 2010"에 규정하고 있는 11가지 거래조건이 사용되고 있다.

---

17) International Commercial Terms의 세 단어를 조합한 것으로 동 규칙은 1936년에 최초로 간행되어 공식명칭은 "International Rules for the Interpretation of Trade Terms"이다; Jan Ramberg, *Guide to Incoterms*, ICC Publishing S.A., 1991, p. 8; 그러나 2010년 제7차 개정부터는 "국내 및 국제무역거래조건의 사용에 관한 국제상업회의소 규칙" (ICC rules for the use of domestic and international trade terms")이라고 부제를 달고 모든 거래규칙 바로 다음에 Incoterms® 2010"이라는 등록상표를 표기하도록 하였다.

인코텀즈는 국제물품매매계약서에서 가격채산과 인도(delivery)에 대한 기준을 설정하기 위하여 무역업계에서 널리 채택, 사용되고 있다. 한편 미국은 1919년에 제정하고 1941년 및 1990년에 개정한 전미무역협회(National Foreign Trade Council)의 "개정미국무역정의"(Revised American Foreign Trade Definition, 1990)[18]에 의해 독자적으로 미국관습의 특징적 성격을 거래규칙으로 규정하고 있지만 국제성이 없는 규칙이라고 할 수 있다.

또한 1932년 국제법협회(International Law Association: ILA)는 "CIF계약에 관한 와르소 · 옥스포드 규칙"(Warsaw-Oxford Rules for C.I.F. Contract, 1932)을 제정하여 CIF규칙에서의 당사자간의 권리 · 의무 관계를 다루고 있다.

이와 같은 정형거래규칙의 선택은 매매당사자간에 계약자유의 원칙(principles of autonomy of contract)에 따라 어떠한 규칙을 채택할 것인가를 계약시에 명시적으로 약정하는 것이 무엇보다도 중요하다.[19] 왜냐하면 FOB, CIF규칙이라도 서로 다른 관습으로 인하여 상거래분쟁이 야기될 수 있기 때문이다.

(2) 매매가격의 원가요소

물품의 수출 또는 수입가격은 여러 가지의 원가요소를 포함하여 가격을 제시하게 된다. 수출가격은 물품을 직접 제조하거나 타사에서 구매하는 물품원가(manufacturing or purchasing cost), 즉 기본원가와 수출상 내의 타부문 간접비를 배분받는 간접원가에다 거래조건에 따라 절차상의 부대비용과 예상이익(expected profit)을 포함하여 가격제시를 하여야 한다. 또한 수입가격은 매도인의 선적물품원가를 기본원가로 하여 수입자 부서 이외의 타부문 간접비를 계상한 간접원가와 거래조건에 따른 부대비용 및 예상이익 등의 요소를 모두 포함하여 수입가격의 원가로 삼는다.

다음의 〈표 3-1〉은 "Incoterms® 2010"에 의거 정형거래규칙별 매매가격에 대한 원가구성요소들을 나타낸 것이다. 현재 사용되고 있는 인코텀즈에 규정된 정형거래규칙에 대해서는 제 6 장에서 상술하기로 한다.

---

18) 개정미국무역정의에서는 FOB조건을 6가지로 구분하고 기타 조건 5가지에 대하여 거래조건을 규정하고 있다.

19) 매매계약의 약정은 "The trade rules used under this contract shall be governed and interpreted by the provisions of Incoterms® 2010"과 같이 한다.

〈표 3-1〉 "Incoterms® 2010"의 정형거래규칙별 원가구성요소

원가구성요소 / 정형거래규칙	기본원가	간접원가	예상이익	부대비용															
				수출지 발생									운송과정 발생		수입지 발생				
	물품제조·구매원가	사업부문별간접원가	이익	포장 및 화인비	물품점검비	수출지내륙운송비	최초운송인측인도비용	수출통관제비용	수출제세 및 부과금	선적항부선사용료	인도서류제공비용	선적항본선선적비용	해상운임	적화보험료	목적항양화비	목적지내륙운송비	수입관세	수입통관제비용	수입제세 및 부과금
1. EXW	○	○	○	○	○														
2. FCA	○	○	○	○	○	○	○	○	○	◎	○								
3. FAS	○	○	○	○	○	○	○	○	○	◎	○								
4. FOB	○	○	○	○	○	○	○	○	○	○	○	○							
5. CFR	○	○	○	○	○	○	○	○	○	○	○	○	○		◈				
6. CIF	○	○	○	○	○	○	○	○	○	○	○	○	○	○	◈				
7. CPT	○	○	○	○	○	○	○	○	○	○	○	○	○		○	△			
8. CIP	○	○	○	○	○	○	○	○	○	○	○	○	○	○	○	△			
9. DAT	○	○	○	○	○	○	○	○	○	○	○	○	○	○	○	△			
10. DAP	○	○	○	○	○	○	○	○	○	○	○	○	○	○	▲	△			
11. DDP	○	○	○	○	○	○	○	○	○	○	○	○	○	○	▲	△	○	○	○

주: 1) ○표는 매도인 부담비용, 공란은 매수인 부담비용
2) ◎표는 선적항에서 부선이 사용될 경우 매도인 부담비용
3) ◈표는 정기선 운송시 운임에 양화비가 포함될 경우 매도인 부담비용
4) △표는 운송계약에 따라 지정목적지까지 내륙 운송될 경우 매도인 부담비용
5) ▲표는 지정목적지에서 양화를 위하여 준비된 도착 운송수단상에서 매수인의 임의처분 상태로 둘 경우 매도인 부담비용
6) 단일 또는 복수의 모든 운송방식을 위한 규칙 : EXW, FCA, CPT, CIP, DAT, DAP, DDP
7) 해상 및 내수로 운송을 위한 규칙 : FAS, FOB, CFR, CIF

(3) 매매가격의 표시통화

통화(currency)는 국가마다 고유의 통화를 사용하고 있기 때문에 무역거래에서는 매매당사자간 어느 나라의 어떠한 통화를 사용할 것인가에 대하여 약정해 두어야 한다. 예컨대 달러(Dollar)라고만 표시했다면 달러를 사용하는 나라가 미국을 위시하여 캐나다, 오스트레일리아, 싱가포르, 홍콩 등 여러 나라가 있고 그 대외가치도 서로 달라 대금결제시에 문제가 된다. 그러므로 미국 달러는 USD(또는 US$), 캐나다 달러는 CAD(또는 C$), 오스트레일리아 달러는 AUD(또는 A$), 싱가폴 달러는 SGD(또는 S$), 그리고 홍콩 달러는 HKD(또는 HK$)과 같이 국가별 통화단위를 명확히 표시하여야 한다.[20]

또한 무역거래에 사용되는 통화는 안정성(stability)과 교환성(convertibility) 및 유동성(liquidity)이 있는 통화를 고려하여야 한다.

2.4 선적조건

선적(shipment)이라는 의미는 본선적재(loading on board), 발송(dispatching), 운송을 위한 인수(accepted for carriage), 비행일(flight date), 우편수령일(date of post receipt), 접수일(date of pick-up) 및 복합 운송을 요구하거나 허용할 경우에는 수탁(taking in charge)의 뜻을 표현하는 것으로 광범위하게 사용되고 있다.[21]

---

20) 국제표준기구(ISO)의 국별 통화코드(currency code) 기준에 의거 외국환은행이 고시하고 있는 주요국별 통화는 다음과 같다.

미국 USD (US Dollar), 일본 JPY (Yen), 유럽연합 EUR (Euro), 영국 GBP (Pound Sterling), 스위스 CHF (Swiss Franc), 캐나다 CAD (Canadian Dollar), 호주 AUD (Australian Dollar), 스웨덴 SEK (Swedish Krone), 덴마크 DKK (Danish Krone), 노르웨이 NOK (Norwegian Krone), 뉴질랜드 NZD (New Zealand Dollar), 홍콩 HKD (Hong Kong Dollar), 태국 THD (Baht), 싱가포르 SGD (Singapore Dollar), 인도 INR (Indian Rupee), 인도네시아 IDR (Rupiah), 말레지아 MYR (Malaysian Ringgit), 사우디 SAR (Saudi Riyal), 아랍에미레이트 AED (UAE Dirham), 쿠웨이트 KWD (Kuwaiti Dinar), 바레인 BHD (Bahraini Dinar), 중국 CNY (Yuan Renminbi), 대만 TWD (New Taiwan Dollar), 파키스탄 PKR (Pakistan Rupee), 방글라데시 BDT (Taka), 필리핀 PHP (Phililline Peso), 피지 FJD (Fiji Dollar), 이집트 EGP (Egyptian Pound), 멕시코 MXN (Mexican Peso), 브라질 BRL (Brazilian Real), 브르네이 BND (Burnei Dollar), 이스라엘 ILS (New Israeli Sheqel), 요르단 JOD (Jordanian Dinar), 터키 TRL (Turkish Lira).

21) UCP 400, Article 46-a; UCP 600, Article 19~25.

따라서 선적은 계약물품을 선적항의 지정선박에 적재 뿐만 아니라 복합운송이 이루어지는 경우 매도인의 공장 문전에서 운송인(carrier)에게 인도하는 것을 포함하는 개념으로 이해하여야 한다.

무역계약서에서의 선적에 관한 조건은 물품을 어느 시기에 선적할 것인지를 약정하는 것이다. 따라서 인도(delivery)라는 용어의 의미를 명확하게 이해하여야 한다. 영미법에서 물품의 인도는 특정인이 타인에게 임의적으로 점유를 이전(voluntary transfer of possession)시키는 것이라고 하고 있다.[22] 계약물품을 인도하는 장소가 적출지인지 양륙지인지 오해의 여지가 있으므로 인도조건(delivery terms)보다는 선적조건(shipment terms)으로 약정하는 것이 혼돈을 예방할 수 있다.

물품인도의 의무를 이해하는 데는 인도장소, 인도방법 및 인도시기에 대한 약정이 필요하다. 인도장소는 인코텀즈상의 가격조건(price terms)을 고려하여 결정하여야 한다. 인도방법은 서류에 의한 상징적 인도(symbolic delivery)이냐 또는 현물의 현실적 인도(actual delivery)이냐에 따라 다르다. 또한 인도시기[23]는 적출지에서의 선적되는 시기를 고려하여 약정하여야 한다.

선적조건(shipment terms)에서는 ① 선적시기의 약정, ② 분할선적(partial shipment)과 환적(transshipment)의 허용여부, ③ 선적지연에 따른 면책조항 설정, ④ 선적일자의 해석기준 등에 대하여 합의해야 하는데 이에 대하여 살펴보기로 한다.

(1) 선적시기의 약정

선적시기는 특정한 달(月) 또는 일정한 기간 내에 약정하는 방법이 일반적이다. 특정한 달로 거래를 할 경우에는 보통 단월로 "March Shipment" 또는 연월로 "Shipment shall be effected from March to April, 20××"와 같이 명시하게 되는데 3월 선적이라 함은 3월중(during March), 즉 3월 1일에서 3월 31일 사이에 아무날이나 선적하여도 되며 3~4월 선적조건으로 합의하면 3월에서 4월 사이에

---

22) SGA, §62(1): Uniform Sales Act(U.S.A), §76(11).

23) CISG에서 물품의 인도시기는 (a) 일자가 계약에 의하여 확정되어 있거나 또는 확정될 수 있는 경우에는 그 일자, (b) 기간이 계약에 의하여 확정되어 있거나, 또는 확정될 수 있는 경우에는 매수인이 일자를 선정하여야 하는 상황이 명시되어 있지 않는 한 그 기간 내의 임의의 일자, 또는 (c) 기타의 경우에는 계약체결 이후에 상당한 기간 내라고 규정하고 있다; CISG, 1980, Article 33.

선적이 이행되어야 함을 의미한다.

실무적으로 무역계약을 체결할 경우에는 보통 "Terms of Shipment: Within two months after receipt of L/C"라는 표현을 많이 쓰고 있는데 이때 신용장을 수령한 후 2개월 기산 기준이 통지은행의 실제 통지일자(date of credit advice)인지 수익자(beneficiary)가 통지된 신용장을 수령하는 일자를 기준할 것인지 문제가 될 수 있으므로 "Terms of Shipment: Within sixty days from the date of this contract"와 같이 본 계약체결일자로 60일 이내에 선적하는 것으로 표현하는 것이 훨씬 명확하다.

또한 신용장은 계약체결 후 10일 이내에 정식 전송신용장을 발행하는 것으로 합의하여 두는 것이 좋다.

특히 신용장거래에서는 선적기간을 위하여 사용된 경우 "to," "until," "till," "from," "between"이라는 단어는 언급된 일자 및 일자들을 포함하며, "before" 및 "after"라는 단어는 언급된 일자를 제외한다.[24] 또한 "Shipment shall be effected during first half of March, 20××"와 같이 어느 달의 전반(first half) 후반(second half)이라는 용어는 그달의 1일부터 15일 그리고 16일부터 말일까지를 포함하는 것으로 보며[25] 만일 어느 달의 상순(beginning), 중순(middle) 또는 하순(end)이라는 용어는 그 달의 1일부터 10일, 11일부터 20일 그리고 21일부터 말일까지를 포함하는 것으로 간주된다.[26]

특히 주의하여야 할 사항은 선적시기에 관하여 모호하게 즉시 선적이라는 표현을 사용하지 말아야 한다. 즉시선적이란 선적시기를 특정 월이나 기간으로 명시하지 아니하고 "immediate shipment," "prompt shipment"처럼 막연하게 선적하도록 하는 것인데 이러한 표현은 매매당사자간에 분쟁이 야기되기 쉽다. 신용장거래와 관련하여 "prompt," "immediately," "as soon as possible" 등 유사한 표현을 사용해서는 안 된다. 만일 그런 용어가 사용되었을 경우에는 은행은 무시하도록 하고 있다.[27]

또한 신용장상의 선적시기에 관하여 융통성 있는 표현으로 "Shipment shall be effected on or about March 10, 20××"과 같이 "on or about" 란 표현과 이

24) UCP 600, Article 3.

25) *Ibid.*

26) *Ibid.*

27) *Ibid.*

와 유사한 표현이 사용될 경우에는 선적이 지정일자인 3월 10일로부터 5일 전후까지의 기간 내에 선적이 이행되어야 하는 것으로 해석하며 전후 양말일은 각각 포함되는 것으로 간주하고 있다.[28)]

(2) 분할선적과 환적의 허용여부

매매계약시에 분할선적(partial shipment)이나 환적(transshipment)[29)]을 허용하느냐의 유무는 보통 "Partial shipments are allowed(or prohibited)" 및 "Transshipment is allowed(or prohibited)" 등으로 약정하면 된다. 신용장에서는 분할선적을 금지하는 문언이 없을 경우, 분할선적이 허용되는 것으로 간주 된다.[30)] 그러나 분할선적이 허용되면서 "March and April shipment equally divided"와 같이 할부선적(shipment by instalment)이 요구되고 있을 경우에는 수익자가 그 할부선적분 중 어느 부분에 대하여 소정의 기간 내에 선적을 이행하지 못한 때에는 별도의 약정[31)]이 없는 한 그 불이행분은 물론이고 그 이후의 모든 할부분에 대하여도 무효가 된다.[32)]

또한 동일운송수단(same means of conveyance), 동일항해(same voyage)에 이루어진 수회 선적에 대한 분할선적여부의 문제로 해상운송 또는 해상운송을 포함하는 두 가지 이상의 운송방식에 의한 각 선적은 본선적재를 표시하는 운송서류에 상이한 발행일자를 나타내거나 상이한 본선적재항을 표시하고 있을 지라도 분할선적으로 간주되지 않는다.[33)]

환적(transshipment)에 대한 문제는 신용장통일규칙[34)]에서도 운송서류는 전운송이 하나의 동일한 운송서류에 의하여 커버된다면 환적됨을 표시할 수 있고, 신용장이 환적을 금지하고 있는 경우에도 환적이 행하여질 수 있는 운송서류를

28) *Ibid.*; 이 경우 선적이 허용되는 일자는 3/5, 3/6, 3/7, 3/8, 3/9, 3/10, 3/11, 3/12, 3/13, 3/14, 3/15 모두 11일이 된다.
29) UCP 600, Article 20-b~c.
30) UCP 600, Article 31-a.
31) 특약에 의하여 할부된 매 선적을 별도의 독립된 거래로 할 수 있다. 예컨대 "In case of shipment by instalment, each shipment shall be regarded as a separate and independent contract."와 같은 문언을 이용한다.
32) UCP 600, Article 32; 신용장상에 할부선적 1회분 내에서 분할선적(partial shipment within an instalment)을 허용하고 있지 않으면 할부기간 내의 분할선적도 금지된다.
33) UCP 600, Article 31-b.
34) UCP 600, Article 19-c.

수리하는 것으로 규정하고 있어 이에 대한 분쟁은 해소되고 있지만, 예를 들면, 유리그릇이나 도자기류 등 깨지기 쉬운 물품은 직항선(direct vessel)을 이용하는 것이 현명하다 할 것이다.

(3) 선적지연에 따른 면책조항의 설정

매도인이 고의, 과실 또는 태만으로 인하여 약정된 기간 내에 선적이 미이행되어 선적지연(delayed shipment)이 야기되었을 경우에는 당연히 매도인이 책임을 져야 한다. 그러나 선적지연 원인이 천재지변(act of God)이나 전쟁(war) 등 기타 불가항력(force majeure)의 경우에는 수출지의 주재 상대방의 공관장이나 상공회의소 등 공적기관의 동 사태에 대한 입증을 통하여 선적을 일시 지연시키거나 선적의무를 면제받을 수 있다. 이와 같은 불가항력사태가 발생할 경우를 대비하여 매매계약시에는 불가항력조항(force majeure clause; contingency clause)을 설정하여 두는 것이 중요하다. 불가항력조항은 추상적이어서는 안 되고 구체적으로 약정하여야 한다. 그 이유는 영미법상의 "동종문언의 원칙"(ejusdem generis rule)[35]이 적용되기 때문이다.

불가항력조항의 예는 "어느 당사자도 본 계약을 이행 할 수 없는 사유가 천재지변, 화재, 홍수, 파업, 노동쟁의, 기타 노사분규, 불가피한 사고, 전쟁(선전포고 여부를 불문하고), 테러행위, 수출금지, 봉쇄, 법적 규제, 소요, 내란, 기타 당사자가 지배할 수 없는 일체의 원인에 의한 때에는 그 불이행에 대하여 면책된다"와 같이 가능한 한 상세하고 명확하게 다음과 같이 설정하여 두는 것이 바람직하다.

> "Force Majeure: Neither shall be liable for failure to perform its part of this contract when such failure is due to acts of God, fire, flood, strikes, labor troubles or other industrial disturbances, inevitable accidents, war(declared or undeclared), acts of terrorism, embargoes, blockades, legal restrictions, riots, insurrections, or any causes beyond the control of the parties"

35) "any causes beyond the conrtol of the parties"와 같이 일반적이고 포괄적인 문언을 불가항력조항에 삽입하였을 때, 그 효력이 무조건 인정되는 것이 아니라 동일한 종류의 사유의 경우에 한한다는 원칙을 말한다.

(4) 선적일자의 해석기준

선적일자는 보통 운송서류(transport documents)의 일자를 기준으로 하여 약정된 기간 내에 선적이행이 되었는지, 지연선적이 되었는지를 판단하게 된다. 운송서류 중 예컨대, 본선적재해상선화증권(on board marine bill of lading)의 경우에는 본선적재일(loading on board date)과 발행일(date of issue)이 동시에 기재되기 때문에 선적일자에 대한 증명과 해석기준이 문제가 된다. 따라서 무역계약시에 이를 명확히 하기 위하여 다음과 같이 약정하도록 한다.

> "The date of Bill of Lading(or transport document) shall be taken as the conclusive proof of the date of shipment and the date of issuance of transport document determined in accordance with UCP 600 shall be taken to be the date of shipment."

이렇게 확약해두면 선화증권(운송서류)상의 일자가 선적일자의 결정적 증거로 간주되고, 화환신용장통일규칙에 따라 운송서류의 발급일자가 선적일자로 간주되기 때문에 신용장거래에도 그대로 적용하게 된다.

신용장 방식에 의한 대금결제에서 선적일자의 해석기준은 신용장통일규칙에서 운송서류별로 다음과 같이 규정하고 있다.

① 해상/해양선화증권(Marine/Ocean Bill of Lading)의 경우에는 본선적재일(date of loading on board) 또는 선적일(date of shipment).[36)]

② 비유통 해상화물 운송장(Non-Negotiable Sea Waybill)의 경우에는 발행일(date of issuance) 또는 본선적재일(date of loading on board).[37)]

③ 용선계약선화증권(Charter Party Bill of Lading) 의 경우에는 발행일(date of issuance) 또는 본선적재일(date of loading on board).[38)]

④ 복합운송서류(Multimodal Transport Document)의 경우에는 발송일(date of dispatch), 수탁일(date of taking in charge), 또는 본선적재일(date of loading on board).[39)]

---

36) UCP 600, Article 20-a-ⅱ.
37) UCP 600, Article 21-a-ⅱ.
38) UCP 600, Article 22-a-ⅱ.
39) UCP 600, Article 19-a-ⅱ.

⑤ 항공운송서류(Air Transport Document)의 경우에는 신용장이 실제의 선적일에 관한 특정표기를 포함하지 아니한 경우 외에는 발행일(date of issuance).[40)]

⑥ 도로 · 철도 · 내수로 운송서류(Road, Rail or Inland Waterway Transport Document)의 경우에는 운송서류가 물품수령스탬프가 찍혀 있으면 수령 스탬프일자(date of the reception stamp) 그렇지 않으면 발행일(date of issuance).[41)]

⑦ 특사(Courier)를 이용할 경우에는 접수일(date of pick-up) 또는 수령일(date of receipt).[42)]

⑧ 우편수령증(Post Receipt)의 경우에는 발송지에서의 스탬프 일자(date of stamp).[43)]

또한 선적일의 증명에 관하여 "CIF계약에 관한 와로소 · 옥스퍼드 규칙"에서는 "운송계약의 증명으로 유효하게 제공된 선화증권이나 기타 서류에 기재된 선적일 또는 운송인에게의 인도일은 그 날에 실제로 선적 또는 인도하였다는 일단의 추정적 증거(prima facie evidence)가 된다"[44)]고 규정하고 있다.

따라서 무역거래에서의 운송서류는 가격조건과 신용장의 운송서류문언과 상호보완적 관계를 갖게 된다.

2.5 대금결제조건

매매당사자는 물품매매계약을 체결할 때 대금결제조건(payment terms)으로 ① 대금결제의 방식, ② 대금결제의 시기, ③ 결제통화 등에 대하여 약정하여야 한다.

(1) 대금결제의 방식

무역대금의 결제방식으로는 신용장방식(L/C basis)에 의한 결제, 추심방식(collection basis)에 의한 결제 및 송금방식(remittance basis)에 의한 결제로 크게 구분할 수 있는데 이 중 신용장방식에 의한 결제가 가장 보편적인 방식이다.

---

40) UCP 600, Article 23-a-iii.
41) UCP 600, Article 23-a-ii.
42) UCP 600, Article 25-a-ii.
43) UCP 600, Article 25-c.
44) I.L.A., Warsaw-Oxford Rules for C.I.F. Contracts, 1932, Rule 3.

1) 신용장방식에 의한 결제

신용장(Letter of Credit: L/C)은 매수인의 거래은행인 신용장발행은행(issuing bank)이 신용장 제조건에 일치되고 약정된 기간 내에 신용장상에 요구된 서류가 제시되었을 때 수익자(beneficiary)인 수출자에게 대금지급 할 것을 확약한 것이다.[45] UCP 600 제2조에서는 "신용장이라 함은 그 명칭이나 기술에 관계없이 일치하는 제시를 인수 · 지급하기 위한 발행은행의 취소불능적인 그리고 분명한 확약을 구성하는 모든 약정을 말한다"고 정의하고 있다. 이를 한 마디로 표현하면 "은행의 조건부 지급확약"(conditional bank undertaking of payment)[46]이라고 말할 수 있다. 여기에서 조건부 확약이란 신용장조건, 신용장통일규칙의 적용 가능한 규정 및 국제표준은행관행을 종합적으로 고려하여 일치하는 제시에 대한 발행은행의 취소불능적인 확약을 말한다.

신용장에 의한 결제는 추심방식이나 송금방식에 비하여 금융기능과 지급확약기능을 갖고 있어 금융적 불편이나 신용위험을 대폭 감소시킬 수 있는 편리성과 매매당사자에게 유용성이 있기 때문에 많이 이용되고 있다.

신용장을 결제수단으로 이용하고자 할 경우에는 다음의 예와 같이 약정한다.

> "Payment Terms: Under irrevocable L/C at sight to be issued in favor of A & B Co., Ltd., Seoul."
> "Payment Terms: By an irrevocable L/C at 30 days after sight to be issued in our favor. Usance interest to be covered by buyer."

2) 추심방식에 의한 결제

추심방식에는 어음지급서류인도조건(Documents against Payment: D/P)과 어음인수서류인도조건(Documents against Acceptance: D/A)이 있다. D/P조건은 수출자와 수입자의 매매계약에 따라 물품을 선적하고 준비된 서류에 일람출급환어음(sight bill of exchange)을 발행하여 자신의 거래은행, 즉 추심의뢰은행(remitting bank)을 통하여 수입자의 거래은행인 추심은행(collecting bank)을 통하여 수입자에게 어음을 제시하고 어음금액을 일람출급 받는 거래방식을 말하며, D/A조건은 D/P거래와 추심경로는 같으나 다른 점은 일람후정기출급 또는 확정일부 환어음을 발행하고 수입자는 그 제시된 어음을 일람출급함이 없이 인수만 함으로써 서

45) M. A. Davis, *The Documentary Credits Handbook*, Woodhead-Faulkner, New York, 1989, p. 3.
46) ICC, *Guide to Documentary Credit Operation*, ICC Publishing S. A., 1985, p. 6.

류를 인도받은 후 만기일(maturity)에 지급하는 거래방식이다.

이처럼 D/P · D/A거래방식은 은행이 대금지급에 대한 확약은 없이 오직 수입자의 신용만을 믿고 매매당사자의 계약서[47]만을 근거로 대금을 추심하는 방식이기 때문에 본지사간거래[48]나 신용이 있는 거래처 사이에만 이용하는 것이 결제상의 위험을 줄일 수 있다.[49]

D/P · D/A거래방식을 사용하기 위하여는 다음의 예와 같이 그 결제조건을 약정한다.

"Payment Terms: Under D/P at sight in U.S. Dollars."
"Payment Terms: Under D/A at 30 days after sight in U.S. Dollars. Usance interest to be covered by buyer."

3) 송금방식에 의한 결제

송금방식은 수입자가 수출자 앞으로 물품대금을 송금하여 주는 방식으로 수출자의 입장에서는 수출대금의 회수불능과 같은 위험은 없어 좋은 조건이라고 할 수 있으나, 수입자로서는 수출자가 계약물품을 선적이행하지 않는다든가 품질 · 수량 등 계약조건을 이행하지 않을 수도 있기 때문에 불리한 입장에 있다고 할 수 있다. 송금방식에는 송금수표(Demand Draft: D/D),[50] 우편송금환(Mail Transfer: M/T), 전신송금환(Telegraphic Transfer: T/T) 등 세 가지가 있다.[51]

이와 같은 송금방식은 물품선적(인도)을 기준으로 매매계약체결 이후 선적 전에 이루어지는 사전송금방식과 선적 이후에 이루어지는 사후송금방식이 있다. 송금방식으로 계약을 체결할 경우에는 사전송금방식으로 약정하는 것이 수출자에게 좋다.

송금수표는 은행이 발행하는 수표를 수취인에게 송금인이 직접 보내기 때문에 우송사고의 위험성은 약간 있지만 소액송금시 많이 사용하고 있다. 수출상이 대금결제수단으로 수표를 받았을 경우에는 신용 있는 은행이 발행한 이른

47) 일반수출계약서와 구별하여 선수출계약서라고 부른다.
48) 해외지점이나 해외현지법인과의 거래를 포괄한다.
49) 대금결제상의 위험을 감소하기 위하여 한국무역보험공사의 수출보험에 부보하면 수출자의 귀책사유가 없을 때에 어음금액의 90% 이내에서 보상받을 수 있다.
50) 보통송금환이라고도 한다.
51) 이와 같은 세 가지 송금방식을 단순송금방식이라고 하며 후술하는 CAD와 COD방식과 구별하고 있다.

바, 은행수표(banker's check)인지 회사나 개인자격으로 발행한 개인수표(personal check)인지를 잘 검토하고 개인수표는 공신력이 없으므로 가급적 은행수표를 이용하도록 하는 것이 좋다.[52)]

우편송금환은 은행이 수취인에 대하여 일정한 금액지급을 위탁하는 지급지시서(payment order)를 우편에 의해 통지하는 방법으로 지급을 요하지 않는 소액송금시에 많이 사용된다.

전신송금환은 우편송금환과 비슷하나 지급지시를 우편에 의하지 않고 전신(cable)으로 하는 점이 다르고 많은 금액을 급히 송금하고자 할 경우 이용되고 있다.

이상과 같은 세 가지 방법 중 수취인인 수출자측에서 가장 안전하고 유리한 것은 전신송금환에 의한 것이다.[53)]

대금결제수단으로 송금방식을 이용하고자 할 경우에는 다음과 같이 약정한다.

"Payment Terms: Under T/T basis in U.S. Dollars within ten days after date of contract."
"Payment Terms: Under Banker's Check basis in U.S. Dollars within ten days after date of contract."

(2) 대금결제의 시기

1) 환어음의 지급기한

신용장방식과 추심결제방식인 D/P·D/A조건은 보통 환어음(draft)에 의하여 결제가 이루어진다. 수출자는 계약물품을 선적한 후 대금결제를 위하여 요구서류를 준비하여 환어음을 발행한다. 이때 발행되는 환어음은 일람출급환어음(sight draft; sight bill of exchange)과 기한부환어음(usance draft; usance bill of exchange)이 있다. 환어음의 지급기간(tenor of draft)은 일람출급 또는 기한부환어음에 의하여 결정된다.

---

52) 수표상에 지급은행(paying bank)이 기재되어 있다 하더라도 수표발행 자격이 은행인지 회사 또는 개인인지를 잘 검토하여야 한다.

53) 외국환은행이 전신송금환(T/T)을 매입할 경우의 환율은 매입당일의 대고객 전신환매입률(T/T buying rate)을 적용하므로 은행수표 등을 지급은행 앞으로 추심할 경우 추심전 매입시 우편일수만큼의 환가료(exchange commission)를 공제하여 적용하는 일람출급환율(at sight rate)보다 수출자(수취인)측이 유리하다.

일람출금환어음이란 매도인이 발행한 어음이 어음지급인(drawee)[54]에게 제시되면 이를 일람함과 동시에[55] 환어음금액을 지급하는 것으로 무역거래에서 결제가 이루어지는 기간은 그 결제기간에 소요되는 우편일수(mail day) 이내이므로 신속하게 이루어진다. 일람출급환어음 요구 문언은 보통 "… drafts drawn at sight …"과 같이 표현된다.

한편 기한부환어음은 매도인이 발행한 어음이 어음지급인에게 제시되면 지급인이 그 환어음을 인수(acceptance)하여 일정기간 지급유예를 받고 만기일(maturity)에 지급하는 것으로 여기에는 "at 30 days after sight"와 같이 일람 후 30일 되는 날에 지급이 이루어지는 일람후정기출급, "at 30 days from date of B/L"과 같이 선화증권일자[56]로부터 만기일에 지급이 이루어지는 발행일자후정기출급, "on May 30, 20××"처럼 특정일에 지급이 이루어지는 확정일출급(on fixed date) 등이 있다.

매매계약시에 주의하여야 할 사항은 특히 기한부환어음의 경우에 지급을 유예하여 주는 기간 동안의 이자(usance interest)는 매도인과 매수인 사이에 어느 편에서 부담하는가를 확약하는 일이다. 예컨대, "Usance interest(or Discount charge) to be covered by buyer"와 같이 약정하여야 수입자 역시 신용장발행을 의뢰할 때 동 기간에의 이자부담자는 "buyer"라고 신용장에 명시하도록 요청하게 되는 것이다.

2) 선지급(payment in advance)

물품의 선적 또는 인도되기 전에 미리 대금을 지급하는 조건으로 주문과 함께 송금수표나 우편송금환 또는 전신송금환 등에 의하여 송금되는 단순송금방식(remittance basis),[57] 수출자가 신용장수령과 더불어 미리 대금부터 결제되는 선대신용장(red clause L/C), 그리고 주문과 동시에 현금결제가 이루어지는 주문시지

54) 신용장거래일 경우에는 은행이 지급인이 된다. 보통 신용장상에는 "drafts drawn on ×× bank"와 같이 on 뒤에 지급인(drawee)을 명시한다.

55) 일람출급환어음의 결제기간은 국가마다 그 나라의 어음법 내지 관계법규에 따라 상이하다.

56) 신용장에서 운송서류발행일자의 해석기준은 UCP 600 제19조에서 제20조까지를 참조하여야 한다.

57) 단순송금방식도 수출자의 물품인도를 기준으로 물품인도전에 송금이 이루어지는 사전송금방식(이 경우에는 선지급)과 물품인도 이후 송금이 이루어지는 사후송금방식(이 경우에는 후지급)이 있다. 보통 단순송금방식이라고 하면 사전송금방식을 고려할 수 있으나 계약시에는 이를 분명하게 약정하여야 한다.

급(cash with order: CWO) 등과 같은 방법이 있는데 이 경우 수출자는 대금을 미리 받고 물품을 선적하게 되므로 자신에게는 매우 유리한 지급조건이다.[58)]

3) 동시지급(concurrent payment)

물품울 인도받거나 물품을 화체한 서류를 인도받음과 동시에 대금지급이 이루어지는 방식이다. 이에는 매도인이 비용과 위험을 부담하고 수입지에서 현품과 교환하여 대금지급이 이루어지는 현품인도지급(cash on delivery: COD),[59)] 선화증권을 포함한 기타 계약시 요구된 결제서류와 교환하여 대금지급이 이루어지는 서류상환지급(cash against documents: CAD)이 있는데[60)] COD는 매수인에게 매우 유리한 방식이다. 이와 같이 동시지급이 이루어지기 위해서는 CAD방식은 수입지에 매도인의 지점(branch)이나 대리인 또는 지정은행이 있어야 하고, CAD방식은 수출지에 매수인의 지점이나 대리인 또는 지정은행이 있어야 거래가 가능하기 때문에 계약시에 이와 같이 동시상환지급이 가능한지를 고려하여야 한다.

4) 후지급(연지급, deferred payment)

물품의 선적 또는 결제서류 인도 후 일정한 기간이 경과된 이후에 대금지급이 이루어지는, 즉 외상거래방식이 연지급조건이다. 보통 기한부신용장(usance L/C)이나 D/A거래와 같이 1년 이내의 기간에 지급되는 것을 단기연지급, 1년 이상의 거래를 중장기연지급이라고 한다.

후지급의 대표적인 예는 외상판매(sales on credit), 위탁판매(sales on consignment) 및 장부결제(청산계정, open account)[61)] 등이 있다.

(3) 결제통화

앞서 언급한 바와 같이 무역매매가격의 산출시에 통화의 표시를 어느 나라의 통화로 계약할 것인가를 약정하는 것이 중요한데 보통은 품목(commodity), 수량(quantity), 단가(unit price), 금액(amount)이 명시될 때에는 단가와 금액란에 "@

58) 지급시기가 혼합된 지급방식에는 누진지급(progressive payment)과 할부지급(instalment payment)이 있는데, 이는 물품대금의 주문과 동시에 대금의 일부를 지급하고 선적시 및 물품도착 후 일정기간(수년)에 걸쳐 나누어 누진적으로 지급하는 결제방식이다.

59) 보석 등 귀금속류의 거래에 사용되고 있다.

60) COD와 CAD를 대금교환도조건이라고 한다.

61) open account란 거래관계가 빈번히 이루어지는 매매당사자간에 매거래시에 물품대금을 결제하지 않고, 이것을 장부상에 상쇄하고 일정기간마다 그 차액만을 청산하여 결제하는 방식을 말한다.

US$ 5.30" "US$53,000"과 같이 각각 표시하면 되지만, 결제조건(payment terms)을 언급할 때 "Payment Terms: Under T/T basis in U.S. Dollars within ten days after date of contract."와 같이 결제통화를 명시하여 두는 것이 중요하다.

2.6 보험조건

물품을 운송하는 과정에 선박의 좌초(stranding), 침몰(sinking), 충돌(collision) 등과 같은 해상 고유의 위험(perils of the seas)이나 전쟁(war) 등과 같은 인위적 위험을 만날 가능성이 있다. 이러한 위험을 담보받기 위해서는 적화보험(cargo insurance)을 부보(cover)하여 만일의 손해발생에 대비하여야 한다.

Incoterms® 2010의 CIF나 CIP규칙을 채택하여 매매계약을 체결할 경우에는 매도인이 적화보험계약을 체결하고, FOB 및 CFR과 같은 규칙을 채택할 경우에는 매수인이 각각 적화보험계약을 체결하여 보험부보를 하여야 한다.

무역계약시 보험조건(insurance terms)을 약정할 경우에는 보험목적물인 물품에 대하여 보험부보금액과 보험을 부보하는 목적물의 성질에 따라 어떠한 담보조건으로 부보할 것인가, 즉 보상범위의 선택이 중요하다.

(1) 보험부보금액의 약정

적화보험을 부보하기 위해서는 보험금액(insured amount)을 얼마로 할 것인가를 고려하여야 한다. 보험금액이란 보험사고 또는 손해가 발생한 경우 보험자(insurer; assurer)가 지급해야 하는 금액 또는 그 최고한도의 금액으로 보험계약의 체결에 있어 보험자와 피보험자(insured; assured)간에 약정된 금액을 말한다.

보험금액을 정하기 위해서는 매도인과 매수인 사이에 매매계약을 체결하면서 예컨대, "the amount of invoice plus 10%" 또는 "115 per cent of the CIF invoice value"와 같이 송장금액에 10%를 가산한 금액으로 부보할 것인가 또는 15%를 가산한 금액으로 부보할 것인가를 약정하여야 한다. 가산비율에 따라서 보험료(insurance premium)도 달라지기 때문에 부보금액을 약정할 때 매도인은 보통 최소부보금액으로 송장금액에 10%를 가산하여 부보하는 것이 일반적이다.

(2) 보상범위의 선택

적화보험에서의 보상범위는 계약에서 명시한 특정 원인에서 발생한 멸실(loss) 및 손상(damage)에 한정되어 있기 때문에 어떠한 멸실이나 손상이 발생되었다 하여도 약관상 특별히 제외되어 있는 경우에는 보상받지 못한다.

해상적화보험(marine cargo insurance)의 경우에는 런던보험업자협회(Institute of London Underwriters)가 "Lloyd's S.G. Policy"를 기초로 이른바 구약관인 "협회적화약관"(Institute Cargo Clause: ICC)에서는 기본적인 약관으로 전위험담보조건(All Risk: A/R)인 ICC(A/R), 분손담보조건(With Average: WA)인 ICC(WA), 단독해손부담보조건(Free from Particular Average: FPA)인 ICC(FPA)를 사용하였으나, 모호한 점을 개선한 신협회적화약관(Institute Cargo Clauses: ICC)으로 ICC(A), ICC(B), ICC(C)를 1982년부터 사용하여 왔다. 이 약관을 20여 년간 사용하여 오면서 그동안 테러행위(terrorism) 등 새로운 위험이 등장하고, 운송 및 보험 환경의 변화 등에 부응하기 위하여 런던국제보험인수업자협회(International Underwriting Association of London: IUA)는 로이즈보험시장협회(Lloyd s Market Association: LMA)와 합동적화위원회를 구성하여 1982년 ICC를 개정하여 2009년 1월 1일부터 신약관을 사용할 수 있도록 하였다. 2009년 신약관[62]에서는 A, B, C 조건의 체계는 같지만 약관의 재구성, 모호한 표현의 명확화 및 "underwriter"라는 용어가 "insurer"로 바뀌었다.

매매당사자간에 보험조건을 약정할 경우에는 보험자의 담보위험과 면책위험을 검토하여야 한다. 만일 ICC(A)로 부보하지 않고,[63] ICC(B)나 ICC(C)조건으로 부보시킬 경우에는 담보가 되지 않는 것이 많으므로, 물품의 성질과 운송상의 사정 등을 감안하여 예컨대, 유리그릇이나 도자기는 파손(Breakage)을 추가담보하는 등의 부가위험(additional risks)을 추가하여 적화보험을 부보하여야 한다.[64]

매매계약시에 해상적화보험 부보와 관련한 보험조건의 예를 들면 다음과 같다.

---

62) 2009년 신 협회적화약관에서는 ICC(A), ICC(B), ICC(C)의 기본약관과 협회전쟁약관(적화) 및 협회동맹파업약관과 같은 부대약관으로 구성되고 있다.

63) ICC(A)로 부보하더라도 전쟁위험(war risk)은 담보되지 않기 때문에 추가로 보험료를 내고 추가 담보하도록 보험을 부보하여야 한다.

64) Incoterms® 2010의 CIF규칙이나 CIP규칙에서는 매도인은 최소의 담보범위(minimum coverage)로 부보하기 때문에 매수인은 부가위험담보 해당 물품인지를 검토하여야 한다; Incoterms® 2010, CIF 및 CIP 매도인의 의무(A.3)

"Insurance Terms: All shipments shall be covered subject to ICC(C) for sum equal to the amount of the invoice plus 10(ten) per cent. War risk and/ or any other additional insurance required by buyer shall be covered at his own expenses. All policies shall be made out in U.S. Dollars and payable in New York."

2.7 포장조건

포장(packing)이란 물품의 운송, 보관, 적양화, 진열, 판매 등을 하는 데 있어 그 물품의 내용 및 외형을 보호하고 물품으로서의 가치를 유지하기 위하여 적절한 재료나 용기로 둘러싸는 기술작업 및 상태를 말한다.

수출포장은 원격지 운송물의 안전을 위하여 견고하면서도 경제성이 있고 취급하기가 용이하여야 한다.

무역계약에서 포장조건(packing terms)의 내용에 대해서는 ① 포장의 방법(packing method), ② 포장의 종류(kinds of package), ③ 화인(shipping marks) 등에 대하여 약정하여야 한다.

(1) 포장의 방법

포장을 하는 방법은 소매(retail)의 단위가 되는 개품 또는 최소의 묶음을 개별적으로 하는 소포장인 개장(unitary packing)과 개장물품을 운송 또는 취급하기에 편리하도록 몇 개의 개장을 합하여 행하고 내부결속, 충진, 칸막이 등을 행하는 내장(inner or interior packing) 그리고 한 개의 포장물의 외부용기에 대한 포장, 즉 용기의 종류에 따라 상자 또는 부대에 넣은 것과 같은 외장(outer packing)이 있다.

무역계약시에는 "inner packing"은 어떠한 방법으로 하고 모두 몇 개씩을 담아 "outer packing"을 하도록 할 것인가를 고려하여 약정하여야 한다.

(2) 포장의 종류

수출품의 포장은 의류, 완구 등 가벼운 일반잡화인 경우에는 종이상자(carton)를 이용한다. 이처럼 포장의 종류에 따라 상자, 베일(bale), 부대(bag), 통을 이용하거나 특수용기의 경우에는 용기포장을, 살물(bulk cargo)의 경우에는 무용기포장으로 하고 있다. 포장의 종류별로 어떤 물품에 사용되는지는 〈표 3-2〉를 참조하여 포장종류를 약정하여야 한다.

〈표 3-2〉 포장의 종류

구분	포장종류	재질	포장명	약호	포장대상 물품
용기포장	상자	나무	Wooden box; case; chest	W/B; C/S; CST	식료품, 손상되기 쉬운 잡화, 홍차
		종이	carton	C/; CTN	가벼운 일반잡화
		금속지	tin-lined case	C/S	통조림
		투시상자	crate; skelton case	CRT	자동차
	베일(bale)	마	burlap; hessian cloth	-	면사, 원모
		압축베일	pressed bale	BL	원면
		가마니	straw mat	-	쌀
	부대(bag)	마대	gunny bag	BG	미곡, 잡곡
		면대	sack	SK	소맥
		지대	paper made bag	BG	시멘트, 석회
		폴리에틸렌	polyethylene bag	BG	소금, 사료, 분말약품
	통	나무통(대)	barrel	BRL	술, 간장
		나무통(중)	cask	CSK	염료
		나무통(소)	keg	KG	못, 볼트
	특수용기	드럼, 관	drum	DR	화공약품, 유지
		양철관	tin; can	-	석유, 통조림
		옹기, 유리	jar; pot; carboy	-	유산, 음료수
		대나무	basket; hamper	BKT	과일
		철제원통	cylinder; iron flask	-	탄소
무용기포장	두루마리		roll; coil	RL; CL	철판, 신문지, 철사
	다발		bundle	BDL	철근
	궤		ingot	-	철강, 알미늄

(3) 화 인

화인(shipping marks; cargo marks)이란 수출품 매포장의 외장에 특정의 기호, 포장번호, 목적항 등의 표시를 하여 포장 상호간 식별할 수 있도록 하는 것을 말한다.

무역계약을 체결할 경우에 화인은 보통 매수인이 요청하게 되는데 이 경우에는 그 지시대로 이행하여야 하겠지만, 매수인의 별도 요청이 없을 경우에는 매도인의 임의로 화인을 하면 된다.[65] 일반적인 화인은 다음과 같이 한다.

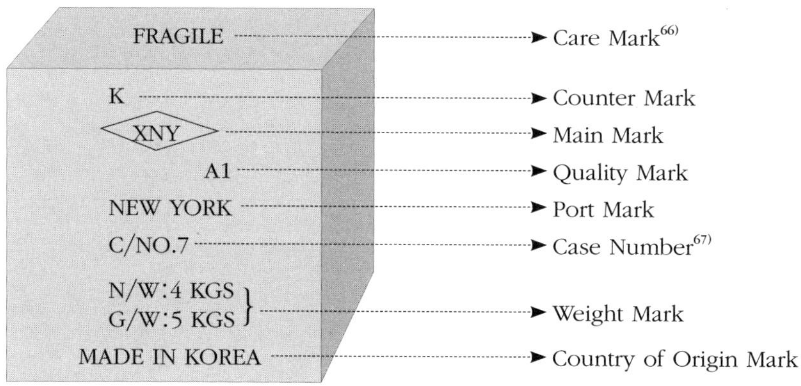

매매계약시에 포장(packing)과 화인(shipping marks)에 대한 약정은 다음의 예와 같이 한다.

> "Packing and Marking: Packing of the products shall be made in the manner usually effected by the seller in its export of such kind of the products. Shipping marks shall be as follows: ……"

3. 분쟁해결과 법적 구제조건

무역계약을 체결할 때는 물품매매와 관련된 기본적인 조건 외에도 계약이행

---

65) shipping marks를 너무 복잡하게 하거나 그렇다고 너무 간결하게 하여서도 불편하다.

66) 주의표시(care mark)로는 "HANDLE WITH CARE," "KEEP DRY," "USE NO HOOKS," "THIS SIDE UP," "EXPLOSIVE," "OPEN HERE" 등이 많이 사용된다.

67) 무역계약을 체결할 때 shipping marks 상에 case number는 미확정되어 기재하기 곤란하기 때문에 "C/No.1-up"과 같이 표기한다. 이는 포장번호가 "1, 2, 3…"순으로 연속번호가 부여됨을 의미한다.

이후에 발생될지도 모르는 분쟁과 계약내용에 대한 법적 구제조건들에 대하여도 약정하여 두는 것이 매우 중요하다.

이에 대해서는 ① 불가항력조항, ② 클레임과 중재조항, ③ 재판관할조항, ④ 준거법조항 등을 설정해 두도록 한다.

3.1 불가항력조항

불가항력(Force Majeure)이란 "당사자의 통제를 넘어서는 모든 사건"(every event beyond the control of the parties)[68]을 말한다. 특히 계약당사자는 계약체결시에 미리 예기하지 못한 사태로 인하여 "프러스트레이션"(frustration)[69]이 되는 경우를 대비해서 계약조항 가운데 불가항력조항(Force Majeure Clause)을 삽입하는 것이 실무상 일반화되어 있다. 그러나 불가항력조항은 계약상 중요한 위치를 차지하고 있으나 구체적으로 어떠한 경우가 불가항력이라고 단정하기는 어렵기 때문에 매매당사자는 계약의 성질이나 거래의 특수성에 따라 불가항력의 범위를 구체적으로 설정하여야 한다.[70]

또한 불가항력조항에는 불가항력사태가 발생하였을 경우 매도인이 그 사실을 매수인에게 지체없이 통지하고 불가항력사태에 대한 입증자료도 신속히 제시하도록 하여야 한다.

무역계약시에 불가항력조항은 다음의 예와 같이 약정할 수 있다.

"Force Majeure: The seller shall not be responsible for delay of shipment due to force majeure, including mobilization, war, strike, riots, civil commotion, hostilities, terrorism, blockade, requisition of vessels, prohibition of export, fires, floods, earthquakes, tempests, and any other contingencies, which prevent shipment within the stipulated period. In the event of any of the aforesaid causes arising, documents proving its

---

68) Clive M., Schmitthoff, Export Trade, 9th ed., Stevens & Sons, 1990, p. 199.

69) frustration이란 당사자 자신들의 고의나 과실이 없이 발생한 계약성립 후의 후발적 사정으로 인하여 계약이 해제됨으로써 당사자가 추구했던 "계약목적의 달성불능" 또는 "계약의 좌절"을 말한다. 상세한 것은 제9장을 참조 바람.

70) 불가항력조항에 "… any other causes beyond their control"과 같이 표현되었다고 하더라도 불명시된 모든 불가항력이 면책범위에 해당된다고 볼 수는 없고 동일한 종류의 사유인 경우에 한한다는 이른바 "동종문언의 원칙"(ejusdem generis rule)이 영미법에서 적용되고 있다.

occurrence or existence shall be sent by the seller to the buyer without delay."

3.2 클레임과 중재조항

무역거래에서 클레임(claim)이란 매매당사자가 약정된 계약을 위반함으로써 상대방에게 단순한 불평(complaint)을 넘어서 권리의 회복을 요구하거나 손해배상을 청구하는 것을 말한다. 클레임은 무역계약상의 조건을 위반 또는 불이행하여 발생되기도 하지만 매수인측의 시황(market situation)이 나빠 매도인에게 고의적으로 제기하는 이른바 마켓클레임(market claim)도 적지 않다. 따라서 무역계약시에는 클레임 제기시한을 약정하는 것이 중요하며 아울러 제기한 클레임의 정당성을 입증할 수 있는 공인된 감정인의 감정보고서(surveyor's report)를 첨부토록 합의하여야 한다.

클레임의 제기시한과 입증에 대한 약정은 다음 예문과 같이 한다.

"Claims: No claim shall be entertained before the payment is made or draft is duly honored. Each claim shall be advised by E-mail to seller within fourteen(14) days after the arrival of the goods at destination specified in the relative Bill of Lading and shall be confirmed by airmail with surveyor's report within fifteen(15) days thereafter. No claims shall be entertained after the expiration of such fourteen days."

한편, 일단 클레임이 제기되면 신속히 해결하는 노력이 필요하다. 클레임을 해결하는 단계로는 ① 매수인의 단순경고(warning), ② 매매당사자간의 타협(compromise) 및 화해(amicable settlement), ③ 제3자 즉 조정인(mediator)이 개입한 조정(conciliation), ④ 중재기관의 중재(arbitration) 또는 소송(litigation)에 의할 수 있다. 클레임은 법률적 소송에 의하는 것보다는 중재로 해결하는 것이 더 좋으며 또한 중재보다는 조정이 그리고 조정보다는 분쟁의 예방이 계약당사자 모두에게 유리하다.[71] 클레임에 대하여 타협이 이루어지지 않을 때에는 가장 보편적인 해결방법으로 중재를 이용하고 있다. 소송에 비교하여 중재가 널리 채택되는 이유는, 첫째 단심제이므로 분쟁을 신속히 종결시킬 수 있고, 둘째 비용이 적

71) Clive M. Schmitthoff, *op. cit.*, p. 643.

게 들어 경제적이며, 셋째 무역전문가의 판정으로 보다 현실적이며 합리적 해결이 기대되고, 넷째 중재심리가 비공개되므로 당사자의 비밀이 보장되며, 다섯째 중재판정의 결과는 뉴욕협약(New York Convention)[72]에 의해 국제적으로 집행력을 보장받기 때문이다. 중재는 분쟁해결을 중재에 의한다는 중재조항(arbitration clause)을 미리 계약서에 약정해 두지 않거나 나중에 의해 해결할 것을 합의하지 못하면 편리한 중재제도를 이용할 수 없게 된다. 따라서 무역계약을 체결할 경우에는 중재조항을 반드시 삽입하되 중재기관, 중재장소 및 준거법 등을 포함시키도록 하는 것이 매우 바람직하다.

한국의 경우에는 중재기관으로 대한상사중재원(The Korean Commercial Arbitration Board)이 설립되어 있으며, 다음과 같은 표준중재조항(standard arbitration clause)을 제정하여 모든 계약서상에 삽입하여 분쟁발생시를 대비토록 권장하고 있다.

> "Arbitration: All dispute, controversies, or differences which may arise between the parties, out of or in relation to or in connection with this contract, or for the breach thereof, shall be finally settled by arbitration in Seoul, Korea in accordance with the Commercial Arbitration Rules of the Korean Commercial Arbitration Board and under the Laws of Korea. The award rendered by the arbitrator(s) shall be final and binding upon both parties concerned."

3.3 재판관할조항

무역계약은 당사자자치의 원칙이 존중됨으로 분쟁의 해결을 중재에 의하지 않고 법원판결에 의하기로 하거나, 뉴욕협약에 가입이 되어 있지 않거나 또는 중재의 무효의 소제기와 관련하여 어느 특정국가의 관할법원으로 할 것인가에 대한 재판관할조항(jurisdiction clause)을 미리 설정하여 두는 것이 좋다.

다음은 한국의 법원을 합의관할로 하는 예이다.

---

72) 뉴욕협약이란 UN 경제사회이사회에서 채택한 "외국중재판정의 승인 및 집행에 관한 UN협약"(United Nations Convention on the Recognition and Enforcement of Foreign Arbitral Awards, June 10, 1958)으로 1959년 7월 7일부터 시행되었고 한국은 1973년 5월 9일 42번째 회원국으로 가입하였다. 따라서 회원국간에는 국내외 중재판정의 상호집행이 보장받게 된다.

"Jurisdiction: The courts of the Republic of Korea shall have jurisdiction over all disputes which may arise between the parties with respect to the execution, interpretation and performance of this contract and the parties shall waive any other forum to which they might be entitled by virtue of domicile or otherwise."

3.4 준거법조항

무역계약의 성립과 이행 그리고 그 해석에 관하여 어느 나라 법을 적용할 것인가, 즉 준거법(governing law; applicable law)이 문제가 된다. 준거법을 결정하는 데는 국가별로 법제의 해석기준이 상이하기 때문에 계약당사자가 준거법을 어느 국가의 법으로 하느냐를 명확히 약정하여야 한다.

준거법에 관하여 명시적 합의가 있으면 이를 우선 적용하며, 매매당사자의 의사가 불분명한 경우에는 국제사법에 따라 행위지법이나 법정지의 국제사법이 정하는 준거법이 된다. 만일 상대방이 무작정 자국법을 준거법으로 삼기를 고집할 경우에 재판관할의 선택여하에 따라 실질적으로 준거법의 효력이 상실되는 수도 있다.[73)]

무역계약시 준거법에 대한 약정은 다음과 같이 한다.

"Governing Law: This contract shall be governed, construed and performed by the laws of the Republic of Korea."

특히 물품매매계약에서의 준거법 설정에서는 위와 같은 준거법 조항에 추가하여 FOB, CIF 등의 정형거래규칙은 어느 국제관습에 의할 것인가에 대해서도 다음과 같이 약정하여야 한다.

"Trade Rules: The trade rules used under this contract shall be governed and interpreted by the provisions of Incoterms® 2010."

---

73) 예컨대 준거법은 한국법으로, 재판관할은 미국의 어느 주의 재판소로 할 경우를 말한다. 보다 상세한 내용은 제 9장을 참조바람.

Chapter 4 국제상관습과 국제물품매매계약에 관한 법제

1. 국제상관습의 의의

한 사회내부에 역사적으로 발생하여 계속 반복됨으로써, 널리 승인되어 있는 사실적인 행위양식을 관습(custom)이라 한다. 관습은 법과 도덕과 함께 사회규범을 이룬다. 관습으로서 행하여지고 있는 사항을 규범의 측면이 아닌 행위의 측면으로 본 것을 관행(usage)이라 하고, 또한 관습까지는 이르지 않았으나 얼마간 되풀이하여 반복된 사례를 관례(practice)라 한다. 또한 관습이 사회의 법적 확신에 의해서 지지되어 일종의 법적 규범력을 가지게 되면 관습법(customary law)이 되고, 그러한 정도에까지 이르지 못한 것을 사실인 관습[1]이라고 한다. 관습 중에서 상업계에 확립되어 온 상거래 행위양식을 상관습(mercantile custom; trade usage)이라 하고, 또한 이것이 국제무역거래에 관용되고 있는 상관습을 국제상관습(international commercial custom; international mercantile custom) 또는 국제무역관습(custom of international trade)[2]이라고 한다.

실제 국내에서의 상거래는 당해 국내법에 의하여 규율되지만, 국제무역거래

1) 사실인 관습이란 사회의 법적 확신에 의하여 지지되기에까지 이르지 않은 관습으로 단순히 사회에서 행하여지는 습속에 지나지 않은 것이며, 법적 규범력을 가지지 않은 관습을 말한다. 이는 법률행위의 내용을 결정하는 데 있어서 표준이 될 수 있을 따름이다.

2) 국제상관습이나 국제무역관습은 국제상거래 행위를 지역관습, 특정업종 또는 매매관습을 망라한 광의의 개념이며, 물품매매를 대상으로 한 무역거래의 경우에는 국제매매관습으로서 이는 협의의 개념이다.

에서는 공통된 법이나 통일법이 없기 때문에 대체로 정형화된 상관습에 근거, 당사자가 그것을 채택하는 의사표시, 즉 합의가 있을 경우에는 법률과 동일한 효력을 갖게 된다.

2. 국제상관습의 역할

무역계약은 이미 고찰한 바와 같이 본질적으로는 청약과 승낙이라고 하는 당사자의 의사표시의 합치에 의하여 성립된다. 무역계약의 내용 또는 조항은 명시조항(express terms)과 묵시조항(implied terms)으로 구성하게 된다. 명시조항은 당사자가 서로 합의하여 계약에 삽입한 조항인 데 반하여, 묵시조항은 계약시에 명시하지는 않았으나 법 또는 관습에 의하여 당사자가 당연히 따를 것으로 생각하는 것으로 계약내용의 일부가 되는 것이다.

개개의 무역계약은 거래물품의 종류 또는 성질에 따라 약간의 차이가 있으나, 물품매매계약이라는 점에서 당사자가 반드시 합의한 후 계약에 포함시키지 않으면 안 될 몇 개의 기본적 조항으로 구성되어 있다. 예컨대 품질·수량·가격·선적·결제 등에 관한 것이다. 이러한 내용은 극히 간결한 형태로 표현되고 있음에도 불구하고 대량의 물품을 격지간운송을 통하여 무역거래가 신속하고 안전하게 행하여질 수 있는 것은 주로 국제상관습에 바탕을 두어 묵시조항에 의하여 무역계약이 보완되고 있기 때문이다.

또한 무역거래는 상이한 국가간에 이루어지므로 계약불이행시에 국내법과 외국법이 충돌하고, 분쟁발생시 어느 나라의 법률을 적용할 것인가에 대한 법적인 불확실성의 문제와 또한 어떤 나라에서 행하여진 판정이 다른 나라에서는 승인되지 아니하는 문제가 발생하게 된다.[3)]

오늘날 무역거래시에 강행적으로 누구에게나 적용되는 통일된 법은 없지만 1936년 국제상업회의소(International Chamber of Commerce: ICC)에서 제정한 Incoterms® 2010과 같은 정형거래규칙 중 예컨대, FOB 또는 CIF와 같은 정형거래규칙을 국제물품매매시에 당사자간에 채택하여 사용하게 된다면 이러한 정형화된 관습은 법적인 효력을 발생하게 됨은 물론 무역계약의 통일된 해석기준에

3) 朝岡良平, 「貿易賣買と商慣習」, 東京布井出版, 1982, 6~8面.

의하여 국제무역거래에서 오는 해석상 또는 준거법상의 불안을 최소화시킬 수 있다. 따라서 이러한 국제상관습의 정형화는 오늘날의 국제무역거래를 보다 원활히 수행할 수 있는 역할을 담당하고 있다고 할 수 있다.

3. 국제상관습의 유형

3.1 지역 또는 일반관습

국제상관습은 그 적용범위에 따라 어느 장소의 관습이나 항구의 관습과 같은 일부 특정장소 또는 지역에만 적용되는 지역관습(local custom)과 특정장소 또는 상업지를 몇 개 포함한 광대한 영역 내지는 일국의 모든 경제영역에 적용되는 전국적인 일반관습(general custom)이 있다.

거래관습이 일반관습인 경우에는 이 관습이 적용되는 것으로 생각되는 상황에서 계약을 체결하였던 당사자가 이 관습을 알고 있었거나 또는 당연히 알고 있었다고 보는 것이 일반적인 공평한 추정이다. 그러나 계약당사자가 각각 다른 장소에 영업소 또는 거소의 소재지에 있다 하여도 그것이 지역관습인 경우에는 이와 같은 추정은 성립되지 않는다.[4]

3.2 항구 또는 특정업종의 관습

항구 또는 특정 업종의 관습이란 특정의 항구, 직업 또는 업종에만 적용되는 관습을 말한다. 예를 들면 리버풀(Liverpool)항에 있어서 곡물의 양륙에 관한 관습[5] 또는 원양어획물의 무역[6]에 관한 관습이 그것이다.

국제물품매매계약에 관한 유엔협약(CISG)에서도 당사자는 그들이 합의한 관

4) 朝岡良平, 前揭書, 47面; S. Williston, *A Treatise on the Law of Contracts*, 3rd ed., by W. H. F. Jaeger, Vol. 5, 1961, pp. 112~113.

5) 朝岡良平, 前揭書, 48面; C. Maughan, *Trade Term Definitions*, London, 1924, pp. 100~101, 138, and 139~145.

6) 원양어획물의 무역에서는 "Cargo Receipt Base"가 있는데, 이는 현지에서 어획물을 매수인 또는 대리인에게 인도하는 일종의 양륙수량계약조건으로 동 물품수령증에 근거하여 신용장방식으로 무역대금이 결제되는 경우가 있다.

습과 그들 사이에 확립되어 있는 관례에 구속되며 또한 당사자는 별도의 합의가 없는 한, 그들이 알았거나 또는 알았어야 하는 관습으로서 국제무역에서 널리 알려져 있고 또한 당해 특정 업종에 포함되는 형태의 계약에서 당사자에 의해 관례적으로 준수되는 관습은 이를 당사자의 계약 또는 계약의 성립에 묵시적으로 적용하기로 한 것으로 본다[7]고 규정하고 있다.

따라서 무역거래조건은 어느 정도는 특정 거래장소의 거래관습이나 당사자 자신들이 이미 확립되었던 거래관례를 참조할 필요가 있다. 물론 매도인과 매수인은 그들 상호간에 계약내용을 협의할 때에 당해의 거래관습을 정확히 알아야 하고, 불확실성이 야기될 경우에도 그들의 매매계약에 적절한 조항을 삽입하여 법적 지위를 명확히 하는 것이 바람직하다.

또한 "CIF계약에 관한 와르소·옥스포드 규칙"에서도 특정 업종의 관습이라는 말은 특수거래에 있어서 매매계약의 당사자가 그 관습의 존재를 알고, 또 그 관습에 따라 계약을 체결한 것으로 간주될 정도로 일반적으로 확립된 관습을 의미한다고 규정하고 있는데, 이는 위의 특정 항구에서의 곡물의 양륙관습 또는 원양어획물의 무역관습들은 이와 같은 특정 항구나 업종에서 매매계약을 체결하는 당사자는 이들에 적용되는 관습을 아는 것으로 추정하여 묵시적 계약내용을 구성하게 되는 것이다.

3.3 매매관습

국제상관습은 앞에서와 같이 매매계약이 행하여지는 지역, 항구 또는 업종에 따라 분류되기도 하나, 그 내용에 따라 계약의 성립에 관한 관습, 품질·수량·가격 기타 계약조건에 관한 관습, 선적·양륙 기타 항만에서의 적·양화와 운송·해상보험에 관한 관습, 환어음·신용장 등의 대금결제에 관한 관습 등으로 나눌 수 있다. 이러한 관습 중에 어떤 것은 거래물품의 종류와 거래가 행하여지는 지역에 따라 다르다. 이에 대하여 물품의 종류와 거래장소 또는 당사자의 직업에 관계 없이 널리 일반적으로 적용되는 매매관습이 있다. 이것이 바로 정형거래규칙에 대한 관습이다. 이 관습은 매매당사자의 기본적 의무에 대하여 일일이 명시적으로 결정하는 대신에 매매계약의 종류를 FOB, CIF 등의 용어로 간결하게 표시함으로

---

7) CISG, 1980, Article 9.

써 안전한 거래를 행할 수 있다.[8)]

오늘날 정형거래규칙으로 인정되고 있는 대표적인 무역거래관습에는 1936년 국제상업회의소(International Chamber of Commerce: ICC)에서 제정하여 제7차 개정된 "Incoterms® 2010"의 FOB, CIF 등 11가지 거래규칙이 있고, 국제법협회(International Law Association: ILA)에서 제정, 1932년 채택한 "Warsaw-Oxford Rules for CIF Contract"에서의 CIF 거래규칙 및 미국의 전미국무역협회(National Foreign Trade Council: NFTC)가 1919년 채택하고 1941년 및 1990년에 개정한 "Revised American Foreign Trade Definition"의 FOB, FAS 등 6가지 거래조건이 있다. 특히 미국은 통일상법전(Uniform Commercial Code: UCC)에 FOB, FAS 등 5가지 조건을 규정하고 있다.[9)]

국제상관습 중에서 매매관습은 협의의 개념의 상관습으로 무역거래에서 중요한 연구분야라고 할 수 있다. 또한 오늘날 세계 모든 시장을 무대로 상관습이 상이한 국가 또는 지역과 무역거래를 원활히 수행하기 위해서는 지역별 상관습에 관한 연구도 중요시 된다.

4. 국제제정법률과 국제상관습법

4.1 국제제정법률

국제무역거래의 법원은 국제제정법률(International legislation)과 국제상관습법(International mercantile customary law)이다.[10)] 국제제정법률의 입법방식은 다자국제협약(multilateral international convention)에 가입하는 방식과 표준법률(model law)을 제정하고, 어느 나라든지 일방적으로 이를 채택하도록 하는 방식이 그것이다. 전자의 예는 1924년의 원래 헤이그 규칙에서 1968년 개정된 선화증권에 관한 헤이그-비스비 규칙(Hague-Visby Rules on Bills of Lading)과 같은 것이고, 후자의 예는 1967년 영국의 통일매매법(Uniform Laws on International Sales)과 같은 것

8) 朝岡良平, 前掲書, 50面.
9) UCC, §2.
10) Clive M. Schmitthoff, *Commercial Law in a Changing Economic Climate*, 2nd ed., Sweet & Maxwell, 1981, p. 2.

이다.

국제제정법률은 그 적용을 받는 자에게는 강행법규(mandatory rules of law)로서 작용할 수 있는 장점이 있다. 따라서 선화증권에 관해서는 헤이그-비스비 규칙을 배제할 수 없는 것이 일반적이다.[11)]

반면에 국제상관습은 전적으로 당사자자치(autonomy of parties)를 기초로하기 때문에 당사자가 그 내용을 계약조건에 넣는 경우에만 적용된다.

4.2 국제상관습법

상관습법(mercantile customary law; law merchant; lex mercatoria)이란 관행의 형식으로 존재하는 상사에 관한 법규범을 말한다. 상관습법은 의사표시의 해석자료에 지나지 않는 사실인 상관습과는 다르다.[12)] 상법은 원래 관습법의 형식으로 발달하여 그것이 성문화된 것이므로 복잡하고 진보적인 상사현상을 성문법만으로는 규율할 수가 없고 새로운 관습법이 발생하여 성문법의 결함을 보충하고 있다. 그러므로 상관습법은 상법의 중요한 법원으로서 상사에 관하여 상법전 및 상사 특별법령보다는 열위에 서나, 민법보다는 우선적으로 적용된다.[13)]

상관습법은 대부분 상인들이 일상거래에서 묵시적으로 승인된 일반적 관습과 관행이 구전되어 온 것이다.[14)] 사실인 상관습과 상관습법은 이론적으로 구별하는 것은 용이하지 않지만, 보통 상관습에 법적 확신(legal recognition)이 가해졌을 때 그것이 상관습법이 된다고 설명하고 있다. 상관습이 상관습법으로 전환되는 법원으로는 관행설, 국가승인설, 통용설, 법적 확신설 등의 학설이 있으나 법적 확신설이 통설이다.[15)]

---

11) 그러나 국제제정법률 중에도 예컨대, 영국의 "Uniform Law on International Sales Act, 1967"과 같이 계약당사자들이 이를 채택하여야만 비로소 적용되는 것도 있다. 국제상관습도 국내 입법에 의하여 제정법과 동일한 효력을 갖게 되는 경우가 있는데 "Incoterms® 2010"은 스페인에 있어서는 수입거래에, 이라크에 있어서는 모든 무역거래에 제정법적 효력(statutory force)을 가지고 있다; Clive M. Schmitthoff, *op. cit.*, p. 23.

12) 한국 민법 제106조(사실인 관습); 법령 중의 선량한 풍속 기타 사회질서에 관계없는 규정과 다른 관습이 있는 경우에 당사자의 의사가 명확하지 아니한 때에는 그 관습에 의한다.

13) 한국 상법 제 1 조.

14) Clive M. Schmitthoff, *Commercial Law in a Changing Economic Climate*, 2nd. ed., Sweet & Maxwell, 1981, p. 2.

15) 손주찬, "상관습법의 법원성,"「법정」, 1965년 9월호, 48~49면.

상관습법은 당사자가 이것을 따를 의사가 있다고 인정되지 않는 경우에도 법으로서 당연히 적용된다. 이에 반하여 상관습은 원칙적으로 당사자가 이것을 따를 의사가 있는 경우에 한하여 법률행위의 해석기준으로서 적용된다. 그러나 당사자가 상관습을 따를 것으로 예상하지 아니한 경우에도 주위의 상황에 비추어 상관습을 따르는 것이 당연하다고 인정될 때에는 당사자가 명시적 합의에 의하여 그 적용을 배제하지 않는 한 상관습이 적용된다고 볼 수 있다.

상인간의 거래에 나타난 규칙적 · 합리적인 상습적 행위가 점차 상관습을 발달시켜 오랜 세월을 지나면서 이것이 상관습법으로 발전하였다. 유럽의 상인을 전반적으로 규율하였던 상관습법은 영국에서는 처음에 특별재판소에서 다루어졌으며, 그 다음에 왕좌재판소(King's Bench: K.B.)에서도 문제가 되었으나 왕좌재판소에서는 처음에 그것을 사실인 관습으로 다루었다.[16] 중세의 상관습법은 재산법(the rules of property) 또는 형평법(the rules of equity)과 같은 의미의 법은 아니었으므로, 영국의 일반법원은 원칙적으로 이를 법으로 인정하지 아니하였다.[17] 그러나 그 후 차츰 법인 관습으로 인정하여 그 결과 상관습법은 상인뿐만 아니라 영국 국법의 일부로서 일반적으로 적용되는 판례법이 된 것이다.[18] 그리하여 19세기 후반 이후에 이러한 상관습법을 바탕으로 하여, 예컨대 영국의 환어음법(Bills of Exchange Act, 1882), 물품매매법(Sale of Goods Act, 1893), 해상보험법(Marine Insurance Act, 1906) 그리고 미국의 통일유통증권법(Uniform Negotiable Instruments Law, 1896), 통일매매법(Uniform Sales Act, 1906), 통일상법전(Uniform Commercial Code, 1952) 및 대륙법제국의 상법전 등과 같이 법전화가 이루어졌으며, 그 결과 그 때까지는 상관습 또는 상관습법이 성문법 속에 고정되어 있었다. 그러나 상업활동은 끊임없이 진보발전을 거듭하여 이에 부응하는 새로운 상관습 또는 상관습법도 끊임없이 탄생되어, 이것이 성문화된 상법전이나 단행법전을 보충하고 있다.[19]

슈미토프(Schmitthoff)는 국제상관습법은 국제상업회의소(ICC)와 같은 기관에서 제정한 통일규칙과 유엔유럽경제위원회(United Nations/ European Cmmittee for Economy: UN/ECE)와 같은 기관에서 간행한 표준계약서식으로 구분하여 통일

16) 朝岡良平, 前揭書, 43面.
17) Clive M. Schmitthoff, *op. cit.*, p. 20.
18) 강이수, 「국제무역관습론」, 삼영사, 1993, 26면.
19) 朝岡良平, 前揭書, 43面.

규칙에 의하여 명확히 정형화된 것을 특히 상관습법이라 하고, 아직 확인되지 아니한 사실의 관습을 국제상관습이라고 불러 양자를 구분하고 있다. 또한 계약조항의 표준화방법에 대하여 물품거래에 적용할 수 있도록 제정된 일반적 성격을 가진 통일규칙 또는 통일법, 곡물이나 면화 같은 특정물품의 거래에 적용되는 표준계약서식, 특정 상인이 자기에게 필요한 개별적 용도에 적용하도록 만든 일반거래조건협정서 또는 계약서식의 세 가지로 구분하고 있다.[20)]

무역거래에서 상관습법은 성격상 국제적이며 일반법에 우선하여 무역거래의 법적 기초를 제공하고 있다.

5. 국제물품매매계약에 관련된 주요법제

5.1 영국 물품매매법

영국의 물품매매법(Sale of Goods Act: SGA)은 영국(England)과 스코틀랜드(Scotland)에서의 수출무역에 관계되는 법률제정을 목적으로 영국 하원의원 차머즈(Chalmers)경이 1603년 이후의 판례를 기초로 초안하여 1893년에 제정하여 1894년 1월 1일부터 시행하였다. 그 후 1908, 1967, 1973, 1977, 1979년에 일부 개정되어 오늘에 이르고 있다.

영국의 물품매매법은 현재 제 7 편 64개 조로 구성되어 있고, 주요 내용[21)]은 법적용이 되는 계약(Contracts to Which Act Applies), 계약의 성립(Formation of the Contract), 계약의 효력(Effects of the Contract), 물품대금을 지급받지 못한 매도인의 권리(Right of Unpaid Seller against the Goods), 계약위반에 대한 소송(Actions for Breach of the Contract) 및 보칙(Supplementary)으로 되어 있다.

영국의 물품매매법은 국제물품매매계약을 연구하는 데 근원이 되는 법으로 특히 소유권의 이전, 처분권의 유보, 물품의 인도, 매도인의 유치권(lien), 운송정지권(stoppage in transit) 및 매도인과 매수인의 구제 등에 대하여 무역계약과 관련하여 이론적인 바탕을 제공하고 있다.

---

20) Clive M. Schmitthoff, *The Sources of the Law of International Trade*, 1964, p. 16.
21) SGA 1979, Part 1~7.

5.2 미국 통일매매법

미국은 각 주마다 법제로 인하여 통일된 매매법이 없었는데 영국의 물품매매법을 도입하여 하버드 대학의 윌리스톤(Williston) 교수가 기초, 1906년 미국의 통일매매법(Uniform Sales Act: USA)을 제정하였다. 통일매매법은 1961년에는 24개 주가 채택하였지만, 다른 14개 주는 동 법을 채택하되 통일상법전을 우선하도록 하였다.[22] 이 법의 내용에는 영국의 물품매매법에는 없었던 유통증권(negotiable documents)에 관한 규정을 포함하고 있었다. 그러나 오늘에 와서는 미국 통일상법전에 완전히 흡수되어 통일상법전에 의하여 이 법을 대신하고 있다.

5.3 미국 통일상법전

미국은 통일매매법이 제정된 지 오래되었고 그 동안의 경제상황도 크게 달라져 새로운 통일상법전(Uniform Commercial Code: UCC) 제정의 필요성이 대두되어 1952년 9월 미국법률협회(American Law Association)와 통일주법위원전국회의(National Conference of Commissioners on Uniform State Laws)가 통일상법전 최종안을 확정하였다.

통일상법전은 1953년 4월 펜실베이니아 주의회가 최초로 채택하여 1954년 7월 1일 시행되었다. 미국 통일상법전은 현재 몇 개 조항을 제외하여 나머지 조항을 채택한 루이지애나 1개 주를 제외하고 모든 주가 이 법전을 채택하여 명실상부한 통일상법전이 되었다. 통일상법전은 당초 제10편으로 구성되었으나, 그 후 1957년, 1962년, 1966년, 1972년, 1978년, 1988년, 1995년, 1998년에 수정 보완되어 현재 제11편으로 구성되어 있다.[23]

주요 내용은 총칙(General Provisions), 매매(Sales), 유통증권(Negotiable Instruments), 은행예금과 추심(Bank Deposits and Collections) 및 자금이체(Fund Transfers), 신용장(Letters of Credit), 대량화물 양도 및 매매(Bulk Transfers and Bulk Sales), 창고수령증 · 선화증권 · 기타 권리증권(Warehouse Receipts, Bills of

---

22) Anderson & Kumph, *Business Law*, South-Western, 1961, p. 20 & p. 425.

23) James J. White and Robert S. Summers, *Uniform Commercial Code*, 3rd ed., West Publishing Co., 1988, pp. 1～6.

Lading and other Documents of Title), 투자증권(Investment Securities), 담보부 거래(Secured Transactions), 유효기일 및 폐지(Effective Date and Repealer), 유효기일 및 임시규정(Effective Date and Transition Provisions)으로 되어 있다.

여기에서 제2편의 매매(Sales)에 관한 규정[24]에는 약칭 · 구성 및 주제(Short Title, Construction and Subject Matter), 계약의 양식 · 성립 및 조정(Form, Formation and Readjustment of Contract), 일반적 의무 및 계약의 구성(General Obligation and Construction of Contract), 권원 · 채무자 및 선의의 구매자(Title, Creditors and Good Faith Purchasers), 계약이행(Performance), 계약위반 · 이행거절 및 면책사유(Breach, Repudiation and Excuse) 그리고 구제(Remedies)에 대하여 세부적으로 규정하고 있다.[25] 특히 통일상법전의 매매에 관한 조항에서는 FOB, FAS, CIF, C&F 및 Ex Ship 조건과 같은 정형거래조건에 대하여 규정하고 있는 최초의 성문법이다. 또한 이 법전은 무역계약에서 약인이론, 청약과 승낙, 명시담보와 묵시담보, 물품인도와 대금지급에 관련된 채권 채무, 계약위반 및 구제 등에 관하여 규정하고 있다. 미국의 통일상법전은 미국의 국제적인 지위 등을 고려할 때 미국과 상거래시 경우에 따라 영향을 미칠 수도 있다.

5.4 유체동산의 국제매매 및 성립에 관한 통일법조약

사법통일을 위한 국제협회(International Institute for the Unification of Private Law: UNIDROIT)[26]는 통일매매법을 만들기 위하여 1964년 네덜란드 헤이그 외교회의에서 유체동산의 국제매매에 관한 통일법(Uniform Law on the International Sale of Goods [corporeal movables]: ULIS)과 유체동산의 국제매매계약의 성립에 관한 통일법(Uniform Law on the Formation of Contract for the International Sale of Goods [corporeal movable]: ULF)의 2개 국제매매통일법안이 제출되어 채택되었

---

24) UCC, Article 2～201～725.

25) 각 조항마다 "unless otherwise agreed"라는 문언을 넣어 당사자의 특약에 의하여 계약자유의 원칙이 제한되지 않도록 하고 있다.

26) UNIDROIT(Unification de la vente au point de vue des besoins de commerce international)는 국제연맹(League of Nations)의 부속기관으로 1926년 로마에서 다자조약(multilateral treaty)에 의해 설립된 사법의 국제적 통일을 위하여 조사 · 연구와 통일법안의 기초를 행하는 국제기관이다.

다.[27)]

ULIS와 ULF는 여러 가지 이유로 비판을 받았다. ULIS에서는 매도인과 매수인의 법률관계에 국한하고 제3자와의 관계는 적용하지 않은 것과, ULF 역시 계약의 효력중에 착오, 사기, 강박, 이행불능에 관한 규정이 없는 것 등으로 해서 통일법으로 호응을 얻지 못하였고 또한 헤이그회의에 참석하지 않은 제 3 세계 국가 및 사회주의국가의 이익이 제대로 반영되지 않았다는 비판도 가해졌다. 국제거래에서 가장 큰 비중을 차지하는 미국의 반응도 냉담했다.[28)] 그리하여 ULIS와 ULF는 1972년 8월 5개국이 비준, 가입한 때부터 발효하였으나 국제거래 실무에는 그다지 영향을 주지 못하였다.[29)]

CISG는 ULIS나 ULF에 관한 헤이그협약의 체약국이 비준 또는 가입하고자 하는 경우에는 헤이그협약을 폐기하도록 요구하고 있다.[30)] 따라서 CISG에 가입하는 국가가 늘어감에 따라 ULIS와 ULF의 중요성은 급속히 감소될 것이다. 그러나 ULIS와 ULF는 그 자체가 중요한 것은 아니지만 CISG가 그것을 기초로 작성되었으므로 CISG를 해석함에 있어서는 참고자료로서의 의미를 가진다.[31)]

5.5 국제물품매매계약에 관한 유엔협약

1966년 유엔총회의 결의로 "국제무역법의 점진적 조화와 통일"(the progressive harmonization and unification of the law of international trade)을 촉진하기 위한 범세계적인 대표기관의 필요성에 따라 유엔 국제무역법위원회(United Nations Commission on International Trade Law: UNCITRAL)가 설립되었다.

1968년 최초로 열린 UNCITRAL회의에서 국제매매에 관한 통일법 작성의 우선과제에 관하여 의견을 모으고 각 지역 회원국 14개국으로 구성된 작업부회

27) 채택된 지명을 따서 "헤이그협약"이라고 한다. 영국도 이 2개의 통일법에 의거 1967년 국제매매에 관한 통일법(Uniform Laws on International Sales)을 제정하고 1972년에 발효되어 매매당사자가 임의로 채택하도록 하고 있으나 실효를 거두지 못하고 있다.

28) Berman, "The Uniform Law on International Sale of Goods: A Constructive Critique," 30 *Law & Contemp. Prob.* 354, 1966.

29) ULIS의 비준 · 가입국은 벨기에, 잠비아, 독일, 이스라엘, 이탈리아, 네덜란드, 산마리노, 영국인데 이들 국가는 이스라엘을 제외하고는 모두 ULF의 비준·가입국가이다.

30) CISG, 1980, Article 99(3)(4).

31) 김건식, "비엔나협약의 역사, 현장, 장래,"「국제물품매매계약에 관한 UN협약상의 제문제」, 삼지원, 1991, 34~35면.

(working group)를 구성하여, 헤이그 협약인 2개의 통일법인 ULIS와 ULF를 토대로 1978년 6월 단일 협약초안으로 통합시켰다.[32)]

1980년 3월 10일부터 4월 11일까지 비엔나(Vienna)의 유엔외교회의에서 62개 국가 8개 국제기구 대표가 참석하여 이른바 "국제물품매매계약에 관한 유엔협약"(United Nations Convention on Contracts for International Sale of Goods: CISG)을 정식으로 채택하였다. 이 협약은 10번째의 비준서, 수탁서, 승인서 또는 가입서(instrument of ratification, acceptance, approval or accession)가 기탁된 날로부터 12개월을 경과한 후 첫달 첫날에 효력을 발생한다고 규정하고 있었는데,[33)] 1986년 12월 11일 미국, 중국, 이탈리아가 동시에 가입 · 비준함으로써 1988년 1월 1일부터 발효하게 되었다.[34)]

CISG는 영미법과 대륙법의 조화를 이루어 각국 법의 차이에 따른 불확실성을 극복하기 위한 국제물품매매에 관한 통일법을 제공하는데 그 기본취지가 있다. 이 협약의 목적은 전문에서 "유엔총회의 제 6 차 특별회기에서 채택된 신국제경제질서의 확립에 관한 결의의 광범한 목적을 유념하고, 평등과 상호의 이익을 기초로 한 국제무역의 발전은 국가간의 우호관계를 촉진하는 데 있어서 중요한 요소임을 고려하여, 국제물품매매계약을 규율하되, 상이한 사회적, 경제적 및 법률적 제도를 참작한 통일규칙을 채택하는 것이 국제무역에 있어서의 법률적 장벽을 제거하는 데 공헌하며 또한 국제무역의 발전을 촉진하는 견지에서 다음과 같이 합의하였다"고 밝히고 있다.

CISG의 구성은 제 4 장 101조로 되어 있는데 그 주요 내용은 다음과 같다.

제 1 장에는 적용범위(Sphere of Applicatiion)에 대하여 당사자 영업소가 있는 국가가 모두 협약국인 경우와 국제사법의 원칙상 어느 일방이 협약국의 법률을 적용하게 되는 경우로 당사자의 국적, 계약의 민사적 성격은 고려하지 않고, 개인용품, 가재도구, 경매, 주식, 전력, 선박, 항공기매매에는 적용하지 않는 것으로 하고 있다. 제 2 장에서는 계약의 성립(Formation of the Contract), 제 3 장에서는 물품의 매매(Sale of Goods)에 대하여 총칙, 매도인의 의무, 매수인의 의무, 위험의 이전 및 매도인과 매수인의 의무에 공통된 사항을 규정하고 제 4 장에서는 최

32) John O. Honnold, *Uniform Law for International Sales under the 1980 United Nations Convention*, Kluwer Law and Taxation Publishers, 1982, p. 49.

33) CISG, 1980, Article 99(1).

34) 한국은 2005년 CISG에 가입하였다.

종규정(Final Provisions)으로 협약의 가입과 관련된 사항을 규정하고 있다.

무역계약에서 CISG는 국내거래의 적용을 배제하고 국제매매에만 적용되며, 특히 청약과 승낙에 대한 법리, 매도인과 매수인의 의무, 계약위반에 대한 구제 등 국제물품매매에 있어서의 통일된 법률적 근거를 마련하였다는 데에 커다란 의의가 있다 하겠다.

5.6 국제계약에서 전자통신의 사용에 관한 유엔협약

유엔 국제무역법위원회(United Nations Commission on International Trade Law: UNCITRAL)는 국제상거래에서 전자적 통신수단의 사용을 통한 계약체결 관행을 고려하여 2005년 11월 23일 제60차 유엔총회에서 "국제계약에서 전자통신의 사용에 관한 유엔협약"(United Nations Convention on the Use of Electronic Communications in International Contracts: CUEC)을 채택하였다.

이 협약의 근본적 목적은 전자통신의 사용을 통하여 상업 활동의 효율성을 증대시키고 원격지 당사자 및 시장에 새로운 접근기회를 부여함으로써 국제무역 및 경제발전을 증진시키고 국제계약에서 전자통신 사용의 법적 가치에 관하여 불확실성으로부터 야기되는 문제점과 장애를 제거하여 국제계약의 법적 확실성과 상업적 예측가능성을 높이고자 하였으며 또한 거래당사자가 기술적 중립성과 기능적 동등성의 원칙을 고려하여 적절한 매체와 기술을 선택할 당사자자치를 존중하고 상이한 법률, 사회 및 경제 제도를 가진 국가가 용인할 수 있는 방식으로 전자통신의 사용의 법적 장애를 제거 및 일반적 해결책을 제공하고자 하였다.

이 협약의 적용범위[35]는 상이한 국가내에 영업소가 있는 당사자간의 계약성립 또는 이행에 관련한 전자통신의 사용에 적용되며, 당사자가 상이한 국가내에 영업소를 두고 있다는 사실은 그 사실이 계약중에서나 계약체결시에 또는 그 이전에 당사자간에 이루어진 거래중에서 또는 당사자에 의하여 밝혀진 정보로부터 나타나지 아니하는 경우에는 무시된다. 또한 당사자의 국적이나 당사자 또는 계약의 민사적 또는 상사적 성격은 이 협약의 적용을 결정하는 데 고려되지 아니한다.

한편 이 협약의 배제요건[36]으로는 개인용, 가족용 또는 가사용의 목적으로

35) CUEC 2005, Article 1.
36) CUEC 2005, Article 2.

체결된 계약이나 등록된 거래소에서의 거래, 외국환거래, 은행간 지급시스템, 은행간 지급약정 또는 결제정산소 및 증권 또는 기타 금융자산 또는 금융증권에 관련된 결제시스템, 매매, 대부 또는 점유에 관련된 담보권의 이전 또는 증권 또는 기타 금융자산 또는 중개자를 통하여 보유한 증권에 대한 환매조건부 약정과 관련한 전자통신에는 적용되지 아니하는 것으로 규정하고 있다. 또한 이 협약은 환어음, 약속어음, 양도증서, 선화증권, 창고증권 또는 기타 소지인이나 수익자에게 물품인도 또는 금전지급을 청구하는 권리를 부여하는 모든 양도성서류 또는 증권에는 적용되지 아니한다. 당사자는 이 협약의 적용을 배제하거나 이 협약의 어떤 규정에 대하여도 그 효력을 면하거나 변경시킬 수 있다.

이 협약의 서명, 비준, 수락 또는 승인[37]과 관련하여 이 협약은 2006년 1월 16일부터 2008년 1월 16일까지 뉴욕의 국제연합본부에서 모든 국가의 서명을 위하여 개방되었고 서명국에 의하여 비준, 수락 또는 승인이 되어야 하며 이와 관련된 비준서, 수락서, 승인서 및 가입서는 국제연합 사무총장에게 기탁하여야 한다.

또한 이 협약의 효력발생[38]은 세 번째의 비준서, 수락서, 승인서 또는 가입서가 기탁된 후에 비준, 수락, 승인 또는 가입을 하는 국가에 대하여 이 협약은 당해 국가의 비준서, 수락서, 승인서 또는 가입서의 수탁일로부터 6개월이 경과한 다음 달의 첫째 날로 규정하고 있다.

국제계약에서 전자통신의 사용에 관한 유엔협약의 구성은 제 4 장 25조로 되어 있다.[39] 종이기반하에서의 CISG는 국제물품매매계약과 관련된 구체적인 협약내용을 제시하고 있는 데 반하여 전자통신하에서의 CUEC는 전자통신의 사용을 수반하는 국제무역거래, 즉 전자무역계약을 위한 통일된 협약을 처음으로 제공하고 있다는데 의의를 둘 수 있다.

37) CUEC 2005, Article 16.
38) CUEC 2005, Article 23.
39) 이 협약(CUEC)의 내용은 부록 3을 참조 바람.

Chapter 5 정형거래규칙

1. 정형거래규칙의 의의

무역계약은 쌍무계약(bilateral contract)이므로 매도인과 매수인 사이에는 각자 부담해야 할 여러 가지 의무(obligation)가 있다. 이러한 매매당사자간의 의무는 다양하기 때문에 계약시마다 일일이 열거한다는 것은 계약체결 실무상 번거롭고 비효율적이다. 무역거래에서는 상관습과 제도가 다른 국가간에 이루어지는 특성과 매매당사자가 일방의 지식부족 등으로 인하여 불리한 조건으로 무역계약을 체결할 가능성도 얼마든지 있다.

따라서 국제상관습의 다양성에서 오는 무역거래조건에 대한 매매관습의 필요성이 대두되어 표준화 내지 통일화작업이 이루어져 FOB나 CIF처럼 간단한 정형을 무역거래에 이용할 수 있게 되었다. 이와 같이 표준화된 거래규칙을 정형거래규칙(typical trade rules)이라고 한다.

매도인과 매수인의 의무의 내용은 정형화된 거래규칙을 채택 사용할 수 있지만, 국가나 지역에 따라 각기 다른 상관습과 실정법 체계 때문에 통일성이 결여된다면 무역분쟁은 도처에서 발생될 것이다. 따라서 국제상업회의소 등 국제조직이나 국가에서는 계약자유의 원칙에 따라 매매당사자가 임의로 통일적으로 사용할 수 있는 정형거래규칙을 제정하게 되었다. 정형거래규칙의 보편화작업에 선도적 역할을 수행하고 있는 국제민간단체인 국제상업회의소(ICC)는 1936년 "무역거래조건의 해석에 관한 국제규칙"(Incoterms)을 제정하였고, 국제법협회(ILA)

는 1928년 "CIF계약에 관한 와르소 · 옥스포드 규칙"(Warasaw-Oxford Rules for CIF Contract)을 제정하였다. 또한 미국의 광활한 국토와 인접국간의 거래관습에 특성을 두어 제정된 미국의 독자적인 "개정미국무역정의"(Revised American Foreign Trade Definition)와 "통일상법전"(Uniform Commercial Code)이 있다. 이러한 정형거래규칙들은 운송수단의 발달과 운송기술의 진보, 정보통신수단의 발달 등 국제무역환경의 변화에 부응하기 위하여 기존의 거래조건도 제도의 발달에 고정되지 않고 끊임없이 변화 · 발전되고 있으며, 특히 대표적인 매매관습인 인코텀즈는 1936년 제정된 이래 7차에 걸쳐 개정 및 수정보완을 거듭하여 오늘에 이르게 되었다.

2. Incoterms의 제정 및 개정추이

2.1 Incoterms의 의의

Incoterms란 "International Commercial Terms"의 약칭에서 따온 말로[1] "무역거래조건의 해석에 관한 국제규칙"(International Rules for the Interpretation of Trade Terms)이라는 의미로 사용되어 왔으나, 2010년 Incoterms®에서는 "국내 및 국제무역거래조건의 사용에 관한 국제상업회의소 규칙"(ICC Rules for the Use of Domestic and International Trade Terms)으로 그 의미를 변경하여 호칭되고 있다. 프랑스 파리(Paris)에 본부를 두고 있는 국제상업회의소의 무역거래조건위원회(Trade Terms Committee)가 중심이 되어 제정한 인코텀즈는 외국과의 무역에서 가장 일반적으로 사용되는 정형거래조건의 해석에 관하여 일련의 국제규칙을 제공하자는 데에 그 목적이 있다. 따라서 인코텀즈의 채택은 서로 다른 국가간에 이들 거래규칙들에 대한 상이한 해석으로 인한 불확실성이 제거될 수 있거나 상당한 정도로 감소될 수 있다.[2] 따라서 인코텀즈를 국제물품매매계약시에 적용함으로써

1) Jan Ramberg, *Guide to Incoterms 1990*, ICC publishing S. A. 1991, p. 8.

2) Incoterms 2000, Introduction; "The purpose of Incoterms to provide a set of international rules for the interpretation of the most commonly used trade terms in foreign trade. Thus, the uncertainties of different interpretations of such terms in defferent countries can be avoided or at least reduced to a considerable degree."

무역업자들이 겪는 매우 곤란한 세 가지 무역장애요인, 즉 ① 준거법에 대한 불확실성, ② 불충분한 지식, ③ 해석상의 상이점 등을 대부분 해소할 수 있다. 다른 국제무역규칙도 마찬가지지만 인코텀즈는 매매당사자가 임의로 무역계약시에 채택할 수 있도록 매매당사자간의 최소한의 의무에 대한 해석기준을 통일하여 제공하는 데 지나지 않으며 운송계약이나 보험계약 내용까지 전부 포괄적용되는 것은 아니다. 인코텀즈의 적용은 특정거래나 당시의 사정 또는 개별적 편의에 적합하도록 특정내용을 변경하거나 추가할 수도 있다. 이 경우 매매당사자 사이에 체결된 개별계약의 특별규정은 인코텀즈에 우선하여 적용된다.

2.2 Incoterms의 적용범위

인코텀즈는 컴퓨터 소프트웨어와 같은 "무형"(intangibles)이 아닌 "유형"(tangibles)의 의미에서 매각되는 물품인도에 관하여 매매계약 당사자들의 권리와 의무에 관련된 것에 한정되어 적용된다.

인코텀즈는 흔히 매매계약보다는 운송계약에 적용되는 것으로 잘못 이해되고 있고 당사자들이 매매계약에 포함시키고자 하는 모든 의무를 규정하고 있는 것으로 잘못 알려져 있다.

국제상업회의소가 항상 강조하여 온 바와 같이, 인코텀즈는 매매계약에 따른 매도인과 매수인의 관계에서 일부의 특별한 측면만을 다루고 있다. 수출자와 수입자가 국제매매를 이행하기 위하여 필요로 하는 다양한 계약, 즉 매매계약뿐만 아니라 운송, 보험 및 결제계약이 요구되는 경우에는 이들 사이의 매우 실제적인 관계를 고려하는 것이 필수적이지만, 인코텀즈는 단지 이들 계약중의 하나인 매매계약에만 관계되어 있다.

그럼에도 불구하고 당사자들이 특정의 거래조건을 사용하기로 합의하면 그것은 필연적으로 기타의 계약에 대하여도 함축적인 의미를 지니게 된다. 예를 들면, CFR 또는 CIF 계약에 합의한 매도인은 해상운송 이외의 어떠한 운송방식으로는 그러한 계약을 이행할 수 없다. 왜냐하면, 이들 거래조건하에서는 매도인이 해상운송 이외의 운송방식을 사용한다면 선화증권 또는 기타의 해상서류를 매수인에게 제시하는 것이 불가능하기 때문이다. 더구나 화환신용장하에서 요구되는 서류는 필연적으로 사용이 의도된 운송수단에 달려 있을 것이다.

인코텀즈는 매도인이 물품을 매수인의 임의처분상태로 두거나 또는 운송을 위하여 이를 교부하거나 또는 목적지에서 이를 인도할 의무 등 당사자들에게 부과되는 다수의 특정된 의무 및 당사자들간의 위험분담에 대하여 다루고 있다. 나아가 인코텀즈는 물품의 수출과 수입통관의 의무, 물품의 포장, 매수인의 인도수령의 의무뿐만 아니라 각각의 의무를 정히 완수하였다는 증거제공의 의무 등을 다루고 있다. 인코텀즈가 매매계약의 이행을 위하여 극히 중요한 것임에도 불구하고, 그러한 계약에서 발생할 수 있는 매우 많은 문제들, 예컨대 소유권과 기타 재산권의 이전, 계약의 위반과 그러한 위반으로 야기되는 결과뿐만 아니라 일정한 사정에서의 의무면제 등은 전혀 다루어지지 아니하고 있다. 이와 같이 인코텀즈는 계약위반의 결과와 다양한 장애요인으로 인한 의무면제를 다루지 아니하고 있기 때문에 이러한 문제들은 매매계약의 다른 규정과 그 준거법에 의하여 해결되어야 한다.[3)]

2.3 Incoterms의 제정과 개정추이

무역계약의 당사자들은 각국의 무역관행이 서로 다르다는 것을 인식하지 못하는 경우가 흔히 있다. 이로 인하여 오해(misunderstanding)와 분쟁(dispute)과 소송(litigation)을 야기할 수 있고 그 결과 많은 시간과 금전상의 낭비를 초래하게 한다. 이와 같은 문제를 제거하기 위하여 국제상업회의소는 1936년 무역거래조건의 해석에 관한 일련의 국제규칙을 최초로 제정하였고 이 규칙이 “Incoterms 1936”으로 알려졌다. 그 후 1953년, 1967년, 1976년, 1980년, 1990년, 2000년 그리고 현행 2010년 개정을 포함하여 모두 7차례의 개정이 이루어졌다.

(1) Incoterms 1936의 제정

1920년 국제상업회의소가 창립된 후 최초의 사업으로 착수한 것이 정형거래조건의 통일이었다. 파리의 국제상업회의소 본부 안에 무역거래조건위원회를 설치하여 우선 각국에 관용되고 있는 정형거래조건에 대하여 각국의 국내위원회에 그 실태조사를 요청하였다. 12개국의 국내위원회로부터 조사자료를 수집 정리하여 1923년에는 “Trade Terms Definitions”의 초판을 간행, ① FOB, ② FOR/

3) Incoterms 2000, Introduction 1.

FOT, ③ Free Delivered, ④ CIF의 4종에 대하여 각국의 정의와 당사자의 권리 · 의무에 관한 해석의 차이점을 나타내는 비교대조표를 발표하였다.[4)]

그 후 다시 20여개국으로부터 보고를 받아 이들의 자료를 정리하여 1929년에 "Trade Terms"로 간행하였는데 여기에는 상기의 4종 이외에 FAS와 C&F가 추가되어 6종에 대하여 35개국별 매매당사자의 의무를 비교 표시하였다. 그 결과 정형거래조건의 해석과 관용에 대하여 각국간에 존재하는 상위점이 더욱 확실하게 되었으므로 1929년의 "Trade Terms"를 기초로 정형거래 조건의 해석에 관한 국제적 통일규칙을 기초하게 되었다.

통일규칙해석기준의 초안이 무역거래조건위원회에 제출된 것은 1936년 1월인데 25개국의 국내위원회에 의해 승인되자 동년 6월의 국제상업회의소 이사회는 이를 정식으로 채택하여 "무역거래조건의 해석에 관한 국제규칙"(International Rules for the Interpretation of Trade Terms), 약칭 "Incoterms 1936"으로 간행하였다.[5)]

Incoterms 1936은 다음과 같이 11가지의 정형거래조건에 대하여 규정하였다.

① 공장인도(Ex works)

② 철도인도…지정출발지(FOR/FOT...named departure point)

③ 반입인도…지정선적항(Free...named port of shipment)

④ 선측인도…지정선적항(FAS...named port of shipment)

⑤ 본선인도…지정선적항(FOB...named port of shipment)

⑥ 운임포함인도…지정목적항(C&F...named port of destination)

⑦ 운임 · 보험료포함인도…지정목적항(CIF...named port of destination)

⑧ 운송비지급인도…지정목적지(Freight or Carriage Paid to...named point of destination)

⑨ 반입인도…지정목적지(Free or Free Delivered...named point of destination)

⑩ 착선인도…지정항(Ex Ship...named port)

⑪ 부두인도…지정항(Ex Quay...named port)

---

4) 上坂酉三, 「貿易慣習」, 東洋經濟新報社. 1959, 44面.

5) 朝岡良平, 「貿易賣買と商慣習」, 東京布井出版社, 1982, 107面.

(2) Incoterms 1953

1953년 개정규칙에는 지정선적항 반입인도(Free...named port of shipment) 조건과 지정목적지 반입인도(Free or Free Delivered...named point of destination) 조건이 제외된 9종류로 규정하였다. 2개의 정형거래조건을 삭제한 이유에 대하여 ICC의 공식설명은 없지만 ① 양 거래조건을 나타내는 용어가 비슷해서 혼동하기 쉽고, ② 당사자의 의무에 대해서 각국의 해석이 너무 달라 통일적인 기준을 설정하기 어렵고, ③ 이들 거래조건이 무역거래에 거의 이용되고 있지 않다는 것 등을 이유로 제외되었다.[6)]

(3) Montreal Rules 1967과 Incoterms Supplement 1976

제 2 차 세계대전 후의 국제경제 부흥기가 끝나고 성장기로 들어갈 무렵부터 유럽에서는 팰릿(pallet)[7)]에 의한 적양화 및 운송의 합리화가 진행되었다. 화물운송이 팰릿이나 컨테이너에 의하여 이루어지게 되면서 매도인이 수입국 내의 지정목적지까지 반입하여 그 장소에서 약정품을 매수인에게 제공하는 계약이 현저히 늘어나게 되었다. 이러한 새로운 거래관행이 일반화 되면서 ICC의 무역거래조건위원회에서 거론되었고 1967년 몬트리올(Montreal)에서 개최된 ICC의 제21차 총회에서 채택되었기 때문에 "Montreal Rules 1967"이라고 불리어지고 있다.[8)]

1967년 몬트리올규칙에서 추가된 2가지의 거래조건은 다음과 같다.

① 국경인도…지정국경인도장소(Delivered at Frontier...named place of delivery at frontier)

② 관세지급반입인도…지정수입국목적지(Delivered Duty Paid...named place of destination on the country of importation)

한편, 1970년대에 들어서면서 항공기에 의한 화물운송이 빈번해지자 이를 반영하기 위하여 1976년에 공항인도…지정발송공항(FOB Airport...named airport of departure) 조건을 'Supplement'에 수록하게 되었다.

---

6) 朝岡良平, 前揭書, 109面.

7) pallet이란 화물을 일정 수량단위로 모아 적양화 · 보관 · 운송하기 위하여 사용되는 하역받침으로 fork-lift를 이용하여 하역하기 때문에 받침에는 fork가 들어갈 입구가 있다. palletized cargo는 체선시간을 줄이고 하역비를 절감시키는 데 유리하다.

8) 朝岡良平, 前揭書, 110～111面.

(4) Incoterms 1980

1970년대에 들어오면서 컨테이너 이용이 보편화되면서 이른바 "door to door serivce"에 의해 육 · 해 · 공을 일관하는 운송체계인 복합운송(multimodal transport)이 등장하게 되었다. 복합운송이라는 새로운 운송개념의 등장은 전통적인 해상운송중심의 무역거래에서 상거래절차상의 변화를 가져옴으로써 국제무역거래규칙과 조약 등은 복합운송을 수용할 수 있도록 수정 또는 새로운 조항의 신설을 요구하게 되었다.

인코텀즈도 이러한 흐름에 따라 트레일러(trailer)나 페리(ferry)에 의한 "roll on-roll off" 방식을 복합운송에 부응시키기 위하여 운송인인도(Free Carrier)조건과 운송비 · 보험료지급인도(Freight or Carriage and Insurance Paid to)조건을 신설하는 한편, 종래에는 내륙운송에만 적용되던 운송비지급인도(Freight or Carriage Paid to)조건을 복합운송에도 적용할 수 있도록 수정하였다.

이로써 "Incoterms 1953" 이후 1967년, 1976년의 추가조건과 1980년의 새로운 조건을 포함하여 새로 편성한 "Incoterms 1980"을 공표하게 된 것이다.[9]

"Incoterms 1980"에는 14가지의 거래조건을 규정하고 국제통신에 편리하게 각 조건마다 3문자의 국제약어(international code)를 정하여 다음과 같이 사용하도록 하였다.

① 공장인도…공장, 제분소, 경작지, 창고인도 등(Ex Works...ex factory, ex mill, ex plantation, ex warehouse, etc, EXW)

② 철도화차인도…지정출발지(Free on Rail/Free on Truck...named departure point, FOR/FOT)

③ 선측인도…지정선적항(Free Alongside Ship...named port of shipment, FAS)

④ 본선인도…지정선적항(Free on Board...named port of shipment, FOB)

⑤ 운임포함인도…지정선적항(Cost and Freight...named port of destination, C&F or CFR)

⑥ 운임 · 보험료포함인도…지정목적항(Cost, Insurance and Freight...named port of destination, CIF)

---

9) ICC, Guide to Incoterms 1980, ICC Publishing S.A., pp. 8~9.: 한주섭, 「개정 ICC Incoterms 1990」, 국제무역연구원, 1990, 20~21면.

⑦ 착선인도…지정목적항(Ex Ship...named port of destination, EXS)

⑧ 부두인도…지정항구에서의 관세지급(Ex Quay…duty paid...named port, EXQ)

⑨ 국경인도…지정국경인도 장소(Delivered at Frontier...named place of delivery at frontier, DAF)

⑩ 관세지급인도…지정수입국내 목적지(Delivered Duty Paid...named place of destination in the country of importation, DDP)

⑪ 공항인도…지정출발공항(FOB Airport...named airport of departure, FOA)

⑫ 운송인인도…지정지점(Freight or Carriage Paid to...named point, FRC)

⑬ 운송비지급인도…지정목적지(Freight or Carriage Paid to...named point of destination, DCP)

⑭ 운송비 · 보험료지급인도…지정목적지(Freight or Carriage and Insurance Paid to...named point of destination, CIP)

(5) Incoterms 1990

정보통신수단의 급격한 발전과 복합운송기술의 지속적인 발전에 부응하기 위하여 무역거래조건을 보다 체계적으로 보완할 필요성이 대두되어 개정된 것이 “Incoterms 1990”이다. Incoterms 1990은 컴퓨터를 이용한 전자문서교환방식(Electronic Data Interchange: EDI)이 선진국을 중심으로 보편화될 전망에 따라 무역거래에 도입하기 위한 의도와, RO/RO하역방식 등 새로운 운송기술의 발달에 부응한 거래조건의 활용 제고, 매도인과 매수인 간의 의무조항이 체계적으로 배열되지 못한 데 따른 거래조건별 세부조건의 명확화, 철도운송에 사용되어야 할 FOR/FOT조건이 도로운송을 요구하는 계약에 사용되는 오류를 방지하고자 하는 점 등이 개정의 주요 과제였다.

따라서 Incoterms 1990의 특징을 살펴보면 다음과 같다.

첫째, FOA, FOR/FOT조건을 폐지하고 운송인인도(FCA)조건에 흡수 · 통합하였다.

둘째, 운송방식에 따라 거래조건을 채택하도록 하였다.

즉 FAS, FOB, CFR, CIF, DES, DEQ조건은 해상운송 및 내수로운송(inland waterway transport)에만 사용하고, EXW, FCA, CPT, CIP, DAF, DDU, DDP조건

은 운송방식에 관계없이 사용할 수 있도록 하였다.

셋째, DDP조건을 분리하여 관세미지급인도(DDU)조건을 신설하였다.

넷째, 거래조건의 약자 표기는 FRC→FCA, DCP→CPT, EXS→DES, EXQ→DEQ로 변경하였다.

다섯째, 각 거래조건별로 매도인과 매수인의 세부의무조항을 10개 조항으로 구분, 대칭되게 배열하여 비교검토를 용이하게 하고 단순화 및 명확화를 기하였다. 여섯째, 전자문서교환방식(EDI)의 사용증대에 대비하여 EDI에 의한 것도 운송서류(transport documents)에 상응하는 서류로 인정할 수 있도록 하였다.[10)]

Incoterms 1990의 13가지 거래조건의 구성은 4개의 큰 그룹, 즉 ① 출발지조건군인 E그룹에 EXW조건을, ② 주운임미지급조건군인 F그룹에 FCA, FAS, FOB조건을, ③ 주운임지급조건군인 C그룹에, CFR, CIF, CPT, CIP 조건을, ④ 도착지조건군인 D그룹에 DAF, DES, DEQ, DDU, DDP 조건으로 구분하여 매도인의 최소의무부담(seller's minimum obligation)에서 매도인의 최대의무부담(seller's maximum obligation)의 순으로 배열하여 매매 당사자의 의무에 관하여 규정하고 있다.

Incoterms 1990에 규정된 13가지의 거래조건은 다음과 같다.

① 공장인도…지정장소(Ex Works...named place, EXW)

② 운송인인도…지정장소(Free Carrier...named place, FCA)

③ 선측인도…지정선적항(Free Alongside Ship...named port of shipment, FAS)

④ 본선인도…지정선적항(Free on Board...named port of shipment, FOB)

⑤ 운임포함인도…지정목적항(Cost and Freight...named port of destination, CFR)

⑥ 운임 · 보험료포함인도…지정목적항(Cost, Insurance and Freight...named port of destination, CIF)

⑦ 운송비지급인도…지정목적지(Carriage Paid To...named place of destination, CPT)

⑧ 운송비 · 보험료지급인도…지정목적지(Carriage and Insurance Paid to...named place of destination, CIP)

⑨ 국경인도…지정장소(Delivered at Frontier...named place, DAF)

---

10) 강원진, "개정 Incoterms 1990 해설," 대한상공회의소, ICC한국국내위원회, 1990, 3월 5면.

⑩ 착선인도…지정목적항(Delivered Ex Ship...named port of destination, DES)

⑪ 부두인도…지정목적항(Delivered Ex Quay...named port of destination, DEQ)

⑫ 관세미지급인도…지정목적지(Delivered Duty Unpaid...named place of destination, DDU)

⑬ 관세지급인도…지정목적지(Delivered Duty Paid...named place of destination, DDP)

(6) Incoterms 2000

Incoterms 2000은 관세자유지역의 확대, 상거래에서 전자적통신의 사용 증가 및 운송관행의 변화에 부응할 수 있도록 하기 위하여 현재 13가지 정형거래조건의 정의를 보다 간결하고 명확하게 보완하고 매매당사자간의 의무에 관하여 현실적인 무역관행에 부합되도록 개정하였다. Incoterms 2000은 국제상업회의소 간행물 번호 560호로 공표되어 2000년 1월 1일부터 새로 적용하도록 하였다.

약 2년 동안에 걸친 Incoterms 2000 개정 작업과정 중 국제상업회의소 국제상관습위원회(Commission on International Commercial Practice)는 각 국의 국제상업회의소 국내위원회(National Committee)로부터 제기된 문제점들을 참조하여 개정에 반영하였다. Incoterms 2000에 나타난 거래조건은 외관상 별 변화가 없는 것으로 보인다. 이는 구 관습을 확고히 정착시키고자 하는 뜻이 담겨져 있다 할 것이다. 그러나 Incoterms 2000에서는 실제 무역거래에 적용시 매매당사자간의 오해와 분쟁의 소지에 대하여 단순 · 명료화하기 위한 노력이 이루어졌고 거의 모든 거래조건에 대하여 수정 및 보완이 이루어졌다. Incoterms 1990과 비교할 때 Incoterms 2000 개정의 특징은 다음과 같다.

① 13가지 기존 거래조건의 개념을 보다 간결하고 분명하게 정의하였다.

② 매도인의 물품 인도장소 및 방법을 명확히 하고 물품의 적재 및 양화의무 부담자에 대한 구분을 명확히 하였다.

③ 운송인도인(FCA) 조건에 대하여 수출국에서 매도인의 물품인도의무와 인도시기를 단순화시켜 활용이 보다 증대될 수 있도록 하였다.[11)]

④ 인코텀즈의 13가지 거래조건별로 매도인과 매수인의 의무에 대하여 10가

11) Incoterms 2000, FCA; FCA A4.

지 세부의무조항을 나란히 대칭되게 배열하여 당사자의 의무에 대한 비교검토가 용이하도록 그 체계를 바꾸었다.[12]

⑤ 용어(terminology) 사용의 일관성을 기하기 위하여 가능한 한 "국제물품 매매계약에 관한 유엔 협약"(CISG 1980)에 나타난 용어를 사용하고 상이한 의미로 해석할 수 있는 용어의 의미를 정리하였다.[13]

⑥ 운송계약 또는 보험계약 표제 아래 "의무 없음"(no obligation)이라는 표현은 당사자 일방이 상대방에 대하여 어떠한 직무를 이행하는 데 있어 "의무 없음"에 해당된다고 할지라도, 이것은 자신의 이익을 위하여도 당해 직무를 이행할 필요가 없음을 의미하지 아니한다는 사실을 지적하도록 서문에서 강조하고 있다.[14]

⑦ 물품에 대한 위험과 비용의 이전은 계약물품이 충당(appropriation)되기 이전에는 이루어지지 아니하는 것으로 규정하였다.

⑧ 통관의무에 대하여 선측인도(FAS) 조건에서 수출통관의무가 매수인의 의무이던 것을 매도인의 의무로 하고, 부두인도(DEQ) 조건에서 수입통관 의무가 매도인의 의무이던 것을 매수인의 의무로 하여 현행 규정과 정반

12) Incoterms 2000, Introduction 5.

13) Incoterms 2000, Introduction 6;
- 화주(shipper): 운송을 위하여 물품을 교부하는 자와 운송인과 운송계약을 체결하는 자의 의미로 사용한다.
- 인도(delivery): 매도인의 의무를 완료하는 시기를 결정할 때의 인도와 매수인의 인도수령(taking delivery) 또는 인도승낙(acceptance)의 경우의 인도에 사용한다.
- 통상적(usual): 관습을 중시하는 개념으로 사용한다. 구 규칙의 합리적(reasonable)이라는 용어는 법률적 해석을 중시하는 개념이다.
- 부과금(charges): 수출 또는 수입통관과 관련되어 필수적으로 당사자에 부과되는 비용의 의미로 사용한다.
- 항구(ports): 물품인도 장소가 해상인도 조건인 경우에 사용한다.
- 장소(places): 기타 모든 인도조건에서의 광의의 물품인도 장소에 사용한다.
- 지점(points): 장소 내에서도 구체적인 물품인도 장소가 될 경우에 사용한다.
- 구내(premises): 특히 인도지점이 매도인의 영업장소일 경우에 사용한다.
- 본선(ship): FAS, FOB 조건과 같은 전통적인 표현으로서의 본선의 용어로 사용한다.
- 선박(vessel): 기타 해상운송에 사용되도록 의도된 경우에 사용한다.
- 점검(checking): 매도인의 인도의무에 관련되는 경우에 사용한다.
- 검사(inspection): 선적전 검사(pre-shipment inspection)가 이행되는 특별한 경우에 사용한다.

14) Incoterms 2000, Introduction 10; FOB 조건은 인코텀즈의 규정에 의하면 매도인이나 매수인은 보험계약에 대한 의무가 없다. 그러나 매수인은 자기 자신을 위하여 보험계약을 체결하고 보험을 부보하여야 한다.

대로 바꾸어 실무상의 관행을 반영시켰다.[15)]

⑨ 매매당사자가 무역거래조건을 변형하여 사용하고자 할 경우에는 매매계약서상에 당사자가 부담하여야 하는 추가의무부담에 관하여 명확히 하여야 할 필요성을 강조하였다.[16)]

⑩ 일부 거래조건에서 물품인도와 관련하여 매수인이 어떤 정확한 지점을 지정할 의무를 가지면서도 자신의 권리를 행사하지 아니하게 되면 매도인에게 자신의 목적에 적합한 지점을 선택할 권리를 부여할 수 있도록 하고 있다.[17)]

⑪ 유럽연합(EU)등 관세자유지역의 확대 등으로 수출 또는 수입통관 절차가 불필요한 지역에서의 예외적 고려를 위하여 "적용 가능한 경우"(where applicable)라는 문언을 삽입하여 통관의무 규정을 적용함에 있어 탄력성을 부여하고 있다.[18)]

⑫ 매도인은 운송을 위하여 요구되는 방법으로 매매계약체결 전에 운송에 관한 사정이 매도인에게 알려진 범위 내에서 물품을 포장할 의무를 진다는 사실에 대하여 약정할 필요가 있음을 언급하고 있다.[19)]

⑬ 물품이 운송을 위하여 교부되기 이전 또는 당시에 선적전 검사(pre-shipment inspection: PSI)가 이루어 질 경우에는 별도 약정이 없는 한 매수인이 검사비용을 지급하여야 한다. 그러나 검사가 매도인 자신의 국가에서 강행규칙(mandatory rules)에 의하여 이루어지는 경우의 검사비는 EXW 조건을 제외하고는 매도인이 부담하도록 명확히 하였다.[20)]

⑭ 물품인도가 선박상에서 이루어지지 아니하고 내륙의 어떠한 장소에서 이루어질 경우에는 FOB, CFR, CIF 조건 대신에 FCA, CPT, CIP 조건으로 이용할 것을 강조하고 있다.[21)]

---

15) Incoterms 2000, FAS; Incoterms 2000, DEQ.

16) "EXW loaded," "FOB stowed," "FOB stowed and trimmed"
"CIF/CIP the buyer's need for additional insurance"
"DEQ the added obligation for the seller to pay for costs after discharge"

17) Incoterms 2000, Introduction 13.

18) Incoterms 2000, Introduction 14.

19) Incoterms 2000, Introduction 15.

20) Incoterms 2000, Introduction 16.

21) Incoterms 2000, Introduction 17, 18; Incoterms 2000, FOB, CFR, CIF.

⑮ 운송방식별로 적합한 인코텀즈 2000의 거래조건을 총괄적으로 구분하였다.[22)]

⑯ 전자상거래(electronic commerce)시대에 대비하기 위하여 개정 서문에서 전자선화증권 소지인의 등록기구인 볼레로(BOLERO)서비스와 같은 시스템은 국제해사위원회(CMI)의 전자선화증권에 관한 규칙, 전자해상화물운송장에 관한 CMI통일규칙 및 유엔국제무역법위원회(UNCITRAL)의 전자상거래에 관한 표준법(UNCITRAL Model Law on Electronic Commerce)에 의해 입증된 적합한 법적 규범과 원칙들에 의한 지원을 요구할 수 있다고 언급하고 있다.[23)]

⑰ 운송중인 물품을 매각하는 것을 제외하고는 해상화물운송장(sea waybills), 정기선화물운송장(liner waybills), 화물수령증(freight receipt) 등과 같은 비유통서류(non-negotiable douments)를 사용할 수 있도록 하고 있다.[24)]

⑱ "C" 조건에서 물품대금을 지급하는 매수인은 매도인이 운송인에게 새로운 지시를 하여 화물운송장상에 명시된 이외의 자에게 타장소에서 인도할 수 있게 하는 물품처분권을 포기한다는 "처분금지"(no-disposal) 조항을 당사자가 삽입할 수 있도록 하고 있다.[25)]

⑲ 선화증권(bill of lading)이나 기타 종이 문서는 당사자가 합의할 경우에 전자적 수단에 의하여 대체될 수 있도록 하고 그러한 메시지는 관계당사자 또는 부가서비스를 제공하는 제3자를 통하여 전송될 수 있도록 하여 전자상거래시대에 부응할 수 있도록 하였다.

---

22) 해상운송 및 내수로 운송시 사용 가능한 거래조건으로는 FAS, FOB, CFR, CIF, DES, DEQ 조건, 운송형태와 관계없이 사용 가능한 거래조건으로는 EXW, FCA, CPT, CIP, DAF, DDU, DDP 조건, 목적항의 선박상에서 복합운송으로 인도될 경우 사용 가능한 거래조선으로는 DES 조건 그리고 목적항선박에서 부두로 양륙하여 복합운송으로 인도될 경우 사용 가능한 거래조건으로는 DEQ 조건이 있다.

23) Incoterms 2000, Introduction 19.

24) Incoterms 2000, Introduction 20.

25) Incoterms 2000, Introduction 21.

| 표 5-1 | Incoterms 2000의 그룹별 13가지 정형거래조건

군(Group)		정형거래조건(Trade Terms)
Group E Departure 출발지인도조건군	EXW	Ex Works…(named place) 공장인도…(지정장소)
Group F Main Carriage Unpaid 주운임미지급인도 조건군	FCA	Free Carrier…(named place)운송인인도…(지정장소)
	FAS	Free Alongside Ship…(named port of the shipment) 선측인도…(지정선적항)
	FOB	Free on Board…(named port of shipment) 본선인도…(지정선적항)
Group C Main Carriage Paid 주운임지급인도 조건군	CFR	Cost and Freight…(named port of destination) 운임포함인도…(지정목적항)
	CIF	Cost, Insurance and Freight…(named port of destination) 운임 · 보험료포함인도…(지정목적항)
	CPT	Carriage Paid To…(named place of destination) 운송비지급인도…(지정목적지)
	CIP	Carriage and Insdurance Paid to…(named place of destination) 운송비 · 보험료지급인도…(지정목적지)
Group D Arrival 도착지인도조건군	DAF	Delivered At Frontier…(named place) 국경인도…(지정장소)
	DES	Delivered Ex Ship…(named port of destination) 착선인도…(지정목적항)
	DEQ	Delivered Ex Quay…(named port of destination) 부두인도…(지정목적항)
	DDU	Delivered Duty Unpaid…(named place of destination) 관세미지급인도…(지정목적지)
	DDP	Delivered Duty Paid…(named place of destination) 관세지급인도…(지정목적지)

(7) Incoterms® 2010

국제상업회의소(ICC)의 "Incoterms 2000"을 국제상거래에 사용한 이래 지속적인 관세자유지역의 확산, 상거래에서 전자통신문의 사용 증대, 물품이동에서 안전에 대한 관심의 고조와 운송관행의 변화를 고려하여[26] ICC는 2007년 11월 "Incoterms 2000"을 개정하기로 하고 초안그룹(drafting group)을 통하여 총 4차례의 초안을 발표(2009년 2월, 9월 및 2010년 1월 및 3월)하고 2010년 5월 동 개정초안이 ICC의 상거래 법률 및 관습 위원회(ICC's Commission on Commercial Law and Practice)에 제출되어 ICC가 2010년 9월 "Incoterms® 2010"을 공식 채택 ICC Publication No. 715E로 간행됨으로서 2011년 1월 1일부터 발효하게 되었다.

제 7 차 개정 Incoterms® 2010에서는 전체 규칙 수를 13개에서 11개로 줄이고, 인도(delivered) 규칙을 3개로 통합하고, 모든 규칙에 대하여 간결하고 명확한 지침을 제공하고 있다. "Incoterms 2000"까지 Incoterms는 "무역거래조건의 해석에 관한 국제규칙"(International Rules for the Interpretation of Trade Terms)이라는 의미로 표현하였으나, "Incoterms® 2010"부터는 미국 통일상법전(UCC) 및 개정무역정의에서와 같이 국제무역거래 뿐만이 아닌 국내 상거래를 포함하는 이른바 "국내 및 국제무역거래조건의 사용에 관한 국제상업회의소 규칙"(ICC Rules for the Use of Domestic and International Trade Terms)이라는 표현을 사용하여 Incoterms® 2010에 이를 부제로 병기하여 간행되었다. 특히 "Incoterms® 2010"은 ICC의 등록상표로 향후 ICC의 인코텀즈를 적용할 경우 가격조건(인도조건) 뒤에 반드시 명시하도록 하고 있다.

2.4 인코텀즈 거래규칙별 매매당사자의 세부의무

"Incoterms® 2010 규칙"에서는 각 거래규칙별로 매도인과 매수인의 의무부담조항을 10개로 규정하여 표제어(heading)를 달아 〈표 5-2〉와 같이 서로의 의무를 대조할 수 있도록 하고 있다.

---

26) ICC, Incoterms® 2010 ICC rules for the use of domestic and international trade terms, ICC Publication No. 715E, ICC Services Publications, 2010, Foreword.

표 5-2 Incoterms® 2010 규칙에서의 매도인과 매수인의 세부의무

매도인의 의무(seller's obligations)	매수인의 의무(buyer's obligations)
A1. 매도인의 일반적 의무 (General obligations of the seller)	B1. 매수인의 일반적 의무(General obligations of the buyer)
A2. 허가, 승인, 안전 통관 및 기타 수속절차 (Licences, authorizations, security clearances and other formalities)	B2. 허가, 승인, 안전 통관 및 기타 수속절차 (Licences, authorizations, security clearances and other formalities)
A3. 운송 및 보험계약(Contract of carriage and insurance)	B3. 운송 및 보험계약(Contract of carriage and insurance)
A4. 인도(Delivery)	B4. 인도의 수령(Taking delivery)
A5. 위험의 이전(Transfer of risks)	B5. 위험의 이전(Transfer of risks)
A6. 비용의 분담(Allocation of costs)	B6. 비용의 분담(Allocation of costs)
A7. 매수인에 대한 통지(Notice to the buyer)	B7. 매도인에 대한 통지(Notice to the seller)
A8. 인도서류(Delivery documents)	B8. 인도의 증거(Proof of delivery)
A9. 점검·포장·화인(Checking-packaging-marking)	B9. 물품검사(Inspection of goods)
A10. 정보제공에 대한 협조 및 관련 비용 (Assistance with information and related costs)	B10. 정보제공에 대한 협조 및 관련 비용 (Assistance with information and related costs)

3. Incoterms® 2010의 사용방법 및 특징

Incoterms® 2010 규칙[27)]은 물품매매계약에서 기업간 거래관례를 반영하는 일련의 3개 문자조합의 무역거래조건을 설명하고 있다. 인코텀즈 규칙은 주로 매도인이 매수인에게 물품인도에 포함되는 업무, 비용 및 위험들을 기술하고 있다.[28)]

27) Incoterms® 2010에서는 "Incoterms® 2010 rules"라는 표현을 사용하고 있다. 새로 적용되는 "Incoterms® 2010"에서 "Incoterms® 2010"는 ICC의 고유한 등록상표로 보고 "rules"가 추가되어도 모순되지는 아니할 것으로 보인다. 이러한 취지를 고려하여 Incoterms® 2010에서는 동 규칙 사용시, 예를 들어 "FOB 조건"은 "FOB 규칙"이라는 표현으로 하도록 하고 있다. 그러나 이 책에서는 새로운 Incoterms® 2010 적용과 관련된 용어는 "규칙"으로 표현하되, 다만 종전 관행이 반영된 부분과 미국의 법제 등의 용어를 고려하여 "조건"(예를 들면 FOB 조건)으로 표현하였다.

28) ICC, Incoterms® 2010 ICC rules for the use of domestic and international trade terms, ICC Publication No. 715E, ICC Services Publications, 2010, Introduction.

3.1 Incoterms® 2010 규칙의 사용 방법

(1) 매매계약에 Incoterms® 2010 규칙을 명시할 것

Incoterms® 2010 규칙을 계약에 적용시키고자 하는 경우, Incoterms® 2010(지정장소를 포함하는 선택된 인코텀즈)와 같은 어구를 계약서에 명시하여야 한다.

예를 들면 매매계약서의 가격조건 또는 인도조건에서 "Terms of Price : FOB Busan Incoterms® 2010" 또는 "Terms of Delivery : FOB Busan Incoterms® 2010"과 같이 명시하여야 한다.

(2) 적절한 인코텀즈 규칙을 선택할 것

선택된 인코텀즈 규칙은 물품, 운송수단에 적절하여야 하며 또한 무엇보다도 당사자가 예컨대 운송 또는 보험계약을 체결하는 의무와 같은 추가적인 의무를 매도인 또는 매수인 중에 누가 부담하는 것으로 의도하는지에 대하여 적절하여야 한다.

(3) 장소 또는 항구를 가능한 한 정확하게 명시할 것

선택된 인코텀즈 규칙은 당사자가 장소 또는 항구를 지정하는 경우에만 비로소 작용할 수 있으며 또한 당사자가 장소 또는 항구를 가능한 한 정확하게 명시하는 경우, 가장 잘 작용할 수 있다. 이와 같은 정확성에 대한 훌륭한 예는 다음과 같다:

"FCA 38 Cours Albert 1er, Paris, France Incoterms® 2010."

인코텀즈 규칙 공장인도(EXW), 운송인인도(FCA), 터미널인도(DAT), 목적지인도(DAP), 관세지급인도(DDP), 선측인도(FAS) 및 본선인도(FOB)에서 지정장소는 인도가 이루어지는 장소이며, 위험이 매도인으로부터 매수인에게 이전하는 장소이다. 인코텀즈 규칙 운송비지급인도(CPT), 운송비·보험료지급인도(CIP), 운임포함인도(CFR) 및 운임·보험료포함인도(CIF)에서 지정장소는 인도장소와 다르다. 이와 같은 4개의 인코텀즈 규칙에서 지정장소는 운송비가 지급되는 목적지이다. 장소 또는 목적지에 관한 표시는 의문 또는 논쟁을 피하기 위하여 그와 같은 장소 또는 목적지에서 정확한 지점을 명시함으로서 훨씬 도움이 되고 구체화 될 수 있다.

(4) 인코텀즈 규칙은 완전한 매매계약을 제공하지 아니함을 명심할 것

인코텀즈 규칙은 매매계약의 어느 당사자가 운송계약 또는 보험계약 체결 의무를 부담하는지, 언제 매도인이 매수인에게 물품을 인도하는지 그리고 각 당사자가 어떠한 비용을 부담할 책임이 있는지에 대하여 설명하고 있다.

그러나 인코텀즈 규칙은 지급되어야 하는 금액 또는 지급방법에 대하여 설명하지 아니한다. 또한 동 규칙은 물품의 소유권 이전, 계약 위반의 결과에 대하여 전혀 다루지 아니하고 있다. 이러한 문제들은 보통 매매계약의 명시조건 또는 준거법에 의하여 다루어진다. 당사자는 선택된 인코텀즈 규칙을 포함하여 매매계약의 어느 측면보다 강행적인 국내법이 우선할 수 있다는 점을 알아야 한다.

3.2 Incoterms® 2010 규칙의 주요 특징

(1) 두 개의 새로운 인코텀즈 규칙, 즉 DAT 및 DAP가 인코텀즈 2000 규칙인 DAF, DES, DEQ 및 DDU를 대체함

인코텀즈 규칙의 수는 종전의 13개에서 11개로 감소되었다.

이는 합의된 운송방식에 관계없이 사용되어지는 두 개의 새로운 규칙, 즉 DAT 및 DAP는 인코텀즈 2000 규칙의 DAF, DES, DEQ 및 DDU를 대체하게 된 것이다.

인도가 지정목적지에서 이루어지는 두 개의 새로운 규칙하의 DAT에서는 (종래의 DEQ 규칙과 같이) 도착된 차량으로부터 양화되어 매수인의 임의처분상태에서, DAP에서는 (종래의 DAF, DES 및 DDU 규칙과 마찬가지로) 양화하지 아니하고 매수인의 임의처분상태에서 인도가 지정목적지에서 이루어진다.

이 새로운 규칙은 인코텀즈 2000 규칙의 DES와 DEQ를 불필요하게 만들고 있다. DAT 에서 지정된 터미널은 항구에 있을 수 있다. 그러므로 DAT는 인코텀즈 2000 규칙의 DEQ가 사용되었던 경우와 같이 아무런 문제없이 사용될 수 있다. 마찬가지로 DAP 하에서 도착 "차량"은 선박일 수 있고 또한 지정된 목적지는 항구일 수 있다. 따라서 DAP는 인코텀즈 2000의 DES가 사용되었던 경우와 같이 아무런 문제없이 사용될 수 있다. 종래의 규칙과 이와 같은 새로운 규칙은 물품을 지정목적지까지 운송하는데 포함된 모든 비용(적용 가능한 경우, 수입통관과 관련된 비용을 제외하고) 및 위험을 매도인이 부담하는 "도착지인도"이다.

(2) Incoterms® 2010 규칙 11개의 분류

Incoterms® 2010 규칙 11개는 두 개의 구별되는 분류로 제시되고 있다.

단일 또는 복수의 모든 운송방식을 위한 규칙(Rules for Any Mode or Modes of Transport)

공장인도	EXW	Ex Works
운송인인도	FCA	Free Carrier
운송비지급인도	CPT	Carriage Paid To
운송비·보험료지급인도	CIP	Carriage and Insurance Paid to
터미널인도	DAT	Delivered At Terminal
목적지인도	DAP	Delivered At Place
관세지급인도	DDP	Delivered Duty Paid

해상 및 내수로 운송을 위한 규칙(Rules for Sea and Inland Waterway Transport)

선측인도	FAS	Free Alongside Ship
본선인도	FOB	Free On Board
운임포함인도	CFR	Cost and Freight
운임·보험료포함인도	CIF	Cost, Insurance and Freight

첫 번째 분류는 선택된 운송방식에 관계없이 또한 단일 또는 복수의 모든 운송방식이 이용되는가 여부에 관계없이 사용될 수 있는 Incoterms® 2010 규칙 7개를 포함한다. EXW, FCA, CPT, CIP, DAT, DAP 및 DDP가 이 분류에 속한다.

이들은 해상운송이 전혀 포함하지 아니한 경우에도 사용될 수 있다. 이들 규칙은 선박이 일부구간 운송에 사용되는 경우에도 사용될 수 있다는 사실을 명심하여야 한다.

Incoterms® 2010 규칙의 두 번째 분류에서, 인도지점 및 물품이 매수인에게 운송되는 장소가 모두 항구가 된다. 이는 "해상 및 내수로 운송" 규칙으로 호칭된 사실과 맥을 같이 한다. FAS, FOB, CFR 및 CIF가 이 분류에 속한다. 인코텀즈 2000의 FOB, CFR 및 CIF에서 인도지점으로서의 선박의 난간(ship's rail)이라는 모든 언급은 물품이 선박(본선)의 갑판 상(on board the vessel)에 인도될 때가 더 선호되어 삭제되었다. 이것은 현대 상거래의 현실을 더 밀접하게 반영한 것으로 위험이 가상의 수직선을 통과하여 앞뒤로 오간다는 구시대의 인상을 탈피할 수 있다.

(3) 국내 및 국제 무역을 위한 규칙(Rules for domestic and international trade)

인코텀즈 규칙은 전통적으로 물품이 국경을 통과하는 국제매매계약에 사용되어 왔다. 그러나 세계의 다양한 지역에서 유럽연합(European Union)과 같은 무역권(trade blocs)은 상이한 국가 간에 국경에서의 수속절차가 더 이상 중요하지 않게 만들었다. 따라서 Incoterms® 2010 규칙의 부제에는 이 규칙이 국내 및 국제 매매계약에 모두 적용하기 위하여 사용가능함을 공시적으로 인정하고 있다. 그 결과 Incoterms® 2010 규칙에서는 적용 가능한 경우에만 수출/수입 수속절차에 따를 의무가 있음을 여러 곳에서 분명하게 명시하고 있다.

다음과 같은 두 가지의 진전된 사항들이 이러한 개정방향의 움직임이 시의적절하다고 ICC를 설득하여 왔다. 첫째, 무역업자들이 보통 순수한 국내매매계약에 인코텀즈 규칙을 사용하고 있다는 점. 둘째 이유는, 미국에서 과거 통일상법전의 선적 및 인도 조건보다도 국내거래에 인코텀즈 규칙을 사용하고자 하는 의지가 더 크기 때문이다.

(4) 안내요지(guidance note)

Incoterms® 2010 규칙의 각 앞부분에서는 안내요지를 볼 수 있다. 안내요지는 언제 사용되어야 하며, 언제 위험이 이전되고 또한 매매당사자간에 어떻게 비용분담이 되는지 등 각 인코텀즈 규칙의 기본적인 사항들을 설명하고 있다.

안내요지는 실제 Incoterms® 2010 규칙의 일부가 아니고, 단지 사용자가 특정 거래에서 적절한 인코텀즈 규칙을 정확하게 또한 효율적으로 사용할 수 있도록 도움을 주기 위한 것이다.

(5) 전자통신(electronic communication)

종전 버전(version)의 인코텀즈 규칙에서는 전자문서교환 메시지(EDI message)로 대체될 수 있는 서류들을 명시하고 있었다. 그러나 Incoterms® 2010 규칙의 A1/B1에서는 당사자들이 합의하는 한 또는 관습에 따라 전자통신에 대하여 서면통신에서와 같이 동등한 효력을 부여하고 있다. 이러한 규정은 Incoterms® 2010 규칙이 사용되는 기간에 새로운 전자적 절차의 발전을 촉진시킨다.

(6) 보험부보(insurance cover)

Incoterms® 2010 규칙은 협회적화약관(Institute Cargo Clauses: ICC) 개정 이래 인코텀즈 규칙의 최초 버전이므로 이와 같은 개정약관을 고려하였다. Incoterms® 2010 규칙은 운송 및 보험계약을 다루고 있는 A3/B3에서 보험 관련 정보제공의무를 설정하고 있다. 이들 규정은 인코텀즈 2000 규칙의 A10/B10에 규정된 일반적인 조항에서 옮겨 왔다. 이러한 관점에서 A3/B3에서 보험과 관련된 표현은 당사자들의 의무를 명확하게 하기 위하여 또한 수정되었다.

(7) 안전 관련 통관(security-related clearances)과 이에 요구되는 정보

최근 물품의 이동에서 안전에 대한 관심이 높아지고 있어, 물품이 고유의 성질 이외의 이유로 생명 또는 재산에 위협을 가하지 아니한다는 취지의 확인이 요구되고 있다. 따라서 Incoterms® 2010은 각 인코텀즈 규칙의 A2/B2 및 A10/B10에서 매매당사자간 물품보관사슬(chain-of-custody)정보와 같은 안전 관련 통관허가를 받음에 있어 허가를 받거나 협조를 제공할 의무를 분담시키고 있다.

(8) 터미널 취급료(terminal handling charges)

인코텀즈 규칙 CPT, CIP, CFR, CIF, DAT, DAP 및 DDP 하에서 매도인은 합의된 목적지까지의 물품운송 계약을 체결하여야 한다. 운임은 매도인이 지급하지만 운임은 보통 매도인에 의하여 총 판매가격에 포함되므로, 실제로 매수인에 의하여 지급되는 것이다. 운송비용은 통상적으로 항구 또는 컨테이너 터미널시설 내에서 물품을 취급하고 운반하는 비용이 포함되며 운송인 또는 터미널 운영자는 물품을 수령하는 매수인에게 이러한 비용을 청구하기도 한다. 이런 사정으로 매수인은 한번은 매도인에게 총 판매가격의 일부로서 그리고 한번은 이와는 별도로 운송인 또는 터미널 운영자에게 동일한 서비스에 대하여 이중으로 지급하는 것을 회피하려고 할 것이다.

Incoterms® 2010 규칙은 관련된 인코텀즈 규칙의 A6/B6에서 이와 같은 비용을 명확하게 분담함으로써 이중지급상황의 발생을 회피할 수 있도록 하고 있다.

(9) 연속판매(string sales)

제조물품의 매매와는 대조적으로 상품매매에 있어서 물품은 흔히 운송과정에 연속적으로 여러 번 판매된다. 이러한 경우 최초의 매도인은 이미 물품을 선적하였기 때문에 중간에 판매한 매도인은 물품을 "선적"하지 않는다. 그러므로 연속매매 중간에 있는 매도인은 그 다음의 매수인에게 물품선적 의무를 이행하는 것이 아니라 이미 선적된 물품을 "조달함"으로써 이행하는 것이다. 이를 명확히 하기 위하여 Incoterms® 2010 규칙은 관련 인코텀즈 규칙에서 "선적된 물품조달" 의무를 물품선적 의무의 대안으로서 포함시키고 있다.

3.3 인코텀즈 규칙의 변형(variants of Incoterms rules)

당사자는 가끔 인코텀즈 규칙을 변경하고 싶어 한다. Incoterms® 2010 규칙은 이와 같은 변경에 대하여 금지하지 않고 있으나 변경하는 것은 위험하다. 불필요한 논란을 방지하기 위하여 당사자는 이러한 변경에 관한 의도된 결과에 대하여 계약에 명시하여야 한다. 예컨대, 당사자는 Incoterms® 2010 규칙에서 비용분담이 계약에서 변경되어지는 경우, 당사자는 위험이 매도인으로부터 매수인에게 이전하는 지점도 변경하고자 의도하는지 여부에 대하여 분명하게 명시하여야 한다.

3.4 서문의 지위(status of this introduction)

이 서문은 Incoterms® 2010 규칙의 사용 및 해석에 대한 일반적인 정보일 뿐 이 규칙의 일부를 구성하지 않는다.

3.5 Incoterms® 2010 규칙에 사용된 용어의 설명

Incoterms 2000 규칙에서와 같이 매도인과 매수인의 의무는 A 항목에서는 매도인의 의무를, B 항목에서는 매수인의 의무를 반영하는 대칭적인 모습으로 제시되었다. 이러한 의무는 매도인 또는 매수인 또는 가끔 특정 목적을 위하여 운송인, 운송주선인, 매도인 또는 매수인이 지정한 제3자를 통하여 계약상의 조건 또는 적용법에 따라 개별적으로 이행되어질 수 있다.

Incoterms® 2010 규칙의 본문은 자체 설명형식으로 되어 있다. 그러나 사용자에게 도움을 주기 위하여 규칙 전반에서 사용되어진 선택된 용어의 의미에 관하여 다음과 같이 안내한다.

운송인(carrier): Incoterms® 2010 규칙의 목적을 위하여 운송인은 운송계약을 체결하는 당사자를 말한다.

통관수속절차(customs formalities): 모든 적용 가능한 세관 규정에 부응하기 위하여 부합되어야 되는 요건으로 서류, 안전, 정보 또는 물리적 검사 의무가 포함될 수 있다.

인도(delivery): 이 개념은 무역법규와 관행에서 다양한 의미를 가지고 있지만, Incoterms® 2010 규칙에서는 물품에 대한 멸실 또는 손상에 관한 위험이 매도인으로부터 매수인에게 이전되는 경우를 나타내는 데 사용되어진다.

인도서류(delivery document): 이 문구는 현재 A8의 표제로 사용된다. 이는 인도가 완료된 것을 증명하는데 사용되는 서류를 의미한다. Incoterms® 2010 규칙의 많은 곳에서 인도서류는 운송서류 또는 이와 상응한 전자기록이다. 그러나 EXW, FCA, FAS 및 FOB에서 인도서류는 단순하게 수령증(receipt)일 수도 있다. 인도서류는 예를 들어 결제방법의 일부분과 같이 또한 다른 기능을 가질 수 있다.

전자기록 또는 절차(electronic record or procedure): 이는 하나 또는 하나 이

상의 전자메시지 및 적용 가능한 경우, 상응한 종이서류와 같은 기능적 동등성이 있는 것으로 구성된 일련의 정보를 말한다.

포장(packaging): 이 용어는 다음과 같이 다른 목적으로 사용된다.

① 매매계약의 모든 요건을 준수하기 위한 물품 포장

② 운송에 적합하기 위한 물품 포장

③ 컨테이너 또는 다른 운송수단 내에 포장된 물품의 적부

Incoterms® 2010 규칙에서 포장은 위에 첫 번째와 두 번째 것을 의미한다. Incoterms® 2010 규칙은 컨테이너 내의 적부의무에 대하여 당사자의 의무를 다루지 아니하는 경우, 당사자는 이에 대하여 매매계약에서 다루어져야 한다.

4. Incoterms® 2010 규칙에 규정된 정형거래규칙

4.1 단일 또는 복수의 모든 운송방식을 위한 규칙

(1) 공장인도(EXW: Ex works)

EXW(insert named place of delivery) Incoterms® 2010

1) 안내요지

공장인도(Ex works)[29]는 선택된 운송방식에 관계없이 사용될 수 있으며 또한 둘 이상의 운송방식인 경우에도 사용될 수 있다. 이 규칙은 국내거래에 적합한 반면에 FCA는 보통 국제무역에 더 적합하다.

공장인도라 함은 매도인의 구내(premises) 또는 기타 지정된 장소(예컨대 작업장, 공장, 창고 등)에서 매수인의 임의처분상태로 둘 때 인도하는 것을 의미한다. 매도인은 물품을 어떤 집화차량(collecting vehicle)에 적재할 필요가 없으며, 수출통관이 필요한 경우에도 수출물품에 대하여 통관할 필요가 없다.

당사자는 지정된 인도장소 내의 지점(point)을 가능한 한 분명하게 명시하도록 하여야 한다. 이 때 그 지점까지의 비용과 위험은 매도인의 부담으로 한다. 매

29) Ex는 라틴어로 영어의 "from" 또는 "out of"의 의미를 갖는다. Ex Works는 라틴어로 "Loco", 영어의 "Spot"의 의미로 계약물품을 현장에서 인도하는 경우에 사용되며 포괄적으로 현장인도라고 한다.

수인은 지정인도장소가 있는 경우 합의된 지점으로부터 물품을 수령하는데 수반되는 모든 비용과 위험을 부담한다.

EXW는 매도인에 대한 최소의무(minimum obligation)를 나타내며 다음과 같은 사항을 유의하여 사용되어야 한다.

a) 매도인이 비록 실무적으로 물품을 적재하는데 더 유리한 위치에 있다고 할지라고 매도인이 매수인에게 물품을 적재할 의무가 없다. 매도인이 물품을 적재하는 경우 그것은 매수인의 위험과 비용으로 적재하는 것이다. 매도인이 물품을 적재하는데 더 유리한 위치에 있는 경우 매도인이 자신의 위험과 비용으로 적재를 행하는, 보통 FCA가 더 적절하다.

b) 수출을 위하여 EXW에 기초하여 매도인으로부터 물품을 구매하는 매수인은 매수인이 수출을 이행하도록 요구되는 것과 같이 매도인은 오직 필요한 협조를 제공할 의무만 있고 수출통관을 행할 의무가 없다는 점을 알아야 될 필요가 있다. 매도인은 오직 매수인이 자신에게 수출통관을 요청할 때 그러한 수출을 위한 협조를 제공하는 의무만을 가지고 있다. 즉 매도인이 반드시 수출통관을 수행할 의무가 없는 것을 주의해야 한다. 그러므로 매수인이 직접 또는 간접으로 수출통관을 행할 수 없을 경우 EXW를 사용하지 않는 것이 바람직하다.

c) 매수인은 매도인에게 물품 수출에 관한 모든 정보를 제공하는 의무는 제한되어 있다. 그러나 매도인은 예를 들어 조세 또는 보고를 목적으로 이러한 정보가 필요할 수있다.

2) 위험의 이전

위험의 이전(transfer of risks)은 매도인이 계약물품을 합의된 일자나 기간 내에 합의된 지점에서 매수인의 임의처분상태로 둘 때가 분기점이 된다. 따라서 EXW 규칙에서 매수인은 계약내용대로 특정된 물품이 자신의 임의처분에 맡겨진 이후에 발생하는 모든 위험을 부담하여야 한다.

3) 비용의 분담

비용의 분담(allocation of costs)은 위험이전의 분기점을 기준으로 하여 매도인은 합의된 지점에서 매수인의 임의처분 상태로 둘 때까지의 제 비용을 부담한다. 즉 물품을 직접 제조하거나 구매 · 조달하는 데 따른 기본 원가(basic costs), 사업부문별 간접 원가(indirect costs), 포장비(packing costs), 품질 · 용적 · 중량 · 수량의 물품점검업무비용(costs of checking operations) 및 기타 잡비를 부담하여야 한다.

한편 매수인은 운송수단에의 적재비용(loading charges), 수출입 승인비용, 선적전 검사비용(costs of pre-shipment inspection: PSI), 적용 가능한 경우(where applicable) 수출시에 지급되는 모든 관세(all duties), 조세(taxes) 및 기타 부과금(other charges)을 포함한 통관비용(customs clearance charges), 내륙운송비, 해상운임, 적하보험료 등 임의처분상태로 인도된 이후의 제비용을 부담하여야 한다.

4) 매도인의 제공서류

EXW 규칙에서 매도인은 일반적인 의무로 매매계약과 일치하는 상업송장(Commercial Invoice) 및 계약에서 요구하는 일치증명(evidence of conformity)을 제공하여야 한다. 이와 같은 모든 서류는 이에 상응한 전자기록 또는 절차(electronic record or procedure)도 인정된다.

그러나 매도인은 매수인에게 인도서류(delivery document)의 제공의무는 없으나,[30] 매수인의 요청에 따라 매수인의 비용과 위험으로 포장명세서(Packing List), 원산지증명서(Certificate of Origin), 품질 및 수량증명서(Certificate of Quality and Quantity), 중량 및 용적증명서(Certificate of Weight and Measurement), 영사송장(Consular Invoice) 그리고 보험부보를 위한 정보 등 임의서류를 제공할 수 있다.

5) 기타 의무와 정보제공을 위한 협조 및 관련 비용

매도인은 매수인에게 계약과 일치하는 물품을 제공하고, 적용 가능한 경우 매수인의 요청과 위험 및 비용부담으로 수출허가, 공적인 승인, 물품의 안전통관(security clearance)을 위하여 요구되는 매도인이 갖고 있는 모든 정보를 제공하여야 하며, 필요한 제서류의 취득을 위한 협조를 제공하여야 한다. 또한 계약물품을 매수인이 인도 가능하도록 필요한 모든 통지를 하여야 하고, 포장이 필요한 물품의 경우에는 적절한 화인(marking)을 하여야 한다.

한편 매수인은 계약에 정한 바에 따라 대금지급(payment of price)을 하여야 하며, 수출입승인과 수출입통관수속절차를 이행하여야 하고, 물품을 매수인의 임의처분하는 장소에서 물품 인도의 수령(taking delivery)을 행하여야 한다. 또한 약정기간 내에 물품의 인수시기와 지점을 결정할 권리를 유보할 경우에는 매도인에게 충분한 통지를 하여야 한다.

30) Incoterms® 2010, EXW A8.

6) 거래규칙 표기의 예

무역계약을 체결할 때 가격조건(price terms) 또는 인도조건(delivery terms)을 인코텀즈의 공장인도(EXW) 규칙으로 약정하고자 할 경우에는 다음의 예와 같이 표기한다.

*표기 기준: "EXW 지정인도장소 삽입 Incoterms® 2010"

인도장소가 공장일 경우 "EXW Abc Factory Incoterms® 2010"

인도장소가 광산일 경우 "EXW Abc Mine Incoterms® 2010"

인도장소가 경작지일 경우 "EXW Abc Plantation Incoterms® 2010"

(2) 운송인인도(FCA: Free Carrier)

FCA (insert named place of delivery) Incoterms® 2010

1) 안내요지

운송인인도(Free Carrier)는 선택된 운송방식에 관계없이 사용될 수 있으며 또한 둘 이상의 운송방식인 경우에도 사용될 수 있다.

운송인인도라 함은 매도인이 물품을 지정된 장소에서 매수인에 의하여 지정된 운송인 또는 기타의 자에게 인도하는 것을 의미한다. 당사자는 위험이 그러한 지점(point)에서 매수인에게 이전되는 것과 같이 지정된 인도장소 내의 지점을 가능한 한 분명하게 명시하도록 하여야 한다.

당사자가 매도인의 구내(premises)에서 물품을 인도하고자 하는 경우 당사자는 지정인도장소로서 그 구내의 주소를 특정하여야 하고, 반면에 당사자가 그 밖의 장소에서 물품을 인도하고자 하는 경우에는 다른 구체적인 인도장소를 특정하여야 한다.

FCA는 적용 가능한 경우, 매도인에게 물품에 대한 수출통관을 요구하고 있다. 그러나 매도인은 물품의 수입통관을 할 의무와 모든 수입관세의 지급의무 또는 수입통관수속절차를 이행할 의무가 없다.

2) 위험의 이전

위험의 이전(transfer of risks)은 매도인이 계약물품을 합의된 일자나 기간 내에 합의된 지점 또는 지정된 장소에서 매수인에 의하여 지정된 운송인 또는 기타의 자에게 인도할 때가 분기점이 된다.

FCA 규칙에서 위험의 이전시점은 매도인이 적출지에서 다음과 같이 운송인에게 물품인도가 완료되는 때가 된다.

첫째, 지정된 장소가 매도인 구내인 경우에는 물품이 매수인에 의하여 제공된 운송수단상에 적재된 때 인도가 완료되는 것이며 이 때 위험도 매도인으로부터 매수인에게 이전된다.

둘째, 그 밖의 경우에는 물품이 매도인의 운송수단상에서 양화되지 아니하고 매수인에 의하여 지정된 운송인 또는 기타의 자의 임의처분상태로 둘 때 인도가 완료되는 것이며 이 때 위험도 매도인으로부터 매수인에게 이전된다.

따라서 FCA 규칙에서 매수인은 계약내용대로 특정된 물품에 대하여 지정된 운송인 또는 기타의 자에게 인도된 이후에 발생하는 모든 위험을 부담하여야 한다.

FCA 규칙에서 물품의 인도장소는 매수인이 지정하는 것이 원칙이지만 그렇지 않았다면 매도인이 적합한 장소를 선택할 수 있다. 구체적인 예는 철도터미널(railway terminal), 화물터미널(cargo terminal), 컨테이너터미널(container terminal), 내륙컨테이너기지(Inland Container Depot : ICD), 매도인의 작업장 구내(premises) 등이 될 수 있다.

3) 비용의 분담

비용의 분담(allocation of costs)은 위험이전의 분기점을 기준으로 하여 매도인은 지정된 장소에서 매수인에 의하여 지정된 운송인 또는 기타의 자에게 인도할 때까지의 제 비용을 부담한다. 즉 물품을 직접 제조하거나 구매 · 조달하는 데 따른 기본원가(basic costs), 사업부문별 간접원가(indirect costs), 포장비(packing costs), 품질 · 용적 · 중량 · 수량의 물품점검업무비용(costs of checking operations) 및 기타 잡비를 부담하여야 한다. 또한 인도지점까지의 내륙운송비(inland freight), 물품인도완료에 따른 통지비용과 물품인도증거서류 취득비용을 부담하여야 한다. 또한 적용가능한 경우 수출승인이나 기타 정부승인을 얻는 데 소요되는 비용, 수출에 수반되어 부과되는 관세(export duties)와 조세 또는 기타 부과금 및 세관수속절차(customs formalities)에 소요되는 일체의 비용을 부담하여야 한다.

한편 매수인은 매도인이 물품인도의무를 완료한 이후 일체의 비용을 부담하여야 한다. 즉 운송비, 적화보험료, 적용 가능한 경우(where aplicable) 수입시 지급되는 모든 관세(all duties), 조세(taxes) 및 기타 부과금(other charges)을 포함한 통관비용(customs clearance charges) 등 인도된 이후의 제비용이다.

4) 매도인의 제공서류

FCA 규칙에서 매도인은 일반적인 의무로 매매계약과 일치하는 상업송장(Commercial Invoice) 및 계약에서 요구하는 일치증명(evidence of conformity)을 제공하여야 한다. 이와 같은 모든 서류는 이에 상응한 전자기록 또는 절차(electronic record or procedure)도 인정된다.

매도인은 인도서류(delivery document)로서 운송인 또는 기타의 자에게 물품인도가 완료되었다는 관례적인 증거(usual proof)를 제공하여야 한다. 이러한 증거가 운송서류가 아닐 경우 매수인의 요청으로 매수인의 위험과 비용부담으로 운송서류를 취득하는 데 따른 협조를 제공하여야 한다.

보통 매도인은 선택된 운송방식에 따라 다음과 같은 운송서류(transport document)를 매수인에게 제공하여야 한다. 즉 복합운송서류(multimodal transport document), 해상선화증권(marine bill of lading), 내수로 운송서류(inland waterway document), 항공화물운송장(air waybill), 철도화물수탁서(rail consignment note), 도로화물수탁서(road consignment note) 등이다.

한편 매수인의 요청에 따라 매수인의 비용과 위험으로 포장명세서(Packing List), 원산지증명서(Certificate of Origin), 품질 및 수량증명서(Certificate of Quality and Quantity), 중량 및 용적증명서(Certificate of Weight and Measurement), 영사송장(Consular Invoice) 그리고 보험부보를 위한 정보 등 임의서류를 제공할 수 있다.

5) 기타 의무와 정보제공을 위한 협조 및 관련 비용

매도인은 매수인에게 계약과 일치하는 물품을 제공하고, 적용 가능한 경우 매도인은 자신의 위험 및 비용부담으로 수출허가 또는 공적인 승인 및 수출통관수속절차를 이행하여야 한다. 또한 매수인이 요구하는 경우 상관습에 반하지 않는 경우 매수인의 위험 및 비용부담으로 운송계약을 체결하여야 하며, 운송인이 약정된 기간에 물품을 인수하지 않은 때에는 이를 매수인에게 통지하여야 한다. 적용 가능한 경우 매수인의 요청과 위험 및 비용부담으로 모든 서류 및 안전관련 정보(security-related information)를 제공하여야 하며, 필요한 제 서류의 취득을 위한 협조를 제공하여야 한다. 또한 계약물품을 매수인이 인도 가능하도록 필요한 모든 통지를 하여야 하고, 포장이 필요한 물품의 경우에는 적절한 화인(marking)을 하여야 한다.

한편 매수인은 계약에 정한 바에 따라 대금지급(payment of price)을 하여야 하며, 수입승인과 수입통관수속절차를 이행하여야 하고, 물품을 지정된 장소에서 매수인에 의하여 지정된 운송인 또는 기타의 자에게 인도하는 장소에서 물품 인도의 수령(taking delivery)을 행하며, 운송계약을 체결하고 운송비를 부담하여야 한다. 또한 매도인에게 운송을 위하여 지정된 운송인 명칭 또는 기타의 자의 명칭, 필요한 경우 인도를 위하여 선택된 시기, 운송방식 그리고 인도의 수령 지점을 통지하여야 한다. 매도인의 요청에 따른 정보 등의 협조를 제공하고 매수인의 요청으로 서류 또는 정보제공에 따라 발생한 모든 비용과 수수료를 매도인에게 지급하여야 한다. 그리고 검사가 수출국 당국에 의하여 강행적으로 이루어지는 경우를 제외하고 선적전검사(pre-shipment inspection: PSI)비용을 부담하여야 한다.

6) 거래규칙 표기의 예

무역계약을 체결할 때 가격조건(price terms) 또는 인도조건(delivery terms)을 인코텀즈의 운송인인도(FCA) 규칙으로 약정하고자 할 경우에는 다음의 예와 같이 표기한다. 특히 FCA 규칙에서 당사자가 매도인의 구내(premises)에서 물품을 인도하기로 약정 할 경우에는 다음 복합운송의 경우에서와 같이 Incoterms® 2010 규칙에 따라 매도인의 주소를 FCA 다음에 명시하여야 한다.

*표기 기준 : "FCA 지정인도장소 삽입 Incoterms® 2010"

복합운송의 경우 : "FCA 30, Yangjae-dong, Seocho-gu, Seoul, Korea Incoterms® 2010"

항공운송의 경우 : "FCA Incheon Airport Incoterms® 2010"

해상운송의 경우 : "FCA Yongdang Container Terminal Incoterms® 2010"

철도운송의 경우 : "FCA Gwangmyung Station Incoterms® 2010"

도로운송의 경우 : "FCA Seocho Cargo Terminal Incoterms® 2010"

(3) 운송비지급인도(CPT: Carriage Paid To)

CPT (insert named place of destination) Incoterms® 2010

1) 안내요지

운송비지급인도(Carriage Paid To)는 선택된 운송방식에 관계없이 사용될 수 있으며 또한 하나 이상의 운송방식인 경우에도 사용될 수 있다.

운송비지급인도라 함은 합의된 장소(당사자간 이와 같은 장소가 합의된 경우)에서 매도인이 지정한 운송인 또는 기타의 자에게 물품을 인도하고, 지정 목적지까지 물품 운송에 필요한 운송계약을 체결하고 운송비를 지급하여야 하는 것을 의미한다. CPT, CIP, CFR 또는 CIF가 사용되는 경우, 매도인이 인도에 대한 의무는 물품이 목적지에 도착될 때가 아닌 물품이 운송인에게 교부될 때에 완료된다.

이 규칙은 두 가지의 중요한 분기점이 있다. 즉 위험이 이전되고 비용이 이전되는 지점이 상이한 장소에서 이루어지기 때문이다. 당사자는 매도인으로부터 매수인에게 이전되는 인도장소와 매도인이 운송계약을 체결하여야 하는 지정목적지에 관하여 계약에서 가능한 한 분명하게 특정하도록 하여야 한다. 다수의 운송인이 합의된 목적지까지 운송을 위하여 참여된 경우 및 당사자가 특정한 인도지점에 관하여 합의하지 아니한 경우, 위험이전의 기본적인 장소는 매도인이 매수인의 관여 없이 자신이 선택한 지점에서 물품을 최초의 운송인에게 인도하는 시점이다. 만약 당사자가 위험의 이전시점을 그 이후의 단계(예컨대, 항구 또는 공항에서)로 하고자 하는 경우에는 이를 계약서에 명시할 필요가 있다.

당사자는 매도인이 합의된 목적지 내의 지정 지점까지 비용을 부담하므로 가능한 한 지정 지점을 명확하게 특정하도록 통지하여야 한다. 매도인은 그러한 선택에 명확하게 일치하는 운송계약을 취득하도록 하여야 한다. 매도인이 운송계약에 따라 지정목적지에서 양화와 관련된 비용을 지급하는 경우, 매도인은 당사자 간에 별도 합의가 없는 한 매수인으로부터 그러한 비용을 보상받을 수 없다.

CPT는 적용 가능한 경우, 매도인에게 물품에 대한 수출통관을 요구하고 있다. 그러나 매도인은 물품의 수입통관을 할 의무와 모든 수입관세의 지급의무 또는 수입통관수속절차를 이행할 의무가 없다.

2) 위험의 이전

위험의 이전(transfer of risks)은 매도인이 물품을 합의된 일자 또는 기간 내에 계약된 운송인에게 인도할 때까지 물품의 멸실이나 손상에 대한 위험을 부담하는 때가 분기점이 된다. 여기서 물품의 인도는 합의된 일자 또는 기간 내에 지정 목적지까지의 운송을 위하여 운송계약이 체결된 운송인에게 계약물품을 인도함으로써 이루어진다.

보통 "door to door" 서비스가 이루어질 경우에는 매도인의 공장이나 구내에서 최초의 운송인인 컨테이너 복합운송인에게 물품을 컨테이너에 적재 · 인도함으로써 인도가 이루어지고 위험도 이전된다.

인도장소는 구체적으로 적출지의 매도인의 구내(premise), 컨테이너 터미널의 컨테이너 화물조작장(container freight station : CFS)이나 컨테이너 야적장(container yard: CY), 철도역이나 화물터미널, 공항이나 선적항 또는 내수로 항구, 기타 운송터미널 또는 창고 등이 될 수 있고, 경우에 따라서 철도화차 내 또는 본선 내 또는 부선 내도 될 수 있다.

3) 비용의 분담

CPT 규칙에서 물품인도장소 및 물품에 대한 위험이전 분기점을 보통 적출지인 수출국 내로 하면서도, 운송비(carriage)는 수입국 지정목적지까지 매도인이 부담하도록 함으로써 물품인도장소 및 위험이전과 비용분담(allocation of costs)에 대한 분기점을 상이하게 분리하고 있다.

CPT 규칙에서 매도인은 물품을 직접 제조하거나 구매 · 조달하는 데 따른 기본원가(basic costs), 사업부문별 간접원가(indirect costs), 포장비(packing costs), 품질 · 용적 · 중량 · 수량의 물품점검업무비용(costs of checking operations) 및 기타 잡비를 부담하여야 한다. 또한 인도지점까지의 내륙운송비(inland freight), 약정된 목적지까지의 운임(freight), 물품인도완료에 따른 통지비용과 물품인도증거서류 취득비용을 부담하여야 한다. 또한 적용 가능한 경우 수출승인이나 기타 정부승인을 얻는 데 소요되는 비용, 수출에 수반되어 부과되는 관세(export duties)와 조세 또는 기타 부과금 및 세관수속절차(customs formalities)에 소요되는 일체의 비용을 부담하여야 한다.

한편 매수인은 최종목적지까지의 적화보험료, 적용 가능한 경우(where applicable) 수입시 지급되는 모든 관세(all duties), 조세(taxes) 및 기타 부과금(other charges)을 포함한 통관비용(customs clearance charges) 등 인도된 이후의 제비용을 부담하여야 한다. 또한 매수인이 물품발송의 시기와 목적지를 매도인에게 통지하지 않음으로써 매도인의 물품인도 장해요인을 야기 시킨 경우 이로 인하여 발생된 추가비용, 선적전 물품검사비용(PSI) 등을 부담하여야 한다.

4) 매도인의 제공서류

CPT 규칙에서 매도인은 일반적인 의무로 매매계약과 일치하는 상업송장(Commercial Invoice) 및 계약에서 요구하는 일치증명(evidence of conformity)을 제공하여야 한다. 이와 같은 모든 서류는 이에 상응한 전자기록 또는 절차

(electronic record or procedure)도 인정된다.

또한 매도인은 인도서류(delivery document)로서 운송계약에 따른 운송서류(transport document)를 제공하여야 한다. 운송서류는 유통 가능한 형식(negotiable form)으로 수통의 원본이 발행된 경우 원본 전통(full set)을 매수인에게 제시하여야 한다. 이와 같은 운송서류로는 복합운송서류(multimodal transport document), 해상선화증권(marine bill of lading), 내수로운송서류(inland waterway document), 항공화물운송장(air waybill), 철도화물수탁서(rail consignment note), 도로화물수탁서(road consignment note) 등이다.

한편 매수인의 요청에 따라 매수인의 비용과 위험으로 포장명세서(Packing List), 원산지증명서(Certificate of Origin), 품질 및 수량증명서(Certificate of Quality and Quantity), 중량 및 용적증명서(Certificate of Weight and Measurement), 영사송장(Consular Invoice) 그리고 보험부보를 위한 정보 등 임의서류를 제공할 수 있다.

5) 기타 의무와 정보제공을 위한 협조 및 관련 비용

매도인은 매수인에게 계약과 일치하는 물품을 제공하고, 적용 가능한 경우 매도인은 자신의 위험 및 비용부담으로 수출허가 또는 공적인 승인 및 수출통관 수속절차를 이행하여야 한다. 또한 매도인의 위험 및 비용부담으로 운송계약을 체결하고 목적지까지의 운송비(carriage)를 부담하여야 한다. 적용 가능한 경우 매수인의 요청과 위험 및 비용부담으로 모든 서류 및 안전관련 정보(security-related information)를 제공하여야 하며, 필요한 제서류의 취득을 위한 협조를 제공하여야 한다. 또한 물품이 인도되었다는 사실 및 매수인이 인도 가능하도록 필요한 모든 통지를 행하여야 하고, 포장이 필요한 물품의 경우에는 적절한 화인(marking)을 하여야 한다.

한편 매수인은 계약에 정한 바에 따라 대금지급(payment of price)을 하여야 하며, 수입승인과 수입통관수속절차를 이행하여야 하고, 지정목적지에서 물품 인도의 수령(taking delivery)을 행하여야 한다. 또한 매도인의 요청에 따른 정보 등의 협조를 제공하고 매수인의 요청으로 서류 또는 정보제공에 따라 발생한 모든 비용과 수수료를 매도인에게 지급하여야 한다. 검사가 수출국 당국에 의하여 강행적으로 이루어지는 경우를 제외하고 선적전검사(pre-shipment inspection: PSI) 비용을 부담하여야 한다.

6) 거래규칙 표기의 예

무역계약을 체결할 때 가격조건(price terms) 또는 인도조건(delivery terms)을 인코텀즈의 운송비지급인도(CPT) 규칙으로 약정하고자 할 경우에는 다음의 예와 같이 표기한다.

*표기 기준: "CPT 지정목적지 삽입 Incoterms® 2010"

복합운송의 경우 : "CPT Abc Warehouse, Chicago Incoterms® 2010"

항공운송의 경우 : "CPT New York Airport Incoterms® 2010"

해상운송의 경우 : "CPT New York Incoterms® 2010"

철도운송의 경우 : "CPT Chicago Station Incoterms® 2010"

도로운송의 경우 : "CPT Abc Cargo Terminal, Chicago Incoterms® 2010"

(4) 운송비 · 보험료지급인도(CIP: Carriage and Insurance Paid to)

CIP (insert named place of destination) Incoterms® 2010

1) 안내요지

운송비 · 보험료지급인도(Carriage and Insurance Paid to)는 선택된 운송방식에 관계없이 사용될 수 있으며 또한 둘 이상의 운송방식인 경우에도 사용될 수 있다.

운송비 · 보험료지급인도라 함은 합의된 장소(당사자간 이와 같은 장소가 합의된 경우)에서 매도인이 지정한 운송인 또는 기타의 자에게 물품을 인도하고, 지정목적지까지 물품 운송에 필요한 운송계약을 체결하고 운송비를 지급하여야 하는 것을 의미한다.

매도인은 또한 운송중 물품의 멸실 또는 손상에 대한 매수인의 위험에 대하여 보험부보계약을 체결한다. 매수인은 CIP 하에서 매도인이 최소담보조건으로 보험을 부보하도록 요구되는 점을 주의하여야 한다. 매수인이 더 많은 보험담보를 원할 경우, 매도인과 특별히 합의하거나 자신이 추가보험계약을 체결할 필요가 있다. CPT, CIP, CFR 또는 CIF가 사용되는 경우, 매도인이 인도에 대한 의무는 물품이 목적지에 도착될 때가 아닌 물품이 운송인에게 교부될 때에 완료된다.

이 규칙은 두 가지의 중요한 분기점이 있다. 즉 위험이 이전되고 비용이 이전되는 지점이 상이한 장소에서 이루어지기 때문이다. 당사자는 매도인으로부터 매수인에게 이전되는 인도장소와 매도인이 운송계약을 체결하여야 하는 지정목적지에 관하여 계약에서 가능한 한 분명하게 특정하도록 하여야 한다. 다수의 운송인이 합의된 목적지까지 운송을 위하여 참여된 경우 및 당사자가 특정한 인도지점에 관하여 합의하지 아니한 경우, 위험이전의 기본적인 장소는 매도인이 매수인의 관여 없이 자신이 선택한 지점에서 물품을 최초의 운송인에게 인도하는 시점이다. 만약 당사자가 위험의 이전시점을 그 이후의 단계(예컨대, 항구 또는 공항에서)로 하고자 하는 경우에는 이를 계약서에 명시할 필요가 있다.

당사자는 매도인이 합의된 목적지 내의 지정지점까지 비용을 부담하므로 가능한 한 지정지점을 명확하게 특정하도록 하여야 한다. 매도인은 그러한 선택에 명확하게 일치하는 운송계약을 취득하도록 통지하여야 한다. 매도인이 관련된 운송계약에 따라 지정목적지에서의 양화와 관련된 비용을 지급하는 경우, 매도인은 당사자간에 별도 합의가 없는 한 매수인으로부터 그러한 비용을 보상받을 수 없다.

CIP는 적용 가능한 경우, 매도인에게 물품에 대한 수출통관을 요구하고 있다. 그러나 매도인은 물품의 수입통관을 할 의무와 모든 수입관세의 지급의무 또는 수입통관수속절차를 이행할 의무가 없다.

2) 위험의 이전

위험의 이전(transfer of risks)은 매도인이 물품을 합의된 일자 또는 기간 내에 계약된 운송인에게 인도할 때까지 물품의 멸실 또는 손상에 대한 위험을 부담한 때가 분기점이 된다. 여기서 물품의 인도는 합의된 일자 또는 기간 내에 지정 목적지까지의 운송을 위하여 운송계약이 체결된 운송인에게 계약물품을 인도함으로써 이루어진다.

보통 "door to door" 서비스가 이루어질 경우에는 매도인의 공장이나 구내에서 최초의 운송인인 컨테이너 복합운송인에게 물품을 컨테이너에 적재 · 인도함으로써 인도가 이루어지고 위험도 이전된다.

인도장소는 구체적으로 적출지의 매도인의 구내(premise), 컨테이너 터미널의 컨테이너 화물조작장(container freight station: CFS)이나 컨테이너 야적장(container yard: CY), 철도역이나 화물터미널, 공항이나 선적항 또는 내수로 항구, 기타 운송터미널 또는 창고 등이 될 수 있고, 경우에 따라서 철도화차 내 또는 본선 내 또는 부선 내도 될 수 있다.

3) 비용의 분담

CIP 규칙에서 물품인도장소 및 물품에 대한 위험이전 분기점을 보통 적출지인 수출국 내로 하면서도, 운송비(carriage) 및 적화보험료(cargo insurance premium)는 수입국 지정목적지까지 매도인이 부담하도록 함으로써 물품인도장소 및 위험이전과 비용의 분담(allocation of costs)에 대한 분기점을 상이하게 분리하고 있다.

CIP 규칙에서 매도인은 물품을 직접 제조하거나 구매 · 조달하는 데 따른 기본원가(basic costs), 사업부문별 간접원가(indirect costs), 포장비(packing costs), 품질 · 용적 · 중량 · 수량의 물품점검업무비용(costs of checking operations) 및 기타 잡비를 부담하여야 한다. 또한 인도 지점까지의 내륙운송비(inland freight), 약정된 목적지까지의 운임(freight) 및 적화보험료, 물품인도완료에 따른 통지비용과 물품인도증거서류 취득 비용을 부담하여야 한다. 또한 적용 가능한 경우 수출승인이나 기타 정부승인을 얻는 데 소요되는 비용, 수출에 수반되어 부과되는 관세(export duties)와 조세 또는 기타 부과금 및 세관수속절차(customs formalities)에 소요되는 일체의 비용을 부담하여야 한다.

한편 매수인은 적용 가능한 경우(where applicable), 수입시 지급되는 모든 관세(all duties), 조세(taxes) 및 기타 부과금(other charges)을 포함한 통관비용(customs clearance charges) 등 인도된 이후의 제비용을 부담하여야 한다. 또한 매수인이 물품발송의 시기와 목적지를 매도인에게 통지하지 않음으로써 매도인의 물품인도 장해요인을 야기 시킨 경우 이로 인하여 발생된 추가비용, 선적전 물품검사비용(PSI) 등을 부담하여야 한다.

4) 매도인의 제공서류

CIP 규칙에서 매도인은 일반적인 의무로 매매계약과 일치하는 상업송장(Commercial Invoice) 및 계약에서 요구하는 일치증명(evidence of conformity)을 제공하여야 한다. 이와 같은 모든 서류는 이에 상응한 전자기록 또는 절차(electronic record or procedure)도 인정된다.

또한 매도인은 인도서류(delivery document)로서 운송계약에 따른 운송서류(transport document)를 제공하여야 한다. 운송서류는 유통 가능한 형식(negotiable form)으로 수통의 원본이 발행된 경우 원본 전통(full set)을 매수인에게 제시하여야 한다. 이와 같은 운송서류로는 복합운송서류(multimodal transport document), 해상선화증권(marine bill of lading), 내수로운송서류(inland waterway document), 항공화물운송장(air waybill), 철도화물수탁서(rail consignment note), 도로화물수탁서(road consignment note) 등이다.

그리고 LMA/IUA가 제정한 협회적화약관(Institute Cargo Clauses)의 C조건과 같은 최소 담보조건으로 부보(minimum cover)되고 계약에서 약정된 금액에 10%를 가산한 금액으로 부보된 보험증권(insurance policy) 또는 그 밖의 보험부보 증거(evidence of insurance cover)를 제공하여야 한다.

한편 매수인의 요청에 따라 매수인의 비용과 위험으로 포장명세서(Packing List), 원산지증명서(Certificate of Origin), 품질 및 수량증명서(Certificate of Quality and Quantity), 중량 및 용적증명서(Certificate of Weight and Measurement), 영사송장(Consular Invoice) 그리고 보험부보를 위한 정보 등 임의서류를 제공할 수 있다.

5) 기타 의무와 정보제공을 위한 협조 및 관련 비용

매도인은 매수인에게 계약과 일치하는 물품을 제공하고, 적용 가능한 경우 매도인은 자신의 위험 및 비용부담으로 수출허가 또는 공적인 승인 및 수출통관수속절차를 이행하여야 한다. 또한 매도인의 위험 및 비용부담으로 운송계약을 체결하고 목적지까지의 운송비(carriage)를 부담하여야 한다. 또한 물품인도지점으로부터 적어도 지정목적지까지 담보될 수 있도록 보험자와 적화보험계약을 체결하고 보험료를 부담하여야 한다. 적용 가능한 경우, 매수인의 요청과 위험 및 비용부담으로 모든 서류 및 안전관련 정보(security-related information)를 제공하여야 하며, 필요한 제서류의 취득을 위한 협조를 제공하여야 한다. 또한 물품이 인도되었다는 사실 및 매수인이 인도 가능하도록 필요한 모든 통지를 행하여야 하고, 포장이 필요한 물품의 경우에는 적절한 화인(marking)을 하여야 한다.

한편 매수인은 계약에 정한 바에 따라 대금지급(payment of price)을 하여야 하며, 수입승인과 수입통관수속절차를 이행하여야 하고, 지정목적지에서 물품 인도의 수령(taking delivery)을 행하여야 한다. 또한 매도인의 요청에 따른 정보 등의 협조를 제공하고 매수인의 요청으로 서류 또는 정보제공에 따라 발생한 모든 비용과 수수료를 매도인에게 지급하여야 한다. 검사가 수출국 당국에 의하여 강행적으로 이루어지는 경우를 제외하고 선적전검사(pre-shipment inspection: PSI) 비용을 부담하여야 한다.

6) 거래규칙 표기의 예

무역계약을 체결할 때 가격조건(price terms) 또는 인도조건(delivery terms)을 인코텀즈의 운송비 · 보험료지급인도(CIP) 규칙으로 약정하고자 할 경우에는 다음의 예와 같이 표기한다.

*표기 기준: "CIP 지정목적지 삽입 Incoterms® 2010"
복합운송의 경우 : "CIP Abc Warehouse, Chicago Incoterms® 2010"
항공운송의 경우 : "CIP New York Airport Incoterms® 2010"
해상운송의 경우 : "CIP New York Incoterms® 2010"
철도운송의 경우 : "CIP Chicago Station Incoterms® 2010"
도로운송의 경우 : "CIP Abc Cargo Terminal, Chicago Incoterms® 2010"

(5) 터미널인도(DAT: Delivered At Terminal)

DAT (insert named terminal at port or place of destination) Incoterms® 2010

1) 안내요지

터미널인도(Delivered At Terminal)는 선택된 운송방식에 관계없이 사용될 수 있으며 또한 둘 이상의 운송방식인 경우에도 사용될 수 있다.

터미널인도라 함은 지정 목적항 또는 지정 목적지에 있는 지정터미널에서 도착한 운송수단에서 일단 양화한 물품을 매수인의 임의처분 상태로 둘 때 매도인이 인도하는 것을 의미한다. 터미널은 덮개 유무와 관계없이 부두, 창고, 컨테이너 야드 또는 도로, 철도 또는 항공화물 터미널을 포함한다. 매도인은 지정 목적항 또는 지정 목적지에 있는 지정터미널까지의 물품운송 및 양화에 따른 모든 위험을 부담한다.

당사자는 매도인이 그 지점까지의 위험을 부담하여야 하는 합의된 항구 또는 목적지의 터미널 내의 특정지점을 가능한 한 분명하게 명시하도록 하여야 한다. 매도인은 그러한 선택에 정확하게 일치하는 운송계약을 체결하여야 한다. 또 당사자가 터미널에서 다른 장소로 물품을 운송 및 취급하는데 따른 위험 및 비용을 매도인이 부담하기로 하는 경우에는 DAP나 DDP 규칙이 사용되어야 한다.

DAT는 적용 가능한 경우, 매도인에게 물품에 대한 수출통관을 요구하고 있다. 그러나 매도인은 물품의 수입통관을 할 의무와 모든 수입관세의 지급의무 또는 수입통관수속절차를 이행할 의무가 없다.

2) 위험의 이전

위험의 이전(transfer of risks)은 매도인이 합의된 일자 또는 기간 내에 목적지의 항구 또는 장소의 지정터미널에서 도착한 운송수단으로부터 양화한 물품을 매수인의 임의처분 상태로 두어 인도 완료할 때까지의 멸실 또는 손상에 대한 위험을 부담할 때가 분기점이 된다.

3) 비용의 분담

DAP 규칙에서 비용의 분담(allocation of costs)에 대한 분기점과 위험의 이전 시점은 일치된다. 매도인은 물품을 직접 제조하거나 구매 · 조달하는 데 따른 기본원가(basic costs), 사업부문별 간접원가(indirect costs), 포장비(packing costs), 품질 · 용적 · 중량 · 수량의 물품점검업무비용(costs of checking operations) 및 기타 잡비를 부담하여야 한다. 또한 합의된 목적지 항구 또는 장소에 있는 지정터미널까지 양화비(unloading charges)를 포함한 물품운송비를 부담한다. 또한 매도인의 의무는 아닐지라도 자신을 위하여 적화보험을 부보 하였다면 당연히 적화보험료도 부담하여야 하는 것이다. 또한 매도인은 적용 가능한 경우(where applicable), 자신의 위험과 비용으로 모든 수출허가 기타 공적인 승인 및 물품수출을 위하여 모든 세관수속절차(customs formalities)를 이행하고, 인도 이전 모든 국가에서 물품수출을 위하여 필요한 세관수속절차(customs formalities) 및 운송을 위하여 소요되는 일체의 비용을 부담하여야 한다.

한편 매수인은 적용 가능한 경우, 자신의 위험과 비용으로 모든 수입허가 기타 공적인 승인 및 물품수입을 위하여 모든 세관수속절차를 이행하여야 한다. 따라서 매수인은 물품수입과 관련된 모든 관세(all duties), 조세(taxes) 및 기타 부과금(other charges)을 포함한 통관비용(customs clearance charges)을 포함하여 인도된 이후의 제비용을 부담하여야 한다.

4) 매도인의 제공서류

DAP 규칙에서 매도인은 일반적인 의무로 매매계약과 일치하는 상업송장(Commercial Invoice) 및 계약에서 요구하는 일치증명(evidence of conformity)을 제공하여야 한다. 이와 같은 모든 서류는 이에 상응한 전자기록 또는 절차(electronic record or procedure)도 인정된다.

또한 매도인은 매수인이 목적지의 항구 또는 장소의 지정터미널에서 도착한 운송수단으로부터 양화한 물품을 인도의 수령이 가능한 인도서류(delivery document)를 제공하여야 한다. 이와 같은 서류들은 합의에 따라 예컨대, 화물인도지시서(Delivery Order : D/O)나 통상의 운송서류가 이용될 수 있다.

한편 매수인의 요청에 따라 매수인의 비용과 위험으로 포장명세서(Packing List), 원산지증명서(Certificate of Origin), 품질 및 수량증명서(Certificate of Quality and Quantity), 중량 및 용적증명서(Certificate of Weight and Measurement), 영사송장(Consular Invoice) 그리고 보험부보를 위한 정보 등 임의서류를 제공할 수 있다.

5) 기타 의무와 정보제공을 위한 협조 및 관련 비용

매도인은 매수인에게 계약과 일치하는 물품을 제공하고, 적용 가능한 경우 매도인은 자신의 위험 및 비용부담으로 수출허가 또는 공적인 승인 및 수출통관수속절차를 이행하여야 한다. 또한 매도인의 위험 및 비용부담으로 운송계약을 체결하고 목적지까지의 운송비(carriage)를 부담하여야 한다. 또한 매도인은 매수인을 위하여 적화보험 부보의무는 없으나 매수인의 요청이 있을 경우 매수인의 위험과 비용으로 매수인이 보험부보를 할 수 있는 정보를 제공하여야 한다. 적용 가능한 경우, 매수인의 요청과 위험 및 비용부담으로 모든 서류 및 안전 관련 정보(security-related information)를 제공하여야 하며, 필요한 제 서류의 취득을 위한 협조를 제공하여야 한다. 또한 물품이 인도되었다는 사실 및 매수인이 인도 가능하도록 필요한 모든 통지를 행하여야 하고, 포장이 필요한 물품의 경우에는 적절한 화인(marking)을 하여야 한다.

한편 매수인은 계약에 정한 바에 따라 대금지급(payment of price)을 하여야 하며, 수입승인과 수입통관수속절차를 이행하여야 하고, 목적지 지정터미널에서 물품 인도의 수령(taking delivery)을 행하여야 한다. 또한 매도인의 요청에 따른 정보 등의 협조를 제공하고 매수인의 요청으로 서류 또는 정보제공에 따라 발생한 모든 비용과 수수료를 매도인에게 지급하여야 한다. 검사가 수출국 당국에 의하여 강행적으로 이루어지는 경우를 제외하고 선적전검사(pre-shipment inspection: PSI)비용을 부담하여야 한다.

6) 거래규칙 표기의 예

무역계약을 체결할 때 가격조건(price terms) 또는 인도조건(delivery terms)을 인코텀즈의 터미널인도(DAT) 규칙으로 약정하고자 할 경우에는 다음의 예와 같이 표기한다.

*표기 기준: "DAT 목적지 항구 또는 장소의 지정터미널 삽입 Incoterms® 2010"

복합운송의 경우 : "DAT Abc Terminal, Chicago Incoterms® 2010"

항공운송의 경우 : "DAT Abc Aircargo Terminal, New York Airport Incoterms® 2010"

해상운송의 경우 : "DAT Abc Terminal, New York Incoterms® 2010"

철도운송의 경우 : "DAT Abc Terminal, Chicago Station Incoterms® 2010"

도로운송의 경우 : "DAT Abc Cargo Terminal, Chicago Incoterms® 2010"

(6) 목적지인도(DAP: Delivered At Place)

DAP (insert named place of destination) Incoterms® 2010

1) 안내요지

목적지인도(Delivered At Place)는 선택된 운송방식에 관계없이 사용될 수 있으며 또한 둘 이상의 운송방식인 경우에도 사용될 수 있다.

목적지인도라 함은 지정 목적지에서 양화를 위하여 준비된 도착 운송수단 상에서 물품을 매수인의 임의처분 상태로 둘 때 매도인이 인도하는 것을 의미한다. 매도인은 지정 장소까지의 물품운송에 포함된 모든 위험을 부담한다.

당사자는 매도인이 그 지점까지의 위험을 부담하여야 하는 합의된 목적지내의 특정지점을 가능한 한 분명하게 명시하도록 하여야 한다. 매도인은 그러한 선택에 정확하게 일치하는 운송계약을 체결하여야 한다. 매도인이 운송계약에 따라 지정목적지에서 양화와 관련된 비용을 지급하는 경우, 매도인은 당사자 간에 별도 합의가 없는 한 매수인으로부터 그러한 비용을 보상받을 수 없다.

DAP는 적용 가능한 경우, 매도인에게 물품에 대한 수출통관을 요구하고 있다. 그러나 매도인은 물품의 수입통관을 할 의무와 모든 수입관세의 지급의무 또는 수입통관수속절차를 이행할 의무가 없다.

당사자가 매도인이 물품에 대한 수입통관을 하고 모든 수입관세의 지급 및 모든 수입통관수속절차를 이행하기를 원할 경우, DDP 규칙이 사용되어야 한다.

2) 위험의 이전

위험의 이전(transfer of risks)은 매도인이 합의된 일자 또는 기간 내에 목적지의 합의된 지점에서 양화를 위하여 준비된 도착 운송수단 상에서 물품을 매수인의 임의처분 상태로 두어 인도 완료할 때까지의 멸실 또는 손상에 대한 위험을 부담할 때가 분기점이 된다.

3) 비용의 분담

DAP 규칙에서 비용의 분담(allocation of costs)에 대한 분기점과 위험의 이전 시점은 일치된다. 매도인은 물품을 직접 제조하거나 구매 · 조달하는 데 따른 기본원가(basic costs), 사업부문별 간접원가(indirect costs), 포장비(packing costs), 품질 · 용적 · 중량 · 수량의 물품점검업무비용(costs of checking operations) 및 기타 잡비를 부담하여야 한다. 또한 목적지의 합의된 지점에서 양화하지 아니한 상태로 준비된 도착 운송수단 상에서 물품을 매수인의 임의처분 상태로 두어 인도완료할 때까지의 물품운송비를 부담한다(그러나 운송계약에서 매도인이 부담하기로 할 경우에는 매도인이 부담한다).[31] 또한 매도인의 의무는 아닐지라도 자신을 위하여 적화보험을 부보 하였다면 당연히 적화보험료도 부담하여야 하는 것이다. 또한 매도인은 적용 가능한 경우(where applicable), 자신의 위험과 비용으로 모든 수출허가 기타 공적인 승인 및 물품수출을 위하여 모든 세관수속절차(customs formalities)를 이행하고, 인도 이전 모든 국가에서 물품수출을 위하여 필요한 세관수속절차(customs formalities) 및 운송을 위하여 소요되는 일체의 비용을 부담하여야 한다.

한편 매수인은 적용 가능한 경우, 자신의 위험과 비용으로 모든 수입허가 기타 공적인 승인 및 물품수입을 위하여 모든 세관수속절차를 이행하여야 한다. 따라서 매수인은 물품수입과 관련된 모든 관세(all duties), 조세(taxes) 및 기타 부과금(other charges)을 포함한 통관비용(customs clearance charges)을 포함하여 인도된 이후의 제비용을 부담하여야 한다. 또한 양화비가 운송계약에 따라 매도인이 부담하지 아니하였을 경우, 매수인은 지정 목적지에서 도착 운송수단으로부터 물품인도 수령을 위하여 필요한 모든 양화비를 지급하여야 한다.[32]

4) 매도인의 제공서류

DAP 규칙에서 매도인은 일반적인 의무로 매매계약과 일치하는 상업송장(Commercial Invoice) 및 계약에서 요구하는 일치증명(evidence of conformity)을 제공하여야 한다. 이와 같은 모든 서류는 이에 상응한 전자기록 또는 절차(electronic record or procedure)도 인정된다.

또한 매도인은 매수인이 목적지의 합의된 지점에서 양화를 위하여 준비된

31) Incoterms® 2010, DAP, A6-b).

32) Incoterms® 2010, DAP, B6-b).

도착 운송수단상에서 물품을 매수인의 임의처분 상태로 두어 인도의 수령이 가능한 인도서류(delivery document)를 제공하여야 한다. 이와 같은 서류들은 합의에 따라 예컨대, 화물인도지시서(Delivery Order : D/O)나 통상의 운송서류가 이용될 수 있다.

한편 매수인의 요청에 따라 매수인의 비용과 위험으로 포장명세서(Packing List), 원산지증명서(Certificate of Origin), 품질 및 수량증명서(Certificate of Quality and Quantity), 중량 및 용적증명서(Certificate of Weight and Measurement), 영사송장(Consular Invoice) 그리고 보험부보를 위한 정보 등 임의서류를 제공할 수 있다.

5) 기타 의무와 정보제공을 위한 협조 및 관련 비용

매도인은 매수인에게 계약과 일치하는 물품을 제공하고, 적용 가능한 경우 매도인은 자신의 위험 및 비용부담으로 수출허가 또는 공적인 승인 및 수출통관수속절차를 이행하여야 한다. 또한 매도인의 위험 및 비용부담으로 운송계약을 체결하고 지정 목적지까지의 운송비(carriage)를 부담하여야 한다. 또한 매도인은 매수인을 위하여 적화보험 부보의무는 없으나 매수인의 요청이 있을 경우 매수인의 위험과 비용으로 매수인이 보험부보를 할 수 있는 정보를 제공하여야 한다. 적용 가능한 경우, 매수인의 요청과 위험 및 비용부담으로 모든 서류 및 안전 관련 정보(security-related information)를 제공하여야 하며, 필요한 제서류의 취득을 위한 협조를 제공하여야 한다. 또한 물품이 인도되었다는 사실 및 매수인이 인도 가능하도록 필요한 모든 통지를 행하여야 하고, 포장이 필요한 물품의 경우에는 적절한 화인(marking)을 하여야 한다.

한편 매수인은 계약에 정한 바에 따라 대금지급(payment of price)을 하여야 하며, 수입승인과 수입통관수속절차를 이행하여야 하고, 지정 목적지에서 물품 인도의 수령(taking delivery)을 행하여야 한다. 또한 매도인의 요청에 따른 정보 등의 협조를 제공하고 매수인의 요청으로 서류 또는 정보제공에 따라 발생한 모든 비용과 수수료를 매도인에게 지급하여야 한다. 검사가 수출국 당국에 의하여 강행적으로 이루어지는 경우를 제외하고 선적전검사(pre-shipment inspection: PSI)비용을 부담하여야 한다.

6) 거래규칙 표기의 예

무역계약을 체결할 때 가격조건(price terms) 또는 인도조건(delivery terms)을 인코텀즈의 목적지인도(DAP) 규칙으로 약정하고자 할 경우에는 다음의 예와 같이 표기한다.

*표기 기준 : "DAP 지정목적지 삽입 Incoterms® 2010"
복합운송의 경우 : "DAP Abc Warehouse, Chicago Incoterms® 2010"
항공운송의 경우 : "DAP New York Airport Incoterms® 2010"
해상운송의 경우 : "DAP New York Incoterms® 2010"
철도운송의 경우 : "DAP Chicago Station Incoterms® 2010"
도로운송의 경우 : "DAP Abc Cargo Terminal, Chicago Incoterms® 2010"

(7) 관세지급인도(DDP: Delivered Duty Paid)

DDP (insert named place of destination) Incoterms® 2010

1) 안내요지

관세지급인도(Delivered Duty Paid)는 선택된 운송방식에 관계없이 사용될 수 있으며 또한 둘 이상의 운송방식인 경우에도 사용될 수 있다.

관세지급인도라 함은 지정 목적지에서 양화를 위하여 준비된 도착 운송수단 상에서 수입 통관된 물품을 매수인의 임의처분 상태로 둘 때 매도인이 인도하는 것을 의미한다. 매도인은 목적지까지의 물품운송에 포함된 모든 비용 및 위험을 부담하고 물품의 수출통관 뿐만이 아니라 수입통관 의무를 부담하고 수출 및 수입에 대한 모든 관세를 부담하고 모든 통관수속절차를 이행할 의무가 있다.

DDP는 매도인의 최대의무(maximum obligation)를 나타낸다.

당사자는 매도인이 그 지점까지의 위험을 부담하여야 하는 합의된 목적지내의 특정지점을 가능한 한 분명하게 명시하도록 하여야 한다. 매도인은 그러한 선택에 정확하게 일치하는 운송계약을 체결하여야 한다. 매도인이 운송계약에 따라 지정목적지에서 양화와 관련된 비용을 지급하는 경우, 매도인은 당사자 간에 별도 합의가 없는 한 매수인으로부터 그러한 비용을 보상받을 수 없다.

매도인이 직접적으로 또는 간접적으로 수입통관을 할 수 없는 경우, 당사자는 DDP를 사용하지 아니하는 것이 좋다. 당사자가 매수인이 수입통관에 따른 모든 위험 및 비용 부담하는 것을 원할 경우, DAP 규칙이 사용되어야 한다.

매매계약에서 별도의 명시적 합의가 없는 한 수입시에 지급되는 모든 부가가치세 또는 기타 조세는 매도인이 부담한다.

2) 위험의 이전

위험의 이전(transfer of risks)은 매도인이 합의된 일자 또는 기간 내에 지정 목적지에서 양화를 위하여 준비된 도착 운송수단 상에서 수입 통관된 물품을 매수인의 임의처분 상태로 두어 인도를 완료할 때까지의 멸실 또는 손상에 대한 위험을 부담할 때가 분기점이 된다.

3) 비용의 분담

DDP 규칙에서 비용의 분담(allocation of costs)에 대한 분기점과 위험의 이전 시점은 일치된다. 매도인은 물품을 직접 제조하거나 구매 · 조달하는 데 따른 기본원가(basic costs), 사업부문별 간접원가(indirect costs), 포장비(packing costs), 품질 · 용적 · 중량 · 수량의 물품점검업무비용(costs of checking operations) 및 기타 잡비를 부담하여야 한다. 또한 목적지의 합의된 지점에서 양화하지 아니한 상태로 준비된 도착 운송수단 상에서 물품을 매수인의 임의처분 상태로 두어 인도 완료할 때까지의 물품운송비를 부담한다(그러나 운송계약에서 매도인이 부담하기로 할 경우에는 매도인이 부담한다).[33] 또한 매도인의 의무는 아닐지라도 자신을 위하여 적화보험을 부보 하였다면 당연히 적화보험료도 부담하여야 하는 것이다. 또한 매도인은 적용 가능한 경우(where applicable), 자신의 위험과 비용으로 모든 수출입허가 기타 공적인 승인 및 물품수출입을 위하여 모든 세관수속절차(customs formalities)를 이행하고, 인도 이전 모든 국가에서 물품수출입을 위하여 필요한 세관수속절차(customs formalities) 및 운송을 위하여 소요되는 일체의 비용을 부담하여야 한다.

한편 매수인은 적용 가능한 경우, 매도인의 위험과 비용으로 모든 수입허가 기타 공적인 승인 및 물품수입을 위하여 모든 세관수속절차에 대하여 매도인에게 협조를 제공하여야 한다. 또한 양화비가 운송계약에 따라 매도인이 부담하지 아니하였을 경우, 매수인은 지정 목적지에서 도착 운송수단으로부터 물품인도 수령을 위하여 필요한 모든 양화비를 지급하여야 한다.[34]

4) 매도인의 제공서류

DDP 규칙에서 매도인은 일반적인 의무로 매매계약과 일치하는 상업송장(Commercial Invoice) 및 계약에서 요구하는 일치증명(evidence of conformity)

---

33) Incoterms® 2010 2010, DDP, A6-b).
34) Incoterms® 2010 2010, DDP, B6-b).

을 제공하여야 한다. 이와 같은 모든 서류는 이에 상응한 전자기록 또는 절차(electronic record or procedure)도 인정된다.

또한 매도인은 매수인이 목적지의 합의된 지점에서 양화를 위하여 준비된 도착 운송수단 상에서 물품을 매수인의 임의처분 상태로 두어 인도의 수령이 가능한 인도서류(delivery document)를 제공하여야 한다. 이와 같은 서류들은 합의에 따라 예컨대, 화물인도지시서(Delivery Order : D/O)나 통상의 운송서류가 이용될 수 있다.

한편 매수인의 요청에 따라 매수인의 비용과 위험으로 포장명세서(Packing List), 원산지증명서(Certificate of Origin), 품질 및 수량증명서(Certificate of Quality and Quantity), 중량 및 용적증명서(Certificate of Weight and Measurement), 영사송장(Consular Invoice) 그리고 보험부보를 위한 정보 등 임의서류를 제공할 수 있다.

5) 기타 의무와 정보제공을 위한 협조 및 관련 비용

매도인은 매수인에게 계약과 일치하는 물품을 제공하고, 적용 가능한 경우 매도인은 자신의 위험 및 비용부담으로 수출입허가 또는 공적인 승인 및 수출입 통관 수속절차를 이행하여야 한다. 또한 매도인의 위험 및 비용부담으로 운송계약을 체결하고 지정 목적지까지의 운송비(carriage)를 부담하여야 한다. 또한 매도인은 매수인을 위하여 적화보험 부보의무는 없으나 매수인의 요청이 있을 경우 매수인의 위험과 비용으로 매수인이 보험부보를 할 수 있는 정보를 제공하여야 한다. 적용 가능한 경우, 매수인의 요청과 위험 및 비용부담으로 모든 서류 및 안전 관련 정보(security-related information)를 제공하여야 하며, 필요한 제 서류의 취득을 위한 협조를 제공하여야 한다. 또한 물품이 인도되었다는 사실 및 매수인이 인도 가능하도록 필요한 모든 통지를 행하여야 하고, 포장이 필요한 물품의 경우에는 적절한 화인(marking)을 하여야 한다.

한편 매수인은 계약에 정한 바에 따라 대금지급(payment of price)을 하여야 하며, 수입승인과 수입통관수속절차를 이행하여야 하고, 지정 목적지에서 물품인도의 수령(taking delivery)을 행하여야 한다. 적용 가능한 경우, 매도인의 요청에 따른 정보 등의 협조를 제공하고 매수인의 요청으로 서류 또는 정보제공에 따라 발생한 모든 비용과 수수료를 매도인에게 지급하여야 한다. 검사가 수출국 당국에 의하여 강행적으로 이루어지는 경우를 제외하고 선적전검사(pre-shipment inspection: PSI)비용을 부담하여야 한다.

6) 거래규칙 표기의 예

무역계약을 체결할 때 가격조건(price terms) 또는 인도조건(delivery terms)을 인코텀즈의 관세지급인도(DDP) 규칙으로 약정하고자 할 경우에는 다음의 예와 같이 표기한다.

*표기 기준 : "DDP 지정목적지 삽입 Incoterms® 2010"

복합운송의 경우 : "DDP Abc Warehouse, Chicago Incoterms® 2010"

항공운송의 경우 : "DDP New York Airport Incoterms® 2010"

해상운송의 경우 : "DDP New York Incoterms® 2010"

철도운송의 경우 : "DDP Chicago Station Incoterms® 2010"

도로운송의 경우 : "DDP Abc Cargo Terminal, Chicago Incoterms® 2010"

4.2 해상 및 내수로 운송을 위한 규칙

(1) 선측인도(FAS: Free Alongside Ship)

FAS (insert named port of shipment) Incoterms® 2010

1) 안내요지

선측인도(Free Alongside Ship)는 해상운송 및 내수로 운송에만 사용될 수 있다.

선측인도라 함은 물품이 지정된 선적항에서 매수인이 지정한 본선(예컨대, 부두 또는 부선 상)의 선측에 둘 때 매도인이 인도하는 것을 의미한다. 물품이 본선 선측에 있을 때 물품의 멸실 또는 손상의 위험이 이전되며 매수인은 그 시점으로부터 모든 비용을 부담한다.

당사자는 지정 선적항에서 그 지점까지의 비용 및 위험이 매도인이 부담하는 것으로 한다는 것과 같이 가능한 한 적재 지점을 명확하게 명시하여야 한다. 그리고 이러한 비용 및 관련되는 취급수수료는 항구의 관습에 따라 다를 수 있다.

매도인은 본선 선측에서 물품을 인도하거나 또는 선적을 위하여 이미 그와 같이 인도된 물품을 조달(procure)하여야 한다. 참고로 여기에서 "조달"은 상품무역에 있어서 흔히 발생하는 다수의 판매사슬(연속판매)에 부응하기 위한 것이다.

물품이 컨테이너에 적재되는 경우, 매도인이 본선의 선측이 아닌 터미널에서 운송인에게 물품을 교부하는 것이 전형적인 것이다. 이러한 경우 FAS 규칙은 부적절하며, FCA 규칙이 사용되어야 한다.

FAS는 적용 가능한 경우, 매도인에게 물품에 대한 수출통관을 요구하고 있다. 그러나 매도인은 물품의 수입통관을 할 의무와 모든 수입관세의 지급의무 또는 수입통관수속절차를 이행할 의무가 없다.

2) 위험의 이전

위험의 이전(transfer of risks)은 매도인이 계약물품을 합의된 일자나 기간 내에 적재 지점에서 매수인에 의하여 지명된 본선 선측(alongside the ship)에 두어 인도할 때가 분기점이 된다. 매수인이 특정 적재 지점을 지정하지 아니한 경우, 매도인은 지정선적항 내에서 가장 적합한 지점을 선택할 수 있다.

따라서 위험부담의 장소적 분기점은 본선이 부두에 접안되어 있을 경우에는 선적을 위한 적양화 장비, 즉 양화기(winch) 등 선적용구(tackle)가 도달할 수 있는 부두상(on the quay)이 되고 또한 해상에 정박하여 있을 경우에는 부선 내(in lighter)가 된다.

3) 비용의 분담

FAS 규칙에서 비용의 분담(allocation of costs)에 대한 분기점과 위험의 이전 시점은 일치된다. 비용의 분담은 위험이전의 분기점을 기준으로 하여 매도인은 적재 지점에서 매수인에 의하여 지명된 본선 선측(alongside the ship)에 인도할 때까지의 제비용을 부담한다. 즉 물품을 직접 제조하거나 구매 · 조달하는 데 따른 기본원가(basic costs), 사업부문별 간접원가(indirect costs), 포장비(packing costs), 품질 · 용적 · 중량 · 수량의 물품점검업무비용(costs of checking operations) 및 기타 잡비를 부담하여야 한다.

또한 인도 지점까지의 내륙운송비(inland freight), 물품인도완료에 따른 통지비용과 물품인도증거서류 취득비용을 부담하여야 한다. 또한 적용 가능한 경우, 수출승인이나 기타 정부승인을 얻는 데 소요되는 비용, 수출에 수반되어 부과되는 관세(export duties)와 조세 또는 기타 부과금 및 세관수속절차(customs formalities)에 소요되는 일체의 비용을 부담하여야 한다. 또한 항구세(port dues), 부두사용료(wharfage), 창고료(go-down rent), 보관료(storage), 본선이 부두에 접안된 경우의 본선선측까지의 물품운반비용(porterage), 본선이 해상에 정박된 경우 선내인부임(stevedorage) 및 부선비(lighterage)를 부담하여야 한다.

한편 매수인은 매도인이 물품인도의무를 완료한 이후 일체의 비용을 부담하여야 한다. 즉 적재비(loading charges)와 적부비(stowage; stowing charges) 등 선적 작업비용, 최종 목적항까지의 해상운임(ocean freight), 적화보험료(cargo insurance premium), 목적항에서의 양륙비(unloading charges), 수입통관비용 및 제세와 공과금, 적용 가능한 경우(where applicable) 수입시 지급되는 모든 관세(all duties), 조세(taxes) 및 기타 부과금(other charges)을 포함한 통관비용(customs clearance charges) 등 인도된 이후의 제비용이다.

4) 매도인의 제공서류

FAS 규칙에서 매도인은 일반적인 의무로 매매계약과 일치하는 상업송장(Commercial Invoice) 및 계약에서 요구하는 일치증명(evidence of conformity)을 제공하여야 한다. 이와 같은 모든 서류는 이에 상응한 전자기록 또는 절차(electronic record or procedure)도 인정된다.

매도인은 인도서류(delivery document)로서 본선 선측에 인도가 완료되었다는 관례적인 증거(usual proof)를 제공하여야 한다. 이러한 증거가 운송서류가 아닐 경우 매수인의 요청으로 매수인의 위험과 비용부담으로 운송서류를 취득하는데 따른 협조를 제공하여야 한다.

관례적인 증거의 예는 항만당국이 발행하는 부두수령증(Dock's Receipt : D/R), 선박대리인이 발행하는 선박수령증(Ship's Receipt) 또는 수령선화증권(Received for Shipment B/L) 또는 선측수령증(Alongside Receipt) 등을 들 수 있다. 매수인이 요청할 경우 매도인은 해상선화증권(marine bill of lading)과 같은 운송서류를 제공할 수 있다.

한편 매수인의 요청에 따라 매수인의 비용과 위험으로 포장명세서(Packing List), 원산지증명서(Certificate of Origin), 품질 및 수량증명서(Certificate of Quality and Quantity), 중량 및 용적증명서(Certificate of Weight and Measurement), 영사송장(Consular Invoice) 그리고 보험부보를 위한 정보 등 임의서류를 제공할 수 있다.

5) 기타 의무와 정보제공을 위한 협조 및 관련 비용

매도인은 매수인에게 계약과 일치하는 물품을 제공하고, 적용 가능한 경우 매도인은 자신의 위험 및 비용부담으로 수출허가 또는 공적인 승인 및 수출통관수속절차를 이행하여야 한다. FAS 규칙에서 매도인이 운송계약의무는 없지만, 매수인이 요청하는 경우 상관습에 따라 매수인의 위험 및 비용부담으로 보통의 운송계약을 체결할 수도 있으며, 운송인이 약정된 기간에 물품 인도의 수령을 하지 않은 때에는 이를 매수인에게 통지하여야 한다. 적용 가능한 경우, 매수인의 요청과 위험 및 비용부담으로 모든 서류 및 안전관련 정보(security-related information)를 제공하여야 하며, 필요한 제서류의 취득을 위한 협조를 제공하여야 한다. 또한 계약물품을 매수인이 인도 가능하도록 필요한 모든 통지를 하여야 하고, 포장이 필요한 물품의 경우에는 적절한 화인(marking)을 하여야 한다.

한편 매수인은 계약에 정한 바에 따라 대금지급(payment of price)을 하여야 하며, 수입승인과 수입통관수속절차를 이행하여야 하고, 물품인도 장소에서 인도의 수령(taking delivery)을 행하며, 운송계약을 체결하고 운송비를 부담하여야 한다. 매도인의 요청에 따른 정보 등의 협조를 제공하여야 하며, 매수인의 요청으로 서류 또는 정보제공에 따라 발생한 모든 비용과 수수료를 매도인에게 지급하여야 한다. 그리고 검사가 수출국 당국에 의하여 강행적으로 이루어지는 경우를 제외하고 선적전검사(pre-shipment inspection: PSI)비용을 부담하여야 한다.

6) 거래규칙 표기의 예

무역계약을 체결할 때 가격조건(price terms) 또는 인도조건(delivery terms)을 인코텀즈의 선측인도(FAS) 규칙으로 약정하고자 할 경우에는 다음의 예와 같이 표기한다.

*표기 기준 : "FAS 지정선적항 삽입 Incoterms® 2010"

해상운송의 경우 : "FAS Busan Incoterms® 2010"

(2) 본선인도(FOB: Free On Board)

FOB (insert named port of shipment) Incoterms® 2010

1) 안내요지

본선인도(Free On Board)는 해상운송 및 내수로 운송에만 사용될 수 있다.

본선인도라 함은 매도인이 지정 선적항에서 매수인이 지정한 본선상에 물품을 인도하거나 또는 이미 인도된 물품을 조달하는 것을 의미한다. 물품이 본선 상에 있을 때 물품의 멸실 또는 손상의 위험이 이전되며 매수인은 그 시점으로부터 모든 비용을 부담한다.

매도인은 본선 상에서 물품을 인도하거나 또는 선적을 위하여 이미 그와 같이 인도된 물품을 조달(procure)하여야 한다. 참고로 여기에서 "조달"은 상품무역에 있어서 흔히 발생하는 다수의 판매사슬(연속판매)에 부응하기 위한 것이다.

FOB는 물품이 본선 상에 두기 전 전형적으로 터미널에서 인도되는 컨테이너 물품의 예와 같이 운송인에게 물품이 교부되어지는 경우에는 적절하지 아니하다. 이러한 경우에는 FCA 규칙이 사용되어야 한다.

FOB는 적용 가능한 경우, 매도인이 물품의 수출통관을 할 것을 요구한다. 그러나 매도인은 물품의 수입통관을 할 의무와 모든 수입관세의 지급의무 및 수입통관수속절차를 이행할 의무가 없다.

2) 위험의 이전

위험의 이전(transfer of risks)은 매도인이 계약물품을 합의된 일자나 기간 내에 지정 선적항에서 매수인이 지정한 본선상에 물품을 인도하거나 또는 이미 인도된 물품을 조달할 때가 분기점이 된다. 매수인이 특정 적재 지점을 지정하지 아니한 경우, 매도인은 지정선적항 내에서 가장 적합한 지점을 선택할 수 있다.

2000년 인코텀즈의 FOB 조건에서 위험분기점을 본선의 난간(ship's rail)으로 하던 관습은 새로운 Incoterms® 2010 FOB 규칙에서 미국 통일상법전[35] 및 개정미국무역정의의 규정[36]과 같은 취지로 본선상(on board the vessel)으로 변경되었다.

3) 비용의 분담

FOB 규칙에서 비용의 분담(allocation of costs)에 대한 분기점과 위험의 이전시점은 일치된다. 비용의 분담은 위험이전의 분기점을 기준으로 하여 매도인은 지정 선적항에서 매수인이 지정한 본선상에 물품을 인도할 때까지의 제 비용을 부담한다. 즉 매도인은 물품을 직접 제조하거나 구매 · 조달하는 데 따른 기본원가(basic costs), 사업부문별 간접원가(indirect costs), 포장비(packing costs), 품질 · 용적 · 중량 · 수량의 물품점검업무비용(costs of checking operations) 및 기타 잡비를 부담하여야 한다. 또한 인도 지점까지의 내륙운송비(inland freight), 물품인도완료에 따른 통지비용과 물품인도증거서류 취득비용을 부담하여야 한다. 적용 가능한 경우, 수출승인이나 기타 정부승인을 얻는 데 소요되는 비용, 수출에 수반되어 부과되는 관세(export duties)와 조세 또는 기타 부과금 및 세관수속

35) when under either (a) or (b) the term is also FOB vessel, car or other vehicle, the seller must in addition at his own expense and risk load the goods *on board*; UCC, Article 2 Sales § 2-319. FOB and FAS Terms.

36) Under this quotation: Seller must… (3) be responsible for any loss or damage, or both, until goods have been placed *on board the vessel* on the date or within the period fixed; Revised American Foreign Trade Definitions, 1990, (Ⅱ-E) FOB Vessel (named port of shipment), Seller's Liability (3).

절차(customs formalities)에 소요되는 일체의 비용을 부담하여야 한다. 또한 적재비(loading charges)와 적부비(stowage; stowing charges) 등 선적 작업비용, 항구세(port dues), 부두사용료(wharfage), 창고료(go-down rent), 보관료(storage), 본선이 해상에 정박된 경우 부두인부임(stevedorage) 및 부선비(lighterage)를 부담하여야 한다.

한편 매수인은 매도인이 물품인도의무를 완료한 이후 일체의 비용을 부담하여야 한다. 즉 최종 목적항까지의 해상운임(ocean freight), 적화보험료(cargo insurance premium), 목적항에서의 양륙비(unloading charges), 수입통관비용 및 제세와 공과금, 적용 가능한 경우(where plicable) 수입시 지급되는 모든 관세(all duties), 조세(taxes) 및 기타 부과금(other charges)을 포함한 통관비용(customs clearance charges) 등 인도된 이후의 제비용이다.

4) 매도인의 제공서류

FOB 규칙에서 매도인은 일반적인 의무로 매매계약과 일치하는 상업송장(Commercial Invoice) 및 계약에서 요구하는 일치증명(evidence of conformity)을 제공하여야 한다. 이와 같은 모든 서류는 이에 상응한 전자기록 또는 절차(electronic record or procedure)도 인정된다.

매도인은 인도서류(delivery document)로서 본선상에 인도가 완료되었다는 관례적인 증거(usual proof)를 제공하여야 한다. 이러한 증거가 운송서류가 아닐 경우 매수인의 요청으로 매수인의 위험과 비용부담으로 운송서류를 취득하는 데 따른 협조를 제공하여야 한다.

보통의 증명서로는 항만당국이 발행하는 부두수령증(Dock's Receipt: D/R), 선박대리인이 발행하는 선박수령증(Ship's Receipt) 또는 수령선화증권(Received for Shipment B/L) 또는 선측수령증(Alongside Receipt) 등을 들 수 있다. 매수인이 요청할 경우 매도인은 해상선화증권(marine bill of lading)과 같은 운송서류를 제공할 수 있다.

한편 매수인의 요청에 따라 매수인의 비용과 위험으로 포장명세서(Packing List), 원산지증명서(Certificate of Origin), 품질 및 수량증명서(Certificate of Quality and Quantity), 중량 및 용적증명서(Certificate of Weight and Measurement), 영사송장(Consular Invoice) 그리고 보험부보를 위한 정보 등 임의서류를 제공할 수 있다.

5) 기타 의무와 정보제공을 위한 협조 및 관련 비용

매도인은 매수인에게 계약과 일치하는 물품을 제공하고, 적용 가능한 경우 매도인은 자신의 위험 및 비용부담으로 수출허가 또는 공적인 승인 및 수출통관 수속절차를 이행하여야 한다. FOB 규칙에서 매도인이 운송계약의무는 없지만, 매수인이 요청하는 경우 상관습에 따라 매수인의 위험 및 비용부담으로 보통의 운송계약을 체결할 수 있다. 또한 운송인이 약정된 기간에 물품 인도의 수령을 하지 않은 때에는 이를 매수인에게 통지하여야 한다. 적용 가능한 경우, 매수인의 요청과 위험 및 비용부담으로 모든 서류 및 안전관련 정보(security-related information)를 제공하여야 하며, 필요한 제서류의 취득을 위한 협조를 제공하여야 한다. 또한 계약물품을 매수인이 인도 가능하도록 필요한 모든 통지를 하여야 하고, 포장이 필요한 물품의 경우에는 적절한 화인(marking)을 하여야 한다.

한편 매수인은 계약에 정한 바에 따라 대금지급(payment of price)을 하여야 하며, 수입승인과 수입통관수속절차를 이행하여야 하고, 물품인도 장소에서 인도의 수령(taking delivery)을 행하며, 운송계약을 체결하고 운송비를 부담하여야 한다. 매도인의 요청에 따른 정보 등의 협조를 제공하여야 하며, 매수인의 요청으로 서류 또는 정보제공에 따라 발생한 모든 비용과 수수료를 매도인에게 지급하여야 한다. 그리고 검사가 수출국 당국에 의하여 강행적으로 이루어지는 경우를 제외하고 선적전검사(pre-shipment inspection: PSI)비용을 부담하여야 한다.

6) 거래규칙 표기의 예

무역계약을 체결할 때 가격조건(price terms) 또는 인도조건(delivery terms)을 인코텀즈의 본선인도(FOB) 규칙으로 약정하고자 할 경우에는 다음의 예와 같이 표기한다.

*표기 기준: "FOB 지정선적항 삽입 Incoterms® 2010"

해상운송의 경우 : "FOB Busan Incoterms® 2010"

(3) 운임포함인도(CFR: Cost And Freight)

CFR (insert named port of destination) Incoterms® 2010

1) 안내요지

운임포함인도(Cost And Freight)는 해상운송 및 내수로 운송에만 사용될 수 있다.

운임포함인도라 함은 매도인이 본선상에 물품을 인도하거나 또는 이미 인도된 물품을 조달하는 것을 의미한다. 물품이 본선 상에 있을 때 물품의 멸실 또는 손상의 위험이 이전된다. 매도인은 운송계약을 체결하고 지정 목적항까지 물품을 운송하는데 필요한 비용 및 운임을 지급하여야 한다.

CPT, CIP, CFR 또는 CIF가 사용되는 경우, 매도인이 인도에 대한 의무는 물품이 목적지에 도착될 때가 아닌 선택된 규칙에 명시된 방법으로 물품이 운송인에게 교부될 때에 완료된다.

이 규칙은 두 가지의 중요한 분기점이 있다. 즉 위험이 이전되고 비용이 이전되는 지점이 상이한 장소에서 이루어지기 때문이다. 보통 계약서에는 목적항을 명시하고 있으나 위험이 매수인에게 이전되는 선적항을 명시하고 있지 않다. 선적항이 매수인에게 특정의 이해 관계가 있는 경우, 당사자들이 가능한 한 계약서에 이를 명확하게 특정하는 것이 바람직하다.

당사자는 매도인이 합의된 목적항의 지정 지점까지 비용을 부담하므로 가능한 한 그 지점을 명확하게 특정하여야 한다. 매도인은 그러한 선택에 명확하게 일치하는 운송계약을 체결하여야 한다. 매도인이 운송계약에 따라 목적항의 명시된 지점에서 양화와 관련된 비용을 지급하는 경우, 매도인은 당사자 간에 별도 합의가 없는 한 매수인으로부터 그러한 비용을 보상받을 수 없다.

매도인은 본선상에서 물품을 인도하거나 또는 목적항까지 선적을 위하여 이미 그와 같이 인도된 물품을 조달(procure)하여야 한다. 게다가 매도인은 운송계약 체결 또는 이와 같은 계약을 이행하는 것이 요구된다. 참고로 여기에서 "조달"은 상품무역에 있어서 흔히 발생하는 다수의 판매사슬(연속판매)에 부응하기 위한 것이다.

CFR은 물품을 본선상에 두기 전 전형적으로 터미널에서 인도되는 컨테이너 물품의 예와 같이 운송인에게 물품이 교부되어지는 경우에는 적절하지 아니하다. 이러한 경우에는 CPT 규칙이 사용되어야 한다.

CFR은 적용 가능한 경우, 매도인이 물품의 수출통관을 할 것을 요구한다. 그러나 매도인은 물품의 수입통관을 할 의무와 모든 수입관세의 지급의무 및 수입통관수속절차를 이행할 의무가 없다.

2) 위험의 이전

CFR 규칙에서 물품에 대한 위험이전의 분기점은 전술한 FOB 규칙의 경우와 동일하다. 즉 위험의 이전(transfer of risks)은 매도인이 계약물품을 합의된 일자나 기간 내에 지정 선적항에서 매도인이 지정한 본선상에 물품을 인도하거나 또는 이미 인도된 물품을 조달할 때가 분기점이 된다. 매수인이 특정 적재 지점을 지정하지 아니한 경우, 매도인은 지정선적항 내에서 가장 적합한 지점을 선택할 수 있다.

3) 비용의 분담

CFR 규칙에서 비용의 분담(allocation of costs)에 대한 분기점은 위험이전의 분기점과는 일치하지 않는다. 물품에 대한 위험이전의 분기점은 선적항 본선상이지만, 비용분담의 분기점은 지정 목적항까지 확장된다.

CFR 규칙에서 물품인도장소 및 물품에 대한 위험이전 분기점을 보통 적출지인 수출국 내로 하면서도, 해상운임(ocean freight)은 수입국 지정목적지까지 매도인이 부담하도록 함으로써 물품인도장소 및 위험이전과 비용의 분담(allocation of costs)에 대한 분기점을 상이하게 분리하고 있다.

CFR 규칙에서 매도인은 물품을 직접 제조하거나 구매 · 조달하는 데 따른 기본원가(basic costs), 사업부문별 간접원가(indirect costs), 포장비(packing costs), 품질 · 용적 · 중량 · 수량의 물품점검업무비용(costs of checking operations) 및 기타 잡비를 부담하여야 한다. 또한 인도 지점까지의 내륙운송비(inland freight), 약정된 목적지까지의 해상운임(ocean freight), 물품인도완료에 따른 통지비용과 물품인도증거서류 취득비용을 부담하여야 하며, 운송계약체결시에 정기선(regular shipping line; liner)에 의하여 부과될 수 있는 양화항(port of discharge)에서의 양화비(unloading charge)를 부담하여야 한다. 또한 적용 가능한 경우(where applicable), 수출승인이나 기타 정부승인을 얻는 데 소요되는 비용, 수출에 수반되어 부과되는 관세(export duties)와 조세 또는 기타 부과금 및 세관수속절차(customs formalities)에 소요되는 일체의 비용을 부담하여야 한다.

한편 매수인은 최종목적지까지의 적화보험료, 적용 가능한 경우, 수입시 지급되는 모든 관세(all duties), 조세(taxes) 및 기타 부과금(other charges)을 포함한 통관비용(customs clearance charges) 등 인도된 이후의 제비용을 부담하여야 한다. 또한 매수인이 물품발송의 시기와 목적지를 매도인에게 통지하지 않음으로써 매도인의 물품인도 장해요인을 야기 시킨 경우 이로 인하여 발생된 추가비용, 선적전 물품검사(PSI)비용을 부담하여야 한다.

4) 매도인의 제공서류

CFR 규칙에서 매도인은 일반적인 의무로 매매계약과 일치하는 상업송장(Commercial Invoice) 및 계약에서 요구하는 일치증명(evidence of conformity)을 제공하여야 한다. 이와 같은 모든 서류는 이에 상응한 전자기록 또는 절차(electronic record or procedure)도 인정된다.

또한 매도인은 인도서류(delivery document)로서 운송계약에 따른 운송서류(transport document)를 제공하여야 한다. 운송서류는 유통 가능한 형식(negotiable form)으로 수통의 원본이 발행된 경우 원본 전통(full set)을 매수인에게 제시하여야 한다. 이와 같은 운송서류로는 해상선화증권(marine bill of lading), 내수로 운송서류(inland waterway document) 등이다.

한편 매수인의 요청에 따라 매수인의 비용과 위험으로 포장명세서(Packing List), 원산지증명서(Certificate of Origin), 품질 및 수량증명서(Certificate of Quality and Quantity), 중량 및 용적증명서(Certificate of Weight and Measurement), 영사송장(Consular Invoice) 그리고 보험부보를 위한 정보 등 임의서류를 제공할 수 있다.

5) 기타 의무와 정보제공을 위한 협조 및 관련 비용

매도인은 매수인에게 계약과 일치하는 물품을 제공하고, 적용 가능한 경우 매도인은 자신의 위험 및 비용부담으로 수출허가 또는 공적인 승인 및 수출통관 수속절차를 이행하여야 한다. 또한 매도인의 위험 및 비용부담으로 운송계약을 체결하고 목적지까지의 운임(freight)을 부담하여야 한다. 적용 가능한 경우 매수인의 요청과 위험 및 비용부담으로 모든 서류 및 안전관련 정보(security-related information)를 제공하여야 하며, 필요한 제서류의 취득을 위한 협조를 제공하여야 한다. 또한 물품이 인도되었다는 사실 및 매수인이 인도 가능하도록 필요한 모든 통지를 행하여야 하고, 포장이 필요한 물품의 경우에는 적절한 화인(marking)을 하여야 한다.

한편 매수인은 계약에 정한 바에 따라 대금지급(payment of price)을 하여야 하며, 수입승인과 수입통관수속절차를 이행하여야 하고, 지정목적지에서 물품 인도의 수령(taking delivery)을 행하여야 한다. 또한 매도인의 요청에 따른 정보 등의 협조를 제공하고 매수인의 요청으로 서류 또는 정보제공에 따라 발생한 모든 비용과 수수료를 매도인에게 지급하여야 한다. 검사가 수출국 당국에 의하여 강행적으로 이루어지는 경우를 제외하고 선적전검사(pre-shipment inspection: PSI)

비용을 부담하여야 한다.

6) 거래규칙 표기의 예

무역계약을 체결할 때 가격조건(price terms) 또는 인도조건(delivery terms)을 인코텀즈의 운송포함인도(CFR) 규칙으로 약정하고자 할 경우에는 다음의 예와 같이 표기한다.

*표기 기준: "CFR 지정목적항 삽입 Incoterms® 2010"

해상운송의 경우: "CFR New York Incoterms® 2010"

(4) 운임 · 보험료포함인도(CIF: Cost, Insurance and Freight)

CIF (insert named port of destination) Incoterms® 2010

1) 안내요지

운임 · 보험료포함인도(Cost, Insurance and Freight)는 해상운송 및 내수로 운송에만 사용될 수 있다.

운임 · 보험료포함인도라 함은 매도인이 본선상에 물품을 인도하거나 또는 이미 인도된 물품을 조달하는 것을 의미한다. 물품이 본선상에 있을 때 물품의 멸실 또는 손상의 위험이 이전된다. 매도인은 운송계약을 체결하고 지정 목적항까지 물품을 운송하는데 필요한 비용 및 운임을 지급하여야 한다.

매도인은 또한 운송중 물품의 멸실 또는 손상에 대한 매수인의 위험에 대하여 보험부보계약을 체결한다. 매수인은 CIF 하에서 매도인이 최소담보조건으로 보험을 부보하도록 요구되는 점을 주의하여야 한다. 매수인이 더 많은 보험담보를 원할 경우, 매도인과 특별히 합의하거나 자신이 추가보험계약을 체결할 필요가 있다.

CPT, CIP, CFR 또는 CIF가 사용되는 경우, 매도인이 인도에 대한 의무는 물품이 목적지에 도착될 때가 아닌 선택된 규칙에 명시된 방법으로 물품이 운송인에게 교부될 때에 완료된다.

이 규칙은 두 가지의 중요한 분기점이 있다. 즉 위험이 이전되고 비용이 이전되는 지점이 상이한 장소에서 이루어지기 때문이다. 보통 계약서에는 목적항을 명시하고 있으나 위험이 매수인에게 이전되는 선적항을 명시하고 있지 않다. 선적항이 매수인에게 특정의 이해 관계가 있는 경우, 당사자들이 가능한 한 계약서에 이를 명확하게 특정하여야 한다.

당사자는 매도인이 합의된 목적항의 지정 지점까지 비용을 부담하므로 가능한 한 그 지점을 명확하게 특정하여야 한다. 매도인은 그러한 선택에 명확하게 일치하는 운송계약을 체결하여야 한다. 매도인이 운송계약에 따라 목적항의 명시된 지점에서 양화와 관련된 비용을 지급하는 경우, 매도인은 당사자 간에 별도 합의가 없는 한 매수인으로부터 그러한 비용을 보상받을 수 없다.

매도인은 본선 상에서 물품을 인도하거나 또는 목적항까지 선적을 위하여 이미 그와 같이 인도된 물품을 조달(procure)하여야 한다. 게다가 매도인은 운송계약 체결 또는 이와 같은 계약을 이행하는 것이 요구된다. 참고로 여기에서 "조달"은 상품무역에 있어서 흔히 발생하는 다수의 판매사슬(연속판매)에 부응하기 위한 것이다.

CIF는 물품을 본선상에 두기 전 전형적으로 터미널에서 인도되는 컨테이너 물품의 예와 같이 운송인에게 물품이 교부되어지는 경우에는 적절하지 아니하다. 이러한 경우에는 CIP 규칙이 사용되어야 한다.

CIF는 적용 가능한 경우, 매도인이 물품의 수출통관을 할 것을 요구한다. 그러나 매도인은 물품의 수입통관을 할 의무와 모든 수입관세의 지급의무 또는 수입통관수속절차를 이행할 의무가 없다.

2) 위험의 이전

CIF 규칙에서 물품에 대한 위험의 이전(transfer of risks)에 대한 분기점은 전술한 FOB 규칙의 경우와 동일하다. 즉 위험의 이전은 매도인이 계약물품을 합의된 일자나 기간 내에 지정 선적항에서 매도인이 지정한 본선상에 물품을 인도하거나 또는 이미 인도된 물품을 조달할 때가 분기점이 된다. 매수인이 특정 적재지점을 지정하지 아니한 경우, 매도인은 지정 선적항 내에서 가장 적합한 지점을 선택할 수 있다.

3) 비용의 분담

CIF 규칙에서 비용의 분담(allocation of costs)에 대한 분기점은 위험이전의 분기점과는 일치하지 않는다. 물품에 대한 위험이전의 분기점은 선적항 본선상이지만, 비용분담의 분기점은 지정 목적항까지 확장된다.

CIF 규칙에서 물품인도장소 및 물품에 대한 위험이전 분기점을 보통 적출지인 수출국 내로 하면서도, 해상운임(ocean freight)은 수입국 지정목적지까지 매도인이 부담하도록 함으로써 물품인도장소 및 위험이전과 비용의 분담(allocation of costs)에 대한 분기점을 상이하게 분리하고 있다.

CIF 규칙에서 매도인은 물품을 직접 제조하거나 구매 · 조달하는 데 따른 기본원가(basic costs), 사업부문별 간접원가(indirect costs), 포장비(packing costs), 품질 · 용적 · 중량 · 수량의 물품점검업무비용(costs of checking operations) 및 기타 잡비를 부담하여야 한다. 또한 인도 지점까지의 내륙운송비(inland freight), 약정된 목적지까지의 해상운임(ocean freight), 최종목적항까지의 적화보험료(cargo insurance premium), 물품인도완료에 따른 통지비용과 물품인도증거서류 취득 비용을 부담하여야 하며, 운송계약체결시에 정기선(regular shipping line; liner)에 의하여 부과될 수 있는 양화항(port of discharge)에서의 양화비(unloading charge)를 부담하여야 한다. 또한 적용 가능한 경우(where applicable), 수출승인이나 기타 정부승인을 얻는 데 소요되는 비용, 수출에 수반되어 부과되는 관세(export duties)와 조세 또는 기타 부과금 및 세관수속절차(customs formalities)에 소요되는 일체의 비용을 부담하여야 한다.

한편 매수인은 적용 가능한 경우, 수입시 지급되는 모든 관세(all duties), 조세(taxes) 및 기타 부과금(other charges)을 포함한 통관비용(customs clearance charges) 등 인도된 이후의 제비용을 부담하여야 한다. 또한 매수인이 물품발송의 시기와 목적지를 매도인에게 통지하지 않음으로써 매도인의 물품인도 장해요인을 야기 시킨 경우 이로 인하여 발생된 추가비용, 선적전 물품검사(PSI)비용을 부담하여야 한다.

4) 매도인의 제공서류

CIF 규칙에서 매도인은 일반적인 의무로 매매계약과 일치하는 상업송장(Commercial Invoice) 및 계약에서 요구하는 일치증명(evidence of conformity)을 제공하여야 한다. 이와 같은 모든 서류는 이에 상응한 전자기록 또는 절차(electronic record or procedure)도 인정된다.

또한 매도인은 인도서류(delivery document)로서 운송계약에 따른 운송서류(transport document)를 제공하여야 한다. 운송서류는 유통 가능한 형식(negotiable form)으로 수통의 원본이 발행된 경우 원본 전통(full set)을 매수인에게 제시하여야 한다. 이와 같은 운송서류로는 해상선화증권(marine bill of lading), 내수로 운송서류(inland waterway document) 등이다.

한편 매수인의 요청에 따라 매수인의 비용과 위험으로 포장명세서(Packing

List), 원산지증명서(Certificate of Origin), 품질 및 수량증명서(Certificate of Quality and Quantity), 중량 및 용적증명서(Certificate of Weight and Measurement), 영사송장(Consular Invoice) 등 임의서류를 제공할 수 있다.

5) 기타 의무와 정보제공을 위한 협조 및 관련 비용

매도인은 매수인에게 계약과 일치하는 물품을 제공하고, 적용 가능한 경우 매도인은 자신의 위험 및 비용부담으로 수출허가 또는 공적인 승인 및 수출통관수속절차를 이행하여야 한다. 또한 매도인의 위험 및 비용부담으로 운송계약을 체결하고 목적지까지의 운임(freight)을 부담하여야 한다. 그리고 매도인은 LMA/IUA가 제정한 협회적화약관(Institute Cargo Clauses)의 C조건과 같은 최소 담보조건으로 부보(minimum cover)되고 계약에서 약정된 금액에 10%를 가산한 금액으로 부보된 보험증권(insurance policy) 또는 그 밖의 보험부보의 증거(evidence of insurance cover)를 제공하여야 한다. 보험부보의 증거로는 보험증명서(Insurance Certificate)와 통지서(Declaration)이다. 적용 가능한 경우, 매수인의 요청과 위험 및 비용부담으로 모든 서류 및 안전관련 정보(security-related information)를 제공하여야 하며, 필요한 제 서류의 취득을 위한 협조를 제공하여야 한다. 또한 물품이 인도되었다는 사실 및 매수인이 인도 가능하도록 필요한 모든 통지를 행하여야 하고, 포장이 필요한 물품의 경우에는 적절한 화인(marking)을 하여야 한다.

한편 매수인은 계약에 정한 바에 따라 대금지급(payment of price)을 하여야 하며, 수입승인과 수입통관수속절차를 이행하여야 하고, 지정목적지에서 물품 인도의 수령(taking delivery)을 행하여야 한다. 또한 매도인의 요청에 따른 정보 등의 협조를 제공하고 매수인의 요청으로 서류 또는 정보제공에 따라 발생한 모든 비용과 수수료를 매도인에게 지급하여야 한다. 검사가 수출국 당국에 의하여 강행적으로 이루어지는 경우를 제외하고 선적전검사(pre-shipment inspection: PSI) 비용을 부담하여야 한다.

6) 거래규칙 표기의 예

무역계약을 체결할 때 가격조건(price terms) 또는 인도조건(delivery terms)을 인코텀즈의 운송포함인도(CIF) 규칙으로 약정하고자 할 경우에는 다음의 예와 같이 표기한다.

*표기 기준 : “CIF 지정목적항 삽입 Incoterms® 2010”

해상운송의 경우 : “CIF New York Incoterms® 2010”

Chapter 6 기타 상관습 및 법제상의 거래조건

여기에서는 CIF계약에 관한 와르소 · 옥스포드 규칙, 개정미국무역정의 및 미국 통일상법전 상에 규정하고 있는 정형거래조건을 살펴본다. 또한 무역거래조건으로 전통적으로 사용되어 오고 있는 FOB와 CIF 매매계약에 대하여 국제상관습 및 법제를 종합하여 보다 심층적으로 검토하여 보기로 한다.

1. CIF계약에 관한 와르소 · 옥스포드규칙

국제법협회(International Law Association: ILA)[1]가 해상무역에 있어서 매매관습의 국제적 통일을 위한 규칙을 제정하기로 결의한 것은 1926년 개최된 동 협회의 빈(Wien)회의였다. 이 회의의 결의에 따라 CIF계약에 관한 통일 규칙을 기초할 위원이 선임되었으며 초안이 1928년 와르소(Warsaw)회의에 상정되어 "1928년 와르소 규칙"(Warsaw Rules 1928)으로 채택되었다.

CIF계약에 관한 이 규칙은 전문 22개조로 구성되었으며, 영국의 CIF관습과 이에 관한 판례를 토대로 작성되었다. 국제상업회의소의 무역거래조건위원회는

1) 1873년 런던에서 설립된 민간기관으로, 국제공법과 국제사법의 연구 · 해명 · 진흥 · 법률 충돌의 해결에 관한 제안과 법률의 통일화 및 국제이해와 친선촉진사업활동을 하고 있다. 이 협회의 주요한 성과로는 공동해손의 정산에 관한 "1974년 요크 · 앤트워프규칙"(the York-Antwerp Rules 1974) 및 "1924년 선화증권통일조약"(International Convention for the Unification of Certain Rules Relating to Bills of Lading 1924)에 대한 원안을 기초하였다.

와르소규칙에 관심을 표시하고, 이에 대한 각국 국내위원회의 의견을 구하였다. 특히 미국과 독일로부터 수정안이 제출되었다. 거기에서 1930년에 개최된 국제법협회의 뉴욕회의에서 이 규칙을 개정하기로 결정하였다. 특히 국제상업회의소의 강력한 지원에 의해 1931년 10월 와르소규칙 개정초안이 작성되었으며 이것이 1932년 옥스포드에서 개최된 국제법협회의 회의에 상정, 토의를 거쳐 "1932년 와르소 · 옥스포드 규칙"(Warsaw-Oxford Rules for CIF Contract 1932)을 채택하게 되었다.

이 규칙은 서문과 21개조[2]로 구성되어 있다. 이 와르소 · 옥스포드 규칙은 CIF계약을 체결하고자 하는 당사자에게 임의로 채택할 수 있는 통일적 해석 기준을 제공하는 것이다. 따라서 인코텀즈나 개정미국무역정의와 마찬가지로 계약당사자의 합의에 의하여 그 계약이 본 규칙에 따라 해석한다는 취지의 조항을 명시적으로 규정하는 경우에 한하여 CIF계약당사자의 권리와 의무에 적용시킬 수 있다.[3]

2. 개정미국무역정의

본선인도조건인 FOB 거래관습은 섬나라인 영국을 중심으로 해상매매를 위하여 비롯되었으나, 미국과 같은 대륙국가에 전하여지면서 운송수단이 선박뿐만이 아니라 철도화차, 부선, 화물자동차 등 일반운송인에게 화물을 인도하거나 지정운송용구에 적입함으로써 매도인의 인도 · 제공이 이루어지는 매매로 사용되게 되었다. 예컨대, "FOB Chicago," "FOB Mill Pittsburgh"과 같이 내륙의 출화지나 매도인의 공장 적출지를 나타내는 용법이 일반화 되었다. 또한 "FOB Cars New York"과 같이 약정품을 적재할 화차가 지정항구에 도착할 때까지의 위험과 비용을 매도인이 부담하고 그 지정장소에 도착한 화차에 적재된 상태에서 약정품을

2) ① 규칙의 개요, ② 선적에 관한 매도인의 의무, ③ 선적시기 및 선적일의 증명, ④ 면책, ⑤ 위험, ⑥ 소유권, ⑦ 선화증권에 관한 매도인의 의무, ⑧ 특정선박-선박의 종류, ⑨ 도착지 지급운임, ⑩ 수입세 및 기타의 비용, ⑪ 물품의 상태에 관한 매도인의 의무, ⑫ 보험에 관한 매도인의 의무, ⑬ 선적통지, ⑭ 수입 · 수출허가서, 원산지증명서, 기타, ⑮ 품질증명서, 기타, ⑯ 서류의 제공, ⑰ 선적후의 멸실 또는 손상, ⑱ 대금지급에 관한 매수인의 의무, ⑲ 물품검사에 관한 매수인의 권리, ⑳ 매매계약에 관한 권리와 구제, ㉑ 통지

3) 朝岡良平, 「貿易賣買と商慣習」, 東京布井出版社, 1982, 115～116面.

매수인에게 인도한다고 하는 내용의 화차인도조건도 생겨났다.

이처럼 FOB내용이 다양하게 사용됨으로 미국상인과의 무역거래에서 용어사용법이나 해석에 관한 분쟁이 종종 발생하였다. 따라서 이들 용어에 대한 통일을 기하기 위하여 1919년 12월에 전미국무역협회(National Foreign Trade Council)의 회의에서 "수출가격조건의 정의"(Definitions of Export Quotations)가 채택되었다. 이 정의를 채택한 회의가 New York의 India House에서 개최되었기 때문에 일명 "FOB에 관한 India House 규칙"(India House Rules for FOB)이라고 부른다.

이 정의에서는 ① FOB, ② FAS, ③ CIF, ④ C&F의 4종의 표준정의를 규정하였는데, 특히 FOB는 이를 다시 7종[4]으로 세분하여 표준해석을 하였다.

1919년의 정의는 수출가격의 채산조건에 대하여 수출업자단체에 의해 작성되었던 것으로 그 내용을 보면 매도인에게 유리한 방향의 해석기준이라는 불만이 수입업자측으로부터 제기되었다. 그 후 20년간 미국은 실제로 세계무역의 지도적 입장에 서게 되었으며 무역거래관습에도 큰 변화가 생겼다. 이러한 이유로 전미국무역협회(National Foreign Trade Council),[5] 전미국수입업자협회(National Council of American Importers)[6] 및 미국상업회의소(Chamber of Commerce of the United)[7]의 합동위원회에서 개정작업이 이루어졌으며, 그 결과 1941년의 전미국무역회의에서 "1941년 개정미국무역정의"(Revised American Foreign Trade Definitions 1941)가 채택되었다.

이 정의는 앞서 India House Rule에다 Ex(point of origin) 및 Ex Dock의 2종을 추가하여 ① Ex(point of origin), ② FOB, ③ FAS, ④ C&F, ⑤ CIF, ⑥ Ex Dock의 6종으로 늘어났다. 그러나 1941년 개정무역정의가 공표된 이후 무역관행의 변화에 부응하고, 특히 인코텀즈의 정형거래조건을 참조하여 제2차 개정 "1990년 개정무역정의"(Revised American Foreign Trake Definition 1990)가 공표되었다.

이 정의에서는 ① EXW(Ex Works-named place), ② FOB, ③ FAS, ④ CFR,

---

4) 1919년 당초의 미국무역정의의 FOB조건은 다음과 같이 7가지로 세분하였다. ① FOB(named point), ② FOB(named point), Freight Prepaid(named point on the seaboard), ③ FOB(named point) Freight Allowed to(named point on the seaboard), ④ FOB Cars(named point on the seaboard), ⑤ FOB Cars(named port) LCL, ⑥ FOB Cars(named port) Lighterage Free, ⑦ FOB Vessel(named port).

5) 1914년 창립.

6) 1921년 창립.

7) 1912년 창립.

⑤ CIF, ⑥ DEQ Delivered의 6개 조건을 규정하고[8] 종전과 같이 FOB는 미국적인 특성을 감안하여 그 적용 유형을 인도장소에 기준하여 6가지로 세분하고 있다.

1990년 개정미국무역정의에서 규정하고 있는 거래조건은 다음과 같다.

(1) EXW(Ex Works named place)(지정장소 공장인도)

(2) FOB

① FOB(named inland carrier at named inland point of departure)(지정국내 출발지에서 지정국내 운송인에의 인도)[9]

② FOB(named inland carrier at named inland point of departure) Freight Prepaid to(named point of exportation)(지정국내 출발지에서 지정국내 운송인에의 인도, 단 지정수출지까지의 운임지급)[10]

③ FOB(named inland carrier at named inland point of departure) Freight Allowed to(named point)(지정국내 출발지에서 지정국내 운송인에의 인도, 단 지정지점까지의 운임공제)[11]

④ FOB(named inland carrier at named point of exportation)(지정국내 수출지에서 지정국내 운송인에의 인도)[12]

⑤ FOB Vessel(named port of shipment)(지정선적항에서 본선인도)[13]

⑥ FOB(named inland point of in the country of importation)(수입국 지정 내륙지점까지의 반입인도)[14]

(3) FAS

① FAS Vessel(named port shipment)(지정선적항 선측인도)

(4) CFR

① CFR(named point of destination)(지정목적지까지의 운임포함 인도)

---

8) 1990년 개정무역정의 상의 거래조건 표기는 Ex(point of origin)→EXW(Ex worksnamed place), C&F→CFR, Ex Dock→DEQ Delivered로 각각 바뀌었다. 또한 FAS는 종전의 "Free Alongside Ship"이라는 풀이에서 "Free Along Side"로 하였다.

9) 실제거래에서 표시는 FOB Car Chicago or FOB Air Chicago와 같이 한다.

10) FOB Car Chicago, Freight Prepaid to New York.

11) FOB Car Chicago, Freight Prepaid to New York.

12) FOB Car New York.

13) FOB Vessel New York; Incoterms® 2010의 FOB와 가장 유사한 조건이다.

14) FOB Busan or FOB Seoul.

(5) CIF

① CIF(named point of destination)(지정목적지까지의 운임 · 보험료포함 인도)

(6) DEQ Delivered

① Ex Quay(Duty paid)(관세지급 부두인도)

개정미국무역정의도 인코텀즈 규칙이나 와르소 · 옥스포드 규칙처럼 무역거래 관습의 해석기준에 불과하다. 이 개정정의는 특별법으로 규제를 하거나 또는 법정의 판결로 확인되지 않는 한, 법적지위를 갖지 않는다. 그러므로 매매당사자가 이것을 매매계약의 일부로서 받아들이는 데 동의를 할 경우에 한하여 법적으로 구속을 받게 된다.[15)]

3. 미국 통일상법전상의 정형거래조건

미국 통일상법전(Uniform Commercial Code)[16)]은 11편으로 구성되었는데,[17)] 그 중 정형거래조건에 대해서 제2편에 규정되어 있다. 동 법은 미국법협회(American Law Institute)와 통일주법위원회 전국회의(National Conference of Commissioners on Uniform State Laws)에서 기초한 성문법으로 제2편에는 매매(Sales)에 관한 규정으로 매매계약의 양식, 성립 및 거절, 정형거래조건, 계약이행, 계약위반, 지급거절 및 허용, 구제방법 등에 관하여 규정하고 있으며 거래조건으로는 FOB, FAS, CIF, C&F 및 Ex-ship 조건에 대하여 규정하고 있다.[18)]

특히 미국 통일상법전상의 FOB는 다음과 같이 3가지 유형의 FOB로 구분하고 있다.

---

15) Revised American Foreign Trade Definitions 1990, Foreword 참조.

16) 1952년 Official Text가 간행된 후 1957년, 1962년, 1972년, 1978년, 1988년에 각각 수정 보완하였다; James J. White and Robert S. Summers, Uniform Commercial Code, 3rd ed., West Publishing Co., 1988, pp. 1~6.

17) Article 1: General Provisions, Article 2: Sales, Article 2A: Leases Article 3: Negotiable Instrument, Article 4: Bank Deposits and Collections, Article 4A: Fund Transfers, Article 5: Letters of Credit, Article 6: Bulk Transfers and Bulk Sales, Article 7: Warehouse Receipts, Bills of Lading and other Documents of Title, Article 8: Investment Securities, Article 9: Secured Transactions; Sales of Accounts and Chattel Paper, Article 10: Effective Date and Repealer, Article 11: Effective Date and Transition Provisions.

18) UCC, §§2-319, 320, 321, 322.

① F.O.B.(place of shipment)는 적출지매매로 개정미국무역정의의 A), B), C)가 이에 속하며, ② FOB(place of destination)는 양륙지매매로 역시 D), F)가 속하고 그리고 ③ FOB(vessel, car or other vehicle)도 적출지매매로 E)가 여기에 속한다고 할 수 있다. 이에 대해서는 후술하는 FOB매매계약의 유형 중 미국의 FOB 매매관습과 법제에서 고찰하기로 한다. 따라서 미국의 무역업자와 매매계약을 체결할 경우에는 이와 같은 미국의 법제를 고려하여 명시적인 정형거래조건의 합의가 이루어져야 한다.

표 6-1 FOB매매계약의 다양성

Incoterms® 2010	Revised American Foreign Trade Definition 1990	Uniform Commercial Code
	A) FOB(named inland carrier at named inland point of departure) B) FOB(named inland carrier at named inland point of departure) Freight Prepaid to(named point of exportation) C) FOB(named inland carrier at named inland point of departure) Freight Allowed to(named point of exportation)	① FOB place of shipment
	D) FOB(named inland carrier at named point of exportation)	② FOB place of destination
① FOB(named port of shipment)	E) FOB Vessel(named port of shipment)	③ FOB Vessel, Car or other vehicle
	F) FOB(named inland point in the country of importation)	② FOB place of destination
국제적으로 일반화된 관습	미국의 관습	미국의 법제

4. 상관습 및 법제에 기초한 FOB매매계약의 해석론

4.1 FOB매매계약의 의의

FOB매매계약은 CIF매매계약과 마찬가지로 오늘날 국제무역거래에 대표적으로 가장 널리 사용되고 있는 거래조건이다. FOB매매계약에 관한 최초의 판례는 1812년 영국의 것을 찾아볼 수 있다. 따라서 FOB매매는 18세기말과 19세기초 영국에서 해상무역의 거래조건으로 사용되었음을 추정할 수 있다.[19]

FOB는 본선인도(Free on Board)[20]를 말하며 일반적으로 계약물품을 합의된 선적항에서 매수인이 지정한 본선에 인도할 때까지의 제 비용과 위험을 매도인이 부담하는 매매조건이다. "Free on Board"라는 뜻은 계약물품을 지정된 선적항에서 매수인측의 선박에 인도하면 그 때부터 매도인의 비용부담과 위험부담의 책임으로부터 해방 또는 면책(free)된다는 것을 의미한다.

슈미토프(Schmitthoff)는 FOB매매계약에서 매도인은 본선갑판상에 계약물품을 인도할 때까지 소요되는 제비용을 부담하고, 매수인은 그 이후의 제비용, 예컨대 본선갑판 내 또는 갑판상에서 물품의 적부비용(stowage), 목적항에 도착할 때까지의 해상운임, 해상보험료, 수입관세, 영사사증료 및 기타 발생되는 비용을 부담하는 조건이라고 하고 있다.[21]

또한 데브린(Devlin)에 의하면, FOB매매계약은 만족스러운 정의가 가능하지 않을 만큼 융통성 있는 수단(flexible instrument)으로 기본적으로 매도인은 계약물품을 매수인에게 전달하기 위하여 본선인도 적재하는 데 따른 비용부담의 의무가 있다고 하고 있다. 여기서 본선인도라는 표현은 단순히 가격구성요소의 조건이 아닌 일반적으로 매매당사자의 의무를 표현하는 데 더 중요한 기능을 수행하

---

19) Wackerbarth v. Masson [1812] 3 Camp 270; Caven v. Ryder [1816] 6 Taunt, 433; Ruck v. Hatfield [1822] 5 B&Ald. 632; David M. Sassoon and H. Orren Merren, *CIF and FOB Contracts*, 3rd ed., Stevens & Sons, 1984, p. 325.

20) 인코텀즈에서는 "FOB(Free on Board)…(named port of shipment)," 미국에서는 "FOB vessel…(named port of shipment)," 프랑스에서는 "FOB(Franco Bord)…(port démbarquement convenu)," 독일에서는 "FOB(Frei an Bord)…(benannter Verschiffungschafen)"라고 표시하고 있다.

21) Clive M. Schmitthoff, *Export Trade*, Ninth ed., Stevens & Sons, 1990, pp. 16~17.

는 것으로 보고 있다.[22)]

해양국가인 영국은 FOB매매계약도 국내거래에서 비롯되어 해상매매계약 조건으로 형성되었다. 매도인의 의무는 매수인이 지정한 선박에 적재하면 되는 것으로 보았다. 그러나 영국류의 엄격한 의미에서의 FOB매매계약도 점차 이탈하여 매수인의 의무를 매도인의 의무에 추가하는 이른바 추가의무부 FOB계약(FOB contract with additional duties)으로 변형되게 되고, 광활한 내륙영토를 가진 미국은 주 또는 접경국간 상거래가 이뤄지는 특수성 때문에 전통적인 영국의 관습을 확장시켜 해상 · 내수로 · 육상 · 항공운송 등 어느 것에도 병용할 수 있도록 해석하여야 할 필요가 생겼다. 따라서 선적을 조건으로 하는 "free on board"라는 용어도 영국에서는 고유한 의미 그대로 "free on board vessel"로 이해되고 있음에 반하여, 미국에서는 "free on board vessel, car or other vehicle"와 같은 광의의 의미로 해석을 하고 있다.[23)]

이처럼 FOB매매계약은 영국, 미국 그리고 인코텀즈에 의한 관습 등 후술하는 것과 같이 매우 다양한 형태를 취하고 있다. 따라서 이에 대한 연구는 물론 매매계약에서 적용되는 FOB매매관습의 형태를 명시적으로 합의하여 두는 것이 중요하다.

4.2 FOB매매계약의 특성

(1) 선적지매매

FOB매매계약의 본질적 성격은 매도인은 자신의 비용으로 매수인에 의하여 지정 또는 위임된 선박의 본선상에 계약물품을 적재하여야 하는 선적지매매이다.[24)] 따라서 FOB매매계약에서는 매도인이 본선에 계약물품을 적재하는 데 따른 비용과 책임을 부담하여야 한다. 그런데 여기서 선적(shipment)이라는 말은 원칙적으로 "본선에 현실적으로 적재한다"(to be actually taken on board the vessel)는 것을 뜻한다. 이것은 영국은 고유 의미의 해석이지만 대륙국인 미국의 관습으로는 계약물품의 선적조건에 따라 육상운송수단에의 적재까지도 확대 해석하고 있

22) A. G. Gust, *Benjamin's Sale of Goods*, 3rd ed., Sweet & Maxwell, 1987, p. 1157.
23) 上坂酉三,「貿易慣習」, 東洋經濟新報社, 1972, 112面.
24) A. G. Gust, *op. cit.*, p. 1158.

다. 또한 보험이나 결제상의 관습도 일정하지는 않다.

매매계약에서 선적지매매이냐 양륙지매매이냐의 구분은 물품의 인도제공 되는 장소에서 소유권 및 위험이 이전되는가, 그리고 이 장소에서 물품이동의 개시장소인가 종료장소인가에 따른 구분으로 보아야 한다.[25] 따라서 FOB매매계약에서 "FOB Busan"이라고 표시되었다면 "Busan"이 계약물품에 대한 매매당사자의 비용과 위험의 분기점이 되는 선적지 또는 선적항이며, 소유권이 이전되는 장소라고 할 수 있다. 따라서 FOB매매계약은 선적지에서 매매가 이행되는 선적지 또는 수출지 매매라고 할 수 있다.

(2) 본선인도

FOB매매계약에서는 선적지의 본선상에서 인도가 이루어지는 데 구체적인 인도장소는 인코텀즈에 의하면 매수인이 지정한 본선상으로 규정하고 있다.

그러나 이에 대하여 浜谷源藏은 다음과 같이 주장하고 있다.[26]

> "FOB와 CIF조건에 있어서 물품의 위험은 이것이 적재를 위해서 본선의 난간을 통과할 때 매수인에게 이전된다고 하는 것은 인코텀즈의 규정을 그대로 채용한 것으로 영국의 학자들도 같은 주장을 하고 있으며 또 그러한 판례도 있다. 그러나 물품이 아직 공중에 있는 시점을 위험의 분기점으로 한 것은 비현실적인 것으로 실제로도 해결방안이 되지 못하므로 찬성할 수 없다. 이것은 일반적으로 선창내 또는 갑판상에 놓였을 때(placed the goods in hold or deck)로 해야 한다."

한편 새쑨(Sassoon)의 견해는 다음과 같다.[27]

> "어학적 견지에서는 'delivery over rail'과 'delivery on board' 사이에는 차이가 있지만 상업상으로 이 두 표현은 동일한 것을 의미한다."

Pyrene v. Scindia Navigation 사건[28]에서 데브린(Devlin) 판사도 다음과 같이 판시하였다.

> "매도인은 'on'이라는 용어를 'free on board'에 있어서와 동일한 의미를 가

25) 朝岡良平, 前揭書, 150面.
26) 浜谷源藏,「貿易賣買の研究」, 同文館, 1964, pp. 9~10.
27) D. M. Sassoon, *F.O.B. Contracts,* London, 1960, pp. 53~54.
28) [1954] 2 Q.B. 402.

지는 것으로 보고 있기 때문에 물품이 본선의 난간을 통과한 즉시 본선에 적재되는 것으로 본다."

이와 같은 견해는 국제상업회의소(ICC)가 1955년에 발행한 "무역거래조건"(Trade Terms)에서도 지지된 사실이다. ICC가 유럽 및 기타 지역의 18개국에 "매도인은 물품이 본선의 난간을 유효하게 통과하는 시점까지 모든 위험을 부담하지 않으면 안 되는가?"라는 질문내용에서 18개국 모두 그렇다고 동의를 표시한 적이 있었다.[29)]

물품이 지면을 떠났지만 본선상에 적재 전에 손상을 입었다면 그 손실은 보통 매도인이 부담한다. 예를 들어 기중기 조작자가 물품을 들어 올리다가 운전부주의로 이를 떨어뜨렸다든가 물 속에 빠뜨렸다면 그 손실은 매도인 부담이 된다. 그러나 물품이 난간을 통과했지만 안전하게 적부되기 이전에는 매수인이 그 손실을 부담하여야 한다.

한편 1990년 개정미국무역정의의 "FOB Vessel"조건에서는 "ship's rail"이라는 용어 대신에 "물품이 본선에 적재될 때까지"(until goods have been placed on board the vessel)라는 명백한 표현을 사용하고 있어 위와 같은 논란을 배제시키고 있다.

(3) 현실적 인도

FOB매매계약은 현실적 인도(actual delivery)로 매도인은 매수인이 지정하는 운송인에게 현실적으로 물품의 점유를 이전시켜 계약을 이행한다. FOB매매계약에서 매도인은 보통 운송인에게 물품을 인도하게 되는데 이 경우 운송인은 매도인과의 관계에서 보면 매수인의 이행보조자이다. 그러므로 매수인이 선박의 지정을 게을리하거나 또는 그 이행보조자인 운송인의 귀책사유에 의하여 선적이 불가능한 경우에는 매수인이 이에 대하여 책임을 지지 않으면 안 된다. FOB매매계약에서는 선적과 동시에 인도가 완료되기 때문에 이에 대하여 매수인은 대금을 지급하여야 한다. 즉 당사자간에 특약이 없는 한 물품의 인도와 대금의 지급은 동시이행조건이다. 따라서 매수인의 물품검사권 또는 물품인수거절권과 관계없이 매수인은 물품을 인수할 때 대금지급 의무가 발생한다. 이와 같은 견해는 미국의 통

29) D. M. Sassoon, *op. cit.*, p. 53. Trade Terms, pp. 56～57; 그러나 Incoterms® 2010부터는 본선의 난간통과라는 것은 삭제되고 본선상의 적재로 통일하고 있다.

일상법전에서도 같은 취지를 표명하고 있다.[30)]

이와 같이 FOB매매계약은 서류인도에 의한 상징적 인도조건인 CIF매매계약과는 달리 현실적 인도를 본질로 하고 있지만, 대부분의 경우 대금지급에 관한 특약조건으로 매도인이 선화증권을 취득하여 화환어음을 취결하는 방식, 예컨대 화환신용장방식을 쓰고 있어 이에 대한 혼돈이 있을 수 있다.

왜냐하면 이럴 경우에 외관상으로 서류에 의한 상징적 인도방식을 쓰는 CIF매매계약과 거의 차이가 없고, 다만 FOB매매계약에서는 운임후지급의 선화증권(freight collect B/L)이 발행되고 해상보험증권이 첨부되지 않는다는 점만 다를 뿐이다.

또한 FOB매매계약이나 CIF매매계약 모두 물품의 위험은 본선 적재시 이전되며 소유권의 이전도 매수인이 환어음대금을 지급하거나 또는 인수할 때까지 유보할 수 있다는 점에서도 같다. 그러나 FOB매매계약은 이처럼 지급조건에 관한 특약이 있을 경우에도 현실적 인도조건의 성격은 변하지 않는 것으로 보아야 한다.

유통선화증권 첨부를 조건으로 하는 FOB매매계약은 서류의 첨부로 인하여 현실적 인도가 상징적 인도의 성격으로 변했다고 보는 견해도 있다.[31)] 그러나 FOB매매계약은 어디까지나 현실적 인도로서 선화증권이 적법하게 배서되어 매도인으로부터 매수인에게 송달되었다고 하더라도 현실적 인도가 완료되지 않았으면 소유권은 이전되지 아니한다고 보아야 할 것이다.

(4) 인도조건과 가격조건으로서의 역할

지금까지 FOB매매계약은 학자들이 매매당사자간의 계약에 따른 법리적인 측면에서 인도조건에 중점을 두어 소유권의 이전 및 비용부담, 위험부담의 문제를 주로 다루어 왔다.

그러나 국제상관습에서는 인도라는 용어 외에도 실제로 매매당사자가 관심

---

30) UCC, §2-401(2): Unless otherwise explicitly agreed, title passes to the buyer at the time and place at which the seller completes his performance with reference to the physical delivery of the goods.

31) 中村 弘, "荷爲替決濟とF.O.B. 契約,"「貿易クレームと仲裁」, 5~7月號, 國際商事仲裁協會 1969; 中村 弘, "美國統一商法典における FOB Vessel條件について,"「JCA シ-ナル」, 國際商事仲裁協會 7月號, 1975.

을 갖는 것은 바로 가격조건(price terms)이다. 왜냐하면 이윤추구와 영리에 기초를 두는 상거래에서 볼 때 가격조건은 계약의 다른 구성요소, 즉 품질, 수량, 선적, 결제조건 등과 함께 거래관계의 결정적 요건이 된다. 따라서 매매당사자는 이러한 요건들을 충분히 고려한 후 가격을 견적하여 청약(offer)을 하고 이에 대한 승낙(acceptance)에 의하여 계약을 체결하므로 인도조건을 기초로 한 가격조건은 실제로 FOB매매계약의 근간을 이루고 있다.[32] 그러나 FOB매매계약이 가격조건을 중시한 조건이라고 해도 가격채산의 근거는 인도조건에 있다. 인도조건은 약정된 장소에서 약정된 물품의 점유가 완전하게 이전되는가의 여부를 결정해 주며, 인도의 이행 · 불이행, 소유권의 이전, 매도인과 매수인의 위험부담의 한계 등을 결정해 주는 중요한 역할을 한다. FOB매매계약에서는 인도의 분기점과 가격채산의 분기점이 일치하기 때문에 CIF매매계약과는 달리 인도조건과 가격조건과의 사이에 인과관계가 있다고 보는 것이다.

4.3 FOB매매계약의 유형

(1) 영국의 FOB관습

1) 고유의미의 FOB

FOB매매계약은 18세기말과 19세기초에 가장 적합한 해상무역거래조건(terms of the seaborne trade)이었다. 당시에는 정기선이 운항되지 않았고 운송서류가 운송물품의 상징으로 받아들여지지 않았으며, 현대적인 전신, 우편 등이 개발되지 않아 오늘날의 무역매매관행과 전혀 달랐다. 상인들은 보통 선박을 용선(charter)하여 물품구매를 위하여 도처의 항구를 돌아다녔다. 상인 또는 그 대리인은 직접 승선하여 전항해를 통하여 모험을 감행하였고 적절한 물품을 발견하면 그 곳에서 주문하여 선박에 인도하도록 하여 최종검사를 실시하였다. 이 때 물품이 당초 보았던 견본과 일치하게 되면 대금이나 대가를 지급하였다. FOB매매계약은 이와 같은 환경에서 탄생하게 된 것이다.[33] 당시의 FOB매매계약에서는 매수인이 선상에서 물품인수와 동시에 대금을 지급하는 현물인도, 즉 현실적 인도에 의하였고 매수인은 선박의 소유자이거나 운영자의 입장으로서 현지에서 물품

32) 上坂酉三, 前揭書, 121面: 한주섭 · 이용근, 「무역관습론」, 동성사, 1993, 120~123면.
33) David M. Sassoon and H. Orren Merren, *op. cit.*, p. 325.

을 구매하였다.

1944년 영국의 J. Raymond Willison Co., Ltd. *v.* N. Scratchard Ltd. 사건[34]에서 칼디콧(Caldecote) 판사는 FOB매매계약은 매도인이 물품을 본선에 적재하는 데 따른 비용을 부담하고, 인도를 행하여 본선에 적재할 때 위험은 매수인에게 귀속되는 것이라고 판시하였다.

영국의 판례를 중심으로 발전된 고유의미의 FOB매매계약(Classic FOB Contract)에서는 매도인은 본선지정의 의무가 없고 오직 매수인이 지정한 본선상에 적재만 하면 되었다. 즉 고유의미에서는 매도인은 수출의무가 아닌 인도의무만 부담하는 것이며, 수출자와 송화인(shipper)은 매도인이 아닌 매수인이다. 따라서 고유의미의 FOB매매계약은 국내매매를 전제로 한 것이다. 1951년 영국의 수출협회(The Institute of Export)에서[35] 정한 고유의미의 FOB매매계약에 관한 매매당사자의 의무에서 매도인은 물품이 본선의 난간을 통과할 때까지의 모든 비용을 부담하고 매수인은 필요한 선복을 획득하여 본선명을 매도인에게 통지하여야 하며,[36] 동시에 매수인이 수출허가를 취득하고, 수출통관수속을 행하고 이에 수반하는 수출세, 통관수수료 등의 비용을 부담하여야 한다고 하였다.

이 경우 매도인은 물품이 본선에 현실적 인도가 완료되었음을 증빙하는 본선수취증(Mate's Receipt: M/R)을 제공하면 되고 매수인은 본선수취증에 근거하여 선박회사로부터 선화증권을 취득하게 된다. 따라서 매수인은 송화인(수출자)의 역할을 수행하게 되는 것이다.

2) 국내FOB매매계약과 수출FOB매매계약

영국의 FOB매매계약은 물품의 수출계약과 마찬가지로 국내계약에서도 볼 수 있다. 국내계약에서는 물품은 국내제조업자에 의해서 국내상인에게 판매되는 것이고 수출계약에서는 외국의 매수인에게 즉시 재매각(resale)을 위하여 물품을 주문하게 되는 것이다.[37]

FOB매매계약이라도 수출국의 제조업자와 수출자간에 체결된 FOB매매계약

---

34) [1944] 77 Ll. L. Rep. 373 at p. 374.; David M. Sassoon and H. Orren Merren, *op, cit.* p. 331.

35) The Institute of Export, "Proposed Definition of the Term FOB," 14 Export, 1951, p. 221.

36) 이와 같은 매수인의 선박을 지정, 통지하는 의무는 매도인이 물품인도의무를 이행하기 위한 정지조건(condition precedent)이다.

37) David M. Sassoon and H. Orren Merren, *op. cit.*, pp. 358~359.

과 수출자와 해외의 매도인 사이에 체결되는 FOB매매계약이 있다. 즉 국내의 공급거래(domestic supply transaction)와 수출거래(export transaction)로 나누어진다.

국내거래로서의 FOB매매계약, 즉 국내 FOB매매계약의 경우, 매도인인 제조업자와 매수인인 수출자는 같은 국내에 있고 제조업자가 매수인의 해외전매처를 알고 있어도 물품의 인도장소로서의 본선은 제조업자에게 있어서는 다른 국내시장의 인도장소와 실질적으로 차이는 없다고 할 수 있다. 제조업자는 물품을 단지 본선이라는 국내시장의 한 장소에서 인도할 의무를 지는 것은 틀림없지만 수출을 하기 위하여 수출허가를 취득한다든지 통관수속을 하는 것은 수출자가 해외의 매수인과 체결한 별개의 FOB매매계약, 즉 수출 FOB매매계약이다. 따라서 국내 FOB매매계약은 고유의미의 FOB매매계약의 내용을 그대로 적용할 수가 있고 선적지인도가 아닌 양륙지인도로 볼 수 있다.

이와 같이 수출 FOB매매계약은 고유의미의 FOB매매계약 내용에 수정이 가해진 것으로 볼 수 있다.

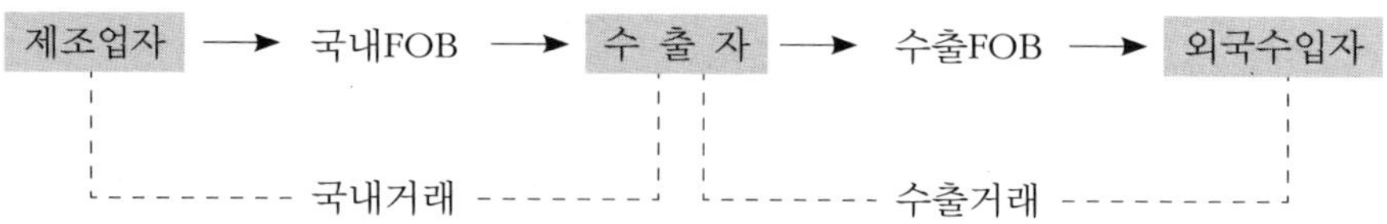

(2) 미국의 FOB관습과 법제

1) 개정미국무역정의의 FOB Vessel

개정미국무역정의의 FOB매매계약서는 지정선적항에서의 본선적재인도(FOB Vessel…named port of shipment)가 인코텀즈상의 FOB조건과 유사하여 대미무역에 사용되는 경우가 있다.[38] 따라서 이 조건 아래서는 매도인은 지정선적항에서 매수인이 직접 수배하였거나 또는 매수인을 위하여 수배된 외항선에 물품을 인도할 때까지 발생하는 일체의 비용을 포함한 가격을 산정한다.

38) 매매계약시에 정형거래조건에 대한 준거규정을 약정하지 아니하여 "FOB Vessel New York"과 같은 조건으로 발행된 신용장을 사용한 경우 분쟁이 발생될 때 미국의 무역업자는 "개정미국무역정의"의 관습이 적용된다고 주장할 수도 있다.

(가) 매도인의 의무

이 가격산정방법 아래서 매도인은 다음과 같은 의무를 부담한다.

첫째, 매도인은 정하여진 일자 또는 기간 이내에 매수인이 직접 또는 매수인을 위하여 지정 · 제공된 본선상에 물품을 현실적으로 적재하는 데 발생하는 일체의 비용을 지급하여야 한다.[39] 무역용어를 특히 가격산정조건으로 채택하고 있으므로 매도인의 첫째 의무에 있어서도 그 가격구성요소 가운데 본선인도에 필요한 비용을 매도인의 부담으로 명시하고 있다.

둘째, 매도인은 무사고 본선수령증 또는 본선적재 선화증권을 제공하여야 한다.[40]

셋째, 매도인은 물품이 정하여진 일자 또는 기간 이내에 본선상에 적재될때까지의 일체의 멸실 · 손상에 대하여 책임을 부담하여야 한다.[41]

종래 FOB 조건이 갑판인도라고도 불리어졌기 때문에, 이 조항의 "placed on board the vessel"을 "본선갑판상에 인도"의 의미로 보는 견해도 있다. 그러나 본선의 상층갑판은 적화장소가 아니며, 이른바 갑판적화물(deck cargo)은 선창 내에 적재하는 것이 불가능하거나 또는 곤란한 사정이 있는 경우에 특약이 있는 때에만 인정된다. 또한 사실의 문제로서도 본선의 양화기가 선외로부터 화물을 집어, 그대로 선창에 반입하는 것이지 일단 갑판상에 두는 것은 아니므로 "placed on board the vessel"은 화물의 "본선에의 반입" 그 자체를 의미한다.

이와 같이 화물이 선외로부터 현실적으로 본선에 반입된 사실에 의하여 본선은 그 화물을 수취하게 되며, 여기에 본선수령증 또는 이와 동종의 서류가 발급됨으로써 본선의 인도가 입증된다.[42]

넷째, 매도인은 매수인이 수출을 위하여 또는 도착지에서 수입하기 위하여 원산국, 선적국 또는 그 양국에서 발급된 서류를 필요로 하는 경우에 매도인은 매수인의 요청과 비용으로 그 서류를 취득하는 데 협조하여야 한다.[43]

39) RAFTD, 1990, (Ⅱ-E)FOB Vessel, Seller's Liability(1); "Seller must pay all charges incurred in placing goods actually on board the vessel designated and provided by, or for, the buyer on the date or within the period fixed."

40) Ibid., (2).

41) Ibid., (3).

42) 上坂酉三, 前揭書, 193面.

43) RAFTD, *op. cit.*, (4).

(나) 매수인의 의무

이 가격산정방법 아래서 매수인은 다음과 같은 의무를 부담한다.

첫째, 매수인은 매도인에게 본선명칭, 출항일, 선적을 위한 정박장소 및 본선에의 인도일자에 대하여 적기에 통지하여야 한다.[44)]

둘째, 매수인이 지정한 본선이 지정된 기간 내에 도착하지 아니하거나 또는 물품을 적재하지 못하는 경우에 매수인은 물품을 매수인의 임의처분에 맡겼을 때부터 그 물품에 관하여 발생한 추가비용 및 일체의 위험을 부담하여야 한다.[45)]

셋째, 매수인은 목적지까지 그 후의 모든 물품운송을 담당하여야 한다. 즉 보험계약을 체결하고 또 보험료를 지급하여야 하며, 해상 및 기타 운송계약을 체결하고 또 운송비를 지급하여야 한다.[46)]

인코텀즈에는 특히 이러한 규정을 두고 있지 않다. 개정미국무역정의가 이 의무를 특히 규정한 것은 선적으로부터 외국도착지까지의 운송과 보험에 관한 의무의 부담자에 관하여 원칙과 특약의 혼동으로 인하여 가끔 분쟁이 야기되는 데 기인한 것으로 생각된다.[47)]

넷째, 매수인은 수출세 또는 수출로 인하여 부과되는 수수료 및 비용이 있으면, 이것을 지급하여야 한다.[48)]

이와 같은 의무는 본선인도에 관한 원칙적으로 당연히 매수인의 부담으로 해석된다. 인코텀즈는 이 점을 규정하지 아니하고, 매도인의 의무 가운데 수출허가와 정부승인은 매도인의 당연한 의무로 보고 있는데, 이것은 이러한 수속은 수출지에 있는 수출자가 이행하는 것이 편리하기 때문이다.

다섯째, 매수인은 물품이 본선상에 적재된 이후에 발생한 일체의 멸실, 손상에 대하여 책임을 부담하여야 한다.[49)]

이는 앞에서 말한 매도인의 셋째 의무에 상응한 것이다. 다만, 매도인의 셋째 의무에서는 "본선에 둘 때까지"(until…placed on board) 물품은 매도인의 위험 아래에 있는 것으로 규정하고 있는 데 반하여, 여기서는 "본선에 적재된 이후부

44) RAFTD, 1990, (Ⅱ-E) FOB Vessel, Buyer's Liability(1); "Buyer must give seller adequate notice of name, sailing date, loading berth of, and delivery time to, the vessel:"

45) RAFTD, *op. cit.*, (2).

46) RAFTD, *op. cit.*, (3).

47) 上坂酉三, 前揭書, 194～195面.

48) RAFTD, *op. cit.*, (4).

49) RAFTD, *op. cit.*, (5).

터”(after…loaded on board) 물품은 매수인의 위험 아래에 있는 것으로 규정하고 있다. 이것은 매도인측은 물품의 인도라는 능동적 입장에 있는 데 반하여, 매수인 측은 물품의 수령이라는 수동적 입장에 있는 데서부터 생기는 자구상의 차이에 지나지 아니한다.

여섯째, 매수인은 원산국, 선적국 또는 그 양국에서 발행되는 무사고 본선수령증 또는 선화증권 이외의 서류를 수출하기 위하여 또는 목적지에서 수입하기 위하여 필요로 하는 경우에는 이 서류를 취득하는 데 발생하는 일체의 요금 및 비용을 지급하여야 한다.[50]

2) 미국 통일상법전상의 FOB조건

미국 통일상법전은 FOB매매계약에 대하여 다음과 같이 규정하고 있다.

첫째, 다른 합의가 없는 한, 지정장소에 있어서의 FOB(“free on board”를 의미한다)조건은 비록 기재된 가격에 관해서만 사용되고 있는 경우라 하더라도 인도조건이다. 그리고 이 조건 아래서는[51]

(a) 조건이 “FOB the place of shipment”인 경우에는 매도인은 그 장소에서 본편(제2-504조)에 규정된 방법에 따라 물품을 선적하고, 또 물품의 점유를 운송인에게 이전할 때까지의 비용과 위험을 부담하여야 한다.

(b) 조건이 “FOB the place of destination”인 경우에는 매도인은 자기의 비용과 위험으로 물품을 그 장소까지 운송하고, 또 그 곳에서 본편(제2-503조)에 규정된 방법에 따라 물품의 인도를 제공하여야 한다.

(c) (a) 또는 (b)에 있어서 조건이 “FOB Vessel, Car or other vehicle”로 되어 있는 경우에는 매도인은 (a) 또는 (b)에 규정되어 있는 의무를 부담하는 이외에, 자기의 비용과 위험으로 물품을 적재하여야 한다. 만약 조건이 “FOB Vessel” 인 경우 매수인은 본선을 지정하여야 하며 또한 매도인은 필요한 경우 선화증권의 형식에 관한 본편의 규정(제2-323조)에 따르지 않으면 안 된다.

둘째, 다른 합의가 없는 한, 통일상법전 제2-319조 제 1 항 (a) 또는 (c) 또는 제 2 항에 해당되는 경우 매수인은 적절한 때에 인도를 위하여 필요한 지시를 하여야 한다. 이러한 지시에는 조건이 FAS 또는 FOB인 경우 본선의 정박위치, 또 필요한 경우에는 본선명 및 출항예정일이 포함된다. 필요한 지시가 없으면, 매도

50) RAFTD, *op. cit.*, (6).
51) UCC §2-319. FOB and FAS Terms.

인은 본편의 규정(제2-311조)에 의한 협력을 얻지 못한 것으로 다룰 수 있다. 또 매도인은 자기의 선택에 따라 인도 또는 선적에 앞서 합리적인 방법으로 물품을 이동시킬 수 있다.[52]

셋째, "FOB Vessel" 또는 FAS조건 아래서는 다른 합의가 없는 한, 매수인은 필요서류의 제공과 상환으로 대금을 지급하여야 한다. 그리고 매도인은 서류 대신에 물품을 제공할 수 없으며, 또 매수인은 서류 대신에 물품의 인도를 요구할 수 없다.[53]

3) 미국 통일상법전상의 FOB매매계약에서의 매매당사자의 의무

미국 통일상법전에서는 당사자간에 다른 합의가 없는 한 FOB는 단순한 가격표시의 기호가 아니라 당사자의 권리와 의무를 정하는 물품인도조건(delivery term)으로 보고 있다. 미국 통일상법전에 있어서의 세 가지 유형의 FOB매매계약에서 매도인과 매수인의 의무를 살펴보면 다음과 같다.

(가) FOB place of shipment

이 계약에 있어서는 매도인은 물품의 점유를 운송인에게 이전할 때까지의 비용과 위험을 부담하여야 한다. "물품의 점유를 운송인에게 이전한다"(…putting them into possession of the carrier)라 함은 반드시 물품을 운송수단에 적재하는 경우만을 의미하지 아니하고, 운송인의 창고, 화물적치장 및 부두 등에 적재를 위하여 인도한 경우도 포함한다. 매도인은 물품을 현실적으로 적재할 의무는 있으나, 그 적재비용과 위험은 매수인이 부담하여야 한다.[54] 또한 매도인은 제2-504조의 규정에 따라 다음과 같은 의무를 부담하여야 한다.[55]

첫째, 물품의 점유를 운송인에게 이전하고, 또 물품의 성질 및 기타의 상황에 비추어 합리적인 운송계약을 체결한다.

둘째, 매수인이 물품의 점유를 취득할 수 있도록 필요한 서류 또는 계약상 · 무역관습상 필요한 서류를 취득하여 매수인에게 제공하여야 한다.

셋째, 매수인에게 신속히 적재의 통지를 하여야 한다.

만약, 매도인이 매수인에게 통지를 하지 아니하거나 또는 적절한 운송계약을 체결하지 아니한 때에는 매수인은 중대한 지연 또는 손실이 발생한 때에 한하여

52) UCC, §2-319(3).

53) UCC, §2-319(4).

54) 新堀 聰, 「貿易取引入門」, 日本經濟新聞社, 1992, 194面.

55) UCC, §2-504.

물품의 인수를 거절할 수 있다.

따라서 매도인은 운송인과 운송계약을 체결하여야 할 의무 및 선화증권 등의 운송증권을 취득하여 매수인에게 제공할 의무를 부담한다.

(나) FOB place of destination

이 계약에서는 매도인은 자기의 비용과 위험부담으로 물품을 지정목적지까지 운송하여 미국 통일상법전 제2-503조에 규정된 방법으로 물품의 인도를 제공하여야 한다.[56] 여기서 인도의 제공이라 함은 매도인이 계약조건에 일치하는 물품을 매수인이 처분할 수 있는 상태에 두고, 또 매수인이 인도를 받는 데 합리적으로 필요한 통지를 하는 것을 말한다. 따라서 매도인은 물품을 목적지까지 운송한 후, 매수인에게 그 뜻을 통지하고, 물품을 언제든지 매수인에게 인도할 수 있는 상태에 두면 된다.

(다) FOB Vessel, car or other vehicle

운송수단의 종류가 부기되어 있는 경우에는 매도인은 자신의 비용과 위험으로 지정된 운송수단에 물품을 적재할 의무를 부담한다. 특히 조건이 "FOB Vessel"인 경우에는 매수인은 본선을 지정할 의무를 부담하며, 또 매도인은 선화증권의 형식에 관하여 미국 통일상법전 제2-323조의 규정에 따르지 않으면 안 된다. 동조[57]에 의하면, "FOB Vessel" 조건의 매도인은 다른 합의가 없는한, "물품이 적재되었다는 뜻이 기재된 유통선화증권"(a negotiable bill of lading stating that the goods have been loaded on board)을 취득하지 않으면 안된다. 이 규정은 미국 통일상법전상의 CIF 또는 C&F조건에서는 매도인에 대하여 다른 합의가 없는 한, 수취선화증권의 취득도 인정하고 있는 데 반하여 "FOB Vessel" 조건은 매도인에게는 반드시 선적선화증권을 취득하도록 하고 있다. 왜냐하면 "FOB Vessel" 조건에 있어서는 본선선적이 절대적인 요건으로 되어 있기 때문이다.[58]

또한 매수인은 매도인에 대하여 물품을 인도하는 데 필요한 지시, 예컨대 본선명, 출항일 및 본선의 정박위치 등에 관한 통지를 하여야 할 의무가 있는 것으로 규정하고 있다. 이것은 매수인이 매도인에게 계약의 이행을 요구할 수 있는 전제조건이다. 만약, 매수인이 이러한 통지를 하지 아니하였기 때문에 매도인이 물

---

56) UCC, §2-503.

57) UCC, §2-323.

58) 新堀 聰, 前揭書, 195面.

품을 인도할 수 없는 경우에는, 제2-311조에 의하여 매도인은 매수인의 불협력을 이유로 ① 자기의 계약이행이 지연되더라도 면책이 되며, ② 인도의 제공을 한 후, 매수인의 물품 수령거절에 의한 계약위반으로 다룰 수 있다.[59)]

"FOB Vessel" 매매계약에 있어서는 매수인은 매도인이 제공하는 필요서류와 상환으로 대금을 지급하지 않으면 안 된다는 것과 서류 대신에 현품의 인도를 청구할 수 없다는 것을 규정하고 있으며, 한편 매도인도 서류 대신에 현품을 제공할 수 없도록 하고 있다. 또한 이 계약에서는 매도인에게 선화증권의 취득 · 제공의무를 부과하는 동시에 매수인은 선화증권과 상환으로 대금을 지급하여야 한다.

이 규정은 FOB매매계약에 있어서는 보통 매도인이 선화증권을 취득 · 제공할 의무를 부담하여, 또한 선화증권에 의하여 대금결제가 이루어지고 있다는 점을 고려한 것이다. 따라서 미국 통일상법전에서는 대금결제면에서 CIF매매계약과 FOB매매계약을 구별할 수 없으므로 동일한 취지의 규정을 두고 있다 할 것이다.[60)]

4.4 FOB매매계약에서의 물품인도

FOB매매계약에서는 계약물품을 약정된 기간 내에 본선에 인도완료하여야 하는 것이 FOB 조건의 본질이다. 여기서 말하는 물품의 인도란 점유의 자의적 이전(voluntary transfer of possession)[61)]을 의미한다. 램버그(Ramberg)는 인도의 분기점에 대하여 본선상이 아닌 난간이 적절하지 못하다는 견해를 다음과 같이 밝히고 있다.[62)]

> "수세기를 통하여 본선의 난간은 매도인과 매수인의 영토 사이의 가상적인 경계(imaginary border)로서 지나칠 정도로 중요한 것으로 인정해 왔다. 그러나 매매당사자간에 기능과 비용 및 위험의 분기점으로서 난간을 사용하는 것은 적절하지 못하다. 이는 영국 법정의 판결에서 흔히 인용되는 바와 같이 가장 열광적인 법률가만이 난간으로부터 추상적인 수직돌출부분을 지나 기중기(derick) 끝에 매달려 불안스럽게 움직이는 책임이라는 광경을 만족스럽

59) UCC, §2-311.

60) 新堀 聰, 「貿易賣買入門」, 同文館, 1971, 196面; 강이수, 전게서, 174면.

61) SGA 1979, §62.

62) Jan Ramberg, *Guide to Incoterms 1990*, ICC publishing S.A., 1991, pp. 70~71.

게 지켜볼 것이다."

인코텀즈에서도 매도인은 합의된 일자 또는 기간 내에, 지정된 선적항에서 항구의 관습적인 방법에 따라 매수인이 지정한 선박의 갑판상에 물품을 인도하여야 한다[63]고 규정하고 있다. 이와 같이 매매당사자는 물품을 갑판상에 인도하기 위하여 고려되어야 하는 실제 기준은 항구의 관례에 따라야 할 것이다. 보통 이와 같은 업무는 화물취급 회사에 의하여 수행되는 것이며, 실제적인 문제는 화물취급 회사의 서비스비용을 누가 부담하느냐를 결정하는 것에 의한다. 물품을 본선상에 인도하여야 하는 매도인의 의무는 FOB에다가, 예컨대 "FOB stowed" 또는 "FOB stowed and trimmed"라는 문구를 추가함으로써 의무가 확장될 수 있다.

4.5 FOB매매계약에서의 본선인도비용부담

간혹 당사자간의 분쟁의 원인이 되기 쉬운 FOB매매계약에 있어서 매도인은 물품을 본선상에 물리적 인도와 이에 따라 수반되는 제비용을 부담할 의무가 있기 때문에 본선인도비용(loading charges)을 부담한다. 그러나 현실적으로 FOB매매계약이라도 매도인이 인도비용을 부담하지 않는 경우가 있다. 그것은 본선이 정기선(liner)으로서 운임 가운데 인도비용이 포함되어 있는 경우이다. 이러한 경우에는 운임을 부담하는 것은 매수인이기 때문에 결국 원래 매도인이 부담해야 할 인도비용을 매수인이 부담하게 된다. 이 경우는 FOB매매계약의 내용, 즉 인도비용의 부담의무가 상관습에 따라 매도인으로부터 매수인에게 이전된 것이다. 따라서 FOB매매계약에서는 매수인은 인도비용을 포함한 운임을 지급한 후에 인도비용은 매도인부담원칙이라는 이유에서 그것을 매도인에게 청구할 수 있다.

보통 무역실무상 부정기선(tramp)이라도 정기선과 같이 운임에 인도비용을 포함하는 경우가 있기 때문에, 후일의 분쟁을 피하는 의미에서 계약을 체결할 때에는 가격에 본선인도비용의 포함여부를 명시하여 매수인으로 하여금 이것에 맞는 운임을 선박회사와 약정할 필요가 있다.

해상운임부담조건을 "berth terms" 또는 "liner terms"로 하였을 경우에는 인도비용을 운임에 포함하므로 매도인은 FOB계약이라도 본선인도비용을 부담하지

---

63) Incoterms® 2010, FOB, A4.

않지만, 무역거래에 익숙하지 못한 사람은 "FOB not including loading charges" 가격으로 청약해야 할 것을 "FAS로 얼마"에 청약하는 경우가 있는 데 이것은 정확한 표현이라고 말할 수 없다. 물론 두 조건이 본선인도비용을 매도인이 부담하지 않는다는 의미에서 환언하면, 가격구성상으로 보면 같지만 전자는 어디까지나 FOB계약으로 단지 인도비용을 매수인에게 부담시키는 데 지나지 않고, 위험부담, 기타의 점에서 후자의 FAS계약과는 당연히 구별하여야 한다.

FOB매매계약에서 위험은 선적할 때에 이전하며, 위험의 이전은 본선인도비용을 매도인과 매수인 중 어느 쪽이 부담하는가라는 문제와는 전혀 관계없다. 따라서 매수인이 본선인도비용을 부담하기 때문에 FAS로 변하는 것은 아니다.[64]

4.6 FOB매매계약에서의 위험이전

FOB매매계약에서 위험의 이전(transfer of risks)은 매도인이 지정 선적항에서 매수인이 지명한 본선상에 물품을 인도하거나 또는 이미 인도된 물품을 조달할 때가 분기점이 된다. 이는 "Incoterms 2000"까지는 본선의 난간(ship's rail)을 분기점으로 하던 관습이 "Incoterms® 2010"부터 변경된 것이다.[65]

한편 영국의 물품매매법(SGA)에 있어서는 위험이전의 기본원칙으로 당사자간에 다른 약정이 없는 한, 물품의 소유권이 매수인에게 이전하기까지는 그 물품에 관한 위험은 매도인이 부담한다고 하여 위험은 소유권에 수반됨을 규정하고 있다.[66] 따라서 "위험은 소유권에 따른다"(risk follows property)[67]라고 할 수 있다. 그러나 소유권이 매수인에게 이전한 때에는 인도의 유무에 불문하고 물품의 위험은 매수인에게 있다. 다만 당사자 중의 일방이 물품의 인도를 지체하게 한 때에는 그러한 과실이 없었다면 발생하지 않았을지도 모르는 손실은 과실있는 당사자가 부담한다. 그리고 당사자간에 특약이 없고 물품이 원격지로 송부되는 경우 운송중의 품질손상 위험은 매수인이 부담한다. 다만 본 조항은 당사자 쌍방이 상대방의 수탁인으로서 부담하여야 할 의무 또는 책임에 영향을 미치지 아니한다고 규

64) 新堀 聰, 前揭書, 160～162面.
65) Incoterms® 2010, FOB, A4.
66) Incoterms® 2010에는 소유권이전에 관한 규정은 없다. 실무적으로는 화환어음에 의한 거래는 선화증권의 발행방식에 따른 배서에 의한 교부로 소유권을 이전시키고 있다.
67) A. G. Guest, *op. cit.*, p. 245.

정하고 있다.[68] 그러므로 물품매매법은 위험부담에 관하여 소유자주의를 채택하고 있다고 추정된다.

또한 미국 통일상법전(UCC)의 경우에는 위험의 이전에 관하여 다음과 같이 규정하고 있다.[69] 계약위반이 없을 경우 물품의 이동을 수반하는 경우는 목적지에서 물품의 인도를 요구하지 않는 한 선적 전이라도 운송인에게 인도한 때에 매수인에게 이전하며, 목적지에 인도할 의무가 있으면 물품이 그 곳에서 매수인에게 제공된 때에 이전한다. 물적 이동을 수반하지 않고 인도를 위하여 물품을 수탁인이 소지한 경우에는 유통가능권리증권(negotiable document of title)을 인도한 때에 매수인에게 이전하며 수탁인이 점유를 매수인에게 통지한 때에 매수인에게 이전한다. 그 이외의 경우에는 매도인이 상인인 때는 매수인이 물품을 수령한 때에 이전하며, 상인이 아닌 경우에는 매수인에게 인도한 때에 이전한다. 별도의 합의가 있으면 그 합의에 따르도록 하고 있다.

한편 계약위반이 있는 경우나 물품의 인도가 계약에 일치하지 않는 경우에는 승낙이 있을 때까지는 이전하지 않는다. 또한 매수인이 합법적으로 타당하게 승낙을 거절할 경우에는 위험은 이전하지 않는다. 통일상법전은 소유자주의를 포기하고 계약이행방식에 따라 위험의 이전을 개별적으로 정하고 있다.

5. 상관습 및 법제에 기초한 CIF매매계약의 해석론

5.1 CIF매매계약의 의의

CIF매매계약은 물품매매계약을 체결하는 데 있어 매우 잘 알려져 FOB매매계약과 더불어 해상운송에 의한 매매의 중심을 차지하고 있다.

CIF라는 용어는 선적원가(cost), 보험료(insurance), 운임(freight)의 머리글자로 구성된 운임 · 보험료포함(cost, insurance and freight)조건을 말한다. 영국에 있어서 CIF매매계약에 관한 최초의 판례는 1862년의 것을 볼 수 있는데,[70] 여기서

68) SGA, 1979, §20.

69) UCC, §2-509, 510.

70) Treglles v. Sewell [1862], 7H.&N.574.(delivered at Harburgh, cost, freight and insurance)

는 "cost, freight and insurance"라는 문언이 사용되었으며 이러한 어순은 오랫동안 사용되었다. 그 후 이 문언이 약어로 표시됨에 따라 CF&I 또는 CFI로 써 왔으나 약어화될 때에는 모음을 그 중간에 넣는 편이 발음하기가 쉽다는 단순한 이유만으로 현재와 같이 CIF라는 순서로 바뀌어진 것이다. 영국에서는 CIF에 상당하는 용어로서 CAF(cost, assurance, freight)가 사용된 경우도 있다. 또는 유럽대륙의 여러 나라에서는 영어의 CIF와 같이 프랑스어로 CAF(coût, assurance, fret)가 사용되고 있다.[71)]

CIF매매계약은 상인 간의 상관습의 소산으로 15세기에 있어서 상인들은 선화증권을 사용하기 시작하였으나, 이 증권이 18세기에 이르러서야 권리증권(documents of title)으로서의 구실을 하였으며, 19세기에는 이를 기초로 하여 매도인과 매수인과의 책임을 특색 있게 구별한 CIF거래를 창출하게 되었다. 다시 20세기에 들어와서 본래 물품의 인도(delivery of the goods)에 따른 CIF는 널리 일반적으로 인정되는 지급조항(payment clause), 즉 신용장에 의한 지급수단에 의해서 보완되게 되었다.[72)]

Biddel Brothers *v.* E. Clement Horst Company 사건[73)]에서 섬너경(Lord Sumner)은 "CIF매매계약에서 발생하는 매도인의 책임에 관하여, 첫째, 선적항에서 계약에서 표시한 물품을 선적하여야 하고, 둘째, 계약에서 정해진 목적항에서 인도될 수 있도록 운송계약을 체결하여야 하며, 셋째, 매수인의 수혜에 제공하기 위하여 보험을 부보하여야 하고, 넷째, 계약과 일치되는 선화증권, 상업송장 및 보험증권을 제공함으로써 매수인이 대금지급을 할 수 있도록 하여야 한다"고 판시하였다.

따라서 CIF매매계약을 이행하기 위하여 매도인은 매매당사자간의 CIF거래조건에 따른 매매계약을 주계약으로 하고 선박회사와 해상운송계약, 보험회사와 해상보험계약 등 두 개의 종속계약을 별도로 체결하여야 한다.

---

71) 朝岡良平, 前揭書, 264～265面; Incoterms® 2010와 미국에서는 "CIF(Cost, Insurance and Freight)…(named port of destination)", 프랑스에서는 "CAF(Coût, Assurance, Fret)…(port de destination convenu)", 독일에서는 "CIF(Kosten, Versicherung, Fracht)…(benannter Bestimmungshafen)"라고 표시하고 있다.

72) Clive M. Schmitthoff, *Legal Aspects of Export Sales*, 임홍근(역), 삼영사, 1976, 63～64면.

73) [1911] 1K.B. 220; David M. Sassoon and H. Orren Merren, *CIF and FOB Contracts*, 3rd, ed., Stevens & Sons, 1984, p. 8.

5.2 CIF매매계약의 특성

(1) 서류에 의한 상징적 인도

CIF매매계약은 물품매매와 서류매매에 대한 두 가지 견해가 논의된다. CIF매매계약에서 매매당사자의 의도는 물품매매를 위한 것이지 서류매매 자체를 하기 위한 것은 아니다. 곧 무역매매의 대상은 물품임에는 틀림이 없다. 영국의 스크루톤(Scrutton) 판사도 이에 대하여 "CIF매매계약은 물품의 매매인가 또는 서류의 매매인가는 단순한 용어상의 문제로 논의할 필요가 없다. CIF매매의 특징 중의 하나는 특약이 없는 경우에 매도인은 서류제시로 대금을 청구할 수 있다"[74]고 판시하였다.

CIF매매계약의 본질은 "서류의 인도를 조건부로 이행되는 물품매매"[75]라고 하는 것이 영국의 통설이다. CIF매매계약에서 매수인의 목적은 물품에 대한 처분권을 획득하여 이를 재판매하거나 은행으로부터 금융상의 편의를 받을 수 있을 뿐만이 아니라 물품의 운송중 멸실 또는 손상이 있을 경우에는 운송인 또는 보험자로부터 손해배상을 받는 데 있다.

한편 매도인은 매수인의 편의를 위하여 운송서류와 보험서류를 제공함으로써 그 자신의 상업상의 이익을 확보하게 되는데 일반적으로 대금지급에 의하여 처분권이 부여되지만 운송중의 멸실 또는 손상에 대한 책임을 부담하지 않는다.

따라서 CIF매매계약 당사자의 상업상의 목적은 매수인이 물품에 관련된 서류와 상환으로 약정된 방법에 의하여 물품대금을 지급함으로써 달성되는 것이며 서류의 인도는 상업상의 관점에서 물품의 인도와 동일시되고 있는 것이다. 이와 같이 CIF매매계약은 선적지매매조건이며 물품의 인도가 약정품을 대신하는 권리증권에 의하여 이루어지는 까닭에 상징적 인도(symbolic delivery)가 된다. 즉 물품을 상징(symbol)하는 서류의 인도에 의하여 매매가 이루어진다는 것이다.

그러므로 CIF매매계약에서 매도인은 서류를 제공할 의무가 있으며 매도인도 이를 근거로 환어음을 매입의뢰할 수 있게 되는 것이다.

---

74) Malmberg v. H. J. Evans & Co.[1924] 30 Com. Cas. 107, p. 112.; David M. Sassoon and H. Orren Merren, *op. cit.*, p. 28.

75) 上坂酉三, 前揭書, 246面.

(2) 선적지인도

CIF매매계약은 서류매매가 아닌 물품매매, 서류인도에 의하여 이행되는 물품매매계약 또는 물품을 나타내는 서류매매계약이라고 볼 때[76] 선적지매매로 보아야 할지 아니면 양륙지매매로 보아야 할지 의문시된다. CIF매매를 물품의 매매로 볼 때에는 선적지인도로 볼 수 있으나, 서류의 매매로 볼 때에는 매매계약에서 계약의 이행장소를 지정하지 않는 한, 서류를 제공하는 장소, 즉 매수인의 영업소나 거주지가 계약의 이행지가 되어 오히려 양륙지인도가 된다. 매도인의 선적의무가 제 1 차적 의무라고 볼 때 계약물품을 선적함으로써 특정되며, 물품에 대한 위험도 매수인에게 이전된다. 따라서 CIF매매계약에서 이행지는 선적지이므로 이 계약은 선적지인도로 보는 것이 타당하다.[77]

실무상 "CIF New York Incoterms® 2010"이라고 계약조건을 표시하였을 경우에 New York항이 매매계약의 이행지로 봐서 양륙지인도로 오해하기 쉽다. 이는 오직 매도인이 선적원가에 보험료와 운임을 목적지인 New York항까지 부담하는 가격구성, 즉 비용부담의 연장선이 되는 것으로 이해하여야 한다.

(3) 복합가격으로의 구성

매도인은 물품의 가격으로 기본원가에 목적항까지 해상운임, 보험료와 같은 비용을 포함해서 수출가격을 산출한다. 따라서 CIF매매가격은 곧 선적항까지의 선적원가(Cost)[78]에 목적항까지의 해상보험료(Insurance) 및 해상운임(Freight)으로 구성된 복합가격(integrated price)[79]이다. 따라서 "CIF＝C+I+F＝FOB(선적항)원가+I+F" 같은 등식이 성립된다고 할 수 있다.[80]

CIF매매계약은 "CIF New York"과 같이 목적항인 뉴욕항까지 매도인이 위의

---

76) A. G. Guest, *op. cit.*, p. 1025.

77) 上坂酉三, 前揭書, 247面; 강이수, 전게서, 238면.

78) 선적원가(cost)의 구성은 기본원가인 물품의 제조 또는 구매원가에 매도인의 간접원가와 예상이익을 가산하고 수출지에서 발생되는 포장비, 검사비, 내륙운송비, 통관비, 하역 및 선적비용이 포함되는데 일반적으로 "고유의미의 FOB(선적항)"가격과 유사하다.

79) 복합가격조건의 예는 CFR, CPT, CIP나 CIF가격을 변형시켜 수수료(commission)가 포함된 CIF&C, 환비용(cost of exchange)이 포함된 CIF&E, 이자(interest)가 포함된 CIF&I 등이 있다.

80) 따라서 FOB선적원가+F＝CFR가격, CFR+I＝CIF가격 관계가 성립된다.

요소비용을 부담하지만 특히 목적항에서 양화비(unloading charge)부담은 정기선(liner)운송에서는 운임에 포함되는 것이 일반적이나 그 밖의 경우에는 수입자가 부담하여야 하는 경우도 있고 적재 및 양화비 또는 항만사용료(port dues) 등은 항구의 관습에 따라 그 부담자가 일정하지 않을 수도 있다.

복합가격으로 구성된 CIF매매계약은 매수인의 입장에서는 수입항까지 도착되는 가격으로 채산되기 때문에 운송비나 보험료 등을 별도로 계산하지 않고 매도인으로부터 수입항까지의 가격을 여러 청약자(offeror)로부터 제시받아 수입원가를 비교하여 볼 수 있는 장점이 있으나, 매도인은 해상운임 및 적화보험료 등의 요소비용을 정확하게 산출하여 자신의 수출가격에 반영하여야 하므로 복합가격 분석상에 다소 번거로울 수 있다.

(4) 해상 및 내수로 운송에 의한 매매

CIF매매계약은 해상물품운송(carriage of goods by sea)을 의도한 계약이다.[81] 따라서 매도인은 계약에 약정된 기간 내에 약정된 목적항으로 향하는 본선에 인도하여야 한다. 따라서 앞서 살펴본 바와 같이 물품매매의 입장에서 볼 때는 선적지매매계약으로 선적항에서 해상운송을 전제로 한 매매계약이다.

그러나 일본의 小町谷操三은 FOB매매계약에서의 매매목적물인도는 매수인이 제공한 선박에 매도인이 목적물을 인도할 의무를 부담하는 것 뿐이며 물품을 인수한 매수인이 해상운송하기 전에 그것을 재판매할 수도 있는 것이기 때문에 해상매매는 아니라는 주장을 하고 있다. 같은 맥락에서 FOB매매계약은 물론 CIF매매계약에서도 이와 같은 주장을 할 수 있다. 그러나 이것은 어디까지나 법학적 입장에서 해석한 것이고 상학적 견지에서는 일본의 上坂酉三의 견해와 같이 FOB매매계약은 물론 CIF매매계약도 해상매매에 속한다. 上坂酉三은 해상매매는 처음 목적항에의 도착을 정지조건으로 한 착선인도(Ex ship)[82]형의 양륙지매매로부터 시작되었으나, 그 후에 매도인의 과중한 부담을 매수인에게 전가하는 것은 채산상 불리하므로 매수인이 선박을 선적지에 회항시켜 물품을 구입하는 FOB형의 선적지매매가 생기고, CIF와 FOB의 두 가지 종류의 매매가 비용과 위험을 매수인측에 부담시키는 것이 부담의 형평이라고 하는 매매결정상의 기조가 되어 매수

81) Kennedy, *CIF Contracts*, 3rd ed., by Dennis Thompson, 1959, p. 1; 中村 弘, 前掲書, 31面.
82) Incoterms 1990부터는 DES(Delivered Ex Ship)로 변경하였다.

인이 선적 이후의 전운송기간에 대한 위험을 부담하는 대신 매도인은 그 비용을 부담하여 운송과 보험계약을 체결하는 의무를 부담하게 된 것이라고 하고 있다. 따라서 FOB나 CIF매매계약도 상이한 국가간에 행하는 해상무역의 물품매매라면 해상매매의 범주에 속한다고 볼 수 있다.[83)]

이러한 취지는 Incoterms® 2010의 FOB 및 CIF거래규칙의 안내요지에서도 해상 및 내수로운송에만 사용될 수 있는 것으로 볼 때 FOB매매계약은 물론 CIF매매계약도 해상 및 내수로 물품운송을 위한 계약이라고 할 수 있다.[84)]

5.3 CIF매매계약에서의 소유권이전

(1) 소유권이전에 관한 일반원칙

소유권(property; ownership)이란 물품에 대한 완전지배권을 의미하며 재산권과 동의어로 사용된다. 무역계약에서 일반적으로 사용되고 있는 CIF나 FOB는 인코텀즈규칙에 준거하고 있다. 그러나 이와 같은 인코텀즈상에는 소유권이전에 관한 규정이 없다. 따라서 CIF매매계약에서는 영국의 물품매매법(Sale of Goods Act: SGA, 1893, 개정 1979)상의 소유권이전에 관한 법제와 국제법협회(ILA)가 제정한 "CIF계약에 관한 와르소 · 옥스포드 규칙"(Warsaw-Oxford Rules for CIF Contract, 1932)에 규정한 소유권이전에 관한 기준 및 계약당시의 관행과 법제에 기초하여 소유권이전 문제를 고려하고 있다.[85)] 또한 언제 어떠한 방법으로 소유권이 이전하는가의 문제를 고려할 때는 선화증권의 발행 및 배서(교부)방식에 따라 결정되고 있는 것이 무역실무계의 관행이다.

(2) 선화증권의 발행 및 배서방식에 의한 소유권의 이전시기

"CIF계약에 관한 와르소 · 옥스포드 규칙"에서 물품에 대한 소유권의 이전시기는 법적으로 부여받은 유치권(right of lien), 운송정지권(stoppage in transit)의 경우를 제외하고는 매도인이 제반서류를 매수인에게 인도한 시점이다라고 규정

83) 中村 弘, 前揭書, 32面.

84) Incoterms® 2010에서 해상 및 내수로에 의해서만 사용가능한 거래규칙은 FAS, FOB, CFR, CIF이다.

85) 소유권의 이전에 관해서는 제 8 장 2를 참조바람.

하고 있다.[86] 이와 같이 CIF 매매계약에서 물품의 소유권은 매수인에게 운송증권 인도를 정지조건(condition precedent)으로 하여 물품이 선적된 시점으로 소급하여 매도인으로부터 매수인에게 이전된다.

CIF매매계약에 있어서는 언제 소유권이 이전하는가의 문제를 고찰할 때에는 실무적으로 선화증권의 발행이 계약이행상 통상적인 계기가 된다는 점에 유의할 필요가 있다. 즉 선화증권의 발행형식이 ① 매도인지시식(to the order of seller), ② 은행지시식(to the order of bank), ③ 매수인지시식(to the order of buyer), ④ 매수인기명식(to the buyer)인가에 따라 소유권의 이전행태가 달라질 수 있는 것이다.[87]

1) 매도인지시식 선화증권인 경우

매도인이 선화증권을 매도인지시식으로 하는 이유는 매수인이 계약대로 대금을 지급하지 아니할 경우에 선화증권에 의해 물품을 되찾기 위한, 요컨대 매수인이 대금을 지급할 때까지 물품상의 담보권을 확보하기 위한 것이다. 그러나 이와 같이 매도인이 선화증권을 자신의 지시식으로 함으로써 매도인은 대금지급이 있을 때까지 전소유권을 유보하는 것으로 단정하는 것은 무리가 있다. 왜냐하면 이때 매도인이 유보하는 것은 단지 매수인이 대금을 지급하지 않는 경우에 한하여 물품을 처분할 권리의 유보에 지나지 않는다고 보아야 할 것이다. 하지만 매도인지시식의 선화증권 발행은 매도인에게 물품처분권을 부여해 줌과 동시에 소유권유보에 대한 권리도 부여해 주는 것은 사실이다.

이같은 사실은 Arnold Karberg & Co. *v.* Blythe, Green, Jourdain & Co. 사건[88]에서 분명해졌는데, 여기서 매도인지시식의 선화증권인도의 효과는 계약상 물품을 유보할 수 있으며, 계약상의 조건이 해제되었을 경우, 즉 물품대금이 지급된 경우에는 조건이 성취된 것이므로 이 때 전소유권이 이전된다고 해석하고 있다.

또한 이러한 해석에 대하여 스크루톤(Scrutton)은 다음과 같이 판시함으로써 이를 구체화하였다.[89]

---

86) Warsaw Oxford Rules for CIF Contract, 1932, Rule 6.

87) 한주섭 · 이용근, 전게서, 165~169면.

88) [1915] 2. K.B. 379.

89) 이것은 Mirabita v. Imperal Ottoman Bank [1878] 3 Ex. D. 164의 판결문에 대한 요약이다.

"매도인지시식의 선화증권 발행은 소유권을 선적시에 이전시키지 않는다. 즉 매도인이 권리증권인 선화증권의 교환으로 매수인으로부터 물품대금을 수취할 때까지는 소유권이 이전되지 않는다."

결국 매도인이 자신의 지시식으로 선화증권을 취득했다는 것은 매도인의 담보권 유보의사를 명확히 표시했다고 해석되므로 이때의 소유권 이전시기는 대금지급시점이 된다.[90)]

2) 은행지시식 선화증권인 경우

대금추심을 의뢰하는 은행의 지시식으로 발행된 선화증권을 취득하는 경우, 매도인은 선적할 때에 담보권을 유보한다고 하는 자신의 의사가 표명된 것으로 해석된다. 따라서 소유권이전시점은 엄밀히 말해 선적시라고 볼 수 없으며, 대금지급시에 매도인의 담보권이 소멸하므로 이때 완전한 소유권이 이전된다고 본다.

이와 같이 매도인과 매수인 사이에 은행이 개입되어 대금결제가 이루어지는 경우는 신용장거래와 추심결제방식인 D/P와 D/A조건이 있다. 신용장거래방식의 경우는 보통 매입은행(negotiating bank)과 발행은행(issuing bank)이 개입되며 D/P와 D/A방식일 경우에는 추심의뢰은행(remitting bank)과 추심은행(collecting bank)이 개입된다. 은행이 개입되는 경우는 매도인지시식 또는 은행지시식이든지 다음과 같이 소유권이 이전된다.[91)]

첫째, 선적지의 매입은행이 매도인의 환어음을 매입했을 경우이다. 이 경우 수익이익은 선적과 동시에 매도인으로부터 매수인에게 이전되지만 매도인은 자신 앞으로의 지시식 선화증권으로 담보이익을 유보한다. 선적지의 매입은행이 환어음을 매입할 때 매도인에게 선화증권의 수화인(consignee)을 매입은행지시(to the order of negotiating bank)로 하든지 또는 단순지시시식에 따라 백지배서(blank endorsement)를 하도록 요구하기 때문에 담보이익은 매입과 동시에 매입은행에 이전된다. 그 후 매입은행은 매입한 환어음과 서류를 추심지의 발행은행에 송부하여 발행은행이 지급하면 담보이익은 선적지의 매입은행에서 발행은행으로 이

---

90) 이 경우 대금의 지급이란 현금의 지급만을 의미하는 것이 아니라, 결제가 기한부어음으로 이루어진 경우에는 어음의 인수도 해당된다. 선화증권이 단순지시식(to order)인 경우에도 보통은 매도인지시식에 준해서 처리하고 있다.

91) 대부분의 신용장거래에서는 발행은행지시식으로 선화증권이 발행된다. 은행지시식으로 발행되는 이유는 신용장발행은행이 수입대금에 대한 지급확약을 하고 있기 때문에 수입업자가 대금지급을 하지 않을 경우에는 물품에 대한 담보권을 유보하기 위함이다.

전한다. 마지막으로 매수인이 그 발행은행으로부터 환어음과 서류를 인도받고 인수 · 지급하면 담보이익은 소멸하고 매수인은 완전한 소유권을 취득한다. 만약 매수인이 환어음의 인수 · 지급에 응하지 않으면 담보권의 발동문제가 일어난다. 즉 은행이 어음법상 상환청구권을 가지는 경우에는 매도인에게 상환을 청구하고 매도인은 다시 환어음금액을 상환하는 것이 보통이며 상환청구에 응한 매도인은 되돌려 받은 선화증권에 의거 물품을 타인에게 전매하게 된다.

둘째, 선적지의 추심의뢰은행이 매도인의 환어음을 매입하지 않고 단순한 추심에만 개입하는 경우이다. 이 경우 선적과 동시에 수익이익은 매수인에게 이전하지만 매도인은 매도인지시식의 선화증권을 취득하므로 담보이익은 매도인에게 있다. 매수인이 추심은행의 추심에 따라 환어음의 인수 또는 지급을 하면 매도인의 담보이익은 소멸하고 매수인은 완전한 소유권을 취득하게 된다.

3) 매수인지시식 선화증권인 경우

이 경우는 매수인지시식의 선화증권을 매도인이 소유하고 있는가 또는 매수인에게 인도했는가에 따라 소유권 이전의 시기가 달라진다.

매수인지시식 선화증권이 아직 매도인의 손에 있다면 이는 물품대금의 담보로써 선화증권을 유보하고 있는 것이 확실하므로 매수인이 물품대금을 지급할 때까지는 소유권이 이전되지 않는다. 왜냐하면 이 경우 매수인과 그 피배서인 이외에는 선화증권에 근거해서 선박회사로부터 물품을 수령할 수 없다 할지라도, 매도인이 선화증권을 유보하고 있는 한 매수인이 매도인에게 대금을 지급하지 않는다면 선화증권을 인도받을 수 없기 때문에 선화증권의 점유가 담보권을 유보하는 역할을 하게 된다.[92)]

이에 반해 매수인지시식 선화증권을 대금지급 받기도 전에 매수인에게 임의로 인도했을 경우에 매도인은 담보권유보의 의사가 없는 것으로 해석되며 물품의 선적시에 소유권도 이전하는 것으로 본다.

4) 매수인기명식 선화증권인 경우

매도인이 매수인기명식의 선화증권을 선박회사로부터 취득한 경우, 매도인은 물품대금의 담보로서 이를 유보할 의사가 없는 것으로 간주된다. 대개 이 경우 매수인은 선화증권을 제시하지 않고도 선화증권상에 기재된 수입자가 틀림없다는 것이 확인되면 선박회사로부터 물품을 인도받을 수 있다. 이러한 이유 때문에

92) David M. Sassoon and H. Orren Merren, *op. cit.*, pp. 131～132.

기명식선화증권을 비유통선화증권(non-nogotiable B/L)이라고 하며 무역거래에서는 본지사간 거래 또는 특수한 경우를 제외하고는 거의 사용되고 있지 않다.

5.4 CIF매매계약에서의 위험의 이전

CIF매매계약에서는 매도인이 선적의무를 부담하며, 물품의 인도장소를 본선상으로 한다. 따라서 위험은 본선에 물품을 선적할 때에 매도인으로부터 매수인에게 이전된다. 여기서 선적할 때란 과연 어느 시점인가 하는 문제가 있다. 선적할 때란 물품이 본선에 인도되는 때를 의미하지만, 예컨대 본선의 기중기(derrick or loading tackle)가 물품을 집어 올린 때인가 아니면 선창(hatch)에 내려진 때인가 하는 의문도 생기며, 또한 부선을 사용하여 선적하는 경우에 부선과 본선간의 운송도중에 물품이 손상된다면 이러한 손해를 누가 부담할 것인가가 문제되기 때문이다. 이 점에 관해서 영국의 Pyrene Co, Ltd. *v.* Scindia Navigation Co. Ltd. 사건[93]에서 데브린(Devlin) 판사는 "물품이 본선의 난간을 통과할 때에 본선에 인도된 것으로 한다"라고 판결했으며, 각국의 상관습도 이것을 지지하고 있다.

앞에서 살펴본 바와 같이, 영국 물품매매법 제20조의 이른바 소유자주의에 따르면 소유권과 위험의 소재는 일치하며, 소유권이 매도인으로부터 매수인에게 이전하면 동시에 위험도 이전한다고 보았다. 그런데 매도인이 자기지시식의 선화증권을 취득하여 그것에 대한 양도배서를 하지 않고 그대로 보유하고 있다면 물품의 소유권이 이전되지 않으므로 위험도 이전되지 않는 결과가 되어 영미법상의 소유자주의와 상반된다. 그러나 영국 물품매매법 제20조 규정은 "달리 약정이 없는 한"(unless otherwise agreed)이라는 단서가 있는 임의규정이라는 점에서 볼 때, 당사자의 의사에 따라 물품의 선적과 동시에 위험도 이전한다고 볼 수 있다.

결국 위험은 소유권에 수반한다는 영국 물품매매법의 규정은 추정규정이므로 반대해석을 할 만한 근거가 있을 때에는 그 추정은 번복될 수 있다. 따라서 이 규정은 매도인이 오직 물품대금의 지급을 받기 위해서 소유권을 유보하고 있는 경우, 즉 물품을 선적한 후 매도인 지시식의 선화증권을 발행받은 경우에는 이 규정은 적용되지 아니한다.[94]

---

93) [1954] 2.Q.B. 402.

94) Stock v. Inglis [1884] 12 Q.B.D. 564.

미국 UCC(제2-509조)에서는 위험이전은 당사자간의 약정을 최우선적으로 존중하되 계약물품을 운송인에게 운송계약을 체결한 경우에는 위험은 운송인에게 적절하게 인도되었을 때 이전하며 만일 수탁자(bailee)가 보관중인 물품에 대해서는 권리증권을 매수인이 수령한 때 또는 매수인의 소유권을 수탁자가 승인한 때에 위험은 매수인에게 이전하여 그 외의 경우에는 인도제공시 또는 매수인이 목적물을 수령한 때 이전한다고 규정하고 있다.

또한 CISG(제67조~69조)에서는 위험은 계약물품을 최초의 운송인(first carrier)에게 인도된 때에 이전되며 운송중 매매된 물품에 대해서는 계약체결시에 매수인에게 이전된다. 특정한 장소에서 물품을 인도할 경우에는 물품을 특정시켜야 한다고 규정하고 있다.

일반적으로 CIF매매계약에서의 위험은 선적과 동시에 이전된다. 따라서 선적 후에 물품이 멸실 · 손상된다면 이 손해는 당연히 매수인이 부담하게 된다. 그리고 이러한 사고가 선적 후 서류의 제공 전에 일어나도 매수인은 서류를 수령하고 대금을 지급하여야 할 것이다.

그러나 우연한 사고에 의해서 물품이 손상되는 위험과 운송중에 물품고유의 성질상 품질이 악화되는 위험(risk of deterioration of the goods)과는 혼돈하지 말아야 할 것이다. CIF매매계약에 있어서 물품의 품질을 보장할 것을 계약상 묵시조건(implied condition)으로 했을 경우, 매도인은 선적 때부터 도착시까지 뿐만 아니라 상당한 기간(reasonable time)이 경과한 후에도 그 물품의 품질을 보장하여야 할 것이다. 그러나 이것은 운송 또는 물품의 처분이 매도인의 과실이 아닌 부당한 지연에 의한 경우에는 적용되지 않는다.[95] 이에 대하여 딥록(Diplock) 판사는 다음과 같이 판시함으로써 이를 명확히 하였다.[96]

> "매수인이 위험부담을 지는 운송중에 물품 자체의 비정상적 조건 때문에 일어나는 특수한 경우의 물품의 악화, 다시 말해서 도착시에 물품가치가 소멸됐을 경우, 이러한 운송중의 불가피한 악화는 통상 매도인이 책임을 부담하여야 한다."

95) Broome v. Pardess Co-operative Society [1939] 3 All E.R. 978. 985.
96) Marsh & Murrell Ltd. v. Joseph I. Emanuel Ltd.; [1961] 1 W.L.R. 862.

5.5 CIF매매계약과 제공서류

매매계약에 있어서 반대의 규정이나 상관습이 없는 경우, CIF매매계약에서의 매도인은 선화증권(bill of lading), 보험증권(insurance policy) 및 상업송장(commercial invoice)과 같은 세 가지 서류제공의무를 부담한다.[97] 매매당사자는 CIF매매계약의 성격을 해치지 않는 이상 일정한 범위 내에서 다른 서류를 대체하거나[98] 또는 추가서류를 요구할 수 있다.

(1) 선화증권

CIF매매계약에서 매도인은 매수인에게 선화증권을 제공하여야 하는데 그 중에서 선적선화증권(shipped bill of lading)이나 본선적재선화증권(on board bill of lading)을 제공하여야 한다.

선적선화증권은 운송화물을 본선에 적재한 후에 발행한 선화증권이다. 선적선화증권은 선화증권상에 "Shipped in apparent good order and condition"의 문언이 기재되어 있다. 이 경우 선적선화증권상의 증권은 발행일자(date of issue)는 곧 본선적재일자가 된다. 선적선화증권은 선화증권의 성질이나 법적 요건이 모두 갖추어진 운송서류이다.

한편 본선적재선화증권(on board B/L)은 수취선화증권(received B/L) 양식, 즉 "Received the goods, or packages said to contain goods herein mentioned, in apparent good order and condition…"과 같은 문언이 있는 증권상에 본선적재 또는 선적완료 문구, 즉 "Loaded on board dated August 5, 20××"과 같이 부기된 형식을 갖춘 선화증권이다. 이 선화증권은 결과적으로 선적선화증권과 실질적 효력은 동일하다.

본선적재부기(on board notation)의 요건은 본선적재의 뜻, 본선적재일자, 운송인 또는 그 대리인, 즉 증권발행자의 서명이 있어야 한다.

한편 수취선화증권(received B/L; received for shipment B/L)은 송화인의 화물을 단지 수취한 상태에서 발행된 선화증권을 말한다. 이는 화물을 선적할 선박이

97) A. G. Guest, *op. cit.*, p. 1036.
98) CIF매매계약에서 인도지시서(Delivery Order: D/O)와 상환으로 대금지급을 약정하는 경우 매도인은 선화증권 대신에 인도지시서로 대체하여 매수인에게 제공할 수 있다.

항내에 정박중이거나 아직 입항되지 않았으나 선박이 지정된 경우에 운송인이 화물을 수령하고 선적 전에 발행한 선화증권이다.

또한 매도인은 무사고선화증권 원본전통(full set of original)을 제공할 의무가 있다. 무사고선화증권(clean B/L)이란 화물이 본선에 양호한 상태로 또는 선복예약 수량대로 적재되어 선화증권 여백의 비고(remarks)란에 "three cartons broken," "two cases short in dispute"처럼 사고문언의 표시가 없이 증권면에 "Shipped on board in apparent good order and condition"과 같이 표시된 완전한 선화증권을 말한다. 무사고선화증권에 "clean"이라고 표시할 필요는 없다.

사고부선화증권(foul or dirty B/L)이란 적재화물의 포장이나 수량 등이 위에 언급한 사고문언의 표시가 비고란에 기재되어 있는 선화증권을 말하며 "Claused B/L"이라고도 한다.

해상운송인은 선적화물이 사고가 발생되어 있는 상태에서는 귀책문제로 인하여 사고부선화증권을 발행하여 주기 때문에 이와 같은 운송서류는 신용장상에 특별히 허용하지 않는 한 은행은 수리를 거절하게 된다. 이 경우 매도인이 사고물품에 대한 대체품이 있다면 모르되 선박출항 일정과 제조 · 가공하는 시간, 원재료의 부족 등으로 사고물품을 그냥 선적시켜야 할 경우에는 선박회사에 파손화물보상장(Letter of Indemnity: L/I)을 제공하고 무사고선화증권을 발급받게 되면 매입은행에 수출환어음 보상장부매입(under indemnity negotiation)을 면할 수 있다.[99] 도착지에서의 사고내용에 대한 보상과 모든 책임은 당연히 매도인이 부담하게 된다.

한편 선화증권은 발행방식에 대하여 약정한 대로 지시식 또는 기명식 등으로 발행제공하여야 한다. 지시식 선하증권(order B/L)이란 신용장상의 운송서류 요구조항에 선화증권의 수화인(consignee)으로는 ① "to order", ② "to the order of A" 또는 ③ "to the order of X Bank"로 표시하여 발행되도록 요구되는 선화증권을 말한다. ①과 ②의 경우에는 대개는 무기명배서(blank endorsement; endorsed in blank)의 요구가 있는데 선화증권원본 이면에 송화인인 수출자가 배서를 하고 권리를 양도한다. 이 경우 선화증권소지자가 화물에 대한 담보권을 취득하게 된다.

---

99) 이 경우 보험회사는 파손화물에 대하여 보상책임이 없기 때문에 수출자는 보험회사에게 동 사실을 고지하여야 한다. 그렇지 않으면 사기로 간주될 수 있다.

기명식 선화증권(straight B/L)이란 화물의 수취인인 매수인의 상호와 주소가 수화인(consignee)란에 기재된 선화증권으로 화물의 소유권은 특정인에게 귀속된다. 따라서 송금환방식(remittance basis)이나 선수금을 받는 선대신용장(red clause L/C)에 의한 거래가 아니면 수화인을 매수인으로 기재된 기명식 선화증권을 발행하지 않는 것이 매도인에게 안전하다.

(2) 보험증권

CIF와 CIP매매계약에서는 매도인이 적화보험을 부보하고, 이에 대한 보험서류를 매수인에게 제공할 의무가 있다.

신용장거래에서는 해상적화보험의 성립을 증명하는 서류를 총칭하여 보험서류라고 하는데, 이에는 보험증권(insurance policy: I/P), 보험증명서(insurance certificate) 및 통지서(declaration)가 있다.

또한 보험증권도 확정보험증권(definite insurance policy: provisional insurance policy)과 예정보험증권(open insurance policy)으로 나눌 수 있다. 보험증권은 담보화물에 대한 보험계약의 존재 및 내용을 표시한 증권으로서 개별적 거래에 대한 보험내용이 확정된 경우에 발행되며 무역거래에서 대부분 통용되고 있는 전형적인 보험서류의 일종이다.

보험증명서는 일정기간에 걸쳐서 특정 화물이나 특정 항로에 운송되는 화물에 대하여 일괄적으로 보험에 부보되어 있음을 증명하는 보험증권의 대용서류를 의미한다. 포괄예정보험(open cover)이 체결되어 있는 경우는 개개의 적화에 대하여 포괄보험에 부보되어 있음을 증명하는 보험증명서가 발행된다.

또한 보험승낙서(cover note)는 특정화물에 대해 보험부보를 하고 보험료를 수취하였음을 보험중개업자(broker)가 증명하는 것이다.

보험증권은 보험계약 성립의 증거로 보험자가 보험계약자의 청구에 의해 교부되며 이는 유가증권이 아닌 단지 증거증권으로 보통 배서(endorsement) 또는 인도에 의하여 양도된다. 신용장통일규칙에 의하면 보험서류는 보험회사(insurance company)나 보험인수업자(underwriters) 또는 이들의 대리인(agents)에 의해 발행되어야 하며,[100] 중개업자가 발행한 보험승낙서(cover note)는 신용장

---

100) UCP 600, Article 28-a.

상에 별도 허용하지 않는 한 은행이 수리하지 않는다.[101] 보험증권은 은행이 수리하는 전형적인 보험서류이며 은행은 예정보험증권에 의한 보험증명서(insurance certificate)나 통지서(declaration)도 수리한다.[102]

보험부보일자는 곧 보험서류의 발행일자가 되므로 본선적재(loding on board)를 나타내는 선화증권(bill of lading)의 경우에는 적재일, 발송(dispatch)을 나타내는 항공화물운송장 등의 운송서류일 때는 발송일, 수탁(taking in charge)을 나타내는 복합운송증권의 경우에는 그 인수일과 최소한 같거나 그 이전이어야 한다. 이와 같은 일자 이후에 보험에 부보하게 되면 보험사고 발생시에 원칙적으로는 보상을 받지 못한다.

그러나 본문의 약관 중에 "소급약관"(lost or not lost clause)이 있는 경우에는 부보일자가 선적일자보다 늦더라도 부보효력이 선적일자로부터 발효한다는 조항이므로 관계가 없다. 또한 "창고간약관"(warehouse to warehouse clause)이 있는 보험증권의 경우에는 화물이 창고에서 적재될 때부터 부보된다는 것을 표시하고 있는 것이므로 부보일자가 선적일자보다 늦어도 무방하다.[103] 보험증명서의 경우에는 포괄예정보험증권(open policy)에 의해 발급된 것이므로 포괄예정보험증권은 선적일자 이전에 발급된 것이기 때문에 보험증명서가 이에 근거하여 발급되더라도 수리가 가능하며, 신용장거래에서는 특별히 선적일자보다 부보일자가 늦어도 된다는 표시가 있으면 선적일자보다 늦게 부보된 보험서류에 대하여 수리 가능하다.

보험서류상의 표시통화는 다른 규정이 없는 한 신용장과 동일의 통화(currency)로 표시되어야 한다. 이는 신용장과 다른 통화로 부보된 경우 보험사고가 발생하였을 때 신용장발행의뢰인 또는 신용장발행은행에 환시세변동에 따른 손해발생 가능성이 있으므로 이를 회피하기 위한 것이다.[104]

CIF매매계약이나 CIP매매계약에서는 매도인이 보험계약의무를 "최소보험조건은 약정가격에 10%를 합한 금액(즉 110%)을 담보해야 하며 계약통화로 부보되어야 한다"[105]고 규정하고 있다. 이 취지는 신용장통일규칙에서도 같이 적용하고

101) UCP 600, Article 28-c.
102) UCP 600, Article 28-d.
103) ICC, Documents 470/263, October 20, 1975.
104) 及川竹夫,「新しい統一規則による信用狀取引の實務」, ダイヤモソト社, 1984, p. 124.
105) Incoterms® 2010, CIF, CIP, A3(b).

있다.[106)]

보험부보조건은 화물의 종류와 성질을 고려하여 협회적화약관의 ICC(A), ICC(B), ICC(C) 중에서 어느 조건으로 부보할 것이며 과연 동 조건으로 위험이 담보되는지를 검토하여야 한다. 무조건 ICC(A)에 W/SRCC를 부보할 것이 아니라 물품 또는 성질에 따라 ICC(B)에 적절한 부가위험(additional risks)을 선택하고 W/SRCC를 부보하더라도 경제적인 보험료로 위험을 담보할 수도 있다.[107)]

(3) 상업송장

상업송장(commercial invoice)이란 매도인이 매수인 앞으로 발행하는 물품에 대한 대금청구서, 물품의 명세서, 견적서 등 선적 안내서로 사용되는 상용문서이다. 상업송장은 대금청구서의 기능[108)] 외에도 매매계약상 매도인의 의무이행 사실을 입증하는 중요한 서류이다. Incoterms® 2010은 각 거래조건별 매도인의 의무조항으로 매도인은 매매계약조건에 일치하는 물품과 상업송장을 제공하여야 함을 규정하고 있다. 이는 상업송장이 일치증명(evidence of conformity)으로서의 주요한 기능을 수행하기 때문이다.

신용장통일규칙에서도 "상업송장의 물품서비스 또는 이행의 명세는 신용장에 보이는 것과 일치하여야 한다"[109)]고 규정하고 있다. 상업송장은 신용장상의 수익자(beneficiary)명의[110)]로 신용장발행의뢰인(applicant) 앞으로 발행이 되어야 한다.[111)] 상업송장은 매도인측의 입장에서는 무역대금결제의 주요 서류뿐만이 아니라 출화안내 및 과세자료, 수출수속절차상 세관 등에 제공하게 되는 서류가 되며, 매수인측에서도 수입통관수속에 필수적인 서류가 되기 때문에 정확하게 작성되

106) UCP 600, Article 28-f.

107) 신용장상에 보험서류의 조건은 보통 다음과 같다. "Marine Insurance Policy or Certificate in duplicate, endorsed in blank for 110% of invoice value, stipulating that claims are payable in the currency of the draft and also indicating a claim settling agent in U.S.A., covering Institute Cargo Clauses(B) including W/SRCC."

108) 상업송장의 기능에 대하여 Henning은 다음과 같이 정의하고 있다.
"The functions of the commercial invoice are to describe the merchandise and to indicate price or prices and other details of the transaction."; Henning, Charles N., *International Finance*, Harper & Brothers, Publishers, New York, 1958, P. 64.

109) UCP 600, Article 18-c.

110) 양도가능 신용장에서 신용장 양도가 이루어졌다면, 양수인(transferee)인 제2차 수익자(second beneficiary) 명의로 작성되어야 한다.

111) UCP 600, Article 18-a.

어야 한다.

송장(invoice)은 그 용도에 따라 상거래용으로 작성되는 상업송장(commercial invoice)과 영사관이나 세관용으로 작성되는 공용송장(official invoice)으로 대별할 수 있다. 상업송장은 무역계약을 이행하고 거래조건에 따라 작성되는 선적송장(shipping invoice), 가격계산의 기초로 사용하는 견적송장(pro-forma invoice), 견본을 송부할 때 작성되는 견본송장(sample invoice), 위탁매매시에 사용되는 위탁매매송장(consigment/indent invoice)이 있다. 공용송장[112)]은 수입지 세관에서 수입물품에 대한 과세가격의 기준이나 덤핑유무의 확인 등을 목적으로 하는 세관송장(customs invoice)과 수입물품가격을 높게 책정하여 외화를 도피하거나 낮게 책정하여 관세를 포탈하는 것을 방지하기 위하여 수출국 주재 수입국영사의 확인을 받도록 하는 영사송장(consular invoice)이 있다.

---

112) 공용송장인 세관송장과 영사송장은 수입자가 특별한 요청이 있을 경우에 제공되며, 신용장 통일규칙에서는 기본적 서류가 아닌 임의제공 서류로 보고 있다.

Chapter 7 무역계약의 실제

여기에서는 제3장에서 고찰한 바와 같이 물품매매를 위하여 무역계약서를 작성할 경우에 약정하여야 할 주요 조건을 기본으로 하고 이에 부수적 조건을 추가한 무역계약서 작성의 예를 들어보기로 한다.

실제 국제상거래계약서 작성사례를 크게 세 가지 유형으로 구분하여 첫째, 국제물품매매를 위한 계약서의 예로 ① 일반무역조건협정서, ② 정형무역계약서,[1] ③ 매매계약서[2]에 관하여 둘째, 국가거래를 위한 특수계약서[3]의 예로 ① 수입대리점계약서, ② 판매대리점계약서, ③ 특허 및 기술도입계약서, ④ 합작투자계약서에 관하여 셋째, 국내에서의 수출입대행계약서[4]의 예로, ① 수출대행계약서, ② 수출용완제품공급계약서, ③ 수출용완제품공급거래약정서, ④ 수입대행계약서에 관하여 살펴보기로 한다.[5]

---

1) 강원진, 「국제상무론」 제3판, 법문사, 2009, 87~91면.
2) 대한상사중재원, 「모범상거래계약서집」, 조연 92-03, 1992, 81~90면, 일부수정.
3) 한국무역대리점협회, 「표준대리점계약서」, 1989, 10~17면; 대한상사중재원, 상게서, 97~157면을 각각 일부수정.
4) 강원진, 「수출입대행업무종합실무」, 국제무역연구원, 1990, 2~20면.
5) 이하 예시한 계약서들은 무역계약서작성시에 모범이 될 만한 사례를 제공하는 것이기 때문에 물품의 종류와 성질, 거래방식, 지역 및 상대방 등 계약내용의 특수성에 따라 달리 정할 수 있음을 유의하여야 한다.

1. 국제상거래계약서의 일반적 구성내용

1.1 구성

영미법에 바탕을 둔 계약서는 보통 다음과 같이 구성된다.[6)]

(1) 표제(Title of Agreement)

(2) 전문(Non－operative Part)

1) 일자(date)
2) 당 사 자(parties)
3) 설명조항(recitals; whereas clause)

(3) 본문(Operative Part)

1) 정의조항(definition clause)
2) 주된 계약내용에 관한 조항
3) 기타 계약상 일반조항
(가) 계약기간(period of agreement; duration; term)
(나) 계약의 종료(termination)
(다) 불가항력(force majeure)
(라) 계약의 양도(assignment)
(마) 중 재(arbitration)
(바) 재판관할(jurisdiction)
(사) 준 거 법(applicable law; governing law)
(아) 완전합의(entire agreement; integration)
(자) 계약의 수정, 변경(modification; amendment)
(차) 통 지(notice)
(카) 기타 조항(miscellaneous)

(4) 결문(Final Part)

1) 말미문언(testimonium clauses)
2) 서명(signature)
3) 날인(seal)

---

6) 土井輝生 編,「國際契約ハソドブック」中, 岩崎一生, "國際契約のスタイルとドラフティソグ, 同文舘, 1971, 521～564面; 대한상사중재원, 전게서, 32～48면.

1.2 내용

(1) 표제

표제는 계약내용을 한눈으로 알아보기 쉽도록 하기 위한 것으로서 이 표제 자체가 특별한 법적 효과를 갖는 것은 아니며, 표제의 여하에 따라 계약내용이 영향을 받는 것도 아니다. 실무상 많은 경우에 이에 대한 기재가 생략되기도 한다.

(예) Headings in the Agreement have been inserted for convenience of reference only and are not to be use in construing or interpreting this Agreement.

(2) 전문

1) 일자 및 당사자(Date and Parties)

전문에는 보통 ① 계약체결지, ② 계약체결일자, ③ 당사자, ④ 법인설립준거법, ⑤ 주소, ⑥ 당사자의 약칭 등을 표시한다.

"WITNESSETH"는 고어로서 "This Agreement"의 동사가 된다. "This Agreement is made seventh(7th) day of May, 20×× by and between..." 이라는 방식을 따르고 "Witnesseth"를 생략하기도 한다.

한편 계약당사자를 표시하는데 있어서 개인의 경우에는 그 주소와 성명을 법인의 경우에는 주된 사무소의 소재지, 정확한 법인명 및 설립 준거법을 기재하여야 하며, 특히 미국 등 연방국가인 경우 어느 주인지 밝혀야 한다. 또한 법인의 경우 자국법상 유효한 법인으로 존속하고 있는지 여부를 확인하여야 한다.

계약당사자인 법인이 특정 회사의 자회사인 경우 그 모회사와의 관계를 확인하여야 하고, 중요한 계약인 경우에는 모회사의 이행보증을 받아 두는 것이 좋다.

(예) THIS AGREEMENT made and entered into in Seoul① on the seventh day of May, 20××② by and between ABC INTERNATIONAL CORP.,③ a corporation duly organized and existing under the laws of the Republic of Korea④ and having its principal office at 937, Namdaemunro 2-ga, Choong-gu, Seoul, Korea⑤ (hereinafter referred to as "PRINCIPAL"⑥), and Mr. Henry Smith Jr.③ residing at 10 Broadway,

New York. NY 11037, U.S.A.⑤(hereinafter referred to as "AGENT"⑥)

WITNESSETH THAT

2) 설명조항(Recitals; Whereas Clause)

설명조항에는 당사자가 계약체결에 이른 경위나 목적, 즉 주된 계약내용의 개요를 기재하는 것이 관례이다.

원칙적으로 설명조항에 기재된 내용은 특별한 법적 효력을 갖지 아니하며 계약내용에 영향을 미치지 아니한다.

그러나 계약내용이 조항만으로는 불명확한 경우에 설명조항은 계약당사자의 진의를 파악하는 하나의 자료가 될 수 있다. 또 당사자는 "표시에 의한 금반언"(estoppel by representation)의 법리에 따라서 설명조항의 내용에 반하는 사실을 주장할 수 없는 경우가 생길 수 있으므로 설명조항은 되도록 간단하게 하고 불필요한 것은 언급하지 않도록 하여야 한다.

(예) WHEREAS, PRINCIPAL is engaged in the business of maunfacturing and exporting various Korea-made products(hereinafter referred to as "PRODUCTS") for sale of its majority in the world-wide markets including Indonesia; and WHEREAS, AGENT desires to be appointed an agent to solicit orders for PRODUCTS, and PRINCIPAL is willing to make such appointment, but only subject to the terms and conditions set forth below:

"WHEREAS Clause" 다음에는 대가의 존재를 확인하는 이른바 약인(consideration)을 기재하는 것이 보통이다. 영미법상 약인이란 계약당사자로 하여금 계약을 체결하는 동기, 즉 계약의 원인으로서 당사자 일방에 발생하는 권리, 이익, 이득 또는 상대방이 부담하는 손실, 손해, 책임 등을 말한다. 영미법에서는 요식계약(formal contract) 이외의 단순계약(simple contract)에서는 약인이 존재하지 않으면 계약이 성립하지 아니한다. 그러나 당사자가 약인이 존재한다는 뜻을 계약서에 기재하였는가의 여부는 계약의 성립여부와는 상관이 없다.

(예) NOW THEREFORE, in consideration of mutual covenants and promises contained herein, both parties agree as follows:

(3) 본문

1) 정의조항(Definition Claluse)

계약조항 중에서 여러 번 반복 사용되는 용어로서, 반복될 때마다 긴 문언을 여러 번 쓰는 번잡함을 피하고 읽기 쉬운 계약서로 하기 위하여 정의조항에서 미리 그 용어의 개념을 정의하고, 그것을 인용하는 경우의 약호까지도 미리 정하여 두면 편리하다.

(예) Unless the context clearly requires otherwise, the following terms in this Agreement shall have the meanings attributed to them below;

(a) "KNOW-HOW" means

ⓐ rearrangement of machinery layout

ⓑ effective operation of machinery

ⓒ technical improvement of trainning process

(b) "TERRITORY" means the entire territory of Bangladesh.

2) 계약의 주된 내용에 관한 조항

이 부분은 계약당사자가 계약을 체결함으로써 의도하는 바가 무엇이며, 상호 어떠한 권리를 취득하고 의무를 부담하게 되는 것인가를 분명히 하는 계약서의 중심부분이며, 다음과 같은 점에 주의할 필요가 있다.

첫째, 당사자가 의도한 바를 빠짐없이 망라한 내용으로 구성되고 있는가.

둘째, 당사자가 의도하는 것을 계약서상에 법률적으로 정확히 표현하고 있는가.

셋째, 계약서의 내용이 법령에 위반하여 무효로 될 소지가 없는가.

넷째, 계약서의 내용이 세법상 불리한 취급을 받을 수 있지 않은가.

3) 기타 계약상 일반조항

(가) 계약기간(Term; Duration)

계약의 효력발생시기에 대하여 특별히 표시하지 않은 경우에는 계약 전체의 해석보다 당사자의 의사를 추측하여 결정하게 되지만, 계약서를 작성하여 양 당사자의 서명이 이루어진 일자나, 그 일자가 명확하지 않으면 전문 중에 기재되어 있는 계약서 작성의 일자가 효력발생시기로 간주된다. 한편 기간의 만료에 의하여 계약은 소멸하지만 계약을 갱신할 것을 약정하려고 하는 경우에는 그 절차와 이에 따른 연장기간을 정하여 둘 필요가 있다.

(예) The term of this Agreemenr shall be three(3) years from the effective date of this Agreement and shall be automatically extended for further three(3) years provided that PRINCIPAL shall give, at least three months prior to termination, a written notice to AGENT.

(나) 계약의 종료(Termination)

계약은 보통 계약의 기간만료, 해제조건의 성취, 약정해제권의 행사 또는 법정해제권의 행사에 의하여 종료, 소멸된다.

계약의 기간만료 및 법정 해제권의 행사에 의한 계약의 종료는 당연한 것이므로 특별히 기재할 필요가 없으나, 해제조건과 약정 해제권의 발생원인에 대하여는 계약종료의 조항에 그 내용을 명시하여야 한다. 해제조건과 약정해제권의 발생원인은 당사자의 합의에 의하여 정할 수 있는 것이므로 신중히 고려하여 장래 발생 가능성이 있는 사태 아래서 계약을 종료할 필요가 있는 사유를 빠짐없이 기재하도록 하여야 한다.

(예) In the event of a breach of this Agreement not cured within ten(10) days from the receipt of notification when the breach consists of a failure to pay a sum due under this Agreement not cured within thirty(30) days from the date of notification of such breach, this Agreement may be terminated by the aggrieved party.

Either party may terminate this Agreement immediately and without incurring thereby any liability to the other, by merely serving a notice of termination on the other in any of the following events:

(a) if the other party is declared in court or notoriously becomes insolvent or bankrupt:

(b) if a receiver is appointed to take possession of the business or assets of the other party and his appointment is not revoked within fifteen(15) days:

(c) if the other party closes or discontinues business operations relating to the Products for any reason, even beyond its control for more than nineth(90) days.

Termination of this Agreement is without prejudice to any claim for any antecedent breach and to the right of the aggrieved party to recover damage, loss, compensation and all sums payable hereunder.

(다) 불가항력(Force Majeure)

불가항력조항은 영미법상의 프러스트레이션(frustration)[7]에서 유래한다. 영미법의 프러스트레이션의 법리는 당사자의 책임으로 돌릴 수 없는 사유에 의해 사정이 현저하게 달라진 때에 계약조건대로의 내용을 그대로 인정할 수 없기 때문에 계약은 소멸된다는 법리이다. 프러스트레이션의 성립여부는 구체적인 경우에 따라 결정된다. 따라서 당사자가 계약체결시에 미리 일정한 사유가 발생한 경우에 계약상의 책임을 면한다는 취지를 규정함으로써, 프러스트레이션의 성립여부의 판정을 용이하게 하려는 것이 불가항력조항(Force Majeure Clause)이다.

(예 1) Any delay or failure by either party hereto in the performance hereunder shall be excused of and to the extent caused by occurrences beyond such party's control, including but not limited to, acts of God, strikes or other labor disturbances, war, sabotage and any other cause or causes, whether similar or dissimilar to those herein specified which cannot be controlled by such party.

(예 2) (a) If the performance of this Agreement or of any obligation hereunder, except the making of payments under or in connection with this Agreement, is prevented, restricted or interfered with by reason of fire, storm, explosion, flood, earthquake, war, rebellion or other casualty or accident; labor dispute, epidemics, quarantine restriction, transportation embargo, law, act, rule, regulation, order decision, or directive of any government of competent jurisdiction in matters relation to this Agreement or any agency thereof; or any other act or condition whatsoever beyond the reasonable control of the parties herero, the party so affected, upon giving prompt notice to the other parties, shall be excused from such performance to the extent of such prevention restriction or interference.

(b) The party so affected, however, shall use its best efforts to avoid or remove such causes of non-performance and to cure and complete performance hereunder with the utmost dispatch whenever such causes are removed.

(c) If due to any law, act, rule, regulation, other or decision of any

7) 상세한 것은 제 9장을 참조 바람.

government or competent jurisdiction or of currency as the debtor and the creditor shall mutually agree or in default of agreement between them in the currency of the country in which the creditor is incorporated.

Any agency or for any other reason, a party hereto is unable to make payment of moneys due to another party hereto in a currency stipulated for the payment of those moneys hereunder, it may discharge the debt by making payment in such other.

(라) 계약의 양도(Assignment)

영미계약법상 계약상의 권리 또는 의무는 당사자의 의사 또는 법률의 규정에 의하여 일정한 조건하에 제3자에게 양도할 수 있다.

따라서 당사자가 계약양도에 대해 별다른 규정을 하지 않은 경우에는 계약의 양도가 가능하게 되므로 계약양도를 금지하려고 하는 때에는 그 뜻을 계약상에 명기해 두지 않으면 안 된다. 한편 계약양도에 대하여 조건을 붙이거나 일정한 절차를 요할 경우에는 그 조건이나 구체적 절차에 대하여 계약상 명확히 규정하여 둘 필요가 있다.

(예 1) None of the parties of this Agreement may directly or indirectly sell, assign or otherwise dispose of this Agreement to any third party unless it is assigned by the operation of law.

(예 2) This Agreement and any right or obligations arising hereunder may not be assigned by either party without obtaining the prior written consent of the other party.

(마) 중재(Arbitration)

중재조항은 당사자 사이에 관계하는 계약상의 분쟁을 법원의 판결에 의하여 해결하지 아니하고, 사인에 의하여 행하여지는 중재판정에 의하여 해결하기로 하는 당사자간의 합의를 기재한 조항이다.

대부분의 나라에서 중재조항이 있는 경우에는 소송의 제기가 있더라도 피고가 중재조항의 존재를 주장(중재의 항변)하면 소송을 각하 또는 정지함과 함께 중재의 결론인 중재판정을 집행할 의무를 부담한다.

중재조항에는 중재에 붙일 사항, 중재의 장소, 중재기관, 중재절차 등을 명기하여 둘 필요가 있다.

중재기관을 선정함에 있어서는 권위 있는 중재기관의 중재규칙내용을 검토한 후 중재기관을 결정하되 그 기관이 권장하는 중재조항을 계약서에 기재 하는 것이 안전하고 확실하다. 대한상사중재원의 "표준중재조항"의 예로 이미 언급한 것을 부연하면 다음과 같다.

(예) "All disputes, controversies or differences which may arise between the parties out of or in relation to or in connection with this Contract or for the breach thereof shall be finally settled by arbitration in Seoul, Korea in accordance with the Commercial Arbitration Rules of The Korean Commercial Arbitration Board and under the law of Korea.
The award rendered by the arbitrator(s) shall be final and binding upon both parties concerned."

(바) 재판관할(Jurisdiction)

계약중에 중재조항을 규정하지 않은 경우에는 그 계약을 둘러싼 분쟁은 최종적으로 국가가 행하는 재판에 의하여 해결하게 된다. 또한 중재조항이 존재하더라고 중재에 붙일 범위 외의 사항에 대하여는 마찬가지로 재판에 의하게 된다. 그 경우에 소송을 제기할 재판소를 당사자간에 미리 약정하여 놓은 것이 재판관할이다.

재판관할의 합의가 있는 경우에도 이러한 합의가 관계 당사국에서 유효한지, 선정된 재판소가 외국인(또는 외국법인)의 출소권을 인정하는지 또는 선정된 재판소는 판결의 집행을 처리하기에 적당한지 등을 검토할 필요가 있다.

한편 재판소의 지정을 막연히 한국재판소 또는 미국재판소라고 규정하는 것은 앞으로 한국 또는 미국의 어느 지방재판소라는 뜻인가의 문제가 생길 소지가 있으므로 서울, 뉴욕 등 특정지의 재판소를 지정하여야 한다.

(예) Any and all dusputes arising from this Agreement shall amicably be settled as promptly as possible upon consultation between the parties hereto.

The parties hereto agree that, should either party has been in a position to resort to a lawsuit, injunction, attachment, or any other acts of litigation, the Seoul District Court shall have the jurisdiction.

(사) 준거법(Applicable Law; Proper Law; Governing Law)

계약서를 아무리 상세히 작성한다 하더라도 해석상 의문이 전혀 없도록 한다는 것은 사실상 매우 어렵다. 따라서 계약당사자로서는 계약의 성립, 이행, 해석이 어느 나라의 법률에 따라 행하여지는가는 대단히 중요한 문제이다. 이를테면, 그 법률을 한국법, 영국법 등으로 지정하여 두는 것이 준거법 조항이다.

준거법을 지정한 경우라도 그 지정된 법률이 적용되는 것은 계약의 성립, 이행 등의 실정법 측면이며 소송의 경우 소송절차 등 소송법 측면은 준거법과 관계없이 법정지 법에 의하는 것으로 된다. 이것은 소멸시효에 관하여 대륙법계에서는 실정법상 효과를 인정하나 영미법계의 경우에는 소송법상의 효과에 그친다는 점에서 차이가 있게 된다.

(예) The formation validity, construction and the performance of this Agreement are governed by the laws of Republic of Korea.

(아) 완전합의(Entire Agreement; Integration)

계약서의 작성에 있어서 기존 계약과의 관계를 검토하고 본 계약이 성립한 이상 기존의 서면 또는 구두에 의한 합의, 교섭, 언질 등은 모두 본 계약에 흡수되고 소멸되는 것을 명시하여 두는 것이 완전합의조항이다. 이것은 새 계약과 기존계약과의 관계를 명확히 함으로써 후일의 서식분쟁예방과 해결에 크게 도움이 된다. 이러한 목적을 위하여 보통 다음 예와 같이 약정한다.

(예) This Agreement sets forth the entire agreement and understanding between the parties as to the subject matter of this Agreement and merges and supersedes all prior discussions, agreements and understandings of any and every nature between them, and neither party shall be bound by any condition, definition, warranty or representation other than as expressly provided for in this Agreement or as may be on a subsequent date duly set for in writing and signed by a duly authorized officer of the party to be bound.

(자) 계약의 수정, 변경(Modification; Amendment)

계약서의 수정, 변경은 구두 또는 서면에 의한 합의로서 이를 행할 수 있다. 그러나 계약서의 내용은 당사자 사이의 권리와 의무에 관한 매우 중요한 사항이므로 그 내용의 일부 수정변경에 관하여 그 방법과 절차를 미리 약정하여 두는 것은 장래의 분쟁에 대비하기 위하여 필요하다.

(예) This Agreement is not changed, modified or amended by the parties of this Agreement except as such change, modification or amendment is in writing and signed by both parties.

(차) 통지(Notice)

계약에 따라서는 일정한 경우에 당사자의 일방이 상대방에 대하여 통지를 할 의무를 부과하는 경우가 있다. 이와 같이 상대방에게 통지의무를 부과하는 조항을 두는 경우에는 그 조항 속에 통지를 할 상대방 주소 · 성명, 통지의 방법, 통지의 효력발생 시기 등을 상세히 정할 필요가 있다.

통지의 효력발생시기는 도달주의를 취하고 있는 국가와 발신주의를 취하는 국가가 있는 점을 유의하여야 한다.

(예) Any notice, request, consent, offer or demand required or permitted to be given in this Agreement, must be in writing and must be sufficiently given if delivered in person or sent by registered airmail or by cable confirmed by registered airmailed letter addressed as follows:

To : (Mailing address)
E-mail :
To : (Mailing address)
E-mail :

Notice must be deemed to have been given on the date of mailing except the notice of change of address which must be deemed to have given when received.

(카) 기타 조항(Miscellaneous)

① 권리포기(Waiver)

이것은 일시적으로 어느 계약조건의 이행 청구를 하지 않더라도 이로 인하여 그 후의 동 조항 또는 조건의 이행 청구권의 포기로 간주하여 이를 박탈할 수 없다는 조항이다.

(예) The failure or delay of either party to require performance by the other party of any provision of this Agreement shall not constitute a waiver of, or shall not affect, its right to require performance of such provision.

② 가분성(Severability)

계약의 일부조항이 중재 또는 법원판결에 의해 실효가 되었더라도 기타 조항의 계속적인 유효성은 조금도 침해되지 않는다는 조항이다. 다만 계약조항의 중요한 부분이 실효가 되는 때에는 계약전부가 실효되는 경우가 있음을 유의하여야 한다.

(예) If any provision of this Agreement or the application of any such provision to any person or circumstance shall be determined by any arbitration or court of competent jurisdiction to be invalid or unenforceable to any extent, ABC Company may upon fifteen(15) days notice elect to (1) terminate this Agreement or (2) continue this Agreement, in which case the remainder of this Agreement or the application of such provision to such person or circumstanse(other than those which it is so determined to be invalid and unenforceable), shall not be affected thereby and each provision of this Agreement shall be valid and shall be enforced to the fullest extent permitted by law.

③ 보상(Indemnification)

이것은 어느 일방의 계약불이행이나 제 3자에 대한 의무불이행으로 인한 손해에 대하여 배상할 것을 규정하는 조항이다. 경우에 따라서는 계약불이행에 따른 직접적인 피해뿐만 아니라 그 불이행에 따른 기대이익의 상실 등 간접피해까지 배상하도록 규정하는 때도 있다.

(예) In the event either party breaches an obligation under this Agreement or toward a third party, or delays or interferes with the other party in the performance of this Agreement, it shall be liable to the other party, but neither party shall be liable to the other party for any consequential damages or incidental damages, such as loss of profit.

Each party shall pay all reasonable expenses, including the costs of litigation and attorney's fees, reasonably incurred by the other party in enforcing this Agreement. In the event a third party commences any proceeding for which a party hereto intends to claim indemnification against the other party, such party shall promptly notify thereof the other party and allow equitable participation in all stages of the proceeding and settlement thereof. Failure to promptly notify thereof or allow equitable participation by the other party shall reduce the right of indemnification to the extent of actual resultant prejudice.

④ 주권면제특권포기(Waiver of Sovereign Immunity)

㉮ 국가계약의 개념과 특징

최근 국가 또는 정부기관과 외국 민간기업간에 이루어지는 이른바 국가계약(state contract)이 급격히 늘어나고 있다. 이는 개발도상의 여러 나라에서 정부의 강력한 주도 아래 경제개발을 추진하고자 하는 데서 많이 볼 수 있고, 자유경제체제하의 선진제국에서도 국가계약을 통하여 국가통상활동을 증대해 나아가고 있을 뿐만 아니라, 특히 사회주의 국가에서는 국가관리하의 통상활동이 거의 이러한 국가계약에 의하여 이루어지고 있기 때문이다.

국가계약이 갖는 특징은, 첫째로 당사자가 불평등한 점(당사자의 일방이 주권을 행사하는 정부 또는 정부기관이므로 상대방 민간기업과는 근복적으로 지위가 크게 다름), 둘째로 계약의 목적이 공공사업적 성격을 띠고 있다는 점(이런한 성격의 국가계약을 concession계약이라고 부름), 셋째로 준거법의 지정에 있어 국가당사자의 국내법을 지정하고 있든가 아니면 법의 일반원칙(General principles of law recognized by civilized nations)을 수용하고 있는 점 그리고 끝으로 주권면제특권의 장애와 특정 국내재판소의 재판에 대한 정치적 불신감 때문에 중재제도를 널리 활용하고 있다는 점들을 들 수 있다.

④ 주권면제특권의 포기조항

계약중에 중재조항을 두지 않았거나 또는 중재조항을 두었다 할지라도 중재에 부탁된 범위외의 계약에 관한 사항은 최종적으로 국가가 행하는 재판에 의하여 그 분쟁을 해결하지 않으면 안 된다.

이 경우 국가계약의 외국인 당사자는 상대방 국가(또는 국가기관)를 피고로 하여 소송을 제기한다 해도, 상대방 국가는 주권국가라는 것을 이유로 하여 자국 이외의 어떠한 타국의 재판에도 응소하지 않을 수 있다. 그것은 국제법상 주권국가는 상호평등이므로, 원칙적으로 어떤 국가든 타국에 대하여 민사·형사상의 재판관할권을 행사할 수 없기 때문이다. 이 원칙을 국가의 재판(관할)권 면제 또는 주권면제특권이라고 부른다.

주권면제특권 포기조항(waiver of sovereign immumity)은 국가인 당사자로 하여금 미리 이러한 재판권 면제를 포기하도록 하자는데 그 목적을 두고 있다.

주권면제특권 포기가 가능한 계약은 그 거래내용이 당사자의 순수한 주권적 내지 공적인 것이어서는 아니되고 상업적 · 사법적인 것에 한정된다. 주권면제특권 포기조항의 예문은 다음과 같다.

(예) This agreement constitutes a commercial act made by the Purchaser and the Purchaser is therefore generally subject to setoff, suit, judgment and execution and neither it or its property has the right of immunity from setoff, judgment, attachment or execution on the grounds of sovereignty in regard to its obligations and liabilities under this Agreement. To the extent that the Purchaser or any of its property has or hereafter may acquire any such right of sovereign immunity, the Purchaser hereby irrevocably waives all such right to immunity from legal proceedings, attachment prior to judgment, other attachment, or execution of judgment on the grounds of sovereignty in any action arising hereunder on behalf of itself and all its present and future property.

(4) 결문

1) 말미문언(Testimonium Clause)

계약서의 본문작성이 끝나면 다음과 같은 말미문언을 기재하고 날인증서에 의한 계약서의 경우에는 당사자가 날인을 함으로써 또는 날인증서가 없는 계약서 일 경우에는 당사자의 서명만으로 계약서는 완성된다.

(가) 날인증서가 있는 계약서의 예

IN WITNESS WHEREOF, the parties have executed this Agreement by causing their corporate seals to be hereunto affixed and duly attested and these presents to be signed by their duly authorized representatives, the seventh day of May 20××.

(나) 날인증서가 없는 계약서의 예

IN WITNESS WHEREOF, the parties have executed this Agreement in duplicate by their duly authorized representatives as of the date first above written.

2) 서명(Signature)

(가) 계약당사자가 개인인 경우

계약당사자 자신이 이름 및 자신을 나타내는 특정의 표시를 적으면 된다.

(나) 대리인이 계약당사자를 대신하여 서명할 경우

Signed for and on bahalf of Tom(본인) by Mary(대리인) his duly authorized attorney in the presence of ; (증인) (증인을 세우지 않을 경우 in the presence of를 삭제하면 됨)

(다) 계약당사자가 법인인 경우

법인이 체결한 계약이 유효하게 성립하기 위하여는 당해 계약을 체결한 법인이 권리능력을 갖고 있을 뿐만 아니라 법인을 대표할 권한이 있는 자가 서명하여야 한다.

A & B Co., Ltd

(signed)

Fred Bialeh
President

3) 날인(Seal)

(가) 개인인 경우

인영을 압날할 필요는 없으며 영국의 경우에는 서명의 뒤에 검붉은 색의 작은 원형의 지편을 붙이기도 하고 미국의 경우에는 서명의 뒤에 "Seal" 혹은 "L.S"

(Locus Sigilli=Place of the seal)라고 기입하기도 한다(혹은 L.S의 위치에 지편을 붙여도 좋다).

Signed, Sealed and Delivered for and on behalf of Tom Jones
by (signed)
Mary Smith
his duly authorized attorney in the presence of
(signed)
Rober Black

(나) 회사의 경우

사인(Common Seal)을 압날하고 이사 1명과 비서(secretary)로 하여금 그 면전에서 압날하였음을 보증하고 서명하도록 하여야 한다.

The Common Seal of A & B Co., Ltd.
was hereunto affixed in the presence of
(signed)
Fred Bialck
Common Director
Seal (signed)
John Wheeler
Secretary

계약서를 작성한 후에, 이른바 오기(clerical error), 탈자 등이 발견되었을 경우에 삭제, 삽입 등의 정정은 다음 방법에 의하되, 단순한 오기가 아닌 내용의 변경이 따를 경우 또는 정정자 수가 많을 경우에는 타자를 다시 해야 한다. 즉 삭제의 경우에는 한국 계약서의 경우와 같이 삭제할 위치를 두 줄의 평행선으로 말소하여야 하되, 말소 전의 문언이 무엇이었는가를 알 수 있도록 할 필요가 있으며 말소한 위치의 난외에는 양 당사자가 "initial"을 기입하는 것이 통례이다. 정정가필의 경우에도 말소한 위에 상행과의 행사이에 부가할 문언을 가필하되 정정한 위치의 난외에 양 당사자의 "initial"을 기입하는 것이 보통이다.

또 계약서 중 일부(또는 몇 장)를 바꿔치기 하는 것을 막기 위하여 각 페이지마다 양 당사자가 "initial"을 서명하는 경우가 많다.

또한 나라에 따라서는 계약을 체결함에 있어서 특별한 용지를 사용할 것을 의무화하기도 하고, 인지세의 납부를 의무화하는 경우도 있고, 체결된 계약의 등록을 필요로 하는 경우도 있다. 이러한 의무에 위반할 경우에 그 효과는 단지 벌금에 그치는 것도 있는가 하면 대항력, 강제집행력에 다소 차이가 있는 경우도 있으므로 이 점도 유의할 필요가 있다.

보통 관청에 등기 또는 등록할 필요가 있는 경우에는 공증인(Notary Public)의 공증(notarization)이나 인증(acknowledgement)을 받을 필요가 있다. 이처럼 후일 정당하게 계약서가 작성되었다는 것을 증명하기 위하여는 공증을 받아두어야 한다.

2. 국제물품매매를 위한 계약서

2.1. 일반무역조건협정서

AGREEMENT ON GENERAL TERMS AND CONDITIONS OF BUSINESS

This Agreement entered into between A & B Co., Ltd., Seoul, Korea, hereinafter called the Sellers, and X & Y Inc., New York U.S.A. hereinafter referred to as the Buyers witnesses as follows :

1. **Business**: Both Sellers and Buyers act as Principals and not as Agents.

2. **Goods**: Goods in Business, their unit to be quoted, and their mode of packing shall be stated in the attached list.

3. **Quotations and Offers**: Unless otherwise specified in E-mail or letters, all quotations and offers submitted by either party to this Agreement shall be in U.S. Dollars on a CIF New York Incoterms® 2010.

4. **Firm Offers**: All firm offers shall be subject to a reply within the period stated in respective cables. When "immediate reply" is used, it shall mean that a reply is to be received within three days and in either case, however, sundays and all public holidays are excepted.

5. **Orders**: Any business closed by cable shall be confirmed in writing without delay, and orders thus confirmed shall not be cancelled unless by mutual consent.

6. **Credit**: Banker's Irrevocable Letter of Credit shall be issued in favor of the Sellers immediately upon confirmation of sale;credit shall be made available twenty-one(21) days beyond shipping promises in order to provide for unavoidable delays of shipment.

7. **Payment**: Drafts shall be drawn under credit at sight, documents

일반무역조건협정서

본 협정서는 한국 서울특별시의 A&B 주식회사(이하 매도인이라 칭함) 및 미국 뉴욕의 X&Y 주식회사(이하 매수인이라 칭함)간에 다음과 같은 사항을 정한다.

1. **거래** : 매도인 · 매수인의 쌍방은 본인으로서 거래하며 대리인으로서 행하는 것이 아니다.

2. **물품** : 거래물품, 제시단위 및 포장형태를 별표에 기재한다.

3. **견적 및 청약** : 전자우편 또는 서신에 별도의 규정이 없는 한 본협정 당사자에 의한 견적 및 청약은 모두 인코텀즈 2010 규칙의 뉴욕항 운임 · 보험료포함가격에 의한 미화를 기준으로 한다.

4. **확정청약** : 확정청약은 모두 개개의 전보에 제시되어 있는 기한 내의 회답을 조건으로 한다. "즉답"이라는 용어를 사용하였을 때에는 회답이 3일 내에 도착한다는 것을 뜻한다. 다만 어떠한 경우에도 일요일 및 모든 공휴일은 제외한다.

5. **주문** : 전보에 의해 결제된 거래는 지체 없이 서면에 의하여 확인하는 것으로 하고 이렇게 확인된 주문은 당사자 쌍방의 동의에 의하지 않는 한 취소할 수 없는 것으로 한다.

6. **신용장** : 매매가 확인되는 즉시로 은행취소불능신용장이 매도인 앞으로 발행되도록 한다. 신용장은 부득이한 선적지연에 대비하기 위하여 그 유효기간을 선적약정 기일보다 21일간 길게 한다.

7. **대금결제** : 환어음은 일람출급 신용장으로 하고 서류를 첨부 송장금

at-tached, for the full invoice amount.

8. Shipment: All goods sold in accordance with this Agreement shall be shipped within the stipulated time. The date of Bill of Lading shall be taken as conclusive proof of the day of the shipment. Unless expressly agreed upon, the port of shipment shall be at the Seller's option.

9. Cargo Insurance: All shipments shall be covered ICC(B) Clauses for a sum equal to the amount of the invoice plus ten(10) percent, if no other conditions are particularly agreed upon. All policies shall be made out in U.S. dollars and payable in New York.

10. Quality: The Sellers shall guarantee all shipments to confirm to samples, types, or descriptions, with regard to quality and condition.

11. Damage in Transit: The sellers shall ship all goods in good condition, and the buyers shall assume all risks of damage, deterioration, or breakage during transportation.

12. Claims: Claims, if any, shall be submitted by E-mail within fourteen(14) days after arrival of goods at destination. Certificates recognized by surveyors shall be sent by mail without delay. All claims which cannot be amicably settled between Sellers and Buyers shall be submitted to arbitration in Seoul the arbitrators consist of three members, the decision of an umpire selected by the arbitrators shall be final, and the losing party shall bear expenses thereof.

13. Force Majeure: The Sellers shall not be responsible for the delay of shipment in all cases of force majeure, including mobilization, war, acts of terrorism, riots, civil commotion, hostilities, blockade, requisition of vessels, prohibition of export, fires, floods, earthquakes, tempest, and any other contingencies, which prevent shipment within the stipulated period. In the event of any of the aforesaid causes arising, documents proving its occurrence or existence shall sent by the Sellers to the Buyers without delay.

14. Delayed Shipment: In all cases of force majeure provided in

액 전액에 대하여 발행되는 것으로 한다.

8. **선적** ; 본협정에 의해 매매되는 물품은 모두 약정기한 내에 선적되는 것으로 한다. 선화증권의 일자는 선적일을 최종적으로 입증하는 것으로 간주한다. 별도의 약정이 없는 한 선적항은 매도인이 자유로이 선정한다.

9. **적화보험** : 특히 다른 조건을 약정하지 않는 한 모든 물품은 송장금액에 10%를 가산한 것에 ICC(B) 조건의 보험을 부보하는 것으로 한다. 모든 보험증권은 미화로써 표시되며 또한 뉴욕에서 지급되는 것으로 한다.

10. **품질**: 매도인은 모든 물품이 품질 및 상태에 관하여 견본, 형태 또는 명세와 일치할 것을 보증한다.

11. **운송중의 손상**: 매도인은 모든 물품을 양호한 상태로 선적하고 매수인은 운송도중의 손상 · 변질 혹은 파손에 관한 모든 위험을 부담하는 것으로 한다.

12. **클레임**: 클레임이 있을 때에는 물품이 목적지에 도착한 후 14일 이내에 전자우편으로써 행하고 감정인이 인정한 증명서를 지체 없이 우편으로 제시토록 한다. 매도인과 매수인 사이에서 화해할 수 없는 클레임은 모두 서울에서 중재에 붙여지고 그 중재인은 3명으로 구성되며 양자의 의견이 일치하지 않을 때에는 중재인이 선정하는 중재인의 결정에 최종적으로 따르기로 한다. 패소자는 그 중재비용을 부담하도록 한다.

13. **불가항력**: 약정기간 내에 선적을 방해하는 동원, 전쟁, 테러행위, 소요, 폭동, 적대행위, 항만봉쇄, 선박징발, 수출금지, 화재, 홍수, 지진, 폭풍, 기타 예측하기 어려운 사건 등의 불가항력적인 사건이 발생했을 경우에는 매도인은 선적지연에 대하여 책임을 지지 않는다. 전기한 제요인이 발생하였을 때에는 매도인은 이것의 발생 혹은 존재를 증명하는 서류를 지체 없이 매수인에게 송부하여야 한다.

14. **선적지연**: 본 협정서 제13조에 규정한 불가항력일 경우에는 약정된

article 13, the period of shipment stipulated shall be extended for a period of twenty-one(21) days. In case shipment within the extended period should still be prevented by a continuance of the causes mentioned in Article 13 or the consequences of any of them, it shall be at the Buyers' option either to allow the shipment of late goods or to cancel the order by giving the Sellers the notice of cancellation by E-mail.

15. Shipping Notice: Shipment effected against the contract of sale shall be immediately E-mailed.

16. Shipment Samples: In case shipment samples be required, the Sellers shall forward them to the Buyers prior to shipment.

17. Marking: All shipments shall be marked as arranged otherwise.

18. Tele-transmission Expenses: Expense relating to tele-transmission shall be borne by the respective senders.

In witness whereof, A&B Co., Ltd. have hereunto set their hand on the 1st day of September, 20××, and X & Y Inc., have hereunto set their hand on the 10th day of October, 20××, This Agreement shall be valid on and from the 1st day of November, 20××, and any of the Articles in the Agreement shall not be changed or modified unless by mutual consent.

(Buyers) X & Y Inc.	(Sellers) A & B Co., Ltd.
(signed)	(signed)
John F. Dolan	Gil-dong Hong
President	President

선적기간을 21일간 연장하는 것으로 한다. 유예기간 내의 선적이 제13조에 기재된 제요인이 계속 혹은 그 결과에 의하여 아직 방해되고 있을 경우에는 지연화물의 선적을 용인하든가 아니면 전자우편으로 해약통지를 매도인에게 행함으로써 주문을 취소할 것인가 하는 것은 매수인이 자유로이 결정하도록 한다.

15. **선적통지**: 매매계약에 대하여 행한 선적은 즉시 전자우편으로 통지한다.

16 **선적 견본**: 선적 견본을 필요로 할 때에는 매도인은 그와 같은 견본을 선적 전에 매수인에게 송부하도록 한다.

17. **화인**: 모든 선적물품에는 별도로 약정한 대로 화인을 표시한다.

18. **전송료**: 전송료는 각각의 발신인이 이를 부담한다.

상기사항의 증거로서 A&B 주식회사는 20××년 9월 1일에 이에 서명을 하고 또 X&Y 주식회사는 20××년 10월 10일 이에 서명을 하였다. 본 협정은 20××년 11월 1일부터 효력을 발생하며 본 협정서의 조항 어느 것이든 당사자 쌍방의 의견이 일치하지 않는 한 변경 혹은 수정되지 아니한다.

(매수인) X & Y 주식회사
대표이사 존 에프 돌란

(매도인) A & B 주식회사
대표이사 홍길동

2.2. 정형무역계약서

(전면)

SALES CONTRACT

Date : May 1, 20××
No. : E15

Messrs. X & Y Inc.
350 Fifth Avenue
New York, NY10118, U.S.A

Dear Sirs,

We as Seller confirm having sold you as Buyer the following goods on the terms and conditions as stated below on the back hereof.

Item #	Description	Quantity	Unit Price	Amount
	Men's Split Leather Jackets		FOB Busan Incoterms® 2010	
ST-101		2,000pcs.	@$25	US$50,000
ST-102		2,000pcs.	@$25	US$50,000
TOTAL:		4,000pcs.		US$100,000

*Materials:

1. Leather part : Cow split leather thickness 1.0～1.2mm ······ Used 16 SF/pc.
2. Lining part : 100% Nylon Taffeta 190T 44/45"width ······ Used 1.6m/pc.
3. Zipper : #8 Plastic Zipper open end lock 21" long ······ Used 1pc./pc.
4. Accessory : Label ······ Used 1pc./pc.

Size Spec. & Assort ······ Total Weight 600g/pc.

Payment : Under irrevocable L/C at sight to be issued in our favor.
Price Term : FOB Busan Incoterms®2010
Insurance : To be covered by buyer.
Inspection : Seller's inspection to be final.
Documents :
1. Commercial Invoice
2. Packing List
3. Full set of clean on board marine Bills of Lading
4. Inspection Certificate

Shipment : Within 3 months after date of this contract.
Destination : New York, U.S.A
Origin : R. O. K
Packing : Export Standard Packing.
Shipping Marks : ◇XNY◇
NEW YORK
C/T NO.1-200
MADE IN KOREA

Buyer,
X & Y Inc.
(Signed)
John F. Dolan
President

Seller,
A & B Co., Ltd.
(Signed)
Gil-dong Hong
President

P.S : Please sign and return the duplicate to Seller after confirming.

(후면)

GENERAL TERMS AND CONDITIONS

1. **BASIS**: All business hereunder shall be transacted between Buyer and Seller on a principal to principal basis.
2. **QUANTITY**: The quantity set forth on the face hereof is subject to variation of five percent(5%) plus or minus at Seller's option.
3. **SHIPMENT**: The date of the Bill of Lading shall be accepted as the conclusive date of shipment. A grace period of 20 days shall be allowed for shipment earlier or later than time agreed by the parties. Partial shipment and transshipment shall be permitted at the option of Seller unless otherwise stated on the face hereof. Each shipment shall be considered as a separate contract. Seller shall not be responsible for nonshipment or late shipment of the Goods due to failure of Buyer to provide in time the relative letter of credit or other instructions requestrd by Seller or due to failure of Buyer to comply with the terms and conditions of the Contract in a timely manner.
4. **PAYMENT**: An irrevocable, without recourse and unrestricted letter of credit at sight in full conformity to this Contract shall be issued by Buyer in favor of Seller through a bank acceptable to Seller within 15 days after conclusion of this Contract and such letter of credit shall have the validity of at least 15 days after the last day of the month of shipment.
5. **INSURANCE**: If this Contract is on CIF or CIP basis the insurance shall be effected for one hundred ten percent(110%) of the invoice amount. Any additional premium for insurance coverage over 110% of the invoice amount if so required, shall be borne by Buyer and shall be added to the invoice amount, for which the letter of credit shall be worded accordingly. If the war risk insurance or other special

insurance is deemed necessary by Buyer or Seller, Seller shall effect such insurance at Buyer's expense. Any changes in insurance rates from the rates available at the time of this contract shall be for Buyer's account. In this Contract where Buyer is to effect the insurance, he shall give Seller the necessary information thereof in time for the scheduled shipment.

6. **INSPECTION**: Unless otherwise instructed by Buyer, inspection of the Goods performed by Korean surveyor under the laws and regulations of Korea, manufacturer or Seller before shipment shall be considered as final. When Buyer requires a special inspector to perform the inspection of the Goods, Buyer must inform Seller of the name of such inspector at the time of acceptance of the Contract and shall bear and all costs and expenses to be incurred in connection with such special inspection. Inspection performed by such special inspector nominated by Buyer shall be final.
7. **PACKING**: Packing, packaging and marking shall be done at the Seller's discretion, unless otherwise specifically provided on the face herof. In the manner customary for the respective merchandise, special arrangements are being subject to buyer's extra charges.
8. **CARRIER**: In the event that Buyer nominates a carrier or particular vessel for shipment of the Goods, Seller shall not be responsible for late shipment or nonshipment due to delay or cancellation of or any other terms, conditions or procedures necessitated thereby or resulting therefrom.
9. **TAXES AND DUTIES**: All taxes, duties, costs and charges for the Goods shall be borne and paid by Buyer.
10. **CLAIMS**: Any claims by Buyer regarding the Goods shipped shall be notified by Buyer to Seller fully by telex or cable or in writing to Seller supported by certificate of an authorized public surveyor within 30 days after the arrival of the Goods at the destination specified in the

relative Bill of Lading. A claim made after the said 30 days period shall have no effect and Seller shall not be obligated to honor it. Seller shall not under any circumstances be liable for indirect or consequential damages.

11.**DEFAULTS**: In the event of Buyer neglection or defaulting his parts in this Contract or becoming insolvent, Seller shall have the option of suspending performance of or cancelling this Contract, reserving the right to claim against buyer for expense, charges, losses and/or market differences caused by such suspension or cancellation.

12. **DISPOSITION OF THE GOODS**: In the event of cancellation of this contract or rejection of the Goods, Seller shall be entitled to resell or otherwise dispose of the Goods to third parties, regardless of the trade-mark, design, patent, copyright, utility model etc., thereon Buyer shall not raise any objection to such disposition.

13. **INCREASED COST**: If Seller's costs of performance of this Contract are increased after the date of this Contract by reason of increased freight rates, taxes or other governmental charges or insurance rates or if any fluctuation in exchange rates increases Seller's cost or reduce Seller's earnings, Buyer shall bear all such increased cost or loss of earnings suffered by Seller.

14. **INFRINGEMENT OF PATENTS, TRADE MARKS, ETC.**: Seller shall not be liable for infringements of patents, designs, trademarks or copyrights involving the Goods, If any dispute arises concerning patents, designs, tradmarks or copyright as the result of the sale of the Goods by Seller, Buyer shall at its own expense, take all such steps as may be necessary to protect itself.

15. **WARRANTY**: There are no represtations or warranties, whether express or implied, as to the fitness for a particular purpose of the Goods sold hereunder other than description on the face of this Contract.

16. **WAIVER**: Failure of Seller at any time to require full performance by Buyer shall not affect the right of Seller to enforce the same. The

waiver by Seller of any breach of any provision hereof shall not be construed as a waiver of any subsequent breach of any provision or waiver of the provision itself.

17. **FORCE MAJEURE**: If shipment is prevented or delayed in whole or in part by reason of any prohibition license or any other acts of any terrorism, revolution, riot, strike or other labour disputes, fire, flood, typhoon, peril or accident of the sea, inability to obtain tranportation or any other causes beyond the control of Seller, then Seller shall not be liable for nonshipment or late shipment of the Goods or for non-performance of this Contract, and Buyer must accept any shipment made within one month after the termination or removal of any of the aforesaid causes which prevented Seller from timely performance of this Contract, or at Seller's option must accept the termination of all or any part of this Contract in which event Seller shall have no obligation or liability whatsoever to Buyer under this Contract.
18. **HARDSHIP**: The party shall make a request for revision within a reasonable time from the moment it become inequitable due to factors beyond the control of the parties hereto, including substantial changes in economic circumstances of the present Contract. The request for revision does not of itself suspend performance of the Contract. If the parties fail to agree on the revision of the Contract within a time-limit of 60 days of the request, the Contract remains in force in accordance with its original terms.
19. **ARBITRATION**: All disputes, controversies, or differences which may arise between the parties, out of or in relation to or in connection with this Contract, or for the breach thereof, shall be finally settled by arbitration in Seoul, Korea in accordance with the rules of the Korean Commercial Arbitration Board under the Laws of Korea. The award rendered by the arbitrators shall be final and binding upon both parties concerned.

20. **ENTIRE AGREEMENT**: This agreement constitutes the entire agreement between the parties, all prior representations having been merged herein, and may not be modified except by a writing signed by a duly authorized representatives of both parties.
21. **JURISDICTION**: The Seoul Distric Court of Republic of Korea shall be jurisdiction over all disputes which may arise between the parties with respect to the execution, interpretation and performance of this Contract and the parties shall waive other forum to which they might be entitled by virtue of domicile or otherwise.
22. **TRADE RULES AND APPLICABLE LAW**: (a) The trade rules used under this Contract shall be governed and interpreted by the provisions of Incoterms® 2010. (b) Unless otherwise stipulated in this Contract, United Nations Convention on Contracts for the International Sale of Goods 1980 applies to this Contract between parties in case of formation of Contract and remedies for breach of Contract. (c) This Contract shall be governed, construed and performed by the laws of the Republic of Korea.

2.3 매매계약서

SALES AGREEMENT

This Agreement ("Agreement") is made this March 1, 20×× by and between America International Inc., with its registered office at 310 Fifth Ave. West, New York, NY10001, U.S.A.("Buyer") and Korea Trading Co., Ltd. its registered office at 1, 1-ga, Sogong-dong, Choong-gu, Seoul, Korea("Seller"):

WITNESSETH

WHEREAS, the Buyer desires to purchase from the Seller and the Seller desires to sell to the Buyer five million sets of T.V during a period of 5 years.

NOW, THEREFORE, in consideration of the promises and covenants herein contained, the parties hereto agree as follows:

Article 1. Sale of Goods

The Buyer shall purchase from the Seller and the Seller shall sell to the Buyer newly manufactured T.V Set("Goods") subject to the terms and conditions herein provided.

Article 2. Quantity, Specification and Quality

2.1 For 5 years commencing March 1, 20××, the Buyer shall purchase from the Seller and the Seller shall sell to the Buyer one million(1,000,000) pieces of the Goods per year to make the total quantities of the sale of the Goods five million(5,000,000) pieces during March 1, 20×× to February 28, 20××.

2.2 The specification and quality of the Goods shall be prescribed and specified in Specification attached hereto.

Article 3. Price

3.1 The agreed unit price of each Goods("Price") is Two Hundred United

매매계약서

이 계약은 20××년 3월 1일 아메리카인터내셔널주식회사(이하 매수인 : 미합중국 뉴욕주 뉴욕시 웨스트 5가 310번지 소재)와 한국무역주식회사(이하 매도인 : 대한민국 서울특별시 중구 소공동 1가 1번지 소재)간에 체결되었다.

매수인과 매도인은 향후 5년간 500만 대의 텔레비전을 매매하고자 희망하므로 여기에 기재된 약속을 약인으로 하여 당사자들을 다음과 같이 합의한다.

제 1 조 (물품매매)

매수인과 매도인이 이 계약에 규정된 조건으로 신제품 텔레비전세트(이하 물품)를 매매하기로 한다.

제 2 조(수량 · 규격 · 품질)

① 20××년 3월 1일부터 20××년 2월 28일까지 향후 5년간, 매수인은 매도인으로부터 매년 100만 대씩 총 500만 대의 물품을 매입하고 매도인은 이를 매수인에게 판매한다.

② 물품의 명세와 품질은 첨부된 명세서에 기재된 바와 같다.

제 3 조(가격)

① 합의된 물품의 단가는 인코텀즈 2010의 뉴욕항 도착 운임 · 보험료 포함가

States Dollars(US$200) on CIF New York Incoterms® 2010.

3.2 The Price is Fixed and effective up to shipments performed on or before the end of September, 20×× and thereafter the Price shall be readjusted every 6 months according to Seller's request.

Article 4. Payment

4.1 Except otherwise agreed by the parties, all the payment for the Goods shall be made in United States Dollars by an irrevocable letter of credit in favor of the Seller, confirmed by first class international bank designated by the Seller. The letter of credit shall be issued by the Buyer at least two months prior to each scheduled shipment date to be stipulated in Exhibit and to be negotiable at sight against draft and to be valid for no less than thirty(30) days after the latest date allowed for the shipment.

The Buyer shall bear all banking expenses associated with the issuing of the letter of credit.

Partial shipment, transhipment and partial negotiations of letter of credit shall be permitted and the letter of credit shall be worded accordingly.

4.2 Delay by the Buyer in issuing the letter of credit shall extend the time for performance of this Agreement by the Seller to such extent as may be necessary to enable it to make delivery in the exercise of reasonable diligence after such letter of credit has been issued. Should issuing the letter of credit be delayed for causes for which the Buyer is liable, Buyer shall pay the Seller amount equal to two-tenth of one percent(0.2%) of the amount of relevant letter of credit per each full week as liquidate damages net cash or sight draft within three days from receipt of relevant bill from the Seller.

However, the total amount of liquidated damages shall not be more than one percent(1%) of the amount of relevant letter of credit.

격으로 미화 200달러이다.
② 위의 가격은 20××년 9월말 이전에 선적된 물품에 적용되고, 그 이후의 가격은 매도인의 요청에 의하여 매 6월마다 조정한다.

제 4 조(대금지급)

① 당사자간에 달리 합의하지 않는 한, 물품대금은 매도인을 수익자로 하는 매도인이 지정한 국제적인 제1급 은행이 확인한 취소불능신용장으로 결제하여야 한다. 신용장은 표에 기재한 예정 선적일보다 최소한 2개월 전에 발행되어야 하며 동 신용장은 일람출급환어음으로 결제되며, 허용된 최후 선적일로부터 최소한 30일 동안 유효한 조건이어야 한다. 매수인은 신용장 발행과 관련한 은행비용을 부담한다. 분할선적, 환적, 신용장에 의한 분할결제 등이 허용되는 조건이 신용장에 명시되어야 한다.

② 매수인이 신용장을 지연하여 발행하는 경우, 이 계약의 이행기간은 신용장 발행 후, 합리적으로 노력하여 물품을 인도할 수 있을 만큼 연장된다. 매수인의 귀책사유로 신용장발행이 지연되는 경우에는, 매수인은 지연되는 1주일마다 관련 신용장 금액의 0.2%를 예정손해금으로서 매도인의 청구를 받은 후 3일 이내 현금이나 일람출급환어음으로 매도인에게 지급하여야 한다.
그러나 예정손해금은 관련신용장 금액의 1%를 초과하지 못한다. 신용장의 발행이 5주 이상 지연되는 경우에는 매도인은 위 예정손해금의 청구를 포함하여 이계약에 의한 매도인의 권리를 침해함이 없이 이 계약을 해제할 수 있다.

Should issuing of letter of credit be delayed by more than five (5) full weeks, the Seller may terminate the Agreement without prejudice to the Seller's rights under the Agreement, including claim of said liquidated damages.

Article 5. Shipment of the Goods

5.1 The Goods shall be delivered by the Seller to the Buyer at any Korean port in accordance with the Shipment Schedule attached hereto as Exhibit("Shipment Schedule")

5.2 The Seller shall arrange the suitable vessel of any flag, subject to freight being available to transport the Goods to the destination, New York, U.S.A. or other seaport designated by the Buyer on relevant letter of credit provided the CIF price is not increased.

The Seller shall notify by E-mail or Facsimile, the Buyer of necessary information at least 7days before each shipment so that the Buyer may make arrangement for receipt and inland transportation, if necessary, of the Goods.

Article 6. Late Delivery

6.1 In the event that Seller delays shipment of the Goods in accordance with the Shipment Schedule for reasons solely attributable to the Seller, the Buyer shall grant the Seller seven days grace, without liquidated damage on each specified delivery.

After that seven days' grace, the Buyer have the right to claim one percent(1%) of the contract price of the Goods of which shipment shall have been delayed, per each full week from seven days after the scheduled delivery date until actual shipping date thereof.

The total amount of the liquidated damage under the Agreement shall be limited to six percent (6%) of the contract price of the Goods delayed.

6.2 If the aforesaid delay of delivery exceeds six (6) full weeks, the Buyer

제 5 조 (물품선적)

① 표에 첨부된 선적일정에 따라, 매도인은 물품을 대한민국의 항구에서 매수인에게 인도한다.

② 매도인은 미국의 뉴욕 또는 CIF가격이 증가되지 않는 범위 내에서, 관련 신용장에서 매수인이 지정한 기타 항구를 목적항으로 운송하는 운임선지급의 적절한 국적선을 수배하여야 한다. 매도인은, 매수인이 물품의 인수 및 내륙운송을 위한 필요한 조치를 취할 수 있도록 선적시마다, 선적일 7일 전에 전자우편이나 모사전보로써 매수인에게 관련정보를 통지하여야 한다.

제 6 조(인도지연)

① 매도인의 귀책사유로 선적일정에 의한 선적이 지연되는 경우에는 매수인은 예정된 인도에 관한 예정손해금없이 7일간의 유예기간을 허용하여야 한다. 7일간의 유예기간 후, 매수인은 예정된 인도기일로부터 7일 후부터 실제로 선적된 일자까지 매주 선적이 지연되는 물품의 계약금액의 1%를 손해배상으로 청구할 권리를 가진다. 예정손해금액의 총액은 지연된 물품 계약금액의 6%를 초과하지 못한다.

② 물품의 인도가 6주 이상 지연되는 경우, 매수인은, 위 예정손해금의 청구

have the right to cancel the Agreement, without prejudice to Buyer's right under the Agreement, including claim of said liquidated damages.

6.3 In the event of Force Majeure, liquidated damage for late delivery shall not be applied.

Article 7. Packing and Marking

The Goods shall be packed and marked in the manner customary for exporting. In case special instruction are necessary, Buyer shall furnish Seller with such instructions in time for preparation or shipment of the goods.

Article 8. Insurance

8.1 Seller shall effect marine insurance on all shipments on ICC (B) for 110% of the invoice amount.

Article 9. Warranty

9.1 Each goods supplied by the Seller is hereby expressly warranted to be free from defect in material and workmanship under normal use and service.

9.2 This warranty shall be limited to a period of 12 months after delivery thereof to the buyer under storage in a roofed warehouse.

9.3 The above warranty shall not apply to the Goods, which is used for a purpose for which it was not designed or which has been subject to normal wear and tear, damage caused by accident, misuse, abuse, damage occurring during shipment.

9.4 The Seller's liability under this warranty shall be in lieu of all other liabilities of the seller for defect in material or workmanship of the Goods or any other warranties, express or implied, statutory or at common law which the buyer hereby waives. In no event shall the seller be liable for consequential or indirect damages regarding the Goods.

를 포함하여 이 계약에 의한 매수인의 권리를 해함이 없이 계약을 해제할 권리를 가진다.

③ 불가항력의 경우, 인도지연에 대한 예정손해금은 적용되지 아니한다.

제 7 조 (포장과 화인)

물품은 수출시 사용하는 관례적인 방법으로 포장되고 화인이 표시되어야 한다. 특별지시가 필요한 경우에는 매수인은 매도인에게 물품선적을 위한 적절한 시일내 동 지시를 통지하여야 한다.

제 8 조(보험)

매도인은 모든 적화에 대하여 송장금액의 110%에 상당한 금액을 협회적화약관(B)조건의 해상보험에 부보하여야 한다.

제 9 조(담보)

① 매도인이 인도한 모든 물품은 정상적인 사용을 조건으로 재료와 기술상의 하자가 없음을 명시적으로 담보되어야 한다.

② 하자 담보는 매수인의 창고에 입고된 후부터 12월까지 유효하다.

③ 위 담보책임은 물품이 예정 외의 목적에 사용되거나, 물품이 마멸, 사고에 의한 손상, 오용, 남용, 운송중 손상 등의 경우에는 적용되지 아니한다.

④ 이 담보조항에 의한 매도인의 책임은 물품의 재료나 기술상의 하자에 대한 매도인의 기타의 모든 책임으로 대신할 수 있거나, 명시적으로 또는 묵시적으로 매수인이 유보하는 성문법이나 보통법상의 기타 담보책임으로 대신할 수 있다. 그러나 어느 경우에든, 매도인은 물품에 파생적, 간접적 손해에 대하여는 책임을 지지 아니한다.

Article 10. Claim

Any claims by Buyer of whatever nature arising under this contract shall be made by E-mail within thirty(30) days after arrival of the goods at the destination specified in the bills of lading. Full particulars of such claim shall be made in writing, and forwarded by registered mail to Seller within fifteen(15) days after E-mailing. Buyer must submit with particulars sworn surveyor's reports when the quality or quantity of the goods delivered is in dispute.

Article 11. Force Majeure

11.1 Except for the payments due for the Goods delivered by the Seller, any party("Affected Party") hereto shall not be responsible to the other party("Non-Affected Party") for nonperformance either in whole or in part or delay in performance of the terms and conditions of the Agreement, due to war, acts of terriorism, warlike operation, acts of God, riot, strikes, sabotage or other labor disturbances in the manufacturing plant, lockout of the manufacturing plant, epidemics, floods, earthquakes, typhoon, embargoes, laws and regulations of the Buyer's country or seller's country, or any other causes beyond the control of the parties.

In case of any such event the terms of this Agreement relating to time and performance shall be suspended during the continuance of the event.

11.2 Within five (5) days from the date of commencement of the event, the Affected Party shall advise the Non-Affected Party by E-mail, Facsimile or Cable of the date when such delay in performance commenced, and the reasons therefore as enumerated in this Agreement; likewise, within five (5) days after the delay ends, the Affected Party shall advise Non-Affected Party by E-mail, Cable or Facsimile of the date when such delay ended, and shall also specify

제10조(클레임)

이 계약으로 인하여 발생하는 매수인에 의한 모든 클레임은 물품이 선화증권에 기재된 목적지에 도착한 후 30일 이내 전자우편으로 제기하여야 한다. 전자우편전송 후 15일 이내에 동 클레임의 명세는 서면으로 작성되어 등기우편으로 매도인에게 송부하여야 한다. 물품의 품질이나 수량이 문제가 되는 경우에는 매수인은 상세한 검사보고서를 제시하여야 한다.

제11조(불가항력)

① 매도인이 인도한 물품대금의 지급을 제외하고, 어느 당사자도 전쟁, 테러행위, 준전시상태, 천재지변, 파업, 태업 또는 기타 노동쟁의, 공장폐쇄, 전염병, 홍수, 지진, 폭풍, 수출금지, 매수인 또는 매도인 국가의 법규, 기타 당사자가 통제할 수 없는 사유로 계약조건을 불이행(전부 또는 일부)하거나 이행을 지연한 경우에는, 상대방에 대하여 그로 인한 책임을 부담하지 않는다. 위의 경우, 기간 및 이행에 관한 이 계약의 조건은 불가항력 사유가 지속되는 동안만큼 연장된다.

② 채무불이행 당사자는 불가항력 사유가 발생한 날로부터 5일 이내에 상대방에게 전자우편, 모사전보 또는 전신으로써 지연사유의 개시일자와 이 계약에 열거된 지연사유를 통보하여야 한다. 또한 채무불이행 당사자는 지연사유가 종료된 후 5일 이내에 상대방에게 전자우편, 모사전보 또는 전신의 방법으로 지연사유의 종료일자와 예상되는 계약의무이행 완료일자를 통보하여야 한다.

the redetermined time by which the performance of the obligation hereunder is to be completed.

Article 12. Breach, Indemnity

12.1 In the event either party breaches an obligation under this Agreement or toward a third party delays or interferes with the other party in the performance of this Agreement, it shall be lible to the other party for any reasonable direct damages thereby sustained by the other party. In the event a third party commences any proceeding for which a party hereto intends to claim indemnity, such party shall promptly notify the other party and allow suitable participation in all stages of the proceeding and settlement thereof. Failure to promptly notify or allow equitable participation by the other party shall reduce the right of indemnity to the extent of actual resultant prejudice.

12.2 It is specifically understood and agreed by both parties that Buyer shall be solely responsible for observance of any restriction against importation of the Goods imposed by any federal or local authority in (U.S.A.) and shall defend and save harmless the Seller from any liabilities and obligations under the restriction or any claims arising out of the infringement of the restriction.

Ariticle 13. Taxes, Duties, Contingent Charges

13.1 Any duties, tariffs for import and export or other taxes or charges which are now assessed or imposed or which may hereafter be assessed or imposed by U.S.A. Government or other competent authorities other than Korea in connection with the Goods and/or transactions thereof shall be borne and paid by the Buyer.

13.2 Increase in freight, insurance premium, and/or surcharge, due to war, threat of war, warlike conditions, port congestion or other emergency or contingency unforeseen or not existent at the time of concluding the Agreement, shall be for the Buyer's account.

제12조(계약위반, 보상)

① 일방 당사자가 계약상 또는 제3자에 대한 의무를 위반하거나, 계약이행을 지연하거나, 상대방의 계약이행을 방해하는 경우에는 상대방이 입은 합리적인 직접손해에 대하여 책임을 진다. 제3자가 법적인 절차를 개시하고, 동 절차에 의하여, 일방 당사자가 타방에게 배상을 주장할 수 있는 때에는 일방은 즉시 타방에게 통지하여 타방당사자가 위 절차 및 그의 해결을 위한 모든 과정에 적절히 참여할 수 있도록 하지 못한 경우에는, 그 상대 당사자가 입은 실질적인 손해만큼 배상권리가 경감된다.

② 특히 양 당사자는 매수인만이 (미국) 연방 또는 지방 당국이 부과하는 물품수입에 관한 규제사항을 준수할 책임이 있으며, 또한 규제사항에 의한 책임과 의무 또는 규제사항 위반에 의한 어떠한 클레임에 대해서도 매도인을 보호하여야 하며, 매도인은 면책되는 것으로 양해하고 합의한다.

제13조(세금, 관세, 부대비용)

① 물품 또는 이 거래와 관련하여 한국 이외의 미국 정부 또는 기타 당국에 의하여 부과되거나 부과될 수 있는 수입 및 수출의 조세, 관세 및/또는 기타 세금, 경비 등은 매수인의 부담으로 매수인이 지급한다.

② 계약체결시 예상할 수 없거나, 존재하지 않았던 전쟁이나 전운, 전쟁상태, 항만적체 혹은 기타 긴급상황으로 인한 운임인상, 보험료 인상 및/또는 추가경비 등은 매수인의 부담으로 한다.

Article 14. Aftersales Service

The Seller may, upon request of the Buyer and consent of the Seller, dispatch some experienced technicians to some places in U.S.A. for the purpose of rendering effective after-service in connection with the Goods.

Article 15. Infringement

The Buyer shall be liable for and hold the Seller harmless from and against all losses and damages incurred and suits and claims brought by third party due to possible infringement of trademark, patent, copyright or other proprietary rights of the third party in connection with the Seller's manufacture and sale of the Goods according to the Specification attached hereto as Exhibit.

Article 16. Termination

16.1 The Agreement may be terminated upon occurrence of any of the following events:

(1) Agreement in writing of the parties;

(2) By the non-defaulting party, upon default by the other party in the performance of any of its obligations under the Agreement, if not remedied within 30 days after receipt of written notice from the non-defaulting party;

(3) By the other party, upon either party's (i) making an assignment for the benefit of creditors, being adjudged bankrupt, or becoming insolvent; (ii) having a reasonable petition filed seeking its dissolution or liquidation not stayed or dismissed within sixty (60) day or (iii) ceasing to do business for any reason;

(4) By the Seller, if the Buyer fails to issue relevant letter of credit by more than five(5) full weeks as stipulated in Article 4.2 hereof;

(5) By either party, if a force majeure condition under Article 11 hereof makes it unreasonable to proceed with the Agreement in

제14조(사후판매서비스)

매수인의 요청과 매도인의 동의에 따라, 매도인은 판매물품과 관련하여 효율적인 사후 서비스를 위하여 미국내 일부지역에 유능한 기술자를 파견한다.

제15조(권리침해)

표에 첨부된 명세서에 따라 제조된 물품과 관련하여 매수인은 상표, 특허, 저작권 또는 기타 제3자의 재산권 침해로 인하여 제 3 자가 제기한 손해 및 손실 그리고 소송이나 클레임에 대하여 책임을 지며, 매도인은 면책이 된다.

제16조(계약종료)

① 이 계약은 다음 경우에 종료한다.

1. 서면에 의한 당사자의 합의에 의하여;
2. 채무불이행이 있고, 이에 따른 채무불이행 당사자가, 상대방의 서면에 의한 이행 최고 후 30일 이내 구제조치를 하지 않을 때, 그 상대방에 의하여;

3. 일방이 (1) 일부 채권자들만의 이익을 확보해 주기 위한 사해행위를 하거나, 파산선고를 받거나, 지급불능인 상태가 되는 경우, (2) 해산 또는 청산을 구하는 소가 60일 이내 정지되지 않거나, 기각되지 않은 경우, (3) 기타 이유로 영업을 중단한 경우, 그 상대방에 의하여;

4. 이 계약 제4조 제2항에 규정된 바와 같이 매수인이 5주 이상 관련 신용장을 발행하지 않은 경우, 매도인에 의하여;
5. 이 계약 제11조의 불가항력 상황으로 인하여 계약이행이 불합리한 경우에, 어느 일방 당사자에 의하여 종료된다.

the foreseeable future.

16.2 Upon termination of the Agreement, neither party shall be discharged from any antecedent obligations or liabilities to the other party under the Agreement unless otherwise agreed in writing by the parties.

16.3 Nothing in the Agreement shall prevent either party from enforcing the provisions thereof by such remdies as may be available in lieu of termination.

Article 17. Arbitration

All disputes, controversies, or differences which may arise between the parties, out of or in relation to or in connection with this agreement or for the breach thereof, shall be finally settled by arbitration in Seoul, Korea in accordance with the Commercial Arbitration Rules of the Korean Commercial Arbitration Board and under the Law of Korea. The award rendered by the arbitrator(s) shall be final and binding upon both parties concerned.

Article 18. Trade Rules and Governing Law

18.1 The Trade Rules under this agreement shall be governed and interpreted under the provision of Incoterms® 2010 Rules.

18.2 This Agreement shall be governed by and construed in all respects under and by the laws of Korea.

18.3 In the event of conflict between the laws of Korea and Incoterms® 2010 Rules, Incoterms® 2010 Rules shall prevail and govern.

Article 19. Assignment

Either party shall not assign this Agreement to any other person without the other parties prior consent in writing. In the event of assignment with the written consent of the other, the one shall not be relieved from its obligations under this Agreement and shall be held responsible for its performance.

② 이 계약이 종료되는 경우, 상대방에 대하여 종료 이전의 이 계약에 의한 책임과 의무를 지지 않는다. 다만, 당사자들이 서면으로 이와 다른 약정을 한 경우에는 그러하지 아니한다.
③ 이 계약의 어느 조항도, 어느 일방이 계약 종료를 대신하여 이용가능한 구제조치로서 이 계약의 조항을 강제하는 것을 방해하지 못한다.

제17조 (중재)

이 계약으로부터, 또는 이 계약과 관련하여 또는 이 계약의 불이행으로 말미암아 당사자간에 발생하는 모든 분쟁, 논쟁 또는 의견 차이는 대한민국 서울특별시에서 대한상사중재원의 상사중재규칙 및 대한민국법에 따라 중재에 의하여 최종적으로 해결한다. 중재인(들)에 의하여 내려지는 판정은 최종적인 것으로 당사자 쌍방에 대하여 구속력을 가진다.

제18조 (무역거래규칙의 해석기준 및 준거법)

① 이 계약에 의한 무역거래 규칙은 Incoterms® 2010에 의하여 준거되고 해석된다.
② 이 계약은 한국법에 의하여 준거되고 해석된다.

③ Incoterms® 2010와 한국법이 상충되는 경우에는 Incoterms® 2010가 우선적으로 적용된다.

제19조 (계약의 양도)

어느 일방 당사자도 상대방의 서면에 의한 사전동의 없이는 이 계약을 제3자에게 양도하지 못한다. 상대방의 서면동의에 의하여 계약을 양도하는 경우에도, 양도한 당사자는 이 계약에 대한 의무를 면하지 못하며 계약이행에 대하여 책임을 진다.

Article 20. Non-Waiver

20.1 No claim or right of either party under this Agreement shall be deemed to be waived or renounced in whole or in part unless the waiver or renunciation of such claim or right is acknowledged and confirmed in writing by such party.

Article 21. Notice

Unless otherwise agreed by the parties, all notices, invoices and communications under this Agreement shall be sent to the parties at their addresses set forth in the initial paragraph of the Agreement. All notices shall be sent by registered airmail and where circumstances require, notices may be sent by Cable, Facsimile or E-mail which shall be confirmed by registered airmail.

Article 22. Entire Agreement

This Agreement constitutes the entire agreement between the parties, all prior representations having been merged herein, and may not be modified except by a writing signed by the duly authorized representatives of both parties.

Article 23. Effective Date and Term

This Agreement shall become effective upon signing of the duly authorized representatives of both parties and remain in full force and effect up to February 28, 20×× unless terminated earlier pursuant to Article 16.

IN WITNESS WHEREOF, the parties hereto have executed this agreement as of the day and year first above written.

Buyer,	Seller,
America Internationl Inc.	Korea Trading Co., Ltd.
(signed)	(signed)
John F. Dolan	Gil-dong Hong
President	President

제20조 (권리불포기)

이 계약에 따른 당사자의 클레임이나 권리의 전부 또는 일부는, 그러한 클레임이나 권리의 포기를 서면으로 승인하거나 확인하지 않는 한 포기한 것으로 간주되지 않는다.

제21조 (통지)

당사자간에 달리 합의하지 않는 한, 이 계약에 의한 모든 통지, 청구, 통신 등은 이 계약의 서두에 기재된 주소로 송부되어야 한다. 모든 통지는 등기우편으로 이루어져야 하며 상황에 따라, 전신, 모사전보, 전자우편으로 통지하는 경우에는 항공등기우편으로 확인하여야 한다.

제22조 (완전합의)

이 계약은 당사자가 합의한 모든 것이며 종전의 모든 표시는 이 계약에 통합되어 있으며, 양 당사자간의 정당한 권한을 가진 대리인의 서명이 있는 서면에 의하지 않고는 변경할 수 없다.

제23조 (효력발생일 및 기간)

이 계약은 정당한 권한을 가진 양 당사자가 서명한 즉시 효력을 발생하며 20××년 2월 28일 까지 유효하다. 다만 제16조에 따라 계약이 조기에 종료하는 경우에는 그러하지 아니하다.

이 사실을 입증하기 위하여 양 당사자는 서두에 기재된 일자에 본 계약서를 작성한다.

매수인,	매도인,
아메리카인터내셔널주식회사	한국무역주식회사
대표이사 존 에프 돌란	대표이사 홍 길동

3. 국제거래를 위한 특수계약서

3.1 수입대리점계약서

AGENCY AGREEMENT

This Agreement, made and entered into in May 15, 20×× of by and between America International Inc., a corporation organized and existing under the laws of State of New York, U.S.A., having its main office and place of business at 310, Fifth Ave., New York, NY10001, U.S.A.(hereinafter referred to as "Company") and Korea Trading Co., Ltd., 1, 1-ga, Sogong-dong, Choong-gu, Seoul, Korea(hereinafter referred to as "Representative")

WITNESSETH

WHEREAS, "Company" manufactures and/or sells products and WHEREAS, "Representative" desires to perform certain services on behalf of "Company" with respect to the following products : NOW THEREFORE in consideration of mutual conditions and obligations hereinafter set forth, the parties hereto have agreed as follows :

Article 1. PRODUCTS

"Company" hereby appoints "Representative" and "Representative" hereby accepts appointment as "Company's" independent sales representative to promote and assist in the sales of the products as listed below :

"Electric Washing Machines, Model No. 123."

Article 2. TERRITORY

The sales territory designated hereto is the geographical area of the Republic of Korea as well as the area mutually agreed upon.

수입대리점계약서

이 계약은 미합중국 뉴욕주 뉴욕시 웨스트 5가 310번지에 본사를 둔 아메리카인터내셔널주식회사(이하 "공급자" 또는 회사라 칭함)와 대한민국 서울특별시 중구 소공동 1가 1번지에 본사를 둔 한국무역주식회사(이하 "대리점"이라 칭함)간에 20××년 5월 15일에 체결하였다.

"공급자"는 전기세탁기를 제조 또는 판매하고 있으며 "대리점"은 이들 제품에 대하여 "공급자"를 대리하여 판매행위를 하고자 한다.

따라서 다음에 명시한 당사자의 거래조건 및 의무사항을 고려하여 다음과 같이 합의한다.

제 1 조(제　품)

"공급자"는 "대리점"을 지명하고 "대리점"은 이를 수락하여 다음에 열거한 제품을 판매촉진하여 판매대리점 역할을 수행한다.

"전기세탁기, 모델번호 123"

제 2 조(지　역)

"대리점"의 "제품판매" 지역은 대한민국 전역 또는 양자간에 합의한 지역으로 한다.

Article 3. MAJOR RESPONSIBILITIES OF REPRESENTATIVE

3.1 Generate and stimulate interests in the "products" and furnish information to "Company" in regard to market trend and prospective purchasers of the "Products".

3.2 Participate in the sales promotion activities to benefit sales of the "Products" and assist and advise "Company" in this regards.

3.3 Cooperate with and assist "Company" with the collection of any overdue accounts, after service information, and other matters as requested by the "Company".

3.4 Bear and pay all travelling expenses and others incurred by "Representative" in connection with the sake of the "Products", and "Representative" shall not be entitled to any reimbursement in this respect except upon prior approval from "Company".

Article 4. MAJOR RESPONSIBILITIES OF COMPANY

4.1 Endeavor to maintain the delivery conditions on all order accepted by "Company".

4.2 Provide "Representative" to the full extent, with sales and technical information and assistance regarding the "Products".

4.3 Keep "Representative" informed of specification changes in the "Products".

4.4 All expenses of catalogues, samples, advertisements, exhibitions and seminars made for sales promotion of the products shall be responsible to "Company".

Article 5. COMMISSIONS

5.1 The commission rate as agreed is three percent (3%) and will accrue to "Representative's" account as of the date of shipment by "Company".

5.2 The agreed rate of commission shall be due and payable to "Representative" within seven days of the date that "Company" made the pertinent delivery to the purchasers in the "Territory".

제 3 조("대리점"의 주요 책임)

① "제품"에 대한 관심을 높이고 시장 추세 및 예상 구매자 등에 관한 정보를 "공급자"에게 제공한다.

② "제품"의 판매를 원활히 하고 "공급자"에게 필요한 협조와 조언을 제공한다.

③ "공급자"가 요청할 경우 미수금의 회수, 사후 서비스정보 등에 관하여 협력하고 협조한다.

④ "제품"의 판매 행위에 수반되는 "대리점"의 출장여비 및 기타 비용은 자체가 부담하며, "공급자"의 사전 승인이 없는 비용에 대해서는 보상을 청구하지 아니한다.

제 4 조("공급자"의 주요 책임)

① "공급자"는 자기가 수락한 모든 주문에 대하여는 선적조건대로 수행하도록 노력한다.

② "대리점"에게 "제품"에 관한 판매 및 기술 정보를 충분히 제공한다.

③ "대리점"에게 "제품"의 사양 변경 사항을 항상 통보하여 준다.

④ 제품에 대한 카탈로그, 견본, 광고, 전시, 세미나 등의 비용은 공급자 부담으로 한다.

제 5 조(수수료)

① 합의된 수수료는 3%이며 이는 "공급자"가 선적하는 일자부로 "대리점" 계정에 귀속된다.

② 합의된 수수료는 "공급자" 가 해당 물품의 선적일로부터 7일 이내에 "대리점"에 지급하여야 한다.

5.3 No commission shall accrue to "Representative" based on orders not accepted by "Company" or on orders cancelled prior to delivery by "Company".

5.4 Commission will be paid to "Representative" in its country in the currency of U.S. Dollars.

Article 6. PURCHASE ORDER & DELIVERY

"Representative" is not authorized to accept any purchase orders on behalf of "Company" or to otherwise finalize any sales of such products without company's consent. "Company" shall ship and deliver "Products" purchased by virtue of purchase orders, which it has accepted and acknowledged, directly to the customers in the "Territory".

Article 7. RELATIONSHIP OF PARTIES

7.1 "Representative" shall have no authority to act for or on behalf of "Company" without Company's consent to sign or otherwise enter into any kind of contracts, undertaking or agreement, or make any promise, warranty or representation, with respect to the "Products," and "Company" shall not be bound by any acts, obligations, or defaults of "Representative," its employes or agents.

7.2 "Company" shall not deal directly with customers in the "Territory" and in case a customer choose to deal directly with "Company," the "Company" shall notify and consult with "Representative," "Company" shall guarantee a fair and prevailing commission to "Representative" in accordance with Article 5 of this agreement.

Acticle 8. ASSIGNMENT OF AGREEMENT

Neither this Agreement nor any rights or obligations hereunder may be assigned by "Representative" without prior written consent of "Company".

③ "공급자"가 수락하지 않았거나 선적일 이전에 취소된 주문에 대한 수수료는 "대리점"에게 귀속되지 않는다.

④ 수수료는 미화로 "대리점"에게 지급한다.

제 6 조(구매서 및 제품인도)

"대리점"은 "공급자"의 동의없이 구매서를 수락하든가 또는 "제품"의 판매에 관한 결정행위를 할 권한을 갖지 않는다. "공급자"는 그가 수락하고 확인한 구매서에 의한 제품을 판매지역 내의 고객에게 직접 선적, 인도한다.

제 7 조(당사자의 관계)

① "대리점"은 판매 "제품"에 관하여 "공급자"의 동의없이 거래조건에 관한 계약, 계약의 인수를 할 수 없으며 또한 약속, 보장 기타 대리행위 등을 할 수 없다. 또한 "공급자"는 "대리점"이나 그의 종업원 또는 그의 대리인의 행위, 의무 또는 채무불이행에 대한 책임은 부담하지 않는다.

② "공급자"는 판매지역 내의 고객과 직접 거래하지 않으며 만약 고객이 직접 거래하고자 할 경우에는 "공급자"는 "대리점"에 통보, 협의해야 하며 본 계약 제5조에 의거 "대리점"에 대하여 정당하고 현재 실시중인 수수료를 보장하여 한다.

제 8 조(계약의 양도)

"대리점"은 "공급자"의 서면동의 없이는 이 계약 또는 계약상의 권리의무를 양도할 수 없다.

Acticle 9. DURATION & TERMINATION

9.1 This Agreement shall be effective for a initial period of three years from the effective date of this Agreement, and shall be extended automatically for a period of one year unless there is written notice from either party not less than sixty days prior to expiration date. Notwithstanding any other provisions herein, this Agreement may be terminated during the initial term or any extension by either party upon giving at least ninety days written notice to the other party and agreed.

9.2 If either party hereto continues in default of any obligation imposed on it herein for more than thirty days after witten notice by the other party has been dispatched requesting the party in default to remedy such default, the other party may terminate by registered mail to the party in default and this Agreement shall terminate on the date of dispatch of such notice.

9.3 In the event of bankruptcy, receivership, insolvency or assignment for the benefit of creditors of either party hereto, the other party may terminate this Agreement effective immediately by giving the other party written notice to that effect.

Article 10. ARBITRATION

All disputes, controversies, or differences which may arise between the parties, out of or in relation to or in connection with this agreement or for the breach thereof, shall be finally settled by arbitration in Seoul, Korea in accordance with the Commercial Arbitration Rules of The Korean Commercial Arbitration Board and under the Law of Korea. The award rendered by the arbitrator(s) shall be final and binding upon both parties concerned.

Article 11. EFFECTIVE DATE

This Agreement shall become effective as of the day and date

제 9 조(계약 기간 및 종료)

① 이 계약은 계약 유효일로부터 최초 계약기간이 3년 동안 유효하며 당사자가 최소한 종료기일 60일 이전에 서면 통지하지 않는 한 1년간 자동 연장된다. 그러나 이 계약서상의 다른 조항에 구애받지 않고, 한 당사자가 다른 당사자에게 최소 90일 이전에 서면으로 통보하여 합의하면 최초 계약기간중이든 이 계약은 종료될 수 있다.

② 만약 채무불이행한 한 당사자에게 다른 당사자가 그러한 채무불이행에 대하여 구제를 요구하는 내용을 서면 통보한 후 30일이 경과하도록 계속 불이행할 경우, 다른 당사자는 그에 대하여 등기우편으로 계약의 효력을 종료시킬 수 있으며, 이 계약은 그러한 통지를 발송한 일자에 종료된다.

③ 한 당사자가 파산, 법정관리, 지급불능, 채권자에 대한 양도 등이 초래될 경우 다른 당사자는 서면상으로 계약종료 의사를 통보함으로써 이 계약을 종료시킬 수 있다.

제10조(중재)

이 계약으로부터, 또는 이 계약과 관련하여 또는 이 계약의 불이행으로 말미암아 당사자간에 발생하는 모든 분쟁, 논쟁 또는 의견 차이는 대한민국 서울특별시에서 대한상사중재원의 상사중재규칙 및 대한민국법에 따라 중재에 의하여 최종적으로 해결한다. 중재인(들)에 의하여 내려지는 판정은 최종적인 것으로 당사자 쌍방에 대하여 구속력을 가진다.

제11조(효력발생일)

이 계약은 서두에 기재된 일자로 효력을 발생한다. 만약에 어느 당사자의 정

first written above. If there are special conditions imposed by the government of either party, the date of such government approval shall become the effective date of this Agreement.

Article 12. GOVERNING LAW

This Agreement shall be construed and interpreted in accordance with the laws of the Republic of Korea. Especially, "Company" shall observe those regulations described in international agreement provisions as regulated in Korean Fair Trade Acts.

Article 13. FORCE MAJEURE

Neither party shall be lible to the other party for non-performance or delay in performance of any of its obligation under this agreement due to causes reasonably beyond its control including war, acts of terriorism, fire, flood, strikes, labour troubles or other industrial disturbable accidents, governmental regulations, riots, and insurrections. Upon occurrence of such a force majeure condition the affected party shall immediately notify the other party with detail proving its occurrence or existence and shall promptly inform the other party of any further developments. Immediately after the cause is removed, the affected party shall perform obligation with all due speed unless the Agreement is previously terminated in accordance with Article 9 hereof.

Article 14. NOTICES

All communication notices or the like between the parties shall be valid when made by telegraph or E-mail communication subsequently to be confirmed in writing to the designated addresses of the other parties.

Article 15. ENTIRE AGREEMENT

This instrument constitutes the entire agreement and understanding

부에 의하여 부과되는 특별조건이 있을 경우에는 그 정부의 인가가 얻어지는 일자로부터 효력이 발생한다.

제12조(준거법)

이 계약은 대한민국법을 적용한다. 특히 한국공정거래에 관한 법률 중 국제계약에서 금지되어 있는 규정을 배제하는 어떤 조건도 "공급자"는 "대리점"에 부과하지 못한다.

제13조(불가항력)

양 당사자 중 어느 일방이 정상적으로 통제할 수 없는 전쟁, 테러행위, 화재, 홍수, 파업, 노동쟁의나 기타 산업쟁의, 정부령, 폭동, 반란 등으로 인하여 이 계약상의 의무불이행이나 지연에 대하여는 책임을 지지 않는다.

그러나 불가항력 사태에 처했을 때 그 당사자는 즉시 그 발생 또는 현존하고 있음을 입증하는 세부사항과 진전 전망을 다른 당사자에게 통보해야 한다. 그 당사자는 그러한 원인이 제거된 후 즉시, 제 9조 규정에 의거 이 계약이 사전 종료되지 않았다면은 신속히 제반의무를 이행하여야 된다.

제14조(통지)

당사자간 모든 통신 연락사항은 상대방의 소정 주소에 서면으로 나중에 확인 통지할 경우, 전보 및 전자우편 통신에 의한 것도 유효하다.

제15조(완전합의)

이 계약서는 이 계약의 목적에 관해 당사자간의 완전한 합의 및 이해를 구성

between the parties hereto relative to the subject matter hereof and there are no understandings, agreement's conditions or representations, oral or written, expressed or implied, with reference to the subject matter hereof that are merged herein or superseded hereby.

No modification hereof shall be of any force or effect unless reduced to writing and signed by the parties claimed to be bound thereby and no modification shall be effected by the acknowledgement or acceptance of any order containing different conditions.

IN WITNESS WHEREOF, the parties have caused this Agreement to be executed by their duly authorized representatives as of the first above written:

Representative,	Company,
Korea Trading Co., Ltd.	America International Inc.
(signed)	(signed)
Gil-dong Hong	John F. Dolan
President	President

한 것이며, 이 계약목적과 관련하여 어떠한 이해, 계약조건 구두 또는 서면이나 묵시적 또는 명시적인 표현도 계약을 구성하지 않고 이와 같은 사항들은 이 계약서로 흡수통합 또는 대체된다.

이 계약서의 개정사항은 서면으로 작성하거나 구속력이 있다고 사료되는 당사자가 서명하지 않는 한 효력이 발생하지 않으며, 별개의 조건을 내포한 어떤 주문사항을 주문승낙 또는 승낙했더라도 그 개정사항은 유효하지 않는다.

위 사실을 입증하기 위하여 양 당사자는 서두에 기재된 일자에 각각 정당히 수권 받은 대표에 의해 이 계약을 체결한다.

대리점,	공급자,
한국무역주식회사	아메리카인터내셔널주식회사
대표이사 홍길동	대표이사 존 에프 돌란

3.2. 판매대리점계약서

DISTRIBUTORSHIP AGREEMENT

This Agreement, made and entered into this June 1, 20×× by and between Korea Trading Co., Ltd., a corporation duly organized and existing under the laws of the Republic of Korea and having its principal office at 1, 1-ga, Sogong-dong, Choong-gu, Seoul, Korea(hereinafter referred to as "Manufacturer") and America International Inc., a corporation duly organized and existing under the laws of the state of New York, U.S.A. having its principal office at 310, Fifth Ave., West New York, NY10001, U.S.A. (hereinafter referred to as "Distributor")

WITNESSETH

WHEREAS, Manufacturer wishes to appoint Distributor the exclusive distributor for the Products (as hereinafter defined) in the territory of the United States of America.

WHEREAS, Distributor wishes to accept such appointment as exclusive distributor.

IN CONSIDERATION OF the mutual covenants contained herein, the parties hereto agree as follows :

Article 1. Definitions

In this Agreement except where the context otherwise requires, the following terms and expressions shall have the meanings respectively defined as follows :

1.1 "Products" mean those products which are mentioned in the attached Annex.

판매대리점계약서

이 계약은 대한민국의 법에 의해 설립되고, 주된 영업소가 대한민국 서울특별시 중구 소공동 1번지 소재 한국무역주식회사(이하 "제조업자"라 칭함)와 미합중국 뉴욕주 뉴욕주법에 의하여 설립되고, 주된 영업소가 미합중국 뉴욕시 웨스트 5가 310번지 소재 아메리카인터내셔널주식회사(이하 "판매권자"라 칭함)간에 20××년 6월 1일에 체결되었다.

제조업자는 판매권자를 미합중국 내에서 (후에 기술하는)제품을 독점판매하는 자로 선정하기를 희망하고, 판매권자는 독점판매권자로서 선정되기를 원하여 당사자들은 다음과 같이 상호 약정한다.

제 1 조(정의)

이 계약에 달리 정하지 않는 한, 다음의 용어와 표현은 각각 다음과 같은 의미를 가진다.

① "계약제품"이란 첨부에 언급한 제품들을 의미한다.

1.2 "Territory" means the United States of America.

Article 2. Appointment and Acceptance

2.1 During the term and subject to the conditions hereinafter set forth, Manufacturer hereby appoints Distributor as an exclusive distributor for the Products in the Territory, and Distributor accepts such appointment. During the term of this Agreement, Manufacturer shall not, either directly or indirectly, sell the Products in the Territory without the prior consent of Distributor.

2.2 Distributor shall not purchase, import, export, sell, distribute, advertise or otherwise deal in Products competitive with or similar to the Products in the Territory.

Article 3. Orders and Shipments

3.1 In placing orders with Manufacturer, Distributor shall clearly describe the Products and quantity required, and shall include precise instructions for packaging, invoicing and shipping. The orders shall not be binding unless and until they are accepted by Manufacturer in its discretion. Manufacturer agrees to supply Distributor with Products to enable fulfillment of the minimum purchases as set forth in Article 5 hereof. Manufacturer agrees to the extent of its best efforts to accept all orders as submitted by Distributor in excess of said minimum purchases.

3.2 Manufacturer shall be responsible for packaging the Products in such manner to ensure except for perils of the sea safe and undamaged delivery.

Article 4. Price and Payment

4.1 The prices of the Products shall be determined in accordance with the price lists attached hereto and made a part hereof, which price list may be changed from time to time by the Manufacturer with 30 days prior notice.

② "계약지역"이란 미합중국을 의미한다.

제 2 조(독점판매업자의 선정과 승낙)

① 제조업자는 계약기간 동안 이 계약에 명시되어 있는 조건에 따라 판매권자는 미국 지역 내에 계약제품을 판매하는 독점판매권자로서 선정하고 판매권자를 동 선정을 승낙한다. 또 계약기간 동안 제조업자는 판매권자의 사전동의 없이는 직접 또는 간접으로 계약지역에 제품을 판매하지 못한다.

② 판매권자는 계약지역 내에서 계약제품과의 경쟁제품 또는 유사제품의 구매, 수입, 수출, 판매, 유통, 광고 또는 기타 거래를 하지 못한다.

제 3 조(주문과 선적)

① 판매권자는 제조업자에게 주문을 함에 있어서는 필요한 제품과 수량을 명백히 기재하여야 하며, 또 포장, 송장, 선적에 관한 정확한 지시를 그 주문속에 포함시켜야 한다. 주문은 제조업자의 재량에 따른 승낙이 없거나 또 주문이 승낙될 때까지 구속력을 갖지 아니한다. 제조업자는 이 계약 제 5조에 규정한 최소구매량의 구입을 이행할 수 있도록 판매권자에게 제품을 공급하여야 한다. 제조업자는 위의 최소구매량을 초과하여 판매권자가 제시하는 모든 주문을 승낙할 수 있도록 최선의 노력을 경주한다.

② 제조업자는 해난으로 인한 경우를 제외하고 제품이 안전하고 손상되지 않은 채로 인도될 수 있는 정도의 포장의무를 부담한다.

제 4 조(가격과 대금지급)

① 계약제품의 가격은 이 계약에 첨부된 가격표 의하여 결정되며, 동 가격표는 이 계약의 일부를 구성하며, 동 가격표는 제조업자의 30일 전 사전통지를 통하여 변경될 수 있다.

4.2 Within 30 days after receipt of Manufacturer's confirmation of order, Distributor shall issue an irrevocable Letter of Credit in favor of Manufacturer, issued by a first class, international bank, satisfactory to Manufacturer.

4.3 Currency of Payment shall be in United States Dollars.

Article 5. Minimum Purchase

5.1 Distributor guarantees minimum purchases of the Products from Manufaturer in the following amount, on a FOB Busan Incoterms® 2010 :

(1) First year US$100,000

(2) Second year US$200,000

(3) Third year US$500,000

For the purpose of this Article, the Products shall be considered purchased when shipped by Manufacturer.

5.2 When Distributor has fulfilled the minimum purchase guarantee as stipulated in Article 5.1, this Agreement shall automatically be renewed for a period of three years. The minimum purchase amount for any three year period shall not be less than US$1,800,000 and not less than US$400,000 for each year of said period and said purchase volume shall be subject to the same conditions as aforesaid. As long as this volume is reached the Agreement shall be automatically extended by successive three year period subject to Article 13, provided, however, that each successive period shall require a 10% increase of the minimum purchase volume.

5.3 If Distributor fails to purchase the minimum amount as stipulated in Article 5.1 and 5.2 Manufacturer may terminate this Agreement by a written notice as herein after provided for in Article 14.1(2) within one month after the expiration of the three year period of this Agreement, but Distributor shall have no other liability in connection

② 제조업자의 주문확인서를 접수한 후 30일 이내, 판매업자는 제조업자를 수익자로 하고 제조업자가 만족하는 제 1급의 국제적인 은행이 발행한 취소불능 신용장을 발행하여야 한다.

③ 지급통화는 미국통화로 한다.

제 5 조(최소구매량)

① 판매권자는 제조업자로부터 Incoterms® 2010의 부산항 본선인도가격으로 다음 금액상당의 최소한도의 구매를 할 것을 보증한다.

1. 1차연도 : 미화 일십만 달러
2. 2차연도 : 미화 이십만 달러
3. 3차연도 : 미화 오십만 달러

이 조항의 적용에 있어서는 제조업자가 계약제품을 선적한 때에는 동 제품이 구매된 것으로 간주한다.

② 판매권자가 제 1 항에서 규정된 최소구매량을 구매한 경우에는 이 계약은 3년간 자동연장된다. 추가되는 3년간의 최소구매량은 적어도 미화 일백팔십만 달러이어야 하며, 동 기간동안 연간 최소구매량은 최소한 미화 사십만 달러이어야 한다. 동 구매량은 위의 언급된 조건에 의한다. 이러한 구매량이 달성되는 한, 이 계약은 제13조의 적용을 조건으로 하여 계속 3년간 자동적으로 연장된다. 다만, 계속되는 계약기간 동안 최소구매량은 10%씩 증가되어야 하는 것으로 한다.

③ 판매권자가 제 5 조 제 1 항에 규정된 최소구매량을 구매하지 않은 경우에는 제조업자는 이 계약의 3년 기간 만료 후 1개월 이내에 제14조 제 1 항 제 2 호에 규정된 서면통지를 함으로써 이 계약을 종료시킬 수 있으며 이와 관련하여 판매권자는 어떠한 의무도 지지 않는다.

therewith.

Article 6. Technical assistance

6.1 Manufacturer engages themselves to supply Distributor with necessary Technical Assistance by means of informative and illustrated material and to send all advertising material suitable for promotion and advertising of the Products.

6.2 Manufacturer shall train a resonable number of technical personnel either in Korea or on site in the Territory by consent of both parties if it becomes necessary due to introduction of any new Products or generally in order to achieve better installation and maintenance standards. Costs for round trips, meals, lodging, and other expenses of the despatched personnel of Distributor or Manufacturer for training shall be borne by Distributor.

6.3 The above Technical Assistance shall be implemented in the English Language.

Article 7. Spare Parts

7.1 Distributor shall keep a sufficient level of spare parts in order to provide efficient After Sales Services. Manufacturer shall also advise Distributor of the required spare parts and any stocking will be discussed and mutually agreed before orders are placed.

7.2 Manufacturer shall supply to Distributor spare parts for the Products so long as Distributor continues to purchase the Products pursuant to the terms and conditions of this Agreement and for two years after the last shipment of the Products to Distributor. The Price for the Spare Parts shall be consented by both parties. And at Manufacturer's option, Distributor may purchase standard spare parts from Manufacturer's suppliers directly for two years after the last shipment.

Article 8. Inspection and Warranty

8.1 Promptly after the receipt of the Products, Distributor shall inspect

제 6 조(기술지원)

① 제조업자는 판매권자에게 정보자료 및 설명자료로서 필요한 기술지원을 제공하며 또 계약제품의 판매촉진 및 광고에 적합한 모든 자료를 제공한다.

② 제조업자는 신제품의 안내와 보다 나은 설비의 설치, 설비의 작동유지를 위하여 필요한 경우에는 양당사자의 동의하에 한국이나 계약지역에서 적당한 수의 기술요원을 교육시킨다. 판매권자 또는 제조업자가 파견한 연수관련요원의 왕복여행비, 숙박비 및 기타 비용은 판매권자가 부담한다.

③ 위의 기술지원에 사용하는 언어는 영어로 한다.

제 7 조(부속품)

① 판매권자는 효과적인 사후판매서비스를 제공키 위하여 충분한 양의 부속품을 유지하여야 한다. 제조업자는 판매권자에게 필요한 부속품을 공급하여야 하고 주문에 앞서 재고에 관하여 협의 및 상호 합의를 하여야 한다.

② 제조업자는 판매권자가 이 계약의 조건에 따라 계약제품을 구매하는 한, 판매권자에게 계약제품의 부속품을 제공하여야 하며, 판매권자에게 최종선적일로부터 2년 동안의 부속품의 가격은 당사자 합의에 따른다. 제조업자의 선택에 따라, 판매권자는 최종선적일 후 2년 동안 제조업자의 공급자로부터 직접 표준부속품을 구매할 수 있다.

제 8 조(검사와 보증)

① 판매권자는 계약제품 수령 후 즉시 검사하거나 또는 그의 대리인을 통하

or shall cause its qualified agent to insure that the quality standards, as agreed to by the parties in writing, have been met. If any of the Products or any part of a Product is found not to be in compliance with the quality standards, Manufacturer shall supply Distributor free of charge replacement for the Products or the part of a Product not meeting the quality standards, and/or shall indemnify the Distributor against any loss and damage suffered by the Distributor.

8.2 Manufacturer warrants that the Products at the time of shipment shall be free from defects in material and workmanship. This warranty does not extend to any of the products which have been : (1) subject to misuse, neglect, accident or abuse, (2) improperly repaired, or modified in any way, and (3) used in violation of instructions furnished by Manufacturer.

8.3 Claims by Distributor in regard to any defect in the Products must be in wrting and be dispatched by distributor with full particulars within one (1) year after receipt of the Products.

Article 9. Distributor's Responsibility

9.1 Distributor shall maintain adequate stocks of the Products throughout the Territory to meet its customer's demand in time. Distributor shall maintain adequate stocks of replacement parts, facilities and qualified mechanics throughout the Territory and shall provide reasonable after sale services to its customers.

9.2 Distributor shall undertake for its own account, advertisement, and sales promotion of the Products and devote its best efforts toward obtaining the largest sales volume of the products in the Territory.

9.3 Whenever Manufacturer shall render to Distributor any complaint as to Products from any dealer or customer in the Territory, Distributor shall immeduately make investigation and take a proper action.

여 당사자가 서면으로 합의한 품질기준인지의 여부를 확인하여야 한다. 계약제품 또는 계약제품의 일부가 품질기준에 적합하지 않은 경우, 제조업자는 판매권자에게 품질기준에 맞지 않는 계약제품이나 계약제품의 일부를 무상으로 대체 공급하여야 하며 또는 판매권자가 입은 손실이나 손해에 대하여 배상하여야 한다.

② 제조업자는 선적시 계약제품이 재료나 제조상에 하자가 없음을 보증한다. 이 보증은 계약제품을 오용, 부주의, 사고, 남용, 부적절한 개수, 변경사용, 제조업자의 지시에 반한 사용의 경우에까지 확대 적용되지 아니한다.

③ 계약제품의 하자에 관한 판매권자의 손해배상청구는 계약제품 수령 후 1년 이내에 상세한 명세가 지재된 서면으로 하여야 한다.

제 9 조(판매권자의 책임)

① 판매권자는 고객의 요구를 적시에 충족시키기 위하여 적절한 재고를 유지하여야 한다. 또한 판매권자는 전 계약지역을 커버하는 대체부품의 재고확보와 설비완비, 기계수리공을 보유하고 있어야 하며, 고객에게 적절한 사후판매 서비스를 제공하여야 한다.

② 판매권자는 자신의 비용으로 계약제품의 광고와 판매촉진 활동을 하여야 하며, 계약지역내에서 계약제품의 판매량을 극대화하기 위하여 최선을 다하여야 한다.
③ 제조업자가 계약지역 내의 도매상이나 고객으로부터 제기된 계약제품에 대한 불평의 처리를 판매권자에게 의뢰하는 경우에는 판매권자는 즉시 조사와 함께 적절한 조치를 취하여야 한다.

Article 10. Report

Distributor shall make quarterly reports to Manufacturer on the sales of the Products, the inventory of the Products and parts thereof, general market conditions and others as Manufacturer requires.

Article 11. Trademarks

11.1 Distributor recognizes that any of trademarks, tradenames, designs, copyrights and other proprietary rights, used on or embodies in the Products ("Proprietary Rights") shall remain the exclusive property of Manufacturer. Distributor shall not have or acquire any right, title or interest in proprietary rights : provided, however, that Distributor may with the consent of Manufacturer indicate that it is an authorized distributor shall cease holding itself out as a distributor of the proprietary rights or any material similar thereto.

11.2 Distributor shall not alter, deface, remove, cover or mutilate in any manner the trademark, serial or model numbers, brand or Manufacturer's name attached or affixed to any of the Products, without the consent of Manufacturer.

Article 12. Status of Distributor

12.1 This Agreement does not in any way create the relationship of principal and agent between Manufacturer and Distributor : and under no circumstances shall Distributor be considered to be the agent of Manufacturer. Distributor shall not act or attempt to act, or represent itself, directly or by implication, as an agent of Manufacturer or in any manner assume or create, or attempt to assume or create, any obligation, liability, representation, warranty or guarantee on behalf of, or in the name of Manufacturer.

12.2 Distributor shall at all times comply with all applicable laws, regulations, and order of any government of the Territory or political subdivisions thereof relating to or in any way affecting this Agreement

제10조(보고)

판매권자는 제조업자에게 제품판매량, 재고품, 부품, 시장의 일반 동향 및 기타 제조업자가 필요로 하는 사항을 매 3개월마다 보고하여야 한다.

제11조(상표)

① 판매권자는 계약제품과 관련한 상표, 상호, 디자인, 저작권, 기타 지적소유권(이하 "지적소유권"이라 한다)은 제조업자의 독점적 소유인 것을 인정한다. 다만, 판매권자는 제조업자의 동의하에 자신이 적법한 계약제품 판매권자로서의 자격을 상실하며 어느 경우에도 제조업자의 명의나 지적소유권 또는 이와 유사한 자료를 사용할 수 없다.

② 판매권자는 제조업자의 동의없이는 계약제품에 부여되거나 부착된 상표, 일련번호, 모델번호, 상표, 제조업자의 상호 등을 변경하거나, 외관을 손상시키거나, 제거하거나, 덮어 가리거나, 일부 삭제하여서는 아니된다.

제12조(판매권자의 지위)

① 이 계약에 있어서는 어느 경우에도 제조자와 판매권자 사이에 본인과 대리인의 관계가 발생하지 아니한다. 즉 어떠한 상황 아래서도 판매권자는 제조업자의 대리인으로 간주되지 않는다. 판매권자는 직접 또는 간접으로 제조업자의 대리인으로서 행위하거나, 행위하려 하거나, 대리하여서는 안되며, 혹은 어떠한 방식으로도, 제조업자의 명의로 또는 제조업자를 대리하여, 어떠한 의무, 책임, 대리, 담보, 보증 등을 부담 또는 설정하거나 혹은 부담하려 하거나, 설정하려 하여서는 아니된다.

② 판매권자는 필요한 인가, 허가 또는 승인의 획득을 포함하여, 이 계약과 이 계약에 의한 판매권자의 이행 등과 관련하거나 영향을 미칠 수 있는 모든 적용법규와 계약지역 또는 정치적 분할지역 정부의 명령을 항시 준수하여야 한다.

and Distributor's performance hereunder, including the obtaining of any required licenses, permits or approvals.

12.3 Distributor shall not disclose to any third party, without the prior written consent of Manufacturer, or use for any purpose other than the performance of its obligations under this Agreement, any confidential information concerning the Products or business affairs of Manufacturer (including, but not limited to, prices, discounts, terms and conditions of sale, customers, business affairs, products or product specifications) which it receives directly or indirectly from Manufacturer, or which it acquires or develops in the course of its transactions with Manufacturer.

Article 13. Term

13.1 This Agreement shall become effective upon signing and shall continue in full force and effect for a period of three years from the date hereof, unless earlier terminated pursuant to Article 14, and shall thereafter be automatically extended for successive three year period of time unless, three months prior to the expiration of the term or any extension thereof, a notice of intention to finally terminate is given in writing by one party to the other.

13.2 Upon the extension of this Agreement in accordance with Article 13.1, the minimum purchase amount for each period shall be reviewed and a new minimum purchase amount shall be mutually agreed upon in writing by the parties within two (2) months after commencement of each new period.

Article 14. Termination

14.1 This Agreement may be terminated at the option of Manufacturer, effective upon thirty (30) days prior written notice of termination given to Distributor, in the event of the happening of the following events :

③ 판매권자는, 제조업자의 사전 서면동의 없이는 제조업자로부터 직접 또는 간접으로 얻었거나, 제조업자와 거래하는 과정에서 알게 되었거나, 밝혀진 제품 또는 제조업자의 업무에 관한 모든 비밀정보(가격, 할인 판매조건, 고객, 업무, 제품과 제품사양 등을 포함하며, 이에 한정되지 아니한다.)를 제3자에게 공개하거나 또는 이 계약상의 의무이행 이외의 다른 목적에 사용하여서는 아니된다.

제13조(계약기간)

① 이 계약은 서명일로부터 발효되며, 제14조에 따라 조기에 종료되지 않는 한, 계약일로부터 3년간 계속하여 유효하며, 일방이 계약의 만료나 연장된 계약의 만료일 전 3개월 이내에 종료 의사표시를 상대방에게 서면으로 통지하지 않는 한, 연속하여 3년간 자동적으로 연장된다.

② 본 조 제 1 항에 따라 이 계약이 연장되는 경우, 양 당사자는 연간 최소구매량을 재조정하며, 새로운 최소구매량은 계약기간이 새로이 개시되는 일자로부터 2개월 이내에 상호 합의한다.

제14조(계약종료)

① 다음에 해당하는 경우, 제조업자는 그 선택에 따라 판매권자에게 30일 전에 서면으로 계약종결을 통지함으로써 계약을 해지할 수 있다.

(1) Should Distributor become bankrupt or insolvent, or have its business placed in the hands of a receiver, assignee or trustee, whether by voluntary act or otherwise; or

(2) Should Distributor fail to meet the minimum annual purchase requirements or otherwise fail to meet promptly any of its obligations pursuant to this Agreement; or

(3) Should Distributor be acquired by, or should itself acquire, in whole or in part a Manufacturer of the products which in the reasonable judgement of Manufacturer competes to the material extent with the Products; or

(4) Should Distributor attempt to assign this Agreement or any rights hereunder without Manufacturer's prior written consent; or

(5) If Distributor ceases to function as a going concern or to conduct its operations in the normal course of business.

14.2 All moneys owed to Manufacturer upon termination shall become immediately due and payable and no cancellation or termination of this Agreement shall serve to release Distributor or its successors or assignees from any obligations under this Agreemnet.

Article 15. Force Majeure

Neither party shall be liable to the other party for nonperformance or delay in performance of any of its obligations under the Agreement due to war, acts of terriorism, revolution, riot, strike or other labor dispute, fire, flood, act of government or any other causes reasonably beyond its control. Upon the occurrence of such a force majeure condition the affected party shall immediately notify the other party of any further developments with evidence proving its occurrence. Immediately after condition is removed, the affected party shall perform such obligation with all due speed.

1. 판매권자가 파산하거나, 지급불능인 경우, 자발적이든 아니든 간에 관리인, 관재인, 수탁자에게 영업관리를 위탁한 경우, 또는

2. 판매권자가 연간 최소구매량을 달성하지 못하거나, 이 계약에 따른 의무를 이행하지 못한 경우, 또는

3. 제조업자의 합리적인 판매에 비추어 보아, 판매권자가 계약제품과 경쟁상태에 있는 제품의 제조업자와 전부 또는 일부 관계를 맺고 있는 경우, 또는

4. 판매권자가, 제조업자의 사전동의 없이, 계약의 전부 또는 계약상의 권리의 일부를 양도하려는 경우, 또는
5. 판매권자가 계속 기업으로서의 기능 또는 정상적인 영업활동을 중지한 경우

② 계약이 종료된 경우에는, 판매권자의 제조업자에 대한 금전채무는 즉시 지급되어야 하며, 이 계약이 해제 또는 종료되었다고 하더라도 판매권자나 그 승계인 또는 양수인이 이 계약상의 의무를 면하는 것은 아니다.

제15조(불가항력)

어느 당사자도 전쟁, 테러행위, 혁명, 폭동, 파업 또는 기타 노동쟁의, 화재, 홍수, 정부의 조치, 기타 당사자가 통제할 수 없는 사유로 계약조건을 불이행하거나 이행을 지연한 경우에는, 상대방에 대하여 그로 인한 책임을 부담하지 않는다. 이와 같은 불가항력적인 사유가 발생한 경우에는, 그로 인하여 이행을 하지 못한 당사자는 상대방에게 진전 상황을 그 발생 증빙서와 함께 즉시 통보하여야 한다. 불가항력적 사유가 해소된 경우에는 그 즉시 신속하게 계약상의 의무를 이행하여야 한다.

Article 16. Governing Law

This Agreement shall be interpreted and governed by the laws of the Republic of Korea.

Article 17. Arbitration

All disputes, controversies or differences which may arise between the parties out of or in relation to or in connection with this Agreement or for the breach thereof shall finally settled by arbitration in Seoul, Korea in accordance with the Commercial Arbitration Rules of the Korea Commercial Arbitration Board and under the Law of Korea. The award rendered by the arbitrator(s) shall be final and binding upon both parties concerned.

Article 18. Miscellaneous Provisions

18.1 Notices

Any notice required or permitted to be given hereunder shall be in writing and may be given by personal service, registered airmail, or by Cable, Facsimile or E-mail confirmed on the same day in writing by registered airmail.

18.2 Entire Agreement- Amendments

This Agreement constitutes the entire understanding of Manufacturer and Distributor with respect to the subject matter hereof. No amendment, modification or alteration of any term of this Agreement shall be binding on either party unless the same shall be made in writing and executed by or on behalf of the parties hereto.

18.3 Assignment and Succession

This Agreement shall incure to the benefit of and be binding upon the parties hereto and their respective successors. No assignment of this Agreement shall be valid without the prior written consent of the other party hereto.

18.4 Waiver

제16(준거법)

이 계약은 대한민국법에 따라 해석되고 규율된다.

제17조(중재)

이 계약으로부터, 이 계약과 관련하여 또는 이 계약의 불이행으로 말미암아 당사자간에 발생하는 모든 분쟁, 논쟁 또는 의견 차이는 대한민국 서울특별시에 대한상사중재원의 상사중재규칙 및 대한민국법에 따라 중재에 의하여 최종적으로 해결한다. 중재인(들)에 의하여 내려지는 판정은 최종적인 것으로 당사자 쌍방에 대하여 구속력을 가진다.

제18조(잡칙)

① 통 지

모든 통지는 서면으로 하여야 하며, 직접 교부하거나, 항공등기우편 또는 동 일자 항공등기우편으로 확인된 전신, 모사전보, 전자우편으로 발송하여야 한다.

② 완전합의-변경

이 계약은 계약주체에 관하여 제조업자와 판매권자간의 완전합의를 구성하며, 계약조건의 변경, 수정은 양 당사자간의 정당한 권한을 가진 대리인의 서명이 있는 서면에 의하지 아니하고는 할 수 없다.

③ 양도 및 승계

이 계약은 양 당사자 및 그들의 각 승계인에 대하여 구속력을 가지며, 계약의 양도는 상대방의 사전 서면동의 없이는 무효이다.

④ 권리포기

All waivers hereunder must be in writing, and the failure of any party at any time to require the other party's performance of any obligations under this Agreement shall not affect the right subsequently to require performance of the obligation. Any waiver of any breach of any provision of this Agreement shall not be construed as a waiver of any continuing or succeeding breach of such provision or a waiver or modification of the provision

18.5 Severability

If any one or more of the provisions contained in this Agreement shall be declared invalid, illegal or unenforceable in any respect under any applicable law, the validity, leality and enforceability of the remaining provisions contained herein shall not in any way be affected and in such case the parties hereto oblige themselves to reach the intended purpose of the invalid provision by a new, valid and legal stipulation.

18.6 Headings

The section headings herein are included for purposes of convenience only, any shall not affect the construction or interpretation of any of the provision of this Agreement.

IN WITHNESS WHEREOF, the parties hereto have caused this Agreement to be executed by their respective duly authorized officers.

Manufacturer,	Distributor,
Korea Trading Co., Ltd.	America International Inc.
(signed)	(signed)
Gil-dong Hong	John F. Dolan
President	President

모든 권리의 포기는 서면에 의하여야 하며, 상대방에게 계약상의 어떠한 의무의 이행을 촉구하지 않았다 하여 추후 그 의무의 이행을 요구할 수 있는 권리에 영향을 미치지 아니한다. 이 계약상의 어느 조항의 위반에 대한 권리의 포기는 추후 계속되는 그 조항의 위반에 대한 권리의 포기 또는 그 조항의 변경으로 간주되지 아니한다.

⑤ 계약조항의 독립
이 계약의 하나 또는 그 이상의 조항이 준거법에 의하여 무효, 부적법 혹은 집행 불능인 경우에도 이 계약의 잔여 조항의 유효, 적법성, 집행가능성은 그로 인하여 아무런 영향을 받지 않으며, 또는 이 경우에는 양 당사자는 새로이 유효, 적법한 조항을 설정함으로써 무효조항의 본래 의도된 목적을 달성할 수 있도록 하여야 한다.

⑥ 제목
오로지 편의상 붙여진 각 조의 제목들은 이 계약의 해석에 아무런 영향을 주지 않는다.

이 사실을 입증하기 위하여 양 당사자들은 각각 그들을 적법하게 대리하는 자에 의하여 이 계약서를 작성하였다.

제조업자,	판매권자,
한국무역주식회사	아메리카인터내셔널주식회사
대표이사 홍길동	대표이사 존 에프 돌란

3.3 특허 및 기술도입계약서

LICENSE AND TECHNICAL ASSISTANCE AGREEMENT

LICENSE AND TECHNICAL ASSISTANCE AGREEMENT made by and between America International Inc., a corporation organized and existing under the laws of the State of New York, U.S.A., having an office at 310, Fifth Ave., West, New York, NY10001, U.S.A. (hereinafter referred to as "Licensor") ; and Korea Trading Co., Ltd., a corporation organized and existing under the laws of the Republic of Korea, having an office at 1, 1-ga, Sogong-dong, Choong-gu, Seoul Korea(hereinafter referred to as "Licensee")

WITNESSETH

WHEREAS, Licensor now manufactures and sells, in the United States of America and elsewhere, a proprietary line of widget sets formed from glass, and a proprietary line of grosbeaks formed from carbon fibers ; and

WHEREAS, Licensor owns certain trademarks, patent rights, and technological information including know-how, skill and experience relating to said Products as hereinafter difined ; and

WHEREAS, Licensee desires to obtain from Licensor the right to use such trademarks, patent rights and technological information to manufacture, use and sell the Products ; and also desires to obtain technical assistance from Licensor in the use of such patent rights and technological information, and Licensor is willing to grant such rights and to provide such technical assistance to Licensee all as hereinafter more fully provided,

NOW THEREFORE, in consideration of the covenants herein contained, the parties agree as follows :

특허 및 기술도입계약서

미국, 뉴욕주법에 의해 설립, 존속하며 그 본점 소재지가 미국 뉴욕주 뉴욕시 웨스트 5가 310번지 아메리카인터내셔널주식회사(이하 '기술제공자'라 한다)와 대민한국 서울특별시 중구 소공동 1가 1번지에 본점을 두고 한국법에 의해 설립, 존속하는 한국무역주식회사(이하 '기술도입자'라 한다)간에 본 기술도입계약이 체결되었다.

기술제공자는 현재 미국 및 기타 지역에서 유리로 만든 Widget Sets와 탄소섬유로 만든 Grosbeaks의 독점판매권을 가지고 동 제품들의 제조 및 판매를 하고 있고 동 제품들에 관련된 상표, 특허권, 노하우, 기술 및 경험을 포함한 기술정보를 소유하고 있으며, 기술도입자는 위 제품을 제조, 판매하기 위하여 기술제공자로부터 위 제품에 관련된 상표, 특허권 및 기술정보를 사용할 권리 및 그러한 특허 및 정보를 사용하는데 필요한 기술지원을 받기를 희망하고 있는바, 기술제공자는 다음에서 규정하는 바와 같이 기술도입자에게 위 권리와 기술지원을 제공하려고 한다. 따라서 양 당사자는 다음과 같이 약정한다.

Article 1. Definitions

For the purpose of this Agreement :

1.1 "Products" means the following Licensor products :

(1) all widget sets formed from molten glass and glass fiber, including all series A frames and bottoms, and (2) all grosbeaks formed from carbon fibers, but not including grosbeak casings, bearings or seals.

1.2 "Territory" means the Republic of Korea.

1.3 "Trademarks" means those trademarks specifically identified in Schedule attached hereto which is made a part of this Agreement and such other trademarks as may be inserted in Schedule by mutual agreement from time to time during the life of this Agreement.

1.4 "Patent rights" means all patents and patent applications for inventions, design processes, models, or anything patentable, for any country in the world, granted or made at any time prior to the expiration or termination of this Agreement, and which can be used in the manufacture, use, or sale of the Products.

1.5 "Proprietary Information" means the inventions, specifications, production date, engineering drawings, specialized know-how, skill and other secret and confidential technical information which are owned or controlled by Licensor and can be used in the manufacturer, use, or sale of the Products.

1.6 "Effective Date" means the date on which (1) this Agreement is executed by Licensor and Licensee, or (2) this Agreement is approved by the Government of the Republic of Korea as contemplated in Article 19 herein whichever is later.

Article 2. Technology License

2.1 For the duration of this Agreement, and upon the terms and conditions

제 1 조(정의)

이 계약의 적용을 위한 용어의 정의는 다음과 같다.

① "계약제품"이란 다음에 열거하는 바와 같이 기술제공자의 생산제품을 말한다.

1. 모든 Series A Frames 및 Bottoms를 포함하여 녹은 유리 및 Glass Fiber로 주조된 모든 Widget Sets.
2. 탄소섬유로 제조된 모든 Grosbeak, 그러나 Grosbeake의 케이스, 축받이 및 봉인은 제외된다.

② "계약지역"이란 한국을 의미한다.

③ "계약상표"란 이 계약의 일부분으로서 첨부된 명세에 특별히 정의된 상표 및 이 계약의 존속기간 중 상호 약정에 따라 명세에 삽입될 다른 상표를 뜻한다.

④ "계약특허권"이란 이 계약의 종료시점 이전에 세계 어느 나라를 막론하고, 계약제품의 제조, 사용, 판매에 이용될 수 있는 모든 특허권과 발명, 의장, 실용신안 및 기타 특허대상이 될 수 있는 모든 것을 위한 특허신청권을 의미한다.

⑤ "계약정보"란 기술제공자에 의해 소요되거나, 통제되고, 계약제품의 제조, 사용 또는 판매에 이용될 수 있는 발명, 시방서, 제조정보, 기술도면, 전문화된 노하우, 기술 및 기타 모든 비밀기술정보를 뜻한다.

⑥ "계약효력발생일"이란 이 계약이 기술제공자와 기술도입자에 의하여 이행되는 날과 이 계약 제19조에 규정된 바에 따라 대한민국 정부가 이 계약을 인가한 날 중 나중에 도래한 날을 뜻한다.

제 2 조(기술사용권의 부여)

① 기술제공자는 이 계약의 존속기간 중, 이 계약에 규정된 조건에 따라서 계

more specifically set forth herein, Licensor hereby grants to Licensee a license with the exclusive right to use the Patent Rights, Proprietary Information, and Trademarks to manufacture, use, and sell the Products in the Territory.

2.2 Licensee may sublicense others to use the Proprietary Information, Trademarks, and Patent Rights to manufacture, use, or sell the Products with prior written consent of Licensor, which consent shall not be unreasonably withheld. All sublicensees of Licensee hold their rights contingent on Licensee's rights under this Agreement. Any loss by Licensee of its rights under this Agreement due to termination for breach, or due to any other reason, automatically causes a loss of the same rights by all of Licensee's sublicensees.

Article 3. Technical Information

Upon receipt of payment of one hundred thousand United States Dollars(US$100,000), the initial disclosure fee referred to in Article 6 hereof, Licensor shall furnish to Licensee the following technical information and Proprietary Information regarding the products in such amounts and at such times as shall be necessary for the expeditious production and sale of the Products.

3.1 Advice and assistance with respect to the layout of plant and equipment together with detailed description of equipment, flow charts, locations and other data to enable Licensee to design a suitable factory ;

3.2 Relevant general manufacturing information including designs, specifications and drawings for the Products, specifications for raw materials, and detailed drawings and descriptions for the manufacturing process of the Products as well as parts, molds, jigs and fixtures.

3.3 Relevant performance testing and operating data including information

약지역 내에서의 계약제품의 제조, 사용, 판매와 관련된 계약특허권, 계약정보, 상표를 사용할 수 있는 독점적 사용권을 기술도입자에게 부여한다.

② 기술도입자는 기술제공자의 사전 서면승인을 얻으면 계약제품의 제조, 사용 및 판매의 관련된 계약정보, 상표, 특허권의 사용권을 제3자에게 재부여 할 수 있으며, 기술제공자는 정당한 이유없이 위 승인을 보류할 수 없다.
기술도입자로부터 사용권을 부여받은 재사용권자의 권리는 이 계약에 규정된 기술도입자의 권리에 종속된다. 기술도입자의 위약 기타 어떠한 이유로 인하여 기술도입자의 이 계약에 따른 권리가 상실되면 자동적으로 기술도입자의 재 사용권자의 권리도 같은 범위 내에서 상실된다.

제 3 조(기술정보)

이 계약 제6조에 정해진 바에 따른 선수금 미화 일십만 달러의 수령과 동시에, 기술제공자는 기술도입자의 계약물품의 신속한 제조 및 판매에 필요한 범위 및 시간에 맞추어 다음에 열거하는 기술정보 및 계약정보를 기술도입자에게 제공하여야 한다.

① 기술도입자가 적절한 공장 및 설비를 설치하는데 필요한 설계상의 조언 및 기타협조, 특히 적절한 공장을 설치할 수 있도록 하기 위한 설비기구, 설비의 명세서, 공정도면, 위치 및 기타자료.

② 계약제품의 형태, 사양서, 설계도를 포함한 계약제품제조와 관련된 일반적인 제작정보 및 원료의 명세서, 계약제품의 부품, 주조, 비품을 포함한 계약제품 제조과정의 명세서.

③ 시험기구, 시험절차와 기타 품질관리방법에 관련된 정보를 포함한 가동시험 및 작동자료

on test equipment, test procedures and other quality control methods ; and

3.4 All other information as may be required to understand and/or interpret any of the aforementioned in formation which information shall be furnished upon request by letter or through personal contract between personnel of Licensor and Licensee during intercompany visits as hereinafter described.

Article 4. Technical Assistance

4.1 Licensor shall grant access to its facilities in the United States of America to personnel of Licensee for the purpose of training such personnel in the methods of manufacturer of the Products. It is understood by the parties that as many employees of Licensee as are agreed upon by Licensor and Licensee will be sent to Licensor. Licensor shall be solely responsible for the training of such personnel. The training shall be conducted in the English language and necessary interpreters may be furnished by Licensee at its own expense. In addition, Licensee shall bear all incidental costs and expenses of such personnel such as travel, hotel and meal expenses. Licensor shall assist such Licensee personnel in obtaining any visas required by the U.S.A. immigration authorities.

4.2 Licensor shall, upon request of Licensee, as soon as possible, furnish on location at the plant of Licensee to train Licensee personnel in the methods of manufacture of the products, technically qualified personnel of Licensor upon notice for no more than an aggregate of ten men during working days in twelve (12) months period. Licensee shall pay to Licensor a day for each of such personnel while in the Territory in accordance with Schedule agreed otherwise and made a part of this Agreement. Licensee shall also provide a round trip air ticket from and to the point of origin for each such personnel.

④ 기술제공자와 기술도입자의 임직원들의 상호 방문을 통한 개인 접촉 또는 서면을 통하여 요청되어 제공되어질 위 정보들의 해석과 이해에 필요한 기타 정보.

제 4 조(기술 원조)

① 기술제공자는 기술도입자의 임직원들의 계약제품 제조훈련을 위하여 미국의 기술제공자 공장에서 연수하도록 하여야 한다. 기술도입자가 기술제공자에게 파견할 임직원의 수는 양 당사자의 합의에 의하여 정하기로 한다. 기술제공자는 그들 임직원의 연수에 대해서만 책임을 진다. 연수과정에서는 영어가 사용되며, 기술도입자는 자기의 비용으로 필요한 통역인을 제공할 수 있다. 또한 기술도입자는 그러한 임직원의 여행, 숙박 및 식사비용을 포함한 모든 체재비용을 부담하여야 한다. 기술제공자는 기술도입자 임직원이 미국 이민당국에 의하여 요구되는 모든 비자를 발급받을 수 있도록 협조하여야 한다.

② 기술도입자의 요청이 있을 경우 조속한 시일 내에 기술제공자는 계약제품의 제조방법에 관하여 기술도입자의 임직원을 지도, 자문하기 위하여 10명을 넘지 않는 범위 내에서 기술제공자의 기술적인 면에서 자격을 갖춘 임직원을 파견하여 공휴일을 제외한 12개월 동안 기술도입자 임직원의 지도에 종사하도록 하여야 한다. 기술도입자는 이 계약의 일부로 별도 합의된 바에 따라 위 임직원의 계약지역 내 체재기간 동안 일당을 지급하여야 한다.
기술도입자는 위 파견 임직원의 왕복항공비, 국내교통비 및 합리적인 범위 내에서의 숙식비 등 국내생활비를 지급하여야 한다.
기술도입자는 교통수단 및 원하는 바에 따라 그 임직원의 생활비를 한국 통화

In addition, Licensee shall pay pursuant to mutual agreement local transportation and resonable living expense in Korea, including room and meal charges, incurred by such personnel in Korea Won if it so desires. Licensor shall notify Licensee within fifteen (15) days of receipt of a request for such technical assistance of the date when such personnel will be sent to Licensee. The round trip air ticket to be provided for each Licensor personnel to be sent to Licensee upon request of Licensee shall be economy class. Licensee shall assist such Licensor personnel in obtaining any visas required by the Korea authorities.

Article 5. Protection of Proprietary Information

Licensee agrees to keep all Proprietary Information relating to the Products confidential. Licensee may communicate Proprietary Information to its officers, employees, agents, subcontractors, or sublicensees for the proper manufacture, use, and sale of the products. Licensee agrees to take reasonable precautions to keep said Proprietary Information secret.

Artical 6. Disclosure Fee and Royalties

6.1 Licensee shall pay to Licensor a disclosure fee of one hundred thousand Untied States Dollars (US$100,000), which shall be paid in cash within thirty (30) days after the Effective Date of this Agreement.

6.2 Licensee shall also pay to Licensor three percent (3%) of the total net sales by Licensee of the Products up to net sales of amount equal to one million United States Dollars (US$1,000,000) per year ; and two percent (2%) of the total net sales of the Products over one million Untied States Dollars (US$1,000,000) up to net sales of two million U.S. Dollars (US$2,000,000) per year : and one percent (1%) of the total net sales of the Products in excess of net sales of two million Untied States Dollars (US$2,000,000) per year.

로 제공하여야 한다.

기술제공자는, 그들의 임직원이 기술도입자에 파견될 경우에는, 파견요청을 받은 15일 이내에 기술도입자에게 그 사실을 알려 주어야 한다. 기술도입자의 요청에 의하여 기술도입자에 파견되는 임직원의 왕복항공권은 보통석의 것이어야 한다.

기술도입자는 위 기술제공자 임직원의 한국방문에 필요한 모든 비자의 발급을 협조하여야 한다.

제 5 조(계약정보의 보호)

기술도입자는 계약내용에 관련된 계약정보의 비밀을 유지하여야 한다. 기술도입자는 계약제품의 제조, 사용 및 판매를 위하여 기술도입자의 임원, 피고용인, 대리인, 재계약자, 재사용권자에게 계약정보를 제공할 수 있다. 이 경우 기술도입자는 계약정보의 비밀보장을 위해 필요한 합리적인 예방조치를 취하여야 한다.

제 6 조(선수금 및 사용료)

① 기술도입자는 선수금으로서 이 계약의 발효일로부터 30일 이내에 미화 일십만 달러를 현금으로 기술제공자에게 지급하여야 한다.

② 기술도입자는 기술도입자에 의해 판매된 계약물품의 연간 순판매액이 미화 일백만달러 이하인 경우에는 그 순판매액의 3%를 매년 기술제공자에게 지급하여야 하며, 연간 순판매액이 미화 일백만 달러를 초과하여 미화 이백만 달러 이하인 때에는 순판매액의 초과부분의 2%를 추가 지급하되, 순판매액이 미화 이백만 달러 초과시, 다시 그 초과된 순판매액 부분의 1%를 추가 지급한다.

6.3 For purposes of Subarticle 6.2 hereof the term "net sales" shall mean gross sales less only (1) sales discounts pursuant to applicable trade discount terms, (2) sales price of the defective Products returned, including the value added tax or similar turnover tax, (3) import prices of Licensor's parts components and semi-finished products purchased by Licensee from Licensor, (4) indirect taxes relating to the sales of the Products, (5) carriage charges and insurance premiums incurred in connection with the sale of the Products. For purposes of this Article 6.3, import prices shall mean the CIF Busan Incoterms® 2010 prices of such parts, components, and semi-finished products imported by Licensee, plus expenses for customs clearance.

6.4 Payment of the royalties to be made pursuant to Subarticle 6.2 hereof shall be made within sixty (60) days after June 30 and December 31 of each year for the full amount of royalties in respect of the previous six months or part thereof.

6.5 Licensee shall take all necessary steps and pay all necessary fees and expenses to satisfy the laws and requirements of the Republic of Korea in respect of (1) the payment of fees and roylties or remittance of money hereunder and (2) registering, declaring, reporting and rendering valid this Agreement and any license granted hereunder.

6.6 All payments due hereunder shall be made in Untied States currency at a bank in the United States to be designated by Licensor.

6.7 All payments due to Licensor hereunder shall be converted from Korean currency into United States currency at the telegraphic transfer selling rate of the ABC Bank for the purchase of United States dollars on the date of remittance.

6.8 All income tax and other taxes required by the laws of the Republic of Korea to be withheld from any payment to be made to Licensor pursuant to this Agreement shall be for the account of Licensor.

③ 제 2 항의 순판매액이란 총판매액에서 다음의 금액을 공제한 금액을 뜻한다.

1. 통상의 거래 할인규정에 따라 행하여진 할인액
2. 제품의 하자로 인해 반환된 물품가격(부가가치세 및 기타 매출세 포함)
3. 기술제공자의 부품, 반제품, 부속 등을 기술도입자가 구매한 경우 그 수입가액
4. 계약제품의 판매와 관련된 간접세
5. 계약제품의 판매와 관련하여 야기된 보험료 및 운송비

이 조항에서 수입가액이라 함은 위와 같이 기술도입자가 수입한 부품, 반제품, 부속들의 통관비용을 포함한 인코텀즈 2010의 부산항도착 운임보험료 포함 가격을 뜻한다.

④ 사용료는 위 제 2 항에 규정된 바에 따라 매년 6월 30일과 12월 31일을 기준으로 그때까지의 반기마다의 실적을 토대로 하여 그로부터 60일 이내에 지급되어야 한다.

⑤ 기술도입자는 이 계약에서 규정된 선수금 및 사용료의 지급과 송금 및 이 계약 및 이 계약과 관련된 모든 기술, 특허의 등록, 공시, 보고, 발효 등에 대하여 한국법에서 요구하는 요건들을 충족시키기 위하여 필요한 모든 비용의 지급 및 필요한 조치를 취하여야 한다.

⑥ 이 계약에 의한 모든 지급은 기술제공자에 의해 지명된 미국 내의 ABC은행에서 미국통화로 이루어져야 한다.
⑦ 기술제공자에 지급될 모든 금액은 송금일 현재의 ABC은행의 미화구매를 위한 전신환매도율에 따라 한국통화는 미국통화로 환전되어야 한다.

⑧ 이 계약에 의하여 기술제공자에게 지급된 금액에 대하여 한국법에 따라 원천과세될 모든 소득세 및 기타 세금은 기술제공자가 부담하기로 한다.

Article 7. Accounting Records

At the time it pays the royalties under Article 6 hereof, Licensee will render to Licensor a written statement of account regarding Licensee's sales of the Products with respect to which royalties shall have accrued during the preceding six months, including the type of products and amount sold. In addition, Licensee will keep records and books of account showing the amount of royalties due to Licensor hereunder.

Article 8. Purchase of Semi-Finished Products from Licensor

Licensor hereby grants Licensee an exclusive right to purchase and import for resale in the Territory any and all types of Licensor' s widget sets and grosbeaks except those which shall have been actually manufactured by Licensee under this Agreement, and Licensee will use its best efforts to promote their sale. Licensor will supply the same in such quantity as required by Licensee at a price to be agreed upon by the parties.

Article 9. Purchase of Tools and Equipment from Licensor.

Licensor will sell to Licensee upon Licensee's request parts, molds, jigs, fixtures and other tools and equipment used in the manufacture of the Products. In such event, Licensor will sell such tools and equipment Licensee at a price equal to manufacturing cost to Licensor.

Article 10. Export of Licensee's Products.

10.1 Licensee may export to other countries, with the exception of United States the Products manufactured by Licensee under this Agreement.

10.2 It is understood that parties hereto will enter into a long-term distributorship agreement under which Licensor will purchase from Licensee Products manufactured by Licensee under this Agreement in order to supply the Products to the United States markets.

제 7 조(회계자료)

제 6 조에 따라 기술도입자가 기술제공자에게 사용료를 지급할 때에는 기술도입자는 6개월간의 단위기간에 발생한 사용료의 근거자료로서 판매제품의 유형, 판매액이 기재된 회계서류를 기술제공자에게 제시하여야 한다. 또한 기술도입자는 기술제공자에게 지급될 사용료의 총액에 관한 회계장부 및 기록을 보관하여야 한다.

제 8 조(기술제공자로부터 반제품구매)

기술도입자는 이 계약에 의하여 스스로 제작한 것을 제외하고 계약지역 내에 재판매하기 위하여 기술제공자의 Widget sets와 Grosbeaks를 기술제공자로부터 구매 · 수입할 독점권을 가지며, 기술도입자는 그 판매를 촉진하기 위하여 최대의 노력을 경주하여야 한다. 기술제공자는 기술도입자가 요구하는 만큼의 위 제품들을 약정된 가격으로 기술도입자에게 제공한다.

제 9 조(기술제공자로부터의 기구 및 장비구매)

기술제공자는 기술도입자가 요청하는 경우, 계약제품 제조에 필요한 부품, 주형, 설비 및 기구 등을 기술도입자에게 판매하되 그 가격은 기술제공자의 생산가액과 동일하여야 한다.

제10조(기술도입자의 제품수출)

① 기술도입자는 이 계약에 의해 제조된 계약제품을 미국을 제외한 모든 국가에 수출할 수 있다.

② 기술도입자와 기술제공자는 기술도입자가 이 계약에 의해 제조한 계약물품을 기술제공자가 수입하여 미국시장에 판매할 수 있도록 하는 장기판매점 계약을 체결하기로 한다.

Article 11. Suits for Infringement

In the event that any suit, action or other proceeding shall be brought against Licensee involving any claim of patent and other industrial property right infringement based upon Licensee's permitted use hereunder of the Trademarks, Patent Rights, or Proprietary Information, Licensor shall at its own expense take charge of the defense of any such claim and of the settlement thereof through counsel of its own choice, but if Licensor fails to defend any such claim, Licensee may do so at Licensor's expense. Licensee will notify Licensor promptly in the event that any such suit, action or other proceeding shall be threatened or instituted against Licensee and shall send to Licensor all the documents or the copies thereof related to such suit, action or other preceeding. Licensee is hereby permitted to sue any third party who infringes the Trademarks, Patent Rights, or Proprietary Information within the Territory.

Article 12. Developments and Improvements

12.1 Licensor shall communicate to Licensee full details and particulars of all of commercially utilized developments and improvements relating to the Products and the tools and equipment used to manufacture the Products which, during the life of this Agreement, it owns or controls, or may discover, or may come under its control, or it may receive from other licensees, whether patented or not, and Licensee shall be entitled to the non-exclusive use and benefit thereof without any further payments during and after the life of this Agreement.

12.2 In at any time subsequent to the Effective Date of this Agreement, any invention, development or improvement, relating to the Products licensed hereunder and the tools and equipment used to manufacture the Products, shall become available to Licensee or any of its employees, Licensee shall promptly disclose the same to Licensor,

제11조(권리침해소송)

기술제공자는 기술도입자의 상표권, 특허권 또는 계약정보의 사용에 있어서 특허권, 기타 공업소유권 침해에 기한 클레임을 포함하여 기술도입자에게 제기된 모든 소송이나 청구를 스스로 선택한 변호사를 통하여 자신의 비용과 책임으로 방어하여야 하며, 만일 기술제공자가 그러한 클레임에 대한 방어를 하지 아니하는 경우에는 기술도입자는 기술제공자의 계산으로 이를 방어할 수 있다.

기술도입자에게 위와 같은 소송 등이 제기되었을 때에는 기술도입자는 즉시 기술제공자에게 이 사실을 알리고 그 소송 등의 과정에서 제출된 모든 자료의 사본을 송부하여야 한다.

계약지역 내에서 제 3자가 계약상표, 특허권, 계약정보를 침해했을 때에는 기술도입자는 그 제3자를 상대로 소송을 제기할 권리가 있다.

제12조(기술개발과 기술개량)

① 본 계약기간 중 계약제품 및 도구, 시설 등 계약제품과 관련된 기술개발이 이루어졌을 경우에는 기술제공자가 개량기술의 명세를 기술도입자에게 통보하여야 하는데, 그 기술개량이 스스로에 의하여 이루어진 것이든 발견한 것이든, 제 3의 기술도입자로부터 얻은 것이든, 특허된 것인지의 여부는 불문한다. 기술도입자는 위 통보된 개량기술을 계약의 존속 중과 그 종료 이후에도 추가적인 지급이 없어도 사용할 수 있는 비독점적 권리를 갖는다.

② 이 계약발효일 이후 계약제품 제조와 관련하여 기술도입자 및 고용인에 의해 계약기간 중 이루어진 모든 기술개량은 기술제공자에게 제공된다. 기술도입자는 세계 각국에서 그의 명의와 비용으로 위 개량기술의 특허권을 등록할 권리를 가진다. 다만, 기술제공자가 계약의 존속 중 및 그 종료 이후에도 계약지역을 제외한 모든 지역에서 위 특허권을 무료로 사용할 수 있는 비독점적

whether patentable or not, and shall furnish to Licensor all relevant information pertaining thereto. Licensee shall have the right to obtain patent protection therefor throughout the world in its own name and at its own expense ; provided, however, that Licensor may use such patents throughout the world, except in the Territory, free of charge and non-exclusively, during and after the life of this Agreement.

Article 13. Quality Control

13.1 Licensee shall maintain such standards of quality and workmanship as used by Licensor in its manufacture of products.

13.2 Licensee shall report promptly to Licensor any changes in the design, specifications, material or similar characteristics of the products.

13.3 Licensee shall (1) permit the duly authorized representatives of Licensor to inspect during normal working hours the plant(s) of Licensee, the process of manufacture of the Products, and any Products manufactured by Licensee and (2) cause to be inspected by the duly authorized representatives of Licensor the plant(s) of any contract manufacturer producing the Products or any part thereof.

Article 14. Warranty on Proprietary Information

14.1 Licensor warrants that the Proprietary Information furnished to Licensee pursuant to this Agreement is at least equal to that used by Licensor to produce products in the United States.

14.2 During the terms of this Agreement, Licensor shall be responsible for damages resulting from defective Proprietary Information and parts furnished to Licensee by Licensor.

14.3 Licensor shall not be responsible for consequential damages resulting from the faulty application of Proprietary Information by Licensee.

Article 15. Exclusive Use of Trademark in Territory

Licensor shall not permit or license others in the Territory to use the Trademarks with respect to the products whether manufactured by

권리를 가진다는 것을 조건으로 한다.

제13조(품질관리)

① 기술도입자는 기술제공자의 계약제품 제조수준에 상당하는 품질수준을 유지하여야 한다.

② 기술도입자는 계약제품의 의장, 사양서, 자재 또는 이와 유사한 특징 등에 변동이 있을 때에는 이것을 신속히 기술제공자에게 알려야 한다.

③기술도입자는 그들의 근무시간 중 기술제공자의 정당한 대표권자에게 그들의 공장 및 공정, 계약제품 그 자체를 검사할 것을 허용하여야 하며, 부품 또는 계약제품을 제조하는 하도급자가 있을 때에는 그들의 공장도 검사할 수 있도록 조치하여야 한다.

제14조(계약정보의 보증)

① 기술제공자는 이 계약에 따라 기술도입자에게 제공되는 계약기술정보가 기술제공자가 미국 내에서 사용하는 기술정보와 동일한 것임을 보증한다.

② 이 계약기간 동안 기술제공자는 기술도입자에게 제공한 결함 있는 기술정보 및 부품으로 인하여 발생한 손해에 대하여 책임을 진다.

③ 기술제공자는 기술도입자가 기술정보를 잘못 사용함으로써 발생하는 파생적 손해에 대하여 책임을 지지 않는다.

제15조(계약지역 내에서의 상표의 독점사용권)

기술제공자는 기술도입자에 의해 제조된 것인가의 여부를 막론하고 계약제품과 관련하여 제 3 자에게 계약지역 내에서 상표를 사용할 것을 허락해서는 안

Licensee or not.

Article 16. Effective Date and Term

16.1 This Agreement shall take effect as of the Effective Date hereof.

16.2 Unless sooner terminated as hereinafter provided, this Agreement shall enter into full force and effect on the Effective Date hereof and shall remain in full force and effect for a period of five years from the Effective Date, after which it shall terminate. This Agreement may, however, be renewed, subject to any necessary government approval, by mutual agreement of the parties hereto for an additional period of three years.

Article 17. Termination

17.1 At any time if either party to this Agreement shall have defaulted in the performance of its obligations hereunder, the other party may give written notice of such default and such default shall continue, without remedy, for a period of ninety (90) days after such notice, the party who has so given notice of default may thereupon terminate this Agreement forthwith by giving to the other party hereto written notice of termination.

17.2 This Agreement shall terminate forthwith without notice when any of following events occurs to either party : (1) bankruptcy or insolvency : (2) the filing of a petition therefor ; (3) the making of an assignment for the benefit of creditors ; (4) the appointment of a receiver over any of its assets which appointment shall not be vacated in sixty (60) days thereafter, or (5) the filing of any other petition based upon the alleged bankruptcy or insolvency which shall not be dismissed within ninety (90) days thereafter.

Article 18. Effect of Termination

18.1 Upon temination of this Agreement for any reason, Licensee shall not make any use of any trade name or trademaks owned by or

된다.

제16조(효력발생일 및 존속기간)

① 이 계약은 이 계약이 정한 효력발생일로부터 그 효력을 발생한다.

② 이 계약은 다음에 규정한 바에 따라 종료되지 않는 한 효력발생일로부터 5년간 존속하며 필요한 정부의 인가와 당사자간의 합의에 따라 갱신되어 3년간 존속될 수 있다.

제17조(계약의 종료)

① 만약 어느 일방 당사자가 본 계약의 의무를 이행하지 아니한 것을 이유로 타방 당사자로부터 이행최고를 받은 때부터 90일 이내에 이행하지 아니하면 타방 당사자는 그를 이유로 서면상의 계약해제 통고를 할 수 있고 계약은 그로써 종료된다.

② 이 계약은 다음 각 호의 사유가 어느 일방 당사자에게 발생했을 때에는 아무런 통고없이 종료된다.

1. 파산 또는 지급불능
2. 그로 인한 파산 등 청구
3. 일부 채권자들만의 이익을 확보해 주기 위한 양도행위
4. 파산관재인이 임명되고 그로부터 60일 이내에 임명이 취소되지 않을 때
5. 파산 또는 지급불능을 이유로 제 3자로부터 제기된 청구가 그로부터 90일 이내에 기각되지 않았을 때

제18조(계약종료의 효과)

① 어떤 이유로든지 이 계약이 종료된 이후에는 기술도입자는 기술제공자에 의해 소유되거나 기술제공자와 연관되는 상호나 상표를 사용할 수 없다.

associated with Licensor.

18.2 Upon termination of this Agreement for breach by Licensee of this Agreement, Licensee shall also make no further use of any of the Proprietary Information or Patent Rights licensed hereunder.

18.3 Upon termination of this Agreement by expiration as provided in Article 17 or, for breach by Licensor of this Agreement, Licensee shall have a permanent, non-exclusive, free license to all of the Proprietary Information or Patent Right licensed hereunder.

Article 19. Government Approval

19.1 It shall be the responsibility of Licensee to obtain promptly from the proper authorities in the Republic of Korea any required governmental approval of this Agreement and this Agreement shall not take effect until such approval is obtained on terms and conditions acceptable to Licensor. Licensee shall advise Licensor immediately of the date of approval of the Government of the Republic of Korea.

19.2 Either party may terminate this Agreement forthwith by written notice if the Government of the Republic of Korea does not approve it as contemplated in Subarticle 19.1 within six (6) months from the date of its execution by both parties.

Article 20. Arbitration

All disputes, controversies, or differences which may arise between the parties, out of or in relation to or in connection with this Agreement, or for the breach thereof, shall be finally settled by Arbitration in Seoul, Korea in accordance with the Commercial Arbitration Rules of the Korean Commercial Arbitration Board and under the Law of Korea. The award rendered by the arbitrator(s) shall be final and binding upon both parties concerned.

Article 21. Governing Law

This Agreement shall be construed in accordance with, and all

② 기술도입자의 계약위반으로 인해 계약이 종료된 때로부터 기술도입자는 계약특허권과 기술정보를 사용할 수 없다.

③ 제17조에 따라 혹은 기술제공자의 계약위반으로 인하여 이 계약이 종료되면, 그 때로부터 기술도입자는 계약특허권과 기술정보를 아무런 대가없이 영구적으로 사용할 수 있는 비독점적 권리를 취득한다.

제19조(정부의 승인)

① 기술도입자는 한국 내에서 이 계약에 관하여 필요한 정부승인을 신속히 받아야 할 책임이 있으며, 또 이 계약은 기술제공자가 받아들일 수 있는 조건하에 정부승인이 날 때까지는 그 효력이 발생하지 않는다. 정부승인이 나면 즉시 기술도입자는 기술제공자에게 한국정부의 승인일을 통지하여야 한다.

② 만약 양 당사자에 의한 계약서 작성일로부터 6개월 이내에 정부승인이 나지 않으면 일방 당사자는 서면통지로써 계약을 종료시킬 수 있다.

제20조(중재)

이 계약으로부터, 또는 이 계약과 관련하여 또는 이 계약의 불이행으로 말미암아 당사자간에 발생하는 모든 분쟁, 논쟁 또는 의견 차이는 대한민국 서울특별시에서 대한상사중재원의 상사중재규칙 및 대한민국법에 따라 중재에 의하여 최종적으로 해결한다. 중재인(들)에 의하여 내려지는 판정은 최종적인 것으로 당사자 쌍방에 대하여 구속력을 가진다.

제21조(준거법)

이 계약 및 이 계약으로부터 발생하는 당사자간의 권리, 의무관계는 대한민국

the rights, powers and liabilities of the parties hereunder shall be governed by the laws of the Republic of Korea

Article 22. Notice

Any notice given by either party hereto to the other party shall be deemed to have been sufficiently given by mailing thereof by registered airmail or by the sending thereof by Cable, E-mail or Facsimile confirmed by registered airmail to the last known address of such other party. If a party changes its address, notice thereof must be given to the other party.

Article 23. Assignment and Succession

23.1 This agreement shall not, without the prior written consent of the other party, be assigned by either party, whether in whole or in part.

23.2 This Agreement shall be binding upon and incure to the benefit of either party and its successors and assignees.

Article 24. Entire Agreement

This Agreement constitutes the entire agreement between the parties, all prior representations having been merged herein, and may not be modified except by a writing signed by a duly authorized representatives of both parties.

Article 25. Miscellaneous

25.1 In the event any terms or provisions of this Agreement shall for any reason be invalid, illegal or unenforceable in any respect, such invalidity, illegality or unenforceability shall not affect any other terms or provisions hereof ; in such event, this Agreement shall be interpreted and construed as if such term or provision, to the extent same shall have been held invalid, illegal or unenforceable, had never been contained herein.

25.2 The failure of either party hereto to insist upon a strict performance

법률에 의하여 해석되어진다.

제22조(통지)

양 당사자간의 통지는 항공등기우편 또는 항공등기로 확인된 전신, 전자우편, 모사전보에 의해 상대방 주소 중 가장 최근의 주소로 보내져야 하며, 어느 당사자가 그들의 주소나 연락장소를 변경했을 때에는 상대방에게 그 사실을 알려야 한다.

제23조(계약의 양도 및 승계)

① 상대방의 사전 서면승인이 없는 한 어느 일방의 자의로 계약의 일부 또는 전부를 양도할 수 없다.

② 이 계약은 양 당사자 및 그 양수인과 승계인을 구속하며 그들에게 효력이 미친다.

제24조(완전합의)

이 계약은 당사자가 합의한 모든 내용을 포함하는 완전합의를 구성하며, 종전의 모든 표시는 이 계약에 통합되어 있다. 또 이 계약은 양 당사자간의 정당한 권한을 가진 대리인의 서명이 있는 서면에 의하지 않고는 변경될 수 없다.

제25조(잡칙)

① 이 계약의 어느 조건 또는 조항이 어떠한 이유로든지 간에 무효, 부적법, 집행불능일 경우에는 그 무효, 부적법, 집행불능은 이 계약의 다른 조건 또는 조항에는 아무런 영향을 미치지 아니한다. 이 경우에는 그 조건 또는 조항이 무효, 부적법, 이행불능으로 인정되는 한도 안에서 그 조건 또는 조항이 이 계약에 포함되지 아니한 것으로 해석되어야 한다.

② 일방 당사자가 상대방에게 이 계약의 어느 조건 및 조항의 엄격한 이행을

of any of the terms and provisions herein shall not operate as a waiver of any subsequent or future breach of such terms and provisions.

25.3 Licensor or Licensee shall not be liable for non-observance or non-performance of any of the covenants or agreements herein entered into resulting from or caused by labor disputes, riots or civil commotion, fire, war, the elements, embargoes, failure of carriers, inability to obtain material, inability to obtain transportation facilities, acts of God or acts of enemies of the State, compliance with any law, regulation or other governmental command, whether or not valid, or other cause beyond the control of either party whether or not similar to the foregoing.

25.4 The parties hereto shall act in all matters pertaining to this Agreement as independent contracts and nothing contained herein shall constitute either party as the agent of the other.

25.5 Licensor agrees that no other licensee of the Trademarks, Patent Rights, or Proprietary Information for the manufacture of the Products has been or will be offered more favorable terms.

In the event Licensor has offered or offers, during the time this Agreement is in force more favorable terms than the terms in this Agreement to any licensee anywhere in the world this Agreement will be deemed to have been amended to the extent necessary to incorporate such more favorable terms in substitution for said terms of this Agreement. Licensee shall be the sole judge of whether terms offered to another licensee are more favorable than the terms of this Agreement.

IN WITNESS WHEREOF, the parties have cause this Agreement to be executed in their corporate names by their duly authorized representatives.

요구하지 않은 것은 그 이후 또는 장래에 있어서의 다른 조건 및 조항위반의 경우에 행사할 수 있는 권리를 포기한 것으로 간주되지 아니한다.

③ 노동쟁의, 폭풍, 반란, 화재, 전쟁, 폭풍우, 수출금지, 운송인의 불이행, 운송수단, 혹은 원료의 수급불능 기타 불가항력적 사유, 적대행위 및 법령, 정부가 행한 조치(유효여부 불문) 및 당사자의 능력범위 밖의 기타 사유로 기술도입자나 기술제공자가 계약을 이행하지 않았을 때에는 그로 인한 책임을 부담하지 않는다.

④ 이 계약의 당사자는 이 계약상의 모든 문제에 대하여 독립된 당사자로서 행동하며 이 계약의 어느 조항도 어느 한 당사자가 다른 당사자의 대리인이 되는 것으로 해석하는 근거로 될 수 없다.

⑤ 기술제공자는 기술도입자 이외의 다른 기술도입자에게 계약상표, 특허권, 정보에 대하여 기술도입자보다 유리한 조건을 제시해서는 안 되며, 만약 이 계약의 존속기간 중 기술제공자가 새로운 기술도입자와 더 유리한 조건으로 기술을 제공하기로 약정한 경우에는 이 계약도 자동적으로 그러한 조건으로 수정된 것으로 간주된다. 다른 기술도입자와의 계약이 이 계약보다 유리한 조건으로 체결되었는가의 여부는, 기술도입자가 단독으로 판정한다.

이 사실을 입증하기 위하여 양 당사자는 그들의 수권된 대표자에 의하여 회사의 이름으로 이 계약서를 작성하였다.

Licensor,

Signed at Seoul	America International Inc.
This 1st day of June	(signed)
20××	John F. Dolan
	President

Licensee,

Signed at Seoul	Korea Trading Co., Ltd.
This 1st day of June	(signed)
20××	Gil-dong Hong
	President

	기술제공자,
서 명 일	아메리카인터내셔널주식회사
20××년 6월 1일	대표이사 존 에프 돌란

	기술도입자,
서 명 일	한국무역주식회사
20××년 6월 1일	대표이사 홍길동

3.4 합작투자계약서

JOINT VENTURE AGREEMENT

THIS AGREEMENT is entered into this June 1, 20×× by and between Korea Trading Co., Ltd., a corporation organized and existing under the laws of the Republic of Korea (hereinafter referred to as "Korea"), with its principal office at 1, 1-ga, Sogong-dong, Choong-gu, Seoul, Korea (hereinafter referred to as "X") and America International Inc., a company organized and existing under the laws of the State of New York, United States of America, with its principal office at 310, Fifth Eve., West New York, NY10001, United States of America (hereinafter referred to as "Y").

WITNESSETH :

WHEREAS, X is engaged in the business of promoting the sale and distribution of various goods in Korea ; and

WHEREAS, Y, which is engaged in the business of manufacturing and selling the computers and possesses valuable technology, considerable skill and experience relating to the design and manufacture thereof in the United States ; and WHEREAS, the parties hereto desire to establish a company in Korea, for the principal purpose of engaging in the business of manufacturing and selling of the computer.

NOW THEREFORE, for and in consideration of the promises and mutual covenants herein contained, X and Y hereby agree as follows :

Article 1. DEFINITIONS

When used in this Agreement, each of the terms set forth in this article shall have the meaning indicated :

합작투자계획서

이 계약은 대한민국 서울 특별시 중구 소공동 1가 1번지에 주소를 두고 대한민국(이하 "한국"이라 한다) 법률에 따라 설립되어 존속중인 갑회사(이하 "갑"이라 한다)와 미국 뉴욕주 뉴욕시 웨스트 5가 310에 주사무소를 두고 미합중국 법률에 따라 설립되어 존속중인 을회사(이하 "을"이라 한다)사이에 20××년 6월 1일에 체결되었다.

갑은 한국에서 각종 제품의 판매업을, 을은 미합중국에서 컴퓨터의 디자인, 제조에 관한 기술, 경험을 보유하고 컴퓨터의 제조, 판매업을 영위하고 있는바, 양 당사자는 컴퓨터의 제조 및 판매를 주목적으로 하는 회사를 한국 내에서 설립하고자 하여, 갑과 을은 이 계약에 포함한 전기사항과 상호 약속을 약인으로 하여 다음과 같이 합의하고 그 증거로 이 계약서를 작성한다.

제 1 조(정의)

본 조의 아래 용어는 본 계약에서 다음과 같은 의미를 갖는다.

1.1 "NEWCO"

The joint stock company to be incorporated under the laws of Korea by the parties hereto in the manner provided in article 3 hereof, and to be known in Korean as "NEWCO Chusik Hoesa" and in English as "NEWCO Co., Ltd."

1.2 "EFFECTIVE DATE"

The date of the signing of this Agreement.

1.3 "ASSOCIATED AGREEMENT"

Those agreement related to this Agreement which are to be entered into between or among X, Y and NEWCO, as the case may be, pursuant to Article 3 hereof.

1.4 "SHARES"

Those shares of par value common voting stock which are to be issued by NEWCO to the promoters of NEWCO and the parties hereto in exchange for their respective contributions which are to be made pursuant to Article 3 hereof, as well as any additional shares of the capital stock NEWCO which may be issued from time to time pursuant to Article 7 hereof or otherwise.

1.5 "AFFILIATE"

Any corporation, other juridical entity, partnership or other business enterprise :

(1) which owns or controls, directly or indirectly, fifty percent (50%) or more of the voting rights with respect to the election of directors of either party hereto :

(2) of which fifty percent (50%) or more of the voting rights with respect to the election of directors is owned or controlled, directly or indirectly, by a party hereto ;

(3) of which fifty percent (50%) or more of the voting rights with respect to the election of directors is owned or controlled, directly or indirectly, by any corporation, other juridical entity, partnership

① 신 회 사

본 계약 제3조의 소정 절차에 따라 본 계약의 양 당사자가 한국법에 의거하여 설립하는 뉴코 주식회사(이하 "신회사"라 한다), 영어로는 NEWCO로 지칭되는 주식회사

② 효력발생일

본 계약의 서명일

③ 부속계약

본 계약과 관련하여 그때 그때 필요에 따라 본 계약 제3조에 의거하여 갑, 을 및 신 회사간에 체결되는 계약

④ 주 식

본 계약 제3조의 소정내용에 따라 행하여지는 각 출자의 대가로 신회사의 발기인 및 본 계약의 당사자들에게 발행 교부되는 액면·보통·의결권부 주식과 본 계약 제7조에 의하거나 기타 다른 방법으로 수시로 발행될 신회사의 모든 추가주식

⑤ 방계회사

아래와 같은 모든 회사, 기타 법인, 조합, 또는 기타 기업, 즉

1. 위 기업들이 본 계약의 어느 당사자의 이사선임에 관한 투표권을 직접적이든 간접적이든 50% 이상 보유 또는 통제하는 경우
2. 본 계약의 어느 일방 당사자가 위 기업 등의 이사선임에 관한 투표권을 직접적이든 간접적이든 50% 이상 보유 또는 통제하는 경우

3. 제1조 제5항 제1호 또는 제2호 소정의 자격을 구비한 모든 회사, 기타 법인, 조합 또는 여타 기업이 위 기업 등의 이사선임에 관한 투표권을 직접적이든 간접적이든 50% 이상 보유 또는 통제하는 경우

or other business enterprise qualifying under sub-paragraph (1) or (2) above.

Article 2. APPROVALS BY GOVERNMENTS

2.1 Promptly after the execution of this Agreement, Y shall make application to the appropriate authorities of the Korean Government for approvals under the Foreign Capital Inducement Act, of the acquisition by Y of shares of NEWCO and of the technical assistance to be rendered to NEWCO by Y pursuant to certain of the Associated Agreements, and for such other licenses or approvals therefor under the Foreign Exchange Transactions Act as may be required by said Law. Such licenses or approvals, if any, must include assurance by the Korean Government of the convertibility and remittance in United States Dollar currency to a bank in the United States of America designated by Y of any and all dividends, royalties, interest payments, reimbursable costs, and repatriated capital and any other payment to Y contemplated under this Agreement and all Associated Agreements, during any period in which any such agreements are in effect. X will extend all reasonable assistance to Y in obtaining such licenses or approvals.

2.2 Promptly after the execution of this Agreement, Y shall prepare and file applications for such rulings, licenses or other approvals as it may be required to obtain pursuant to the United States Export Control Act in connection with the disclosure to and use by NEWCO of Y's Technical Information in accordance with this Agreement or any of the associated Agreements.

2.3 Except with respect to the obligation hereby acknowledged by the parties to cooperate in good faith in the diligent prosecution of the applications referred to in paragraphs 2.1 and 2.2 above, this Agreement shall remain wholly executory and conditional until such

제 2 조(정부의 인가)

① 본 계약 체결 즉시, 을은 을의 신회사 주식취득 및 관련 부속계약에 따라 을이 신회사에 제공할 기술상의 협조에 관하여 외자도입법에 따른 허가와 그에 관련하여 외국환거래법상 요구되는 기타 허가 또는 승인을 받기 위하여 한국정부의 관련기관에 신청서를 제출하여야 한다. 상기 허가 또는 승인에는 한국정부가 모든 배당금, 로열티, 이자지급, 구상비용, 출자회수금 및 본 계약 및 제반 부속계약에 따른 을에 대한 기타 제반지급금을 상기 제계약의 유효기간중 을이 지정하는 미합중국 소재은행에 미화로 환금, 송금하는 것을 보장한다는 내용이 포함되어야 한다. 갑은 을이 상기허가 또는 승인을 취득하는데 필요한 합리적인 협조를 제공하여야 한다.

② 본 계약의 체결 즉시, 을은 본 계약 또는 기타 제반 부속계약에 따라 을이 신회사에 기술 정보를 공개 및 사용허가 하는 것과 관련하여 미합중국 수출규제법상 요구되는 재결, 허가 또는 기타 승인을 받기 위한 신청서를 준비, 제출하여야 한다.

③ 위 제2조 제1항 및 제2항에 규정된 신청의 성실한 수행을 위하여 양 당사자가 최선을 다하여 협력한다는 내용의 의무에 관한 것을 제외하고는 본 계약은 위 제1항과 제2항에 의한 모든 승인을 받을 때까지는 전적으로 미확정 및 조건부계약이다.

time as full autorization required by the provisions of Paragraphs 2.1 and 2.2 shall have been obtained.

Article 3. FORMATION OF NEWCO

3.1 Organization and Registration

As soon as practically possible after the EFFECTIVE DATE, X and Y shall cause NEWCO to be organized and registered under the laws of Korea. The registered principal office of NEWCO shall be located at 123, Shinsa-dong, Gangnam-gu, Seoul, Korea. The parties hereto shall closely cooperate and consult with each other with respect to the procedures and particulars of the organization and registration of NEWCO.

3.2 Article of Incorporation and Regulations of the Board of Directors

At the time of the organization and registration of NEWCO pursuant to Paragraph 3.1 hereof, the parties hereto shall cause NEWCO to adopt the Article of Incorporation annexed hereto and marked as Exhibit and the regulations of the Board of Directors annexed hereto and marked as Exhibit.

3.3 Authorized and Paid-in Capital

At the time of the organization and registration of NEWCO pursuant to Paragraph 3.1 hereof, NEWCO shall have an authorized capital of ₩10,000,000,000 and a paid-in capital of ₩5,000,000,000.

3.4 Capital contributions by X and Y

Of the initial paid-in capital of NEWCO, X and promoters designated by it shall contribute in cash the sum of ₩2,500,000,000 in exchange for the issuance by NEWCO of 500,000 shares of common voting stock of NEWCO having a par value of five thousand won (₩5,000). per share. Y shall contribute in cash the sum of ₩2,500,000,000 in exchange for the issuance by NEWCO of 500,000 shares of common voting stock of NEWCO having a par value of five thousand Won

제 3 조(신회사의 설립)

① 설립 및 등기

발효일 이후 가능한 조속히 갑과 을은 한국법에 따라 신회사가 설립 및 등기되도록 조치한다. 등기된 신회사의 주사무소의 소재지는 한국 서울특별시 강남구 신사동 123번지이다. 양 당사자는 신회사의 설립 및 등기에 관련된 절차 및 명세에 대하여 서로 협의하고 협력하여야 한다.

② 신회사의 정관 및 이사회규칙

본 계약서 제3조 제1항에 따라 신회사가 설립 및 등기된 경우 본 계약의 당사자들은 신회사가 본 계약서 별첨의 정관 및 별첨의 이사회 운영규정을 채택하도록 조치하여야 한다.

③ 수권자본 및 납입자본

본 계약서 제3조 제1항에 따라 신회사를 설립 및 등기한 때에 신회사의 수권자본은 100억원이며, 납입자본은 50억원이다.

④ 갑과 을의 출자

신회사의 최초 납입자본 중 갑 및 갑이 지정한 발기인들은 신회사의 액면 5,000원의 보통·의결권부 주식 50만주를 받은 대가로 25억원의 현금출자를 하여야 한다. 을은 신회사의 액면 5,000원의 보통·의결권부 주식 50만주를 받은 대가로 25억원의 현금출자를 하여야 한다.

(₩5,000) per share.

3.5 Formation Costs

All costs and expenses of the formation of NEWCO shall, to the extent the same are not incurred or assumed by NEWCO, be borne equally by the parties hereto. Expenses incurred by each party up to time of execution of this Agreement, including travel expenses and legal fees, shall be borne by the party so incurring such expenses.

Article 4. ASSOCIATED AGREEMENTS

Immediately, after the registration of NEWCO, the following agreements shall be entered into between the relevant parties :

(1) License Agreement between Y and NEWCO

(2) Management Assistance Agreement between X and NEWCO

(3) Distributorship Agreement between X and NEWCO

(4) Plant and Equipment Lease Agreement between X and NEWCO

(5) Personnel Transfer Agreement between NEWCO and X

(6) Technical Assistance and Technology Transfer Agreement between NEWCO and Y

Article 5. MANAGEMENT OF NEWCO

5.1 Meetings and Resolutions of Shareholders

Meetings of the shareholders shall be held in Korea or at such other place as the Board of Directors, shall determine subject to the unanimous written consent of the shareholders. Except as otherwise provided by the Articles of Incorporation of NEWCO or as otherwise required by mandatory provisions or Korean law, resolutions of general meeting of the shareholders of NEWCO shall be adopted by a majority vote of the shareholders present at a meeting at which more than half of total number of shares issued are represented in person or by proxy. To the extent now or hereafter permitted by law, shareholders shall have the right to act by written consent in lieu of

⑤ 설립비용

신회사 설립 제반비용은 신회사가 발생시켰거나 또는 부담하는 부분을 제외하고는 본 계약의 당사자들이 균등부담한다. 여행비용 및 법률비용을 포함하여 본 계약 체결시까지 각 당사자가 부담하게 된 비용은 동 비용을 발생시킨 당사자의 부담으로 한다.

제 4 조(부속계약)

신회사의 설립등기 직후 관계 당사자들은 아래의 계약을 체결하여야 한다.

1. 을과 신회사간의 기술사용계약
2. 갑과 신회사간의 경영협조계약
3. 갑과 신회사간의 판매계약
4. 갑과 신회사간의 공장 및 장비리스계약
5. 신회사와 갑간의 인력이전계약
6. 신회사와 을간의 기술이전계약

제 5 조(신회사의 경영)

① 주주총회 및 의결

주주총회 장소는 한국 또는 이사회가 주주의 전원일치 서면동의를 받아 결정한 장소로 한다. 신회사의 정관 또는 한국법에 달리 규정된 경우를 제외하고 정기주주총회의 결의사항은 직접 또는 대리인에 의하여 총 발행 주식의 과반수 이상을 보유한 주주들이 참석하고, 출석한 주주의 과반수의 찬성투표로 채택된다. 현재 또는 장래에 법률에 의하여 허용되는 한, 주주는 주주총회개최 대신에 서면동의로써 권한을 행사할 수 있다. 주주에 관한 기타 제반사항은 신회사의 정관 또는 법률이 정하는 바에 따른다.

holding a general shareholders meeting. All other matters concerning shareholders shall be determined in accordance with the Articles of Incorporation of NEWCO, or as otherwise required by mandatory provisions of law.

5.2 The Board of Directors of NEWCO

Except as otherwise required by mandatory provisions of law or provided for in the Articles of Incorporation of NEWCO, responsibility for the management, direction and control of NEWCO shall be vested in the Board of Directors of NEWCO. The Board of Directors may delegate authority for management of NEWCO to officers of NEWCO in accordance with resolutions duly passed and as consistant with the Articles of Incorporation and mandatory provisions of law.

(1) The directors of NEWCO shall be elected at general meetings of shareholders. The Articles of Incorporation of NEWCO shall provide for the eletion of eight Directors and it is understood and agreed by the parties hereto that four(4) of the Directors and it is understood and agreed by the parties hereto that four(4) of the Directors of NEWCO shall be individuals nominated by X, and four(4) of the Directors shall be individuals nominated by Y.

(2) Meetings of the Board of Directors of NEWCO shall be convened and conducted not less than once during each accounting period of NEWCO.

Meetings of the Board of Directors shall be called by the President of NEWCO or such other officer or Directors as may be designated by the Board of Directors; provided, however, that X agrees to cause the President of NEWCO or such other officer or director as may be designated by the Board of Directors as aforesaid and who has been nominated by X, to convene a Board of Directors meeting at any time when Y indicates that in its opinion there is an important reason for holding such a meeting.

② 신회사의 이사회
다른 법률의 규정이 없거나 신회사의 정관에 달리 정하여지지 아니하는 한, 신회사의 경영, 관리 및 통제에 관한 책임은 신회사의 이사회에 귀속된다. 이사회는 적법한 이사회의 결의, 정관과 법률의 규정내용에 따라 신회사의 업무집행에 관한 권한을 신회사의 임직원에게 위임할 수 있다.

1. 신회사의 이사는 주주총회에서 선임된다. 신회사의 정관에는 8명의 이사선임에 관한 규정을 두며 신회사의 이사 중 4명은 갑이 지명한 사람으로, 4명은 을이 지명한 사람으로 하기로 본 계약 당사자간에 양해 및 합의되었다.

2. 신회사의 이사회는 신회사의 매 회계연도 중 적어도 1회 이상 개최되어 업무를 수행하여야 한다. 이사회 회의는 신회사의 사장 또는 이사회가 지정하는 타 임직원 또는 이사가 소집한다. 그러나 갑은 을이 이사회 회의 소집을 위한 중대한 사유가 있다고 판단하여 지정하는 경우에는 언제든지 신회사의 사장 또는 이사회에 의하여 전기와 같이 지정되고 갑에 의하여 지명된 타 임직원 또는 이사가 이사회 회의를 소집하도록 조치할 것을 합의한다.

(3) The parties hereto shall cause Directors of NEWCO nominated by them in accordance with Paeagraph (2) hereof to submit to the Board of Directors for approval any matter requiring such approval pursuant to the Articles of Incorporation, the next Article 6 hereof or regulations of the Board of Directors of NEWCO.

5.3 Representative Directors

NEWCO shall have not more than two(2) Representative Directors who shall be appointed by the Board of Directors of NEWCO from among th members of said Board in the following manner :

(1) The parties hereto shall initially cause the Board of Directors of NEWCO to appoint only on (1) Representative Director, who shall be an individual nominated by X and acceptable to Y.

(2) In addition to the Representative Director elected in accordance with above sub-paragraph (1) hereof, Y shall have the option at any time to request that one of the Directors of NEWCO nominated by Y and acceptable to X shall be elected as the second Representative Director. In the event such request is made by Y, the parties hereto shall immediately cause the Board of Directors of NEWCO to elect such additional Representative Director. Such additional Representative Director shall be resident in Korea and shall be a full time employee or officer of NEWCO.

5.4 President and Vice-President

(1) NEWCO shall have a President who shall be the representative Director nominated by X and acceptable to Y in accordance with sub-paragraph 5.3(1) hereof. The President shall serve as the Chief Executive of NEWCO and, subject to the authority of the Board of Directors, shall carry out the daily business of NEWCO and shall preside at meetings of the Board of Directors.

(2) NEWCO may have a Vice-President who shall be a Director nominated by Y and acceptable to X. Should an additional

3. 본 계약의 당사자들은 본 계약 제5조 제2항 제2호에 따라 그들에 의하여 지명 된 이사가 신회사의 정관, 본 계약의 제6조, 이사회운영규정 등에 따라 이사회의 승인을 요하는 사항을 이사회에 제출하도록 조치하여야 한다.

③ 대표이사

대표이사는 2인을 초과할 수 없으며 이사회 구성원중에서 이사회가 다음 절차에 따라 선임한다.

1. 본 계약의 당사자들은 우선 신회사의 이사회로 하여금 갑이 지명하고, 을이 승인하는 1인의 대표이사를 선임하도록 하여야 한다. 갑이 대표이사를 지명하고 을의 승인을 받아야 한다.
2. 본 계약 제5조 제3항 제1호에 따라 선출된 대표이사에 추가하여, 을은 언제라도 을에 의하여 지명되고 갑이 동의하는 신회사의 이사 중의 1인을 제 2대표이사로 선출요청 권한을 갖는다. 을의 위와 같은 요청이 있는 경우 본 계약의 당사자들은 즉시 신회사의 이사회로 하여금 위 추가 대표이사를 선임하도록 조치하여야 한다. 동 추가 대표이사는 한국에 거주하여야 하며 신회사의 상근 고용원 또는 임직원이어야 한다.

④ 사장 및 부사장

1. 본 계약서 제5조 제3항 제1호에 따라 갑이 지명하고 을이 동의한 대표이사가 신회사의 사장이 된다. 사장은 신회사의 수석임원의 역할을 수행하며 이사회가 정하는 바에 따라 신회사의 일상업무를 집행하고 이사회 회의의 의장이 된다.
2. 신회사는 을에 의하여 지명되고 갑이 동의하는 이사를 부사장으로 둘 수 있다.

본 계약서 제5조 제3항 제2호에 따라 추가대표이사가 선임되는 경우 등 대표이사가 부사장이 된다. 부사장은 신회사의 사장을 보좌하며 사장 유고시 이사회의 의장이 된다.

Representative Director shall serve as the Vice-President. The Vice-President shall assist the President or NEWCO and shall preside at meetings of the Board of Directors in the absence of the President

5.5 Auditor

NEWCO shall have one (1) statutory auditor who shall be nominated be X and acceptable to Y.

5.6 Cooperation in Election of Directors, Representative Director(s) and Auditor

Each of the parties hereto hereby covenants and agrees to vote its shares of NEWCO, and to cause the Directors of NEWCO nominated by it to cast their votes, so as to appoint as Directors, Representative Director(s) and auditor of NEWCO, as the case may be, individulas qualified under the foregoing provisions of this Article 5. In the event of the death, incapacity, resignation or the removal of a Director, Representative Director or Auditor prior to the end of his term of office, each of the parties hereto agrees to vote its shares of NEWCO, and to cause the Directors of NEWCO nominated by it to cast their votes, so as to appoint as his replacement a nominee qualified under the said foregoing provisions of this Article 5.

5.7 Accounting Period and Books of Account

(1) Accounting Period: The accounting period of NEWCO shall commence on January 1st of each year and end on December 31st of the such year; provided, however, that the first accounting period of NEWCO shall commences as of the data of organization of NEWCO pursuant to Paragraph 3.1 hereof and end on December 31st of that year.

(2) Books of Account: NEWCO shall keep accurate books of account and financial and related records in accordance with generally accepted Korean accounting practices, standards and procedures as prescribed by the firm of accountants to be designated prusuant to

⑤ 감사
신회사는 갑에 의하여 지명되고 을이 동의하는 법정감사 1명을 두어야 한다.

⑥ 이사, 대표이사 및 감사선임에 관한 협력
이 계약의 각 당사자는 본 조에 규정된 자격을 구비한 사람을 이사, 대표이사, 감사로 선출하기 위해 자신이 보유하는 신회사의 주식에 따른 투표권을 행사하고 또한 자신에 의해 지명된 이사로 하여금 그러한 권한을 행사하도록 할 것을 약속한다. 이사, 대표이사, 감사가 사망, 행위 무능력, 사임 기타의 사유로 임기종료 전에 퇴임하였을 경우에는 각 당사자는 본조의 규정된 자격을 구비한 사람을 그 후임자로 선출하기 위하여 필요한 투표권을 행사하고 또한 자신에 의해 지명된 이사로 하여금 그 권한을 행사하도록 할 것을 약속한다.

⑦ 회계기간 및 회계장부

1. 회계기간은 매년 1월 1일 시작되어 그 해 12월 31일에 종료한다. 다만, 첫 회계기간은 본 계약서 제3조 제1항에 따라 신회사가 설립되는날에 시작되어 그 다음해 12월 31에 종료된다.

2. 회계장부: 신회사는 회계기간 제3호의 규정에 따라 지정된 회계사무소에서 규정하는 한국 내에서 일반적으로 인정된 회계관행, 기준, 절차에 따른 회계, 경리장부와 그에 관련된 서류를 보유하여야 한다.

the following paragraph.

(3) Audit: At the end of each accounting period of NEWCO, the books of account and records of NEWCO shall be audited, at the expense of NEWCO, by a firm of certified public accountants licensed to practice, and of recognized standing, in Korean, and mutually acceptable to the parties hereto. Such firm of independent public accountants shall prepare for and supply to X and Y certified financial reports suitable for use by each of the parties hereto in connection with its financial and tax reports.

(4) Reporting and Inspection of NEWCO Records

Promptly after the close of each semi annual period, NEWCO shall submit to each of the parties hereto in the Korean and English languages the balance sheet and profit and loss statement of NEWCO in respect of such semiannual period. Further, NEWCO shall make available at its principal place of business to each pf the parties hereto, or to its designated representatives(s), its books of account and record, if when either party hereto shall so request.

Article 6. BUSINESS AND OPERATIONS OF NEWCO

6.1 Corporate Purpose of NEWCO

The corporate purposes of NEWCO shall be to carry out the business listed in Article X (Corporate Purpoese) of its Article of Incorporation annexed hereto and marked as Exhibit. Initially, however, the parties contemplate that NEWCO shall engage in the manufacture and sale of products (hereinafter referred to as the "products") to be produced by it under the license granted by Y in accordance with the License Agreement annexed hereto and marked as Exhibit.

6.2 Sale of Products

NEWCO shall sell its products in Korea only to X in accordance with the Distributorship Agreement annexed hereto and marked as Exhibit

3. 회계감사: 매 회계기간 종료시 신회사는 그의 비용으로 각 당사자가 동의하는 한국 공인회계사 사무소에서 그 회계장부 및 관련서류를 감사받아야 한다. 이 공인회계사 사무소는 각 당사자가 회계보고 및 세금신고에 사용할 수 있는 회계보고서를 작성하여 갑 및 을에게 제출하여야 한다.

4. 보고 및 신회사 서류에 대한 검사: 매 반년의 기간의 종료 즉시 신회사는 한국어와 영문으로 된 그 기간 동안의 대차대조표와 손익계산서를 각 당사자에게 제출하여야 한다. 나아가 신회사는 각 당사자가 요청할 때에는 각 당사자나 그 대리인이 열람할 수 있도록 회계장부와 서류를 본점에 비치하여야 한다.

제 6 조(신회사의 사업)

① 신회사의 영업목적

신회사의 영업목적은 별첨과 같이 이 계약서에 첨부된 정관 제 X조에 규정된 업무를 수행하는 데 있다.

그러나 각 당사자는 우선 설립초기에는 신회사가 별첨과 같이 본 계약에 첨부된 기술사용계약에 따라 을로부터 제공받은 기술에 따라 생산될 물건(이하 "제품"이라 한다)의 제조 및 판매업무를 수행하는 것으로 한다.

② 제품의 판매

신회사는 별첨과 같이 이 계약에 첨부된 판매계약에 따라 한국 내에서는 제품을 갑에게만 판매하여야 하며, 갑은 신회사의 제품을 한국 내에서 독점판매할

and X shall have the exclusive right to distribute NEWCO's products in Korea.

6.3 Export of Products

Except as otherwise specifically agreed to, NEWCO shall have the right to export the Products throughout the world; provided, however, that the quantity of the Products for export and the quantity of the Products or sale to X shall be determined upon consultation of the parties hereto.

6.4 Selling Price for Products

Prices for the Products to be sold to X or to be exported, pursuant to paragraph 6.2 and 6.3, shall be fixed by NEWCO after consultation with X and Y; provided, however, that the prices for the Products so fixed shall be competitive in the market in which the Products are sold.

6.5 Non-Competetion

The parties hereto agree not to manufacture or sell or cause its AFEILIATES to manufacture or sell in Korea either directly or indirectly, any products are competitive with the Products.

6.6 Plant and Equipment of NEWCO

X shall lease to NEWCO the whole of its laboratory building and manufacturing facilities located in 1-Banwol-Gongdan, Ahnsan-City, Kyunggi-do, Korea in accordance with the Plant and Equipment Lease Agreement annexed hereto and marked as Exhibit.

6.7 NEWCO Personnel

X shall transfer to NEWCO all of its employees currently assigned to its laboratory in accordance with the Personnel Transfer Agreement annexed hereto and marked as Exhibit.

Aricle 7. FINANCING

7.1 Working Capital

배타적인 권한을 가진다.

③ 제품의 수출

당사자간에 특별히 달리 합의하지 않는 한 신회사는 제품을 전세계에 수출할 권리를 가진다. 다만, 수출한 물량과 갑에게 판매할 물량은 각 당사자가 협의하여 결정한다.

④ 제품의 판매가격

위 제2항 및 제3항에 따라 갑에게 판매하거나 수출될 제품의 가격은 갑, 을과 협의한 후 신회사가 결정한다. 다만, 그가격은 제품이 판매될 시장에서 경쟁력을 갖도록 결정되어야 한다.

⑤ 경업금지

당사자는 자신이나 또는 그 방계회사가 본 조의 제품과 경쟁이 될 물품을 직접 또는 간접으로 한국 내에서 제조하거나 판매하지 않도록 할 것에 동의한다.

⑥ 신회사의 공장 및 장비

갑은 별첨과 같이 첨부된 공장 및 장비리스계약에 따라 한국 경기도 안산시 반월공단 1-2에 위치한 그의 모든 연구실과 생산장비를 신회사에 리스하여야 한다.

⑦ 신회사의 인사

갑은 별첨 7과 같이 본 계약서에 첨부된 종업원 인계계약에 따라 현재 갑의 연구실에 소속된 종업원 전원을 신회사에 인계한다.

제 7 조(자금 조달)

① 운영자금

NEWCO shall obtain its necessary working capital over and above its share capital by commercial borrowing in Korea. If, as a condition to granting any such loan, the lender requires guarantee(s), the parties shall undertake to provide the guarantee(s), each is in proportion to its equity interest in NEWCO. In the event NEWCO is unable to borrow funds consiered by X and Y to be necessary, the parties agree to lend (directly or indirectly) to NEWCO the necessary funds in the ratio of their shareholdings in NEWCO up to such amounts as they may from time to time mutually agree upon. Each party shall make each loan to NEWCO, unless otherwise agreed, on the same terms and conditions regarding duration, interest, repayment and otherwise, as the corresponding loan made by the other party.

7.2 Manner of Providing Additional Equity Capital

The parties agree that, should it be determined by agreement between them in accordance with sound and prudent business practices that additional equity capital is required for NEWCO beyond that to be contributed pursuant to Article 3 hereof, such additional equity capital will be provided be X and Y, each in proportion to its equity interest in NEWCO. Such additional capital may be contributed in cash, or upon agreement of the parties, in machinery, other equipment, technology or contributions in kind at fair market value. Upon the contribution of such capital to NEWCO the parties shall receive additional shares of common voting stock in an amount equal to their contribution.

7.3 Condition for Obligation of Y

Anything to the contrary in this Article 7 notwithstanding, Y shall not be required to provide any guarantee, loan or additional equity capital for NEWCO unless and until it shall first obtain such governmental authorizations, licenses or other approvals as may be necessary or desirable under applicable laws or regulations in force

신회사는 필요한 운영자본을 그의 출자자본 이상으로 한국 내에서 차용하여야 한다.
만일 그 차용의 조건으로서 대주가 보증을 요구할 경우에는 각 당사자는 자신의 신회사의 자산에 대한 권리의 비율에 따라 보증할 의무를 부담한다. 신회사가 갑 또는 을이 필요하다고 인정하는 운영자금을 차용하지 못할 경우에는 각 당사자는 그의 신회사에 대한 보유주식의 비율에 따라 그들이 그때 그때 합의하는 금액에 이르기까지 필요한 자금을 신회사에 대여하기로 한다. 각 당사자는 신회사에 위 자금을 대여함에 있어서 다른 특별한 약정이 없는 한 기한, 이자, 변제 등에 관하여 다른 당사자와 동일한 조건으로 대여하여야 한다.

② 추가자본 조달방법
각 당사자는 당사자간에 의하여 건전하고 신중한 영업관행에 비추어 제3조에 따라 출자될 자본 외에 추가자본이 필요하다고 결정할 때에는 갑과 을은 각각 신회사의 자산에 대한 권리의 비율에 따라 추가자본을 조달하여야 한다. 이러한 추가자본은 현금으로나 당사자간에 합의된 경우에는 시장가격에 따라 기계류, 설치, 기술 또는 기타의 물건으로 출자될 수 있다. 이러한 자본이 출자된 경우에는 당사자는 그 출자자본액에 상당하는 보통의결권부 주식을 추가로 배정받는 것으로 한다.

③ 을의 의무부담 조건
이 계약 제7조의 규정에도 불구하고 당시 시행중인 법령에 의하여 필요한 정부의 인가, 허가, 승인 등을 최초로 받지 아니하거나 그것을 받을 때까지는 을은 신회사에 대하여 보증, 대여, 추가자본의 조달 등의 의무를 지지 않는다. 다만, 을은 이러한 승인 등을 얻기 위하여 최대한의 노력을 하여야 한다. 만일 을이 이러한 승인을 얻지 못하고 보증, 대여, 추가자본의 납부에 관한 자기의

at the time: provided, however, that Y agrees to exert its best efforts to obtain such approvals. Should Y fail to obtain such approvals and there therefore fail to provide its share of any guarantee, loan or additional equity capital, the parties shall consult to determine further steps, if any, which might be taken; provided that X will be under no obligation to provide its share guarantee, loan or additional equity capital.

Article 8. TRANSFERS OF SHARES

8.1 General Restriction on Transfer etc.

Except as otherwise expressly provided for in this Article 8, X and Y mutually covenant and agree not to sell, assign, pledge or in any other manner transfer title of rights to, or otherwise encumber, any of the shares of NEWCO held by them, or preemptive rights to new shares allotted to them, respectively, or to take any action leading to or likely to result in any of the foregoing: provided, however that this restriction shall not be construed as prohibiting a general charge or pledge created upon the whole or the major portion of the assets of X or Y.

8.2 Right of First Refusal

Each party to the extent permitted by law hereby extentds to the other party a right of final refusal with respect to the sale of the share of NEWCO held by it. Accordingly if at any time either party desires to transfer all or any portion of the shares of NEWCO held by it, such party shall first offer to sell said shares to the other party. Any such first offer shall be made in writing, and shall state the suggested purchase price per share and other terms and conditions. Further, any such first offer shall state that the offer being made shall remain effective until whichever of the following events shall first occur:

(1) Dispatch of written notice of rejection by the party to whom such

의무분을 이행치 못할 경우에는 각 당사자는 다음단계의 조치사항을 결정하기 위하여 협의하여야 한다. 다만, 이 경우에 갑은 보증, 대여 또는 추가자본에 관한 자기의 의무분을 이행할 의무를 부담하지 아니한다.

제 8 조(주식의 양도)

① 양도 등의 일반적 제한

본 조에서 명백히 달리 규정된 경우를 제외하고 갑과 을은 자기가 보유하고 있는 신회사의 주식 또는 신회사에 대한 신주인수권을 매도, 처분, 담보로 제공하거나 또는 기타의 방법으로 그 명의나 권리를 양도하거나 그 주식상에 다른 권리의 설정 및 이와 같은 결과를 가져오거나 가져올 우려가 있는 행위를 하여서는 아니된다. 다만, 이러한 제한은 갑 또는 을의 전재산 혹은 대부분의 재산에 일반적인 담보나 부담이 설정되는 것을 금지하는 취지는 아니다.

② 우선매수권

각 당사자는 법률에 의하여 허용되는 한 다른 당사자에게 자기가 소유하고 있는 신회사의 주식에 대한 우선 매수권을 부여한다. 따라서 당사자가 그가 소유하고 있는 신회사의 주식의 전부 또는 일부를 양도하려고 하는 경우에는 그 당사자는 우선 다른 당사자에게 매도청약을 하여야 한다. 이 매도의 청약은 주당 제시가격 및 다른 조건들이 포함된 문서로 이루어져야 한다. 또한 이 청약에는 다음의 사유 중의 어느 하나가 먼저 발생할 때까지 그 청약이 유효하다는 취지의 기재가 있어야 한다.

1. 문서로 된 거절의 의사표시의 발송 또는

offer is made of the first offer so extended: or

(2) A lapse of ninety(90) days after the date of receipt of such first offer.

If the terms and conditions proposed by the offer are not agreeable to the other party, the parties shall negotiate in good faith during the 90 days after the date of receipt of such first offer in an attempt to reach agreement. Acceptance of any such first offer which has been made pursuant to this Paragraph 8.2 shall be effective upon receipt by the party who made such offer of acceptance thereof, if receipt of acceptance occurs within ninety(90) days after the date of receipt of such offer.

8.3 Failure or Refusal to Accept First Offer

If, after a first offer has been extended pursuant to Paragraph 8.2 hereof, the offeree shall refuse or fail to accept the offer for all or any portion or the shares of NEWCO so offered, the offeror shall have the right, for a period of one hundred and twenty(120) days, to offer such shares or the remaining portion thereof, as the case may be, to any third party, at the same to higher puchase price per share and on the same terms and conditions as were offered to the other party hereto: provided that any transfer of shares of NEWCO to a third party pursuant to this Paragraph 8.3 shall be conditioned upon the unconditional assumption by such third party transferee in writing of all of the obligations of the transferor provided for in this Agreement and all other agreements (or the agreement of the transferor to continue to perform such agreements) entered into pursuat to this Agreement. If the tranfer shall not sell all or any portion of the said shares within the said period of one hundred and twenty(120) days or shall wish to sell the same at a lower price and/or different terms and conditions than were offered to the other party hereto, before selling such shares or any of them, the transferor shall first offer such shares to the other

2. 이러한 청약의 도달일로부터 90일의 경과

만일 청약의 조건 등을 반대 당사자가 받아들이기 곤란할 때에는 당사자들은 그 청약의 도달일로부터 90일 이내에 합의에 도달하기 위해 성실히 협의하여야 한다. 본 항에 따라 이루어진 청약에 대한 승낙은 그 승낙의 도달이 청약의 도달일로부터 90일 이내에 이루어진 경우, 그 승낙이 청약자에게 도달한 일자로부터 효력을 가진다.

③ 매수청약에 대한 불승낙 또는 거절:

만일 전 제2항의 매수청약의 전부 또는 일부에 대하여 상대방 당사자가 거절하거나 기간 내에 승낙을 하지 아니한 경우에는 청약자는 120일간의 기간 동안 상대방 당사자에게 제시한 가격 이상으로 또한 그와 같은 조건으로 그 주식이나 나머지 주식에 대해 제3자에게 매수청약을 할 권리를 갖는다. 다만, 본 항에 따른 제3자에 대한 주식에 대하여 제3자에게 매수청약을 할 권리를 갖는다. 다만, 본 항에 따른 제3자에 대한 신회사 주식의 양도는 이 계약 및 이 계약에 따라 체결된 (또는 이 계약의 계속절인 이행을 위해 양도인이 체결할) 타 계약에 규정된 양도인의 모든 의무를 제3자가 무조건으로 인수하는 조건이어야 하며, 그러한 인수는 문서로 이루어져야 한다. 만일 양도인이 위에서 규정된 120일 기간 내에 그 주식의 전부 또는 일부를 제3자에게 매도하지 아니하는 경우 또는 처음 상대방 당사자에게 제시한 내용보다 낮은 가격이나 다른 조건으로 제3자에게 매도하려고 하는 경우에는 양도인은 먼저 상대 당사자에게 제2항의 규정에 따라 청약을 하여야 한다.

party hereto in accordance with the provisions of Paragraph 8.2 hereof.

8.4 General Requirement of Governmental Approvals.

Prior to effectutaion of any transfer of the share of NEWCO pursuant to that foregoing provisions of this Article 8, both or either of the parties hereto shall make application for and obtain such governmental approvals as shall be neccessary in connection with any such transfer as above said or acts or transactions relating thereto.

8.5 Effect of Failure to Obtain Requisite Governmental Approvals

The failure to obtain any governmental license or other approval for which application is made pursuant to Paragraph 8.4 hereof shall in no event be interpreted to give the offeror the right to offer the shares in question to a third party, or otherwise to permit the offeror to sell, assign, pledge or in any other manner transfer title in, or rights to, such shares. Further, in the event that any such governmental approval for which application may be filed as aforesaid shall not have been obtained within ninety(90) days subsequent the date of filing an application therefor, if the offeror continues to desire to dispose of the shares of NEWCO in respect of which the first offer has been made and accepted, unless the parties hereto otherwise mutually agree, all appropriate shall be instituted leading to the retirement by NEWCO of all shares, including but not limited to the delivery and cancellation of any share certificate representings such shares and the consequent reduction by NEWCO of its paid-in capital. The redemption price for any such shares shall be the price at which such shares were offered to the other party hereto subject to the relevant law and government ruling.

8.6 Limitation of Obligations upon Sale of SHARES

If either party sells or otherwise disposes of all or substantially all of its shares of NEWCO in accordance with the provisions this

④ 일반요건으로서의 정부허가
본 조의 규정에 따른 신회사의 주식의 양도 실행 이전에 양 당사자 또는 일방 당사자는 이러한 양도와 그에 관련된 행위, 계약 등에 필요한 정부의 허가를 신청하고 받아야 한다.

⑤ 필요한 정부허가를 받지 못한 경우의 효과
제5항의 규정에 따라 신청하였으나 정부의 허가를 받지 못했다고 하여 청약자가 해당 주식을 제3자에게 양도하거나 또는 청약자가 다른 방법으로 주식의 소유명의나 주식에 대한 권리를 매도, 양도, 담보제공할 수 있는 권한을 갖는 것은 아니다. 위에서 규정된 바에 따라 정부의 허가를 신청하였으나 그 신청일로부터 90일 이내에 허가가 나지 않은 경우, 청약인이 그 때에도 그 주식(그에 관해서 우선 매수청약 및 승낙이 이루어진)의 처분을 원할 경우에는 당사자 사이에 달리 합의되지 않는 한 그 주식을 표창하는 주권의 자기취득, 소각 및 그에 따른 신회사의 납입자본 감소를 포함하여 그 주식의 출자에 대한 상환에 필요한 절차를 강구하여야 한다. 이러한 주식의 상환가격은, 관련 법령에 의거하여, 청약인이 매도청약시 상대방 당사자에게 제시한 가격으로 한다.

⑥ 주식매도에 따른 의무의 제한
본 계약에 당사자가 본 계약의 규정에 따라 신회사 주식전체를 매도, 기타 처분하거나 실질상 신회사 주식 전체를 매도 기타 처분하는 것과 동일한 결과를

Agreement, the obligations and liabilities of such party under this Agreement shall terminate except as otherwise expressly provided herein.

Aritele 9. PAYMENT AND TAXES

9.1 Manner and Place of Payments

Any and all payments to be made to Y by NEWCO in consequence of or connectin with the acts or transactions comprehended or contemplated by this Agreement and the Associated Agreements, including but not limited to dividends, royalties, interest payments, reimbursable expenses and repatriated capital, shall be made, except otherwise provided herein, in Korean Won or in United States Dollars at a bank or such other address in Korea or in the United States of America, as the case may be, all as may be designated in writing by Y to NEWCO from time to time.

9.2 Witholding Taxes

Any sum required under Korean tax laws to be withheld by NEWCO for the account of Y from payments due to Y shall be withheld and shall be promptly paid by NEWCO to the appropriate tax authorities: and the parties hereto shall cause NEWCO to furnish Y official tax receipts or other appropriate evidence issued by the Korean tax authorities sufficient to unable Y to support a claim for credit, in respect of any sum to withheld, against United States income taxes.

Article 10. CONFIDENTIALITY OF INFORMATION

10.1 Duty of Secrecy and Confidentiality

Except to the extent that disclosures to NEWCO may be permitted by any of the ASSOCIATED AGREEMENT, esch party hereto agrees to keep strictly secret and confidential any information obtained from the other party hereto or NEWCO which is designated as confidential by said other party or NEWCO, as the case may be. To

생기게 하는 행위를 할 경우에는 본 계약에 명백히 달리 규정되어 있지 아니하는 한 당사자의 본 계약상 의무와 책임은 종료된다.

제 9 조(지급 및 조세)

① 지급 방법 및 지급장소

본 계약 및 부속계약에 포함되어 있거나 상정되고 있는 각종 행위 및 거래의 결과로서 또는 그와 관련하여 신회사가 을에게 행하는 일체의 지급 (배당금, 로열티, 이자지급, 구상비용, 출자회수금 등을 포함하나 이에 한하지 않는다)은 계약상에 달리 규정하는 경우를 제외하고는 경우에 따라 때때로 을이 신회사에 서면으로 지정하는 바에 따라 한국의 원화 또는 미합중국 달러화로서 한국 또는 미합중국에 있는 은행 또는 다른 주소에서 지급하는 방식으로 행한다.

② 원천징수

한국세법상 을에게 지급될 금액에 대하여 신회사가 원천징수하여야 할 세금은 신회사가 을로부터 원천징수하여 즉시 관할세무당국에 납부한다. 또한 계약당사자들은 신회사로 하여금 위 원천징수세액과 관련하여 을이 미합중국 소득세에 대하여 외국납부세액의 공제를 받음에 있어 충분한 근거가 될 수 있는 한국 세무당국 발행의 납세필 영수증 또는 기타 적절한 증거를 을에게 제공하도록 한다.

제10조(기밀보장)

① 기밀보장의무

부속계약에 의하여 신회사에 기밀을 제공할 수 있는 경우를 제외하고 이 계약의 당사자들은 타방 당사자 혹은 신회사에 의해서 기밀로 지정된, 타방 당사자 혹은 신회사로부터 얻은 정보의 기밀을 유지하여야 한다. 이를 위하여 그러한 기밀정보의 모든 기록, 사본, 복사, 번역에는 비밀물건임을 나타내어 승인되지 않은 사용이나 복사를 방지하기 위한 명백한 표시를 하여야 한다.

that end, all records, copies, reproductions, reprints and translations of such information shall be plainly marked to indicate the secret and confidential nature thereof and to prevent unauthorized use or reproduction thereof.

10.2 Restriction on Use

The parties hereto agree that they shall not use any confidential information obtained from the other party or from NEWCO for any purpose whatsoever except in a manner expressly provided for in any of the ASSOCIATED AGREEMENTS.

10.3 Limitations and Survival of Obligations

Such obligations as undertaken by the parties hereto pursuant to this Article 10, shall survive termination of this Agreement and shall remain in effect and be binding on the parties hereto for a period of seven (7) years after the termination of this Agreement except for information that become part of the public domain or is received from an independent source.

Article 11. TERM AND TERMINATION

11.1 Term

The term of this Agreement shall begin as of the EFFECTIVE DATE and shall continue in force and effect for an indefinite term thereafter, until NEWCO shall be dissolved or otherwise cease to exist as a separate entity, or until this Agreement is sooner terminated pursuant to the following provisions of this Article 11.

11.2 Events of Termination

Should any of the following events occur:

(1) Either party becomes insolvent, or files a petition in bankruptcy or for reorganization, or has such a petition filed against which is not dismissed within ninety(90) days: or

② 사용제한

부속계약에 명확히 규정된 방법에 따라 행하는 경우를 제외하고 양당사자는 타방 당사자나 신회사로부터 얻은 기밀정보를 어떤 목적을 위하여 사용하지 않을 것에 합의한다.

③ 의무의 제한 및 존속

본 계약 제10조에 의한 당사자들의 의무는 이 계약이 종료된 후 7년간 존속하며 당사자를 구속한다. 다만, 그러한 정보가 공지의 사실이 되거나 제 3의 독립된 출처로부터 얻은 것인 경우에는 그러하지 아니하다.

제11조(계약기간 및 계약의 종료)

① 계약기간

이 계약은 신회사가 해산되거나 기타 독립된 실체로서 존속하지 아니하거나 본 조 제2항 소정의 사유로 이 계약이 종료되는 경우를 제외하고는 효력발생일로부터 무기한 존속한다.

② 계약의 종료사유

다음과 같은 사유가 발생했을 때에는 계약은 종료한다.

1. 어느 일방 당사자의 채무초과로 인한 지급불능, 어느 일방 당사자가 스스로가 파산신청을 하거나 조직변경을 신청했을 때, 또는 어느 일방 당사자가 상대방의 파산, 조직변경 신청에 대하여 반대신청을 하였으나, 그 반대신청이 90일 이내에 기각 되지 않았을 때

(2) Either party makes an assignment or like arrangement for the benefit of its creditors, or is dissolved or liquidated (except pursuant to a merger, consolidation, spin-off or like arrangement which in the reasonable opinion of the other party would not have a material adverse effect on the ability of the party to perfrom its obligations hereunder and under the ASSOCIATED AGREEMENTS and which would not, in the other party's reasonable opinion change the nature of the party in a manner to the substantial detriment of the other party): or

(3) Either party commits a breach of this Agreement or the ASSOCITED AGREEMENTS and such breach has a material and adverse effect on the implementation or performance of this Agreement of the ASSOCIATED AGREEMENT, or on the successful operation of NEWCO, and such breach remains unremedied for sixty (60) days after written notice thereof: or

(4) It becomes illegal for either party to perform its obligations, or receive payments to which it is entitled, hereunder or under the ASSOCIATED AGREEMENTS:

(5) There arises a difference of opinion between the parties in respect of any major matter relating to the operation of NEWCO and such difference is not resolved by negotiations in good faith between the parties for a period of ninety (90) days after a shareholders or directors meeting at which meeting the parties could not resolve the difference between them:

Then, in the case of 11.2(3) and 11.2(4), the party not in breach or not subject to the illegality, respectively, shall have the option, upon written notice, of purchasing the shares of the other party at fair value as determined by independent appraisal (or as agreed between the parties) subject to the relevant law and government ruling, or of proceeding to a dissolution of NEWCO. In the case of 11.2(1) and

2. 어느 일방 당사자가 채권자 일부의 이익을 위하여 재산의 양도 등의 행위를 했을 때 또는 해산되거나 청산되었을 때(다만, 타방 당사자의 합리적인 견해로 볼 때 일방 당사자의 이 계약 및 부속계약 상의 의무이행능력에 대한 중대한 역효과를 미치지 않으며, 또 타방 당사자에게 중대한 손해를 끼칠 정도로 일방 당사자의 성격을 변경시키지 않는 흡수합병, 신설합병, 신설자회사주 배분 또는 이와 유사한 조직변경의 경우에는 제외한다).

3. 어느 일방 당사자가 본 계약 또는 부속계약을 위반하고, 그러한 위반이 본 계약 또는 부속계약들의 이행 및 신회사의 성공적인 활동에 중요한 악영향을 가져오며, 또는 계약위반에 관한 서면통지를 받은 후 60일 동안 당해 계약위반에 대한 아무런 구제조치도 강구되지 않은 채로 그대로 방치된 때

4. 이 계약 또는 부속계약에 의한 어느 일방 당사자의 의무의 이행 또는 금전의 수령이 법에 위배될때

5. 신회사의 운영과 관련된 중요한 문제에 대하여 양 당사자 사이에 의견의 차이가 발생하고 그러한 의견 차이를 해결하지 못한 주주총회 또는 이사회가 있은 날로부터 90일 내에 양 당사자간의 성실한 협상에 의해서도 해결되지 아니할 때

위 제3호 및 제4호의 경우에 있어서 계약위반 또는 위법상태에 있지 않은 일방 당사자는 서면에 의한 통지로써 타방 당사자 소유주식을 관련 법령에 의거하여 독립적인 평가기관이 정한 공정한 가격 또는 양 당사자간에 합의된 가격에 매입하거나 신회사의 해산절차를 밟을 수 있는 선택권을 보유한다.

위 제1호 제2호의 경우에 양 당사자는 법이 허용하는 바에 따라 신회사의 해산절차를 취하기로 한다.

위 제5호의 경우에는 양 당사자는 보유주식을 일방 당사자 또는 타인에게 매도하기로 합의하지 아니하는 한, 신회사의 해산절차를 취하기로 한다.

11.2(2) the parties shall, when and if permitted by law, proceed to a dissolution of NEWCO. And in the case of 2(5) the parties shall proceed to dissolution of NEWCO unless they agree to a sale of the shares to one party or the other.

11.3 Survival of Rights, Duties and Obligations

Termination of this Agreement for any cause shall not release either party hereto from any liability which at the time of termination has already accured to the other party or which thereafter may accrue in respect of any act or omission prior to such termination, nor shall any such termination hereof affect in any way the survival of any right, duty or obligation of either party hereto which is expressly stated elsewhere in this Agreement to survive termination hereof.

Article 12. INTERPRETATION

12.1 Applicable Law

The validity, construction and performance of this Agreement shall be governed by and interpreted in accordance with the laws of Korea.

12.2 Governing Language

This Agreement is executed in both the English and Korean languages. In the event of any difference, discrepancy or conflict between the English and Korean versions of this Agreement, the English version shall be controlling in all respect.

12.3 Arbitration

All disputes, controversies, or differences, which may arise between the parties, out of or in relation to or connection with this Agreement or for the breach thereof, shall be finally settled by arbiration in Seoul, Korea in accordance with the Commerical Arbitration Rules of The Korean Commercial Arbitration Board and under the Law of Korea. The award rendered by the arbitrator(s) shall be final and binding upon both parties concerned.

③ 권리, 의무의 존속

본 계약이 어떠한 원인에 의하여 종료된다고 하더라도 계약종료 당시에 이미 발생하거나 계약종료 이전의 작위 또는 부작위와 관련하여 계약종료 이후에 발생되는 계약 당사자의 의무는 영향을 받지 아니하며 또한 어떠한 계약종료가 있다고 하더라고 본 계약의 다른 부분에서 계약종료에도 불구하고 존속할 것으로 명백히 선언된 계약당사자의 권리와 의무는 아무런 영향을 받지 아니한다.

제12조(해석)

① 준거법

이 계약의 유효성, 성립, 및 이행의 문제는 한국의 법률에 의하여 해석된다.

② 언어

본 계약은 영어 및 한국어 두 가지를 사용하여 체결한다. 영문 계약서와 국문 계약서간에 차이점이 있거나 모순, 충돌하는 점이 있을 때는 언제나 영문본이 우선한다.

③ 중재

이 계약으로부터, 이 계약과 관련하여 또는 이 계약의 불이행으로 말미암아 당사자간에 발생하는 모든 분쟁, 논쟁, 또는 의견 차이는 대한민국 서울특별시에서 대한상사중재원의 상사중재규칙 및 대한민국법에 따라 중재에 의하여 최종적으로 해결한다. 중재인(들)에 의하여 내려지는 판정은 최종적인 것으로 당사자 쌍방에 대하여 구속력을 가진다.

12.4 Effect of Heading

The headings to sections and paragraph of this Agreement, excepting those in Article I hereof, are to facilitate reference only, do not form a part of this Agreement, and shall not in any way affect the interpretation hereof.

12.5 Entire Agreement and Modification

This Agreement embodies the entire agreement of the parties with respect to the subject matter hereof and supersedes and cancels any and all prior understandings or agreements, verbal or otherwise, in relation hereto, which may exist between the parties. No oral explanation or oral information by either of the parties shall change the meaning or interpretation of this Agreement. No amendment or change hereof or addition hereof shall be effective or binding on either of the parties hereto unless reduced to writing and executed by the respective duly authorized representatives of each of the parties hereto.

12.6 Non-Waiver

The waiver, express or implied, by either of the parties hereto of any right hereunder or against any failure to perform or breach hereof by the other party hereto shall not consititute or be deemeed a waiver of other right hereunder or against any other failure to perform or breach hereof by such other party, whether of a similar or dissimilar nature thereto.

Article 13. MISCELLANEOUS

13.1 Assignment

This Agreement, and all rights and obligations hereunder, are personal as to the parties hereto and shall not be assigned by either of the parties hereto to any third party without the prior written

④ 제목의 의미

제1조의 것을 제외하고는 본 계약의 조 및 항에 붙어 있는 제목은 오로지 참조의 편의를 위한 것으로서 이 계약의 일부를 형성하지는 아니하며 계약의 해석에 하등의 영향을 미치지 아니한다.

⑤ 완전합의 및 계약의 수정

이 계약은 이 합작투자와 관련하여 계약당사자간에 이루어진 완전합의로 구두의 것이든 그 반대의 것이든 이 건 계약체결 이전에 계약당사자간에 이와 관련하여 이루어진 일체의 협정 또는 합의들에 우선하며 또한 이 건 계약의 체결과 동시에 사전에 이루어진 위 협정 또는 합의는 폐기된다. 계약의 일방 당사자로부터 구두설명 또는 구두통지가 있었다 하더라도 그것만으로 이 건 계약의 의미 또는 해석이 변경되지는 아니한다. 계약의 양 당사자들로부터 정당하게 수권 받은 자들에 의하여 서면으로 작성되지 아니하는 한 계약의 수정, 추가는 계약당사자들에 대하여 아무런 효력 또는 구속력을 갖지 아니한다.

⑥ 권리불포기

명시적이든, 묵시적이든 계약당사자가 이 계약상의 어떠한 권리를 포기하거나 타방당사자의 계약불이행 또는 계약위반에 대한 권리행사를 포기하였다 하더라도 그것이 이 계약상의 다른 권리 또는 타방 당사자의 또 다른 계약불이행 또는 계약위반에 대한 권리행사의 포기가 되거나 포기로 간주되지 아니한다. 이러한 해석원칙은 이미 포기한 계약상의 어떠한 권리 또는 다른 계약불이행, 계약위반에 대한 권리가 유사한 것인가의 여부를 가리지 아니하고 적용된다.

제13조(잡칙)

① 계약의 양도

이 계약 및 이 계약상의 모든 권리 및 의무는 대인적 성질을 가지고 있으며, 타방 당사자의 사전 서면동의가 없는 한 제3자에게 양도될 수 없다. 다만, 계약당사자는 제8조의 규정에 따라서 신회사의 모든 주식을 이전하거나 실질상

consent thereto by the other party hereto; provided, however, that either party hereto may assign this Agreement, without such prior of the other party hereto, in connection with a transfer of all or substantially all of its shares of NEWCO in accordance with Article 8 hereof, or with an assignment to any corporation acquiring all or substantially all of its assets to or any surviving or newly formed corporation in connection with a merger or amalgamation involving such assigning party, subject to a prior undertaking in writing by the assignee assuming all of the obligations and duties of the assigning party under this Agreement and further subject to the issunace of any governmental authorizations, licenses or rulings then required under applicable law in connection with such assignment.

13.2 Force Majeure

A party hereto shall not be liable to the other party for any loss, injury, delay, damages or other casualty suffered or incurred by the latter due to strikes, riots, storms, fires, explosions, acts of God, war, acts of terriorism, action of any government or any other cause beyond the reasonable control of the party, and any failure or delay by either party hereto in performance of any of its obligations under this Agreement due to one or more of the foregoing causes shall not be considered a breach of this Agreement.

13.3 Severalty

In the event any term or provision of this Agreement shall for any reason be invaild, illegal or unenforceable in any respect, such invalidity, illeglity or unenforceability shall not affect any other terms or provisions hereof: in such event, this Agreement shall interpreted and construed as if such term or provision, to the extent, same shall have been held invalid, illegal or unenforceable, had never been contained herein.

13.4 Notices

이전하는 것과 같은 효과를 내는 행위와 관련하여 또는 어떠한 기업에 자신의 모든 자산을 양도하거나 양도인인 계약당사자가 포함된 합병에 있어서 존속하거나 신설되는 회사에 자산이 이전되는 것과 관련하여 타방 당사자의 사전 동의가 없다고 하더라도 이 계약을 양도할 수 있다. 그러나 이 양도는 양도인인 계약당사자의 계약상의 모든 의무와 책임을 양수인이 부담하겠다는 서면에 의한 사전약정과 나아가 계약양도와 관련하여 준거법이 요구하는 모든 정부인가, 허가, 결정 등을 받는 것을 조건으로 한다.

② 불가항력

계약의 일방 당사자는 파업, 폭동, 폭풍, 화재, 폭발, 천재지변, 전쟁, 테러행위, 정부의 조치 또는 당사자의 합리적 통제범위를 넘는 기타 다른 원인에 의하여 타방 당사자가 겪거나 입은 일체의 손실, 상해, 지연, 손해 또는 기타 다른 사고에 대하여 아무런 책임을 부담하지 아니하며, 계약당사자가 이 계약상의 의무를 이행하지 못하거나 이행에 있어 지연하였다 하더라도 그것이 위의 원인 중 하나 또는 그 이상의 원인 때문에 생긴 것일 때에는 이를 이 계약의 위반으로 보지 아니한다.

③ 계약조항의 독립

이 계약의 어느 조건 또는 조항이 어떠한 이유로 무효, 위법 또는 이행불능은 이 계약의 다른 조건 또는 조항에 대하여 아무런 영향을 미치지 아니한다. 이 경우에 그 조건 또는 조항은 무효, 위법 또는 이행불능으로 판단되는 한도내에서 이 계약 속에 포함되지 않았던 것으로 해석된다.

④ 통지

Except as otherwise provided in this Agreement, all notices required or permitted to be given hereunder shall be in writing and shall be valid and sufficient if dispatched by registered airmail, delivered personally, or sent by E-mail or Cable (confirmed by letter sent the same day).

IN WITHNESS WHEREOF, and having been approved by the Board of Directors of each of the parties, the parties hereto have caused this Agreement to be executed by their duly authorized representatives on the day and year first set forth above.

Exhibits: 1. The Articles of Incorporation
2. The Regulations of the Board of Directors
3. License Agreement between Y and NEWCO
4. Management Assistance Agreement between X and NEWCO
5. Distributorship Agreement between X and NEWCO
6. Plant and Equipment Lease Agreement between X and NEWCO
7. Personnel Transfer Agreement between X and NEWCO
8. Technical Assistance and Technology Transfer Agreement between Y and NEWCO

X,	Y,
Korea Trading Co., Ltd.	America International Inc.
(signed)	(signed)
Gil-dong Hong	John F. Dolan
President	President

이 계약에서 달리 정하고 있는 경우를 제외하고, 이 계약상 요구하거나 허용되는 일체의 통지는 서면으로 행하여져야 하며, 등기항공우편으로 발송하여 수신인 본인에게 직접 교부되거나, 또는 전자우편이나 전신(동 일자 발송의 서신에 의하여 확인되어야 함)에 의하여 발송되면 통지로서 유효하고 충분하다.

이 사실을 입증하기 위하여, 각 계약당사자는 이사회의 승인을 받은 후, 정당하게 수권받은 자에 의하여 이 계약서의 서두에 기재된 일자에 이 계약서를 작성하였다.

벌첨: 1. 정관
2. 이사회운영규정
3. 기술사용계약
4. 경영협조계약
5. 판매계약
6. 공장 및 장비리스 계약
7. 인력이전계약
8. 기술이전계약

갑 회사,	을 회사,
한국무역주식회사	아메리카인터내셔널주식회사
대표이사 홍 길 동	대표이사 존 에프 돌란

4. 국내에서의 수출입대행계약서[8)]

4.1 수출대행계약의 유형과 주요 약정사항

(1) 수출대행계약의 의의

수출대행계약이란 수출 위탁자와 수출 대행자간에 위탁자의 물품을 대행자가 자신의 명의로 수출하기 위한 계약을 말한다.

수출대행계약의 당사자는 무역업자인 대행자와 보통무역업을 직접 수행할 수 없는 대행위탁자가 된다. 수출대행자 및 위탁자의 자격에는 일반적으로 제한이 없으나 당해 수출물품이 수출입공고 또는 특별법 등으로 제한조치되어 있는 경우에는 그 조치에서 정하는 요건을 충족하는 자라야 한다.

(2) 수출대행계약의 유형

1) 단순수출대행계약

단순수출대행계약이란 대행위탁자가 상담에 의하여 수출신용장을 자신의 명의로 받고 그 신용장을 대행자 앞으로 양도(transfer)하여 대행위탁자가 일체의 책임하에 수출부대비용을 부담하고 수출품을 제조 가공하여 신용장 양수자인 대행자명의로 대행하는 계약을 말한다.

이 방식의 계약은 대행위탁자가 먼저 양도가능신용상(Transferable L/C)을 수령하여야 하며, 수출품을 제조·가공하는 데 따른 비용을 부담하며, 수출 및 선적에 따른 제절차도 위탁자가 행하는 것이 일반적이다. 대행자인 수출자는 단순히 제반서류상에 명의만 빌려주는 격이 되며 일종의 창구역할만 하는 것이다. 즉 대행자는 자신의 명의로 수출행위 즉 신용장 양수, 수출추천 및 승인, 수출통관 및 선적, 수출환어음 매입, 그리고 사후관리 대상품목인 경우 수출이행보고 등을 하게 되고 수출대금 회수에 이르기까지 수출자의 명의로 행하게 되며 그에 따른 책임이 수반된다.

일반적으로 이러한 수출 유형은 대행수수료도 미화 달러당×원(또는 수출신

8) 강원진, "수출입대행업무종합실무." 국제무역연구원, 1990, 1-20면.

용장 금액의 ×%) 등으로 비교적 저렴하다.

그러나 수출신용장조건에 따른 하자 등으로 해외의 매수인(buyer)측으로부터의 수출환어음 매입 후 부도(unpaid)가 발생했을 때 신용장 양수자이면서 대행자인 수출자는 책임을 면치 못한다. 대행위탁자와의 대행계약 체결시에는 수출환어음 매입 후 발생가능한 제반문제에 대해서 당사자간에 명확히 약정하여야 한다.

2) 지원수출대행계약

위탁자가 수출신용장을 수령하였지만, 자기명의로 무역업을 수행할 수 없는 자이거나 무역업자격이 있다 하더라도 무역금융한도부족 혹은 대은행 등 관련기관에 수출절차 이행상의 업무미숙이나 기타 사정이 있을 경우가 있다. 지원수출대행계약이란 대행자에게 신용장을 양도하고 수출자인 대행자명의로 수출승인을 받아 수출품을 제조가공하는 데 소요되는 원자재를 내국신용상(Local L/C)이나 수입신용장을 발행하고 무역금융으로 물품대금결제 및 기타 자금을 지원하여 주는 유형의 수출대행계약을 말한다.

이 계약방식에 따르면 수출자가 여러 가지 위험을 부담하게 된다. 특히 무역금융 수혜시에는 대행자의 거래은행에 사전 제공한 담보 등을 근거로 하여 지원되기 때문에 대행자는 위탁자로 하여금 금융, 결제 등 지원되는 금액에 대하여 담보를 제공토록 하는게 일반적이다. 따라서 이 경우에는 대행료도 가장 비싸다. 지원대행시에는 원자재 내국신용장 또는 수입신용장발행 등에 따른 수출용원자재 사후관리를 대행자가 맡게 되는 것이 보통이다. 대행자의 입장에서 보면 자사제품이나 임가공 하청방식에서와 같이 제절차는 같지만 수출부대비용 부담구분과 세금계약서 등 제증빙서에 따라 명의를 대행자로 하느냐 위탁자로 하느냐를 사전에 약정해 두어야 한다.

3) 완제품 내국신용장에 의한 수출대행계약

완제품 내국신용장에 의한 수출대행계약이란 대행위탁자가 수령한 수출신용장을 대행자에게 양도하고 다시 대행자로부터 완제품 내국신용장을 발급받고 동 내국신용장에 의하여 수출품을 제조 가공하여 대행자에게 공급하는 방식의 수출대행계약을 말한다.

이 유형의 수출대행계약에서는 대행위탁자의 신용상태가 양호하던가 또는 대행자 앞으로 담보제공이 되어 있을 경우, 대행자를 통하여 자금을 지원받을 수 있다. 또한 대행위탁자가 완제품 내국신용장을 발급받았지만 원자재를 확보해 두지 못하였을 경우에는, 소요량계산서[9]에 기초하여 제2차 내국신용장 발행신청인이 되어 국산자재를 확보할 수 있다. 수출품 제조가공에 소요되는 자재 중 수입해야 할 원자재는 무역업자를 통하여 원자재 수입대행을 위탁한다. 이 경우에는 통상 완제품 내국신용장 발행신청인인 대행자(수출자)가 수입을 대행하여 준다.

완제품 내국신용장에 의한 수출대행계약방식은 종합무역상사나 타사제품을 대행하여 수출하는 경우에 가장 많이 사용되고 있다.

(3) 수출대행계약시 주요 약정사항

1) 수출제비용 부담관계

수출대행계약을 체결한 경우에는 대행유형에 따라 수출이행에 소요되는 비용은 어느 편에서 부담할 것인가를 사전에 약정하여야 한다. 즉 수출신용장 양도수수료, 수출추천료, 내국신용장 발행수수료, 수출용원자재 수입시의 수입신용장발행 제수수료, 수입화물의 적화보험료, 해상(항공)운임, 수입화물선취보증서(Letter of Guarantee: L/G)수수료, 매수인 환어음지급유예이자(Buyer's Usance Interest: BUI), 수입화물 통관비용, 양화비, 수입관세, 수입보증금 적립금, 수출품 제조 후 수출검사료, 내륙운송료, 수출통관 제수수료, 제하역비, 적화보험료, 해상 또는 항공운임, 우편료, 환가료, 대체료, 무역금융이자, 수입보증금[10]부담관계 및 커미션지급관계 등을 고려하여 약정하여야 한다.

2) 내국신용장 발행시 발행금액 관계

완제품 내국신용장에 의한 대행계약의 경우에는 원수출 신용장상의 가격 조건이 Incoterms® 2010에서 규정된 FOB, CFR 혹은 CIF규칙이냐에 따라 내국신용장 발행금액이 달라진다.

완제품 내국신용장을 발행신청할 경우에 대행자인 내국신용장 발행신청인은 환차, 대행료 등을 고려하여 위탁자인 물품공급자로부터 FOB가격으로 완제품 물품매도확약서를 받고 내국신용장을 발행신청하여야 한다. 즉 내국신용장금액은 사실상 FOB가격과 동일하게 취급되거나 그 범위 내에 속한다고 할 수 있다.

완제품 내국신용장을 발행할 경우에는 원신용장상의 가격이 CIF규칙일 경우

9) 수출용원자재의 경우에 한한다.

10) 수입어음결제금액과 실제 무역금융융자금액과의 차액(실무계에서 말하는 소위 끝전)을 말한다.

에는 적화보험료(cargo insurance premium), 해상운임(ocean freight)을 공제한 금액, 다시 말하면 FOB금액을 기준으로 하여 대행자가 오퍼를 받고 원수출신용장금액에서 환차, 적화보험료, 해상 운임, 대행료 등을 공제하여 내국신용장을 발행하게 된다.

3) 수출실적인정관계

단순수출대행계약의 경우에는 대행자에게 수출실적이 인정되지만 내국신용장이 발행되는 경우에는 대행자에게는 직수출실적이, 대행위탁자에게는 내국신용장에 의한 물품공급실적이 각각 인정된다.

4) 무역금융수혜관계

완제품 내국신용장 수혜자가 완제품을 제조가공하는 데 필요한 원자재 중 수입원자재가 있을 경우에 보통 수출대행자가 원자재수입대행도 하게 되므로 대행자 명의로 원자재자금도 수혜할 수 있다.

또한 소요원자재를 국내에서 구매할 경우 소요량계산서에 기초하여 생산자금 및 원자재자금을 수혜할 수 있다. 유의할 점은 무역 금융을 수혜할 경우에는 실제로 결제할 금액과 미화 달러당 융자단가 사이에 차액이 발생하기 때문에 차액을 대행위탁자가 우선 대납하고 결제토록 할 것인가, 아니면 수출대행자가 부담해줄 것인가를 사전에 약정해 두어야 한다. 여기서 차액은 당연히 최종적으로 대행자가 부담하게 되는 것이다.

5) 관세환급신청관계

수출품에 대한 관세환급청구권은 수출한 자, 즉 대행자에게 있다. 다시 말하면 수출신고필증에 표시되어 있는 수출자에게 있는 것이다. 그러나 단순수출을 위탁시킨 자나 완제품을 수출자에게 수출을 대행시킨 경우에는 수출자나 수출을 위탁한 자도 환급신청권자가 될 수 있다.

위탁자 명의로 환급신청을 할 경우에는 수출자와 수출위탁한 자도 관세 등의 체납이 없어야 한다.

6) 클레임에 대한 책임관계

수출대행계약서상의 위탁자는 해외거래상대방과 무역계약을 체결한 계약당사자이므로 해외의 매수인으로부터 클레임이 제기되었을 경우에는 계약위반에 따른 클레임당사자가 된다. 그러나 단순히 대행계약에 의하여 신용장만을 양도받고 단순대행자가 클레임의 당사자가 되는 것은 억울한 일이기도 하지만 실무적으로는 그리 간단한 문제가 아니다.

일반적으로 대행자는 신용장양수자로서 신용장에 요구된 서류를 제시할 의무와 신용장 조건준수의무를 지게 되므로, 그 의무범위내에서 클레임의 당사자가 되는 것이다.

대행자가 클레임에 의한 손해를 면하기 위해서, 대행계약서에 대금지급 거절이나 클레임으로 인하여 손해를 입은 때에는 대행위탁자에게 구상할 수 있도록 구상권조항을 두거나 또는 해외 거래상대방과 클레임의 당사자는 위탁자로 한다는 특약을 하는 것이 좋다.

7) 부가가치세법상의 영세율 적용관계

완제품내국신용장에 의한 수출대행은 수출대행위탁자가 신용장을 받았고, 또한 물품공급 후 내국신용장에 의한 수출대금입금증명서를 위탁자가 받을 수 있기 때문에 위탁자는 물론 대행자도 부가가치세법상의 영세율이 적용된다. 또한 단순 수출대행의 경우도 신용장 양수도 관계, 대행계약서 등을 고려하여 실제 수출자는 대행위탁자라는 것이 명백하므로 위탁자가 대행자와 마찬가지로 부가가치세 영세율 적용을 받게 된다. 그러나 단순대행자가 대행위탁자로부터 받는 대행수수료에 대하여는 부가가치세가 과세된다.

4.2 수입대행계약의 유형과 주요 약정사항

(1) 수입대행계약의 의의

수입대행계약이란 수입대행계약에 의하여 대행위탁자가 수입하려는 물품을 수입대행자명의로 수입하는 것을 말한다. 수입대행은 무역업자가 아닌 자가 수입을 위탁하거나, 내국신용장을 받고 그 물품제조에 필요한 원자재를 수입하고자 할 경우에 이루어진다.

수입대행위탁자, 즉 실제 수입자의 자격에는 아무런 제한이 없으나 당해 수입품이 수출입공고 또는 특별법에 의하여 수입주체 또는 수입물품이 제한되고 있는 경우에는 그 규정에서 정하는 요건에 충족하여야 한다.

(2) 수입대행계약의 유형

1) 수출용원자재의 수입대행계약

국내에서 물품을 제조·가공하는 것을 주업종으로 하는 기업은 완제품내국신용장을 받더라도 무역업자가 아닌 경우에는 수출품의 제조가공에 필요한 원자재를 자기가 직접 수입할 수가 없으므로 무역업자와 수입대행계약을 체결하여 대행수입을 하여야 한다. 이러한 경우에도 수출용원자재 수입에 따른 관세환급, 무역금융수혜 등을 받을 수 있다.

수입대행수수료는 수출대행수수료와 마찬가지로 수입에 따른 여러 가지 절차를 누가 이행하느냐 또는 수입에 따른 담보의무를 누가 부담하느냐에 따라서 차이가 나는데 수출대행계약의 경우보다 대행수수료가 높은 것이 보통이다.

2) 내수용물품의 수입대행계약

내수용, 즉 국내소비용 물품의 수입은 위탁자의 용도에 따라 대행자와 수입대행계약을 체결하는 경우와 단순히 수입자의 자가용도 또는 수입자의 내수판매를 목적으로 하는 경우가 있다.

수출용원자재의 경우와는 달리 내수용의 경우에는 수출입공고에 적법한 물품이면 소요량 계산서가 필요 없이 청약서(offer sheet)또는 구매계약서를 가지고 바로 수입할 수 있다.

수입대행계약을 체결해야 할 때에는 대행계약은 물품의 명세, 수입시기, 수입상대방, 가격, 수입대행수수료 및 기타 거래조건 등을 약정하여야 하며 수입승인이 필요한 경우 수입승인신청서상에는 대행위탁자를 실수요자로 하고 수입대행계약서를 첨부하여 수입승인신청을 하여야 한다. 또한 수입보증금 적립 등 수입에 따른 담보 및 자금은 대행위탁자가 부담하는 경우가 대부분이지만 이에 관하여 별도로 대행계약서에 상세히 약정하여야 한다.

(3) 수입대행계약시 주요 약정사항

1) 실수요자 및 납세의무관계

수출용원자재에 대하여 수입대행계약을 체결하고 수입대행을 할 경우에는 수입위탁자가 실수요자가 되며, 향후 수입통관시에 관세납세의무자가 된다. 이 경우에는 완제품 내국신용장이 발행된 후 내국신용장 수혜자가 소요량계산서에 기초하여 대행자[11]를 통하여 원자재를 수입하게 된다. 사실상 수입승인서상에 신청인과 실수요자가 동일인일 경우, 즉 자사제품이나 설령 대행수입을 행하더라도 완제품 내국신용장을 발행하지 않았을 경우에는 대행자가 관세납부의무자가 된다. 또한 수입승인서상의 신청인이 수입대행자일지라도 완제품 내국신용장수혜자가 실수요자일 경우에는 내국신용장수혜자가 관세납세의무자가 된다.

그러나 내수용물품의 수입대행계약에 의하여 수입을 할 경우에는 소요량계산서는 필요없고 실수요자는 항상 위탁자가 되며 관세 등 납세의무자도 위탁자가 된다.

2) 무역금융수혜관계

수입대행자가 실수요자를 위하여 수입신용장을 발행신청하는 경우 수입신용장 발행은행은 실수요자의 주거래 외국환은행으로부터 융자한도 확인을 받은 후 신용장을 발행하여야 하며, 실수요자 주거래 외국환은행은 이를 실수요자의 한도에 포함해서 관리하여야 한다. 원자재 수입자금은 대행자명의로 융자취급할 수도 있고 실수요자 명의로 융자취급할 수도 있는데 대행자명의로 융자취급한 은행은 동융자금의 회수 및 회수 상황을 실수요자의 주거래 외국환은행에 통보하여야 한다.

또한 주거래 외국환은행은 위의 통보에 따라 실수요자에 대한 융자한도 및 수출금융 사후관리를 하여야 한다. 그러나 내수용물품을 수입할 경우에는 무역금융 융자대상이 되지 아니한다.

3) 수출용원자재의 사후관리관계

용도가 수출용원자재로 수입을 할 경우에는 무역금융 지원은 물론 관세환급에 의하여 결과적으로 수입관세가 면제된다. 따라서 수출용원자재의 수입분에 대해서는 대응 수출의무를 부담하게 된다. 이는 사후관리은행을 통하여 관리하게 된다.

완제품 내국신용장에 의하여 내국신용장수혜자의 소요량계산서를 가지고 수출용원자재 수입대행을 위탁하는 경우의 수출용원자재 사후관리의무자는 수입을 위탁한 대행위탁자가 된다. 단순수출대행의 경우에 대행자 명의로 소요량계산서를 발급받고 필요한 원자재 수입을 했을 경우에는 수출대행자가 사실상 실수요자가 되므로 사후관리의 의무자가 된다.

11) 보통은 수출대행자가 수입대행을 겸하게 된다.

그러나 내수용물품을 수입하였을 경우에는 사후관리의무가 없다.

수출입대행계약을 체결할 경우에 항상 유념해 두어야 할 사항은 뒤에 예시된 계약서처럼 수출과 수입의 기본계약서, 즉 수출대행 또는 수입대행계약서 상에 당사자의 권리의무와 책임관계를 잘 약정하여 후일에 있을지 모르는 상거래분쟁 등에 대비하여야 한다.

4.3 수출대행계약서

수출대행계약서

대행자(갑):한국무역주식회사 위탁자(을):강남산업주식회사

(사업자등록번호:214-12-34567)

상기 당사자는 하기와 같은 조건으로 수출대행계약을 체결한다.

제 1 조(대행방식)

본 계약은 "을"과 직접 거래관계가 있는 제 3 자와의 수출매매계약에 따른 거래이므로 "갑"은 단지 수출대행자로서 수출창구 역할만을 하는 것으로 한다.

제 2 조(대행물품)

"갑"은 "을"의 책임하에 생산 조달된 아래 물품을 대행수출한다.

품명	수량	금액	가격조건	비고
Men's Split Leather Jackets	4,000pcs	US$100,000	CIF New York Incoterms® 2010	L/C No. 78910

제 3 조(대행료)

수출대행료는 미화1달러당 3원으로 하며 본 수출환어음 매입 후 대행료, 제비용 등을 정산하여 "을"이 "갑"에게 지급하도록 한다.

제 4 조(수출대금지급)

수출대금지급은 "을"의 책임하에 생산 및 선적 완료 후 서류를 작성하여 하자없이 수출환어음을 매입한 후 "갑"이 "을"에게 지급하기로 한다. 단, 보증부 수출환어음매입시에는 "갑"에게 담보 등 제공이 없을 경우에는 추심방식(collection basis)에 의하되 대금입금이 확인된 후에 지급하도록 한다.

제 5 조(손해배상)

"을"은 본 거래관련 물품의 선적불이행, 지연이행에 따른 손해와 법령위반, 신용장상의 매수인 등으로부터 품질불량, 수량부족, 규격상이, 특허 및 상표권 침해 등 제반 클레임에 따른 손해 및 수출환어음매입 후의 부도 등이 발생하여 "갑"에게 손해를 입히게 될 경우에는 즉시 그 손해 상당액을 배상하여야 한다.

제 6 조(담보제공)

"갑"은 제 4 조 및 제 5 조의 실행을 보증하기 위하여 "을"로 하여금 담보 등을

제공하게 할 수 있고, 동 담보 등을 "갑"의 손실 변제에 임의로 충당할 수 있다.

제 7 조(비용부담)

"을"은 "갑"의 수출대행에 따른 제비용을 부담한다.

제 8 조(권리의 귀속)

별도 약정이 없는 한, 관세 등 환급권 이외에 본계약에 의한 수출완료 후의 일체의 권리는 "갑"에게 귀속된다.

제 9 조(권리의무의 양도)

"을"은 "갑"의 승인없이는 본 계약상의 권리의무를 제3자에게 양도할 수 없다.

제10조(계약의 해제)

1. "갑"은 "을"이 다음 각 1에 해당하는 경우에는 본 계약의 전부 또는 일부를 해제 또는 해지할 수 있다.
   가. 신용장에 정한 선적기한 내에 수출대행물품의 선적을 거부하거나 완료하지 못한 때
   나. "을"의 귀책사유로 인하여 선적기한 내에 선적할 가능성이 없음이 명백하다고 인정될 때
   다. 기타 계약조건을 위반하고 그 위반으로 인하여 계약의 목적을 달성할 수 없다고 인정될 때
2. "을"은 "갑"이 무역업의 취소 또는 정지 등 수출대행이 불가능하다고 객관적으로 인정될 경우에는 본 계약의 전부 또는 일부를 해지할 수 있다.
3. "갑"과 "을"은 제 1 항 및 2 항의 규정에 의거 계약을 해제 또는 해지하는 경우에는 그 사실을 상호 서면으로 통보하여야 하고, 일부 선적을 이행한 부분에 대해서 "을"은 "갑"에게 제 3 조에서 정한 방법으로 대행료를 지급하여야 한다.

제11조(계약내용의 변경)

본 계약의 내용을 변경하고자 할 경우는 "갑"과 "을"의 쌍방의 합의하에 변경할 수 있다.

제12조(분쟁의 해결)

본 계약에 의한 분쟁은 대한상사중재원의 중재로써 최종적으로 해결하기로 한다.

제13조(상관습 준수)

본 계약서에 기재하지 않은 사항은 일반 상관례에 준한다.

제14조(계약서 보관)

위와 같이 계약을 체결하고 계약서 2통을 작성하여 "갑" "을" 쌍방이 날인후 각각 1통씩 보관한다.

20××년 5월 20일

(갑) 서울시 중구 소공동 1번지
한국무역주식회사
대표이사 홍길동

(을)서울시 강남구 대치동 1번지
강남산업주식회사
대표이사 김철수

4.4 수출용완제품 공급계약서

수출용완제품공급계약서[12)]

수출자(갑):한국무역주식회사 공급자(을):강남산업주식회사

(사업자등록번호:214-12-34567)

상기 당사자는 하기와 같은 조건으로 수출용완제품공급계약을 체결한다.

제 1 조(공급물품)

"을"은 아래 물품을 "갑"에게 공급하기로 한다.

품명	규격	수량	단가	금액	비고
Men's Split Leather Jackets	ST-10	14,000pcs	@U$24	U$96,000	

제 2 조(물품인도기일)

"을"은 20××년 7월 31일까지 상기물품을 "갑"이 지정하는 장소까지 "을"의 책임하에 전량 인도완료하여야 한다.

제 3 조(물품대금지급)

물품대금지급은 "을"의 책임하에 생산 및 인도된 물품에 대하여 "갑"의 수출환어음을 매입한 후 동 대금으로 "을"에게 지급키로 한다.

제 4 조(작업지시사항 준수)

"을"은 상기물품 생산에 따른 품질, 규격, 수량, 포장 등 제반작업은 반드시 "갑"의 직인이 날인된 작업의뢰서상에 명시된 대로 이행하여야 한다. 또한 "을"은 동 작업의뢰서를 교부받기 전이나 작업의뢰서상에 명시된 사항대로 작업을 이행하지 않음으로 인하여 발생된 모든 손실감수 및 책임을 부담하며, 그로인하여 "갑"에게 손해를 입힐 경우에는 "을"은 즉시 갑에게 그 손해를 배상하여야 한다.

제 5 조(비용부담)

"을"은 "갑"이 지정하는 장소까지 관련 물품을 인도하는데 발생하는 일체의 비용을 부담한다. 단, 해상운임, 적화보험료는 "갑"이 부담하도록 한다.

---

12) 수출자의 원신용장을 근거로 타사물품을 공급받기 위한 것이다. 완전임가공이나 부분임가공계약의 경우에는 가공임지급관계, 원부자재공급관계, 품질보장에 관한 사항을 약정하여야 한다.

제 6 조(손해배상)

"을"은 제2조에 정한 기일 내에 선적불이행, 지연이행으로 발생되는 손해와 "갑"의 매수인으로부터 품질불량, 수량부족, 규격상이 등 제반 클레임에 따른 손실이 발생할 경우에는 "갑"에게 즉시 그 손해상당액을 배상하여야 한다.

제 7 조(담보제공)

"갑"은 제6조의 실행을 보증하기 위하여 "을"로 하여금 담보 등을 제공하게 할 수 있고 동 담보 등을 "갑"의 손실변제에 임의로 충당할 수 있다.

제 8 조(권리의 귀속)

본 계약에 의한 수출완료 후 관세 등 환급권 이외의 일체의 권리는 "갑"에게 귀속한다.

제 9 조(지체상금)

"을"이 제 2 조에 정한 기한 내에 물품의 인도를 이행하지 않은 경우 지체일수당 공급물품의 총가액이 1,000분의 2에 해당하는 지체상금을 징수할 수 있다. 다만, 그 지체사유가 "갑"의 사정 또는 천재지변 등 불가항력적인 사항일 경우에는 제외된다.

제 10 조(권리의무의 양도)

"을"은 "갑"의 승인 없이는 본 계약상의 권리의무를 제3자에게 양도할 수 없다.

제11조(계약의 해제)

1. "갑"은 "을"이 다음 각호 1에 해당하는 경우에는 본 계약의 전부 또는 일부를 해제 또는 해지할 수 있다.
   가. 제2조에서 정한 물품의 인도기일 내에 수출대행물품의 인도를 거부하거나 완료하지 못한 때
   나. "을"의 귀책사유로 인하여 인도기일 내에 인도할 가능성이 없음이 명백하다고 인정될 때
   다. 기타 계약조건을 위반하고 그 위반으로 인하여 계약의 목적을 달성할 수 없다고 인정될 때
2. "갑"과 "을"은 제1항의 규정에 의거 계약을 해제 또는 해지하는 경우에는 그 사실을 상호 서면으로 통보하여야 하고, 일부 선적을 이행한 부분에 대해서는 "을"은 "갑"에게 제5조에 정한 비용을 지급하여야 한다.

제12조(계약내용의 변경)

본 계약의 내용을 변경하고자 할 경우 "갑"과 "을" 쌍방의 합의하에 변경 할 수 있다.

제13조(분쟁의 해결)

본 계약에 의한 분쟁은 대한상사중재원의 중재로써 최종적으로 해결하기로 한다.

제14조(상관습 준수)

본 계약서에 기재하지 않은 사항은 일반 상관습에 준한다.

제15조(계약서 보관)

위와 같이 계약을 체결하고 계약서 2통을 작성하여 "갑", "을" 쌍방이 날인 후 각각 1통씩 보관한다.

20××년 5월 25일

(갑)서울시 중구 소공동 1번지
한국무역주식회사
대표이사 홍길동

(을) 서울시 강남구 대치동 1번지
강남산업주식회사
대표이사 김철수

4.5 수출용완제품공급 거래약정서

수출용완제품공급 거래약정서[13)]

수출자/대행자(갑):	공급자/위탁자(을)
한국무역주식회사	강남산업주식회사
	(사업자등록번호:214-12-34567)

상기 당사자는 하기와 같은 조건으로 수출용완제품 공급거래약정을 한다.

제 1 조(대행방식)

본 약정서는 "을"과 직접거래 관계가 있는 제3자의 수출매매에 따른 거래이므로 "갑"은 단지 내국신용장발행 편의제공 및 수출창구 역할만을 하는 것으로 한다.

제 2 조(공급물품)

"을"은 아래 물품을 "갑"에게 공급하기로 한다.

품명	규격	수량	단가	금액	비고
Men's Split Leather Jackets	ST-10	14,000pcs	@U$24	U$96,000	

제 3 조(물품인도기일)

"을"은 20××년 7월 31일까지 상기 물품을 "을"의 책임하에 "갑"이 지정한 장소에 인도 완료하여야 한다.

제 4 조(물품대금지급)

물품대금지급은 "을"의 책임하에 생산 및 인도된 물품에 대하여 물품수령증을 발급하고 "갑"의 수출환어음을 하자없이 매입한 후 "을"에게 지급하기로 한다. 단, 보증부환어음 매입시 담보 등 제공이 없을 경우에는 추심방식(collection basis)에 의하되 수출대금 입금확인이 된 후에 지급하도록 하는 것을 원칙으로 한다.

제 5 조(손해배상)

"을"은 본 물품을 제 3 조에 정한 기일 내에 인도불이행 및 지연이행에 따른

13) 위탁자가 수령한 신용장을 대행자에게 양도하고 다시 완제품 내국신용장(Local L/C)을 위탁자를 수익자로 발행하는 경우이다. 거래약정서도 쌍방이 확약하여 서명하게 되면 계약서와 법률적 효력이 같다.

손해와 법령위반 또는 신용장상의 매수인 등으로부터 품질불량, 수량부족, 규격상이 및 상표권침해 등 제반 클레임에 따른 손해 및 수출환어음 매입 이후 부도 등이 발생하여 "갑"에게 손해를 입히게 될 경우에는 즉시 그 손해 상당액을 배상하여야 한다.

제 6 조(담보제공)

"갑"은 제 4 조 및 제 5 조의 실행을 보증하기 위하여 "을"로 하여금 담보 등을 제공하게 할 수 있고, 동 담보 등을 "갑"의 손실 변제에 임의로 충당할 수 있다.

제 7 조(대행료)

"갑"의 대행료는 "을"의 물품매도확약서상의 금액과 원신용장 등의 금액과의 차액으로 한다.

제 8 조(비용부담)

"을"은 원신용장 가격조건에 정하는 지정항 본선상에 적재인도함에 따른 일체의 비용을 부담한다.

제 9 조(권리의 귀속)

별도 약정이 없는 한, 본 약정에 의한 수출 완료 후 관세 등 환급권 이외의 일체의 권리는 "갑"에게 귀속한다.

제10조(권리의무의 양도)

"을"은 "갑"의 승인없이는 본 약정서상의 권리의무를 제3자에게 양도할 수 없다.

제11조(약정의 해제)

1. "갑"은 "을"이 다음 각호 1에 해당하는 경우에는 약정의 전부 또는 일부를 해제 또는 해지할 수 있다.
   가. 제3조에서 정한 인도기일 내에 물품의 인도를 거부하거나 완료하지 못한 때
   나. "을"의 귀책사유로 인하여 인도기일 내에 인도할 가능성이 없음이 명백하다고 인정 될 때
   다. 기타 약정조건을 위반하고 그 위반으로 인하여 약정의 목적을 달성할 수 없다고 인정될 때
2. "을"과 "갑"이 무역업의 취소 또는 정지 등으로 인하여 수출대행이 불가

능하다고 객관적으로 인정될 경우에는 본 약정의 전부 또는 일부를 해제 또는 해지할 수 있다.

3. "갑"과 "을"은 제1항 및 2항의 규정에 의거 약정을 해제 또는 해지하는 경우에는 그 사실을 상호 서면으로 통보하여야 하고, 일부 선적을 대행한 부분에 대해서는 "을"은 "갑"에게 제7조에서 정한 방법으로 대행료를 지급하여야 한다.

제12조(약정내용의 변경)

본 약정의 내용을 변경하고자 할 경우는 "갑"과 "을" 쌍방의 합의하에 변경 할 수 있다.

제13조(분쟁의 해결)

본 약정에 의한 분쟁은 대한상사중재원의 중재로써 최종적으로 해결하기로 한다.

제14조(상관습 준수)

본 약정서에 기재하지 않은 사항은 일반 상관습에 준한다.

제15조(약정서 보관)

위와 같이 약정하고 거래약정서 2통을 "갑", "을" 쌍방이 날인 후 각각 1통씩 보관한다.

20××년 5월 25일

(갑) 서울시 중구 소공동 1번지
한국무역주식회사
대표이사 홍길동

(을) 서울시 강남구 대치동 1번지
강남산업주식회사
대표이사 김철수

4.6 수입대행계약서

수입대행계약서

(갑):한국무역주식회사 위탁자(을):강남산업주식회사

(사업자등록번호:214-12-34567)

상기 당사자간에 아래와 같은 조건으로 수입대행계약을 체결한다.

제 1 조(대행방식)

본 계약서는 "을"과 직접거래 관계가 있는 제 3 자와의 수입계약에 따른 거래이므로 "갑"은 단지 수입대행자로서 수입창구 역할만을 하는 것으로 한다.

제 2 조

"갑"은 "을"의 요청에 의하여 아래 물품을 수입대행 한다.

품명	규격	수량	단가	금액	가격조건	원산지
Plastic Zipper	#8	4,100pcs	@U$1.^{00}	US$4,100	CIF Busan Incoterms®2010	Japan

제 3 조(대행료)

수입대행료는 미화 1달러당 7원을 계약체결시에 "을"이 갑에게 지급하기로 한다.

만일 "을"이 부득이한 사정으로 대행업무 수행중에 수입신용장을 취소하여야 할 경우에도 "을"은 이미 지급한 수수료에 대하여 반환청구를 하지 않기로 한다.

제 4 조(수입대금결제)

"을"은 본 계약과 관련된 수입어음 또는 서류에 대하여 결제기간 이내에 수입대금을 결제하여야 하며, 대지급이 되었을 경우에는 원금 및 대지급 이자 등을 부담하여야 한다.

제 5 조(비용부담)

"을"은 본 수입과 관련된 수입보증금, 관세, 제세공과금 및 부대비용 일체를 부담한다.

제 6 조(담보제공)

"을"은 본 수입과 관련하여 물품공급자 또는 대리인과의 계약이행의 실질적 책임을 지며, "갑"의 명의로 수입업무를 수행하는 데 따른 물품매도확약서나 구매계약서상의 약정내용을 충실히 이행하여야 하며, 향후의 클레임 등으로 "갑"에게 손해를 입히게 될 경우에도 그 손해상당액을 배상하여야 한다.

제 7 조(수입통관)

"을"은 "갑"의 명의로 수입승인을 받은 기간 내에 물품수입 및 대금지급이행을 하여야 하며, 물품의 수입통관은 20××년 6월 30일까지 완료하고 수입통관 완료 후 5일 이내에 수입신고필증을 "갑"에게 인도하여야 한다.

제 8 조(비밀보장의무)

"갑"은 본 계약과 관련하여 인지 또는 취득한 자료는 "을"의 서면동의가 없는 한 대외적으로 누설할 수 없으며, 누설로 인하여 "을"에게 손해가 발생한 경우에는 "을"이 제시하는 증빙을 기준으로 즉시 보상한다.

제10조(계약의 해제)

1. "갑"은 "을"이 다음 각호 1에 해당하는 경우에는 당해 계약의 전부 또는 일부를 해제 또는 해지할 수 있다.
   가. 제 7 조에서 정한 내에 수입대행물품의 통관을 거부하거나 완료하지 못한 때
   나. "을"이 귀책사유로 인하여 통관기한 내에 통관할 가능성이 없음이 명백하다고 인정될 때
   다. "을"이 수입대금을 지급하지 않아 "갑"에게 대지급이 발생할 경우
   라. 기타 계약조건을 위반하고 그 위반으로 인하여 계약의 목적을 달성할 수 없다고 인정될 때
2. "을"과 "갑"이 무역업의 취소 또는 정지 등으로 인하여 수입대행이 불가능하다고 객관적으로 인정될 경우에는 당해 계약의 전부 또는 일부를 해제 또는 해지할 수 있다.
3. "갑"과 "을"은 제 1 항 및 2 항의 규정에 의거 계약을 해제 또는 해지하는 경우에는 그 사실을 상호 서면으로 통보하여야 하고, 일부 통관을 이행한 부분에 대해서는 "을"은 "갑"에게 제 3 조에 정한 방법으로 대행료를 지급하여야 한다.
4. 제1항의 사유로 인하여 계약을 해제하는 경우 "갑"은 당해 수입물품을 임의로 처분할 수 있다.

제11조(계약내용의 변경)

본 계약의 내용을 변경하고자 할 경우는 "갑"과 "을" 쌍방의 합의하에 변경 할 수 있다.

제12조(분쟁의 해결)

본 계약에 의한 분쟁은 대한상사중재원의 중재로써 최종적으로 해결하기로 한다.

제13조(상관습 준수)

본 계약에 정하지 않은 사항은 일반 상관습에 준한다.

제14조(계약서 보관)

위와 같이 계약하고 계약서 2통을 작성 "갑", "을" 쌍방이 날인 후 각각 1통씩 보관한다.

20××년 5월 31일

(갑) 서울시 중구 소공동 1번지
한국무역주식회사
대표이사 홍길동

을) 서울시 강남구 대치동 1번지
강남산업주식회사
대표이사 김철수

Chapter 8 무역계약의 이행

1. 물품의 인도

1.1 물품인도의 의의

물품의 인도(delivery of goods)란 매도인이 매수인으로 하여금 계약목적물을 점유하게 하는 것을 말한다.

점유는 물품에 대한 사실상의 지배 또는 사실상의 물품보관(physical cus-tody of goods)을 의미한다. 다시 말하면 물품이 사회관념상 어떤 사람의 사실적 지배에 속한다고 보여지는 객관적 관계에 있는 것이라고 할 수 있다.[1] 점유의 법률상의 의미는 물품에 대한 현실적 지배로서 법적 청구권(legal claim)을 수반하는 것이다. 점유권은 물품에 대한 사실상의 지배를 내용으로 하는 것이지만, 점유권과 점유할 권리[2] 또는 점유할 수 있는 권리와는 구별하여야 한다. 점유할 권리란 법률상 점유하는 것을 정당하게 하는 권리를 말하며 본권이라고도 한다. 점유할 권리를 가진 자가 반드시 점유권을 가진다고는 할 수 없다. 예컨대 어떠한 수출물품을 도난당한 소유자는 점유할 권리를 가지지만 점유권은 없다.

한국 민법에서는 "물건을 사실상 지배하는 자는 점유권이 있다"[3]고 규정하고

---

1) 한국 대법원, 1974. 7. 16, 선고 73다923 판결.
2) 소유권, 유치권, 임차권 등은 점유할 권리에 속한다.
3) 한국 민법 제192조 제1항.

있다. 이는 사실상의 지배를 점유의 본질로 삼고 있다고 말할 수 있다.

영국 물품매매법(SGA)에서는 "인도라 함은 일방이 상대방에게 자의에 의하여 점유를 이전하는 것을 말한다"(Delivery means voluntary transfer of possession from one person to another)로 규정하고 있다.[4]

또한 유체동산의 국제매매에 관한 통일법(ULI)에서는 "물품인도란 계약에 적합한 물품을 교부하는 것(handing over)"이라고 정의하여,[5] 현실적인 점유와 지배의 이전에 한정시키지 않고 물품은 계약에 적합하여야 할 것을 인도의 현실적인 요건으로 규정하고 있다.

비엔나 협약(CISG)에서는 물품은 계약적합을 인도의 요건으로 규정하지 않고 "물품을 인도한다"(delivery the goods)라고 하여 물품의 사실적 지배권을 규정한 것으로서 운송을 포함하는 때에는 목적물을 매수인에게 운송하기 위하여 최초의 운송인(first carrier)에서 교부하는 것이며, 매매계약이 물품운송을 포함하지 않는 경우로서 또한 불특정물(unidentified goods)의 물품으로서 당사자 쌍방이 계약체결시에 그 물품이 특정장소에 존재하거나 혹은 제조 또는 생산되는 것을 알고 있었던 때에는 그 장소에서 목적물을 매수인의 처분에 맡기는 것이며, 기타의 경우에 있어서는 계약체결시에 매도인이 영업소를 가지고 있던 장소에서 목적물을 매수인의 처분에 맡기는 것으로 하고 있다.[6]

실제 인도에 있어서는 사실상의 물품보관 또는 지배가 중요시 된다. 그러나 비록 일방에서 상대방으로 사실상의 물품보관에 대한 이전이 없다 할지라도 인도는 이루어질 수 있다. 예를 들면 매도인 대신 물품의 수탁자(bailee)가 매수인 대신 물품을 보관하고 있다는 것을 인정할 경우, 비록 사실상의 보관에 있어 변화가 없을 때에도 매수인에게 물품의 인도가 된다. 더욱이 어떤 상황에서는 물품의 사실상의 이전이 요구되지 않고, 물품에 대한 권리증권의 이전에 의해 인도가 이루어지는 경우도 있다. 여러 가지 상황으로부터 보건데, 인도의 의미가 가장 확실하게 되는 것은 주어진 상황하에서 매수인에게 효과적인 물품의 인도를 구성하는 법률에 의하여 확정된다.

인도의 개념을 원칙적으로 점유물의 사실상 지배를 현실적으로 이전하는 것

---

4) SGA 1979, §61(1).

5) ULI 1964, Article 19-1.

6) CISG 1980, Article 31. 그러나 복합운송의 경우에는 다양한 표현을 사용할 수 있다.

이라고 규정한다고 하여도 이러한 일률적인 인도의 개념정의만으로는 실제에 있어서 계약상 인도조건의 다양성으로 인하여 위험이전, 기타의 문제해결에 아무런 도움도 주지 못하는 경우가 많으며, 따라서 인도를 일반적인 개념정의만으로 규정한 법제에 있어서도 그것이 뜻하는 기능과 의미는 개개의 관련문제에 따라 달리할 수 있다.

1.2 물품의 인도시기

물품매매를 위한 보통의 무역계약에서 인도의 시기(time of delivery)에 관한 약정은 비록 계약서에 명시적으로 정하여지지 않더라도 계약의 본질로서 간주된다. 따라서 만약 매도인이 제한된 인도시기에 이내에 물품인도를 못한다면 계약위반이 되어 매수인은 물품을 거절할 수 있으며 계약은 취소될 수 있다. 그러나 매수인은 인도지연을 이유로 물품을 거절하지 않고 계약위반에 대한 권리를 포기하거나 단지 담보위반(breach of warranty)으로 처리할 수 있다.[7)]

물품의 인도시기에 관하여 영국의 SGA에서는 매매계약에 의하며 매도인이 매수인에게 물품을 송부할 의무가 있는 경우 송부시기에 관한 별도 약정이 없을 경우에는 매도인은 합리적인 기간 이내에 이를 송부하여야 한다[8)]고 규정하고 있다. 또한 CISG에서도 매도인은 인도의 기간이 계약에 의하며 확정되거나 확정될 수 있는 경우에는 그 기간 내에 목적물을 인도하여야 한다. 그러나 매수인이 특정한 날을 선택하여야 할 사정이 있는 때에는 그러하지 않다. 그 외의 경우에는 계약체결 후 합리적인 기간 내(within a reasonable time)에 목적물을 인도하여야 한다[9)]고 규정하고 있다. 여기서 합리적인 기간이란 사실상의 문제(question of fact)이다.

그러나 매수인이 컨테이너나 운송수단을 제공하는 것과 같은 행위의 이행에 따라 물품인도가 이루어지는 계약에서는 매도인은 매수인에 의하여 지정된 행위의 이행통지를 받을 때까지 인도불이행에 대한 책임이 없다.

인도시기가 지정되어 있는 경우 조기인도(early delivery)에 대해서는 매수인

---

7) A. G. Guest, *Benjamin's Sale of Goods*, 3rd ed., Sweet & Maxwell, 1987, pp. 344~345.

8) SGA 1979, §29(3).

9) CISG 1980, Article 33.: UCC, §2-309.

에 의하여 거절되어질 수도 있으나,[10] 이러한 권리포기에 대해서는 선택권을 갖는다.

따라서 무역계약에서 인도시기의 약정은 적출지에서 매도인의 점유이탈시기를 정하는 관습이 행하여지고 있으므로 포괄적으로 인도(delivery)란 용어보다는 Incoterms® 2010규칙의 FOB나 CIF매매계약처럼 해상운송에 의한 매매의 경우에는 선적일(date of shipment) 또는 본선적재일(date of loading on board), Incoterms® 2010규칙의 FCA, CPT 또는 CIP매매의 경우처럼 복합운송에 의할 경우에는 수탁일(date of taking in charge), 항공운송에 의할 경우에는 발송일(dispatching date)과 같이 구체적으로 합의하는 것이 좋다.

1.3 물품의 인도장소

물품의 인도장소에 대한 기준은 매매당사자간의 명시적 또는 묵시적 계약에 의하여 정하게 된다. 영국의 SGA에 의하면 매매당사자간에 인도장소에 대하여 명시적 또는 묵시적 합의가 없었을 경우에는 인도의 장소는 매도인의 영업장소(seller's place of business)가 되고, 영업장소가 없는 경우에는 매도인의 주소(seller's residence)가 인도의 장소로 된다. 다만 특정물의 매매계약의 경우에는 계약의 성립시에 그 특정물이 다른 장소에 있음을 당사자가 안 때에는 그 장소가 인도의 장소로 된다.[11]

CISG에서는 매도인이 물품을 어느 특정한 장소에서 인도하지 않아도 되는 경우에 매도인의 물품인도 의무는 매매계약이 물품운송을 예정하는 경우와 그러하지 않은 경우를 나누어 규정하고 있다.

먼저 매매계약이 물품운송을 예정하는 경우이다.

매매계약에서 물품을 매수인에게 송부할 것이 요구되고 특정의 인도장소가 지정되어 있을 경우 매도인의 인도의무는 그 지정된 장소에서 물품을 인도하는 것이다. 그러나 매매계약이 물품운송을 예정하는 경우에 있어 인도장소의 지정이 없을 때에는 매수인에게 송부를 위해 물품을 최초의 운송인에게 제공함으로써 매

10) 조기인도가 되었을 경우에 매수인은 창고료 등 관리비용의 추가비용의 추가부담 또는 매수인 계정에게 자금이 조기에 빠져나가는 데 따른 자금운용상의 불이익이 발생될 수도 있다.
11) SGA 1979, §29(2): 이러한 기준은 미국통일상법전에서도 같은 취지로 규정하고 있다: UCC, §2-308.

도인의 인도의무는 충족된다.[12] 따라서 해상운송이 예정되어 있는 경우에도 물품을 항구까지 철도나 트럭업자 등을 이용해서 반출할 필요가 있을 때에는 최초의 철도 또는 트럭업자에게로 물품제공에 의하여 인도가 이루어진다.[13] 여기에서 주의하여야 할 것은 매수인에게 물품에 대한 서류 제공이 아니라 운송인에게 물품제공에 의하여 인도가 이루어진다는 점이다. 비록 매도인이 계약을 위반하여 당해 서류를 매도인에게 제공하지 않았다 하더라도 물품인도는 있게 되고 서류를 제공하지 않은 점에 대해서는 계약위반의 문제로서 별도로 처리된다.[14]

전통적으로 또한 가장 빈번하게 사용되는 Incoterms® 2010의 FOB, CFR 및 CIF 규칙에서는 선적항 본선상에서 물품을 인도함으로써 매도인의 인도의무는 완료하기 때문에 CISG에서 규정[15]하고 있는 최초의 운송인에게 물품제공이라는 요건 간에는 상당한 간격이 있다. 그러나 이는 이러한 정형거래규칙이 컨테이너 운송이나 복합운송이 등장하기 이전에 보급된 것에 기인하고 있다. 현대운송실무에 대응하기 위하여 마련된 새로운 정형거래규칙인 Incoterms® 2010의 FCA, CPT 및 CIP에서는 CISG 외 마찬가지로 운송인에게의 인도에 의해서 매도인의 인도의무는 완료하는 것으로 규정되어 있다. FOB, CFR 및 CIF 규칙은 물품이 본선에서 운송인에게 제공되는 경우만을 예정하고 있지만 FCA, CPT 및 CIP 규칙은 특히 본선 이외의 장소에서 운송인에게 물품이 제공되는 경우를 포함한 모든 경우에 사용가능하게 되어 있다.

그 다음으로 매매계약이 물품운송을 예정하지 않는 경우이다.

계약에서 물품운송이 예정되어 있지 않은 경우로서 특정의 인도장소가 지정되지 않은 때에는 특정물 또는 특정의 재고품 중에서 추출되는 불특정물 또는 제조 혹은 생산될 불특정물 가운데 어떤 경우라도 계약체결시에 양당사자가 물품이 존재하는 장소 또는 물품이 제조 내지 생산되는 장소를 현실적으로 알고있는 한 그 장소에서 물품을 매수인의 임의처분 상태로 두는 것이 인도의무 이행이 된다.[16] 그러나 기타의 경우에는 인도장소는 계약체결시에 있어 매도인이 영업소를

12) CISG 1980, Article 31(a).

13) CISG 1980, Article 31(a)는 운송인에의 제공을 요구하고 있기 때문에 당사자 자신의 운송설비에 의한 운송은 포함되지 않는다.

14) CISG 1980, Article 34; CISG 1980, Article 45.

15) Secretariat Commentary on the 1978 Draft, Art. 29, para. 9, O.R. 29, Docy. Hist. 419.

16) CISG 1980, Article 31(b).

가지고 있는 장소에서 물품을 매도인이 임의처분에 둔 때이다.[17)]

물품을 매수인이 임의처분상태에 둔다는 것은 매수인이 물품점유를 취득할 수 있는 상태에 두는 것을 의미한다. 물품이 모두 창고업자나 운송인의 수중에 있을 때에는 해당 물품을 지배하는 서류를 매수인에게 제공하는 것이나 혹은 장차 매수인을 위해서 보관하여야 할 취지의 수탁자에 대한 지시에 의하여 물품은 매수인의 처분에 두어지게 된다.[18)]

영미법과 CISG에서는 인도장소가 매매당사자간에 합의가 되었다면 그에 따르는 것은 동일한 취지이지만 인도장소에 관하여 명시적, 묵시적 합의가 없었을 경우의 적용순위를 우선적으로 최초의 운송인에게 인도하는 장소로 규정한 것은 무역거래의 관행을 반영한 것으로 볼 수 있다.

무역계약에서 물품의 인도를 매도인의 소재지에서 행하는가 또는 매수인의 소재지에서 행하는가에 따라 적출지매매와 양륙지매매로 대별할 수 있다. 실제로는 인도장소가 가격구성요건이 되어 부산항 본선인도(FOB Busan Incoterms® 2010)라는 방식으로 가격조건(price terms)에서 합의하는 것을 관례로 하고 있다.

매매당사자간에 합의한 인도제공의 장소가 물품이동의 개시장소인 경우, 즉 출화지 제공조건인 매매계약을 적출지인도계약이라 하고 물품이동의 종료 장소인 경우, 즉 목적지 제공조건인 매매계약을 양륙지인도계약이라 한다. 인도장소에 의한 매매계약의 분류는 인도물품의 위험이전(transfer of risks)의 분기점과 일치된다고 할 수 있다.

Incoterms® 2010규칙을 중심으로 볼 때 적출지인도에 따른 매매규칙은 EXW, FCA, FAS, FOB, CFR, CIF, CPT, CIP이고, 양륙지인도에 따른 매매규칙은 DAT, DAP, DDT 규칙이다.

1.4 물품의 인도수량

계약수량보다 적은 양의 물품을 매도인이 인도한다면 매수인은 이를 거절할

---

17) CISG 1980, Article 31(c).

18) Secretariat Commenary on the 1878 Draft, art. 29, para. 17, O.R. 30, Docy, Hist. 420. 운송중에 있는 물품매매도 일반적으로는 CISG 제31조 (b)호의 적용을 받는다고 해석되지만, 이 경우에는 선화증권의 배서나 운송인 등 물품양도 통지에 의해 매수인의 처분에 두게 된다.

수 있다. 그러나 매수인이 인도된 물품을 수령하면 약정수량의 비율에 의하여 대금을 지급하여야 한다. 만일 매도인이 약정수량 이상의 물품을 매수인에게 인도할 경우 매수인은 약정수량만을 수령하고 잔여수량을 거절하거나 또는 전부를 거절할 수 있다. 이 경우 전부를 수령한 경우에는 매수인은 약정수량의 비율에 의하여 대급은 지급하여야 한다.

한편 약정물품과 다른 종류의 물품이 혼합된 물품을 매수인에게 인도한 경우에는 매수인은 약정물품만을 수령하고 잔여수량을 거절하거나 그 전부를 거절할 수 있다. 이에 관해서는 다른 상관습이나 당사자간의 특약이 있을 때에는 이에 따른다.

또한 물품의 수량을 매매당사자간에 전부 또는 분할로 인도할 것인가는 약정하기에 달려있다. 그러나 인도수량에 대하여 그 시기를 특별히 정하지 않은 계약은 그 물품을 분할로 인도할 수 있다.[19] 이러한 취지는 신용장거래에서도 동일하게 적용된다.[20]

1.5 물품의 인도방식

국제물품매매에서 인도방식은 첫째, 인도물품이 현물인가, 서류와 같은 상징인가에 따라 ① 실제로 물품의 점유를 이전시켜 행하여지는 현실적 인도(actual delivery),[21] ② 약정품의 소유이전이 그대로 점유이전으로 간주되는 해석적 또는 추정적 인도(constructive delivery),[22] ③ 물품을 선화증권이나 철도화물수탁서 등으로 대신하여 그 물권적 유가증권의 제공으로써 물품의 인도로 보는 상징적 인도(symbolic delivery)[23]가 있다. 매매계약에 있어서의 인도방법은 원칙적으로 무역거래조건에 의하여 정해지나, 특약이 없는 한 Incoterms® 2010의 CIF 규칙은 서류인도라는 상징적 인도에 의하며 그리고 FOB 규칙은 현실적 인도에 의한다.

19) A. G. Guest, *op. cit.*, p. 358.

20) UCP 600, Article 31-a.: "Partial drawings and/or shipment are allowed, unless the credit stipulates otherwise".

21) 현실의 인도를 물리적 인도(physical delivery)라고도 한다.

22) 예를 들면 타인의 창고에 기탁중인 재고품을 현상대로 매매하는 경우 대행자에 의하여 인도, 즉 양도승인에 의한 인도(delivery by attornment)와 같은 것으로 이 방식도 권리증권(document of tilte)에 의하게 됨으로 상징적 인도의 유형에 속한다.

23) 상징적 인도를 서류인도라고도 한다.

朝岡良平은 그의 저서 「貿易實務と商慣習」에서 "Chalmers' Sale of Goods Act, 1893"을 인용하여 물품의 인도방식을 다음과 같이 분류하여 설명하고 있다.[24]

- 인도 (delivery)
  - 현실적 인도(actual delivery)
  - 추정적 인도(constructive delivery)
    - 양도승인에 의한 인도 (delivery by attornment)
    - 상징적 인도(symbolic delivery)

현실적 인도는 매도인으로부터 매수인 또는 매수인의 대리인에게 현실적으로 물품을 인도함으로써 이행되는 것으로 보는 것이다. 현실적 인도는 공장인도조건의 매매계약에서와 같이 매도인의 영업장소 또는 창고 등에서 매수인에게의 직접적 인도와 본선인도조건에서와 같이 권리를 유보하고 매수인에게 송달할 목적으로 운송인에게의 간접적 인도가 있다.

추정적 인도란 실제로 물품의 수수를 행함이 없이 인도가 이루어지는 경우를 말하는데, 이에는 당사자의 양도승인(attornment)에 의한 인도와 상징적 인도가 있다. 양도승인에 의한 인도는 다음의 세 가지 경우가 있다.

① 매매가 이루어지기 전에 물품은 이미 매수인에 의해 점유되고, 매매 후 실제의 인도와 인수는 일절 행하지 않고 당사자의 의사표시로서 인도가 이루어져 매수인은 그 물품을 자기의 것으로 보유하는 경우,[25]

② 매도인이 물품을 점유하고 있다가 매매 후 점유권의 양도인인 매도인이 매수인의 대리인으로서 계속 물품을 점유하는 경우,[26]

③ 물품은 매도인의 수탁자인 제 3 자에 의해 점유되어 있고, 매매후 매수인에게 물품을 양도하였다는 취지를 매도인이 제 3 자에게 통지하면 그 이후 제 3 자는 매수인의 권리를 승인하고 그 수탁자로서 계속 물품을 보유하는 경우[27]가 있다.

또한 매수인의 요청에 의해 매도인이 물품을 매수인의 전매처(sub-

---

24) 朝岡良平, 「貿易實務と商慣習」, 東京布井出版(株), 1982, 153～155面; *Chalmers' Sale of goods Act*, 1983, 14th ed. Sieghart, 1963, p. 179.

25) 한국 민법 제188조 제2항의 간이인도에 해당된다.

26) 한국 민법 제189조의 점유개정에 해당된다.

27) 한국 민법 제190조의 목적물반환청구권의 양도에 해당된다.

purchaser)에 직접 인도하는 경우에도 매매법상 물품을 수령한 의미로 보아서 매수인에게의 추정적 인도로 간주할 수 있다.[28)]

상징적 인도는 CIF규칙에서 보는 바와 같이 물품은 수탁자(bailee)의 점유하에 있고 매도인은 물품을 상징하는 선화증권(bill of lading)과 같은 권리증권(document of title)을 매수인에게 인도함으로써 매수인은 그것과 상환하여 대금을 지급하므로 매매계약이 이행되는 것이다. 이 경우 선화증권의 양도는 물품 그 자체의 인도와 동일한 효과를 갖는다.[29)] Incoterms® 2010의 FOB규칙은 거래관습상 일반적으로 현실적 인도이다.

또한 물품의 인도는 직접이냐 간접이냐에 따라 ① 매도인이 물품을 매수인 또는 그 대리인에게 직접 인도하는 직접인도 ② 계약이나 관습에 의하여 제3자인 운송인이나 운송주선인(freight forwarder)을 통하여 인도하는 간접인도가 있으며, 매매의 목적물에 따라 ① 매매의 목적물만을 인도하는 단순인도 ② 물품과 함께 부속물(서류 등)을 수반하는 복합인도가 있다.

이상에서의 인도방법을 "Incoterms® 2010 Rules"에 정하고 있는 정형거래규칙과 비교해보면 EXW규칙은 현실적 인도, 직접인도, 단순인도에 속하며, FCA, FOB규칙은 현실적 인도, 간접인도, 단순인도 또는 복합인도에 속하며, CFR, CIF, CPT, CIP 규칙은 상징적 인도, 간접인도, 복합인도에 속하고, 도착지인도인 DAT, DAP, DDP 규칙은 현실적 인도, 직접인도, 단순인도에 속한다고 할 수 있다.

1.6 물품인도에 수반하는 의무

(1) 물품의 특정과 통지

매도인은 물품발송시 물품점검, 화인 등에 의해서 계약목적물로서 특정(identification)하는 것이 보통이다. 매도인의 계약 또는 CISG의 규정에 따라 물품을 운송인에게 교부하는 경우, 또한 물품의 화인, 운송서류 또는 기타의 방법에 의하여 그 계약에 명확히 특정되어 있지 아니한 경우에 매도인은 매수인에게 탁

28) SGA 1979, §35; UCC, §2-606.

29) Sanders v. Maclean [1983]. 11 Q.B.D. 327, at p. 341; Biddell Bros v. E. Clemens Horst Co,. [1911] 1 K.B. 934, C.A., at 957, per Knnedy, L.J.: The Prinz Adalbert, [1917] A.C. 586, at p. 589, per Lord Sumner.

송통지(notice of consignment)를 하여야 한다.[30] 탁송통지를 하여야 할 시기는 인도의무 완료 후의 합리적 기간내라고 해석된다. 또한 물품이 운송인에게 제공되어도 화인, 운송서류, 매수인에 대한 통지, 기타의 방법에 의해 물품이 계약목적물로서 명확히 특정되기까지는 물품의 멸실, 손상에 대한 위험은 매수인에게 이전되지 않는다.[31]

Incoterms® 2010 규칙에서는 매도인의 통지의무 및 매수인이 통지의무를 각각 규정하고 있고, 그 요지는 매도인이 인도의무를 완료하였을 때 그러한 취지를 매수인에게 통지하는 것이다.

매수인의 경우 F유형의 정형거래규칙에 있어서는 운송인, 선박, 선적장소, 반입일자 등을 통지하는 것이고, 그 이외의 경우에는 매수인이 인도수령일자, 인도장소, 목적지 등을 지정할 권리를 가지는 경우 그와 같은 내용을 통지하여야 한다.[32]

(2) 운송계약 및 보험계약의 체결

매매계약의 C유형 또는 D유형의 정형거래규칙을 사용하는 경우 매도인은 물품 운송계약을 체결할 필요가 있다. 또 FOB 규칙에 의한 계약과 같이 매도인이 운송계약을 체결할 의무가 없는 경우에도 매수인이 운송수단 수배를 매도인에게 위임하는 경우가 있다. 이와 같은 경우 매도인은 상황에 비추어서 적당한 운송수단에 의해서 또 그러한 운송에 있어 통상적인 조건으로 지정된 장소까지의 운송에 필요한 계약을 체결하여야 한다.[33]

또한 CIF 또는 CIP 규칙이 사용되는 경우 매도인은 물품운송에 대한 보험계약을 체결하여야 하지만 기타의 경우에도 매수인의 요구가 있을 때에는 보험에 관한 정보를 제공할 의무가 있다. CISG에서도 매도인이 물품운송과 관련하여 부보하여야 할 의무가 없는 경우에는 매도인은 매수인의 요청에 따라 매수인이 그렇게 부보할 수 있도록 하는 데 필요한 모든 입수가능한 정보를 매수인에게 제공하여야 한다고 규정하고 있다. [34]

30) CISG 1980, Article 32(1).
31) CISG 1980, Article 67(2).
32) CISG 1980, Article 60(a).
33) CISG 1980, Article 32(2).
34) CISG 1980, Article 32(3).

2. 물품의 계약적합성

CISG의 물품의 적합성(conformity of the goods)에 관한 규정은 2가지로 분류되고 있다. 하나는 물품의 적합성을 물질적 측면에서 고려한 물적 적합성이며, 다른 하나는 물품의 적합성을 소유권이전이라는 측면에서 고려한 적합성이다. 이하에서는 이러한 분류에 따라 고찰하기로 한다.[35)]

한편 인코텀즈에서는 매도인의 의무(A.1)중에서 계약과 일치하는 물품의 제공이라는 표제하에 매도인에게 계약과 일치하는 물품을 제공할 것을 규정하고 있는데, 이는 모든 정형거래규칙에서 동일하게 규정되어 있으며 계약과의 일치성에 대한 구체적인 내용은 계약조항에 위임하고 있다.

2.1 물적 적합성

CISG에서는 물적 적합성에 관하여 "매도인은 계약에서 요구되는 수량, 품질 및 물품명세로 또한 계약에서 요구되는 방법에 따라 용기에 담거나 또는 포장된 물품을 인도하여야 한다"[36)]라고 전제하고, 구체적인 물적 적합성의 판단 기준[37)]을 규정하고 있다.

(1) 수량에 대한 적합성

CISG에 의하면 매도인이 계약과 일치하는 수량의 물품을 인도하여야 하며, 계약과 다른 수량의 물품을 인도하면 물품의 적합성에 대한 계약위반이 된다고 규정하고 있으며, 구체적인 내용은 계약조항에 위임하고 있다.[38)]

SGA는 수량에 대한 적합성에 관하여 부족한 수량의 물품인도와 초과된 수

35) CISG상의 물품의 적합성에 관한 규정은 그 기본적인 규정방식에 있어서 UCC상의 보증에 관한 규정과 유사한데, UCC에서는 보증을 권리보증과 물건보증으로 구분하여 규정하고 있다; 이태희, "국제물품매매계약에 관한 UN협약상의 당사자의 의무,"「국제물품매매계약에 관한 UN협약상의 제문제」, 삼지원, 1991, pp. 117～118.

36) CISG 1980, Article 35(1).

37) CISG 1980, Article 35(2).

38) CISG 1980, Article 35(1)에서는 수량부족을 물질적 하자로 취급하고 있으나, 한국민법에서는 권리상의 하자로 다루고 있다.

량의 물품인도로 나누어 구체적으로 규정하고 있다.[39] 원칙적으로 매도인은 정확한 수량의 물품을 매수인에 인도하여야 하며 매수인은 수량부족의 경우에는 이를 거절할 수 있으며, 수량초과의 경우에는 약정수량만을 수령하고 잔량을 거절하거나 전량을 거절할 수 있다고 규정하여 매수인이 계약과 다른 수량의 물품인도를 거절할 수 있음을 명시하고 있다.

그러나 매수인이 수량의 과부족을 불문하고 계약과 다른 수량의 물품인도를 수령하기로 결정한 경우에는 약정수량의 비율에 따라 인도된 물품의 대금을 지급하여야 한다고 규정하여 수량의 과부족에 대하여 매수인에게 물품의 수령에 대한 선택권을 부여하고 있다.

또한 SGA에서는 수량의 과부족뿐만 아니라 혼합된 물품의 인도에 대하여도 규정하고 있는데, 이에 따르면 매도인이 계약에서 약정한 물품과 계약과 일치하지 않는 상이한 명세의 물품을 혼합하여 인도하는 경우에도 매수인은 계약과 일치하는 물품만을 수령하고 잔량을 거절하거나 또는 전량을 거절할 수 있다. 따라서 매수인은 계약과 관계없는 물품에 대하여 합리적인 대금을 지급하고 전량을 수령할 수도 있다. 이 규정은 매도인이 정확한 수량을 인도하였으나 인도된 물품의 일부만이 계약과 일치하는 경우에도 적용될 수 있을 것으로 보인다.

매매계약에서 수량조건(quantity terms)은 당사자에게 있어서 가장 기본이 되는 조건중의 하나로 중요시되고 있다.[40] 수량과 관련하여 계약에서는 명확한 수량으로 정하는 방식도 있으며 어느 정도 과부족의 용인폭을 정하여 두는 방식도 있다. 전자는 계약물품이 개개품목으로 거래되는 경우로 매도인은 정해진 수량을 인도하여야 하며, 후자는 계약물품이 광물이나 곡물과 같은 살물(bulk cargo)인 경우가 대부분으로 이 경우 매도인은 어느 정도의 수량을 인도하여야 하는지가 문제가 된다. 제5장에서 고찰한 바와 같이 실제의 무역거래에 있어서는 매매계약 체결시에 계약서에 과부족용인조항(more or less clause: M/L clause)을 삽입하여 구체적인 과부족의 용인비율을 기재하여 두는 방식을 취하고 있으며, 이러한 방식에서는 "10% more or less at seller's(buyer's) option"과 같이 전체량에 대한 비율로 간단하게 정하는 경우가 대부분이며, 약품과 같은 특수한 물품의 경우

---

39) SGA 1979, §30.

40) 계약물품에 대한 기본적인 조건으로는 품질, 수량, 가격, 선적, 지급, 보험, 포장 등의 조건이 있다.

에는 계약물품의 특성에 따라서 "3% on the whole"과 같이 특수하게 정하는 경우도 있다.

과부족용인조항이 없을 경우에도, 신용장방식의 거래에서는 물품의 수량 앞에 "약"이라는 의미의 "about" 또는 "approximately"라는 용어가 사용되는 경우 10%를 초과하지 아니하는 과부족을 용인하고 있다. 또한 신용장상에 과부족용인조항의 명시가 없더라도 과부족금지 문언이 없는 한 포장단위나 개개품목에 따라 수량이 평가된 경우를 제외하고 환어음발행금액이 신용장금액을 초과하지 않는 범위내에서 5%의 과부족이 용인된다.[41] 이는 계약물품이 살물인 경우에는 물품의 성질상 신용장상에 요구된 정확한 수량을 선적한다는 것이 불가능하기 때문이다.

물품의 수량에 대한 분쟁을 방지하기 위하여는 계약체결시에 과부족이 생기기 쉬운 살물의 경우에는 반드시 과부족용인조항을 명시하여 두어야 하며, 기타의 물품에 대하여도 수량조건의 약정시에 최소인수가능수량(minimum quantity acceptable) 또는 최대인수가능수량(maximum quantity acceptable)과 같은 모호한 표현을 사용하기 보다는 명확한 수량으로 표시하여야 한다.

(2) 품질에 대한 적합성

CISG에서는 제35조 (1)항에서 물품의 적합성의 한 요소로서 물품의 품질을 규정하고 있으며 품질의 구체적인 판단기준을 (2)항에서 규정하고 있다. 이 규정에 의하면 물품의 품질에 대한 적합성은 다음의 3가지 요건을 충족하여야 한다고 규정하고 있으며, 이러한 규정은 SGA와 UCC와 같은 영미법의 영향을 받은 것으로 볼 수 있다.

① 물품명세와 동일한 물품으로서 통상적으로 사용되는 목적에 적합하여야 한다.[42]

② 계약체결 당시에 매도인에게 명시적 또는 묵시적으로 알려져 있는 특정목적에 적합하여야 한다. 다만, 상황으로 보아 매수인이 매도인의 기술 및 판단에 의존하고 있지 아니하거나 또는 의존하는 것이 불합리할 경우는 제외한다.[43]

③ 매도인이 매수인에게 견본(sample) 또는 모형(model)으로서 제시한 물품

41) UCP 600, Article 30-a.
42) CISG 1980, Article 35(2)(a); SGA, 1979, §14(2)&(6); UCC, §2-314(2)(c).
43) CISG 1980, Article 35(2)(b); SGA, 1979, §14(3); UCC, §2-315.

의 품질을 구비하여야 한다.[44)]

①과 ②의 규정은 매도인이 제공하는 물품에 대하여 적상성(merchantability)[45)]의 담보책임을 진다는 의미로 해석할 수 있다. UCC에서는 묵시담보로서의 물품의 적상성을 다루고 있으며 물품이 적상성을 갖추기 위한 6가지 요건에 대하여 규정하고 있다. UCC에서는 이러한 요건들을 모두 갖추어야 하는 최저기준으로 규정하고 있다.[46)] 한국의 민법과 상법에는 이러한 적상성이라는 개념이 규정되어 있지 않다. 그리고 ③의 규정은 매도인이 인도될 물품이 견본 또는 모형과 차이가 있음을 계약상에 명시하였다면 적용되지 않을 것이다.

무역거래에서는 당사자들에 의하여 계약체결시에 품질조건(quality terms)에서 계약물품의 품질을 결정하는 것이 대부분이다. 품질결정방법은 매수인이 현물을 검사하여 결정하는 경우와 매수인이 물품을 검사하지 않고 결정하는 경우로 대별할 수 있으며, 후자의 경우의 대표적인 방법으로는 제5장에서 고찰한 바와 같이 견본매매(sale by sample)와 명세서매매(sale by specification)가 있다. 그 외의 방법으로는 상표매매(sale by mark or brand), 규격매매(sale by type or grade), 및 표준품매매(sale by standard) 등으로 품질을 결정하고 있다.

매매물품의 품질결정방법에 관한 관행은 ULI, CISG 및 주요국의 법규에서도 견본매매와 명세서매매라는 두가지 유형으로 대별하고 있다는 점에서 일치한다.[47)] 다만 한국 민법은 무역관행 및 법규상의 명세서매매를 종류매매라고 하고 있으며, 견본매매에 대한 별도의 규정은 없다. 학설이나 판례에서는 견본매매 및 명세서매매를 모두 불특정 매매의 경우로 통합하여 다루고 있다.

실제의 무역계약에서 당사자들에게 품질은 특히 중요하므로 품질에 대해 명

44) CISG 1980, Article 35(2)(c); SGA, 1979, §15(3); UCC, §2-313(1)(c).

45) 적상성이란 시장에서 행하여지는 물품의 통상거래에서 매매될 수 있는 상태 또는 그러한 품질을 가지고 있는 것을 말하며 판매적격성이라고도 한다.

46) UCC, §2-314(2)에서 규정하고 있는 적상성요건은 ① 계약상 명세(contract description)에 합치하는 것으로 거래상 이의없이(without objection) 적용하는 것일 것, ② 대체성있는 물품(fungible goods)의 경우에는 명세의 범위내에서 평균중등품질(fair average quality)이라 할 수 있는 것일 것, ③ 그러나 물품의 사용되는 통상의 목적(ordinary purposes)에 적합한 것일 것, ④ 계약에 포함되어 있는 각 단위내에서도 각 단위를 비교하여 합의로서 허용될 종류의 범위내에서 동일한 종류, 품질 및 수량(even kind, quality and quantity)의 것일 것, ⑤ 합의된 요청에 충분히 합치하는 용기에 넣고, 포장되고, 라벨(label)이 첨부되어 있을 것, ⑥ 용기 또는 라벨에 표시된 약속 또는 사실의 확언(promises or affirmations of fact)이 있을 때, 그것에 합치할 것 등이다.

47) ULI 1964, Article 23(1)(b)&(c); CISG 1980, Article 35(1)(a)&(c); SGA 1979, §13, §15.

확하게 약정하는 경우가 대부분이며 이러한 당사자들의 약정이 적합성을 판단하는 기준이 되고 있다. 따라서 물품의 품질의 적합성에 관한 CISG의 제35조 (2)항의 규정들이 적용될 수 있는 경우는 거의 없을 것이나, CISG에서 물품의 품질에 대하여 물품의 수량이나 포장에 대한 규정에 비하여 상당히 상세하게 규정하고 있는 것은 무역거래에서 발생하는 클레임중에서 품질에 관한 클레임이 대다수를 점하고 있다는 사실을 반영한 것으로 볼 수 있다.

(3) 포장에 대한 적합성

CISG는 물품의 적합성의 판단을 위한 마지막 요소로서 포장을 규정하고 있으며,[48] "물품은 통상적인 방법으로 또한 그러한 방법이 없는 경우에는 그 물품을 보존하거나 보호할 수 있는 적절한 방법으로 용기에 담거나 또는 포장되어 있어야 한다"[49]라고 포장의 기준을 정하고 있다. 이러한 규정은 포장에 대하여 극히 일반적인 사항만을 규정한 것이지만 포장을 매도인의 물품적합성에 대한 의무의 한 요소로서 명시적으로 규정하고 있다는 사실이 주목할 만하며 이는 UCC의 영향[50]을 받은 것으로 보인다.

통상적인 포장방법의 문제는 통상적으로 사용되는 목적에 부합하고 또한 CISG의 일반적 해석원칙에 따라 합리적으로 기대되는 대로 실시하는 포장을 의미한다. 계약물품의 포장에 있어서 통상적인 방법이 없는 경우에는 그 물품의 보존 또는 보호에 적절한 방법으로 포장할 것을 규정하고 있으므로 비교적 부서지기 쉬운 물품에 대하여 통상적으로 보호할 정도의 포장으로 판단한다. 그러나 포장에 관한 이러한 기준은 물품의 손해방지를 위한 내항성포장(seaworthy package)을 배제하는 것은 아니므로 매도인을 규제하는 조항으로 볼 것이 아니라 물품의 파손 등을 배려한 것으로 해석하여야 할 것이다.

인코텀즈에서는 특히 물품의 포장에 대한 적합성에 관하여 매도인의 의무에 관한 규칙 중에서 점검 · 포장 · 화인(checking-packaging-marking)이라는 표제하에 매도인은 자신의 비용으로 계약물품의 인도 또는 운송에 요구되는 포장을 행할 것을 규정하고 있으며 추가적으로 포장은 적절히 화인되어야 한다고 규정하고 있

48) CISG 1980, Article 35(1).
49) CISG 1980, Article 35(2)(d).
50) UCC §2-314(2)(e).

다. 이는 정형거래규칙과 관계없이 매도인이 부담하여야 하는 의무이다.

(4) 적합성의 결정시기

무역거래는 원격지간의 거래로 대부분 장거리의 해상운송에 의하여 이루어지므로 선적시점과 양륙시점에서의 품질차이가 발생할 가능성이 있으므로 품질에 관한 분쟁을 방지하기 위하여 품질의 결정시기는 중요하다. CISG에서는 물품의 적합성의 결정시기에 관하여 원칙적으로 매도인은 위험이 매수인에게 이전할 때 존재하는 부적합에 대하여 책임을 진다[51]고 규정하고 있다.

실제적인 무역거래에서는 대부분 정형거래규칙을 이용하여 무역계약을 체결하고 있으므로 물품의 품질결정시기는 계약에 사용되는 정형거래규칙의 위험이전시점에 따라 결정된다고 할 수 있다. 통상적으로는 계약상의 정형거래규칙이 선적품질조건인지 양륙품질조건인지에 따라 품질의 결정시기는 달라지게 된다.

한편 위험의 이전시점과 물품의 부적합의 존재간에 야기될 수 있는 문제로서, 예를 들어 일정한 기계의 경우 통상적인 내구력과 생산력을 갖추고 있는 지의 여부는 일정기간 그 기계를 사용한 후에야 알 수 있는 것이어서 일정한 성능상의 결함이 위험이전시에 존재하고 있었다 하여도 그러한 부적합은 그 이후에 발생하는 경우도 있을 수 있다. CISG에서는 이러한 곤란한 문제를 방지하기 위하여 물품의 부적합이 일정기간의 품질보증을 포함한 매도인의 계약위반에 의한 것인 경우에는 위험 이전후에 발생하였다 하더라도 매도인은 책임을 부담한다는 점을 명시적으로 규정하고 있다.[52]

또한 매도인이 물품의 인도기일전에 물품을 인도한 경우에는 매도인은 그 인도시기가 경과되지 않는 범위 내에서 인도시기까지 그가 인도한 물품의 부적합을 보완할 수 있다. 다만 이러한 경우에 매수인에게 불합리한 비용지출과 불편을 부담하게 하여서는 안된다.[53]

51) CISG 1980, Article 36(1).
52) CISG 1980, Article 36(2).
53) CISG 1980, Article 37.

2.2 법적 적합성

CISG에서는 물품의 법적 적합성에 관한 매도인의 의무를 2가지 측면에서 규정하고 있다. 제41조에서 공업소유권(industrial property) 또는 기타의 지적소유권(intellectual property) 이외의 제3자의 권리 또는 청구권에 구속되지 아니하는 물품을 매수인에게 인도하여야 한다고 규정하고 있으며, 제42조에서 제3자의 공업소유권 또는 기타의 지적소유권에 구속되지 아니하는 물품을 인도하여야 한다고 규정하고 있다.

이러한 규정들은 매매의 목적물인 물품 자체에 하자가 있는 것이 아니라 매매의 목적물인 물품의 권리에 하자가 있는 경우에 관한 것으로서 전자의 규정은 일반원칙으로써 계약에서 별도로 약정하지 않는 한 매도인은 제3자가 권리 또는 청구권[54]을 주장할 수 없는 물품을 인도할 의무가 있음을 규정하고 있는데 제3자의 청구권에는 매도인이 영업소를 가진 국가의 국내법도 포함되는 것으로 보이므로 이러한 규정은 매수인에게 매우 불리할 수도 있다. 그리고 후자의 규정은 일반원칙을 적용하는데 있어서의 제한을 규정하고 있는데 이러한 제한은 최근의 기술진보 등으로 공업소유권을 비롯한 지적소유권의 중요성이 증가되고 있는 현실을 반영한 것이다.

SGA에서는 매매계약에는 매수인이 물품의 소유권을 평온향유할 수 있는 묵시담보가 있다[55]라고 하여 평온향유에 관한 묵시담보(implied warranty as to quiet possession)를 인정하고 있으며, 이러한 규정에 따르면 매도인이 법적 권리에 하자가 있는 물품, 예를 들어 제3자가 등록한 상표권을 침해한 물품을 매수인에게 인도한 결과로서 매수인이 인도된 물품에 대한 제3자의 정당한 손해배상청구로 인하여 금전적 손실을 입게되는 경우에 매도인은 이러한 손해를 보상하여야 하는 것이다.[56]

또한 CISG에서는 매수인이 제3자의 권리 등에 대한 침해사실을 알면서도 합리적인 기간내에 매도인에게 통지하지 않았을 경우에는 매수인이 원용할 수 있는

---

54) 이러한 권리는 물품의 소유권이나 담보물권 등을 의미하는 것으로 해석된다.

55) SGA 1979, §12(2)(b).

56) E. R. Hardy Ivamy, *Casebook on Sale of Goods*, 5th ed., Lloyd's of London Press Ltd., 1987, p. 8.

권리가 상실됨을 명시적으로 규정하여[57] 악의의 매수인에게는 법적 적합성에 관한 권리가 배제됨을 명확히 하고 있다. 또한 매도인의 법적 적합성의 의무는 매수인이 제공한 기술도면(drawing), 의장도안(design), 명세서(specification) 및 기타지시에 매도인이 따름으로 인하여 권리 또는 청구가 발생한 경우에는 적용되지 아니한다.

3. 서류의 제공

매도인의 물품에 관한 서류제공은 매도인의 물품인도의무와는 아무 관련이 없으나 CISG에서는 매도인의 의무에 관한 조항인 제30조에서 서류제공의 의무를 매도인이 수행하여야 하는 3가지 의무중의 하나로 규정하고 있다. 그러나 서류제공의무에 관한 내용이 구체적인 규정은 매도인의 물품인도에 관한 의무를 규정한 절에 포함된 단 하나의 조항으로 규정하고 있을 뿐이므로 다른 2가지의 의무에 비하여 그 내용이 빈약하다.[58] CISG상의 서류제공 의무에 관한 제34조는 다음의 두 가지 사항으로 나누어 생각해 볼 수 있다.

먼저 서류제공 의무의 내용에 관한 것으로 매도인은 계약에서 요구된 기일, 장소 및 방법에 따라 서류를 제공하여야 한다고 규정하고 있으므로 서류제공 의무의 내용을 계약조항에 위임하고 있다. 그러므로 서류제공 의무는 당사자가 매매계약에서 합의한 구체적인 정형거래규칙에 따라서 그 내용이 달라지게 될 것이다. 점차적으로 전자문서교환방식(Electronic Data Interchange: EDI)[59]의 사용이 증가될 것으로 보이고 이에 따라 무서류거래(documentless trade; paperless trade)의 시대로 접어들 것으로 예상되므로 이후 서류제공 의무는 이러한 관점에서 논의되어야 할 것이다.

---

57) CISG 1980, Article 43.

58) 매도인이 물품에 관한 서류를 제공할 의무가 있는 경우에는 계약에서 요구되어 있는 기일, 장소 및 방식에 따라 제공하여야 한다. 당해 기일 이전에 매도인이 서류를 제공하였을 경우에는 매도인은 당해 기일까지는 매수인에게 불합리한 불편이나 경비를 발생하게 하지 않는 한 서류의 결함을 보완할 수 있다. 그러나 매수인은 이 협약에서 규정한 손해배상을 청구할 권리를 상실하지 않는다; CISG 1980, Article 34.

59) EDI란 표준화된 자료인 전자문서를 데이타통신망을 통하여 컴퓨터와 컴퓨터간에 교환하여 재입력과정없이 바로 업무에 활용할 수 있도록 하는 정보전달방식을 의미한다.

다음으로 기제공된 서류의 보완에 대한 것으로서 매도인이 계약에서 정한 대로 서류를 제공하지 못하는 경우에는 계약위반으로 매수인은 구제받을 수 있다.[60] 그러나 CISG는 매도인이 제공한 하자있는 물품에 대한 보완을 서류제공에도 확장하여 규정하고 있으며 그 내용도 상당히 유사하다.[61] 매도인이 기제공한 서류를 보완할 수 있는 기간은 당초 계약에서 약정된 서류제공의 기일까지이며, 매수인에게 불합리한 불편을 초래해서는 안된다. 만약 이로 인하여 매수인이 어떠한 손해를 입었다면 매수인은 손해배상을 청구할 수 있다.

또한 서류의 제공의무는 물품의 인도의무와 물품의 적합성에 관한 의무와 밀접한 연관성을 가진다. 즉 물품의 인도의무와 적합성의 의무를 위반하는 경우, 예를 들어 물품의 인도시기가 지연되었다거나 물품의 수량이 부족한 경우에는 운송서류(주로 선화증권)상에 기재되므로 매도인이 이러한 운송서류를 매수인에게 제공하게 되면 서류제공 의무에 대한 계약위반이 된다.

인코텀즈 규칙에서는 모든 거래규칙에서 공통적으로 적용되는 일반적인 의무로 매도인은 매매계약과 일치하는 상업송장(Commercial Invoice) 및 계약에서 요구하는 일치증명(evidence of conformity)을 제공하도록 하고 있다. 이와 같은 모든 서류는 이에 상응한 전자기록 또는 절차(electronic record or procedure)도 인정된다.[62]

특히 서류거래를 중심으로 하는 CIF 규칙에서는 매도인은 운송계약에 따른 운송서류(transport document)를 제공하여야 한다. 운송서류는 유통가능한 형식(negotiable form)으로 수통의 원본이 발행된 경우 원본 전통(full set)을 매수인에게 제시하여야 한다. 이와 같은 운송서류로는 해상선화증권(Marine Bill of Lading), 내수로 운송서류(inland waterway document)가 있다.

또한 매도인은 협회적화약관(Institute Cargo Clauses: ICC)의 ICC(C)조건과 같은 최소담보조건으로 부보(minimum cover)되고, 계약에서 약정된 금액에 10%를 가산한 금액으로 부보된 보험증권(Insurance Policy) 또는 보험증명서(Insurance Certificate)를 제공하여야 한다.

한편 매수인의 요청에 따라 매수인의 비용과 위험으로 포장명세서(Packing

---

60) D. M. Day, *The Law of International Trade*, Butterworths, 1981, p. 72.

61) CISG Article 37.

62) Incoterms® 2010, A. Seller's Obligations A1.

List), 원산지증명서(Certificate of Origin), 품질 및 수량증명서(Certificate of Quality and Quantity), 중량 및 용적증명서(Certificate of Weight and Measurement), 영사송장(Consular Invoice) 등의 임의서류를 제공할 수 있다.

4. 소유권의 이전

4.4 소유권이전의 일반원칙

소유권[63] 이전(passing of property)에 관한 학설은 크게 의사주의와 형식주의로 나눌 수 있다. 의사주의는 소유권의 이전을 위해서는 당사자의 의사표시가 결정적이라는 입장으로서 일본, 프랑스 및 영미법에서 채택되고 있다. 반면에 형식주의는 소유권의 이전을 위해서는 물품의 인도, 요식 또는 불요식적인 행위가 필요하다고 보는 입장으로서 로마법을 필두로 독일법에서 계승하였고 한국 민법에서도 이를 채택하고 있다.[64]

소유권이전의 대원칙으로 SGA에서는 매매계약의 본질을 소유권이전의 문제로 보아 불특정물과 특정물로 대별하여 규정하고 있다.

첫째, 불특정물의 매매계약에 있어서는 물품이 특정되기까지는 그 물품의 소유권은 이전하지 않는다.

둘째, 특정물의 매매계약에 있어서 물품의 소유권은 계약당사자가 그 이전을 의도한 때에 매수인에게 이전하며, 당사자의 의사를 확정할 때에는 계약의 내용, 당사자의 행위 및 경우의 상황을 고려하여야 한다.[65]

---

63) 소유권이란 물품에 대한 완전지배권을 의미하는 것이며 한국 민법상의 정의에 따르면 물품을 사용, 수익, 처분할 권리를 말한다(제211조). 소유권은 엄밀하게 말하자면 물권, 채권, 무체재산권으로 구성된 재산권(property) 중에서 물권만을 의미하는 것이나, 영미법이나 CISG 및 각종의 무역법규에서 물품만을 그 적용대상으로 제한시키고 있기 때문에 "property"를 통상적으로 소유권으로 칭하여 재산권과 동의어로 사용하고 있다. 또한 "property," "ownership" 및 "title"이라는 세 용어가 통상적으로 소유권이라는 동일한 의미로 사용되고 있다.

64) SGA 1979, §17; UCC, §2-401(1); 독일 민법 제929조; 일본 민법 제176조; 한국 민법 제188조.

65) Schmitthoff는 SGA의 소유권 이전에 관한 규정을 정리하여 ① 불특정물에 있어서 소유권은 이전하지 않으며, ② 특정물의 소유권은 당사자의 의사에 의하여 이전한다는 2가지 기본

SGA에서는 매매당사자간에 별도의 의사표시가 없는 한 물품의 소유권이 매수인에게 이전하는 시기에 관한 당사자의 의사확정 기준에 대하여 다음과 같이 규정하고 있다.[66)]

첫째, 인도가능한 상태에 있는 특정물(ascertained goods: specific goods)[67)]에 대한 무조건의 매매계약에 있어서 물품의 소유권은 계약성립시에 매수인에게 이전한다. 지급 및 인도의 시기중 일방 또는 쌍방이 연기를 하는 것은 물품의 소유권이전에 영향을 미치지 않는다.

둘째, 특정물을 매매계약에 있어서 물품을 인도가능한 상태로 하기 위하여 매도인이 일정한 행위를 해야 할 경우에는 매도인이 그 행위를 하고 매수인이 그 통지를 받기 전까지는 소유권은 이전하지 않는다.[68)]

셋째, 인도가능한 상태에 있는 특정물의 매매계약에 있어서 대금을 확보하기 위하여 매도인이 물품에 관한 중량, 용적의 측정, 실험, 검사 또는 기타의 행위를 해야할 필요가 있는 경우에는 매도인이 그 행위를 하고 매수인이 그 통지를 받기 전까지는 소유권은 이전하지 않는다.

넷째, 승인조건부(on approval) 또는 반환조건부(on sale or return), 기타 이와 유사한 조항에 의하여 물품이 매수인에게 인도되는 경우에는, 매수인이 승인 또는 승낙을 매도인에게 표명하거나 또는 그 거래를 시인하는 일정한 행위를 한 때, 또는 매수인이 승인 또는 승낙을 매도인에게 표명하지 않고 거절의 통지도 없이 물품을 유치한 경우에는, 물품의 반환기간이 정해져 있는 때에는 그 기간이 완료한 때, 또는 그 기간이 정해져 있지 않은 때에는 상당한 기간이 경과한 때에 물품의 소유권이 이전된다.

다섯째, 불특정물(unascertained goods)[69)] 또는 장래 취득될 물품(future

원칙을 제시하고 있다; 임홍근 역, Clive. M. Schmitthoff 저, 「수출무역계약의 법리」, 삼영사, 1984, p. 30.

66) SGA, 1979, §18.

67) 특정물이란 매매계약성립시 계약의 대상으로 확정하고 합의된 물품을 말하며 확정물이라고도 한다; SGA, 1979, §61(1).

68) 이러한 경우 매도인이 물품을 인도할 수 있는 상태로 하기 위한 일정한 행위의 의무는 계약조건의 일부가 된다; A.G. Guest, *Benjamin's Sale of Goods*, 3rd. ed., Sweet & Mazwell, 1987, p. 186.

69) 불특정물이란 매매계약체결시 계약의 대상으로는 확정하지 않은 것으로 당사자가 오직 참조할 수 있는 물품으로서 불확정물이라고도 말하며, 매도인에 의하여 제조 · 육성되고 있는 물품, 순수한 종류 전체를 나타내는 물품 그리고 특정물 전체 가운데 불확정 부분 등이 이

goods)에 관한 명세서에 의한 매매계약에 있어서는, 명세서에 적합하고 인도가능한 상태에 있는 물품이 매수인의 동의를 얻어 매도인에 의하여 또는 매도인의 동의를 얻어 매수인에 의하여 무조건으로 계약에 충당(appropriation)[70]된 경우에는 그 물품의 소유권은 그 충당된 시점에 매수인에게 이전한다.

동의는 명시적 또는 묵시적으로 할 수 있으며 또는 충당의 전후에 어느 시점에라도 할 수 있다. 계약에 따라 매도인이 매수인에세 송부할 목적으로 물품을 매수인, 운송인 또는 기타의 수탁자(bailee) 혹은 보관자에게 인도하고 그 처분권을 유보하지 않은 경우에는 매도인은 무조건으로 물품을 계약에 충당한 것으로 간주한다.

이상의 다섯 가지 기준에 있어서 첫 번째에서 네 번째까지는 특정물매매에 적용될 수 있고 다섯 번째는 불특정물 매매에 적용될 수 있는 소유권이전의 의사결정기준이다.[71]

4.2 소유권이전에 관한 제규정

SGA는 소유권이전에 대해 의사주의를 채택하고 있는데,[72] 계약물품의 성격에 따라서 계약의 목적물이 특정물인 경우에는 매매당사자의 의사에 따라 매매계약체결시에 소유권이 이전되고, 계약의 목적물이 불특정물인 경우에는 물품에 대한 특정이 이루어진 때 당사자의 의사에 따라 소유권이 이전된다.

UCC에서는 물품이 현실적으로 인도되는 경우와 그렇지 않은 경우로 구분하여 소유권이전의 시기를 규정하고 있다.[73] 매매계약상 현실적 인도가 필요한 경우와 매도인이 물품을 현실적으로 인도를 이행하여 그 이행이 종료한 시기와 장소에서 물품의 소유권이 이전된다. 또한 현실적 인도가 필요치 않은 경우 당사자

에 속한다; P. S. Atiyah, *The Sale of Goods*, 6th ed., London, 1980, p. 337.

70) Sassoon은 "충당이란 물품을 계약에 귀속시키는 행위이며 이는 반드시 소유권을 이전시키는 행위는 아니지만 매도인으로 하여금 계약에 충당된 물품을 매수인에게 인도할 의무를 부담하게 한다"라고 정의하고 있다; D.M. Sasson, *C.I.F. & F.O.B. Contracts*, 3th ed., Stevens & Sons, 1980, p. 216.

71) 무역매매는 특수한 경우를 제외하고 거의 모두가 불특정물을 대상으로 하고 있으므로 실제적으로 불특정물에 대한 소유권이전에 관한 규칙에 유의할 필요가 있다.

72) SGA 1979, §17.

73) UCC, §2-401, 402.

간의 별도의 명시적인 합의가 없는 한 매도인이 권리증권을 교부한 시기에 소유권은 이전하고 권리증권의 교부가 필요없는 경우 계약체결시에 계약의 목적물이 특정되면 그 시기에 소유권은 이전한다.

UCC에서는 매매는 대금을 획득하기 위하여 매도인이 매수인에게 권원(title)[74]을 이전하는 것이라고 정의하고 있으므로[75] 소유권의 이전을 매도인의 주요한 의무로 중시하고 있다는 사실을 알 수 있다. 또한 물품에 대한 소유권은 당사자간 명백하게 합의된 방법 및 조건에 따라 매도인으로부터 매수인에게 이전한다고 규정하여 영국의 SGA와 같이 불특정물인 경우에는 소유권은 이전하지 아니하고, 특정물인 경우에는 당사자의 의사에 의해 이전한다는 의사주의를 채택하고 있다.

한국 민법은 동산의 소유권이전에 관하여 형식주의를 채택하고 있는데,[76] 이는 당사자의 의사표시만으로는 효력이 발생하지 않고 인도를 하여야 비로소 그 효력이 발생하는 것으로 규정하고 있다. 환어음부 매매인 경우에는 물품의 소유권은 매수인이 환어음의 지급과 상환으로 선화증권을 취득할 때 매수인에게 이전한다. 매입은행에 의한 선화증권의 취득이 동산질의 취득인 경우에는 운송물의 소유권은 매도인에게 있다. 또 운송증권의 수화인이 매수인인 경우에는 은행은 매수인의 증권취득에 이르기까지의 단순한 전달기관에 불과한 것으로 보고 있다. 이 경우에도 매수인이 환어음의 지급과 상환으로 선화증권을 취득한 때에 매수인에게 소유권이 이전되며 그때까지는 소유권이 매도인에게 유보된다.

CISG는 소유권의 이전에 관한 구체적인 규정은 없이 매도인의 의무에 관한 총칙인 제30조에서 매도인이 물품의 소유권을 이전하여야 한다고 규정하고 있을 뿐이다. 이는 영미법과 대륙법에 있어서 형식주의와 의사주의 간의 상충관계를 고려하여 통일법이라는 성격상 대립을 회피하고자 한 것으로 보인다.

인코텀즈에서도 소유권의 이전에 관하여 규정하지는 않기 때문에 기타의 규정, 즉 물품의 인도와 인수에 관한 규정, 대금지급에 관한 규정, 위험의 이전과 비용의 분담에 관한 규정 등을 이용하여 각 정형거래규칙별로 소유권이전에 관련한 사항들을 유추하여야 할 것이다. 대부분의 정형거래규칙들의 경우에는 물품의 인

74) UCC에서는 "title"(권원)이라는 용어와 "property"(재산권)이라는 용어를 혼용하고 있다.
75) UCC, §2-106(1).
76) 한국 민법 제188조 및 제190조.

도시에 소유권이 이전되는 것으로 해석된다.

CIF계약에 관한 와르소·옥스포드 규칙(Warsaw-Oxford Rules for CIF Contract 1932)[77]에서는 매도인이 해상선화증권과 수취선화증권을 포함하는 계약상 요구되는 제반서류를 매수인에게 인도할 때 소유권은 이전한다고 규정하고 있으며,[78] 대금지급의 문제에 대해서는 언급하고 있지 않지만 계약에서 물품의 인도와 대금지급은 동시이행조건이다.

일반적으로 무역거래에 있어서의 소유권의 이전은 선화증권의 발행방식과 그에 따른 적법한 배서 또는 교부에 의해서 결정된다.[79] 즉 선화증권이 지시식으로 발행되었는지 또는 기명식으로 발행되었는지에 따라서 물품의 선적시에 소유권이 이전되느냐 또는 대금지급시에 이전되느냐가 결정되는 것이다.

4.3 소유권이전시기

SGA에 의하면 특정물의 물품매매에서 소유권은 당사자의 의사에 따라 매매계약체결과 동시에 이전할 수 있고, 불특정물의 매매에서 소유권이전은 물품을 인도가능한 상태에 두고 무조건 계약으로 충당시킬 때 이전한다.

UCC는 소유권이전 시기에 대하여 매매목적물이 현실적으로 인도되는 경우와 그러하지 아니한 경우를 구분하여 규정하고 있다.

현실적 인도에 의할 경우에는 담보이익의 유보(reservation of security interest)에 불구하고 또한 권리증권(document of title)을 다른 시기와 장소에서 교부하기로 되어 있을지라도 매도인이 현실적 인도 이행을 종료한 시기와 장소에서 소유권이 이전된다. 그리고 계약에서 목적물의 운송에 관하여 규정한 경우에는, 선화증권에 의한 여하한 담보이익의 유보에 불구하고 ① 적출지인도계약하에서는 선적시기와 그 장소에서 소유권은 매수인에게 이전되며, ② 양륙지인도계약하에서는 목적지에서 제공한 때 소유권이 이전된다.[80]

77) 해상무역에 있어서 매매관습의 국제적 통일을 위하여 1932년에 국제법협회(International Law Association: ILA)에 의하여 채택된 것으로서 서문과 21개조로 구성되어 있다.

78) 이는 Incoterms® 2010하에서 CIF규칙은 FOB규칙과 같이 물품의 현실적 인도에 의하여 이루어지는 거래가 아니라 서류의 상징적 인도에 의하여 이루어지는 거래이기 때문이다.

79) 한국의 경우 은행의 담보권 확보를 위하여 발행하는 모든 수입신용장상의 운송서류에 관한 조건으로 선화증권을 은행의 지시식으로만 발행하고 있다.

80) UCC, §2-401(2). 그러나 무역거래에서 정형거래규칙으로 많이 사용되고 있는 "Incoterms®

현실적 인도에 의하지 않고 인도가 이루어질 경우에는 다른 명시적 합의가 없는 한 ① 매도인이 권리증권을 교부하여야 할 때에는 매도인이 그 증권을 교부하는 시기와 장소에서 소유권이 이전되며, ② 권리증권의 교부가 필요하지 않고 계약체결시 이미 목적물이 특정된 경우에는 계약체결하는 시기와 그 장소에서 소유권이 이전된다.[81] 또한 정당한 사유의 유무를 불문하고 매수인이 목적물의 수령 또는 목적물의 보유를 거절했거나 정당한 인수의 철회(justified revocation of acceptance)가 있는 경우에 매도인은 목적물에 대한 소유권을 회복한다. 그러한 소유권의 회복은 법률의 규정에 따른 효과이고 그 자체를 매매로 취급하지는 않는다.[82]

4.4 처분권의 유보

SGA에서는 특히 처분권의 유보(reservation of right of disposal)에 대하여 다음과 같이 규정하고 있다.[83]

① 특정물의 매매계약이 이루어지는 경우 또는 물품이 계약체결 후에 충당되는 경우에는 매도인은 계약의 내용 또는 충당(appropriation)[84]에 따라 일정한 조건이 충족될 때까지 물품의 처분권을 유보할 수 있다. 이러한 경우에는 매수인에게 송부할 목적으로 물품이 매수인, 운송인 또는 기타의 수탁자 혹은 보관자에게 인도되더라도 그 조건이 충족되기까지는 물품의 소유권은 매수인에게 이전하지 아니한다.

② 물품이 선적되고 선화증권에 의해 매도인 또는 그 대리인의 지시하에 물

2010규칙"에는 소유권이전에 관한 규정은 없다. 또한 CISG 제4조에서도 매매의 목적물의 소유권에 관하여 계약이 가지는 효과에 대하여 규정하고 있지 않아 소유권의 이전에 관한 규정을 두고 있지 않다. 또한 위험이전 문제도 권리의 이전과 연결시키지 않고 있다.

81) UCC, §2-401(3).

82) UCC, §2-401(4); 양명조,「권리이전과 위험부담」, 삼지원, 1991, 145~146면.

83) SGA 1979, §19.

84) 충당(appropriation)이란 계약에 제공될 물품을 결정하는 것으로 불확정물(unascertained goods)을 확정물(ascertained goods)로 하는 것을 말한다. 충당에는 조건부충당(conditional appropriation)과 무조건충당(unconditional appropriation)이 있다. 조건부충당의 경우에는 그 부가된 조건이 성취될 때까지 소유권은 이전되지 않고 조건성취에 의하여 비로소 이전하며, 무조건 충당의 경우에는 소유권도 동시에 이전된다는 의사가 있다고 추정하고 충당과 동시에 소유권도 이전된다.

품이 인도될 수 있는 경우에는 매도인은 처분권을 유보한 것으로 간주한다.

③ 물품의 매도인이 대금을 회수하기 위하여 매수인 앞으로 환어음을 발행하고 환어음의 인수 또는 지급을 확보하기 위하여 환어음과 선화증권에 대하여 지급하지 않으면 매수인은 선화증권을 반환하여야 한다. 매수인이 불법적으로 선화증권을 유보하는 경우에는 물품의 소유권은 매수인에게 이전하지 아니한다.

따라서 CIF규칙에 의한 매매계약에서는 물품선적시에 소유권이 이전되지 아니하고 충당의 통지에 의하여도 소유권이 이전되지 않고 매도인은 서류가 환어음의 지급 또는 인수에 의하여 이전되지 않는 한 처분권을 유보한다.[85] 물품을 충당할 때 매도인의 일방적 행위에 의하여 처분권의 유보는 대부분 해상으로 운송되는 물품의 매매와 관련하여 발생되며,[86] 이에 따라 매도인은 매수인의 지급불능이나 불이행에 대하여 자신을 보호할 수 있는 것이다.

소유권이전에 대하여 미국의 윌리스톤(Williston)과 볼드(Vold)는 분할소유권이익이론(theory of divided property interests)을 주장하여 소유권을 수익이익(beneficial interest)과 담보이익(security interest)으로 분할가능한 것으로 하여 현실적 인도시에 수익이익은 매수인에게 이전하지만 추정적 인도가 있기까지는 담보이익은 직 · 간접적으로 매도인 측에 남는다는 견해를 취하고 있다.

한편 영국의 슈미토프(Schmitthoff)는 소유권 유일이론을 주장하고 소유권의 본체는 일반적 소유권(general property)이며, 이것은 추정적 인도가 있기까지는 일관하여 매도인이 수중에 있고 선화증권이 은행의 수중에 있는 동안은 별도로 부가적으로 동산질권으로서의 담보이익이 은행측에 발생하고 대금지급이 있기까지는 추정적 인도(점유권)가 유보되어 있다는 견해를 취하고 있다.[87]

소유권의 내용 자체가 사용 · 수익 · 처분 등의 권리를 포함한 광범위한 것이지만, 그 가운데서 일부를 어떤 사람이 가지고 나머지 권리를 타인이 가지는 경우로 보면 소유권을 수익이익과 담보이익으로 나누어 생각해 볼 수 있다. 여기서 담보이익이란 채권자가 갖고 있는 채권이 변제되지 않은 경우에는 물품을 처분할 수 있는 권리를 말하고, 수익이익이란 담보이익을 준 소유자가 갖는 권리, 즉 소유권으로부터 담보이익을 차감한 나머지 권리를 말한다.

---

85) A.G. Guest, *op. cit.*, p. 224.

86) Aluminium Industrie Vaassen B. V. v. Romalpa Aluminium Ltd, [1976] 1W.L.R. 676; Benjamin은 Romalpa Clause라고 하고 있다.

87) 동산질권설이라 한다; 슈미토프는 원래 독일 태생이다.

실제로 Incoterms® 2010의 CIF규칙 매매에서 소유권이전은 선화증권의 발행방식, 즉 선화증권의 수화인(consignee) 기재내용에 따라 배서(endorsement) 또는 교부에 의하여 이루어지게 된다.

소유권을 수익이익과 담보이익으로 나누어 소유권이전 시기를 살펴보면 〈표 8-1〉과 같다.[88]

| 표 8-1 | 선화증권 발행방식과 소유권이전시기

선화증권의 발행방식	선적시	대금지급시
① A. 단순지시식(to order) B. 송화인지시식(to the order of shipper)	수익이익만 이전	담보이익소멸 (전소유권 매수인에게 이전)
② 제3자 지시식 (to the order of third party; to the order of bank or seller's agent)	수익이익만 이전	담보이익소멸 (전소유권 매수인에게 이전)
③ 지참인식(to bearer)	수익이익만 이전	담보이익소멸 (전소유권 매수인에게 이전)
④ A. 매수인지시식+매도인의 증권점유(to the order of buyer) B. 매수인지시식+매수인에게 증권인도(to the order of buyer)	수익이익만 이전 전소유권 이전	담보이익소멸 (전소유권 매수인에게 이전) –
⑤ 매수인기명식(to the buyer)	전소유권 이전	–

5. 위험의 이전

5.1 위험이전의 원칙

위험(risk)이란 당사자에게 책임이 없는 물품의 우발적 손실 또는 손상(accidental loss or damage)을 의미한다. 전통적으로 물품의 위험은 물품의 소유자가 부담하며, 이는 "물품의 손해는 소유자의 손해"(resperit domino)라는 문구로서 표현되어 진다. 그러므로 위험의 이전(passing of risk)은 원칙적으로 물품에 대한 소

88) 新堀 聰, 前揭書, 354面에서 一部 修正.

유권이 이전할 때에 이전하게 되는데 이를 소유자주의(채권자주의; periculum est emptoris)라고 한다. 이 소유자 위험부담주의는 위험이전의 대원칙으로 다소의 변형은 있으나 지금까지 준수되어 왔다.

그러나 현대의 무역거래가 물품의 원격지로의 운송, 환어음결제에 따르는 환위험의 존재 등 많은 위험이 따르게 되자, 소유권의 이전과 위험의 이전을 분리시켜 소유권이 이전되지 않아도 위험이 이전될 수 있는 것으로 인정되고 있다. 위험부담의 문제는 매매당사자간의 계약에서 이를 결정할 수 있으며, 이러한 당사자들의 특약은 모든 법규보다 우선하여 적용되게 된다. 그러나 당사자들이 이러한 위험부담에 대한 합의를 하지 않은 경우에 문제가 발생할 수 있는데 이런 경우에는 계약의 준거법이 무엇이냐에 따라 결정될 수밖에 없게 된다.

위험부담에 대한 입법주의는 먼저 대륙법계에서는 첫째, 물품이 멸실 또는 손상될 경우 멸실 자체를 감수해야 하는 급부의 위험이며 둘째, 쌍무계약상 일방의 채무가 소멸할 경우 이와 대가적 관계의 반대채권을 상실할 위험을 뜻하는 대가위험이다. 이 중에서 대륙법계는 대가위험을 주로 취급하고 있다.

그러나 영미법계에서는 매수인이 위험을 부담한다는 뜻은 매매목적물이 멸실되더라도 매수인은 여전히 대금을 지급해야 하며, 매도인은 멸실된 목적물 대신에 완전한 물품을 급부하든지 배상할 의무가 있다는 뜻으로 보기 때문에 오히려 물품위험에 중점을 두고 있다는 점에서 차이점이 있다. 슈미토프(Schmitthoff)는 위험의 이전에 관하여 멸실의 위험은 운송도중 물품의 손상위험과 혼동해서는 안되며 손상되기 쉬운 물품의 경우 물품의 판매적격품질이어야 한다는 묵시조건을 포함하고 있는 Incoterms® 2010의 FOB나 CIF규칙에서는 매도인은 물품이 적재될 때 뿐만 아니라 목적지에 도착시나 그 후 정상적인 처분을 위하여 허용하는 상당한 시기에 적상성의 상태에 있어야 한다는 것을 보증해야 한다고 하고 있다.[89] 그러나 그것은 운송이나 처분이 부당하게 지연되었을 경우에는 적용되지 않는다.

5.2 위험이전에 관한 제규정

CISG에서는 소유권의 이전에 관한 구체적인 규정이 없는 반면에 위험의 이

89) Clive M. Schmitthoff, *op. cit.*, p. 108.

전에 관하여는 별도의 장으로 제66조에서 제70조까지 규정하고 있다. ULIS와는 달리 인도개념과 결부시키는 입법양식을 지양하고 인도의 개념을 원용함이 없이 개별적으로 독립하여 규정하고 있다. 구체적으로 CISG는 위험의 이전에 관하여 매매계약상 물품의 운송에 관한 약정을 한 경우, 운송중에 있는 물품을 매매한 경우, 기타의 경우, 매도인의 계약위반이 있는 경우 등으로 구분하여 규정하고 있다.

CISG에서의 위험이전의 기본원칙은 물품이 최초의 운송인(first carrier)에게 인도될 때 이전되고 특정장소에서 운송인에게 물품을 인도하도록 매도인에게 의무가 부가된 경우 그 의무이행의 장소에서 운송인에게 물품을 인도할 때 위험은 이전한다. 즉 물품의 충당이 이루어질 때까지 위험은 매수인에게 이전되지 않는다고 하여 인도지향적이다.

인코텀즈에서는 소유권의 이전에 관한 규정이 없으나 매도인과 매수인의 의무에 대한 규정중에서 각각 위험의 이전에 관한 조항(A.5 및 B.5)을 두고 있다. 인코텀즈의 규칙에서 위험의 이전 시기는 거래규칙에 따라 일정하지 않다. 해상운송 방식인 FOB, CIF 규칙에서는 선적항 본선 갑판상에 인도하거나 그렇게 인도된 물품을 조달한 때이며, 복합운송 방식인 FCA, CPT, CIP 규칙에서는 운송인에게 인도된 때이다. 또한 운송방식과 관계없이 사용가능한 DAT 규칙에서는 목적지 지정터미널에 도착한 운송수단에서 양화하여 매수인의 임의처분에 둘 때이며, DAP 및 DDP 규칙에서는 지정 목적지 도착 운송수단 상에서 양화하지 아니하고 매수인의 임의처분에 둘 때 각각의 위험은 매도인으로부터 매수인에게 이전된다.

SGA에서는 위험이전에 대한 대원칙으로 "위험은 일응 소유권과 함께 이전한다"(Risk prima facie passes with property)라고 규정하여[90] 위험을 소유권에 수반하는 것으로 추정하고 있으며 채권자지향적이라 할 수 있다.[91] 영국법에서는 소유자주의를 원칙으로 하고 있으나 판례에서는 "위험은 소유권자가 부담한다"는 것을 절대적인 원칙으로 보지 않고 당사자의 명시적 또는 묵시적 의사표시에 따라 변경할 수 있다고 보고 이 예외를 인정함으로써 CIF매매계약시 목적물의 위험은 소유권이 이전되지 않음에도 불구하고 선적과 동시에 매수인에게 이전하는 것으로 보고 있다.

---

90) SGA 1979, §20.

91) Benjamin은 "Risk follows property"라는 표현을 사용하고 있다; A.G. Guest, *op. cit.*, p. 397.

특히 해상보험법(Marine Insurance Act 1906)상에는 "피보험자는 보험계약을 체결할 때에 보험의 목적에 대하여 피보험이익을 가질 것을 요하지 않지만 손해 발생시에 피보험이익을 가질 것을 요한다. 단, 보험의 목적이 멸실여부불문(lost or not lost)조건으로 부보한 때에는 선의의 피보험자는 손해가 발생한 뒤까지 피보험 이익을 취득하지 않은 경우에도 부보를 받을 수 있다"라고 규정하여[92] FOB 매매계약시에도 불특정물의 매매시 물품의 위험은 물품의 특정전이라도 선적시에 이전될 수 있다는 특례까지 인정하고 있다.

UCC에서는 SGA를 따라 통일매매법(Uniform Sales Act 1906)[93]에서 소유자주의를 채택하였다가 UCC가 제정되면서 물품매매와 관련하여 손실 위험에 대한 방지조치를 가장 잘 취할 수 있는 자에게, 또는 위험을 보험으로 대비할 수 있는 자에게 위험을 부담시킨다고 보고 소유권의 이전과 위험부담을 완전히 분리시키는 입법조치를 채택하여 소유자주의는 포기하고 기본적 손실의 위험만 규정하고 있다. UCC의 규정은 위험이 소유권에 수반한다는 종래의 사고방식을 완전히 포기하고 계약과정을 분석하여 위험이전시기를 결정한다는 새로운 분석에 접근하고 있다. 손실에 관한 위험부담절차를 보면 다음과 같다.

첫째, 당사자의 특약에 따른다.

둘째, 특약이 없는 한 원칙적으로 물품소유자가 부담한다.

셋째, 매매계약을 위반한 경우에는 위반한 당사자가 부담하며 그 밖에는 상황에 따라 부담한다.

이와 같이 UCC는 소유권이전과 위험부담을 완전히 분리하고 있다. 그러므로 환어음의 결제에 따른 환위험 등의 위험을 회피하기 위하여 소유권이전과 위험이전을 완전히 분리하여 소유권이 이전하지 않더라도 위험은 이전될 수 있음을 새롭게 인정한 것이라고 볼 수 있다.[94]

한국 민법은 쌍무계약에서의 위험부담에 관하여 당사자 일방의 채무가 당사자들의 책임없는 사유로 이행할 수 없게 된 때에는 채무자는 상대방에게 이행청

---

92) MIA 6(1).

93) 미국 통일매매법은 각 주마다 다른 법제로 인한 혼란을 피하기 위한 통일된 매매법의 필요성에 의하여 영국의 물품매매법을 도입하여 1906년에 제정된 것으로서 현재는 통일상법전에 완전히 흡수되었다.

94) UCC, §2-509, §2-510; Schmitthoff는 UCC, §2-509는 위험이 물품의 인도시에 이전한다는 취지로 규정되었다는 주장을 지지하고 있다; Clive M. Schmitthoff, *op. cit.*, p. 80.

구를 하지 못한다고 규정하고 있으므로[95] 일본 민법과 같이 채무자주의를 채택하고 있으나 이것은 임의규정이므로 당사자가 다른 특약을 하면 그에 따라야 할 것이다.

6. 대금의 지급

대금지급시기와 방법은 보통 물품매매계약시에 결제조건(payment terms)으로 신용장 방식 또는 추심방식인 D/P, D/A 방식 또는 송금환 방식 등으로 약정하게 된다. 여기에서는 CISG하에서 매매계약상 대금지급의무와 관련하여 대금지급의 시기와 장소 및 지급통화에 대하여 살펴보기로 한다.

6.1 대금지급시기

물품매매계약은 매도인이 매수인에게 물품에 대한 소유권을 이전하고 매수인으로부터 대금을 지급받게 된다. 이에 대하여 SGA는 "당사자간에 다른 약정이 없는 한, 물품의 인도와 지급은 동시이행조건(concurrent conditions)이다. 즉 매도인은 대금과 상환으로 물품의 점유권을 매수인에게 이전할 수 있어야 하고 매수인은 물품의 점유와 상환으로 대금을 지급할 수 있어야 한다"[96]고 규정하고 있다.

CISG에서는 대금지급에 관하여 "매수인이 대금을 어느 특정한 기일에 지급할 필요가 없는 때에는 매도인이 계약에 정하는 바에 따라 물품 또는 그 처분을 지배하는 서류를 매수인의 임의처분에 맡겨진 경우에 매수인은 대금을 지급하여야 한다"[97]고 규정하고 있는데, 이는 물품인도와 대금지급은 동시이행관계에 있다고 할 수 없으며 물품을 매수인의 임의처분 상태에 둔 때의 대금지급 관계로 보아야 할 것이다. 즉 CISG는 소유권이전 시기에 관하여 침묵을 지킴으로써 물품의 소유권과 대금지급의 동시이행이라는 구성을 포기하는 대신, 당사자의 이익을

95) 한국민법 제53조 제 1 항.
96) SGA 1979, §28; UCC, §2-310.
97) CISG 1980, Article 58(1).

가장 균형적으로 고려할 수 있는 방법으로 물품 또는 서류의 제공와 대금의 지급을 동시에 이루어지도록 한 것이다. 매도인은 물품 또는 서류를 인도함에 있어 대금의 지급을 인도의 조건으로 할 수 있으며, 계약이 물품운송이 포함된 경우에는 대금지급과 상환으로 물품 또는 서류를 인도한다는 조건을 붙여 물품을 발송할 수 있는데,[98] 이 경우에 대급이 지급될 때까지는 물품의 처분권은 매도인에게 유보된다고 할 것이다.[99]

6.2 대금지급장소

대금지급장소에 대하여 영국의 SGA에는 명문 규정이 없다. 그러나 CISG에서는 "대금지급은 매도인의 영업소 또는 대금지급을 물품 또는 서류의 교부와 상환으로 하여야 하는 때에는 교부가 행하여지는 장소에서 지급하여야 한다"[100]고 규정하고 있다. 이것은 일반적인 계약관행에도 부응하는 원칙이라고 할 수 있다.

UCC[101]에서도 대금의 지급은 매수인이 물품을 수령한 때와 장소에서 하여야 하며 발송지가 인도장소일 때도 같다고 규정하고 있다.

한국의 민법은 "채무의 성질 또는 당사자의 의사표시로 변제장소를 정하지 아니한 때에는 특정물의 인도는 채권성립 당시에 그 물건이 있던 장소에서 하여야 하며, 특정물의 인도 이외의 채무변제는 채권자의 현주소에서 하여야 하되 영업에 관한 채무의 변제는 채권자의 현영업소에서 하여야 한다"고 하여 채권자의 주소를 이행지로 하는 지참채무(bring schuld)의 입장을 취하고 있어 영미법의 견해와 별 차이가 없다고 할 수 있다.[102]

실제거래에서 매매당사자간에 대금지급장소에 관하여 명시적인 특약[103]이 없으면 Incoterms® 2010 규칙하의 FCA, FOB 매매계약에서는 매도인의 소재지에서 지급될 수 있으나 CIF매매계약에서는 매도인이 서류를 제공하므로 매수인의 소재지에서 지급받을 수 있으며, DDP매매계약처럼 도착지인도규칙으로 거래

98) CISG 1980, Article 58(1), (2).
99) 이태희, "국제물품매매계약에 관한 UN협약상의 당사자의 의무", 삼지원, 1990, 128~129면.
100) CISG 1980, Article 57(1); 계약 이후에 매도인의 영업장소 변경에 따른 지급비용증가분도 매도인이 부담한다.
101) UCC, §2-310.
102) 한국 민법 제467조.
103) 예컨대, 환어음에 의한 결제방식을 명시하는 경우이다.

가 이루어질 경우에는 물품이 인도되는 도착지 즉, 매수인의 소재지에서 대금이 지급되는 것으로 추정할 수 있다.[104)]

6.3 대금지급금액

매수인은 매매계약이 정하는 바에 따라서 대금을 지급할 의무를 부담한다. 국제상거래에서 대금지급을 가능하게 하기 위해서는 신용장발행을 거래은행에 의뢰하거나 경우에 따라서는 필요한 금융차입 또는 외화송금신청 등을 할 필요가 있게 된다. CISG에서는 매수인의 대금지급의무에는 계약 또는 관련하는 법령이 정하는 바에 따라서 지급을 가능하게 하기위한 조치를 취할 것과 필요한 절차를 준수할 것이 포함되어야 함을 강조하고 있다.[105)]

매매계약에서는 지급되어야 할 금액 또는 그 계산방법이 명시적, 묵시적으로 나타나 있는 것이 보통이다. CISG는 대금지급을 위한 조치가 존재하지 않는 경우라 하더라도 계약이 유효하게 체결되는 경우가 있다는 것을 확인하고 이와 같은 대금결정기준을 설정하고 있다. 즉 계약이 유효하게 체결되어 있지만 명시적 또는 묵시적으로 대금을 결정하지 아니하거나 또는 그 결정방법을 규정하고 있지 아니할 때에는 당사자는 별도의 사정이 없는 한 계약 체결시에 그 거래와 유사한 상황하에서 매매되는 동종의 물품에 대해서 일반적으로 청구되고 있는 대금을 묵시적으로 참조한 것으로 간주한다.[106)] 그러나 실제 무역거래에서 매수인이 대금을 지정하지 않고 매수청약을 하고 이에 대하여 매도인이 승낙할 때에는 쌍방 모두 나름대로는 어떤 기준에 의한 대금지급을 염두에 두고 있다고 생각할 수 있지만, 그 기준에 대하여 묵시의 합의가 있었다고 적극적으로 인정하는 것은 어려운 경우가 많다.

한편 대금지급통화는 국가마다 고유의 통화를 사용하고 있기 때문에 무역거래에서는 매매당사자간 어느 나라의 어떠한 통화를 사용할 것인지에 대하여 안정성(stability)과 교환성(convertibility) 및 유동성(liquidity)이 있는 통화를 고려하여 대금지급조건을 약정하여야 한다. 앞에서 언급한 바와 같이 예컨대 달러(Dollar)

---

104) Clive M. Schmitthoff, *Legal Aspects of Export Sales,* 임홍근 역, 삼영사, 1984, p. 19.

105) CISG 1980, Article 54.

106) CISG 1980, Article 55.

라고만 표시했다면 달러를 쓰는 나라가 미국을 위시하여 캐나다 · 오스트레일리아 · 싱가포르 · 홍콩 등 여러 나라가 있고, 그 대외가치도 서로 달라 대금결제시 문제가 되므로 국가별 통화단위를 명확히 표시하여야 한다.

7. 물품의 수령

매수인의 물품수령의무는 매도인의 물품인도 의무와 대응하는 개념이다. CISG의 경우에는 매수인의 물품수령의무를 규정하고 있다. 매수인은 계약이 정하는 바에 따라서 물품인도를 수령할 의무를 부담하지만, 중요한 것은 이 수령의무에는 물품을 인수하는 것은 물론, 매도인에 의한 인도를 가능하게 하기 위해 매수인에게 합리적으로 기대될 수 있는 모든 행위를 할 것이 포함된다.[107] 예를 들면 계약이 물품운송을 예정하고 있는 경우에 인코텀즈규칙의 F유형의 정형거래규칙이 이용되는 결과, 매수인이 운송계약을 체결하여야 할 때는 필요한 운송수단을 수배하여 매도인이 물품을 운송인에게 인도할 수 있도록 할 의무가 있고, 매도인이 매도인의 영업소나 기타의 특정장소에서 물품을 매수인의 처분에 두는 방법으로 인도를 하는 것이 요구되고 있는 때에는 매수인은 그 장소에서 당해 물품인도에 대한 수령, 즉 인도의 수령(taking delivery) 의무가 있다.[108]

또한 물품인도 수령은 물리적인 인수를 의미하기 때문에 물품에 부적합이 있어도 물품수령의무[109]는 영향을 받지 않는다.[110] 매수인이 부적합이 중대한 계약위반에 상당한다고 생각하여 계약해제권 또는 대체품 인도청구권을 행사하려고 하는 경우에도 매수인은 물품을 수령한 다음 합리적인 보존조치를 취하여야 한다.[111]

107) CISG 1980, Article 60.
108) Incoterms® 2010, Buyer's Obligations B4.
109) CISG 1980, Article 60.
110) CISG 1980. Article 86(2).
111) CISG 1980. Article 86(1).

8. 물품의 검사

CISG에서는 매수인에게 물품을 검사할 의무를 부담시키고 있다.[112] 여기서의 검사란 인도된 물품의 물적 적합성만을 검사하는 것을 의미하며 법적 적합성은 물품의 검사로 알 수 있는 성질의 것이 아니므로 검사의 대상에서 제외된다. 물품의 검사의무를 검사시기, 검사장소, 검사비용으로 나누어 살펴보기로 한다.

먼저 물품의 검사시기의 경우에는 인도가 행하여지기 이전의 단계에서 매수인에게 검사하도록 하는 것은 불합리하기 때문에 검사는 인도의 시점을 기준으로 상황에 따라 실행가능한 단기간 내에 행해져야 한다고 규정하고 있으며 "상황에 따라 실행가능한 단기간 내"라는 표현은 "지체없이"라는 의미로 해석될 수 있다. 그러나 구체적으로는 개별적인 거래의 내용과 물품의 성질, 거래의 관행, 검사의 장소 · 시설 · 능력, 당해 물품검사에 소요되는 통상적인 기간, 기타 모든 주위사정을 고려하여 객관적으로 결정하여야 할 것이다.

또한 운송을 수반한 대부분의 물품매매의 경우에는 물품의 검사는 물품이 목적지에 도착한 후까지 연기할 수 있다. 또한 검사의 시기와 관련하여 실제의 무역매매에서 자주 문제가 발생하는 경우로 매수인이 합리적인 검사의 기회를 가지지 않고 물품 그대로 재매각하는 경우가 있는데 이러한 경우에 대하여 CISG에서는 운송중에 목적지가 변경된 경우나 단순히 전송된 경우에도 매도인이 계약체결시에 그러한 변경 또는 운송의 가능성을 알았거나 또는 알았어야 하는 한 검사는 물품이 새로운 목적지에 도착한 후까지 연기할 수 있다고 하고 있다. 이 규정은 물품이 최종목적지에 도착하기 이전에 매수인이 검사를 위하여 개장하는 불편을 방지하고 매수인이 봉인된 컨테이너에 선적된 물품을 구매한 후 바로 환적하는 경우에도 목적지 도착시까지 검사를 연기할 수 있도록 함으로써 매수인에게 부적합을 발견할 수 있는 충분한 기회를 부여하고 있어서 현실의 국제물품매매에 적합한 규정이라 하겠다.

다음으로 물품의 검사장소에 대하여 CISG상에 명확한 규정은 없으나 검사시기의 경우와 같이 인도이전에 매수인에게 검사하도록 하는 것은 불합리하므로 검

112) CISG 1980. Article 38.

사장소는 인도시점을 기준으로 매도인의 물품인도장소가 되어야 한다. 따라서 물품의 운송을 예정하고 있는 경우에는 그 운송의 목적지가 검사장소가 되어야 하며 운송중에 물품의 목적지가 변경되거나 전송되는 경우에는 새로운 도착지가 검사장소가 되어야 할 것이다. 다른 법규의 경우에는 SGA에서는 검사장소를 물품이 개장될 것으로 예상되는 장소로 규정하고 있으며, UCC에서는 물품의 도착지를 검사장소로 본다.

마지막으로 물품의 검사비용에 관한 것으로 CISG상에는 아무런 명시규정도 없으나 일반적으로 물품의 검사비용은 물품이 계약적합성을 가진 경우에는 매수인이 부담하며 기타의 경우에는 매도인이 부담하는 것을 원칙으로 한다.

UCC에서는 물품이 적합하지 않거나, 거절되는 경우를 제외하고 매수인이 검사비용을 부담한다고 규정하고 있다.[113)]

인코텀즈규칙에서는 매수인의 의무(B.9)중에 물품검사(Inspection of goods)를 다루고 있으나 물품검사에 대한 구체적인 규정은 없다. 단지 매수인은 별도의 합의가 없는 한 수출국의 당국에 의하여 요구되는 경우를 제외하고 선적전검사비용(cost of per-shipment inspection: PSI)을 지급하여야 한다고 규정하여 선적전검사비용의 부담자를 매수인으로 규정하고 있을 따름이며 그 이외의 물품검사 또는 검사비용에 대하여는 언급하지 않고 있다. 한편 물품검사와 관련하여 매도인의 의무(A.9) 중의 점검 · 포장 · 화인과 관련하여 매도인에게도 점검의무를 부담시키고 있는데 매도인은 인도에 관한 규정에 따라 물품을 인도하기 위하여 필요한 물품점검을 수행하여야 하며, 그 비용은 매도인이 부담할 것을 규정하고 있다. 이는 인도를 위한 점검만을 언급하는 것이지 물품의 도착후 계약물품과의 일치성을 판단하기 위한 검사를 의미하는 것은 아니다.

9. 하자통지

CISG는 매수인이 매도인의 담보책임을 묻기 위한 하자통지의무를 규정하고 있는데 매수인은 매도인에 대하여 부적합을 발견하거나 또는 그 부적합의 성질을 명확히 한 통지를 하지 않으면 그 물품의 부적합을 원용할 권리를 상실한다고 규

113) UCC, §2-513(2).

정하고 있다.[114] 따라서 매수인이 이러한 통지의무를 해태하면 부적합을 원용할 권리를 상실하게 되어 손해배상의 청구나 계약의 해제 또는 대금의 감액 등을 청구할 수 없게 되는 것이다.

통지의 대상은 물품검사의 대상과는 달리 물품의 계약부적합에 대하여 물품의 수량, 품질, 명세서, 포장의 물적 적합성뿐만 아니라 법적 부적합을 포함한다. 또한 서류상의 부적합의 경우에는 그에 관한 명문규정은 없으나 정확한 서류를 교부하는 것이 매도인의 의무중의 하나로 규정되어 있으며,[115] 나아가 교부된 서류의 하자보완을 인정하고 있으므로 서류상의 하자도 통지의 대상이 되는 것으로 보인다.

다음으로 통지시기는 검사시기와 밀접한 관련을 가지는 것으로 매수인은 물품의 부적합을 발견하였거나 또는 발견할 수 있었을 때로부터 합리적 기간내에 매도인에게 그 부적합을 통지하여야 한다고 규정하고 있다. 여기에서 문제가 될 수 있는 것은 통지의무의 제기기한으로서의 합리적인 기간의 해석인데 SGA에서는 "합리적인 기간이 어느 정도의 기간인가의 문제는 사실문제이다"라고 정하고 있으므로 각 경우의 상황과 사정에 따라 결정되어야 할 것이다.

또한 CISG에서는 여하한 경우에도 물품이 실제로 매수인에게 교부된 날로부터 늦어도 2년 이내에 매수인이 매도인에게 물품의 부적합에 대하여 통지하지 않은 경우에 매수인은 당해 물품의 부적합을 원용할 권리를 상실한다고 통지의무의 제기기한에 대하여 추가적으로 규정하고 있다.[116] 이 규정은 계약의 목적물에 즉시 발견할 수 없는 하자가 있는 경우에도 후일에 매수인이 실지로 하자를 발견하였다면 물품이 실제로 매수인에게 교부된 날로부터 2년 이내인 한 합리적인 기간내에 매수인은 매도인에게 통지를 해야 한다는 것이다. 그러나 예외규정으로서 당사자간에 2년보다 장기의 보증기간이 계약상으로 약정되어 있는 경우에는 협약상의 2년이라는 기간제한을 받지 않게 됨을 명시적으로 규정하고 있는데, 이는 당사자자치의 원칙을 배려한 것으로서 물품이 일정기간 일정한 특성이나 품질을 보유한다는 명시적 보증이 있는 경우 이러한 약정은 통지기한에 우선한다.[117]

통지의무의 제기기한에서 주의하여야 할 것은 실제의 클레임제기시에 CISG

---

114) CISG 1980, Article 39(1).
115) CISG 1980, Article 34.
116) CISG 1980, Article 39(2).
117) 고범준, 「국제물품매매계약에 관한 UN협약」, 대한상사중재원, 1983, p. 44.

와는 별도의 출소기간이 규정되어 있다는 사실이다. 대표적인 것이 유엔국제무역법위원회(UNCITRAL)에 의하여 작성된 "출소기간에 관한 협약"(Convention on the Limitation Period in the International Sale of Goods)으로 제8조에 출소기간을 통상적으로 매수인이 매도인에게 물품을 교부한 날로부터 또는 매수인이 이행의 제공을 거부한 날로부터 기산하여 4년으로 규정하고 있다. 또한 각국의 제정법에서는 영국의 경우에는 6년(출소기간법 제2조), 미국의 경우에는 4년(UCC §2-725), 한국에서는 수량부족의 경우에는 1년(민법 제574조), 목적물의 하자의 경우에는 6개월(민법 제582조)의 기간을 각각 규정하고 있다.

매수인의 통지의무에 대한 예외로서 CISG에서는 악의의 매도인은 매수인의 검사 · 통지의무해태의 효과를 자기를 위하여 원용할 수 없다는 취지를 규정하고 있다.[118] 이는 신의성실의 원칙에 기초를 두는 것으로서 "형평을 구하는 자는 스스로 형평을 실천하여야 한다"(He who seeks equity must do equity)라는 법언(法諺)의 정신이 반영된 것으로 볼 수 있다.[119] 인코텀즈규칙에서는 매도인에 대한 통지(Notice to the seller)라는 표제의 규정(B.7)이 있으나, 이는 매수인의 하자통지의무를 규정한 것이 아니고 단지 매수인이 물품의 운송과 관련하여 확정된 선적기간중에서 특정한 선적시기를 결정할 선택권을 가지는 경우 또는 매매계약체결시에는 운송의 목적항을 결정하지 않고 체결 이후에 매수인이 결정할 선택권을 가지는 경우에는 매도인의 원활한 인도의무의 이행을 위하여 이에 대한 충분한 통지를 매도인에게 행하여야 함을 규정하고 있는 것이다.

---

118) CISG 1980. Article 40.

119) 고범준, 전게서, p. 45.

Chapter 9 무역계약의 위반과 구제

1. 무역계약의 위반

1.1 계약위반의 의의

계약위반(breach of contract)이란 매매당사자가 자신에게 귀책되는 사유로 매매계약의 내용에 일치된 이행을 하지 않는 것을 말한다. 다시 말하면 계약내용의 불이행(non-performance)[1]을 의미하는 것이다.

국제물품매매계약은 계약이 성립되면 매도인은 매수인에게 약정된 물품을 인도할 의무가 있고, 이에 반하여 매수인은 매도인에게 대금지급의무를 부담하는 것과 같이 동시이행의무를 지게 된다. 그러나 이행기가 도래하여도 매도인이 약정물품을 인도하지 않거나, 매수인이 수령한 물품의 대금을 지급하지 않는다든가 하는 것은 가장 전형적인 계약위반이다. 계약위반은 영미법에서 사용되는 용어로 금전채무를 대상으로 하나 한국 민법이나 대륙법에서는 금전채무에 국한하지 않고 모든 종류의 채무를 대상으로 하며 계약불이행 또는 채무불이행이라 하고 있다. 계약위반유형에 대한 표현이나 정의는 학설이나 각국의 입법례에 따라 약간의 차이가 있다.

일반적으로 계약위반의 유형에 대하여 영미에서는 이행지체(delay in performance), 이행거절(repudiation: renunciation), 이행불능(impossibility of per-

1) Clive M. Schmitthoff, *Legal Aspects of Export Sales*, 임홍근 역, 삼영사, 1984, p. 82.

formance)으로 구분하고 있으며, 한국 등 대륙법계에서는 채권자 지체를 포함한 이행지체, 이행불능, 불완전이행(incomplete performance)으로 구분하고 있다. 또한 CISG에서는 매도인의 계약위반과 매수인의 계약위반으로만 규정하여 영미법계와 대륙법계의 조화를 시도하고 있다.

1.2 계약위반의 유형

(1) 이행지체

이행지체(delay in performance)란 채무자가 이행이 가능함에도 불구하고 이행기가 도래하여도 채무를 이행하지 않고 지연하는 것을 말한다. 이는 전부 이행지체와 일부 이행지체로 구별할 수 있다. 또한 쌍무계약에서 당사자의 채무는 서로 독립적인 것이냐 관련성이 있는 것이냐에 기준을 두어 구별하는 경우도 있다. 만일 그것이 독립적인 것일 때에는 일방의 채무불이행은 상대방의 이행을 면제하지 않는다. 따라서 그 당사자가 채무를 이행하지 않을 때에는 이행지체의 책임을 면치 못하게 된다. 이에 반해서 그것이 만일 관련성이 있는 것이라면 일방의 채무불이행은 상대방의 불이행을 용인하지 않으면 안 된다.[2)]

한국 민법에서는 이행기와 이행지체에 대하여 채무이행의 확정한 기한이 있는 경우에는 채무자는 기한이 내도한 때로부터 지체책임이 있으며 채무이행의 불확정한 기한이 있는 경우 채무자는 기한이 내도함을 안 때로부터 지연책임이 있고, 채무이행의 기한이 없는 경우에는 채무자는 이행청구를 받은 때로부터 지연책임이 있다고 규정하고 있다.[3)]

또한 채권자 지체에 관하여 채권자가 이행을 받을 수 없거나 받지 아니한 때에는 이행의 제공이 있는 때로부터 지연책임이 있으며[4)] 채무자는 고의 또는 중대한 과실이 없으면 불이행으로 인한 모든 책임이 없다.[5)] 또한 채권자 지체로 인하여 그 목적물의 보관 또는 변제의 비용이 증가된 때에는 그 증가액은 채권자의 부담으로 한다.[6)]

2) 서희원, 「영미법강의」, 박영사, 1980, 300면.
3) 한국 민법 제387조.
4) 한국 민법 제400조.
5) 한국 민법 제401조.
6) 한국 민법 제403조.

(2) 이행거절

이행거절(repudiation)은 자신의 채무를 이행할 의사가 없음을 표명하는 것이다. 이행거절의 의사는 이행기 내도 전후를 불문하고 언제든지 표명할 수 있다. 이행기 전의 이행거절을 특히 "이행기전 계약위반"(anticipatory breach of contract)이라고 한다. 이는 계약중에 정해진 이행기 이전에 채무자가 명확하고 무조건적으로 이행을 거절하는 것이다. 이 경우에는 이행기의 내도를 기다리지 않고 거절의 의사가 상대방에게 통지된 때에 계약위반으로 본다. 또한 "현실적 계약위반"(present breach of contract)의 경우에는 이행거절의 의사가 명확하고도 무조건으로 상대방에게 통지된 때에 계약위반이 성립되고, 그 위반의 중요성에 따라 계약이 해제되거나 손해배상을 청구할 수 있다. 영미법에서 이행거절을 계약위반의 한 유형으로 인정하는 이유는 이행을 거절한 당사자에게 이행기까지 기다리거나 혹은 자신의 변제를 제공해야만 하는 불합리한 낭비를 제거하기 위해서이다.[7)]

이행거절에 대한 효과는 이행기 전에 의사표시가 있을 경우에는 상대방은 이행기의 내도를 기다릴 필요 없이 바로 계약을 해제하고 손해배상을 청구할 수 있다.[8)] 계약이 해제여부 선택은 상대방의 자유이며 만일 계약을 해제하지 않았을 경우에는 그 계약은 당사자를 위하여 그대로 존속된다. 만일 그 이후에 그 계약이 당사자의 책임에 기하지 않는 사유로 이행불능이 된 경우에는 전채무가 소멸된다. 따라서 이러한 경우에는 이행거절을 이유로 한 손해배상 청구소송은 제기할 수 없다.

(3) 이행불능

이행불능(impossibility of performance)은 채무자의 행위에 의해서 계약의 이행을 불가능하게 만드는 것이므로 이것을 묵시적 이행거절이라고도 한다. 이행불능은 채무자(당사자)의 행위에 의해서 이행불능이 되는 경우 이외에 계약체결 후에 예기치 못한 사태가 발생하여 계약의 이행이 불가능하게 되는 경우, 즉 채무자의 행위에 의하지 않은 것도 있다. 또한 채무자의 행위에 의한 이행불능에

---

7) 이태희, 「국제계약법」, 학연사, 1985, 90~91면, : Hochster v. De la tour, [1853] 2 E&Q. 678. 118. Eng. Rep 922.

8) 손해배상액의 산정은 이행기에 있어서의 시장가격(market price)에 의한다.

는 이행기일 전의 이행불능과 기일 후의 이행불능이 있다. 전술한 이행기 전 계약위반에는 이행불능기일 전의 이행불능까지도 포함된다. 이행거절의 경우는 이행거절의 의사를 상대방에게 명료하게 표시해야 하나 이행불능의 경우에는 상대방에 대하여 명료하게 의사를 표시할 필요는 없다. 한편 채무자의 행위에 의하지 않은 이행불능은 계약체결 후에 발생한 사태로 인하여 계약목적을 달성할 수 없게 되는 경우로 이것에는 원시적 불능(initial impossibility)과 후발적 불능(supervening impossibility)이 있다.[9] 또한 원시적 불능에는 계약체결시에 이미 이행불능이 된 경우와 이미 계약의 목적물이 소멸된 경우가 있다. 계약당사자의 책임에 기하지 않는 사유에 의해서 발생한 이행불능은 후발적 불능의 경우에 한한다.[10]

(4) 불완전이행

불완전이행(incomplete performance)은 일단 이행은 이루어졌지만, 그 이행이 완전한 것이라고 말할 수 없는 경우를 말한다. 불완전이행의 요건은 급부된 목적물에 하자가 있는 경우,[11] 이행방법이 불완전한 경우,[12] 그리고 급부하기 전에 필요한 주의를 태만한 경우이다.

불완전이행의 효과는 채권자는 목적물을 수령하더라도 입은 손해의 배상을 청구할 수 있다. 채무가 계약에 입각한 것이면 계약해제권이 발생한다. 또한 완전이행이 가능한 경우에는 채권자가 상당한 기간을 정하여 이행지체에 준하여 최고(催告)를 할 수 있고 최고하여도 이행하지 않을 때는 계약을 해제할 수 있다.[13]

2. 무역계약의 위반에 대한 구제

2.1 구제의 의의

구제(remedy)라 함은 일정한 권리가 침해당하게 되는 경우에 그러한 침해를

9) Frustration은 당사자가 귀책사유가 아닌 후발적 불능을 의미한다.
10) 서희원, 전게서, 301면.
11) 예컨대, 불량품을 급부하였을 경우이다.
12) 예컨대, 운송인의 운송방법이 난폭한 경우이다.
13) 中村 弘, 「貿易契約の 基礎」, 東洋經濟新報社, 1983, 316～317面.

방지하거나 시정하거나, 보상하게 하는 것을 말한다. 국제물품매매계약에서 계약을 위반한 경우에는 그 계약위반으로 인하여 계약상대방이 입은 손해를 배상해야 하는 것은 당연한 것이다. 매매계약을 위반하였을 경우 매수인에 대한 배상을 매수인의 구제(buyer's remedy)라 하고, 매도인에 대한 배상을 매도인의 구제(seller's remedy)라 한다.

계약위반에 대한 구제방법으로서 중요한 것은 현실적 이행을 강제하는 방법과 손해를 배상하게 하는 방법으로 크게 나누어 살펴볼 수 있다. 영미법계에서는 계약위반의 경우 약속된 채무에 대체되는 수단으로서의 보상적 구제(substitutional relief), 즉 금전배상을 명하는 손해배상을 원칙으로 하고 예외적으로 현실적 강제이행을 인정하고 있다. 한편, 한국 민법을 비롯한 대륙법계에서는 될 수 있는 대로 본래 계약에서 약속되었던 급부의 내용을 그대로 실현토록 하는 것이 채권자에게 유리하며, 계약의 본래 취지에도 부합된다는 이유로 현실적 이행강제의 방식을 원칙으로 하되 예외적으로 손해배상에 대한 구제방식을 채택하고 있다.

CISG는 일방 당사자가 국제물품매매계약을 위반하였을 경우 상대방이 어떻게 구제되고 보호될 수 있는가의 문제를 다루는 데 있어 대륙법계와 영미법계의 법리를 조화한 구제방식을 채택하고 있다.[14]

2.2 구제의 방법

(1) 영미법상의 구제방법

영국의 SGA에서 매수인의 구제방법으로는 인도불이행에 따른 손해배상(damages for non-delivery)[15]과 특정이행(specific performance)[16] 및 담보위반에 대한 구제(remedy for breach of warranty)[17]가 있다.

인도불이행에 대한 매수인의 손해배상청구는 인도불이행에 대한 손해배상

---

14) 조경근, "국제물품매매협약에 있어서 당사자의 권리구제," 「국제물품매매계약에 관한 UN 협약상의 제문제」, 삼지원, 1991. 170면; Allan Farnswort, "Damages and Specific Relief," *The American Journal of Comparative Low*, 1979, p. 247.

15) SGA 1979, §51.

16) SGA 1979, §52.; UCC, §2-716.

17) SGA 1979, §53.

청구와 인도된 물품의 조건위반에 대한 손해배상청구이다. 매도인이 불법으로 매수인에게 물품의 인도를 해태하거나 또는 거절한 때에는, 매수인은 인도불이행에 대하여 매도인에게 손해배상청구의 소를 제기할 수 있다. 손해배상액은 매도인의 계약위반으로 인하여 통상적인 경우에 직접적이고 당연히 발생하는 추정손실(estimated loss)에 의하여 정한다. 손해배상액의 산정은 계약가액과 물품을 인도하여야 할 때의 시가 또는 당시가격(market or current price)과의 차액에 의하는 것으로 추정한다. 또한 인도의 시기에 관하여 정함이 없을 때에는 인도를 거절할 당시의 시가 또는 당시가격에 의하는 것으로 추정한다.

특정이행은 금지명령(injuntion)과 더불어 모두 형평법(equity)상의 구제방법으로 보통법에 의하여 충분한 구제를 받을 수 없는 경우에 한하여 이것을 보완하기 위한 것이다.[18] 특정이행이란 계약내용인 채무를 약속대로 적극적으로 이행할 것을 명하는 구제방법이다.[19] 또한 금지명령은 일정한 행위를 금지하는 법원의 명령, 즉 행위금지의무의 준수를 강행시키는 것을 말한다. 영국 SGA에서 특정물품 또는 확정물품의 인도에 따른 계약위반에 대한 소송에 있어서는, 법원은 당연하다고 인정할 경우에는 원고(plaintiff)의 신청에 의하여 피고(defendant)에 대하여 손해를 배상하고 물품을 보유할 자유를 인정하지 아니하고 약속대로 이행할 것을 판결에 의하여 명할 수 있다.

담보위반에 대한 구제에 대하여는 매도인이 담보책임에 위반하거나 또는 매수인이 매도인의 계약조건위반(breach of condition)을 담보책임으로 취급하거나 담보책임으로 취급하는 것이 부득이 한 경우에는 매수인은 그 담보책임만을 이유로 물품의 수령을 거절할 수 없다.[20] 그러나 매수인은 담보책임의 위반을 이유로

18) 中村 弘, 前揭書, 321面.

19) 계약위반으로 인하여 입은 손해는 돈으로 배상하는 것이 원칙이지만, 돈으로 배상하는 것으로는 입은 손해를 보상하기에 부적합한 경우에는 계약위반 당사자에게 특정 이행을 행하도록 하게 된다. 예컨대 희귀품, 저작권 등의 경우에는 금전배상이 부적합하고 계약을 이행하는 것만이 당사자가 입은 손해를 보상하는 유일한 방법이 된다. 법원이 특정 이행을 명했음에도 불구하고 채무자가 이 명령에 위반하여 채무를 약속대로 이행하지 않은 때에는 법원모욕(contempt of court)이 되어 처벌된다.

20) 당사자간에 체결되는 계약 중에는 보통 몇 개의 조항(terms)이 포함되어 있다. 물품매매법은 이들 중 중요한 조항으로서 그 위반으로 계약해제권을 발생시키게 되는 것을 조건(condition)이라 부르고, 중요하지 않는 조항으로서 부수적인 약속조항의 위반과 같이 손해배상청구권만을 발생시키는 것을 담보(warranty) 또는 보증이라고 부른다. 따라서 조건위반의 경우에는 계약을 해제하여 물품의 수령 및 대금지급을 거절할 수 있고, 만일 대금을 지급한 후라면 그 상환을 청구할 수 있다. 담보위반의 경우에는 계약을 해제할 수 없지만

대금의 감액 또는 소멸로써 매도인에게 대항할 수 있고, 손해배상의 소를 제기할 수 있다.

영국의 SGA에서 매도인의 구제방법으로는 대금청구소송(action for the price),[21] 물품수령불이행으로 인한 손해배상의 청구권(damages for non-acceptance)[22]이 있다. 이밖에 대금을 지급받지 못한 매도인에 대해서는 물품에 대한 유치권(lien),[23] 운송정지권(right of stoppage in transit)[24] 및 재매각권(right of resale)[25]이 있다. 여기서 유치권이란 매수인에 의하여 대금지급이 될 때까지 물품을 보유하는 권리를 말한다. 유치권이 발생되기 위해서는 대금지급을 받지 못한 매도인이어야 하고,[26] 매도인이 물품을 점유하고 있어야 한다. 또한 운송정지권은 특정인에게 매각된 물품을 재취득하여 그 물품이 특정인의 부채의 지급에 적용되는 것을 막는 권리로서 대금지급을 받지 못한 매도인의 권리이다. 유치권과 운송정지권은 매도인이 점유하여 대금지급이 있을 때까지 유치할 수 있으나[27] 매수인으로부터 나중에 대금지급을 받게 되면 물품을 재송부하여야 한다.

또한 대금지급을 받지 못한 매도인은 물품을 점유하였을 경우에 비록 소유권이 이전하였다 하더라도 매도인이 유치권 또는 운송정지권을 행사한 경우에 물품에 대한 재매각권을 갖는다.

한편 미국의 UCC에서의 계약위반에 대한 매수인의 구제방법은 계약위반이 계약전체의 가액을 멸손하였을 경우에는 계약해제권,[28] 이미 지급한 대가에 대한 손해배상청구권,[29] 불인도에 대한 손해배상청구권[30]이 있으며, 매도인의 구제방법은 물품인도유보권,[31] 운송정지권,[32] 재매각권,[33] 수령거절에 대한 손해배상청

대금감액 또는 손해배상을 청구할 수 있다.

21) SGA 1979, §49.
22) SGA 1979, §50.
23) SGA 1979, §41.
24) SGA 1979, §44. : UCC, §2-705.
25) SGA 1979, §24. : UCC. §2-706.
26) 물품을 외상으로 계약하였다면 매도인은 유치권을 갖지 못한다.
27) UCC, §2-702.
28) UCC, §2-711.
29) UCC, §2-713.
30) UCC, §2-713~714.
31) UCC, §2-703(a).
32) UCC, §2-703(b).
33) UCC, §2-703(d).

구권,[34] 매매계약취소권[35]이 있다. 이와 같이 미국의 법제도 영국의 법제와 근본적으로 취지를 같이하고 있다.

(2) 한국법상의 구제방법

한국 민법에서는 매매의 목적물에 하자 또는 수량부족이 있는 경우에는 매도인이 하자담보책임을 진다. 담보책임은 매매에 의하여 매수인이 취득하는 권리 또는 권리의 객체인 물건에 하자(흠) 내지 불완전한 점이 있는 때에 매도인이 매수인에게 부담하는 책임을 말한다.[36]

매수인의 구제방법으로는 대금감액청구권, 계약해제권, 손해배상청구권을 갖게 된다.[37] 이밖에 계약해제나 손해배상청구는 하지 않고 하자가 있는 물품을 하자 없는 물품으로 대체청구할 수 있는 이른바 종류매매에 관하여 규정하고 있다.[38]

(3) CISG상의 구제방법

물품매매계약에서 매도인의 주된 의무는 약정된 기간 내에 매수인에게 약정물품을 인도하는 것이다. 이러한 매도인의 의무를 이행하지 아니하는 경우 매수인의 구제방법으로는 매수인은 매도인에게 손해배상청구권,[39] 의무이행청구권,[40] 계약해제권,[41] 대금감액권[42]이 있고, 매도인의 구제방법으로는 손해배상청구권,[43] 의무이행청구권,[44] 계약해제권[45]이 있다.

34) UCC, § 2-703(e)
35) UCC, § 2-703(f)
36) 곽윤직,「채권각론」, 박영사, 1992, 204~205면.
37) 한국 민법 제570조~제582조 악의인 때에는 계약체결한 때로부터 1년 내에, 선의인 때에는 사실을 안 때로부터 1년 또는 6월 이내에 행사할 수 있다. 매수인의 검사 및 통지의무는 상법 제69조 제1항 참조.
38) 한국 민법 제581조 제2항.
39) CISG 1980, Article 45(1)(b).
40) CISG 1980, Article 46(1), (2), (3) 및 Article 47, 의무이행청구권에는 ① 특정이행청구권, ② 대체물인도청구권, ③ 하자보수청구권, ④ 추가기간설정권이 있다.
41) CISG 1980, Article 46(1).
42) CISG 1980, Article 50.
43) CISG 1980, Article 61(1)(b).
44) CISG 1980, Article 62. 의무이행청구권은 계약의무, 즉 채무를 약속한 대로 이행할 것을 법원이 명령하는 구제방법이다.
45) CISG 1980, Article 64(2).

CISG는 국제물품매매당사자의 의무로서 매도인의 계약위반책임과 매수인의 계약위반으로만 구분하여 총괄적으로 규정하면서 계약의 특성과 국제성을 고려하여 영미법계를 그 바탕으로 삼으면서도 대륙법계와의 조화를 시도하려는 입장을 취하고 있다.

3. 법의 충돌

수출무역에 있어서는 당사자가 그 거래에 적용할 법에 관하여 이견을 가지기 때문에 분쟁이 생길 것이라는 기대와는 달리 그 적용법규에 관한 분쟁은 실제로 많지는 않다. 그 이유는 첫째, Incoterms® 2010하의 FOB 및 CIF규칙에서와 같이 수출무역에서 이용되는 정형거래규칙이 법의 충돌위험을 감소시켜 주기 때문이다. 둘째, 물품매매에서는 중재조항(arbitration clause)이 사용되고 있으므로 중재판정이 이루어지는 곳의 법률이 계약의 준거법(proper law of contract)으로 결정되기 때문이다. 셋째, 당사자가 계약서에 그 권리와 의무가 어느 특정국의 법률에 의하여 적용된다는 뜻을 명문으로 규정하고 있기 때문이다.[46)]

그러나 매매계약에서 준거법(governing law: applicable law: proper law)에 관한 조항을 설정하지 않았거나 계약내용의 해석에 관한 견해 차이 또는 분쟁이 발생한 경우에는 어느 국가의 법을 적용하여 계약위반에 따른 구제를 받아야 할지 문제시 된다.

일반적으로 준거법은 계약당사자가 지정한다. 준거법 결정시의 객관적 연결과 관련하여 당사자가 준거법을 선택하지 아니한 경우에 계약은 그 계약과 가장 밀접한 관련이 있는 국가의 법에 의한다.[47)]

준거법 적용의 일반원칙은 계약당사자의 자유의사를 기준으로 하는 이른바 계약자유의 원칙(principle of party autonomy)[48)]을 최우선적으로 적용하여야 한다

---

46) Clive M. Schmitthoff, *op. cit.*, p. 102.

47) 한국 국제사법 제26조.

48) 계약자유의 원칙에서 계약당사자의 자유의사에 맡기는 것을 저촉법적 지정이라 하고, 계약 자체를 지배하는 법은 따로 있고 계약의 일부조건이나 내용을 지배하는 특정 법규나 국제 규칙 등을 지정하는 것을 실질법적 지정이라고 한다. 실질법적 지정은 공서양속이나 강행 규정에 위반되지 않는 범위 내에서만 계약내용을 규율할 수 있다.

는 주관주의(subjective view)와 계약과 가장 밀접한 현실적 관계를 갖는 법률을 준거법으로 적용하여야 한다는 객관주의(objective view)가 있다. 객관주의에서는 계약이 체결되는 A국에서 계약의 전부 또는 일부가 이행되는 경우에 준거법을 계약체결지법(lex loci contratus)으로 적용하여야 한다는 원칙과 계약이 비록 A국에서 체결되었다 하더라도 계약의 전부 또는 상당한 부분이 B국에서 이행된 경우에는 B국의 법률, 즉 이행지법(lex loci solutionis)[49]을 적용하여야 한다는 원칙이 있다. 또한 국제해양법에서 특히 공해를 항해중인 선박 내지 적재화물은 소재법이 존재하지 않기 때문에 국기법(law of flag)을 적용하여야 한다는 원칙이 있다.[50]

따라서 계약이 성립지에서 이행될 경우에는 그 계약의 성립지법이 적용되는 것으로 추정되지만, 계약의 성립지와 이행지가 다른 때에는 계약의 성립지가 아니라 이행지법이 당사자의 계약관계에 적용될 것으로 추정된다. 이러한 추정은 어디까지나 단지 추정의 기준에 불과하며 얼마든지 계약내용 및 주변상황에 따라 배제될 수 있다.[51]

한편 무역계약에서 당사자간에 분쟁이 발생하게 되면 특정 장소에서 특정 중재인 및 중재기관에서 중재로 해결하기로 중재계약을 체결한 경우에는 당해 중재지의 법이나 중재판정부의 지정법을 준거법으로 한다.[52]

무역계약위반에 따른 구제와 법의 충돌문제를 고려하여 매매당사자는 항상 계약내용과 조항에 적용할 준거법에 관하여 미리 명확하게 약정하여 두는 것이 중요하다.

4. 무역계약에서의 프러스트레이션

4.1 프러스트레이션의 의의

프러스트레이션(frustration)이란 어의는 "계약목적의 달성불능," "계약의 좌

49) 이행지법을 행위지법이라고도 한다.
50) 오세창, 전게서, 564면.
51) Clive M. Schmitthoff, *op. cit.*, p. 104.
52) The United Nations Convention on the Recognition and Enforcement of Foreign Arbitral Awards, 1958, Article 2(1), 5(1).

절" 또는 "이행불능"이라고 새길 수 있으나 그 뜻을 함축시켜 국역하는 데는 다소 어려움이 있으므로 여기에서는 프러스트레이션이라는 용어를 그대로 사용하고자 한다. 무역계약은 적법하게 체결되어 계약이 성립되었지만 매매당사자의 귀책사유가 없는데도 예견할 수 없는 사유가 발생하여 계약목적을 달성시킬 수 없는 경우가 무역거래에서 발생한다.

"계약은 이행되어야 한다"(pacta sunt servanda)[53]는 계약신성의 원칙은 19세기 중반까지만 해도 동서양을 막론하고 인정된 보통법의 기본 전제였다.

영국법에서 프러스테레이션은 당사자의 고의나 과실 없이 발생한 후발적 사정(supervening circumstances)으로 계약이 해제됨으로써 당사자가 추구했던 계약목적이 좌절되는 법리를 말한다. 벤자민(Benjamin)에 의하면 계약이 성립된 후 물품의 소유권이 매수인에게 이전되기 전에 어느 쪽도 채무불이행 없이 계약이 법적 이행이 불가능하게 되든지 또는 이행이 요구되어진 상황이 계약체결시 예상하였던 것과는 현저하게 변하였기 때문에 이행할 수 없게 되는 경우 매매계약은 좌절된다[54]고 하고 있다. 이처럼 영국에서의 프러스트레이션의 의미속에는 이행의 불능(impossibility of performance)과 계약목적의 달성불능(frustration of the purpose of contract)이라는 뜻이 포함되어 있다.

미국도 영국의 영향을 받아 초기에는 엄격한 보통법상의 원칙을 준수하다가 그 엄격성을 점차 완화시킴으로써, 이행이 절대적으로 불능(impossibility)이 된 경우뿐만 아니라 계약이행이 극도로 비현실성(impracticability)이 된 경우 및 계약목적 달성불능(frustration)이 된 경우에도 계약당사자의 면책을 인정하는 것으로 미국의 계약법 리스테이트먼트(Restatement)와 UCC에 규정하기에 이르렀다.[55] 특히 비현실성이라는 용어의 사용은 프러스트레이션 원리를 보다 포괄적이고도 융통성 있게 수용할 수 있게 하고 있는데 이 원칙에 의하여 매매당사자들은 이행상의 면책을 위하여 명시적 계약조항에 의존하려는 경향을 보이고 있다. 결과적으로 "impossibility," "impracticability," "frustration"은 용어상의 차이일 뿐 그 본질

---

53) G.W. patton, *A Texbook of Jurisprudence*, 3rd ed., London, 1964, p. 449.

54) A. G. Guest, *Benjamin's Sale of Goods*, 3rd. ed., Sweet & Maxwell Limited, London, 1987, p. 256.

55) American Law Institute, *Restatement of the Law*, Second, Contract, 2nd ed., 1981, §2-615: 김선광, "CIF거래조건에 있어서 Frustration원리의 적용에 관한 연구," 박사학위논문, 중앙대, 1989, 33면.

적인 의미나 기능은 동일하다고 볼 수 있다.[56]

대륙법에서는 계약의 해제권 발생에 대하여 사정변경의 원칙이 인정되고 있다. 사정변경의 원칙이란 모든 계약은 암묵리에 그 계약이 체결된 때의 사정이 그대로 존속하는 한에 있어서만 효력을 가지는 것으로 그 사정이 변경한 때에는 계약은 구속력을 가지지 않는다고 하는 것이다.

로마법에서는 "계약은 이행되어야 한다"는 원칙이 인정되었지만 그 후 계약은 사인간의 관계를 합리적으로 처리하는 수단에 지나지 않는다고 생각함에 따라 사정변경의 원칙이 적용되는 범위가 넓어져 왔다.

특히 세계대전을 겪고 화폐가치의 극심한 변동을 경험하면서 오늘날 세계 여러 나라에서 이 원칙이 승인되고 있다. 이 원칙의 기초이론은 영국의 "계약목적달성불능의 원리"(the doctrine of frustration of contract), 프랑스의 "불예견론"(la théorie de l'imprévision)과 독일의 "행위기초론"(die Lehre von der Geschäftsgrundlage)이 있는데, 이 중에서 독일의 이론이 한국에 가장 많이 소개되고 있다. 행위기초는 계약의 기초가 된 사태를 의미하며, 이것이 존재하지 않거나 소실되면 계약의 효력에 영향을 미치게 된다.

한국 민법에는 사정변경의 원칙을 직접 규정한 일반적 규정은 없지만, 이 원칙에 입각한 규정은 산재하고 있으며,[57] 신의성실의 원칙에서 파생된 것이라고 할 수 있다. 그러나 판례는 사정변경의 원칙에 의한 해제권의 발생을 부정하고 있다.[58]

사정변경의 원칙의 일반적 요건은 다음과 같다.[59]

첫째, 당사자가 예상하지 않았고 또한 예상할 수도 없었던 현저한 사정의 변경이 생겼어야 한다. 그리고 이러한 변경은 계약을 체결한 후 해제할 때까지의 사

---

56) Richard A. Posner & Andrew M. Rosenfield, " Impossibility and Related Doctrines in Contract Law : An Economic Analysis," *Journal of Legal Studies*, Vol. 6, 1977, pp. 85~86.

57) 한국 민법 제218, 286, 557, 627, 628, 661, 689조 등.

58) 한국 대법원 1963. 9. 12. 선고 63다452 판결: 매매계약을 맺은 때와 그 잔금을 지급할 때와의 사이에 장구한 시일이 지나서 그 동안에 화폐가치의 변동이 극심하였던 탓으로 매수인이 애초에 계약할 당시의 금액표시대로 잔금을 제공한다면 그 동안에 앙등한 매매목적물의 가격에 비하여 그것이 현저하게 균형을 잃은 이행이 되는 경우라 할지라도 민법상 매수인으로 하여금 사정변경의 원리를 내세워서 그 매매계약을 해제할 수 있는 권리는 생기지 않는다.

59) 김증한, 「채권각론」, 박영사, 1988, 93~95면.

이에 생긴 사정을 고려하여 결정하여야 한다.

둘째, 사정의 변경이 해제권을 취득하는 당사자에게 책임 없는 사유로 생겼어야 한다.

셋째, 계약 본래의 구속력을 인정하기 위해서는 신의칙에 반하는 결과가 되어야 한다.

넷째, 최고(催告)를 요하지 않는다.

CISG에서는 당사자는 의무불이행이 자기의 지배를 벗어나는 장해(impediment)에 기인한 것으로서 계약체결 당시 그 장해를 고려하거나 또는 그 결과를 회피 및 극복하는 것이 합리적인 견지에서 보아 기대할 수 없었음을 입증하는 경우에는 그 의무불이행에 대하여 책임을 부담하지 아니한다[60]고 규정하고 있다.

이처럼 국제물품매매에서는 프러스테레이션이나 불능 또는 비현실성이라는 용어는 사용하지 않고 면책을 허용하는 데 있어서 매매당사자의 지배를 벗어나는 장해에 기인하는 의무불이행에 관한 면책규정을 두어 각국의 다양한 국내법상의 원칙적용에 대한 참조를 회피하고 있다.

4.2 프러스트레이션 원리의 이론적 근거

프러스트레이션 적용법리에 대하여 법정에서는 독립적으로 행동하여 절대적 계약으로부터 이탈을 정당화 할 필요성이 있고 합리적인 해결을 위한 이론적 근거를 다음과 같이 찾고 있다.

프러스트레이션 원리의 이론적 근거로는 계약위반 전에 계약당사자의 귀책이 아닌 사유로 그 특정물이 멸실되어 이행불능이 될 경우에 비록 명시적 약관이 없었더라도 양 당사자의 의사를 추측해서 계약이 소멸된다고 보는 묵시적 약관에 바탕을 두어 프러스트레이션이 발생한다고 하는 묵시적 조건이론(theory of the implied term)이 있다.[61] 목적물의 멸실 또는 장기간에 걸친 장해나 지연으로 인하여 계약의 기초가 상실되어 계약의 이행은 실제로 소멸된 것으로 보아야 한다는

---

60) CISG 1980, Article 79.

61) Taylor v. Caldwell, [1863] 3. B. & S, 826: Clifford v. Watts, [1870] L.R. 5C. p. 577: Tamplin(F.A.) S.S. Co., Ltd. v. Anglo-American Petroleum Co. Ltd., [1916] 2 A.C. 397.

계약기초의 소멸이론(theory of disappearance of foundation of the contract),[62] 계약당사자의 의사와 상관없이 법원은 계약체결 후에 새로 형성된 사정 아래서, 정당하고 합리적이라고 생각한 경우에 법률상 그와 동일한 해석을 하여야 한다는 정당해결이론(theory of reasonable and just solution),[63] 계약의 소멸을 인정하기 위해서는 채무의 본질적 변경을 강조하여 양 당사자의 귀책사유 없이 계약상의 채무가 이행불능으로 되었다고 법이 인정할 때 프러스트레이션이 발생한다는 채무변경이론(theory of the change in the obligation)[64]이 있으며 이밖에 공통착오의 이론(theory of common mistake)[65]이 있다.

4.3 프러스트레이션의 성립과 적용제한

매매계약이 체결된 후 계약이행이 완료되기 전에 매매당사자의 귀책사유 없이 목적물에 대한 물리적 파괴 또는 불가항력적 사건발생에 기인하여 계약목적달성이 불가능한 경우에는 계약은 자동적으로 소멸되고 당사자는 이행의무로부터 면책된다는 프러스트레이션 원리가 법원의 판결에 의하여 발전되었다. 매매계약에서 프러스트레이션의 성립에 대하여 단적으로 말할 수는 없는 일이며 당해사건의 제반 상황을 고려하여야 한다.

주요 법제에서 정하고 있는 프러스트레이션의 성립되는 요건을 보면 다음과 같다.

영국의 SGA에서는 특정물[66]에 관한 매매의 합의가 성립한 후 매수인에게 위험이 이전하기 전에 물품이 매도인 또는 매수인의 과실에 의하지 아니하고 멸실한 때 그 합의는 효력을 상실한다[67]고 규정하고 있고, 미국 UCC에서는 우발적 사건이 발생하고 위험을 당사자의 합의나 관습에 의하여 부담하지 않고 우발적 사건발생이 그 이행상 비현실성(impracticable)이 있어야 하며,[68] CISG에서는 당사자

62) W. J. Tatem, Ltd. v. Gemboa, [1939] 1 K.B. 132.
63) Denny, Mott & Dickson Ltd. v. Fraser(James B.) Co. Ltd., [1944] A.C. 265.
64) Davis Contractors Ltd. v. Fareham U.D.C. [1956] A.C. 696.
65) Joseph Constantine Steamship Line, Ltd. v. Imperial Smelting Corporation, Ltd. [1942] A.C. 154, 186.
66) 전쟁발발 시에는 불특정물도 프러스트레이션 원리가 적용된다.
67) SGA 1979, §7.
68) UCC, §2-615.

의 의무불이행이 자기의 지배를 벗어나는 장해(impediment)로 기인한 의무불이행에는 면책이 된다[69]고 규정하고 있으며, 그리고 한국 민법에서는 물리적 불능에 한하지 않고 거래의 관념을 판단기준으로 하여 채무자의 고의 · 과실 없이 불이행되는 경우[70]라고 규정하고 있다.

무역거래에서 실제로 프러스트레이션이 성립되는 경우, 즉 프러스트레이션으로 인정되어 계약이 소멸되는 경우를 보면 다음과 같다.

첫째, 당사자의 사망(death of party)이 있을 때이다. 예컨대 용선계약에서 한 당사자가 사망하여 영원히 특정이행을 하지 못할 경우이다.[71]

둘째, 목적물의 멸실(destruction of the subject matter)이 될 때이다. 예컨대 목적물이 실절적인 멸실 손상되는 경우로 선주의 과실이 아닌 폭발사고로 선적불이행이 되는 경우이다.[72]

셋째, 후발적 위법(supervening illegality)이 있을 때이다. 계약성립 이후에 계약이행이 좌절되는 경우로 예컨대 전쟁의 발발, 법률의 변경, 정부의 수출입금지 조치와 간섭, 수출입허가제나 할당제(quota system) 등의 제한조치가 실시되는 경우이다.[73]

넷째, 사정의 본질적 변화(fundamental change in circumstances)가 있을 때이다. 주변사정이 예상외로 변화됨으로써 묵시적 계약내용을 합리적으로 판단해 볼 때 계약의 기초가 상실되었거나, 만일 계약이 유효할 경우, 그것이 계약당사자가 원래 체결한 것과 근본적으로 다른 새로운 계약으로 변경되었다는 결론에 달했을 때와 같은 경우로 예컨대, 선박의 나포된 경우이다.[74] 이밖에 프러스트레이션이 성립되는 경우는 당사자의 파산(bankruptcy), 우발적인 상황이 발생할 때 등이다.

그러나 다음과 같은 경우에는 프러스트레이션 성립이 배제되는 경우가 있다.[75] 즉 스스로 이행불능을 자초한 경우, 계약서상에 명시적 규정이 있을 경우,

69) CISG 1980, Article 79.

70) 한국 민법 제390조.

71) Cutter v. Powell [1795] 6 T.R. 320 : Whincup v. Hughes [1871] 6 C. p. 78.

72) Joseph Constantine Steamship Line, Ltd. v. Imperial Smelting Corporation, Ltd. [1942] A.C. 154, 186.

73) Ertel Bieber & Co. v. Rio Tinto Co., Ltd. [1918] A.C. 260: Re Shipton Anderson & Co and Harrison Bros. & Co's Arbitration [1915] 3 K.B. 676: Partabmull Rameshwar v. Sethia(K.C.) (1944) Ltd. [1951] W.N. 389.

74) W.J. Tatem, Ltd. v. Gamboa [1939] 1 K.B. 132.

75) 김선광, 전게논문, 68면 이하 참조 바람.

예측된 사건의 경우, 단기간의 이행불능, 이행상의 비용증가, 한 당사자에 의해 의도된 계약목적달성불능 그리고 다른 대안이 존재할 때이다.

4.4 프러스트레이션의 효과

프러스트레이션이 성립되는 경우 어떠한 사건이 발생되면 당해 사건발생시점으로부터 계약은 자동적으로 소멸된다.[76)] 보통법 아래에서의 일반원칙은 당해 계약을 처음부터 무효화시키는 것이 아니라 사건발생시점 이후의 계약이행의무가 면제된다.[77)]

그러나 수출입의 금지조치(prohibitions)가 내려진 경우에는 곧 프러스트레이션으로 되는 것이 아니라, 처음에는 그 금지조치가 일시적인 것인가 영구적인 것인가가 확정되기까지 유보될 수도 있다. 계약체결 후 그 이행 전에 수출입에 대한 단순한 제한조치(restrictions)가 실시된 경우에는, 대체로 주변사정에 달려 있으며, 특히 주변사정의 영향을 받은 당사자가 허가(licence)를 취득할 입장에 있는가 없는가의 문제이다. 당사자가 허가를 취득할 수 있음에도 불구하고 상당한 노력을 다하지 않았다면, 그는 계약위반을 면치 못하지만, 최선을 다한 끝에 금지조건으로 의해 허가를 얻지 못하였다면 그 결과는 프러스트레이션으로 될 것이다.[78)]

프러스트레이션을 적용하는 데 있어서 불공평한 점을 시정하기 위하여[79)] 영국에서는 1942년 이후부터 "법률개정(목적달성불능계약)법"(The Law Reform (Frustrated Contracts) Act 1943)에 의하여 적용시키고 있다. 이 법이 적용되는 경우에는, 당사자는 법원에 대하여 당사자간의 책임을 공평하게 조정해 주도록 요구하고, 법원은 매도인에게 대하여 선지급의 일부를 보유하거나 그 비용의 일부를 회수하거나 또는 계약상 이익을 받는 당사자는 상대방에 대하여 보상하도록

---

76) John Tillotson, *Contract Law in Perspective*, Butterworth & Co. Ltd., 1981, p. 145.

77) A. G. Guest, et. al., *Chitty on Contracts*, Vol. 1, 24th ed., Sweet & Maxwell, 1977, p. 686: 그러나 양 당사자의 권리와 의무는 유효한 상태로 존속되지만 결과적으로는 계약이 소멸되어 무의미하게 된다.

78) Clive M. Schmitthoff, *op. cit.*, pp. 89~90.

79) Fibrosa Spolka Akcyjna v. Fairbairn, Lawson, Combe, Barbour Ltd. [1943] A.C. 32의 사건이 계기가 되었다.

요구할 수가 있는 것이다.[80)]

4.5 프러스트레이션과 무역계약시의 대비

무역거래에서 매매당사자는 프러스트레이션이 성립되는 경우를 고려하여 계약을 체결할 때 불가항력조항(Force Majeure Clause) 등을 명시적으로 삽입하여 대비하도록 하여야 한다.

프러스트레이션과 불가항력의 사유가 발생할 경우에는 계약이행이 불가능한 점에서는 공통점이 있으나 전자는 계약 자체를 소멸시키지만, 후자는 계약조건의 불이행에 따른 면책을 인정할 따름이다. 프러스트레이션의 원리의 적용이나 불가항력조항의 설정 등은 계약목적의 달성불능 또는 이행불능에 따른 매매당사자의 면책을 인정하여 주기 때문에 본질적인 역할은 같고 상호보완적이 된다고 할 수 있다.

프러스트레이션이 성립되는지 여부는 계약법상의 원칙으로 사건별로 판단되지만 무역거래에서 이 원칙으로만 해결하기보다는 불가항력조항에 의하여 면책 여부의 판단을 하는 것이 바람직하고 용이하다고 할 수 있다.

따라서 무역계약을 체결할 경우에 불가항력조항의 설정은 필수적이라고 할 수 있는데, 다음과 같은 내용을 포함하도록 하는 것이 중요하다.

첫째, 매매계약서상의 불가항력조항에 발생가능한 불가항력 사태의 내용을 계약의 특성에 합당하게 구체적으로 열거한다. 그러나 유사한 내용을 모두 망라하는 것은 어렵기 때문에 "기타 당사자가 지배할 수 없는 모든 사유"(any cause beyond the control of the parties)와 같은 문언을 추가하도록 한다.

둘째, 불가항력조항에 포함되는 용어는 법률적으로 명확하여야 한다.

셋째, 불가항력 사태가 발생하였을 경우에 신속하게 통지의무를 부담하는 내용이 포함되어 있어야 한다. 당사자의 이해관계와 입장은 서로 상반될 수 있기 때문에 불가항력이 발생되면 며칠 이내에 어떠한 통신수단으로 동 사실을 상대방에게 통지하여야 할 것인가를 약정해 두어야 한다.

넷째, 불가항력 사태발생이 객관적으로 입증될 수 있도록 증명서 또는 자료 등을 제출하는 의무부담에 대하여 약정하여야 한다. 이는 일방적이고 주관적인

80) Clive M. Schmitthoff, *op. cit.*, p. 91.

불가항력 사태발생을 악의로 주장할 수 있는 것을 방지하기 위한 방법이라고 할 수 있다.

한편 국제간 장기계약의 경우에 매매계약이 체결된 이후에 당사자의 통제불능인 정치 · 경제사정의 본질적 변화로 계약이행이 곤란하게 되는 경우가 있다. 이것은 프러스트레이션이나 불가항력의 적용과 유사한 것 같지만 당사자의 의도는 다르다. 즉 계약소멸은 원하지 않고 계약이행은 하고 싶은 경우로 이와 같은 상황에 부응하기 위하여 계약서상에 이른바 하드십조항(Hardship Clause)을 설정한다.[81] 이 조항은 사정변경이 발생하는 경우에, 즉 가격조정(adjustment of the price), 시간의 연장 및 기타의 변경 등 원래의 약정사항을 당사자의 우호적인 타협에 의하여 계약을 이행하고자 하는 취지로[82] 사정변경에 능동적으로 대응하기 위한 조항이다.

국제상업회의소(ICC)에서는 하드십조항의 표준조항을 제시하면서 당사자에게 계약이행이나 소멸에 대한 선택권을 부여하고 당사자 합의가 실패할 경우에는 국제상업회의소의 계약관계규정상설위원회(ICC Standing Committee for the Regulation of Contractual Relations)에 당해 사건처리를 위임할 수 있고, 강제력이

81) "iniquity clause"라고도 한다.

82) Clive M. Schmitthoff, *Export Trade*, 9th ed., Steven & Sons, 1990, pp. 751~753.

천연가스공급에 사용된 "Hardship Clause"의 예는 다음과 같다.

Substantial hardship shall mean if at any time or from time during the term of this agreement, without default of the party concerned, there is occurrence of an intervening event or change of circumstances beyond the said party's control, when acting as a reasonable and prudent operator, such that the consequences and effects of which are fundamentally different from what was contemplated by the parties at the time of entering into this agreement... the party claiming that it is placed in such a position as aforesaid may by notice request the other for a meeting to determine if said occurrence has happened and, if so, agree upon what, if any, adjustment in the price then in force under this agreement and/ or other terms and conditions thereof is justified in the circumstances, in fairness to the parties to alleviate said consequences and effects of said occurrence...

If the seller(s) and the buyer(s) have not agreed a mutually acceptable solution within 60 days after the notice requesting a meeting... either party may request the matter to be submitted to arbitration... The arbitrators shall determine whether the aforesaid occurrence has happened, and if so what adjustments, if any, in the said price or the other terms and conditions should be made... having due regard to the interest of the other party, and any revised prices or other conditions so determined by said arbitrators shall take effect on the date when notice of arbitration was given...

발생하는 법원이나 중재판정부에 계약내용의 변경문제에 대하여 판정요청을 할 수 있도록 하는 것이 이 조항의 유용성을 더해 주는 것이라고 권고하고 있다.[83] 따라서 계약자유의 원칙에 따라 거래의 성격이나 계약대상물품, 거래기간 등의 특수성을 고려하여 이와 같은 조항을 이용하는 것도 바람직하다.

---

83) ICC, *Force Majeure and Hardship*, ICC publication No. 421, ICC Publishing S.A. 1985.

Chapter 10 무역계약의 종료와 무역클레임의 해결

1. 무역계약의 종료

1.1 매매계약종료의 의의

무역거래에서 당사자간의 매매계약은 주계약으로 계약이 성립된 후 계약이행을 위하여 운송회사와 물품운송계약, 보험회사와 적화보험계약 그리고 외국환은행과 신용장거래약정[1] 등의 종속계약을 통하여 물품인도 및 대금지급으로 사실상 계약이 이행되는 것이 일반적이다.

계약종료(termination of contract)란 유효하게 성립된 계약의 효력이 소멸되고 계약이 없었던 상태로 만드는 것을 말한다. 이를 계약의 해제[2]라고 하며, 계약의 해제는 곧 계약이 종료되는 것이라고 할 수 있다.

1.2 매매계약의 해제

일반적으로 매매계약의 해제의 사유로는 이행에 의한 해제(discharge by performance), 합의에 의한 해제(discharge by agreement), 계약위반에 의한 해

1) 한국의 외국환은행들은 수출거래약정서와 수입거래약정서를 이용하여 고객과 신용장거래 등 수출입거래와 관련된 약정을 체결하고 있다.
2) 해지와 구별할 점은 해제는 소급효과가 있음에 반하여, 해지는 장래에 향하여만 효력이 발생하는 점이 다르다.

제(discharge by breach of contract), 프러스트레이션에 의한 해제(discharge by frustration) 및 법률규정에 의한 해제(discharge by operation of law)가 있다.[3)]

당사자의 일방에게 채무불이행 등의 사유가 있는 경우에 타방 당사자로 하여금 계약의 구속으로부터 벗어나게 하는 일반적 계약해제는 대륙법계의 것이며, 영미법계에는 이러한 제도가 발달하지 아니하였으나 계약의 취소(rescission) 사유로 부실표시(misrepresentation), 강박(duress), 부당위압(undue influence), 착오(mistake)[4)] 외에 계약상 채무불이행(failure in performance)이 포함되어 있고 그 불이행이 심한 경우 및 조건위반인 경우 등에는 계약의 취소를 인정하고 있다.

영국의 SGA에 의하면 조건(condition)과 담보(warranty)를 구별하고 조건위반인 경우에는 그 물품의 수령을 거절할 수 있으나 담보위반인 경우에는 손해배상청구만 할 수 있도록 하고 있다.[5)]

미국의 UCC는 완전이행제공원칙(perfect tender rule)에 따라 매수인의 거절권을 인정하면서 실질적 위반여부의 기준(substantial breach test)을 보충적으로 채택하고 있다.[6)]

CISG에서는 매수인 또는 매도인이 계약을 해제할 수 있는 사유로 매도인의 의무불이행이 중대한(본질적인) 계약위반(fundamental breach of contract)[7)]으로 되는 경우와 인도의 불이행에 관하여 부가기간 내에 매도인이 목적물을 인도하지 아니한 경우 또는 매도인이 정한 기간 내에 그 의무를 이행하지 아니함을 명확히 한 경우에 관하여 규정하고 있다.[8)] 또한 계약해제의 의사표시는 상대방에게 통지를 한 경우에 효력이 있다[9)]고 하고 있다.

CISG에서 당사자는 계약체결 후 이행기전 계약위반(anticipatory breach of

---

3) 법률규정에 의한 해제의 예는 단순계약에서 날인증서(deed)를 작성하면 그 단순계약은 날인계약에 혼동(merger)되어 소멸되는 것, 파산(bankruptcy)에서의 면책명령 그리고 출소기한법(Limitation Act, 1980)에 의한 시간의 경과(laps of time)가 있다: PWD Redmond, *Introduction to Business Law*, Sixth ed., Pitman Publishing, 1991, pp. 72～88.

4) 이와 같은 계약은 처음부터 무효이거나 또는 취소될 수 있는 것으로 하자 있는 계약이다.

5) SGA, 1979, §11.

6) 손경한, "UN국제물품매매계약과 계약의 해제,"「국제물품매매계약에 관한 UN협약상의 제문제」, 삼지원, 1991, 325～326면.

7) 중대한 계약위반의 사유가 되기 위해서는 매도인이 매수인에게 물품을 인도하여야 하며, 인도한 물품이 계약목적에 부적합(non-conformity)하여야 하고 그 가치가 실질적으로 박탈하는 결과가 초래하여야 하며 이와 같은 결과를 예견할 수 있어야 한다.

8) CISG 1980, Article 49(1), Article 64(1).

9) CISG 1980, Article 26.

contract)에 대하여는 상대방에게 의무이행정지권[10]과 계약해제권[11]을 부여하고 있고, 목적물을 분할하여 인도하는 계약에서는 어느 분할부분에 관한 일방 당사자의 의무와 불이행이 그 분할부분에 대하여 중대한 계약위반으로 되는 경우에는 상대방은 계약을 해제할 수 있다[12]고 규정하고 있다.

2. 무역클레임의 발생

2.1 무역클레임의 의의

무역거래에서의 클레임(claim)이란 매매당사자간의 어느 일방이 매매계약내용을 불이행함으로써 상대방에게 손해를 입힐 때 손해를 입은 당사자가 상대방에 대하여 손해배상을 청구하는 것을 말한다.

무역클레임은 광의로 단순한 불만(complaint)이나 경고(warning) 등을 포함시킬 수 있으나 이는 어느 일방의 주관적인 면이 있기 때문에 객관성과 타당성을 가진 무역분쟁의 청구(claim for trade dispute)라고 할 수 있다.

무역거래에서 클레임은 일어나지 않도록 예방을 하는 것이 최선의 길이겠으나 경미한 하자나 구실을 잡아 고의적인 이른바 마켓클레임(market claim)을 제기하는 사례도 있다. 슈미토프(Schmitthoff)가 지적한 바와 같이 클레임은 "무역에 있어서의 질병"(desease in trade)이라고 할 수 있다.

무역클레임은 매도인의 결제상의 클레임 제기를 제외하고는 대부분이 매수인 측에서 제기하는 것이 일반적이라고 할 수 있다.

2.2 무역클레임의 청구내용

무역클레임의 청구내용은 금전의 청구, 금전 이외의 방법에 의한 손해배상의 청구 또는 양자를 합해서 청구하는 것으로 대별할 수 있다.

---

10) CISG 1980, Article 71(1).
11) CISG 1980, Article 72.
12) CISG 1980, Article 73.

첫째, 금전의 청구로는 ① 대금지급의 거절, ② 손해배상금 청구, ③ 해약변상금 청구, ④ 대금감액의 청구 등이 있다.

둘째, 금전 이외의 청구로는 ① 잔여계약의 해제, ② 계약이행의 청구, ③ 물품의 인수거절, ④ 대체품의 청구, ⑤ 부족분의 추가송부 등이 있다.

셋째, 금전의 청구와 금전 이외의 청구를 합하여 클레임을 청구하는 경우도 있다. 예컨대 대체품을 송부하되 상기를 놓치거나, 현지의 수요자에 대한 인도지연에 따른 과징금을 손해배상금으로 함께 청구하는 것 등이다.

2.3 무역클레임의 종류

(1) 클레임의 발생원인에 따른 분류

1) 품질에 관한 클레임

품질에 관련된 클레임으로는 품질불량(inferior quality), 품질상위(different quality), 규격상위(different specification), 등급저하(inferior grade), 손상(damage), 변질(deterioration), 변색(discoloration) 등이 있다.

2) 수량에 관한 클레임

물품의 수량에 관련된 클레임으로는 적화부족(short shipment), 착화부족(short landing), 중량부족(under weight), 감량(diminution) 등이 있다.

3) 가격·결제에 관한 클레임

가격이나 대금결제와 관련된 클레임으로는 초과지급(over payment), 대금미지급(non-payment), 수선비(repairing charge), 재포장비(repacking charge), 벌과금(penalty) 등이 있다.

4) 운송 및 인도에 관한 클레임

운송에 관련된 클레임으로는 선적지연(delayed shipment), 선적불이행(non-shipment), 취급불량(bad handling), 적부불량(bad stowage), 환적(transshipment), 분실(missing), 유실(drifting away), 도난(pilferage) 등이 있다.

5) 포장에 관한 클레임

포장에 관련된 클레임으로는 포장불량(inferior packing), 포장불충분(insufficient packing), 불완전포장(incomplete packing) 등이 있다.

6) 서류에 관한 클레임

제공된 서류에 관한 클레임으로는 송장오류(error in invoice), 기재사항 상이(misdescription), 서류불비(lack of documents) 등이 있다.

7) 기타의 클레임

그 밖의 클레임으로는 신용장발행지연(delayed issue of L/C), 계약위반(breach of contract), 계약취소(cancellation of contract) 등이 있다.

(2) 클레임의 성격에 따른 분류

무역클레임은 매매당사자간에 어느 일방의 과실이나 태만에 따라 계약을 위반하였을 때 발생되는 일반적인 클레임과 가격을 깎는 구실로 고의적으로 트집을 잡는 마켓클레임(market claim) 그리고 당초부터 계획적인 술책으로 클레임을 제기하는 의도적인 클레임 등이 있다.

2.4 무역클레임 발생에 따른 문제점과 대책

1991년 하반기 대한상사중재원이 전국의 무역업자 및 무역대리업자 중 3,500개사를 대상으로 실시한 클레임실태조사의 결과 분석된 문제점과 대응책을 참조하면 다음과 같다.[13)]

(1) 무역클레임 발생의 문제점

무역클레임의 원인에 관한 문제점으로는 ① 무역클레임의 원인의 중요성에 대한 전반적 이해부족, ② 무역계약서에 대한 이해 부족, ③ 업계간 정보의 공유 및 교환체계 미흡, ④ 해외시장조사의 미흡, ⑤ 검사제도의 비효율적 운영, ⑥ 과당경쟁으로 인한 계약상 불이익 초래 등을 들 수 있고, 무역클레임 해결상의 문제점으로는 ① 무역클레임을 담당할 전문부서 인력의 부족, ② 국제무역계약 및 실무적 국제무역관행에 대한 이해 부족, ③ 업계와 관련기관과의 협조체제 미흡, ④ 무역클레임 예방에 대한 노력부족 등이 지적되었다.[14)]

13) 대한상사중재원, "클레임 센서스 결과분석," 「중재」, 제243호, 1992, 24면.

14) 특히 모든 계약서상에는 클레임발생시의 제기기한과 분쟁의 해결을 중재에 의한다는 합의는 매우 중요하다. 클레임 제기기한에 대한 조항은 다음과 같은 요령으로 약정해 둔다.
"Any claim or complaint by buyer of whatever nature arising under this contract,

(2) 무역클레임에 대한 대책

1) 무역클레임의 예방책

무역클레임의 원인에 관한 예방책으로는 ① 철저한 신용조사의 이행, ② 정형무역계약서의 개발 및 활용증대, ③ 업계간 관련정보 공유 및 교환을 위한 체계 구축, ④ 검사제도의 기능강화 및 업체자율검사 기능확대 등을 들 수 있고, 무역클레임 해결에 관한 대책으로는 ① 무역클레임해결을 담당할 수 있는 전문인력양성을 위한 교육프로그램 개발과 실시, ② 정보수집에 대한 노력, ③ 품질관리를 위한 지속적 노력 등을 들 수 있다.

2) 무역클레임의 사후처리대책

무역클레임이 제기되면 우선 다음과 같은 사항을 검토하여야 한다.

① 제기 원인이 계약조건상의 하자는 없는가.

② 객관적인 클레임사실 입증자료는 충분한가.

③ 하자의 정도가 납득할 수 있는 정도인가.

④ 청구금액은 합리적인 산출근거를 가지고 있는가.

⑤ 장래 혹은 타거래에 미치는 영향은 어떠한가.

클레임에 대한 회신을 할 때는 성급한 약속은 하지 말고 의사표시를 명확히 밝혀 신속하고 공정한 처리를 통하여 대외신용도를 제고시켜야 한다.

3. 무역클레임의 해결

무역클레임이 발생되면 신속한 대응과 해결을 위하여 노력하여야 한다. 가능한 한 당사자간에 우호적인 협의에 의하여 해결하는 것이 바람직하나 그러하지 못할 경우에는 제3자를 통하여 해결한다. 클레임의 해결에 관하여 흔히 "중재는 재판보다 낫고, 조정은 중재보다 나으며, 분쟁의 예방은 조정보다 낫다"고 한다.

---

shall be made in E-mail within ten days after arrival of the cargo in the destination port, Full particulars of such claim shall be made in writing and forwarded by air mail to seller within 15 days cabling. Buyer must submit with such particulars as Sworn Public Surveyor's Report, when the quality and or quantity of merchandise is in dispute."

3.1 매매당사자간 해결

(1) 클레임의 포기(waiver of claim)

웬만한 클레임에 대해서는 클레임을 포기하고 단순경고(warning)를 함으로 다음부터는 그렇지 않도록 주의를 촉구하는 방법이다. 이 경우는 피해자(claimant)가 일방적으로 가해자(claimee)에게 클레임 제기를 철회(withdrawal)함으로 일단락되는 것이다.

(2) 타협(compromise)과 화해(amicable settlement)

매매당사자 쌍방간에 합리적인 선에서 타협을 통하여 클레임 청구내용을 합의하는 것을 말한다. 타협은 양보와 화해를 통하여 이루어진다.

클레임의 해결은 가급적 쌍방간에 타협과 화해를 통하여 종결짓는 것이 가장 바람직한 방법이라고 할 수 있다.

3.2 제3자를 통한 해결

만일 당사자간 타협이 이루어지지 못했을 경우에는 제3자를 통하여 알선, 조정, 중재에 의하거나 또는 소송으로 해결하게 된다.

(1) 알선(intermediation)

알선이란 클레임 해결을 위하여 당사자의 일방 또는 쌍방의 의뢰에 의하여 국제상업회의소 등 제3자적 기관이 개입하여 조언을 통하여 원만하게 분쟁을 해결하도록 하는 것이다. 알선은 쌍방의 협력이 있어야 하며 강제력은 없으나 알선을 담당하는 공정한 위치에 있는 기관이 당사자에게 영향력을 발휘할 수 있는 경우에는 성공하는 예가 많다.

(2) 조정(conciliation)

알선에 의하여 클레임이 해결되지 못하면 양 당사자가 공정한 제3자를 조정인(conciliator)으로 하여 조정인이 제시하는 해결안에 대하여 합의함으로써 클레임을 해결하는 것이다. 조정은 중재의 전단계로 중재기관을 이용할 수 있지만 기타의 제3자적 기관에 의할 수도 있다. 조정안에 의해 당사자가 수락을 하면 일단 구속력을 갖게 된다. 조정안의 수락여부는 당사자의 자유의사에 속한다. 만일 조정을 하는 데 있어 조정인 선정일로부터 일정기간 이내에 조정이 실패하면 조정절차는 자동적으로 폐기되고 중재의 단계로 넘어가게 된다.

(3) 중재(arbitration)

중재에 의한 클레임의 해결은 조정에서와 같이 당사자가 공정한 제3자를 중재인(arbitrator)으로 선정하여 중재인의 판정에 복종함으로써 클레임을 해결하는 방법이다. 조정과 다른 점은 조정안의 수락여부는 당사자의 자유의사에 속하는 데 비하여, 중재의 경우에는 중재인의 판정(awards)에 복종해야 하며 법원의 확정판결과 동일한 효력을 갖는다는 점이다.

(4) 소송(litigation)

중재합의[15]가 없을 경우에는 소송을 통하여 클레임을 해결할 수밖에 없다.

소송이란 국가기관인 법원의 판결에 의하여 강제적으로 분쟁을 해결하는 방법이다. 소송에 의한 클레임의 해결은 자국의 판결효력이 상대국에 미칠 수 없고 강제집행상에 많은 문제가 있으므로 상대국 법원에 제소를 하여야 하는 문제 등 어려움이 많다. 따라서 소송까지 가는데 따른 시간, 비용, 인력 낭비 등을 고려하여 당사자간의 원만한 타협에 의해 해결하거나 중재로 신속히 해결할 수 있도록 합의하는 것이 바람직하다.

표 10-1 중재와 소송의 비교

구 분	중 재	소 송
대상	• 개인(기업)간의 상사분쟁	• 민사 · 상사 · 형사 · 행정 · 선거, 비송사건 등 모든 분쟁
요건	• 반드시 당사자간의 합의가 필요함	• 당사자의 행위능력이 필요함
구속력	• 법원의 판결과 동일한 효력 (구속력을 가짐)	• 법적 구속력

15) 중재로 해결하기 위해서는 매매당사자간에 중재로 분쟁을 해결한다는 중재합의를 사전 또는 사후에 하여야 한다. 만일 중재합의를 하지 못하면 중재의 방법을 이용하지 못한다.

공개여부	• 비밀준수(당사자 및 기업의 비밀 유지)	• 공개가 원칙임(헌법 제27조 제3항)
경제성	• 단심제이므로 비용이 저렴함	• 복잡한 소송절차 • 3심제에 의한 과중한 비용부담 불가피
신속성	• 단심제에 의한 신속판정 가능 (평균 4~6개월 소요)	• 3심제에 의한 항소·상소 가능 (평균 2~3년 소요) • 소액사건심판제도 있음
심판자의 자격요건	• 당해 분쟁의 전문가가 중재인으로 활동(중재인의 자유심증으로 판정-유연성)	• 반드시 법관이 판결(법조문에 충실-경직성)
변론기회	• 충분한 변론기회 보장(미보장시 중재판정 취소 사유가 됨)	• 사실 및 증거에 따른 판결(당사자의 변론기회 상대적으로 불충분)
당사자간의 관계	• 우호적인 관계 유지 가능	• 적대적인 관계가 되기 쉬움(감정대립)
강제집행	• 불이행시 관할법원의 집행판결을 통한 강제집행	• 법원의 판결에 의한 강제집행
국제성	• 국제적 집행가능(뉴욕협약 준수)	• 국제적 집행에 많은 어려움이 있음

자료: 대한상사중재원

4. 상사중재

4.1 상사중재의 의의

중재(arbitration)란 사법상의 분쟁을 법원의 판결에 의하지 아니하고, 당사자 간의 합의로 사인인 제3자 즉, 중재인(arbitrator)에 부탁(refer)하여 구속력이 있는 판정(award)을 구함으로써 최종적인 해결을 기하는 방법을 말한다.[16)]

한국의 중재법은 "이 법은 중재에 의하여 사법상의 분쟁을 적정 · 공평 · 신속하게 해결함을 목적으로 한다"[17)]고 규정하고 있다.

16) 고범준, 「국제상사중재법해의」, 대한상사중재원, 1991, 7~8면.
17) 한국 중재법 제1조.

상사중재(commercial arbitration)란 상행위로 인하여 발생되는 법률관계에 관한 중재를 말하며,[18] 상거래 당사자들이 사법상의 분쟁을 쌍방의 합의에 의하여 법원에 소송을 제기하는 대신에 중재인에게 그 해결을 부탁하는 방법이다.

상사중재는 분쟁을 최종적으로 심판한다는 점에서는 법원의 재판과 맥을 같이 하지만 사적자치원칙에 입각하여 분쟁의 해결을 제3자, 즉 중재인에게 맡기고 그 결정에 복종한다는 당사자간의 합의가 있어야 한다는 점에서 소송과 큰 차이가 있다.

4.2 상사중재제도의 장점과 단점

중재는 소송에 비하여 다음과 같이 많은 장점을 갖고 있으나 반면에 단점도 있다.[19]

(1) 상사중재제도의 장점

1) 중재계약의 자율성

중재는 분쟁의 당사자가 법원의 판결에 의존하지 아니하고, 그들의 자유의사에 의한 중재합의에 따라 자신이 선임하는 사인인 판정자(중재인)에게 분쟁을 해결할 것을 신청함으로써 양 당사자가 그들이 판정의 결과에 복종하기로 하는 자주적인 분쟁해결방법이다.

2) 신 속 성

보통 소송은 3심제에다가 패소한 당사자가 상소수단을 남용하여 절차를 지연시킬 위험이 있는데 반하여, 중재는 단심제이므로 분쟁이 신속히 종결된다.

특히 중재판정은 중재계약에서 약정된 기간 내에 또는 중재가 개시된 날로부터 3개월 내에 중재판정을 해야 한다는 것으로 규정함으로써 분쟁해결의 신속성이 강조된다.

3) 중재인의 전문성

국제상거래는 상관습에 지배를 받는 경우가 많으므로 일반법만을 연구한 일

---

18) 그러나 당사자가 자유로이 처분할 수 없는 형사사건, 비송사건, 가사심판사건 및 강제집행 사건 등의 법률관계에 관하여는 중재계약 대상이 되지 않는다.

19) 한주섭 외, 「국제상사중재론」, 동성사, 1990, 30~32면.

반 법관에게 국제상거래에 관한 분쟁해결을 맡기는 것보다는 상거래와 관습에 정통한 중재인에게 판정을 맡김으로써 보다 현실적이고 합리적일 수 있다.

4) 심문절차의 비공개

소송에 있어서는 재판절차나 판결문이 각각 공개되기 때문에 사업의 내용과 경영상의 기밀이 외부에 누설될 위험이 있으나 중재에 있어서의 심리절차는 비공개를 원칙으로 하는 것이므로, 특히 국제상사분쟁의 경우에 있어서 거래의 기밀이 대외적으로 누출되는 폐단을 방지할 수 있으므로 대외신용유지가 보장된다. 따라서 판정문도 또한 공개되지 아니한다.

5) 저렴한 비용

중재는 분쟁을 신속하게 해결함으로써 중재비용은 비교적 저렴하다. 또한 소송의 경우에는 위탁변호사수, 소송기간의 연장에 따라 비용이 많이 소요되나 중재의 경우에는 이러한 비용이 많이 절약된다. 특히 상설중재기관의 경우에는 미리 합리적으로 책정된 중재요금표가 작성 · 공표되어 있어 경제적이다.

6) 중재판정효력의 국제성

재판은 국가공권력의 발동이므로 원칙적으로 국경을 초월하여 그 효력을 미칠 수 없으나, 중재판정은 민간인의 자주적인 분쟁해결방법이기 때문에 국가의 주권문제와는 아무런 관계없이 국제적으로 그 효력을 미칠 수 있다.

7) 평화적 분위기

소송은 제소(complaint)와 소환(summons)의 수단에 의하여 위압적인 분위기 속에서 진행되나 중재는 상호교섭과 평화로운 분위기 속에서 진행된다.

(2) 상사중재제도의 단점

중재제도의 단점에 대하여서는 다음의 다섯 가지로 요약할 수 있다.

1) 법률문제

중재인은 사실문제(matter of facts: question of facts)에 대하여서는 그 전문가로서의 지식을 충분히 발휘하여 분쟁내용을 신속 · 정확하게 판정할 수 있으나, 중요한 법률문제가 개재되어 있을 경우에는 일반적으로 그 판단능력이 미흡할 수도 있다.[20]

---

20) 따라서 영미사회의 법률격언에도 "Judges do not answer to questions of fact: the jury do not answer to questions of law.(재판관은 "사실문제"에 대답하지 아니하며, 배심원단은

그러므로 중재인이 그의 전문분야가 아닌 법률문제를 판정한다는 것은 그 판정의 결과에 대한 "불완전성"의 문제를 배제할 수 없으며, 그러한 위험성은, 특히 사기(fraud) 또는 출소기한(limitation)과 같이 고도로 전문적인 법적 논쟁이 개재될 수 있는 분쟁사건의 경우에 더욱 높아질 수 있다는 점이다.[21)]

2) 법적 안정성과 예측가능성의 결여

중재인이 분쟁을 판정할 때에 무엇을 기준으로 할 것인가가 반드시 명확한 것은 아니다. 보편적인 인간성에 기초를 두고 있는 객관적인 정의와 형평의 원칙 내지 조리(law of nature)에 의하여 정하여야 할 것이지만 중재인의 판정기준이 중재인의 자의나 주관에 따라 좌우될 가능성이 있으므로 그 판정의 공정성을 객관적 존재에 의하여 주장하거나 또는 증명한다는 것은 그 성질상 불가능하다. 따라서 판정기준으로서의 조리 속에 판정주체의 자의와 주관이 개입될 위험이 있다는 의미에서 판결에 비하여 제도적으로 그 공정의 보장이 불충분하다. 결국 중재에 있어서는 동종의 사건도 중재인이 다름에 따라 각각 다른 판정이 내려질 가능성이 있으므로 법적 안정성과 예측가능성이 결여되어 있다고 할 수 있는 것이다.

3) 중재인의 대리인 의식

각 당사자가 각각 1명씩의 중재인을 선정하는 경우에 당사자의 일방에 의하여 선정된 중재인은 자기 자신을 선정한 당사자에 대하여 일종의 의리감을 가지게 되고 당사자의 대리인으로 생각하는 경향이 있을 수 있다.

중재인의 권한이 당사자와의 중재계약에 의하여 발생되는 것은 사실이지만 이 중재계약은 위임계약 또는 도급계약은 아니다. 그러므로 중재인은 당사자의 대리인이 아니라 당사자의 의사와는 별개 독립의 지위에서 판정을 하여야 하므로 중재계약은 일종의 특수계약이라고 할 수 있다. 그럼에도 불구하고 선정된 중재인이 당사자의 대리인으로서 당사자의 이익을 보호하려는 경향이 있다.

4) 상소제도의 결여

재판의 경우 삼심제도는 패소한 당사자의 정당한 요구에 응하여 재판의 정당성을 보장하고, 나아가 사법제도에 관한 신뢰를 확보하기 위한 제도이다. 그러나 중재에 있어서는 판정을 취소할 만한 중대한 결함이 없는 한, 판정에 대한 불

"법률문제"에 대답하지 아니한다.)" 또는 "The judges find the law, the jury the facts.(재판관은 법을 발견하고, 배심원단은 사실을 발견한다.)"와 같이 법률문제는 법률전문가에 의하여 다루어져야 한다는 것을 암시하고 있다.

21) 고범준, 전게서, 40~41면.

복신청이 인정되지 아니한다. 이것은 남소를 방지함으로써 사건을 신속히 처리하려는 중재제도의 본질적 요구인 동시에 그 장점의 하나이다. 그 반면, 이는 중재를 이용하려고 하는 자에 대하여 불안 요인이 된다.

5) 양당사자의 주장의 절충

중재인이 가끔 안일한 절충주의에 의하여 판정을 내릴 수도 있다. 이것은 중재인에게는 법관과 같이 강제처분권이 없는데다가 판정기한이 짧게 정해져 있는 것이 보통이기 때문이다. 그러나 이러한 절충주의는 서로 대립되는 주장에 대하여 그 당부에 관한 판정을 회피하는 태도이므로 중재제도의 이용자가 불만을 가질 수도 있다.

4.3 중재계약

(1) 중재계약의 의의

중재계약은 중재합의라고 할 수 있다. 중재합의라 함은 계약상의 분쟁인지 여부에 관계없이 일정한 법률관계에 관하여 당사자간에 이미 발생하였거나 장래에 발생할 수 있는 분쟁의 전부 또는 일부를 중재에 의하여 해결하도록 하는 당사자의 합의를 말한다.[22]

1985년 유엔무역법위원회에서 채택된 표준국제상사중재법에서도 "중재계약(arbitration agreement)이라 함은 계약상에 의한 것이거나 아니거나를 불문하고 일정한 법률관계에 대하여 당사자간에 이미 발생하고 있거나 또는 장래에 발생가능한 모든 분쟁 또는 특정한 분쟁을 중재에 부탁하기로 하는 당사자간의 합의이다"[23]고 규정하고 있다.

이와 같이 중재계약은 당사자간에 합의가 있어야 하며 법원에 의하여 재판받을 권리를 포기하고 제3자인 중재인의 판정에 복종하여야 하는 것이 기본이 된다. 중재계약은 민사나 상사분쟁에 한하며 형사, 행정, 가사사건은 제외되며, 비송사건이나 집행사건 및 보전소송사건도 제외된다.

중재계약은 당사자가 서면에 의한 문서에 중재합의가 포함되어 있거나 서

22) 한국 중재법 제3조 제2항.

23) UNCITRAL Model Law on International Commercial Arbitration as Adapted by the United Nations Commission on International Trade Law on June 21, 1985, Article 7(1).

신 · 전보 · 전신 및 문서전송 기타 통신수단에 의하여 교환된 문서에 중재합의가 포함되어 있는 경우이어야 한다.[24)]

특히 외국과의 중재계약을 체결할 때는 중재지, 중재기관 및 적용할 준거법 등을 명확히 명시하는 것이 좋다.

중재계약이 있는 경우에는 법원에 소송을 하지 못하는 직소금지의 효력이 있고 법원의 확정판결과 동일한 효력이 발생되기 때문에 최종해결의 효력이 있게 되고 후술하는 뉴욕협약 체약국간에는 당해국의 중재판정은 외국중재판정의 효력이 승인되고 집행도 보장받게 된다.

(2) 중재계약의 방법

중재계약에서의 중재합의는 사전합의, 즉 매매계약을 체결할 때에 할 수도 있고 매매당사자간 분쟁이 발생된 후, 즉 사후합의도 할 수 있지만 사후합의는 이해관계에 얽매여 어려운 경우가 많다. 중재계약의 방법은 크게 중재조항을 매매계약서에 삽입하는 방법과 독립문서에 의한 계약방법이 있다.

1) 계약서상 중재조항의 삽입방법

중재조항(arbitration clause)의 삽입이란 매매계약서상에 만일 본 계약과 관련하여 분쟁이 발생되면 중재로 해결한다는 취지로 중재조항을 설정하는 것을 말한다. 여기서도 계약서상에 중재조항을 두어 중재는 어느 지역 어느 기관의 중재에 따른다는 등 구체적인 중재조항이 직접 삽입되는 경우와 중재조항이 있는 제3의 서류 및 문서명칭을 간접 인용하여 계약서상에는 간단하게 중재의 취지를 언급하는 방법이 있다.

대한상사중재원이 모든 국제매매계약서상에 중재계약의 취지를 삽입하도록 권고하고 있는 이른바 "표준중재조항"(standard arbitration clause)은 다음과 같다.[25)]

"이 계약으로부터 또는 이 계약과 관련하여 또는 이 계약의 불이행으로 말미암아 당사자간에 발생하는 모든 분쟁, 논쟁 또는 의견 차이는 대한민국 서울특별시에서 대한상사중재원의 상사중재규칙 및 대한민국법에 따라 중재에 의하여 최

---

24) 한국 중재법 제 8 조: 미국중재법, 영국중재법, 외국중재판정의 승인과 집행에 관한 유엔협약에서도 "서면에 의한 합의"를 중재계약의 방법으로 정하고 있다.

25) 국내계약서상에도 중재조항을 다음과 같이 합의하도록 권고하고 있다. "이 계약으로부터 발생되는 모든 분쟁은 대한상사중재원에서 상사중재규칙에 따라 중재로써 최종 해결한다."

종적으로 해결한다. 중재인(들)에 의하여 내려지는 판정은 최종적인 것으로 당사자 쌍방에 대하여 구속력을 가진다."

"All disputes, controversies, or differences which may arise between the parties, out of or in relation to or in connection with this contract, or for the breach thereof, shall be finally settled by arbitration in Seoul, Korea in accordance with the Commercial Arbitration Rules of the Korea Commercial Arbitration Board and under the Law of Korea. The award rendered by the arbitrator(s) shall be final and binding upon both parties concerned."

2) 독립문서에 의한 중재계약방법

독립문서(separate document)에 의한 중재계약방법은 매매당사자의 계약서상에는 중재조항을 삽입하지 아니하고 별도의 양식에 의거 독립계약(separate agreement) 또는 중재부탁합의서(submission to arbitration)를 작성하는 것을 말한다.

독립문서나 보통 중재기관의 소정의 양식을 이용하는 중재부탁합의서의 내용에는 어느 기관의 중재규칙에 의하여 중재에 따르기로 한다는 취지가 합의되므로 적법한 중재계약으로 인정된다.

중재부탁합의서의 예는 다음과 같다.

SUBMISSION TO ARBITRATION

We, the undersigned parties, hereby agree to submit the below dispute to the Korean Commercial Arbitration Board for arbitration in accordance with the Commercial Arbitration Board and under the Law of Korea with impeccable understanding that the arbitral award to be rendered on dispute shall be final and binding upon all the parties concerned.

(1) Points of Dispute :

(2) Further References : Number of Arbitrators desired(one, three)

Party(A) Party(B)

Enclosure: A power of attorney in case where the submission is made by an agent.

(3) 중재협정

중재계약을 체결하는 당사자간에 중재를 할 장소 등에 관하여 원활한 합의가 이루어지지 못하여 계약체결이 지연되거나 계약 자체가 이루어지지 않는 경우가 있다. 즉 외국무역업자는 자국의 중개기관에서 중재할 것을 고집하고 한국의 무역업자는 한국에서 중재하기를 희망하기 때문이다. 따라서 이러한 점을 보완하고 구제하기 위하여 중재원에서는 각국의 중재기관들과 중재협정을 맺어 이 협정의 내용에 따라 중재하도록 권고하고 있다. 대한상사중재원은 여러 국가의 기관들과 중재협정을 맺고 있는데 대부분의 경우 중재장소의 결정은 피신청인의 나라에서 하도록 정하고 있다.

4.4 상사중재의 절차

중재절차는 중재법의 강행규정에 반하지 아니하는 한 당사자들은 중재절차에 관하여 합의할 수 있으나 당사자의 합의가 없는 경우에는 중재판정부가 중재법에 따라 적절한 방식으로 중재절차를 진행할 수 있다. 이 경우 중재판정부는 증거의 능력, 관련성 및 증명력에 관하여 판단할 권한을 가진다.[26]

한국의 중재법규를 중심으로 한 중재절차는 다음과 같다.

(1) 중재계약

중재는 중재계약이 있어야만 한다. 앞에서 설명한 바와 같이 당사자의 계약서상에 또는 별도의 문서로 중재합의 문언이 분명하게 약정되어 있어야 한다. 중재계약은 민법상의 계약의 성립[27] 및 유효조건[28]의 적용을 받는다. 중재계약이 중재조항을 포함한 문서를 인용하고 있는 경우에는 중재합의가 있는 것으로 본다.[29]

---

26) 한국 중재법 제20조.
27) 한국 민법 제527조 및 535조.
28) 한국 민법 제3조~제17조.
29) 한국 중재법 제8조 제4항.

(2) 중재신청

상사분쟁이 야기되어 중재에 의하여 해결하려고 할 때에는 대한상사중재원에 ① 중재규칙에 의한 중재의 합의를 인증하는 서면의 합의서, ② 중재신청서, ③ 청구의 근거를 입증하는 서증(documentary evidence), ④ 대리인이 신청하는 경우에는 위임장을 제출하고 소정의 중재요금 및 중재인의 보수를 미리 납부하여야 한다. 중재요금은 신청요금(request fee)과 중재요금(arbitration fee)으로 구분되며, 중재인 보수는 중재절차를 담당하는 중재인에게 지급하는 것이며, 기타 비용, 즉 증인, 감정인, 조사비용, 속기, 번역 등의 일체의 비용도 포함된다.

중재신청을 받은 중재원은 신청접수내용의 적합성 여부를 확인하고 쌍방 당사자에게 수리하였음을 통지한다.

만일 제출된 문서가 외국어의 문서일 경우에는 번역문을 첨부하여야 하며 중재신청의 접수등록 통지를 받은 피신청인은 답변서를 등록통지일로부터 국제중재의 경우는 30일 이내, 국내중재일 경우는 15일 이내에 제출하여야 한다.

(3) 조정

조정(conciliation)은 분쟁의 자치적 해결방법 중의 하나로 중재절차에 의한 판정을 거치지 않고 당사자의 서로 양보 아래 분쟁을 해결하기 위하여 조정인을 개입시켜 분쟁을 해결하는 방식으로 중재절차를 밟기 전에 앞서서 당사자 쌍방의 우의에 의한 조정을 시도하게 된다.

대한상사중재원에서 조정이 개시되면 중재인단 명부(panel of arbitrators)에서 선정하는 1인 또는 수인의 조정인을 선정하게 되고 조정인은 양 당사자의 주장을 듣고 조정안을 제시한다. 조정인이 선정된 날로부터 30일 이내에 조정이 성립되어야 하며 그 이후는 조정절차가 종료되고 중재절차가 개시된다. 만일 조정이 성립하면 그 효력은 중재판정의 효력과 동일하며 법원의 확정판결과 동일한 효력을 갖는다.

(4) 중 재 지

중재지(place of arbitration)란 중재절차 및 중재판정이 행하여지는 국가 또는 지역을 말하며, 중재지 내에서 심리절차 및 실제 중재가 행하여지는 특정장소를 중재장소라고 할 수 있다.

중재지의 결정은 분쟁당사자간에 보통 합의하여 결정된다. 그러나 중재지가 정하여지지 않는 경우에 대하여 유엔무역법위원회(UNCITRAL)의 중재규칙에 의하면 중재지에 관하여 당사자가 합의하지 아니하였을 경우에는 중재판정부는 중재 주위상황에 유의하여 당해 중재지를 결정하여야 하는 것으로 규정하고 있다.[30)]

또한 ICC 중재규칙에는 중재지는 당사자간 별도 합의가 없는 한 중재재판소(the court)가 이를 결정한다고 규정하고 있다.[31)]

따라서 매매계약에서 준거법을 한국법, 대한상사중재원을 중재지로 합의하였을 때에는 대한상사중재원의 중재판정을 받을 수 있음을 물론이다.

(5) 중재인의 선정

중재인(arbitrator)이란 당사자의 합의로 중재판정을 내리는 권한이 부여된 사인인 제3자를 말한다.

중재인은 중재판정에 중요한 역할을 담당하므로 그 선정에 신중을 기하여야 한다. 중재인을 선정하는 방법은 당사자가 직접 선정하는 방법과 중재판정부가 선정하는 방법이 있다.

양자의 방법은 분쟁당사자가 중재인을 직접 선정하기 위해서는 양 당사자가 직접 선정한다는 합의가 있어야 가능하다. 또한 후자의 방법은 당사자가 중재인을 선정하지 않거나 당사자가 정하기로 하고 당사자가 소정의 기간[32)]에 선정하지 아니하거나, 선정방법을 정하지 아니한 경우에는 중재판정부에서 선정하도록 하고 있다.

중재인의 수는 당사자가 합의로 정하며 합의가 없는 경우에는 중재인의 수를 3인으로 한다.[33)] 중재인이 수인인 경우 중재판정부의 모든 결정은 과반수의 찬성으로 한다. 다만 절차에 관한 사항에 관하여 다수결이 이루어지지 아니하는 경

30) UNCITRAL Arbitration Rules, Article 16-1.

31) ICC Rule of Conciliation and Arbitration, 1988, Article 12 "The place of arbitration shall be fixed by the Court, unless agreed upon by the parties."

32) 중재인 선정을 요구받은 후 30일 이내에 중재인을 선정하여야 한다; 한국 중재법 제12조 제 2 항.

33) 한국 중재법 제11조.

우에는 의장중재인이 정한다.

중재에서 가장 중요한 의의를 갖는 것은 중재인이므로 중재인의 윤리성과 도덕성이 강조된다. 따라서 중재인은 중재절차가 공정하고 정당하게 진행되도록 노력하여야 하며, 신뢰관계를 유지하고, 성실하게, 자주적으로 신중하게 판정하여야 한다.

(6) 심리

심리(conduct of hearings)는 중재인이 결정하는 것이 원칙이다. 중재판정부는 심리의 일시, 장소 및 방식을 결정하고 늦어도 심리개시는 국내중재의 경우 10일, 국제중재의 경우 20일 전까지 통지하도록 하고 있다.

또한 심리에의 출석은 중재에 직접 이해관계가 있는 자는 출석할 권리가 없으며, 중재판정부가 필요하다고 인정할 때에는 증거의 제출이나 증인 또는 감정인 임의의 출석을 요구할 수 있다.

상사중재에서 중재인은 제출된 증거의 신빙성과 유용성을 자유심증으로 판단한다고 규정하는 자유심증주의[34]가 채택되어지고 있다. 중재판정부는 당사자가 주장 및 입증(proof)을 다하였다고 인정할 때는 심리의 종결을 선언하게 된다.

(7) 중재판정

1) 중재판정의 의의

중재판정(award)이란 중재계약의 당사자가 부탁한 분쟁의 해결을 위하여 중재인이 내리는 최종적 결정(final decision)을 의미한다. 중재판정은 중재인이 분쟁해결에 있어 내리는 최종결정이며 양 당사자를 구속하기 때문에 공평하고 정당하면서 확정적으로 판정이 되어야 한다.

중재판정부는 당사자의 합의 또는 법률의 규정 중 다른 정함이 없는 한 심리종결일로부터 30일 이내에 판정하도록 규정하고 있다.

중재판정은 서면으로 작성하고 중재인 전원의 서명, 판정근거가 되는 이유, 작성일자, 중재자를 기재하고 서명 · 날인하여 정본은 각 당사자에게 송부하고 중

34) 자유심증주의는 법관이나 중재인의 양심과 이성을 전적으로 신뢰하여 그 자유로운 심증에 의하여 증거의 취사판단을 하게 하는 것이다. 그러나 자유심증주의로 중재인이나 법관의 임의대로 허용하는 것은 아니다. 그 판단은 논리법칙과 경험법칙에 따라야 하고, 사회정의와 형평의 이념에 입각할 것이 필요한 것이다.

재판정의 원본은 그 송부사실을 증명하는 서면을 첨부하여 관할법원에 송부·보관하게 함으로써 중재절차는 종결된다.[35)]

2) 중재판정의 효력

중재판정은 당사자간에 있어서는 법원의 확정판결과 동일한 효력을 가진다.[36)] 중재판정에 대한 불복은 법원에 제기하는 중재판정취소의 소에 의하여만 할 수 있다.[37)] 집행판결은 중재판정취소의 소를 제기할 수 있는 이유가 있는 때에는 하지 못한다. 그러나 다음과 같은 경우에는 중재판정 취소의 소를 제기할 수 있다.[38)]

첫째, 중재합의의 당사자가 그 준거법에 의하여 중재합의 당시 무능력자이거나 중재합의가 무효인 사실.

둘째, 중재인의 선정 또는 중재절차에 관하여 적절한 통지를 받지 못하였거나, 변론을 할 수 없었던 사실.

셋째, 중재판정이 중재합의의 대상이 아닌 분쟁을 다룬 사실.

넷째, 중재판정의 구성 또는 중재절차가 당사자간의 합의에 따르지 아니하거나 중재법에 따르지 아니하였다는 사실의 경우이다.

중재인은 자기가 내린 중재판정을 철회하거나 변경할 수 없다. 다만 중재판정부는 중재판정문에서 숫자 계산의 착오나 서기 또는 타자원의 과실 기타 이와 유사한 사유로 인하여 발생한 명백한 오자 또는 오류를 발견하였을 때는 결정으로 이를 정정할 수 있다.

중재판정에 대한 국제적 효력에 관한 문제는 각국의 법과 상관습이 다르기 때문에 중재판정에 대해 집행상 어려운 문제가 야기되어 1958년 이른바 뉴욕협약이라 불리는 "외국중재판정의 승인 및 집행에 관한 유엔협약"이 채택되어 체약국인 경우에는 이 협약을 적용함으로써 국제 상사분쟁의 해결을 용이하게 하고 있다.

---

35) 한국 중재법 제32조.
36) 상기법 제36조 제1항.
37) 상기법 제36조 제2항.
38) ICC Brochure No. 174; 이 조약은 "중재조항에 관한 제네바 의정서"(Protocol on Arbitration Clauses, open at September 24, 1923)와 "외국중재판정의 집행에 관한 제네바협약"(Convention on the Execution of Foreign Arbitral Awards, Signed at Geneva on September 26, 1927)을 대신하는 것으로 제네바협약에 가입한 2국이 뉴욕협약에 가입하면 그 후부터는 양국 사이에는 제네바협약의 효력은 상실되고 뉴욕협약을 적용하게 된다.

그림 10-1 중재진행절차

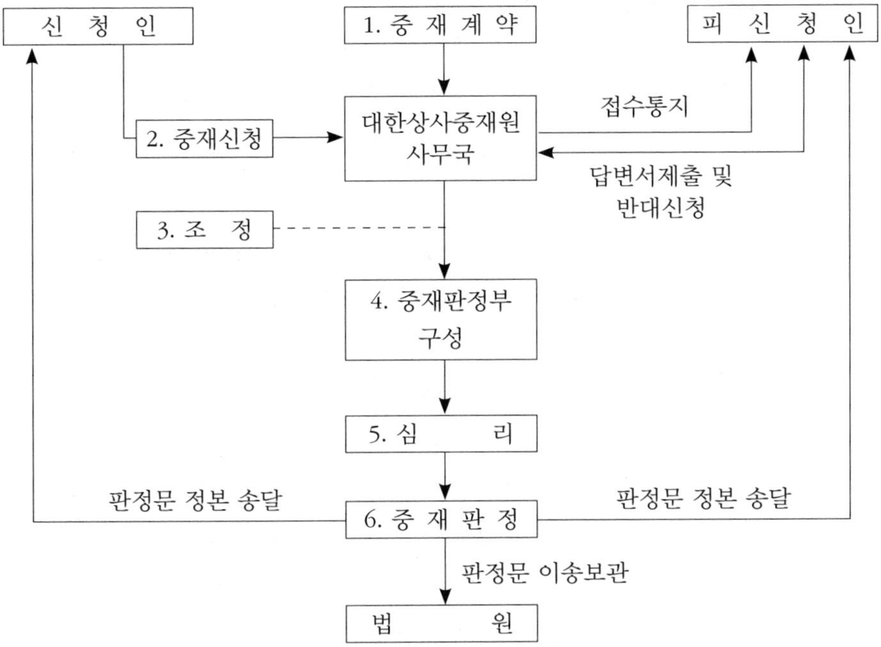

1. (1) 계약시 삽입된 중재조항
   (2) 사후 합의
2. (1) 제출서류(단독중재인의 경우 3부, 3인 중재인의 경우 5부)
   (2) ① 중재합의서
   ② 중재신청서
   ③ 각종 서증
   ④ 위임장(대리인이 신청하는 경우)
   ⑤ 법인등기부등본/주민등록등본
   (3) 중재 예납금 납입
3. 당사자들이 신청하는 경우에만 실시(30일 이내에 조정이 안 되면 다시 중재절차 속행)
4. (1) 당사자 합의로 결정
   (2) 사무국에서 결정(당사자가 합의 못 하는 경우)
   (3) 합의가 없는 경우 중재규칙에 따라 선정(3인)
5. 심리개시일 이전에 당사자에게 통지(심리순서, 일시, 장소)
   (1) 서면심리(양 당사자가 합의한 경우)
   (2) 구두심리
6. (1) 서면으로 작성하여야 함(구술선고 불가)
   ① 당사자 성명 또는 명칭과 주소
   ② 대리인이 있는 경우 대리인의 성명과 주소
   ③ 판정주문
   ④ 판정이유와 요지
   ⑤ 작성연월일
   ⑥ 중재인 전원의 기명날인
   (2) 중재판정은 법원의 확정판결과 동일한 효력

4.5 외국중재판정

(1) 뉴욕협약

1) 뉴욕협약의 의의

뉴욕협약(New York Convention)이란 "외국중재판정의 승인과 집행에 관한 유엔협약"(The United Nation Convention on the Recognition and Enforcement of Foreign Arbitral Awards)을 약칭하는 것으로 1958년 6월 10일 뉴욕에서 채택되었다 해서 이렇게 부르게 되었다.[39]

각국의 중재법제가 상이하고 외국중재판정에 대해 집행력이 확보되는 중재판정의 범위를 확대시키고 중재판정인 및 집행에 관한 요건을 간명하게 함으로써 국제무역발전에 이바지하려는 목적으로 ICC는 국제중재판정의 집행에 관한 초안을 작성하여 유엔경제사회이사회(The United Nations Economic and Social Council)에 검토하도록 한 결과 동 이사회에서 여러 의견을 참조하여 1958년 5월 20일부터 6월 10일 사이에 뉴욕의 유엔본부에서 정식으로 채택 성립하게 되었다. 이 결과 각 체약국에서는 외국중재판정의 승인 및 집행을 보장받을 수 있게 되었다.

한국은 1973년 2월 8일 43번째 국가로 이 협약에 가입, 동년 5월 9일부터 그 효력이 발효됨에 따라 대한상사중재원에서 내려진 중재판정도 협약체약국간에서는 그 승인 및 집행을 보장받게 되었다.

또한 이 협약 가입시에 뉴욕협약 제1조 제3항 규정의 유보조항에 따라 한국법상 상사분쟁에 한하여 이 협약을 적용할 것과, 외국중재판정에 대하여서는 외국이 이 협약의 체약국인 경우에 한해서 이 협약을 적용할 것임을 각각 유보선언하였다.

2) 뉴욕협약의 적용범위

뉴욕협약에서는 "이 협약은 중재판정의 승인 및 집행의 요구를 받는 국가 이외의 국가의 영토 내에서 내려진 판정으로써, 자연인 또는 법인간의 분쟁으로부터 발생하는 중재판정의 승인 및 집행에 적용한다. 이 협약은 또한 그 승인 및 집행의 요구를 받는 국가에서 내국판정이라고 인정되지 아니하는 중재판정에도 적

39) 뉴욕협약 제1조 제1항.

용된다"[40]고 규정하고 있다.

이는 뉴욕협약의 적용을 받는 외국중재판정의 범위를 정함에 있어 "중재판정이 내려진 영역을 기준으로 삼을 것을 원칙"으로 하되, 그 승인 및 집행을 요구받는 국가에서 "내국판정이라고 인정되지 아니하는 중재판정"에 대해서는 뉴욕협약을 적용할 수 있는 여지를 마련함으로써 중재판정이 비록 국내에서 성립되었다고 할지라도 준거법이 외국법인 중재판정을 외국중재판정이라고 보는 국가에서 이와 같은 중재판정에도 뉴욕협약을 적용할 수 있음을 인정하는 것이다.

또한 뉴욕협약 심의 당시 영미법계 국가 및 독립국가연합 등은 판정이 내려진 곳에 따라 외국중재판정을 정할 것을 주장하고 대륙법계 국가대표들은 준거법에 의하여 이를 정할 것을 주장하여 서로 대립되던 중 모두 외국중재판정에 포함시키는 쪽으로 타협이 이루어진 결과로 뉴욕협약은 그 적용되는 범위가 상당히 확대되었다.

(2) 외국중재판정의 승인과 집행

1) 승인과 집행의 의의

승인(recognition)이란 특정한 법률관계 또는 사항에 대하여 공적인 권위 또는 권한(authority)에 의하여 그 존부(存否) 또는 정부(正否)를 확인(confirm) · 비준(ratify) 또는 시인(acknowledge)하는 행위를 의미한다.[41] 따라서 뉴욕협약에서 말하는 외국중재판정의 승인 또는 중재합의의 승인이란 "동 협약의 체약국에 의한 승인"을 지칭하고 있는 것이다.

또한 집행(enforcement)이란 사법상의 청구권(claim)을 국가권력의 행사에 의하여 만족시킬 것을 목적으로 하는 법률상의 절차를 말한다.

일반적으로 일단 중재판정이 내려지면 이행의 의무가 있는 자는 상대방으로부터의 최고(demand)가 없더라도 능동적 · 자발적으로 그 이행의 의무를 완수하여야 하는 것이나 만약에 그러한 "자발적인 변제가 이루어질 가망이 없는 경우"에는 부득이 법원에 의한 어떤 형태의 강제집행의 방법에 의존할 수밖에 없게 된다.

---

40) Black's Law Dictionary, 1979, p. 1143.

41) 뉴욕협약 제2조 및 제5조.

2) 외국중재판정의 승인과 집행의 요건

외국중재판정의 승인과 집행을 받기 위하여 승인 및 집행신청인에게 부과되는 적극적 요건은 중재판정문과 중재합의서만 제출하면 되고 그 순간부터 승인과 집행을 거부할 수 있는 제 규정에 관한 거증책임은 그 상대방에게 있는 것이다.

중재계약이 법원에 의해 집행되기 위한 요건은 다음과 같다.[42]

① 중재계약이 뉴욕협약의 적용범위 내에 들어가야 한다.

② 분쟁이 일정한 법률관계에 관련하여 발생하되 동 분쟁은 중재계약의 범위 내에 있어야 한다.

③ 중재계약의 서면성 요건이 구비되어야 한다.

④ 중재계약이 무효, 실효 또는 이행불능이 되지 않아야 한다.

⑤ 외국판정의 승인이나 집행이 그 국가의 공공의 질서에 반하지 않아야 한다.

3) 외국중재판정의 승인과 집행의 효과

외국중재판정의 승인과 집행의 청구인은 중재합의서와 중재판정문을 집행국의 해당 법원에 제출하면 입증책임이 면제된다.[43] 승인과 집행의 절차는 집행판결을 구하는 소의 제기에 의하여 개시되고 집행판결을 받음으로써 그 승인 · 집행이 가능하게 된다. 중재계약에 관한 준거법, 중재절차에 대한 준거법의 선정은 당사자 자치의사를 우선적으로 적용한다.

그러나 중재판정의 승인과 집행은 당사자가 다음과 같은 증거를 제출할 때는 거부될 수도 있다.

① 당사자가 무능력자이거나 중재합의가 무효인 경우 ② 당사자가 중재인의 선정이나 중재절차에 관하여 적절한 통고를 받지 아니하였거나 기타 사유에 응할 수 없었던 경우 ③ 판정이 중재부탁사항에 규정되어 있지 아니하거나 그 범위를 벗어나는 사항의 경우 ④ 중재기관의 구성이나 중재절차가 당사자간의 합의와 일치하지 아니하거나 합의가 없거나 중재를 행하는 국가의 법령에 합치하지 않는 경우 ⑤ 분쟁의 대상인 사항이 그 국가의 법률하에서는 중재에 의한 해결을 할 수 없는 것일 경우 ⑥ 판정의 승인이나 집행이 그 국가의 공공의 질서에 반하는 경우.

---

42) 뉴욕협약 제4조.

43) 뉴욕협약 제5조.

한국의 입장에서의 뉴욕협약은 헌법의 정신에 따라 체결 공고된 조약과 일반적으로 승인된 국제법규는 국내법과 같은 효력을 갖게 되므로 중재판정의 효력 또한 체약국간에는 외국중재판정의 효력이 승인되고 그 집행도 보장받게 되는 것이다.

부 록

1. 국내 및 국제무역거래조건의 사용에 관한 국제상업회의소 규칙 (Incoterms® 2010)
2. 국제물품매매계약에 관한 유엔협약(CISG 1980)
3. 국제계약에서 전자통신의 사용에 관한 유엔협약(CUEC 2005)

Incoterms® 2010
ICC rules for the use of domestic and international trade terms

Ⅰ. INTRODUCTION

The Incoterms®[1] rules explain a set of three-letter trade terms reflecting business-to-business practice in contracts for the sale of goods. The Incoterms rules describe mainly the tasks, costs and risks involved in the delivery of goods from sellers to buyers.

How to use the Incoterms® 2010 rules

1. Incorporate the Incoterms® 2010 rules Into your contract of sale

If you want the Incoterms® 2010 rules to apply to your contract, you should make this clear in the contract, through such words as, "[the chosen. Incoterms rule including the named place, followed by]Incoterms® 2010".

2. Choose the appropriate Incoterms rule

The chosen Incoterms rule needs to be appropriate to the goods, to the means of their transport, and above all to whether the parties intend to put additional obligations, for example such as the obligation to organize carriage or insurance, on the seller or on the buyer. The Guidance Note to each Incoterms rule contains information that is particularly helpful when making this choice. Whichever Incoterms rule is chosen, the parties should be aware that the interpretation of their contract may well be influenced by customs particular to the port or place being used.

3. Specify your place or port as precisely as possible

The chosen Incoterms rule can work only if the parties name a place or port, and will work best if the parties specify the place or port as precisely as possible.

A good example of such precision would be:

"FCA 38 Cours Albert 1er, Paris, France Incoterms® 2010".

---

1) "Incoterms®" is registered trademark of the International Chamber of Commerce.

1. 국내 및 국제무역거래조건의 사용에 관한 국제상업회의소 규칙(Incoterms® 2010)

Ⅰ. 서 문

Incoterms® 규칙[1]은 물품매매계약에서 기업간 거래관례를 반영하는 일련의 3개 문자조합의 무역거래조건을 설명하고 있다. 인코텀즈 규칙은 주로 매도인이 매수인에게 물품인도에 포함되는 업무, 비용 및 위험들을 기술하고 있다.

Incoterms® 2010 규칙의 사용 방법

1. 매매계약에 Incoterms® 2010 규칙을 명시할 것

Incoterms®2010 규칙을 계약에 적용시키고자 하는 경우, Incoterms® 2010(지정장소를 포함하는 선택된 인코텀즈)와 같은 어구를 계약서에 명시하여야 한다.

2. 적절한 인코텀즈 규칙을 선택할 것

선택된 인코텀즈 규칙은 물품, 운송수단에 적절하여야 하며, 또한 무엇보다도 당사자가 예컨대 운송 또는 보험 계약을 체결하는 의무와 같은 추가적인 의무를 매도인 또는 매수인 중에 누가 부담하는 것으로 의도하는지에 대하여 적절하여야 한다.

3. 장소 또는 항구를 가능한 한 정확하게 명시할 것

선택된 인코텀즈 규칙은 당사자가 장소 또는 항구를 지정하는 경우에만 비로소 작용할 수 있으며 또한 당사자가 장소 또는 항구를 가능한 한 정확하게 명시하는 경우, 가장 잘 작용할 수 있다. 이와 같은 정확성에 대한 훌륭한 예는 다음과 같다:

"FCA 38 Cours Albert 1er, Paris, France Incoterms® 2010."

1) "Incoterms®"는 국제상업회의소의 등록상표이다.

Under the Incoterms rules Ex Works (EXW), Free Carrier (FCA), Delivered at Terminal (DAT), Delivered at Place (DAP), Delivered Duty Paid (DDP), Free Alongside Ship (FAS), and Free on Board (FOB), the named place is the place where delivery takes place and where risk passes from the seller to the buyer. Under the Incoterms rules Carriage Paid To (CPT), Carriage and Insurance Paid To (CIP), Cost and Freight (CFR) and Cost, Insurance and Freight (CIF), the named place differs from the place of delivery. Under these four Incoterms rules, the named place is the place of destination to which carriage is paid. Indications as to place or destination can helpfully be further specified by stating a precise point in that place or destination in order to avoid doubt or argument.

4. Remember that Incoterms rules do not give you a complete contract of sale

Incoterms rules do say which party to the sale contract has the obligation to make carriage or insurance arrangements, when the seller delivers the goods to the buyer, and which costs each party is responsible for. Incoterms rules, however, say nothing about the price to be paid or the method of its payment. Neither do they deal with the transfer of ownership of the goods, or the consequences of a breach of contract. These matters are normally dealt with through express terms in the contract of sale or in the law governing that contract. The parties should be aware that mandatory local law may override any aspect of the sale contract, including the chosen Incoterms rule.

Main features of the Incoterms® 2010 rules

1. Two new Incoterms rules–DAT and DAP–have replaced the Incoterms 2000 rules DAF, DES, DEQ and DDU

The number of Incoterms rules has been reduced from 13 to 11. This has been achieved by substituting two new rules that may be used irrespective of the agreed mode of transport-DAT, Delivered at Terminal, and DAP, Delivered at Place-for the Incoterms 2000 rules DAF, DES, DEQ and DDU.

Under both new rules, delivery occurs at a named destination: in DAT, at the buyer's disposal unloaded from the arriving vehicle (as under the former DEQ rule); in DAP likewise at the buyer's disposal, but ready for unloading (as under the former DAF, DES and DDU rules).

The new rules make the Incoterms 2000 rules DES and DEQ superfluous. The named terminal in DAT may well be in a port, and DAT can therefore safely be used in cases where the Incoterms 2000 rule DEQ once was. Likewise, the arriving "vehicle"

인코텀즈 규칙 공장인도(EXW), 운송인인도(FCA), 터미널인도(DAT), 목적지인도(DAP), 관세지급인도(DDP), 선측인도(FAS), 및 본선인도(FOB)에서 지정장소는 인도가 이루어지는 장소이며, 위험이 매도인으로부터 매수인에게 이전하는 장소이다. 인코텀즈 규칙 운송비지급인도(CPT), 운송비·보험료지급인도(CIP), 운임포함인도(CFR), 및 운임·보험료포함인도(CIF)에서 지정장소는 인도장소와 다르다. 이와 같은 4개의 인코텀즈 규칙에서 지정장소는 운송비가 지급되는 목적지이다. 장소 또는 목적지에 관한 표시는 의문 또는 논쟁을 피하기 위하여 그와 같은 장소 또는 목적지에서 정확한 지점을 명시함으로서 훨씬 도움이 되고 구체화 될 수 있다.

4. 인코텀즈 규칙은 완전한 매매계약을 제공하지 아니함을 명심할 것

인코텀즈 규칙은 매매계약의 어느 당사자가 운송계약 또는 보험계약 체결 의무를 부담하는지, 언제 매도인이 매수인에게 물품을 인도하는지 그리고 각 당사자가 어떠한 비용을 부담할 책임이 있는지에 대하여 설명하고 있다.

그러나 인코텀즈 규칙은 지급되어야 하는 금액 또는 지급방법에 대하여 설명하지 아니한다. 또한 동 규칙은 물품의 소유권 이전, 계약 위반의 결과에 대하여 전혀 다루지 아니하고 있다. 이러한 문제들은 보통 매매계약의 명시조건 또는 준거법에 의하여 다루어진다. 당사자는 선택된 인코텀즈 규칙을 포함하여 매매계약의 어느 측면보다 강행적인 국내법이 우선할 수 있다는 점을 알아야 한다.

Incoterms® 2010 규칙의 주요 특징

1. 두 개의 새로운 인코텀즈 규칙, 즉 DAT 및 DAP가 인코텀즈 2000 규칙인 DAF, DES, DEQ 및 DDU를 대체함

인코텀즈 규칙의 수는 종전의 13개에서 11개로 감소되었다.

이는 합의된 운송방식에 관계없이 사용되어 지는 두 개의 새로운 규칙, 즉 DAT 및 DAP는 인코텀즈 2000 규칙의 DAF, DES, DEQ 및 DDU를 대체하게 된 것이다.

인도가 지정목적지에서 이루어지는 두 개의 새로운 규칙하의 DAT에서는 (종래의 DEQ 규칙과 같이) 도착된 차량으로부터 양화되어 매수인의 임의처분상태에서, DAP에서는 (종래의 DAF, DES 및 DDU 규칙과 마찬가지로) 양화하지 아니하고 매수인의 임의처분상태에서, 인도가 지정목적지에서 이루어진다.

이 새로운 규칙은 인코텀즈 2000 규칙의 DES와 DEQ를 불필요하게 만들고 있다. DAT 에서 지정된 터미널은 항구에 있을 수 있다. 그러므로 DAT는 인코텀즈 2000 규칙의 DEQ가 사용되었던 경우와 같이 아무런 문제없이 사용될 수 있다. 마찬가지로 DAP 하에서 도착 "차량"은 선박일 수 있고 또한 지정된 목적지는 항구일 수 있다. 따라서 DAP는 인코텀즈 2000의 DES가 사용되었던

under DAP may well be a ship and the named place of destination may well be a port: consequently, DAP can safely be used in cases where the Incoterms 2000 rule DES once was. These new rules, like their predecessors, are "delivered", with the seller bearing all the costs (other than those related to import clearance, where applicable) and risks involved in bringing the goods to the named place of destination.

2. Classification of the 11 Incoterms® 2010 rules

The 11 Incoterms® 2010 rules are presented in two distinct classes:

RULES FOR ANY MODE OR MODES OF TRANSPORT

EXW	EX WORKS
FCA	FREE CARRIER
CPT	CARRIAGE PAID TO
CIP	CARRIAGE AND INSURANCE PAID TO
DAT	DELIVERED AT TERMINAL
DAP	DELIVERED AT PLACE
DDP	DELIVERED DUTY PAID

RULES FOR SEA AND INLAND WATERWAY TRANSPORT

FAS	FREE ALONGSIDE SHIP
FOB	FREE ON BOARD
CFR	COST AND FREIGHT
CIF	COST, INSURANCE AND FREIGHT

The first class includes the seven Incoterms® 2010 rules that can be used irrespective of the mode of transport selected and irrespective of whether one or more than one mode of transport is employed. EXW, FCA, CPT, CIP, DAT, DAP and DDP belong to this class. They can be used even when there is no maritime transport at all. It is important to remember, however, that these rules can be used in cases where a ship is used for part of the carriage.

In the second class of Incoterms® 2010 rules, the point of delivery and the place to which the goods are carried to the buyer are both ports, hence the label "sea and inland waterway" rules. FAS, FOB, CFR and CIF belong to this class. Under the last three Incoterms rules, all mention of the ship's rail as the point of delivery has been omitted in preference for the goods being delivered when they are "on board" the vessel. This more closely reflects modern commercial reality and avoids the rather dated image of the risk swinging to and fro across an imaginary perpendicular line.

경우와 같이 아무런 문제없이 사용될 수 있다. 종래의 4개규칙 계승자와 같이, 이와 같은 새로운 규칙은 물품을 지정목적지까지 운송하는데 포함된 모든 비용(적용 가능한 경우, 수입통관과 관련된 비용을 제외하고) 및 위험을 매도인이 부담하는 "도착지인도"이다.

2. Incoterms® 2010 규칙 11개의 분류

Incoterms® 2010 규칙 11개는 두 개의 구별되는 분류로 제시되고 있다.

단일 또는 복수의 모든 운송방식을 위한 규칙

공장인도
운송인인도
운송비지급인도
운송비·보험료지급인도
터미널인도
목적지인도
관세지급인도

해상 및 내수로 운송을 위한 규칙

선측인도
본선인도
운임포함인도
운임·보험료포함인도

첫 번째 분류는 선택된 운송방식에 관계없이 또한 하나 또는 둘 이상의 운송방식이 이용되는가 여부에 관계없이 사용될 수 있는 Incoterms® 2010 규칙 7개를 포함한다. EXW, FCA, CPT, CIP, DAT, DAP 및 DDP가 이 분류에 속한다. 이들은 해상운송이 전혀 포함하지 아니한 경우에도 사용될 수 있다. 이들 규칙은 선박이 일부구간 운송에 사용되는 경우에도 사용될 수 있다는 사실을 명심하여야 한다.

Incoterms® 2010 규칙의 두 번째 분류에서, 인도지점 및 물품이 매수인에게 운송되는 장소가 모두 항구가 된다. 이는 "해상 및 내수로 운송" 규칙으로 호칭된 사실과 맥을 같이 한다. FAS, FOB, CFR 및 CIF가 이 분류에 속한다. 인코텀즈 2000의 FOB, CFR 및 CIF에서 인도지점으로서의 선박의 난간(ship's rail)이라는 모든 언급은 물품이 선박(본선)의 갑판 상(on board the vessel)에 인도될 때가 더 선호되어 삭제되었다. 이것은 현대 상거래의 현실을 더 밀접하게 반영한 것으로 위험이 가상의 수직선을 통과하여 앞뒤로 오간다는 구시대의 인상을 탈피할 수 있다.

3. Rules for domestic and international trade

Incoterms rules have traditionally been used in international sale contracts where goods pass across national borders. In various areas of the world, however, trade blocs, like the European Union, have made border formalities between different countries less significant.

Consequently, the subtitle of the Incoterms® 2010 rules formally recognizes that they are available for application to both international and domestic sale contracts. As a result, the Incoterms® 2010 rules clearly state in a number of places that the obligation to comply with export/import formalities exists only where applicable.

Two developments have persuaded ICC that a movement in this direction is timely. Firstly, traders commonly use Incoterms rules for purely domestic sale contracts. The second reason is the greater willingness in the United States to use Incoterms rules in domestic trade rather than the former Uniform Commercial Code shipment and delivery terms.

4. Guidance Notes

Before each Incoterms® 2010 rule you will find a Guidance Note. The Guidance Notes explain the fundamentals of each Incoterms rule, such as when it should be used, when risk passes, and how costs are allocated between seller and buyer. The Guidance Notes are not part of the actual Incoterms® 2010 rules, but are intended to help the user accurately and efficiently steer towards the appropriate Incoterms rule for a particular transaction.

5. Electronic communication

Previous versions of Incoterms rules have specified those documents that could be replaced by EDI messages. Articles A1/B1 of the Incoterms® 2010 rules, however, now give electronic means of communication the same effect as paper communication, as long as the parties so agree or where customary. This formulation facilitates the evolution of new electronic procedures throughout the lifetime of the Incoterms® 2010 rules.

6. Insurance cover

The Incoterms® 2010 rules are the first version of the Incoterms rules since the revision of the Institute Cargo Clauses and take account of alterations made to those clauses. The Incoterms® 2010 rules place information duties relating to insurance in articles A3/B3, which deal with contracts of carriage and insurance. These provisions have been moved from the more generic articles found in articles A10/B10 of the

3. 국내 및 국제 무역을 위한 규칙

인코텀즈 규칙은 전통적으로 물품이 국경을 통과하는 국제매매계약에 사용되어 왔다. 그러나 세계의 다양한 지역에서 유럽연합(European Union)과 같은 무역권(trade blocs)은 상이한 국가 간에 국경에서의 수속절차가 더 이상 중요하지 않게 만들었다. 따라서 Incoterms® 2010 규칙의 부제에는 이 규칙이 국내 및 국제 매매계약에 모두 적용하기 위하여 사용가능함을 공시적으로 인정하고 있다. 그 결과 Incoterms® 2010 규칙에서는 적용 가능한 경우에만 수출/수입 수속절차에 따를 의무가 있음을 여러 곳에서 분명하게 명시하고 있다.

다음과 같은 두 가지의 진전된 사항들이 이러한 개정방향의 움직임이 시의적절하다고 ICC를 설득하여 왔다. 첫째, 무역업자들이 보통 순수한 국내매매계약에 인코텀즈 규칙을 사용하고 있다는 점. 둘째 이유는, 미국에서 과거 통일상법전의 선적 및 인도 조건보다도 국내거래에 인코텀즈 규칙을 사용하고자 하는 의지가 더 크기 때문이다.

4. 안내요지

Incoterms® 2010 규칙의 각 앞부분에서는 안내요지를 볼 수 있다. 안내요지는 언제 사용되어야 하며, 언제 위험이 이전되고, 또한 매매당사자간에 어떻게 비용분담이 되는지 등 각 인코텀즈 규칙의 기본적인 사항들을 설명하고 있다.

안내요지는 실제 Incoterms® 2010 규칙의 일부가 아니고, 단지 사용자가 특정 거래에서 적절한 인코텀즈 규칙을 정확하게 또한 효율적으로 사용할 수 있도록 도움을 주기 위한 것이다.

5. 전자통신

종전 버전(version)의 인코텀즈 규칙에서는 전자문서교환 메시지(EDI message)로 대체될 수 있는 서류들을 명시하고 있었다. 그러나 Incoterms® 2010 규칙의 A1/B1에서는 당사자들이 합의하는 한 또는 관습에 따라 전자통신에 대하여 서면통신에서와 같이 동등한 효력을 부여하고 있다. 이러한 규정은 Incoterms® 2010 규칙이 사용되는 기간에 새로운 전자적 절차의 발전을 촉진시킨다.

6. 보험부보

Incoterms® 2010 규칙은 협회적화약관(Institute Cargo Clauses: ICC) 개정 이래 인코텀즈 규칙의 최초 버전이므로 이와 같은 개정약관을 고려하였다. Incoterms® 2010 규칙은 운송 및 보험계약을 다루고 있는 A3/B3에서 보험 관련 정보제공의무를 설정하고 있다. 이들 규정은 인코텀즈 2000 규칙의 A10/B10에 규정된 일반적인 조항에서 옮겨 왔다. 이러한 관점에서 A3/B3에서 보험과 관련된 표현은 당사자들의 의무를 명확하게 하기 위하여 또한 수정되었다.

Incoterms 2000 rules. The language in articles A3/B3 relating to insurance has also been altered with a view to clarifying the parties' obligations in this regard.

7. Security-related clearances and information required for such clearances

There is heightened concern nowadays about security in the movement of goods, requiring verification that the goods do not pose a threat to life or property for reasons other than their inherent nature. Therefore, the Incoterms® 2010 rules have allocated obligations between the buyer and seller to obtain or to render assistance in obtaining security-related clearances, such as chain-of-custody information, in articles A2/B2 and A10/B10 of various Incoterms rules.

8. Terminal handling charges

Under Incoterms rules CPT, CIP, CFR, CIF, DAT, DAP, and DDP, the seller must make arrangements for the carriage of the goods to the agreed destination. While the freight is paid by the seller, it is actually paid for by the buyer as freight costs are normally included by the seller in the total selling price. The carriage costs will sometimes include the costs of handling and moving the goods within port or container terminal facilities and the carrier or terminal operator may well charge these costs to the buyer who receives the goods. In these circumstances, the buyer will want to avoid paying for the same service twice: once to the seller as part of the total selling price and once independently to the carrier or the terminal operator. The Incoterms® 2010 rules seek to avoid this happening by clearly allocating such costs in articles A6/B6 of the relevant Incoterms rules.

9. String sales

In the sale of commodities, as opposed to the sale of manufactured goods, cargo is frequently sold several times during transit "down a string". When this happens, a seller in the middle of the string does not "ship" the goods because these have already been shipped by the first seller in the string. The seller in the middle of the string therefore performs its obligations towards its buyer not by shipping the goods, but by "procuring" goods that have been shipped. For clarification purposes, Incoterms® 2010 rules include the obligation to "procure goods shipped" as an alternative to the obligation to ship goods in the relevant Incoterms rules.

7. 안전 관련 통관과 이에 요구되는 정보

최근 물품의 이동에서 안전에 대한 관심이 높아지고 있어, 물품이 고유의 성질 이외의 이유로 생명 또는 재산에 위협을 가하지 아니한다는 취지의 확인이 요구되고 있다. 따라서 Incoterms® 2010은 각 인코텀즈 규칙의 A2/B2 및 A10/B10에서 매매당사자간 물품보관사슬(chain-of-custody)정보와 같은 안전 관련 통관허가를 받음에 있어 허가를 받거나 협조를 제공할 의무를 분담시키고 있다.

8. 터미널 취급료

인코텀즈 규칙 CPT, CIP, CFR, CIF, DAT, DAP 및 DDP 하에서 매도인은 합의된 목적지까지의 물품운송 계약을 체결하여야 한다. 운임은 매도인이 지급하지만 운임은 보통 매도인에 의하여 총 판매가격에 포함되므로, 실제로 매수인에 의하여 지급되는 것이다. 운송비용은 통상적으로 항구 또는 컨테이너 터미널시설 내에서 물품을 취급하고 운반하는 비용이 포함되며 운송인 또는 터미널 운영자는 물품을 수령하는 매수인에게 이러한 비용을 청구하기도 한다. 이런 사정으로 매수인은 한번은 매도인에게 총 판매가격의 일부로서 그리고 한번은 이와는 별도로 운송인 또는 터미널 운영자에게 동일한 서비스에 대하여 이중으로 지급하는 것을 회피하려고 할 것이다.

Incoterms® 2010 규칙은 관련된 인코텀즈 규칙의 A6/B6에서 이와 같은 비용을 명확하게 분담함으로써 이중지급상황의 발생을 회피할 수 있도록 하고 있다.

9. 연속판매

제조물품의 매매와는 대조적으로 상품매매에 있어서 물품은 흔히 운송과정에 연속적으로 여러 번 판매된다. 이러한 경우 최초의 매도인은 이미 물품을 선적하였기 때문에 중간에 판매한 매도인은 물품을 "선적"하지 않는다. 그러므로 연속매매 중간에 있는 매도인은 그 다음의 매수인에게 물품선적 의무를 이행하는 것이 아니라 이미 선적된 물품을 "조달함"으로써 이행하는 것이다. 이를 명확히 하기 위하여 Incoterms® 2010 규칙은 관련 인코텀즈 규칙에서 "선적된 물품조달" 의무를 물품선적 의무의 대안으로서 포함시키고 있다.

Variants of Incoterms rules

Sometimes the parties want to alter an Incoterms rule. Incoterms® 2010 rules do not prohibit such alteration, but there are dangers in so doing. In order to avoid any unwelcome surprises, the parties would need to make the intended effect of such alterations extremely clear in their contract. Thus, for example, if the allocation of costs in the Incoterms® 2010 rules is altered in the contract, the parties should also clearly state whether they intend to vary the point at which the risk passes from seller to buyer.

Status of this introduction

This introduction gives general information on the use and interpretation of the Incoterms® 2010 rules, but does not form part of those rules.

Explanation of terms used in the Incoterms® 2010 rules

As in the Incoterms 2000 rules, the seller's and buyer's obligations are presented in mirror fashion, reflecting under column A the seller's obligations and under column B the buyer's obligations. These obligations can be carried out personally by the seller or the buyer or sometimes, subject to terms in the contract or the applicable law, through intermediaries such as carriers, freight forwarders or other persons nominated by the seller or the buyer for a specific purpose.

The text of the Incoterms® 2010 rules is meant to be self-explanatory. However, in order to assist users the following text sets out guidance as to the sense in which selected terms are used throughout the document.

Carrier: For the purposes of the Incoterms® 2010 rules, the carrier is the party with whom carriage is contracted.

Customs formalities: These are requirements to be met in order to comply with any applicable customs regulations and may include documentary, security, or physical inspection obligations.

Delivery: This concept has multiple meanings in trade law and practice, but in the Incoterms® 2010 rules, it is used to indicate where the risk of loss of or damage the goods passes from the seller to the buyer.

Delivery document: This phrase is now used as the heading to article A8. It means a document used to prove that delivery has occurred. For many of the Incoterms® 2010 rules, the delivery document is a transport document or corresponding electronic record. However, with EXW, FCA, FAS and FOB, the delivery document may simply be a receipt. A delivery document may also have other functions, for example as part of the mechanism for payment.

인코텀즈 규칙의 변형

당사자는 가끔 인코텀즈 규칙을 변경하고 싶어 한다. Incoterms® 2010 규칙은 이와 같은 변경에 대하여 금지하지 않고 있으나 변경하는 것은 위험하다. 불필요한 논란을 방지하기 위하여 당사자는 이러한 변경에 관한 의도된 결과에 대하여 계약에 명시하여야 한다. 예컨대, 당사자는 Incoterms® 2010 규칙에서 비용분담이 계약에서 변경되어지는 경우, 당사자는 위험이 매도인으로부터 매수인에게 이전하는 지점도 변경하고자 의도하는지 여부 또한 분명하게 명시하여야 한다.

서문의 지위

이 서문은 Incoterms® 2010 규칙의 사용 및 해석에 대한 일반적인 정보일 뿐 이 규칙의 일부를 구성하지 않는다.

Incoterms® 2010 규칙에 사용된 용어의 설명

Incoterms 2000 규칙에서와 같이 매도인과 매수인의 의무는 A 항목에서는 매도인의 의무를, B 항목에서는 매수인의 의무를 반영하는 대칭적인 모습으로 제시되었다. 이러한 의무는 매도인 또는 매수인 또는 가끔 특정 목적을 위하여 운송인, 운송주선인, 매도인 또는 매수인이 지정한 제3자를 통하여 계약상의 조건 또는 적용법에 따라 개별적으로 이행되어질 수 있다.

Incoterms® 2010 규칙의 본문은 자체 설명형식으로 되어 있다. 그러나 사용자에게 도움을 주기 위하여 규칙 전반에서 사용되어진 선택된 용어의 의미에 관하여 다음과 같이 안내한다.

운송인(carrier): Incoterms® 2010 규칙의 목적을 위하여, 운송인은 운송계약을 체결하는 당사자를 말한다.

통관수속절차(customs formalities): 모든 적용 가능한 세관 규정에 부응하기 위하여 부합되어야 되는 요건으로 서류, 안전, 정보 또는 물리적 검사 의무가 포함될 수 있다.

인도(delivery): 이 개념은 무역법규와 관행에서 다양한 의미를 가지고 있지만, Incoterms® 2010 규칙에서는 물품에 대한 멸실 또는 손상에 관한 위험이 매도인으로부터 매수인에게 이전되는 경우를 나타내는 데 사용되어진다.

인도서류(delivery document): 이 문구는 현재 A8의 표제로 사용된다. 이는 인도가 완료된 것을 증명하는데 사용되는 서류를 의미한다. Incoterms® 2010 규칙의 많은 곳에서 인도서류는 운송서류 또는 이와 상응한 전자기록이다. 그러나 EXW, FCA, FAS 및 FOB에서 인도서류는 단순하게 수령증(receipt)일 수도 있다. 인도서류는 예를 들어 결제방법의 일부분과 같이 또한 다른 기능을 가질 수 있다.

Electronic record or procedure: A set of information constituted of one or more electronic messages and, where applicable, being functionally equivalent with the corresponding paper document.

Packaging: This word is used for different purposes:

1. The packaging of the goods to comply with any requirements under the contract of sale.
2. The packaging of the goods so that they are fit for transportation.
3. The stowage of the packaged goods within a container or other means of transport.

In the Incoterms® 2010 rules, packaging means both the first and second of the above. The Incoterms® 2010 rules do not deal with the parties' obligations for stowage within a container and therefore, where relevant, the parties should deal with this in the sale contract.

Ⅱ. RULES FOR ANY MODE OR MODES OF TRANSPORT

EXW

EX WORKS

EXW (insert named place of delivery) Incoterms® 2010

GUIDANCE NOTE

This rule may be used irrespective of the mode of transport selected and may also used where more than one mode of transport is employed. It is suitable for trade, while FCA is usually more appropriate for international trade.

"Ex Works" means that the seller delivers when it places the goods at the disposal of the buyer at the seller's premises or at another named place(i. e., works, factory, warehouse, etc.). The seller does not need to load the goods on any collecting vehicle, nor does it need to clear the goods for export, where such clearance is applicable.

The parties are well advised to specify as clearly as possible the point within the named place of delivery, as the costs and risks to that point are for the account of the seller. The buyer bears all costs and risks involved in taking the goods from the agreed point, if any, at the named place of delivery.

EXW represents the minimum obligation for the seller. The rule should be used with care as:

a) The seller has no obligation to the buyer to load the goods, even though in practice the seller may be in a better position to do so. If the seller does load the goods, it does so at the buyer's risk and expense. In cases where the seller is in a

전자기록 또는 절차(electronic record or procedure): 이는 하나 또는 하나 이상의 전자메시지 및 적용 가능한 경우, 상응한 종이서류와 같은 기능적 동등성이 있는 것으로 구성된 일련의 정보를 말한다.

포장(packaging): 이 용어는 다음과 같이 다른 목적으로 사용된다.

① 매매계약의 모든 요건을 준수하기 위한 물품 포장

② 운송에 적합하기 위한 물품 포장

③ 컨테이너 또는 다른 운송수단 내에 포장된 물품의 적부

Incoterms® 2010 규칙에서 포장은 위에 첫 번째와 두 번째 것을 의미한다. Incoterms® 2010 규칙은 컨테이너 내의 적부의무에 대하여 당사자의 의무를 다루지 아니하는 경우, 당사자는 이에 대하여 매매계약에서 다루어져야 한다.

Ⅱ. Incoterms® 2010

단일 또는 복수의 모든 운송방식을 위한 규칙

1. 공장인도

공장인도(지정 인도장소 삽입)Incoterms® 2010

안내요지

공장인도(Ex works)는 선택된 운송방식에 관계없이 사용될 수 있으며, 또한 하나 이상의 운송방식인 경우에도 사용될 수 있다. 이 규칙은 국내거래에 적합한 반면에 FCA는 보통 국제무역에 더 적합하다.

공장인도라 함은 매도인의 구내(premises) 또는 기타 지정된 장소(예컨대 작업장, 공장, 창고 등)에서 물품을 매수인의 임의처분상태로 둘 때 인도하는 것을 의미한다. 매도인은 물품을 어떤 집화차량(collecting vehicle)에 적재할 필요가 없으며, 수출통관이 필요한 경우에도 수출물품에 대하여 통관할 필요가 없다.

당사자는 지정된 인도장소 내의 지점(point)을 가능한 한 분명하게 명시하는 것이 바람직하다. 왜냐하면 그와 같은 지점까지의 비용과 위험은 매도인의 부담으로 하기 때문이다. 매수인은 지정된 인도장소가 있는 경우 합의된 지점으로부터 물품을 수령하는데 수반되는 모든 비용과 위험을 부담한다.

EXW는 매도인에 대한 최소의무를 나타내며, 다음과 같은 사항을 유의하여 사용되어야 한다.

a) 매도인이 비록 관례적으로 물품을 적재하는데 더 유리한 위치에 있다고 할지라도 매도인은 매수인에게 물품을 적재할 의무를 부담하지 아니한다. 매도인이 물품을 적재하는 경우, 그것은 매수인의 위험과 비용으로 행하는 것이다. 매도인이 물품을 적재하는데 더 유리한 위치에 있는 경우, 매도인에게 자신의 위험과 비용으로 적재를 행하도록 의무를 부여하는 FCA가 통상적으로 더

better position to load the goods, FCA, which obliges the seller to do so at its own risk and expense, is usually more appropriate.

b) A buyer who buys from a seller on an EXW basis for export needs to be aware that the seller has an obligation to provide only such assistance as the buyer may require to effect that export: the seller is not bound to organize the export clearance. Buyers are therefore well advised not to use EXW if they cannot directly or indirectly obtain export clearance.

c) The buyer has limited obligations to provide to the seller any information regarding the export of the goods. However, the seller may need this information for, e.g., taxation or reporting purposes.

A THE SELLER'S OBLIGATIONS

A1 General obligations of the seller

The seller must provide the goods and the commercial invoice in conformity with the contract of sale and any other evidence of conformity that may be required by the contract.

Any document referred to in A1-A10 may be an equivalent electronic record or procedure if agreed between the parties or customary.

A2 Licences, authorizations, security clearances and other formalities

Where applicable, the seller must provide the buyer, at the buyer's request, risk and expense, assistance in obtaining any export licence, or other official authorization necessary for the export of the goods.

Where applicable, the seller must provide, at the buyer's request, risk and expense, any information in the possession of the seller that is required for the security clearance of the goods.

A3 Contracts of carriage and Insurance

a) Contract of carriage

The seller has no obligation to the buyer to make a contract of carriage.

b) Contract of insurance

The seller has no obligation to the buyer to make a contract of insurance. However, the seller must provide the buyer, at the buyer's request, risk and expense(if any), with information that the buyer needs for obtaining insurance.

적절하다.

b) 매수인은 수출을 위하여 EXW 에 기초하여 매도인으로부터 물품을 구매하는 경우, 매도인은 오직 매수인이 수출을 이행하는데 요구될 수 있는 어떠한 협조만을 제공할 의무를 부담한다는 사실을 인식할 필요가 있다. 즉, 매도인은 수출통관의무가 없다. 그러므로 매수인이 직접적으로 또는 간접적으로 수출통관을 행할 수 없을 경우, EXW를 사용하지 아니하는 것이 바람직하다.

c) 매수인은 매도인에게 물품 수출에 관한 모든 정보를 제공하는 의무는 제한되어 있다. 그러나 매도인은 예를 들어 조세 또는 보고를 목적으로 이러한 정보가 필요할 수 있다.

A 매도인의 의무

A1 매도인의 일반적 의무

매도인은 매매계약과 일치하는 물품과 상업송장 및 그밖에 계약에서 요구되는 모든 기타 일치증거를 제공하여야 한다. A1-A10에 언급된 모든 서류는 당사자간에 합의하거나 관습적인 경우, 동등한 전자기록 또는 절차로 대체될 수 있다.

A2 허가, 승인, 안전통관 및 기타 수속절차

적용 가능한 경우, 매도인은 매수인의 요청과 위험 및 비용으로, 매수인에게 물품 수출에 필요한 수출허가 또는 기타 공적 승인을 취하는 데 협조하여야 한다. 적용 가능한 경우, 매도인은 매수인의 요청과 위험 및 비용으로, 자신이 점유하고 있는 물품의 안전통관을 위하여 요구되는 정보를 제공하여야 한다.

A3 운송 및 보험계약

a) 운송계약

매도인은 매수인에 대하여 운송계약을 체결할 의무를 부담하지 아니한다.

b) 보험계약

매도인은 매수인에 대하여 보험계약을 체결할 의무를 부담하지 아니한다. 그러나 매도인은 매수인의 요청과 위험 및 비용(있는 경우)으로 매수인이 보험을 부보 하는 데 필요한 정보를 제공하여야 한다.

A4 Delivery

The seller must deliver the goods by placing them at the disposal of the buyer at the agreed point, if any, at the named place of delivery, not loaded on any collecting vehicle. If no specific point has been agreed within the named place of delivery, and if there are several points available, the seller may select the point that best suits its purpose. The seller must deliver the goods on the agreed date or within the agreed period.

A5 Transfer of risks

The seller bears all risks of loss of or damage to the goods until they have been delivered in accordance with A4 with the exception of loss or damage in the circumstances described in B5.

A6 Allocation of costs

The seller must pay all costs relating to the goods until they have been delivered in accordance with A4, Other than those payable by the buyer as envisaged in B6.

A7 Notices to the buyer

The seller must give the buyer any notice needed to enable the buyer to take delivery of the goods.

A8 Delivery document

The seller has no obligation to the buyer.

A9 Checking-packaging-marking

The seller must pay the costs of those checking operations (such as checking quality, measuring, weighing, counting) that are necessary for the purpose of delivering the goods in accordance with A4.

The seller must, at its own expense, package the goods, unless it is usual for the particular trade to transport the type of goods sold unpackaged. The seller may package the goods in the manner appropriate for their transport, unless the buyer has notified the seller of specific packaging requirements before the contract of sale is concluded. Packaging is to be marked appropriately.

A10 Assistance with information and related costs

The seller must, where applicable, in a timely manner, provide to or render

A4 인도

매도인은 지정 인도장소에서, 합의된 지점(있는 경우)에서, 어떤 집화차량에 적재하지 아니한 상태로 매수인의 임의처분 하에 둠으로써 물품을 인도하여야 한다. 지정 인도장소 내에서 특정한 지점이 합의되지 아니한 경우 및 이용 가능한 여러 지점이 있는 경우, 매도인은 자신의 목적에 가장 적합한 지점을 선택할 수 있다. 매도인은 합의된 일자나 합의된 기간 내에 물품을 인도하여야 한다.

A5 위험의 이전

매도인은 B5에 기술된 상황에서의 멸실 또는 손상을 제외하고, 물품이 A4에 따라 인도될 때까지 물품에 대한 멸실 또는 손상의 모든 위험을 부담한다.

A6 비용의 분담

매도인은 B6의 규정에 따라 매수인이 지급하는 비용을 제외하고 물품이 A4에 따라 인도될 때까지 물품에 관련한 모든 비용을 지급하여야 한다.

A7 매수인에 대한 통지

매도인은 물품의 인도를 수령할 수 있도록 매수인에게 필요한 모든 통지를 하여야 한다.

A8 인도서류

매도인은 매수인에 대하여 의무를 부담하지 아니한다.

A9 점검 · 포장 · 화인

매도인은 A4에 따라 물품을 인도하기 위하여 필요한 물품점검업무(품질, 용적, 중량, 수량 점검과 같은)의 비용을 지급하여야 한다. 매도인은 특수무역에서 물품이 무포장 상태로 매매되어 운송하는 것이 통상적이지 아니한 경우, 매도인은 자신의 비용으로 물품을 포장하여야 한다. 매수인이 매매계약의 체결 이전에 특정한 포장 요건을 통지하지 아니한 경우, 매도인은 물품운송에 적절한 방법으로 물품을 포장할 수 있다. 포장은 적절하게 화인이 표시되어야 한다.

A10 정보제공에 대한 협조 및 관련비용

매도인은 적용 가능한 경우, 시의 적절한 방법으로, 매수인의 요청과 위험 및 비용으로 매수인

assistance in obtaining for the buyer, at the buyer's request, risk and expense, any documents and information, including security-related information, that the buyer needs for the export and/or import of the goods and/or for their transport to the final destination.

B THE BUYER'S OBLIGATIONS

B1 General obligations of the buyer

The buyer must pay the price of the goods as provided in the contract of sale.

Any document referred to in B1-B10 may be an equivalent electronic record or procedure if agreed between the parties or customary.

B2 Licences, authorizations, security clearances and other formalities

Where applicable, it is up to the buyer to obtain, at its own risk and expense, any export and import licence or other official authorization and carry out all customs formalities for the export of the goods.

B3 Contracts of carriage and Insurance

a) Contract of carriage

The buyer has no obligation to the seller to make a contract of carriage.

b) Contract of Insurance

The buyer has no obligation to the seller to make a contract of insurance.

B4 Taking delivery

The buyer must take delivery of the goods when A4 and A7 have been complied with.

B5 Transfer of risks

The buyer bears all risks of loss of or damage to the goods from the time they have been delivered as envisaged in A4.

If the buyer fails to give notice in accordance with B7, then the buyer bears all risks of loss of or damage to the goods from the agreed date or the expiry date of the agreed period for delivery, provided that the goods have been clearly identified as the contract goods.

이 물품수출 및/또는 수입 및/또는 최종목적지까지 물품운송에 필요한 안전 관련 정보를 포함하여 모든 서류 및 정보를 취득하는 데 협조를 제공하거나 제시하여야 한다.

B 매수인의 의무

B1 매수인의 일반적 의무

매수인은 매매계약에 약정된 대로 물품대금을 지급하여야 한다.

B1-B10에 언급된 모든 서류는 당사자간에 합의되었거나 관습적인 경우, 동등한 전자기록 또는 절차로 대체될 수 있다.

B2 허가, 승인, 안전통관 및 기타 수속절차

적용 가능한 경우, 매수인 자신의 위험과 비용으로 모든 수출과 수입허가 또는 기타 공적 승인을 취득하고 물품수출을 위하여 모든 통관수속절차를 이행하는 것은 매수인의 책임이다.

B3 운송 및 보험계약

a) 운송계약

매수인은 매도인에 대하여 운송계약을 체결할 의무를 부담하지 아니한다.

b) 보험계약

매수인은 매도인에 대하여 보험계약을 체결할 의무를 부담하지 아니한다.

B4 인도의 수령

매수인은 A4와 A7에서 규정된 대로 물품의 인도를 수령하여야 한다.

B5 위험의 이전

매수인은 물품이 A4의 규정에 따라 인도된 때로부터 물품의 멸실 또는 손상의 모든 위험을 부담한다.

매수인이 B7에 따른 통지를 행하지 못한 경우, 물품이 계약물품으로 분명히 특정되어 있다면 매수인은 합의된 일자 또는 합의된 인도기간의 만료일자로부터 물품의 멸실 또는 손상의 모든 위험을 부담하여야 한다.

B6 Allocation of costs

The buyer must:

a) Pay all costs relating to the goods from the time they have been delivered as envisaged in A4;

b) Pay any additional costs incurred by failing either to take delivery of the goods when they have been placed at its disposal or to give appropriate notice in accordance with B7, provided that the goods have been clearly identified as the contract goods;

c) Pay, where applicable, all duties, taxes and other charges, as well as the costs of carrying out customs formalities payable upon export; and

d) reimburse all costs and charges incurred by the seller in providing assistance as envisaged in A2.

B7 Notices to the seller

The buyer must, whenever it is entitled to determine the time within an agreed period and/or the point of taking delivery within the named place, give the seller sufficient notice thereof.

B8 Proof of delivery

The buyer must provide the seller with appropriate evidence of having taken delivery.

B9 Inspection of goods

The buyer must pay the costs of any mandatory pre-shipment inspection, including inspection mandated by the authorities of the country of export.

B10 Assistance with information and related costs

The buyer must, in a timely manner, advise the seller of any security information requirements so that the seller may comply with A10.

The buyer must reimburse the seller for all costs and charges incurred by the seller in providing or rendering assistance in obtaining documents and information as envisaged in A10.

B6 비용의 분담

매수인은 다음과 같이 행하여야 한다.

a) 물품이 A4의 규정에 따라 인도된 때로부터 물품에 관련한 모든 비용을 지급하야야 하고;

b) 물품이 자신의 임의처분 하에 둘 때에 물품의 인도를 수령하지 아니하거나 물품이 계약물품으로 분명히 특정되어 있다면, B7에 따라 적절한 통지를 행하지 아니함으로써 발생되는 모든 추가비용을 지급하여야 하며;

c) 적용 가능한 경우, 수출시에 지급되는 모든 관세, 조세 및 기타 요금 및 통관수속절차 이행비용을 지급하여야 하고; 그리고

d) A2의 규정에 따라 매도인이 협조를 제공하는 데 발생된 모든 비용 및 요금을 상환하여야 한다.

B7 매도인에 대한 통지

매수인은 합의된 인도기간 내의 시기 및/또는 지정인도장소 내의 인도수령 지점을 결정할 권한이 주어진 때에, 매도인에게 그에 관한 충분한 통지를 행하여야 한다.

B8 인도의 증거

매수인은 인도를 수령하였다는 적절한 증거를 제공하여야 한다.

B9 물품검사

매수인은 수출국가 당국에 의하여 강제된 검사를 포함하여 모든 강제적인 선적전 검사비용을 지급하여야 한다.

B10 정보제공에 대한 협조 및 관련비용

매수인은 매도인이 A10의 규정을 따를 수 있도록, 시의적절한 방법으로, 매도인에게 모든 안전정보 필요사항을 통지하여야 한다. 매수인은 A10의 규정에 따라 서류 및 정보를 취득하는 데 협조를 제공 또는 제시하고 매도인에 의하여 발생된 모든 비용과 요금을 상환하여야 한다.

FCA

Free Carrier

FCA (insert named place of delivery) Incoterms® 2010

GUIDANCE NOTE

This rule may be used irrespective of the mode of transport selected and may also be used where more than one mode of transport is employed.

"Free Carrier" means that the seller delivers the goods to the carrier or another person nominated by the buyer at the seller's premises or another named place. The parties are well advised to specify as clearly as possible the point within the named place of delivery, as the risk passes to the buyer at that point.

If the parties intend to deliver the goods at the seller's premises, they should identify the address of those premises as the named place of delivery, if, on the other hand, the parties intend the goods to be delivered at another place, they must identify a different specific place of delivery.

FCA requires the seller to clear the goods for export, where applicable. However, the seller has no obligation to clear the goods for import, pay any import duty or carry out any import customs formalities.

A THE SELLER'S OBLIGATIONS

A1 General obligations of the seller

The seller must provide the goods and the commercial invoice in conformity with the contract of sale and any other evidence of conformity that may be required by the contract.

Any document referred to in A1-A10 may be an equivalent electronic record or procedure if agreed between the parties or customary.

A2 Licences, authorizations, security clearances and other formalities

Where applicable, the seller must obtain, at its own risk and expense, any export licence or other official authorization and carry out all customs formalities necessary for the export of the goods.

A3 Contracts of carriage and insurance

a) Contract of carriage

The seller has no obligation to the buyer to make a contract of carriage. However, if requested by the buyer or if it is commercial practice and the buyer does not give

2. 운송인인도

운송인인도(지정 인도장소 삽입) Incoterms® 2010

안내요지

운송인인도(Free Carrier)는 선택된 운송방식에 관계없이 사용될 수 있으며, 또한 둘 이상의 운송방식인 경우에도 사용될 수 있다.

운송인인도라 함은 매도인이 물품을 매도인의 구내(premises) 또는 기타의 지정된 장소에서 매수인에 의하여 지정된 운송인 또는 기타의 자에게 인도하는 것을 의미한다. 당사자는 지정된 인도장소 내의 지점(point)을 가능한 한 분명하게 명시하는 것이 바람직하다. 왜냐하면 그러한 지점에서 위험이 매수인에게 이전되기 때문이다.

당사자가 매도인의 구내에서 물품을 인도하고자 하는 경우, 당사자는 지정 인도장소로서 그 구내의 주소를 확인하여야 하고, 반면에 당사자가 그 밖의 장소에서 물품을 인도하고자 하는 경우, 다른 구체적인 인도장소를 확인하여야 한다.

FCA는 적용 가능한 경우, 매도인에게 물품에 대한 수출통관을 하도록 요구하고 있다. 그러나 매도인은 물품의 수입통관을 하거나, 어떠한 수입관세의 지급 또는 어떠한 수입통관수속절차를 이행할 의무도 부담하지 아니한다.

A 매도인의 의무

A1 매도인의 일반적 의무

매도인은 매매계약과 일치하는 물품과 상업송장 및 그밖에 계약에서 요구되는 모든 기타 일치증거를 제공하여야 한다. A1-A10에 언급된 모든 서류는 당사자간에 합의하거나 관습적인 경우, 동등한 전자기록 또는 절차로 대체될 수 있다.

A2 허가, 승인, 안전통관 및 기타 수속절차

적용 가능한 경우, 매도인은 자신의 위험 및 비용으로, 모든 수출허가 또는 기타 공적 승인을 취득하여야 하며, 또한 물품의 수출을 위하여 필요한 모든 통관수속절차를 이행하여야 한다.

A3 운송 및 보험계약

a) 운송계약

매도인은 매수인에 대하여 운송계약을 체결할 의무를 부담하지 아니한다. 그러나 매수인이 요청한 경우 또는 상업적 관례가 있고 매수인이 적절한 때에 그 반대의 지시를 하지 아니한 경우,

an instruction to the contrary in due time, the seller may contract for carriage on usual terms at the buyer's risk and expense. In either case, the seller may decline to make the contract of carriage and, if it does, shall promptly notify the buyer.

b) Contract of insurance

The seller has no obligation to the buyer to make a contract of insurance. However, the seller must provide the buyer, at the buyer's request, risk, and expense (if any), with information that the buyer needs for obtaining insurance.

A4 Delivery

The seller must deliver the goods to the carrier or another person nominated by the buyer at the agreed point, if any, at the named place on the agreed date or within the agreed period.

Delivery is completed:

a) If the named place is the seller's premises, when the goods have been loaded on the means of transport provided by the buyer.

b) In any other case, when the goods are placed at the disposal of the carrier or another person nominated by the buyer on the seller's means of transport ready for unloading.

If no specific point has been notified by the buyer under B7 d) within the named place of delivery, and if there are several points available, the seller may select the point that best suits its purpose.

Unless the buyer notifies the seller otherwise, the seller may deliver the goods for carriage in such a manner as the quantity and/or nature of the goods may require.

A5 Transfer of risks

The seller bears all risks of loss of or damage to the goods until they have been delivered in accordance with A4, with the exception of loss or damage in the circumstances described in B5.

A6 Allocation of costs

The seller must pay

a) all costs relating to the goods until they have been delivered in accordance with A4, other than those payable by the buyer as envisaged in B6: and

b) where applicable, the costs of customs formalities necessary for export, as well as all duties, taxes, and other charges payable upon export.

매도인은 매수인의 위험과 비용으로통상적인 조건의 운송계약을 할 수 있다. 매도인은 어느 경우에도 운송계약의 체결을 거절할 수 있으며 그렇게 하는 경우, 매수인에게 즉시 통지하여야 한다.

b) 보험계약

매도인은 매수인에 대하여 보험계약을 체결할 의무를 부담하지 아니한다. 그러나 매도인은 매수인의 요청과 위험 및 비용(있는 경우)으로 매수인이 보험을 부보 하는 데 필요한 정보를 제공하여야 한다.

A4 인도

매도인은 지정 인도장소에서, 합의된 일자 또는 합의된 기간 내에 지정 장소의 합의된 지점(있을 경우)에서, 매수인에 의하여 지정된 운송인 또는 기타의 자에게 물품을 인도하여야 한다.

인도는 다음과 같은 때에 완료된다.

a) 지정 장소가 매도인의 구내인 경우에는, 물품이 매수인에 의하여 제공된 운송수단 상에 적재된 때.

b) 기타 모든 경우에는, 물품이 양화준비가 된 매도인의 운송수단 상에서 매도인에 의하여 지정된 운송인 또는 기타의 자의 임의처분 하에 둘 때.

지정된 인도장소 내에서 특정한 지점이 B7-d에 따라 매수인이 통지하지 아니하였거나 여러 개의 이용 가능한 지점이 있는 경우에는, 매도인은 자신의 목적에 가장 적합한 지점을 선택할 수 있다.

매수인이 매도인에게 별도로 통지하지 아니한 경우, 매도인은 물품의 수량 및/또는 성질에 따라 요구될 수 있는 그와 같은 방법으로 운송물품을 인도할 수 있다.

A5 위험의 이전

매도인은 B5에 기술된 상황에서의 멸실 또는 손상을 제외하고, 물품이 A4에 따라 인도될 때까지 물품에 대한 멸실 또는 손상의 모든 위험을 부담한다.

A6 비용의 분담

매도인은 다음과 같은 비용을 지급하여야 한다.

a) B6에 규정된 대로 매수인이 지급하는 비용을 제외하고 물품이 A4에 따라 인도될 때까지 물품에 관련한 모든 비용, 그리고

b) 적용 가능한 경우, 수출시 지급될 수 있는 모든 관세, 조세 및 기타 요금뿐만이 아니라 수출에 필요한 통관절차수속비용.

A7 Notices to the buyer

The seller must, at the buyer's risk and expense, give the buyer sufficient notice either that the goods have been delivered in accordance with A4 or that the carrier or another person nominated by the buyer has failed to take the goods within the time agreed.

A8 Delivery document

The seller must provide the buyer, at the seller's expense, with the usual proof that the goods have been delivered in accordance with A4.

The seller must provide assistance to the buyer, at the buyer's request, risk and expense, in obtaining a transport document.

A9 Checking-packaging-marking

The seller must pay the costs of those checking operations (such as checking quality, measuring, weighing, counting) that are necessary for the purpose of delivering the goods in accordance with A4, as well as the costs of any pre-shipment inspection mandated by the authority of the country of export.

The seller must, at its own expense, package the goods, unless it is usual for the particular trade to transport the type of goods sold unpackaged. The seller may package the goods in the manner appropriate for their transport, unless the buyer has notified the seller of specific packaging requirements before the contract of sale is concluded. Packaging is to be marked appropriately.

A10 Assistance with information and related costs

The seller must, where applicable, in a timely manner, provide to or render assistance in obtaining for the buyer, at the buyer's request, risk and expense, any documents and information, including security-related information, that the buyer needs for the import of the goods and/or for their transport to the final destination.

The seller must reimburse the buyer for all costs and charges incurred by the buyer in providing or rendering assistance in obtaining documents and information as envisaged in B10.

B THE BUYER'S OBLIGATIONS

B1 General obligations of the buyer

The buyer must pay the price of the goods as provided in the contract of sale.

Any document referred to in. B1-B10 may be an equivalent electronic record or

A7 매수인에 대한 통지

매도인은 매수인의 위험과 비용으로 물품이 A4에 따라 인도되었다거나 또는 매수인에 의하여 지정된 운송인 또는 기타의 자가 합의된 시간 내에 물품을 수령하지 못하였다는 것에 관하여 매수인에게 충분한 통지를 하여야 한다.

A8 인도서류

매도인은 자신의 비용으로 물품이 A4에 따라 인도되었다는 통상적인 증거를 매수인에게 제공하여야 한다.

매도인은 매수인의 요청과 위험 및 비용으로 운송서류를 취득하는 데 따른 협조를 매수인에게 제공하여야 한다.

A9 점검 · 포장 · 화인

매도인은 수출국가 당국에 의하여 강제된 모든 선적전 검사비용뿐만이 아니라, A4에 따라 물품을 인도하기 위하여 필요한 물품점검업무(품질, 용적, 중량, 수량 점검과 같은)의 비용을 지급하여야 한다.

매도인은 특수무역에서 물품이 무포장 상태로 매매되어 운송하는 것이 통상적이지 아니한 경우, 매도인은 자신의 비용으로 물품을 포장하여야 한다.

매수인이 매매계약의 체결 이전에 특정한 포장 요건을 통지하지 아니한 경우, 매도인은 물품운송에 적절한 방법으로 물품을 포장할 수 있다. 포장은 적절하게 화인이 표시되어야 한다.

A10 정보제공에 대한 협조 및 관련비용

매도인은 적용 가능한 경우, 시의 적절한 방법으로, 매수인의 요청과 위험 및 비용으로 매수인이 물품수출 및/또는 수입 및/또는 최종목적지까지 물품운송에 필요한 안전 관련 정보를 포함하여 모든 서류 및 정보를 취득하는 데 협조를 제공하거나 제시하여야 한다.

매도인은 B10에 규정된 대로 서류 및 정보를 취득하는 데 따른 협조를 제공 또는 제시하고 매수인에 의하여 발생된 모든 비용과 요금을 상환하여야 한다.

B 매수인의 의무

B1 매수인의 일반적 의무

매수인은 매매계약에 약정된 대로 물품대금을 지급하여야 한다.

procedure if agreed between the parties or customary.

B2 Licences, authorizations, security clearances and other formalities

Where applicable, it is up to the buyer to obtain, at its own risk and expense, any import licence or other official authorization and carry out all customs formalities for the import of the goods and for their transport through any country.

B3 Contracts of carriage and insurance

a) Contract of carriage

The buyer must contract at its own expense for the carriage of the goods from the named place of delivery, except when the contract of carriage is made by the seller as provided for in A3 a).

b) Contract of insurance

The buyer has no obligation to the seller to make a contract of insurance.

B4 Taking delivery

The buyer must take delivery of the goods when they have been delivered as envisaged in A4.

B5 Transfer of risks

The buyer bears all risks of loss of or damage to the goods from the time they have been delivered as envisaged in A4.

If

a) the buyer fails in accordance with B7 to notify the nomination of a carrier or another person as envisaged in A4 or to give notice; or

b) the carrier or person nominated by the buyer as envisaged in A4 fails to take the goods into its charge, then, the buyer bears all risks of loss of or damage to the goods:

(i) from the agreed date, or in the absence of an agreed date,

(ii) from the date notified by the seller under A7 within the agreed period; or, if no such date has been notified,

(iii) from the expiry date of any agreed period for delivery, provided that the goods have been clearly identified as the contract goods.

B6 Allocation of costs

The buyer must pay

B1-B10에 언급된 모든 서류는 당사자간에 합의되었거나 관습적인 경우, 동등한 전자기록 또는 절차로 대체될 수 있다.

B2 허가, 승인, 안전통관 및 기타 수속절차

적용 가능한 경우, 매수인 자신의 위험과 비용으로 모든 수출과 수입허가 또는 기타 공적 승인을 취득하고 물품수입 및 어떠한 국가를 통과하는 운송을 위한 모든 통관수속절차를 이행하는 것은 매수인의 책임이다.

B3 운송 및 보험계약

a) 운송계약

매수인은 운송계약이 A3 a)에 규정된 대로 매도인에 의하여 체결된 경우를 제외하고, 매수인 자신의 비용으로 지정된 인도장소로부터 물품운송계약을 체결하여야 한다.

b) 보험계약

매수인은 매도인에 대하여 보험계약을 체결할 의무를 부담하지 아니한다.

B4 인도의 수령

매수인은 A4와 A7에 규정된 대로 물품의 인도를 수령하여야 한다.

B5 위험의 이전

매수인은 물품이 A4의 규정에 따라 인도된 때로부터 물품의 멸실 또는 손상의 모든 위험을 부담한다.

a) 매수인이 B7에 따라 A4에 규정된 대로 운송인 또는 기타의 자의 지정을 통지하지 못하거나 또는 통지를 행하지 아니한 경우, 또는

b) A4에 규정된 대로 운송인 또는 매수인에 의하여 지정된 자가 자신의 관리하에 물품을 수령하지 아니한 경우에는, 매수인은 다음과 같은 때부터 멸실 또는 손상에 대한 모든 위험을 부담한다.

(i) 합의된 일자로부터, 또는 합의된 일자가 없는 경우,

(ii) 합의된 기간 내에 A7에 따라 매도인에 의하여 통지된 일자로부터, 또는 그러한 일자가 통지되지 아니한 경우,

(iii) 모든 합의된 인도기간의 만료일자로부터 단, 물품이 계약물품으로서 명확히 특정되어 있어야 한다.

B6 비용의 분담

매수인은 다음과 같은 비용을 지급하여야 한다.

a) all costs relating to the goods from the time they have been delivered as envisaged in A4, except, where applicable, the costs of customs formalities necessary for export, as well as all duties, taxes, and other charges payable upon export as referred to in A6 b);

b) any additional costs incurred, either because:

(i) the buyer fails to nominate a carrier or another person as envisaged in A4, or

(ii) the carrier or person nominated by the buyer as envisaged in A4 fails to take the goods into its charge, or

(iii) the buyer has failed to give appropriate notice in accordance with B7, provided that the goods have been clearly identified as the contract goods; and

c) where applicable, all duties, taxes and other charges as well as the costs of carrying out customs formalities payable upon import of the goods and the costs for their transport through any country.

B7 Notices to the seller

The buyer must notify the seller of

a) the name of the carrier or another person nominated as envisaged in A4 within sufficient time as to enable the seller to deliver the goods in accordance with that article;

b) where necessary, the selected time within the period agreed for delivery when the carrier or person nominated will take the goods;

c) the mode of transport to be used by the person nominated; and

d) the point of taking delivery within the named place.

B8 Proof of delivery

The buyer must accept the proof of delivery provided as envisaged in A8.

B9 Inspection of goods

The buyer must pay the costs of any mandatory pre-shipment of goods inspection, except when such inspection is mandated by the authorities of the country of export.

B10 Assistance with information and related costs

The buyer must, in a timely manner, advise the seller of any security information requirements so that the seller may comply with A10.

The buyer must reimburse the seller for all costs and charges incurred by the seller in providing or rendering assistance in obtaining documents and information as envisaged in A10.

a) 물품이 A4에 규정된 대로 인도된 때로부터 물품에 관련한 모든 비용.

단, 적용 가능한 경우, A6 b)에 언급된 대로 수출시에 지급되는 모든 관세, 조세 및 기타 요금뿐만이 아니라 통관수속절차 비용도 지급하여야 하고;

b) 다음과 같은 원인으로 발생된 모든 추가적인 비용:

(i) 매수인이 A4에 규정된 대로 운송인 또는 기타의 자를 지정하지 못한 경우, 또는

(ii) A4에 규정된 대로 매수인에 의하여 지정된 운송인 또는 기타의 자가 자신의 관리 하에 물품을 수령하지 아니한 경우, 또는

(iii) B7에 따라 매수인이 적절한 통지를 행하지 아니한 경우, 다만 물품이 계약물품으로서 명확히 특정되어 있어야 한다. 그리고

c) 적용 가능한 경우, 물품이 수입시에 지급되는 통관수속절차 비용뿐만이 아니라 모든 관세, 조세 및 기타 요금 및 어떠한 국가를 통과하는 운송을 위한 비용.

B7 매도인에 대한 통지

매수인은 다음 사항을 매도인에게 통지하여야 한다.

a) 매도인이 A4에 따라 물품을 인도할 수 있도록 충분한 시간 내에 A4에 규정된 대로 지정된 운송인 또는 기타 자의 명칭;

b) 필요한 경우, 운송인 또는 지정된 자가 물품을 수령하게 될 합의된 인도 기간 내의 선택된 시간;

c) 지정된 자에 의하여 사용되는 운송방식; 그리고

d) 지정된 장소내의 인도수령 지점.

B8 인도의 증거

매수인은 A에 규정된 대로 제공된 인도의 증거를 인수하여야 한다.

B9 물품검사

매수인은 수출국가 당국에 의하여 강제된 검사를 제외하고, 모든 강제적인 선적전 검사비용을 지급하여야 한다.

B10 정보제공에 대한 협조 및 관련비용

매수인은 매도인이 A10의 규정을 따를 수 있도록, 시의적절한 방법으로, 매도인에게 모든 안전정보 필요사항을 통지하여야 한다.

매수인은 A10의 규정에 따라 서류 및 정보를 취득하는 데 협조를 제공 또는 제시하고 매도인에 의하여 발생된 모든 비용과 요금을 매도인에게 상환하여야 한다.

The buyer must, where applicable, in a timely manner, provide to or render assistance in obtaining for the seller, at the seller's request, risk and expense, any documents and information, including security-related information, that the seller needs for the transport and export of the goods and for their transport through any country.

CPT

CARRIAGE PAID TO

CPT (insert named place of destination) Incoterms® 2010

GUIDANCE NOTE

This rule may be used irrespective of the mode of transport selected and may also be used where more than one mode of transport is employed.

"Carriage Paid To" means that the seller delivers the goods to the carrier or another person nominated by the seller at an agreed place (if any such place is agreed between the parties) and that the seller must contract for and pay the costs of carriage necessary to bring the goods to the named place of destination.

When CPT, CIP, CFR or CIF are used, the seller fulfills its obligation to deliver when it hands the goods over to the carrier and not when the goods reach the place of destination.

This rule has two critical points, because risk passes and costs are transferred at different places. The parties are well advised to identify as precisely as possible in the contract both the place of delivery, where the risk passes to the buyer, and the named place of destination to which the seller must contract for the carriage. If several carriers are used for the carriage to the agreed destination and the parties do not agree on a specific point of delivery, the default position is that risk passes when the goods have been delivered to the first carrier at a point entirely of the seller's choosing and over which the buyer has no control. Should the parties wish the risk to pass at a later stage (e. g., at an ocean port or airport), they need to specify this in their contract of sale.

The parties are also well advised to identify as precisely as possible the point within the agreed place of destination, as the costs to that point are for the account of the seller. The seller is advised to procure contracts of carriage that match this choice precisely. If the seller incurs costs under its contract of carriage related to unloading at the named place of destination, the seller is not entitled to recover such costs from the buyer unless otherwise agreed between the parties.

CPT requires the seller to clear the goods for export, where applicable.

However, the seller has no obligation to clear the goods for import, pay any import duty or carry out any import customs formalities.

적용 가능한 경우, 매수인은 매도인의 요청과 위험 및 비용으로 매도인이 물품운송과 수출 및 어떠한 국가를 통과하는 물품운송에 필요한 안전관련 정보를 포함하여 모든 서류 및 정보를 취득하는데 따른 협조를 시의 적절한 방법으로 매도인에게 제공 또는 제시하여야 한다.

3. 운송비지급인도

운송비지급인도(지정 목적지 삽입) Incoterms® 2010

안내요지

운송비지급인도(Carriage Paid To)는 선택된 운송방식에 관계없이 사용될 수 있으며, 또한 둘 이상의 운송방식이 채택된 경우에도 사용될 수 있다.

운송비지급인도라 함은 합의된 장소(당사자간 어떠한 이와 같은 장소가 합의된 경우)에서 매도인이 지정한 운송인 또는 기타의 자에게 물품을 인도하고, 지정 목적지까지 물품 운송에 필요한 운송계약을 체결하고 운송비를 지급하여야 하는 것을 의미한다.

CPT, CIP, CFR 또는 CIF가 사용되는 경우, 매도인이 인도에 대한 의무는 물품이 목적지에 도착될 때가 아닌 물품이 운송인에게 교부될 때에 완료된다.

이 규칙은 두 가지의 중요한 분기점이 있다. 왜냐하면 위험이 이전되고 비용이 이전되는 지점이 상이한 장소에서 이루어지기 때문이다. 당사자는 매도인으로부터 매수인에게 이전되는 인도장소와, 매도인이 운송계약을 체결하여야 하는 지정목적지에 관하여 계약에서 가능한 한 분명하게 확인 하는 것이 바람직하다. 합의된 목적지까지 운송을 위하여 다수의 운송인이 사용된 경우 및 당사자가 특성한 인도지점에 관하여 합의하지 아니한 경우, 위험이전의 기본적인 장소는 물품이 전적으로 매도인이 선택하에 매수인의 통제를 벗어난 지점에서 최초의 운송인에게 인도되는 시점이다. 만약 당사자가 위험의 이전시점을 그 이후의 단계(예컨대, 해양항구 또는 공항에서)로 하고자 하는 경우에는, 이를 계약서에 명시할 필요가 있다.

또한 당사자는 합의된 목적지 내의 지점을 가능한 한 명확하게 확인하는 것이 바람직하다. 왜냐하면 그 지점까지 비용부담은 매도인이 하기 때문이다. 매도인은 그러한 선택에 명확하게 일치하는 운송계약을 취득하도록 하여야 한다. 매도인이 자신의 운송계약에 따라 지정 목적지에서 양화와 관련된 비용을 부담하는 경우, 매도인은 당사자 간에 별도 합의가 없는 한 매수인으로부터 그러한 비용을 보상받을 권한이 없다.

CPT는 적용 가능한 경우, 매도인에게 물품에 대한 수출통관을 하도록 요구하고 있다. 그러나 매도인은 물품의 수입통관을 하거나, 어떠한 수입관세의 지급 또는 어떠한 수입통관수속절차를 이행할 의무도 부담하지 아니한다.

A THE SELLER'S OBLIGATIONS

A1 General obligations of the seller

The seller must provide the goods and the commercial invoice in conformity with the contract of sale and any other evidence of conformity that may be required by the contract.

Any document referred to in A1-A10 may be an equivalent electronic record or procedure if agreed between the parties or customary.

A2 Licences, authorizations, security clearances and other formalities

Where applicable, the seller must obtain, at its own risk and expense, any export licence or other official authorization and carry out all customs formalities necessary for the export of the goods, and for their transport through any country prior to delivery.

A3 Contracts of carriage and insurance

a) Contract of carriage

The seller must contract or procure a contract for the carriage of the goods from the agreed point of delivery, if any, at the place of delivery to the named place of destination or, if agreed, any point at that place. The contract of carriage must be made on usual terms at the seller's expense and provide for carriage by the usual route and in a customary manner. If a specific point is not agreed or is not determined by practice, the seller may select the point of delivery and the point at the named place of destination that best suit its purpose.

b) Contract of insurance

The seller has no obligation to the buyer to make a contract of insurance. However, the seller must provide the buyer, at the buyer's request, risk, and expense (if any), with information that the buyer needs for obtaining insurance.

A4 Delivery

The seller must deliver the goods by handing them over to the carrier contracted in accordance with A3 on the agreed date or within the agreed period.

A5 Transfer of risks

The seller bears all risks of loss of or damage to the goods until they have been delivered in accordance with A4, with the exception of loss or damage in the circumstances described in B5.

A 매도인의 의무

A1 매도인의 일반적 의무

매도인은 매매계약과 일치하는 물품과 상업송장 및 그밖에 계약에서 요구되는 모든 기타 일치 증거를 제공하여야 한다. A1-A10에 언급된 모든 서류는 당사자간에 합의하거나 관습적인 경우, 동등한 전자기록 또는 절차로 대체될 수 있다.

A2 허가, 승인, 안전통관 및 기타 수속절차

적용 가능한 경우, 매도인은 자신의 위험 및 비용으로, 모든 수출허가 또는 기타 공적 승인을 취득하여야 하며, 또한 물품의 수출 및 인도하기 이전의 어떠한 국가를 통과하는 운송에 필요한 모든 통관수속절차를 이행하여야 한다.

A3 운송 및 보험계약

a) 운송계약

매도인은 인도장소에서 합의된 인도지점(있을 경우)으로부터 지정 목적지 또는 그 장소의 어떠한 지점(합의된 경우)까지 물품운송에 대하여 계약체결 또는 주선하여야 한다. 운송계약은 매도인의 비용으로 통상적인 조건에 다라 체결되어야 하며, 또한 통상적인 경로와 관습적인 방법으로 운송을 제공하여야 한다. 특정한 지점이 합의되지 아니하거나 또는 관례에 따라 결정되지 아니한 경우, 매도인은 자신의 목적에 가장 적합한 인도지점 및 지정 목적지의 지점을 선택할 수 있다.

b) 보험계약

매도인은 매수인에 대하여 보험계약을 체결할 의무를 부담하지 아니한다. 그러나 매도인은 매수인의 요청과 위험 및 비용(있을 경우)으로 매수인이 보험을 부보하는 데 필요한 정보를 제공하여야 한다.

A4 인도

매도인은 합의된 일자 또는 합의된 기간 내에 A3에 따라 계약된 운송인에게 건네어 물품을 인도하여야 한다.

A5 위험의 이전

매도인은 B5에 기술된 상황에서의 멸실 또는 손상을 제외하고, 물품이 A4에 따라 인도될 때까지 물품에 대한 멸실 또는 손상의 모든 위험을 부담한다.

A6 Allocation of costs

The seller must pay

a) all costs relating to the goods until they have been delivered in accordance with A4, other than those payable by the buyer as envisaged in B6;

b) the freight and all other costs resulting from A3 a), including the costs of loading the goods and any charges for unloading at the place of destination that were for the seller's account under the contract of carriage; and

c) where applicable, the costs of customs formalities necessary for export, as well as all duties, taxes and other charges payable upon export, and the costs for their transport through any country that were for the seller's account under the contract of carriage.

A7 Notices to the buyer

The seller must notify the buyer that the goods have been delivered in accordance with A4.

The seller must give the buyer any notice needed in order to allow the buyer to take measures that are normally necessary to enable the buyer to take the goods.

A8 Delivery document

If customary or at the buyer's request, the seller must provide the buyer, at the seller's expense, with the usual transport document[s] for the transport contracted in accordance with A3.

This transport document must cover the contract goods and be dated within the period agreed for shipment, if agreed or customary, the document must also enable the buyer to claim the goods from the carrier at the named place of destination and enable the buyer to sell the goods in transit by the transfer of the document to a subsequent buyer or by notification to the carrier.

When such a transport document is issued in negotiable form and in several originals, a full set of originals must be presented to the buyer.

A9 Checking-packaging-marking

The seller must pay the costs of those checking operations (such as checking quality, measuring, weighing, counting) that are necessary for the purpose of delivering the goods in accordance with A4, as well as the costs of any pre-shipment inspection mandated by the authority of the country of export.

The seller must, at its own expense, package the goods, unless it is usual for the particular trade to transport the type of goods sold unpackaged. The seller may

A6 비용의 분담

매도인은 다음과 같은 비용을 지급하여야 한다.

a) B6에 규정된 대로 매수인이 지급하는 비용을 제외하고 물품이 A4에 따라 인도될 때까지 물품에 관련한 모든 비용;

b) 물품의 적재비용 및 운송계약에 따라 매도인이 부담한 목적지의 모든 양화비를 포함하여, A3 a)의 결과로 발생하는 운임 및 모든 기타 비용; 그리고

c) 적용 가능한 경우, 수출시 지급될 수 있는 모든 관세, 조세 및 기타 요금뿐만이 아니라 수출에 필요한 통관절차수속비용 및 운송계약에 따라 매도인이 부담한 어떠한 국가를 통과하는 운송비용.

A7 매수인에 대한 통지

매도인은 물품이 A4에 따라 인도되었다는 것을 매수인에게 통지하여야 한다.

매도인은 매수인이 물품을 수령할 수 있도록 하기 위하여 정상적으로 필요한 조치를 취할 수 있도록 매수인에게 필요한 모든 통지를 하여야 한다.

A8 인도서류

관습적으로 또는 매수인의 요청이 있는 경우, 매도인은 자신의 비용으로 A3에 따라

계약 체결된 운송을 위한 통상의 운송서류를 매수인에게 제공하여야 한다.

이 운송서류는 계약물품을 표시하여야 하며, 도한 선적을 위한 합의된 기간 내에 일부 되어 있어야 한다. 합의되었거나 또는 관습적인 경우, 서류는 매수인이 지정 목적지에서 운송인으로부터 물품을 청구할 수 있는 것이어야 하며, 또한 매수인이 후속되는 매수인에게 서류의 양도에 의하거나 또는 운송인에게 통지함으로서 운송중 물품을 매각할 수 있는 것이어야 한다.

그와 같은 운송서류가 유통 가능한 형식이면서 수통의 원본으로 발행되는 경우, 원본 전통이 매수인에게 제시되어야 한다.

A9 점검 · 포장 · 화인

매도인은 수출국가 당국에 의하여 강제된 모든 선적전 검사비용뿐만이 아니라, A4에 따라 물품을 인도하기 위하여 필요한 물품점검업무(품질, 용적, 중량, 수량 점검과 같은)의 비용을 지급하여야 한다.

매도인은 특수무역에서 물품이 무포장 상태로 매매되어 운송하는 것이 통상적이지 아니한 경우, 매도인은 자신의 비용으로 물품을 포장하여야 한다.

package the goods in the manner appropriate for their transport, unless the buyer has notified the seller of specific packaging requirements before the contract of sale is concluded. Packaging is to be marked appropriately.

A10 Assistance with information and related costs

The seller muse, where applicable, in a timely manner, provide to or render assistance in obtaining for the buyer, at the buyer's request, risk and expense, any documents and information, including security-related information, that the buyer needs for the import of the goods and/or for their transport to the final destination.

The seller must reimburse the buyer for all costs and charges incurred by the buyer in providing or rendering assistance in obtaining documents and information as envisaged in B10.

B THE BUYER'S OBLIGATIONS

B1 General obligations of the buyer

The buyer must pay the price of the goods as provided in the contract of sale.

Any document referred to in B1-B10 may be an equivalent electronic record or procedure if agreed between the parties or customary.

B2 Licences, authorizations, security clearances and other formalities

Where applicable, it is up to the buyer to obtain, at its own risk and expense, any import licence or other official authorization and carry out all customs formalities for the import of the goods and for their transport through any country.

B3 Contracts of carriage and Insurance

a) Contract of carriage

The buyer has no obligation to the seller to make a contract of carriage.

b) Contract of insurance

The buyer has no obligation to the seller to make a contract of insurance. However, the buyer must provide the seller, upon request, with the necessary information for obtaining insurance.

B4 Taking delivery

The buyer must take delivery of the goods when they have been delivered as envisaged in A4 and receive them from the carrier at the named place of destination.

매수인이 매매계약의 체결 이전에 특정한 포장 요건을 통지하지 아니한 경우, 매도인은 물품운송에 적절한 방법으로 물품을 포장할 수 있다. 포장은 적절하게 화인이 표시되어야 한다.

A10 정보제공에 대한 협조 및 관련비용

매도인은 적용 가능한 경우, 시의 적절한 방법으로, 매수인의 요청과 위험 및 비용으로 매수인이 물품수입 및/또는 최종목적지까지 물품운송에 필요한 안전 관련 정보를 포함하여 모든 서류 및 정보를 취득하는 데 협조를 제공하거나 제시하여야 한다.

매도인은 B10에 규정된 대로 서류 및 정보를 취득하는 데 따른 협조를 제공 또는 제시하고 매수인에 의하여 발생된 모든 비용과 요금을 상환하여야 한다.

B 매수인의 의무

B1 매수인의 일반적 의무

매수인은 매매계약에 약정된 대로 물품대금을 지급하여야 한다.

B1-B10에 언급된 모든 서류는 당사자간에 합의되었거나 관습적인 경우, 동등한 전자기록 또는 절차로 대체될 수 있다.

B2 허가, 승인, 안전통관 및 기타 수속절차

적용 가능한 경우, 매수인 자신의 위험과 비용으로 모든 수출과 수입허가 또는 기타 공적 승인을 취득하고 물품수입 및 어떠한 국가를 통과하는 운송을 위한 모든 통관수속절차를 이행하는 것은 매수인의 책임이다.

B3 운송 및 보험계약

a) 운송계약

매수인은 매도인에 대하여 운송계약을 체결할 의무를 부담하지 아니한다.

b) 보험계약

매수인은 매도인에 대하여 보험계약을 체결할 의무를 부담하지 아니한다. 그러나 매수인은 요청시 보험을 부보 하는 데 필요한 정보를 매도인에게 제공하여야 한다.

B4 인도의 수령

매수인은 A4에 규정된 대로 물품의 인도를 수령하여야 하며, 또한 지정 목적지에서 운송인으로부터 물품을 수령하여야 한다.

B5 Transfer of risks

The buyer bears all risks of loss of or damage to the goods from the time they have been delivered as envisaged in A4.

If the buyer fails to give notice in accordance with B7, it must bear all risks of loss of or damage to the goods from the agreed date or the expiry date of the agreed period for delivery, provided that the goods have been clearly identified as the contract goods.

B6 All location of costs

The buyer must, subject to the provisions of A3 a), pay

a) all costs relating to the goods from the time they have been delivered as envisaged in A4, except, where applicable, the costs of customs formalities necessary for export, as well as all duties, taxes, and other charges payable upon export as referred to in A6 c);

b) all costs and charges relating to the goods while in transit until their arrival at the agreed place of destination, unless such costs and charges were for the seller's account under the contract of carriage;

c) unloading costs, unless such costs were for the seller's account under the contract of carriage;

d) any additional costs incurred if the buyer fails to give notice in accordance with B7, from the agreed date or the expiry date of the agreed period for dispatch, provided that the goods have been clearly identified as the contract goods; and

e) where applicable, all duties, taxes and other charges, as well as the costs of carrying out customs formalities payable upon import of the goods and the costs for their transport through any country, unless included within the cost of the contract of carriage.

B7 Notices to the seller

The buyer must, whenever it is entitled to determine the time for dispatching the goods and/or the named place of destination or the point of receiving the goods within that place, give the seller sufficient notice thereof.

B8 Proof of delivery

The buyer must accept the transport document provided as envisaged in A8 if it is in conformity with the contract.

B5 위험의 이전

매수인은 물품이 A4의 규정에 따라 인도된 때로부터 물품의 멸실 또는 손상의 모든 위험을 부담한다.

매수인이 B7에 따라 통지를 못한 경우, 또는 매수인은 인도에 대한 합의된 일자 또는 합의된 기간의 만료일자로부터 물품의 멸실 또는 손상에 대한 모든 위험을 부담한다. 단, 그 물품은 계약물품으로서 명확히 특정되어 있어야 한다.

B6 비용의 분담

매수인은 A3 a)에 규정된 조건에 따라 다음과 같은 비용을 지급하여야 한다.

a) 물품이 A4에 규정된 대로 인도된 때로부터 물품에 관련한 모든 비용.

단, 적용 가능한 경우, A6 c)에 언급된 대로 수출시에 지급되는 모든 관세, 조세 및 기타 요금뿐만이 아니라 통관수속절차 비용은 제외 한다;

b) 운송계약에서 이와 같은 비용 및 요금이 매도인 부담이 아닌 경우, 합의된 목적지에 도착할 때까지 운송중 물품에 관련한 모든 비용 및 요금;

c) 운송계약에서 이와 같은 비용이 매도인 부담이 아닌 경우의 양화비용;

d) B7에 따라 매수인이 적절한 통지를 행하지 아니한 경우,

발송을 위하여 합의된 일자 또는 합의된 기간의 만료일자로부터 발생되는 모든 추가비용. 단, 물품이 계약물품으로서 명확히 특정되어 있어야 한다. 그리고

e) 적용 가능한 경우, 물품이 수입시에 지급되는 통관수속절차 비용뿐만이 아니라 모든 관세, 조세 및 기타 요금 및 운송계약 비용에 포함되지 아니한 어떠한 국가를 통과하는 운송을 위한 비용.

B7 매도인에 대한 통지

매수인은 물품발송을 위한 시기 및/또는 지정목적지 또는 그 장소내의 물품수령 지점을 결정할 권한이 주어진 때에, 매도인에게 그에 관한 충분한 통지를 행하여야 한다.

B8 인도의 증거

매수인은 운송서류가 계약과 일치할 경우 A8에 규정된 대로 제공된 운송서류를 인수하여야 한다.

B9 Inspection of goods

The buyer must pay the costs of any mandatory pre-shipment inspection, except when such inspection is mandated by the authorities of the country of export.

B10 Assistance with information and related costs

The buyer must, in a timely manner, advise the seller of any security information requirements so that the seller may comply with A10.

The buyer must reimburse the seller for all costs and charges incurred by the seller in providing or rendering assistance in obtaining documents and information as envisaged in A10.

The buyer must, where applicable, in a timely manner, provide to or render assistance in obtaining for the seller, at the seller's request, risk and expense, any documents and information, including security-related information, that the seller needs for the transport and export of the goods and for their transport through any country.

CIP

CARRIAGE AND INSURANCE PAID TO

CIP (insert named place of destination) Incoterms® 2010

GUIDANCE NOTE

This rule may be used irrespective of the mode of transport selected and may also be used where more than one mode of transport is employed.

"Carriage and Insurance Paid to" means that the seller delivers the goods to the carrier or another person nominated by the seller at an agreed place (if any such place is agreed between the parties) and that the seller must contract for and pay the costs of carriage necessary to bring the goods to the named place of destination.

The seller also contracts for insurance cover against the buyer's risk of loss of or damage to the goods during the carriage. The buyer should note that under CIP the seller is required to obtain insurance only on minimum cover. Should the buyer wish to have more insurance protection, it will need either to agree as much expressly with the seller or to make its own extra insurance arrangements.

When CPT, CIP, CFR or CIF are used, the seller fulfils its obligation to deliver when it hands the goods over to the carrier and not when the goods reach the place of destination.

This rule has two critical points, because risk passes and costs are transferred at different places. The parties are well advised to identify as precisely as possible in the contract both the place of delivery, where the risk passes to the buyer, and the named

B9 물품검사

매수인은 수출국가 당국에 의하여 강제된 검사를 제외하고, 모든 강제적인 선적전 검사비용을 지급하여야 한다.

B10 정보제공에 대한 협조 및 관련비용

매수인은 매도인이 A10의 규정을 따를 수 있도록, 시의적절한 방법으로, 매도인에게 모든 안전정보 필요사항을 통지하여야 한다.

매수인은 A10의 규정에 따라 서류 및 정보를 취득하는 데 협조를 제공 또는 제시하고 매도인에 의하여 발생된 모든 비용과 요금을 매도인에게 상환하여야 한다.

적용 가능한 경우, 매수인은 매도인의 요청과 위험 및 비용으로 매도인이 물품운송과 수출 및 어떠한 국가를 통과하는 물품운송에 필요한 안전관련 정보를 포함하여 모든 서류 및 정보를 취득하는데 따른 협조를 시의 적절한 방법으로 매도인에게 제공 또는 제시하여야 한다.

4. 운송비 · 보험료지급인도

운송비 · 보험료지급인도(지정 목적지 삽입) Incoterms® 2010

안내요지

운송비 · 보험료지급인도(Carriage and Insurance Paid to)는 선택된 운송방식에 관계없이 사용될 수 있으며, 또한 둘 이상의 운송방식이 채택된 경우에도 사용될 수 있다.

운송비 · 보험료지급인도라 함은 합의된 장소(당사자간 어떠한 이와 같은 장소가 합의된 경우)에서 매도인이 지정한 운송인 또는 기타의 자에게 물품을 인도하고, 지정 목적지까지 물품 운송에 필요한 운송계약을 체결하고 운송비를 지급하여야 하는 것을 의미한다.

또한 매도인은 운송중 물품의 멸실 또는 손상에 대한 매수인의 위험에 대하여 보험부보계약을 체결한다. 매수인은 CIP 하에서 매도인이 단지 최소담보로 보험을 부보 하도록 요구되는 점을 주의하여야 한다. 매수인이 더 많은 보험담보를 원할 경우, 매도인과 그 만큼 명시적으로 합의하거나 또는 매수인 자신이 추가보험계약을 체결할 필요가 있다.

CPT, CIP, CFR 또는 CIF가 사용되는 경우, 매도인이 인도에 대한 의무는 물품이 목적지에 도착될 때가 아닌 물품이 운송인에게 교부될 때에 완료된다.

이 규칙은 두 가지의 중요한 분기점이 있다. 왜냐하면 위험이 이전되고 비용이 이전되는 지점이 상이한 장소에서 이루어지기 때문이다. 당사자는 매도인으로부터 매수인에게 이전되는 인도장소와, 매도인이 운송계약을 체결하여야 하는 지정목적지에 관하여 계약에서 가능한 한 분명하게

place of destination to which the seller must contract for carriage. If several carriers are used for the carriage to the agreed destination and the parties do not agree on a specific point of delivery, the default position is that risk passes when the goods have been delivered to the first carrier at a point entirely of the seller's choosing and over which the buyer has no control. Should the parties wish the risk to pass at a later stage (e. g., at an ocean port or an airport), they need to specify this in their contract of sale.

The parties are also well advised to identify as precisely as possible the point within the agreed place of destination, as the costs to that point are for the account of the seller. The seller is advised to procure contracts of carriage that match this choice precisely. If the seller incurs costs under its contract of carriage related to unloading at the named place of destination, the seller is not entitled to recover such costs from the buyer unless otherwise agreed between the parties.

CIP requires the seller to clear the goods for export, where applicable. However, the seller has no obligation to clear the goods for import, pay any import duty or carry out any import customs formalities.

A THE SELLER'S OBLIGATIONS

A1 General obligations of the seller

The seller must provide the goods and the commercial invoice in conformity with the contract of sale and any other evidence of conformity that may be required by the contract.

Any document referred to in A1-A10 may be an equivalent electronic record or procedure if agreed between the parties or customary.

A2 Licences, authorizations, security clearances and other formalities

Where applicable, the seller must. obtain, at its own risk and expense, any export licence or other official authorization and carry out all customs formalities necessary for the export of the goods and for their transport through any country prior to delivery.

A3 Contracts of carriage and insurance

a) Contract of carriage

The seller must contract or procure a contract for the carriage of the goods from the agreed point of delivery, if any, at the place of delivery to the named place of destination or, if agreed, any point at that place. The contract of carriage must be made on usual terms at the seller's expense and provide for carriage by the usual route

확인 하는 것이 바람직하다. 합의된 목적지까지 운송을 위하여 다수의 운송인이 사용된 경우 및 당사자가 특정한 인도지점에 관하여 합의하지 아니한 경우, 위험이전의 기본적인 장소는 물품이 전적으로 매도인이 선택 하에 매수인의 통제를 벗어난 지점에서 최초의 운송인에게 인도되는 시점이다. 만약 당사자가 위험의 이전시점을 그 이후의 단계(예컨대, 해양항구 또는 공항에서)로 하고자 하는 경우에는, 이를 계약서에 명시할 필요가 있다.

또한 당사자는 합의된 목적지 내의 지점을 가능한 한 명확하게 확인하는 것이 바람직하다. 왜냐하면 그 지점까지 비용부담은 매도인이 하기 때문이다. 매도인은 그러한 선택에 명확하게 일치하는 운송계약을 취득하도록 하여야 한다. 매도인이 자신의 운송계약에 따라 지정 목적지에서 양화와 관련된 비용을 부담하는 경우, 매도인은 당사자 간에 별도 합의가 없는 한 매수인으로부터 그러한 비용을 보상받을 권한이 없다.

CIP는 적용 가능한 경우, 매도인에게 물품에 대한 수출통관을 하도록 요구하고 있다. 그러나 매도인은 물품의 수입통관을 하거나, 어떠한 수입관세의 지급 또는 어떠한 수입통관수속절차를 이행할 의무도 부담하지 아니한다.

A 매도인의 의무

A1 매도인의 일반적 의무

매도인은 매매계약과 일치하는 물품과 상업송장 및 그밖에 계약에서 요구되는 모든 기타 일치증거를 제공하여야 한다. A1-A10에 언급된 모든 서류는 당사자간에 합의하거나 관습적인 경우, 동등한 전자기록 또는 절차로 대체될 수 있다.

A2 허가, 승인, 안전통관 및 기타 수속절차

적용 가능한 경우, 매도인은 자신의 위험 및 비용으로, 모든 수출허가 또는 기타 공적 승인을 취득하여야 하며, 또한 물품의 수출 및 인도하기 이전의 어떠한 국가를 통과하는 운송에 필요한 모든 통관수속절차를 이행하여야 한다.

A3 운송 및 보험계약

a) 운송계약

매도인은 인도장소에서 합의된 인도지점(있을 경우)으로부터 지정 목적지 또는 그 장소의 어떠한 지점(합의된 경우)까지 물품운송에 대하여 계약체결 또는 주선하여야 한다. 운송계약은 매도인의 비용으로 통상적인 조건에 다라 체결되어야 하며, 또한 통상적인 경로와 관습적인 방법으로 운송을 제공하여야 한다. 특정한 지점이 합의되지 아니하거나 또는 관례에 따라 결정되지 아니

and in a customary manner. If a specific point is not agreed or is not determined by practice, the seller may select the point of delivery and the point at the named place of destination that best suit its purpose.

b) Contract of insurance

The seller must obtain at its own expense cargo insurance complying at least with the minimum cover as provided by Clauses (C) of the institute Cargo Clauses (LMA/IUA) or any similar clauses. The insurance shall be contracted with underwriters or an insurance company of good repute and entitle the buyer, or any other person having an insurable interest in the goods, to claim directly from the insurer.

When required by the buyer, the seller shall, subject to the buyer providing any necessary information requested by the seller, provide at the buyer's expense any additional cover, if procurable, such as cover as provided by Clauses (A) or (B) of the Institute Cargo Clauses (LMA/IUA) or any similar clauses, and/or cover complying with the Institute War Clauses and/or Institute Strikes Clauses (LMA/IUA) or any similar clauses.

The insurance shall cover, at a minimum, the price provided in the contract plus 10% (i. e., 110%) and shall be in the currency of the contract.

The insurance shall cover the goods from the point of delivery set out in A4 and A5 to at least the named place of destination.

The seller must provide the buyer with the insurance policy or other evidence of insurance cover.

Moreover, the seller must provide the buyer, at the buyer's request, risk, and expense (if any), with information that the buyer needs to procure any additional insurance.

A4 Delivery

The seller must deliver the goods by handing them over to the carrier contracted in accordance with A3 on the agreed date or within the agreed period.

A5 Transfer of risks

The seller bears all risks of loss of or damage to the goods until they have been delivered in accordance with A4, with the exception of loss or damage in the circumstances described in B5.

A6 Allocation of costs

The seller must pay

a) all costs relating to the goods until they have been delivered in accordance with

한 경우, 매도인은 자신의 목적에 가장 적합한 인도지점 및 지정 목적지의 지점을 선택할 수 있다.

b) 보험계약

매도인은 자신의 비용으로 적어도 협회적화약관(LMA/IUA)의 (C) 조건 또는 이와 유사한 약관으로 규정된 최소담보에 일치하는 적화보험을 부보 하여야 한다. 보험은 평판이 좋은 보험인수업자 또는 보험회사와 계약되어야 하며, 또한 매수인 또는 물품의 피보험이익을 가지고 있는 모든 기타의 자에게 보험자로부터 직접 보험금을 청구할 수 있는 권한이 부여되어야 한다.

매수인이 요청이 있는 경우, 매도인은 자신이 요청한 모든 필요한 정보를 매수인에게 제공하는 조건으로 매수인의 비용으로 주선 가능한 경우, 모든 추가적인 담보, 협회적화약관(LMA/IUA)의 (A) 또는 (B) 조건 또는 모든 유사한 약관에 의하여 규정된 담보 및/또는 협회전쟁약관 및/또는 협회동맹파업약관(LMA/IUA) 또는 모든 유사한 약관과 일치하는 담보를 제공하여야 한다.

보험은 최소한 계약금액에 10%를 가산한 금액(즉, 110%)을 부보 하여야 하며 또한 계약서의 통화로 되어야 한다.

보험은 A4 및 A5에 규정된 인도지점으로부터 최소한 지정 목적지까지 물품을 담보하여야 한다.

매수인에게 보험증권 또는 기타 보험부보증명서를 제공하여야 한다.

그밖에 매도인은 매수인의 요청과 위험 및 비용(있을 경우)으로 매수인이 모든 추가보험을 주선하는 데 필요한 정보를 매수인에게 제공하여야 한다.

A4 인도

매도인은 합의된 일자 또는 합의된 기간 내에 A3에 따라 계약된 운송인에게 건네어 물품을 인도하여야 한다.

A5 위험의 이전

매도인은 B5에 기술된 상황에서의 멸실 또는 손상을 제외하고, 물품이 A4에 따라 인도될 때까지 물품에 대한 멸실 또는 손상의 모든 위험을 부담한다.

A6 비용의 분담

매도인은 다음과 같은 비용을 지급하여야 한다.

a) B6에 규정된 대로 매수인이 지급하는 비용을 제외하고 물품이 A4에 따라 인도될 때까지 물

A4, other than those payable by the buyer as envisaged in B6;

b) the freight and all other costs resulting from A3 a), including the costs of loading the goods and any charges for unloading at the place of destination that were for the seller's account under the contract of carriage;

c) the costs of insurance resulting from A3 b); and

d) where applicable, the costs of customs formalities necessary for export, as well as all duties, taxes and other charges payable upon export, and the costs for their transport through any country that were for the seller's account under the contract of carriage.

A7 Notices to the buyer

The seller must notify the buyer that the goods have been delivered in accordance with A4.

The seller must give the buyer any notice needed in order to allow the buyer to take measures that are normally necessary to enable the buyer to take the goods.

A8 Delivery document

If customary or at the buyer's request, the seller must provide the buyer, at the seller's expense, with the usual transport document[s] for the transport contracted in accordance with A5.

This transport document must cover the contract goods and be dated within the period agreed for shipment, if agreed or customary, the document must also enable the buyer to claim the goods from the carrier at the named place of destination and enable the buyer to sell the goods in transit by the transfer of the document to a subsequent buyer or by notification to the carrier.

When such a transport document is issued in negotiable form and in several originals, a full set of originals must be presented to the buyer.

A9 Checking-packaging-marking

The seller must pay the costs of those checking operations (such as checking quality, measuring, weighing, counting) that are necessary for the purpose of delivering the goods in accordance with A4 as well as the costs of any pre-shipment inspection mandated by the authority of the country of export.

The seller must, at its own expense, package the goods, unless it is usual for the particular trade to transport the type of goods sold unpackaged. The seller may package the goods in the manner appropriate for their transport, unless the buyer has notified the seller of specific packaging requirements before the contract of sale is

품에 관련한 모든 비용;

b) 물품의 적재비용 및 운송계약에 따라 매도인이 부담한 목적지의 모든 양화비를 포함하여, A3 a)의 결과로 발생하는 운임 및 모든 기타 비용;

c) A3 a)의 결과로 발생하는 보험 비용; 그리고

d)적용 가능한 경우, 수출시 지급될 수 있는 모든 관세, 조세 및 기타 요금뿐만이 아니라 수출에 필요한 통관절차수속비용 및 운송계약에 따라 매도인이 부담한 어떠한 국가를 통과하는 운송비용.

A7 매수인에 대한 통지

매도인은 물품이 A4에 따라 인도되었다는 것을 매수인에게 통지하여야 한다.

매도인은 매수인이 물품을 수령할 수 있도록 하기 위하여 정상적으로 필요한 조치를 취할 수 있도록 매수인에게 필요한 모든 통지를 하여야 한다.

A8 인도서류

관습적으로 또는 매수인의 요청이 있는 경우, 매도인은 자신의 비용으로 A3에 따라

계약 체결된 운송을 위한 통상의 운송서류를 매수인에게 제공하여야 한다.

이 운송서류는 계약물품을 표시하여야 하며, 도한 선적을 위한 합의된 기간 내에 일부 되어 있어야 한다. 합의되었거나 또는 관습적인 경우, 서류는 매수인이 지정 목적지에서 운송인으로부터 물품을 청구할 수 있는 것이어야 하며, 또한 매수인이 후속되는 매수인에게 서류의 양도에 의하거나 또는 운송인에게 통지함으로서 운송중 물품을 매각할 수 있는 것이어야 한다.

그와 같은 운송서류가 유통 가능한 형식이면서 수통의 원본으로 발행되는 경우, 원본 전통이 매수인에게 제시되어야 한다.

A9 점검 · 포장 · 화인

매도인은 수출국가 당국에 의하여 강제된 모든 선적전 검사비용뿐만이 아니라, A4에 따라 물품을 인도하기 위하여 필요한 물품점검업무(품질, 용적, 중량, 수량 점검과 같은)의 비용을 지급하여야 한다.

매도인은 특수무역에서 물품이 무포장 상태로 매매되어 운송하는 것이 통상적이지 아니한 경우, 매도인은 자신의 비용으로 물품을 포장하여야 한다.

매수인이 매매계약의 체결 이전에 특정한 포장 요건을 통지하지 아니한 경우, 매도인은 물품운송에 적절한 방법으로 물품을 포장할 수 있다. 포장은 적절하게 화인이 표시되어야 한다.

concluded. Packaging is to be marked appropriately.

A10 Assistance with information and related costs

The seller must, where applicable, in a timely manner, provide to or render assistance in obtaining for the buyer, at the buyer's request, risk and expense, any documents and information, including security-related information, that the buyer needs for the import of the goods and/or for their transport to the final destination.

The seller must reimburse the buyer for all costs and charges incurred by the buyer in providing or rendering assistance in obtaining documents and information as envisaged in B10.

B THE BUYER'S OBLIGATIONS

B1 General obligations of the buyer

The buyer must pay the price of the goods as provided in the contract of sale.

Any document referred to in B1-B10 may be an equivalent electronic record or procedure if agreed between the parties or customary.

B2 Licences, authorizations, security clearances and other formalities

Where applicable, it is up to the buyer to obtain, at its own risk and expense, any import licence or other official authorization and carry out all customs formalities for the import of the goods and for their transport through any country.

B3 Contracts of carriage and Insurance

a) Contract of carriage

The buyer has no obligation to the seller to make a contract of carriage.

b) Contract of insurance

The buyer has no obligation to the seller to make a contract of insurance. However, the buyer must provide the seller, upon request, with any information necessary for the seller to procure any additional insurance requested by the buyer as envisaged in A3 b).

B4 Taking delivery

The buyer must take delivery of the goods when they have been delivered as envisaged in A4 and receive them from the carrier at the named place of destination.

A10 정보제공에 대한 협조 및 관련비용

매도인은 적용 가능한 경우, 시의 적절한 방법으로, 매수인의 요청과 위험 및 비용으로 매수인이 물품수입 및/또는 최종목적지까지 물품운송에 필요한 안전 관련 정보를 포함하여 모든 서류 및 정보를 취득하는 데 협조를 제공하거나 제시하여야 한다.

매도인은 B10에 규정된 대로 서류 및 정보를 취득하는 데 따른 협조를 제공 또는 제시하고 매수인에 의하여 발생된 모든 비용과 요금을 상환하여야 한다.

B 매수인의 의무

B1 매수인의 일반적 의무

매수인은 매매계약에 약정된 대로 물품대금을 지급하여야 한다.

B1-B10에 언급된 모든 서류는 당사자간에 합의되었거나 관습적인 경우, 동등한 전자기록 또는 절차로 대체될 수 있다.

B2 허가, 승인, 안전통관 및 기타 수속절차

적용 가능한 경우, 매수인 자신의 위험과 비용으로 모든 수출과 수입허가 또는 기타 공적 승인을 취득하고 물품수입 및 어떠한 국가를 통과하는 운송을 위한 모든 통관수속절차를 이행하는 것은 매수인의 책임이다.

B3 운송 및 보험계약

a) 운송계약

매수인은 매도인에 대하여 운송계약을 체결할 의무를 부담하지 아니한다.

b) 보험계약

매수인은 매도인에 대하여 보험계약을 체결할 의무를 부담하지 아니한다. 그러나 매수인은 요청시 매도인이 A3 b)에 규정된 대로 매수인이 요청하는 모든 추가적인 보험을 주선하는데 필요한 모든 정보를 매도인에게 제공하여야 한다.

B4 인도의 수령

매수인은 A4와 A7에 규정된 대로 물품의 인도를 수령하여야 하며, 또한 지정 목적지에서 운송인으로부터 물품을 수령하여야 한다.

B5 Transfer of risks

The buyer bears all risks of loss of or damage to the goods from the time they have been delivered as envisaged in A4.

If the buyer fails to give notice in accordance with B7, it must bear all risks of loss of or damage to the goods from the agreed date or the expiry date of the agreed period for delivery, provided that the goods have been clearly identified as the contract goods.

B6 Allocation of costs

The buyer must, subject to the provisions of A 3a), pay

a) all costs relating to the goods from the time they have been delivered as envisaged in A4, except, where applicable, the costs of customs formalities necessary for export, as well as all duties taxes and other charges payable upon export as referred to in A6 d);

b) all costs and charges relating to the goods while in transit until their arrival at the agreed place of destination, unless such costs and charges were for the seller's account under the contract of carriage;

c) unloading costs, unless such costs were for the seller's account under the contract of carriage;

d) any additional costs incurred if it fails to give notice in accordance with B7, from the agreed date or the expiry date of the agreed period for dispatch, provided that the goods have been clearly identified as the contract goods;

e) where applicable, all duties, taxes and other charges as well as the costs of carrying out customs formalities payable upon import of the goods and the costs for their transport through any country, unless included within the cost of the contract of carriage; and

f) the costs of any additional insurance procured at the buyer's request under A3 and B3.

B7 Notices to the seller

The buyer must, whenever it is entitled to determine the time for dispatching the goods and/or the named place of destination or the point of receiving the goods within that place, give the seller sufficient notice thereof.

B8 Proof of delivery

The buyer must accept the transport document provided as envisaged in A8 if it is in conformity with the contract.

B5 위험의 이전

매수인은 물품이 A4의 규정에 따라 인도된 때로부터 물품의 멸실 또는 손상의 모든 위험을 부담한다.

매수인이 B7에 따라 통지를 못한 경우, 이에 매수인은 인도에 대한 합의된 일자 또는 합의된 기간의 만료일자로부터 물품의 멸실 또는 손상에 대한 모든 위험을 부담한다. 단, 그 물품은 계약물품으로서 명확히 특정되어 있어야 한다.

B6 비용의 분담

매수인은 다음과 같은 비용을 지급하여야 한다.

a) 물품이 A4에 규정된 대로 인도된 때로부터 물품에 관련한 모든 비용.

단, 적용 가능한 경우, A6 d)에 언급된 대로 수출시에 지급되는 모든 관세, 조세 및 기타 요금뿐만이 아니라 통관수속절차 비용은 제외 한다;

b) 운송계약에서 이와 같은 비용이 매도인 부담이 아닌 경우, 합의된 목적지에 도착할 때까지 운송 중 물품에 관련한 모든 비용 및 요금;

c) 운송계약에서 이와 같은 비용이 매도인 부담이 아닌 경우의 양화비용;

d) B7에 따라 매수인이 적절한 통지를 행하지 아니한 경우,

발송을 위하여 합의된 일자 또는 합의된 기간의 만료일자로부터 발생되는 모든 추가비용. 단, 물품이 계약물품으로서 명확히 특정되어 있어야 한다;

e) 적용 가능한 경우, 물품이 수입시에 지급되는 모든 관세, 조세 및 기타 요금뿐만이 아니라 통관수속절차 비용 및 운송계약 비용에 포함되지 아니한 어떠한 국가를 통과하는 운송을 위한 비용, 그리고

f) A3 및 B3에 따라 매수인의 요청으로 주선된 모든 추가보험비용.

B7 매도인에 대한 통지

매수인은 물품발송을 위한 시기 및/또는 지정목적지 또는 그 장소내의 물품수령 지점을 결정할 권한이 주어진 때에, 매도인에게 그에 관한 충분한 통지를 행하여야 한다.

B8 인도의 증거

매수인은 운송서류가 계약과 일치할 경우 A8에 규정된 대로 제공된 운송서류를 인수하여야 한다.

B9 Inspection of goods

The buyer must pay the costs of any mandatory pre-shipment inspection, except when such inspection is mandated by the authorities of the country of export.

B10 Assistance with Information and related costs

The buyer must, in a timely manner, advise the seller of any security information requirements so that the seller may comply with A10.

The buyer must reimburse the seller for all costs and charges incurred by the seller in providing or rendering assistance in obtaining documents and information as envisaged in A10.

The buyer must, where applicable, in a timely manner, provide to or render assistance in obtaining for the seller, at the seller's request, risk and expense, any documents and information, including security-related information, that the seller needs for the transport and export of the goods and for their transport through any country.

DAT

DELIVERED AT TERMINAL

DAT (insert named terminal at port or place of destination)

Incoterms® 2010

GUIDANCE NOTE

This rule may be used irrespective of the mode of transport selected and may also be used where more than one mode of transport is employed.

"Delivered at Terminal" means that the seller delivers when the goods, once unloaded from the arriving means of transport, are placed at the disposal of the buyer at a named terminal at the named port or place of destination. "Terminal" includes any place, whether covered or not, such as a quay, warehouse, container yard or road, rail or air cargo terminal. The seller bears all risks involved in bringing the goods to and unloading them at the terminal at the named port or place of destination.

The parties are well advised to specify as clearly as possible the terminal and, if possible, a specific point within the terminal at the agreed port or place of destination, as the risks to that point are for the account of the seller. The seller is advised to procure a contract of carriage that matches this choice precisely.

Moreover, if the parties intend the seller to bear the risks and costs involved in transporting and handling the goods from the terminal to another place, then the DAP or DDP rules should be used.

DAT requires the seller to clear the goods for export, where applicable. However,

B9 물품검사

매수인은 수출국가 당국에 의하여 강제된 검사를 제외하고, 모든 강제적인 선적전 검사비용을 지급하여야 한다.

B10 정보제공에 대한 협조 및 관련비용

매수인은 매도인이 A10의 규정을 따를 수 있도록, 시의적절한 방법으로, 매도인에게 모든 안전 정보 필요사항을 통지하여야 한다.

매수인은 A10의 규정에 따라 서류 및 정보를 취득하는 데 협조를 제공 또는 제시하고 매도인에 의하여 발생된 모든 비용과 요금을 매도인에게 상환하여야 한다.

적용 가능한 경우, 매수인은 매도인의 요청과 위험 및 비용으로 매도인이 물품운송과 수출 및 어떠한 국가를 통과하는 물품운송에 필요한 안전관련 정보를 포함하여 모든 서류 및 정보를 취득하는데 따른 협조를 시의 적절한 방법으로 매도인에게 제공 또는 제시하여야 한다.

5. 터미널인도

터미널 인도(지정 터미널 또는 지정 목적지 삽입) Incoterms® 2010

안내요지

터미널인도(Delivered At Terminal)는 선택된 운송방식에 관계없이 사용될 수 있으며, 또한 둘 이상의 운송방식이 채택된 경우에도 사용될 수 있다.

터미널인도라 함은 물품이 지정 목적항 또는 지정 목적지에 있는 지정 터미널에서 도착한 운송수단에서 일단 양화되어 매수인의 임의처분 상태로 둘 때 매도인이 인도하는 것을 의미한다. 터미널은 덮개 유무와 관계없이 부두, 창고, 컨테이너 야적장 또는 도로, 철도 또는 항공화물 터미널을 포함한다. 매도인은 지정 목적항 또는 지정 목적지에 있는 지정터미널까지의 물품운송 및 양화에 따른 모든 위험을 부담한다.

당사자는 매도인이 그 지점까지의 위험을 부담하여야 하는 합의된 항구 또는 목적지의 터미널 내의 특정지점을 가능한 한 분명하게 명시하는 것이 바람직하다. 왜냐하면 그 지점까지 위험부담은 매도인이 하기 때문이다. 매도인은 그러한 선택에 명확하게 일치하는 운송계약을 취득하도록 하여야 한다.

더욱이 당사자가 터미널에서 다른 장소까지 물품을 운송하고 취급하는데 따른 위험 및 비용을 매도인이 부담하기로 의도하는 경우에는 DAP 또는 DDP 규칙이 사용되어야 한다.

DAT는 적용 가능한 경우, 매도인에게 물품에 대한 수출통관을 하도록 요구하고 있다. 그러나

the seller has no obligation to clear the goods for import, pay any import duty or carry out any import customs formalities.

A THE SELLER'S OBLIGATIONS

A1 General obligations of the seller

The seller must provide the goods and the commercial invoice in conformity with the contract of sale and any other evidence of conformity that may be required by the contract.

Any document referred to in A1-A10 may be an equivalent electronic record or procedure if agreed between the parties or customary.

A2 Licences, authorizations, security clearances and other formalities

Where applicable, the seller must obtain, at its own risk and expense, any export licence and other official authorization and carry out all customs formalities necessary for the export of the goods and for their transport through any country prior to delivery.

A3 Contracts of carriage and insurance

a) Contract of carriage

The seller must contract at its own expense for the carriage of the goods to the named terminal at the agreed port or place of destination. If a specific terminal is not agreed or is not determined by practice, the seller may select the terminal at the agreed port or place of destination that best suits its purpose.

b) Contract of insurance

The seller has no obligation to the buyer to make a contract of insurance. However, the seller must provide the buyer, at the buyer's request, risk, and expense (if any), with information that the buyer needs for obtaining insurance.

A4 Delivery

The seller must unload the goods from the arriving means of transport and must then deliver them by placing them at the disposal of the buyer at the named terminal referred to in A3 a) at the port or place of destination on the agreed date or within the agreed period.

매도인은 물품의 수입통관을 하거나, 어떠한 수입관세의 지급 또는 어떠한 수입통관수속절차를 이행할 의무도 부담하지 아니한다.

A 매도인의 의무

A1 매도인의 일반적 의무

매도인은 매매계약과 일치하는 물품과 상업송장 및 그밖에 계약에서 요구되는 모든 기타 일치 증거를 제공하여야 한다.

A1-A10에 언급된 모든 서류는 당사자간에 합의하거나 관습적인 경우, 동등한 전자기록 또는 절차로 대체될 수 있다.

A2 허가, 승인, 안전통관 및 기타 수속절차

적용 가능한 경우, 매도인은 자신의 위험 및 비용으로, 모든 수출허가 또는 기타 공적 승인을 취득하여야 하며, 또한 물품의 수출 및 인도하기 이전의 어떠한 국가를 통과하는 운송에 필요한 모든 통관수속절차를 이행하여야 한다.

A3 운송 및 보험계약

a) 운송계약

매도인은 자신의 비용으로 지정 목적항 또는 지정 터미널까지 물품운송계약을 체결하여야 한다. 특정한 터미널이 합의되지 아니하거나 또는 관례에 따라 결정되지 아니한 경우, 매도인은 자신의 목적에 가장 적합한 합의된 목적항 또는 목적지 터미널을 선택할 수 있다.

b) 보험계약

매도인은 매수인에 대하여 보험계약을 체결할 의무를 부담하지 아니한다. 그러나 매도인은 매수인의 요청과 위험 및 비용(있을 경우)으로 매수인이 보험을 부보 하는 데 필요한 정보를 매수인에게 제공하여야 한다.

A4 인도

매도인은 도착하는 운송수단으로부터 물품을 양화하여야 하며 또한 매도인은 합의된 일자 또는 합의된 기간 내에 목적항 또는 장소의 A3 a)에 언급된 지정 터미널에서 물품을 매수인의 임의처분 하에 둠으로써 물품을 인도하여야 한다.

A5 Transfer of risks

The seller bears all risks of loss of or damage to the goods until they have been delivered in accordance with A4 with the exception of loss or damage in the circumstances described in B5.

A6 Allocation of costs

The seller must pay

a) in addition to costs resulting from A5 a), all costs relating to the goods until they have been delivered in accordance with A4, other than those payable by the buyer as envisaged in B6; and

b) where applicable, the costs of customs formalities necessary for export as well as all duties, taxes and other charges payable upon export and the costs for their transport through any country, prior to delivery in accordance with A4.

A7 Notices to the buyer

The seller must give the buyer any notice needed in order to allow the buyer to take measures that are normally necessary to enable the buyer to take delivery of the goods.

A8 Delivery document

The seller must provide the buyer, at the seller's expense, with a document enabling the buyer to take delivery of the goods as envisaged in A4/B4.

A9 Checking-packaging-marking

The seller must pay the costs of those checking operations (such as checking quality, measuring, weighing, counting) that are necessary for the purpose of delivering the goods in accordance with A4, as well as the costs of any pre-shipment inspection mandated by the authority of the country of export.

The seller must, at its own expense, package the goods, unless it is usual for the particular trade to transport the type of goods sold unpackaged. The seller may package the goods in the manner appropriate for their transport, unless the buyer has notified the seller of specific packaging requirements before the contract of sale is concluded. Packaging is to be marked appropriately.

A10 Assistance with information and related costs

The seller must, where applicable, in a timely manner, provide to or render

A5 위험의 이전

매도인은 B5에 기술된 상황에서의 멸실 또는 손상을 제외하고, 물품이 A4에 따라 인도될 때까지 물품에 대한 멸실 또는 손상의 모든 위험을 부담한다.

A6 비용의 분담

매도인은 다음과 같은 비용을 지급하여야 한다.

a) B6에 규정된 대로 매수인이 지급하는 비용을 제외하고 A3 a)의 결과로 발생하는 비용에 추가하여 물품이 A4에 따라 인도될 때까지 물품에 관련한 모든 비용; 그리고

b) 적용 가능한 경우, 수출시 지급될 수 있는 모든 관세, 조세 및 기타 요금뿐만이 아니라 수출에 필요한 통관절차수속비용 및 A4에 따라 인도하기 이전의 어떠한 국가를 통과하는 운송비용.

A7 매수인에 대한 통지

매도인은 매수인이 물품을 수령할 수 있도록 하기 위하여 정상적으로 필요한 조치를 취할 수 있도록 매수인에게 필요한 모든 통지를 하여야 한다.

A8 인도서류

매도인은 자신의 비용으로 A4에 규정된 대로 매수인이 물품인도를 수령할 수 있는 서류를 매수인에게 제공하여야 한다.

A9 점검 · 포장 · 화인

매도인은 수출국가 당국에 의하여 강제된 모든 선적전 검사비용뿐만이 아니라, A4에 따라 물품을 인도하기 위하여 필요한 물품점검업무(품질, 용적, 중량, 수량 점검과 같은)의 비용을 지급하여야 한다.

매도인은 특수무역에서 물품이 무포장 상태로 매매되어 운송하는 것이 통상적이지 아니한 경우, 매도인은 자신의 비용으로 물품을 포장하여야 한다.

매수인이 매매계약의 체결 이전에 특정한 포장 요건을 통지하지 아니한 경우, 매도인은 물품운송에 적절한 방법으로 물품을 포장할 수 있다. 포장은 적절하게 화인이 표시되어야 한다.

A10 정보제공에 대한 협조 및 관련비용

매도인은 적용 가능한 경우, 시의 적절한 방법으로, 매수인의 요청과 위험 및 비용으로 매수인

assistance in obtaining for the buyer, at the buyer's request, risk and expense, any documents and information, including security-related information, that the buyer needs for the import of the goods and/or for their transport to the final destination.

The seller must reimburse the buyer for all costs and charges incurred by the buyer in providing or rendering assistance in obtaining documents and information as envisaged in B10.

B THE BUYER'S OBLIGATIONS

B1 General obligations of the buyer

The buyer must pay the price of the goods as provided in the contract of sale.

Any document referred to in B1-B10 may be an equivalent electronic record or procedure if agreed between the parties or customary.

B2 Licences, authorizations, security clearances and other formalities

Where applicable, the buyer must obtain, at its own risk and expense, any import licence or other official authorization and carry out all customs formalities for the import of the goods.

B3 Contracts of carriage and insurance

a) Contract of carriage

The buyer has no obligation to the seller to make a contract of carriage.

b) Contract of insurance

The buyer has no obligation to the seller to make a contract of insurance. However, the buyer must provide the seller, upon request, with the necessary information for obtaining insurance.

B4 Taking delivery

The buyer must take delivery of the goods when they have been delivered as envisaged in A4.

B5 Transfer of risks

The buyer bears all risks of loss of or damage to the goods from the time they have been delivered as envisaged in A4.

If

a) the buyer fails to fulfil its obligations in accordance with B2, then it bears all

이 물품의 수입 및/또는 최종목적지까지 물품운송에 필요한 안전 관련 정보를 포함하여 모든 서류 및 정보를 취득하는 데 협조를 제공하거나 제시하여야 한다.

매도인은 B10에 규정된 대로 서류 및 정보를 취득하는 데 따른 협조를 제공 또는 제시하고 매수인에 의하여 발생된 모든 비용과 요금을 상환하여야 한다.

B 매수인의 의무

B1 매수인의 일반적 의무

매수인은 매매계약에 약정된 대로 물품대금을 지급하여야 한다.

B1-B10에 언급된 모든 서류는 당사자간에 합의되었거나 관습적인 경우, 동등한 전자기록 또는 절차로 대체될 수 있다.

B2 허가, 승인, 안전통관 및 기타 수속절차

적용 가능한 경우, 매수인은 자신의 위험 및 비용으로 모든 수입허가 또는 기타 공적 승인을 취득하여야 하며, 또한 물품수입을 위한 모든 통관수속절차를 이행하여야 한다.

B3 운송 및 보험계약

a) 운송계약

매수인은 매도인에 대하여 운송계약을 체결할 의무를 부담하지 아니한다.

b) 보험계약

매수인은 매도인에 대하여 보험계약을 체결할 의무를 부담하지 아니한다. 그러나 매수인은 요청시 보험을 부보 하는 데 필요한 정보를 매도인에게 제공하여야 한다.

B4 인도의 수령

매수인은 물품이 A4에 규정된 대로 인도된 경우 물품의 인도를 수령하여야 한다.

B5 위험의 이전

매수인은 물품이 A4에 규정된 대로 인도된 때로부터 물품의 멸실 또는 손상의 모든 위험을 부담한다.

a) 매수인이 B2에 따라 자신의 의무를 완수하지 못한 경우, 그 때 매수인은 물품의 멸실 또는

resulting risks of loss of or damage to the goods; or

b) the buyer fails to give notice in accordance with B7, then it bears all risks of loss of or damage to the goods from the agreed date or the expiry date of the agreed period for delivery, provided that the goods have been clearly identified as the contract goods.

B6 Allocation of costs

The buyer must pay

a) all costs relating to the goods from the time they have been delivered as envisaged in A4;

b) any additional costs incurred by the seller if the buyer fails to fulfil its obligations in accordance with B2, or to give notice in accordance with B7, provided that the goods have been clearly identified as the contract goods; and

c) where applicable, the costs of customs formalities as well as all duties, taxes and other charges payable upon import of the goods.

B7 Notices to the seller

The buyer must, whenever it is entitled to determine the time within an agreed period and/or the point of taking delivery at the named terminal, give the seller sufficient notice thereof.

B8 Proof of delivery

The buyer must accept the delivery document provided as envisaged in A8.

B9 Inspection of goods

The buyer must pay the costs of any mandatory pre-shipment inspection, except when such inspection is mandated by the authorities of the country of export.

B10 Assistance with information and related costs

The buyer must, in a timely manner, advise the seller of any security information requirements so that the seller may comply with A10.

The buyer must reimburse the seller for all costs and charges incurred by the seller in providing or rendering assistance in obtaining documents and information as envisaged in A10.

The buyer must, where applicable, in a timely manner, provide to or render assistance in obtaining for the seller, at the seller's request, risk and expense, any documents and information, including security-related information, that the seller needs

손상에 대한 모든 결과적인 위험을 부담하며; 또는

b) 매수인이 B7에 따라 통지를 못한 경우, 이에 매수인은 인도에 대한 합의된 일자 또는 합의된 기간의 만료일자로부터 물품의 멸실 또는 손상에 대한 모든 위험을 부담한다. 단, 그 물품은 계약물품으로서 명확히 특정되어 있어야 한다.

B6 비용의 분담

매수인은 다음과 같은 비용을 지급하여야 한다.

a) 물품이 A4에 규정된 대로 인도된 때로부터 물품에 관련한 모든 비용;

b) B2에 따라 매수인이 자신의 의무를 완수하지 못하거나 또는 B7에 따라 통지를 하지 아니한 경우에 발생된 모든 추가비용. 단, 물품이 계약물품으로서 명확히 특정되어 있어야 한다. 그리고

c) 적용 가능한 경우, 물품이 수입시에 지급되는 모든 관세, 조세 및 기타 요금뿐만이 아니라 통관수속절차 비용.

B7 매도인에 대한 통지

매수인은 합의된 기간 내의 시기 및/또는 지정 터미널에서의 인도수령 지점을 결정할 권한이 주어진 때에, 매도인에게 그에 관한 충분한 통지를 하여야 한다.

B8 인도의 증거

매수인은 A8에 규정된 대로 제공된 인도서류를 인수하여야 한다.

B9 물품검사

매수인은 매도인에 대하여 수출국가의 당국에 의하여 강제된 그와 같은 검사의 경우를 제외하고, 모든 강제적인 선적전 검사비용을 지급하여야 한다.

B10 정보제공에 대한 협조 및 관련비용

매수인은 매도인이 A10의 규정을 따를 수 있도록, 시의적절한 방법으로, 매도인에게 모든 안전정보 필요사항을 통지하여야 한다.

매수인은 A10의 규정에 따라 서류 및 정보를 취득하는 데 협조를 제공 또는 제시하고 매도인에 의하여 발생된 모든 비용과 요금을 매도인에게 상환하여야 한다.

적용 가능한 경우, 매수인은 매도인의 요청과 위험 및 비용으로 매도인이 물품운송과 수출 및 어떠한 국가를 통과하는 물품운송에 필요한 안전관련 정보를 포함하여 모든 서류 및 정보를 취득하는데 따른 협조를 시의 적절한 방법으로 매도인에게 제공 또는 제시하여야 한다.

for the transport and export of the goods and for their transport through any country.

DAP

DELIVERED AT PLACE

DAP (insert named place of destination) Incoterms® 2010

GUIDANCE NOTE

This rule may be used irrespective of the mode of transport selected and may also be used where more than one mode of transport is employed.

"Delivered at Place" means that the seller delivers when the goods are placed at the disposal of the buyer on the arriving means of transport ready for unloading at the named place of destination. The seller bears all risks involved in bringing the goods to the named place.

The parties are well advised to specify as clearly as possible the point within the agreed place of destination, as the risks to that point are for the account of the seller. The seller is advised to procure contracts of carriage that match this choice precisely. If the seller incurs costs under its contract of carriage related to unloading at the place of destination, the seller is not entitled to recover such costs from the buyer unless otherwise agreed between the parties.

DAP requires the seller to clear the goods for export, where applicable. However, the seller has no obligation to clear the goods for import, pay any import duty or carry out any import customs formalities. If the parties wish the seller to clear the goods for import, pay any import duty and carry out any import customs formalities, the DDP term should be used.

A THE SELLER'S OBLIGATIONS

A1 General obligations of the seller

The seller must provide the goods and the commercial invoice in conformity with the contract of sale and any other evidence of conformity that may be required by the contract.

Any document referred to in A1-A10 may be an equivalent electronic record or procedure if agreed between the parties or customary.

A2 Licences, authorizations, security clearances and other formalities

Where applicable, the seller must obtain, at its own risk and expense, any export

6. 목적지인도

목적지인도(지정 목적지 삽입) Incoterms® 2010

안내요지

목적지인도(Delivered At Place)는 선택된 운송방식에 관계없이 사용될 수 있으며, 또한 둘 이상의 운송방식이 채택된 경우에도 사용될 수 있다.

목적지인도라 함은 지정 목적지에서 양화를 위하여 준비된 도착 운송수단 상에서 물품을 매수인의 임의처분 상태로 둘 때 매도인이 인도하는 것을 의미한다. 매도인은 지정 장소까지의 물품운송에 포함된 모든 위험을 부담한다.

또한 당사자는 합의된 목적지 내의 지점을 가능한 한 명확하게 확인하는 것이 바람직하다. 왜냐하면 그 지점까지 위험부담은 매도인이 하기 때문이다. 매도인은 그러한 선택에 명확하게 일치하는 운송계약을 취득하도록 하여야 한다. 매도인이 자신의 운송계약에 따라 지정 목적지에서 양화와 관련된 비용을 부담하는 경우, 매도인은 당사자 간에 별도 합의가 없는 한 매수인으로부터 그러한 비용을 보상받을 권한이 없다.

DAP는 적용 가능한 경우, 매도인에게 물품에 대한 수출통관을 하도록 요구하고 있다. 그러나 매도인은 물품의 수입통관을 하거나, 어떠한 수입관세의 지급 또는 어떠한 수입통관수속절차를 이행할 의무도 부담하지 아니한다.

당사자가 매도인이 물품에 대한 수입통관을 하고 모든 수입관세의 지급 및 모든 수입통관수속절차를 이행하기를 원할 경우, DDP 규칙이 사용되어야 한다.

A 매도인의 의무

A1 매도인의 일반적 의무

매도인은 매매계약과 일치하는 물품과 상업송장 및 그밖에 계약에서 요구되는 모든 기타 일치증거를 제공하여야 한다.

A1-A10에 언급된 모든 서류는 당사자간에 합의하거나 관습적인 경우, 동등한 전자기록 또는 절차로 대체될 수 있다.

A2 허가, 승인, 안전통관 및 기타 수속절차

적용 가능한 경우, 매도인은 자신의 위험 및 비용으로, 모든 수출허가 및 기타 공적 승인을 취

licence and other official authorization and carry out all customs formalities necessary for the export of the goods and for their transport through any country prior to delivery.

A3 Contracts of carriage and Insurance

a) Contract of carriage

The seller must contract at its own expense for the carriage of the goods to the named place of destination or to the agreed point, if any, at the named place of destination. If a specific point is not agreed or is not determined by practice, the seller may select the point at the named place of destination that best suits its purpose.

b) Contract of insurance

The seller has no obligation to the buyer to make a contract of insurance. However, the seller must provide the buyer, at the buyer's request, risk, and expense (if any), with information that the buyer needs for obtaining insurance.

A4 Delivery

The seller must deliver the goods by placing them at the disposal of the buyer on the arriving means of transport ready for unloading at the agreed point, if any, at the named place of destination on the agreed date or within the agreed period.

A5 Transfer of risks

The seller bears all risks of loss of or damage to the goods until they have been delivered in accordance with A4, with the exception of loss or damage in the circumstances described in B5.

A6 Allocation of costs

The seller must pay

a) in addition to costs resulting from A3 a), all costs relating to the goods until they have been delivered in accordance with A4, other than those payable by the buyer as envisaged in B6

b) any charges for unloading at the place of destination that were for the seller's account under the contract of carriage; and

c) where applicable, the costs of customs formalities necessary for export as well as all duties, taxes and other charges payable upon export and the costs for their transport through any country, prior to delivery in accordance with A4.

득하여야 하며, 또한 물품의 수출 및 인도하기 이전의 어떠한 국가를 통과하는 운송에 필요한 모든 통관수속절차를 이행하여야 한다.

A3 운송 및 보험계약

a) 운송계약

매도인은 자신의 비용으로 지정 목적지까지 또는 지정 목적지의 합의된 지점까지 물품운송계약을 체결하여야 한다. 특정한 지점이 합의되지 아니하거나 또는 관례에 따라 결정되지 아니한 경우, 매도인은 자신의 목적에 가장 적합한 지정 목적지의 지점을 선택할 수 있다.

b) 보험계약

매도인은 매수인에 대하여 보험계약을 체결할 의무를 부담하지 아니한다. 그러나 매도인은 매수인의 요청과 위험 및 비용(있을 경우)으로 매수인이 보험을 부보 하는 데 필요한 정보를 매수인에게 제공하여야 한다.

A4 인도

매도인은 합의된 일자 또는 합의된 기간 내에 지전된 목적지의 합의된 지점(있을 경우)에서 양화를 위하여 준비되어 도착하는 운송수단 상에서 물품을 매수인의 임의 처분 하에 둠으로써 이를 인도하여야 한다.

A5 위험의 이전

매도인은 B5에 기술된 상황에서의 멸실 또는 손상을 제외하고, 물품이 A4에 따라 인도될 때까지 물품에 대한 멸실 또는 손상의 모든 위험을 부담한다.

A6 비용의 분담

매도인은 다음과 같은 비용을 지급하여야 한다.

a) B6에 규정된 대로 매수인이 지급하는 비용을 제외하고 A3 a)의 결과로 발생하는 비용에 추가하여 물품이 A4에 따라 인도될 때까지 물품에 관련한 모든 비용; 그리고

b) 운송계약에 따라 매도인이 부담한 목적지의 모든 양화비; 그리고

c) 적용 가능한 경우, 수출시 지급될 수 있는 모든 관세, 조세 및 기타 요금뿐만이 아니라 수출에 필요한 통관절차수속비용 및 A4에 따라 인도하기 이전의 어떠한 국가를 통과하는 운송비용.

A7 Notices to the buyer

The seller must give the buyer any notice needed in order to allow the buyer to take measures that are normally necessary to enable the buyer to take delivery of the goods.

A8 Delivery document

The seller must provide the buyer, at the seller's expense, with a document enabling the buyer to take delivery of the goods as envisaged in A4/B4.

A9 Checking - packaging - marking

The seller must pay the costs of those checking operations (such as checking quality, measuring, weighing, counting) that are necessary for the purpose of delivering the goods in accordance with A4, as well as the costs of any pre-shipment inspection mandated by the authority of the country of export.

The seller must, at its own expense, package the goods, unless it is usual for the particular trade to transport the type of goods sold unpackaged. The seller may package the goods in the manner appropriate for their transport, unless the buyer has notified the seller of specific packaging requirements before the contract of sale is concluded. Packaging is to be marked appropriately.

A10 Assistance with information and related costs

The seller must, where applicable, in a timely manner, provide to or render assistance in obtaining for the buyer, at the buyer's request, risk and expense, any documents and information, including security-related information, that the buyer needs for the import of the goods and/or for their transport to the final destination.

The seller must reimburse the buyer for all costs and charges incurred by the buyer in providing or rendering assistance in obtaining documents and information as envisaged in B10.

B THE BUYER'S OBLIGATIONS

B1 General obligations of the buyer

The buyer must pay the price of the goods as provided in the contract of sale.

Any document referred to in B1-B10 may be an equivalent electronic record or procedure if agreed between the parties or customary.

A7 매수인에 대한 통지

매도인은 매수인이 물품을 수령할 수 있도록 하기 위하여 정상적으로 필요한 조치를 취할 수 있도록 매수인에게 필요한 모든 통지를 하여야 한다.

A8 인도서류

매도인은 자신의 비용으로 A4/B4에 규정된 대로 매수인이 물품인도를 수령할 수 있는 서류를 매수인에게 제공하여야 한다.

A9 점검 · 포장 · 화인

매도인은 수출국가 당국에 의하여 강제된 모든 선적전 검사비용뿐만이 아니라, A4에 따라 물품을 인도하기 위하여 필요한 물품점검업무(품질, 용적, 중량, 수량 점검과 같은)의 비용을 지급하여야 한다.

매도인은 특수무역에서 물품이 무포장 상태로 매매되어 운송하는 것이 통상적이지 아니한 경우, 매도인은 자신의 비용으로 물품을 포장하여야 한다.

매수인이 매매계약의 체결 이전에 특정한 포장 요건을 통지하지 아니한 경우, 매도인은 물품운송에 적절한 방법으로 물품을 포장할 수 있다. 포장은 적절하게 화인이 표시되어야 한다.

A10 정보제공에 대한 협조 및 관련비용

매도인은 적용 가능한 경우, 시의 적절한 방법으로, 매수인의 요청과 위험 및 비용으로 매수인이 물품의 수입 및/또는 최종목적지까지 물품운송에 필요한 안전 관련 정보를 포함하여 모든 서류 및 정보를 취득하는 데 협조를 제공하거나 제시하여야 한다.

매도인은 B10에 규정된 대로 서류 및 정보를 취득하는 데 따른 협조를 제공 또는 제시하고 매수인에 의하여 발생된 모든 비용과 요금을 매수인에게 상환하여야 한다.

B 매수인의 의무

B1 매수인의 일반적 의무

매수인은 매매계약에 약정된 대로 물품대금을 지급하여야 한다.

B1-B10에 언급된 모든 서류는 당사자간에 합의되었거나 관습적인 경우, 동등한 전자기록 또는 절차로 대체될 수 있다.

B2 Licences, authorizations, security clearances and other formalities

Where applicable, the buyer must obtain, at its own risk and expense, any import licence or other official authorization and carry out all customs formalities for the import of the goods.

B3 Contracts of carriage and insurance

a) Contract of carriage

The buyer has no obligation to the seller to make a contract of carriage.

b) Contract of insurance

The buyer has no obligation to the seller to make a contract of insurance. However, the buyer must provide the seller, upon request, with the necessary information for obtaining insurance.

B4 Taking delivery

The buyer must take delivery of the goods when they have been delivered as envisaged in A4.

B5 Transfer of risks

The buyer bears all risks of loss of or damage to the goods from the time they have been delivered as envisaged in A4.

If

a) the buyer fails to fulfil its obligations in accordance with B2, then it bears all resulting risks of loss of or damage to the goods; or

b) the buyer fails to give notice in accordance with B7, then it bears all risks of loss of or damage to the goods from the agreed date or the expiry date of the agreed period for delivery, provided that the goods have been clearly identified as the contract goods.

B6 Allocation of costs

The buyer must pay

a) all costs relating to the goods from the time they have been delivered as envisaged in A4;

b) all costs of unloading necessary to take delivery of the goods from the arriving means of transport at the named place of destination, unless such costs were for the seller's account under the contract of carriage;

c) any additional costs incurred by the seller if the buyer fails to fulfil its obligations in accordance with B2 or to give notice in accordance with B7, provided that the

B2 허가, 승인, 안전통관 및 기타 수속절차

적용 가능한 경우, 매수인은 자신의 위험 및 비용으로 모든 수입허가 또는 기타 공적 승인을 취득하여야 하며, 또한 물품수입을 위한 모든 통관수속절차를 이행하여야 한다.

B3 운송 및 보험계약

a) 운송계약
매수인은 매도인에 대하여 운송계약을 체결할 의무를 부담하지 아니한다.
b) 보험계약
매수인은 매도인에 대하여 보험계약을 체결할 의무를 부담하지 아니한다. 그러나 매수인은 요청시 보험을 부보 하는 데 필요한 정보를 매도인에게 제공하여야 한다.

B4 인도의 수령

매수인은 물품이 A4에 규정된 대로 인도된 경우 물품의 인도를 수령하여야 한다.

B5 위험의 이전

매수인은 물품이 A4에 규정된 대로 인도된 때로부터 물품의 멸실 또는 손상의 모든 위험을 부담한다.

a) 매수인이 B2에 따라 자신의 의무를 완수하지 못한 경우, 그 때 매수인은 물품의 멸실 또는 손상에 대한 모든 결과적인 위험을 부담하며; 또는
b) 매수인이 B7에 따라 통지를 못한 경우, 이에 매수인은 인도에 대한 합의된 일자 또는 합의된 기간의 만료일자로부터 물품의 멸실 또는 손상에 대한 모든 위험을 부담한다. 단, 그 물품은 계약물품으로서 명확히 특정되어 있어야 한다.

B6 비용의 분담

매수인은 다음과 같은 비용을 지급하여야 한다.
a) 물품이 A4에 규정된 대로 인도된 때로부터 물품에 관련한 모든 비용;

b) 운송계약에서 이와 같은 비용이 매도인 부담이 아닌 경우, 지정 목적지에 도착하는 운송수단으로부터 물품인도의 수령을 하는 데 필요한 모든 양화비용;

c) B2에 따라 매수인이 자신의 의무를 완수하지 못하거나 또는 B7에 따라 통지를 하지 아니한 경우에 매도인에 의하여 발생된 모든 추가비용. 단, 물품이 계약물품으로서 명확히 특정되어 있어

goods have been clearly identified as the contract goods; and

d) where applicable, the costs of customs formalities, as well as all duties, taxes and other charges payable upon import of the goods.

B7 Notices to the seller

The buyer must, whenever it is entitled to determine the time within an agreed period and/or the point of taking delivery within the named place of destination, give the seller sufficient notice thereof.

B8 Proof of delivery

The buyer must accept the delivery document provided as envisaged in A8.

B9 Inspection of goods

The buyer must pay the costs of any mandatory pre-shipment inspection, except when such inspection is mandated by the authorities of the country of export.

B10 Assistance with information and related costs

The buyer must, in a timely manner, advise the seller of any security information requirements so that the seller may comply with A10.

The buyer must reimburse the seller for all costs and charges incurred by the seller in providing or rendering assistance in obtaining documents and information as envisaged in A10.

The buyer must, where applicable, in a timely manner, provide to or render assistance in obtaining for the seller, at the seller's request, risk and expense, any documents and information, including security-related information, that the seller needs for the transport and export of the goods and for their transport through any country.

DDP

DELIVERED DUTY PAID

DDP (insert named place of destination) Incoterms® 2010

GUIDANCE NOTE

This rule may be used irrespective of the mode of transport selected and may also be used where more than one mode of transport is employed.

"Delivered Duty Paid" means that the seller delivers the goods when the goods

야 한다; 그리고

d) 적용 가능한 경우, 물품이 수입시에 지급되는 모든 관세, 조세 및 기타 요금뿐만이 아니라 통관수속절차 비용.

B7 매도인에 대한 통지

매수인은 합의된 기간 내의 시기 및/또는 지정 목적지 내의 인도수령 지점을 결정할 권한이 주어진 때에, 매도인에게 그에 관한 충분한 통지를 하여야 한다.

B8 인도의 증거

매수인은 A8에 규정된 대로 제공된 인도서류를 인수하여야 한다.

B9 물품검사

매수인은 매도인에 대하여 수출 또는 수입 국가의 당국에 의하여 강제된 모든 강제적인 선적전 검사비용을 지급할 의무를 부담하지 아니한다.

B10 정보제공에 대한 협조 및 관련비용

매수인은 매도인이 A10의 규정을 따를 수 있도록, 시의적절한 방법으로, 매도인에게 모든 안전정보 필요사항을 통지하여야 한다.

매수인은 A10의 규정된 대로 서류 및 정보를 취득하는 데 협조를 제공 또는 제시하고 매도인에 의하여 발생된 모든 비용과 요금을 매도인에게 상환하여야 한다.

적용 가능한 경우, 매수인은 매도인의 요청과 위험 및 비용으로 매도인이 물품운송, 수출과 수입 및 어떠한 국가를 통과하는 물품운송에 필요한 안전관련 정보를 포함하여 모든 서류 및 정보를 취득하는데 따른 협조를 시의 적절한 방법으로 매도인에게 제공 또는 제시하여야 한다.

7. 관세지급인도

관세지급인도(지정 목적지 삽입) Incoterms® 2010

안내요지

관세지급인도(Delivered Duty Paid)는 선택된 운송방식에 관계없이 사용될 수 있으며, 또한 둘 이상의 운송방식이 채택된 경우에도 사용될 수 있다.

관세지급인도라 함은 지정 목적지에서 양화를 위하여 준비된 도착 운송수단 상에서 수입 통관

are placed at the disposal of the buyer, cleared for import on the arriving means of transport ready for unloading at the named place of destination. The seller bears all the costs and risks involved in bringing the goods to the place of destination and has an obligation to clear the goods not only for export but also for import, to pay any duty for both export and import and to carry out all customs formalities.

DDP represents the maximum obligation for the seller.

The parties are well advised to specify as clearly as possible the point within the agreed place of destination, as the costs and risks to that point are for the account of the seller. The seller is advised to procure contracts of carriage that match this choice precisely. If the seller incurs costs under its contract of carriage related to unloading at the place of destination, the seller is not entitled to recover such costs from the buyer unless otherwise agreed between the parties.

The parties are well advised not to use DDP if the seller is unable directly or indirectly to obtain import clearance.

If the parties wish the buyer to bear all risks and costs of import clearance, the DAP rule should be used.

Any VAT or other taxes payable upon import are for the seller's account unless expressly agreed otherwise in the sales contract.

A THE SELLER'S OBLIGATIONS

A1 General obligations of the seller

The seller must provide the goods and the commercial invoice in conformity with the contract of sale and any other evidence of conformity that may be required by the contract.

Any document referred to in A1-A10 may be an equivalent electronic record or procedure if agreed between the parties or customary.

A2 Licences, authorizations, security clearances and other formalities

Where applicable, the seller must obtain, at its own risk and expense, any export and import licence and other official authorization and carry out all customs formalities necessary for the export of the goods, for their transport through any country and for their import.

A3 Contracts of carriage and insurance

a) Contract of carriage

The seller must contract at its own expense for the carriage of the goods to the

된 물품을 매수인의 임의처분 상태로 둘 때 매도인이 인도하는 것을 의미한다. 매도인은 목적지까지의 물품운송에 포함된 모든 비용 및 위험을 부담하며, 물품의 수출통관 뿐만이 아니라 수입통관 의무를 부담하며, 또한 수출 및 수입에 대한 모든 관세를 지급하고 모든 통관수속절차를 이행할 의무가 있다.

DDP는 매도인의 최대의무(maximum obligation)를 나타낸다.

당사자는 합의된 목적지 내의 지점을 가능한 한 명확하게 확인하는 것이 바람직하다. 왜냐하면 그 지점까지 비용 및 위험 부담은 매도인이 하기 때문이다. 매도인은 그러한 선택에 명확하게 일치하는 운송계약을 취득하도록 하여야 한다. 매도인이 자신의 운송계약에 따라 지정된 목적지에서 양화와 관련된 비용을 부담하는 경우, 매도인은 당사자 간에 별도 합의가 없는 한 매수인으로부터 그러한 비용을 보상받을 권한이 없다.

매도인이 직접적으로 또는 간접적으로 수입통관을 할 수 없는 경우, 당사자는 DDP를 사용하지 아니하는 것이 바람직하다. 당사자가 매수인이 수입통관에 따른 모든 위험 및 비용 부담하는 것을 원할 경우, DAP 규칙이 사용되어야 한다.

매매계약에서 별도의 명시적 합의가 없는 한, 수입시에 지급되는 모든 부가가치세 또는 기타 조세는 매도인이 부담한다.

A 매도인의 의무

A1 매도인의 일반적 의무

매도인은 매매계약과 일치하는 물품과 상업송장 및 그밖에 계약에서 요구되는 모든 기타 일치증거를 제공하여야 한다. A1-A10에 언급된 모든 서류는 당사자간에 합의하거나 관습적인 경우, 동등한 전자기록 또는 절차로 대체될 수 있다.

A2 허가, 승인, 안전통관 및 기타 수속절차

적용 가능한 경우, 매도인은 자신의 위험 및 비용으로, 모든 수출 및 수입허가 또는 기타 공적 승인을 취득하여야 하며, 또한 물품의 수출 및 어떠한 국가를 통과하는 운송 및 수입에 필요한 모든 통관수속절차를 이행하여야 한다.

A3 운송 및 보험계약

a) 운송계약

매도인은 자신의 비용으로 지정 목적지까지 또는 지정 목적지의 합의된 지점까지(있을 경우)

named place of destination or to the agreed point, if any, at the named place of destination, if a specific point is not agreed or is not determined by practice, the seller may select the point at the named place of destination that best suits its purpose.

b) Contract of insurance

The seller has no obligation to the buyer to make a contract of insurance. However, the seller must provide the buyer, at the buyer's request, risk, and expense (if any), with information that the buyer needs for obtaining insurance.

A4 Delivery

The seller must deliver the goods by placing them at the disposal of the buyer on the arriving means of transport ready for unloading at the agreed point, if any, at the named place of destination on the agreed date or within the agreed period.

A5 Transfer of risks

The seller bears all risks of loss of or damage to the goods until they have been delivered in accordance with A4, with the exception of loss or damage in the circumstances described in B5.

A6 Allocation of costs

The seller must pay

a) in addition to costs resulting from A3 a), all costs relating to the goods until they have been delivered in accordance with A4, other than those payable by the buyer as envisaged in B6;

b) any charges for unloading at the place of destination that were for the seller's account under the contract of carriage; and

c) where applicable, the costs of customs formalities necessary for export and import as well as all duties, taxes and other charges payable upon export and import of the goods, and the costs for their transport through any country prior to delivery in accordance with A4.

A7 Notices to the buyer

The seller must give the buyer any notice needed in order to allow the buyer to take measures that are normally necessary to enable the buyer to take delivery of the goods.

A8 Delivery document

The seller must provide the buyer, at the seller's expense, with a document enabling

물품운송계약을 체결하여야 한다. 특정한 지점이 합의되지 아니하거나 또는 관례에 따라 결정되지 아니한 경우, 매도인은 자신의 목적에 가장 적합한 지정 목적지의 지점을 선택할 수 있다.

b) 보험계약

매도인은 매수인에 대하여 보험계약을 체결할 의무를 부담하지 아니한다. 그러나 매도인은 매수인의 요청과 위험 및 비용(있을 경우)으로 매수인이 보험을 부보 하는 데 필요한 정보를 제공하여야 한다.

A4 인도

매도인은 합의된 일자 또는 합의된 기간 내에 지전된 목적지의 합의된 지점(있을 경우)에서 양화를 위하여 준비되어 도착하는 운송수단 상에서 물품을 매수인의 임의 처분 하에 둠으로써 이를 인도하여야 한다.

A5 위험의 이전

매도인은 B5에 기술된 상황에서의 멸실 또는 손상을 제외하고, 물품이 A4에 따라 인도될 때까지 물품에 대한 멸실 또는 손상의 모든 위험을 부담한다.

A6 비용의 분담

매도인은 다음과 같은 비용을 지급하여야 한다.

a) B6에 규정된 대로 매수이 지급하는 비용을 제외하고 A3 a)의 결과로 발생하는 비용에 추가하여 물품이 A4에 따라 인도될 때까지 물품에 관련한 모든 비용;

b) 운송계약에 따라 매도인이 부담한 목적지의 모든 양화비; 그리고

c) 적용 가능한 경우, 물품 수출 및 수입시 지급될 수 있는 모든 관세, 조세 및 기타 요금뿐만이 아니라 수출에 필요한 통관절차수속비용 및 A4에 따라 인도하기 이전의 어떠한 국가를 통과하는 운송비용.

A7 매수인에 대한 통지

매도인은 매수인이 물품을 수령할 수 있도록 하기 위하여 정상적으로 필요한 조치를 취할 수 있도록 매수인에게 필요한 모든 통지를 하여야 한다.

A8 인도서류

매도인은 자신의 비용으로 A4/B4에 규정된 대로 매수인이 물품인도를 수령할 수 있는 서류를

the buyer to take delivery of the goods as envisaged in A4/B4.

A9 Checking-packaging-marking

The seller must pay the costs of those checking operations (such as checking quality, measuring, weighing, counting) that are necessary for the purpose of delivering the goods in accordance with A4, as well as the costs of any pre-shipment inspection mandated by the authority of the country of export or of import.

The seller must, at its own expense, package the goods, unless it is usual for the particular trade to transport the type of goods sold unpackaged. The seller may package the goods in the manner appropriate for their transport, unless the buyer has notified the seller of specific packaging requirements before the contract of sale is concluded. Packaging is to be marked appropriately.

A10 Assistance with information and related costs

The seller must, where applicable, in a timely manner, provide to or render assistance in obtaining for the buyer, at the buyer's request, risk and expense, any documents and information, including security-related information, that the buyer needs for the transport of the goods to the final destination, where applicable, from the named place of destination.

The seller must reimburse the buyer for all costs and charges incurred by the buyer in providing or rendering assistance in obtaining documents and information as envisaged in B10.

B THE BUYER'S OBLIGATIONS

B1 General obligations of the buyer

The buyer must pay the price of the goods as provided in the contract of sale.

Any document referred to in B1-B10 may be an equivalent electronic record or procedure if agreed between the parties or customary.

B2 Licences, authorizations, security clearances and other formalities

Where applicable, the buyer must provide assistance to the seller, at the seller's request, risk and expense, in obtaining any import licence or other official authorization for the import of the goods.

매수인에게 제공하여야 한다.

A9 점검 · 포장 · 화인

매도인은 수출국가 당국에 의하여 강제된 모든 선적전 검사비용뿐만이 아니라, A4에 따라 물품을 인도하기 위하여 필요한 물품점검업무(품질, 용적, 중량, 수량 점검과 같은)의 비용을 지급하여야 한다.

매도인은 특수무역에서 물품이 무포장 상태로 매매되어 운송하는 것이 통상적이지 아니한 경우, 매도인은 자신의 비용으로 물품을 포장하여야 한다.

매수인이 매매계약의 체결 이전에 특정한 포장 요건을 통지하지 아니한 경우, 매도인은 물품운송에 적절한 방법으로 물품을 포장할 수 있다. 포장은 적절하게 화인이 표시되어야 한다.

A10 정보제공에 대한 협조 및 관련비용

매도인은 적용 가능한 경우, 시의 적절한 방법으로, 매수인의 요청과 위험 및 비용으로 매수인이 지정 목적지로부터 적용 가능한 경우 최종목적지까지 물품운송에 필요한 안전 관련 정보를 포함하여 모든 서류 및 정보를 취득하는 데 협조를 제공하거나 제시하여야 한다.

매도인은 B10에 규정된 대로 서류 및 정보를 취득하는 데 따른 협조를 제공 또는 제시하고 매수인에 의하여 발생된 모든 비용과 요금을 상환하여야 한다.

B 매수인의 의무

B1 매수인의 일반적 의무

매수인은 매매계약에 약정된 대로 물품대금을 지급하여야 한다.

B1-B10에 언급된 모든 서류는 당사자간에 합의되었거나 관습적인 경우, 동등한 전자기록 또는 절차로 대체될 수 있다.

B2 허가, 승인, 안전통관 및 기타 수속절차

적용 가능한 경우, 매수인은 매도인의 요청과 위험 및 비용으로 모든 수입허가 또는 물품수입을 위한 기타 공적 승인을 취득하는 데 따른 협조를 매도인에게 제공하여야 한다.

B3 Contracts of carriage and Insurance

a) Contract of carriage

The buyer has no obligation to the seller to make a contract of carriage.

b) Contract of insurance

The buyer has no obligation to the seller to make a contract of insurance. However, the buyer must provide the seller, upon request, with the necessary information for obtaining insurance.

B4 Taking delivery

The buyer must take delivery of the goods when they have been delivered as envisaged in A4.

B5 Transfer of risks

The buyer bears all risks of loss of or damage to the goods from the time they have been delivered as envisaged in A4.

If

a) the buyer fails to fulfil its obligations in accordance with B2, then it bears all resulting risks of loss of or damage to the goods; or

b) the buyer fails to give notice in accordance with B7, then it bears all risks of loss of or damage to the goods from the agreed date or the expiry date of the agreed period for delivery, provided that the goods have been clearly identified as the contract goods.

B6 Allocation of costs

The buyer must pay

a) all costs relating to the goods from the time they have been delivered as envisaged in A4;

b) all costs of unloading necessary to take delivery of the goods from the arriving means of transport at the named place of destination, unless such costs were for the seller's account under the contract of carriage; and

c) any additional costs incurred if it fails to fulfil its obligations in accordance with B2 or to give notice in accordance with B7, provided that the goods have been clearly identified as the contract goods.

B7 Notices to the seller

The buyer must, whenever it is entitled to determine the time within an agreed period and/or the point of taking delivery within the named place of destination, give

B3 운송 및 보험계약

a) 운송계약

매수인은 매도인에 대하여 운송계약을 체결할 의무를 부담하지 아니한다.

b) 보험계약

매수인은 매도인에 대하여 보험계약을 체결할 의무를 부담하지 아니한다. 그러나 매수인은 요청시 보험을 부보 하는 데 필요한 정보를 매도인에게 제공하여야 한다.

B4 인도의 수령

매수인은 A4에 규정된 대로 물품의 인도를 수령하여야 한다.

B5 위험의 이전

매수인은 물품이 A4에 규정된 대로 인도된 때로부터 물품의 멸실 또는 손상의 모든 위험을 부담한다.

a) 매수인이 B2에 따라 자신의 의무를 완수하지 못한 경우, 그 때 매수인은 물품의 멸실 또는 손상에 대한 모든 결과적인 위험을 부담하며; 또는

b) 매수인이 B7에 따라 통지를 못한 경우, 이에 매수인은 인도에 대한 합의된 일자 또는 합의된 기간의 만료일자로부터 물품의 멸실 또는 손상에 대한 모든 위험을 부담한다. 단, 그 물품은 계약물품으로서 명확히 특정되어 있어야 한다.

B6 비용의 분담

매수인은 다음과 같은 비용을 지급하여야 한다.

a) 물품이 A4에 규정된 대로 인도된 때로부터 물품에 관련한 모든 비용;

b) 운송계약에서 이와 같은 비용이 매도인 부담이 아닌 경우, 지정 목적지에 도착하는 운송수단으로부터 물품인도의 수령을 하는 데 필요한 양화비용; 그리고

c) B2에 따라 매수인이 자신의 의무를 완수하지 못하거나 또는 B7에 따라 통지를 하지 아니한 경우에 발생된 모든 추가비용. 단, 물품이 계약물품으로서 명확히 특정되어 있어야 한다.

B7 매도인에 대한 통지

매수인은 합의된 기간 내의 시기 및/또는 지정 목적지 내의 물품인도의 수령 지점을 결정할 권한이 주어진 때에, 매도인에게 그에 관한 충분한 통지를 하여야 한다.

the seller sufficient notice thereof.

B8 Proof of delivery

The buyer must accept the proof of delivery provided as envisaged in A8.

B9 Inspection of goods

The buyer has no obligation to the seller to pay the costs of any mandatory pre-shipment inspection mandated by the authority of the country of export or of import.

B10 Assistance with information and related costs

The buyer must, in a timely manner, advise the seller of any security information requirements so that the seller may comply with A10.

The buyer must reimburse the seller for all costs and charges incurred by the seller in providing or rendering assistance in obtaining documents and information as envisaged in A10.

The buyer must, where applicable, in a timely manner, provide to or render assistance in obtaining for the seller, at the seller's request, risk and expense, any documents and information, including security-related information, that the seller needs for the transport, export and import of the goods and for their transport through any country.

Ⅲ. RULES FOR SEA AND INLAND WATERWAY TRANSPORT

FAS

FREE ALONGSIDE SHIP

FAS (insert named port of shipment) Incoterms® 2010

GUIDANCE NOTE

This rule is to be used only for sea or inland waterway transport.

"Free Alongside Ship" means that the seller delivers when the goods are placed alongside the vessel (e. g., on a quay or a barge) nominated by the buyer at the named port of shipment. The risk of loss of or damage to the goods passes when the goods are alongside the ship, and the buyer bears all costs from that moment onwards.

The parties are well advised to specify as clearly as possible the loading point at the named port of shipment, as the costs and risks to that point are for the account of

B8 인도의 증거

매수인은 A8에 규정된 대로 제공된 인도서류를 인수하여야 한다.

B9 물품검사

매수인은 매도인에 대하여 수출 또는 수입 국가의 당국에 의하여 강제된 모든 강제적인 선적전 검사비용을 지급할 의무를 부담하지 아니한다.

B10 정보제공에 대한 협조 및 관련비용

매수인은 매도인이 A10의 규정을 따를 수 있도록, 시의적절한 방법으로, 매도인에게 모든 안전 정보 필요사항을 통지하여야 한다.

매수인은 A10의 규정에 따라 서류 및 정보를 취득하는 데 협조를 제공 또는 제시하고 매도인에 의하여 발생된 모든 비용과 요금을 매도인에게 상환하여야 한다.

적용 가능한 경우, 매수인은 매도인의 요청과 위험 및 비용으로 매도인이 물품운송, 수출과 수입 및 어떠한 국가를 통과하는 물품운송에 필요한 안전관련 정보를 포함하여 모든 서류 및 정보를 취득하는데 따른 협조를 시의 적절한 방법으로 매도인에게 제공 또는 제시하여야 한다.

Ⅲ. 해상 및 내수로 운송을 위한 규칙

8. 선측인도

선측인도(지정 선적항 삽입) Incoterms® 2010

안내요지

선측인도(Free Alongside Ship)는 해상운송 또는 내수로 운송에만 사용될 수 있다.

선측인도라 함은 물품이 지정 선적항에서 매수인이 지정한 본선의 선측(예컨대, 부두 또는 부선 상)에 둘 때 매도인이 인도하는 것을 의미한다. 물품의 멸실 또는 손상의 위험은 물품이 본선 선측에 둘 때 이전되며 매수인은 그 시점으로부터 모든 비용을 부담한다.

당사자는 지정 선적항의 적재 지점을 가능한 한 명확하게 명시하는 것이 바람직하다. 왜냐하면 그 지점까지의 비용 및 위험이 매도인이 부담하며, 또한 이러한 비용 및 관련되는 취급수수료는 항구의 관례에 따라 다를 수 있기 때문이다.

the seller and these costs and associated handling charges may vary according to the practice of the port.

The seller is required either to deliver the goods alongside the ship or to procure goods already so delivered for shipment. The reference to "procure" here caters for multiple sales down a chain ('string sales"), particularly common in the commodity trades.

Where the goods are in containers, it is typical for the seller to hand the goods over to the carrier at a terminal and not alongside the vessel. In such situations, the FAS rule would be inappropriate, and the FCA rule should be used.

FAS requires the seller to clear the goods for export, where applicable. However, the seller has no obligation to clear the goods for import, pay any import. duty or carry out any import. customs formalities.

A THE SELLER'S OBLIGATIONS

A1 General obligations of the seller

The seller must provide the goods and the commercial invoice in conformity with the contract of sale and any other evidence of conformity that may be required by the contract.

Any document referred to in A1-A10 may be an equivalent electronic record or procedure if agreed between the parties or customary.

A2 Licences, authorizations, security clearances and other formalities

Where applicable, the seller must obtain, at its own risk and expense, any export licence or other official authorization and carry out all customs formalities necessary for the export of the goods.

A3 Contracts of carriage and Insurance

a) Contract of carriage

The seller has no obligation to the buyer to make a contract of carriage. However, if requested by the buyer or if it is commercial practice and the buyer does not give an instruction to the contrary in due time, the seller may contract for carriage on usual terms at the buyer's risk and expense. In either case, the seller may decline to make the contract of carriage and, if it does, shall promptly notify the buyer.

b) Contract of insurance

The seller has no obligation to the buyer to make a contract of insurance. However, the seller must provide the buyer, at the buyer's request, risk, and expense (if any),

매도인은 선박의 선측에서 물품을 인도하거나 또는 선적을 위하여 이미 그와 같이 인도된 물품을 조달(procure)하여야 한다. 여기에서 "조달"이라는 언급은 상품무역에 있어서 흔히 발생하는 다수의 판매사슬("연속판매")에 부응하기 위한 것이다.

물품이 컨테이너에 적재되는 경우, 본선의 선측이 아닌 터미널에서 매도인이 운송인에게 물품을 교부하는 것이 전형적인 것이다. 이러한 경우 FAS 규칙은 부적절하며, FCA 규칙이 사용되어야 한다.

FAS는 적용 가능한 경우, 매도인에게 물품에 대한 수출통관을 하도록 요구하고 있다. 그러나 매도인은 물품의 수입통관을 하거나, 어떠한 수입관세의 지급 또는 어떠한 수입통관수속절차를 이행할 의무도 부담하지 아니한다.

A 매도인의 의무

A1 매도인의 일반적 의무

매도인은 매매계약과 일치하는 물품과 상업송장 및 그밖에 계약에서 요구되는 모든 기타 일치증거를 제공하여야 한다.

A1-A10에 언급된 모든 서류는 당사자간에 합의하거나 관습적인 경우, 동등한 전자기록 또는 절차로 대체될 수 있다.

A2 허가, 승인, 안전통관 및 기타 수속절차

적용 가능한 경우, 매도인은 자신의 위험 및 비용으로, 모든 수출허가 또는 기타 공적 승인을 취득하여야 하며, 또한 물품수출에 필요한 모든 통관수속절차를 이행하여야 한다.

A3 운송 및 보험계약

a) 운송계약

매도인은 매수인에 대하여 운송계약을 체결할 의무를 부담하지 아니한다. 그러나 매수인이 요청한 경우 또는 상업적 관례가 있고 매수인이 적절한 때에 그 반대의 지시를 하지 아니한 경우, 매도인은 매수인의 위험과 비용으로 통상적인 조건의 운송계약을 할 수 있다. 매도인은 어느 경우에도 운송계약의 체결을 거절할 수 있으며 그렇게 하는 경우, 매수인에게 즉시 통지하여야 한다.

b) 보험계약

매도인은 매수인에 대하여 보험계약을 체결할 의무를 부담하지 아니한다. 그러나 매도인은 매수인의 요청과 위험 및 비용(있을 경우)으로 매수인이 보험을 부보 하는 데 필요한 정보를 제공

with information that the buyer needs for obtaining insurance.

A4 Delivery

The seller must deliver the goods either by placing them alongside the ship nominated by the buyer at the loading point, if any, indicated by the buyer at the named port of shipment or by procuring the goods so delivered. In either case, the seller must deliver the goods on the agreed date or within the agreed period and in the manner customary at the port.

If no specific loading point has been indicated by the buyer, the seller may select the point within the named port of shipment that best suits its purpose. If the parties have agreed that delivery should take place within a period, the buyer has the option to choose the date within that period.

A5 Transfer of risks

The seller bears all risks of loss of or damage to the goods until they have been delivered in accordance with A4 with the exception of loss or damage in the circumstances described in B5.

A6 Allocation of costs

The seller must pay

a) all costs relating to the goods until they have been delivered in accordance with A4, other than those payable by the buyer as envisaged in B6; and

b) where applicable, the costs of customs formalities necessary for export as well as all duties, taxes and other charges payable upon export.

A7 Notices to the buyer

The seller must, at the buyer's risk and expense, give the buyer sufficient notice either that the goods have been delivered in accordance with A4 or that the vessel has failed to take the goods within the time agreed.

A8 Delivery document

The seller must provide the buyer, at the seller's expense, with the usual proof that the goods have been delivered in accordance with A4.

Unless such proof is a transport document, the seller must provide assistance to the buyer, at the buyer's request, risk and expense, in obtaining a transport document.

하여야 한다.

A4 인도

매도인은 지정 선적항에서 매수인에 의하여 지명된 적재지점(있을 경우)에서 매수인에 의하여 지정 선박의 선측에 물품을 두거나 또는 그렇게 인도된 물품을 조달함으로써 물품을 인도하여야 한다. 어느 경우에나, 매도인은 합의된 일자 또는 합의된 기간 내에 그리고 항구의 관습적인 방법에 따라 물품을 인도하여야 한다.

특정한 적재지점이 매수인에 의하여 지명되지 아니한 경우, 매도인은 지정 선적항 내에서 자신의 목적에 가장 적합한 지점을 선택할 수 있다. 당사자가 인도가 어느 기간 내에 이루어지는 것으로 합의된 경우, 매수인은 그와 같은 기간 내의 일자에 대한 선택권을 가진다.

A5 위험의 이전

매도인은 B5에 기술된 상황에서의 멸실 또는 손상을 제외하고, 물품이 A4에 따라 인도될 때까지 물품에 대한 멸실 또는 손상의 모든 위험을 부담한다.

A6 비용의 분담

매도인은 다음과 같은 비용을 지급하여야 한다.

a) B6에 규정된 대로 매수인이 지급하는 비용을 제외하고, 물품이 A4에 따라 인도될 때까지 물품에 관련한 모든 비용; 그리고

b) 적용 가능한 경우, 수출시 지급될 수 있는 모든 관세, 조세 및 기타 요금뿐만이 아니라 수출에 필요한 통관절차수속비용.

A7 매수인에 대한 통지

매도인은 매수인의 위험과 비용으로 물품이 A4에 따라 인도되었다거나 또는 본선이 합의된 시간 내에 물품을 수령하지 못하였다는 것에 관하여 매수인에게 충분한 통지를 하여야 한다.

A8 인도서류

매도인은 자신의 비용으로 물품이 A4에 따라 인도되었다는 통상적인 증거를 매수인에게 제공하여야 한다.

그와 같은 증거가 운송서류가 아닌 경우, 매도인은 매수인의 요청과 위험 및 비용으로 운송서류를 취득하는 데 따른 협조를 매수인에게 제공하여야 한다.

A9 Checking-packaging-marking

The seller must pay the costs of those checking operations (such as checking quality, measuring, weighing, counting) that are necessary for the purpose of delivering the goods in accordance with A4, as well as the costs of any pre-shipment inspection mandated by the authority of the country of export.

The seller must, at its own expense, package the goods, unless it is usual for the particular trade to transport the type of goods sold unpackaged. The seller may package the goods in the manner appropriate for their transport, unless the buyer has notified the seller of specific packaging requirements before the contract of sale is concluded. Packaging is to be marked appropriately.

A10 Assistance with information and related costs

The seller must, where applicable, in a timely manner, provide to or render assistance in obtaining for the buyer, at the buyer's request, risk and expense, any documents and information, including security-related information, that the buyer needs for the import of the goods and/or for their transport to the final destination.

The seller must reimburse the buyer for all costs and charges incurred by the buyer in providing or rendering assistance in obtaining documents and information as envisaged in B10.

B THE BUYER'S OBLIGATIONS

B1 General obligations of the buyer

The buyer must pay the price of the goods as provided in the contract of sale.

Any document referred to in B1-B10 may be an equivalent electronic record or procedure if agreed between the parties or customary.

B2 Licences, authorizations, security clearances and other formalities

Where applicable, it is up to the buyer to obtain, at its own risk and expense, any import licence or other official authorization and carry out all customs formalities for the import of the goods and for their transport through any country.

B3 Contracts of carriage and Insurance

a) Contract of carriage

The buyer must contract, at its own expense for the carriage at the goods from the named port of shipment, except where the contract of carriage is made by the seller as

A9 점검 · 포장 · 화인

매도인은 수출국가 당국에 의하여 강제된 모든 선적전 검사비용뿐만이 아니라, A4에 따라 물품을 인도하기 위하여 필요한 물품점검업무(품질, 용적, 중량, 수량 점검과 같은)의 비용을 지급하여야 한다.

매도인은 특수무역에서 물품이 무포장 상태로 매매되어 운송하는 것이 통상적이지 아니한 경우, 매도인은 자신의 비용으로 물품을 포장하여야 한다.

매수인이 매매계약의 체결 이전에 특정한 포장 요건을 통지하지 아니한 경우, 매도인은 물품운송에 적절한 방법으로 물품을 포장할 수 있다. 포장은 적절하게 화인이 표시되어야 한다.

A10 정보제공에 대한 협조 및 관련비용

매도인은 적용 가능한 경우, 시의적절한 방법으로, 매수인의 요청과 위험 및 비용으로 매수인이 물품수입 및/또는 최종목적지까지 물품운송에 필요한 안전 관련 정보를 포함하여 모든 서류 및 정보를 취득하는 데 협조를 제공하거나 제시하여야 한다.

매도인은 B10에 규정된 대로 서류 및 정보를 취득하는 데 따른 협조를 제공 또는 제시하고 매수인에 의하여 발생된 모든 비용과 요금을 상환하여야 한다.

B 매수인의 의무

B1 매수인의 일반적 의무

매수인은 매매계약에 약정된 대로 물품대금을 지급하여야 한다.

B1-B10에 언급된 모든 서류는 당사자간에 합의되었거나 관습적인 경우, 동등한 전자기록 또는 절차로 대체될 수 있다.

B2 허가, 승인, 안전통관 및 기타 수속절차

적용 가능한 경우, 매수인 자신의 위험과 비용으로 모든 수입허가 또는 기타 공적 승인을 취득하고 물품수입 및 어떠한 국가를 통과하는 운송을 위한 모든 통관수속절차를 이행하는 것은 매수인의 책임이다.

B3 운송 및 보험계약

a) 운송계약

매수인은 운송계약이 A3 a)에 규정된 대로 매도인에 의하여 체결된 경우를 제외하고, 매수인 자신의 비용으로 지정 선적항으로부터 물품운송계약을 체결하여야 한다.

provided for in A3 a).

b) Contract of insurance

The buyer has no obligation to the seller to make a contract of insurance.

B4 Taking delivery

The buyer must take delivery of the goods when they have been delivered as envisaged in A4.

B5 Transfer of risks

The buyer bears all risks of loss of or damage to the goods from the time they have been delivered as envisaged in A4.

If

a) the buyer fails to give notice in accordance with B7; or

b) the vessel nominated by the buyer fails to arrive on time, or fails to take the goods or closes for cargo earlier than the time notified in accordance with B7, then the buyer bears all risks of loss of or damage to the goods from the agreed date or the expiry date of the agreed period for delivery, provided that the goods have been clearly identified as the contract goods.

B6 Allocation of costs

The buyer must pay

a) all costs relating to the goods from the time they have been delivered as envisaged in A4, except, where applicable, the costs of customs formalities necessary for export as well as all duties, taxes, and other charges payable upon export as referred to in A6 b);

b) any additional costs incurred, either because:

(i) the buyer has failed to give appropriate notice in accordance with B7, or

(ii) the vessel nominated by the buyer fails to arrive on time, is unable to take the goods, or closes for cargo earlier than the time notified in accordance with B7, provided that the goods have been clearly identified as the contract goods; and

c) where applicable, all duties, taxes and other charges as well as the costs of carrying out customs formalities payable upon import of the goods and the costs for their transport through any country.

B7 Notices to the seller

The buyer must give the seller sufficient notice of the vessel name, loading point

b) 보험계약

매수인은 매도인에 대하여 보험계약을 체결할 의무를 부담하지 아니한다.

B4 인도의 수령

매수인은 A4에 규정된 대로 인도된 경우, 물품의 인도를 수령하여야 한다.

B5 위험의 이전

매수인은 물품이 A4에 규정된 대로 인도된 때로부터 물품의 멸실 또는 손상의 모든 위험을 부담한다.

a) 매수인이 B7에 따라 본선의 지정을 통지하지 못한 경우; 또는

b) 매수인에 의하여 지정된 본선이 적기에 도착하지 아니하거나 또는 물품을 수령을 못하거나 또는 B7에 따라 통지된 때보다 조기에 화물을 마감한 경우;

그 때 매수인은 인도를 위하여 합의된 일자 또는 합의된 기간의 만료일자로부터 물품의 멸실 또는 손상에 대한 모든 위험을 부담한다. 단, 물품이 계약물품으로서 명확히 특정되어 있어야 한다.

B6 비용의 분담

매수인은 다음과 같은 비용을 지급하여야 한다.

a) 물품이 A4에 규정된 대로 인도된 때로부터 물품에 관련한 모든 비용.

단, 적용 가능한 경우, A6 b)에 언급된 대로 수출시에 지급되는 모든 관세, 조세 및 기타 요금뿐만이 아니라 통관수속절차 비용은 제외 한다;

b) 다음과 같은 원인으로 발생된 모든 추가적인 비용:

(i) B7에 따라 매수인이 적절한 통지를 행하지 못한 경우, 또는

(ii) 매수인에 의하여 지명된 본선이 적기에 도착되지 못하거나, 물품을 수령할 수 없거나, 또는 B7에 따라 통지된 때보다 조기에 화물을 마감한 경우. 단, 물품이 계약물품으로서 명확히 특정되어 있어야 한다; 그리고

c) 적용 가능한 경우, 물품이 수입시에 지급되는 통관수속절차 비용뿐만이 아니라 모든 관세, 조세 및 기타 요금 및 어떠한 국가를 통과하는 운송을 위한 비용.

B7 매도인에 대한 통지

매수인은 본선의 명칭, 적재지점 및 필요한 경우에 합의된 기간 내 선택된 인도시기에 관하여

and, where necessary, the selected delivery time within the agreed period.

B8 Proof of delivery

The buyer must accept the proof of delivery provided as envisaged in A8.

B9 Inspection of goods

The buyer must pay the costs of any mandatory pre-shipment inspection, except when such inspection is mandated by the authorities of the country of export.

B10 Assistance with information and related costs

The buyer must, in a timely manner, advise the seller of any security requirements so that the seller may comply with A10.

The buyer must reimburse the seller for all costs and charges incurred by the seller in providing or rendering assistance in obtaining documents and information as envisaged In A10.

The buyer must, where applicable, in a timely manner, provide to or render assistance in obtaining for the seller, at the seller's request, risk and expense, any documents and information, including security-related information, that the seller needs for the transport and export of the goods and for their transport through any country.

FOB

FREE ON BOARD

FOB (insert named port of shipment) Incoterms® 2010

GUIDANCE NOTE

This rule is to be used only for sea or inland waterway transport.

"Free on Board" means that the seller delivers the goods on board the vessel nominated by the buyer at the named port of shipment or procures the goods already so delivered. The risk of loss of or damage to the goods passes when the goods are on board the vessel, and the buyer bears all costs from that moment onwards.

The seller is required either to deliver the goods on board the vessel or to procure goods already so delivered for shipment. The reference to "procure" here caters for multiple sales down a chain ('string sales'), particularly common in the commodity trades.

FOB may not be appropriate where goods are handed over to the carrier before they are on board the vessel, for example goods in containers, which are typically

충분한 통지를 하여야 한다.

B8 인도의 증거

매수인은 A8에 규정된 대로 제공된 인도의 증거를 인수하여야 한다.

B9 물품검사

매수인은 수출국가 당국에 의하여 강제된 검사를 제외하고, 모든 강제적인 선적전 검사비용을 지급하여야 한다.

B10 정보제공에 대한 협조 및 관련비용

매수인은 매도인이 A10의 규정에 따를 수 있도록, 시의적절한 방법으로, 매도인에게 모든 안전정보 필요사항을 통지하여야 한다.

매수인은 A10의 규정된 대로 서류 및 정보를 취득하는 데 협조를 제공 또는 제시하고 매도인에 의하여 발생된 모든 비용과 요금을 매도인에게 상환하여야 한다.

적용 가능한 경우, 매수인은 매도인의 요청과 위험 및 비용으로 매도인이 물품운송과 수출 및 어떠한 국가를 통과하는 물품운송에 필요한 안전관련 정보를 포함하여 모든 서류 및 정보를 취득하는데 따른 협조를 시의 적절한 방법으로 매도인에게 제공 또는 제시하여야 한다.

9. 본선인도

본선인도(지정 선적항 삽입) Incoterms® 2010

안내요지

본선인도(Free On Board)는 해상운송 또는 내수로 운송에만 사용될 수 있다.

본선인도라 함은 매도인이 지정 선적항에서 매수인에 의하여 지정된 본선상에 물품을 인도하거나 또는 이미 그렇게 인도된 물품을 조달하는 것을 의미한다. 물품의 멸실 또는 손상의 위험은 물품이 본선의 갑판상에 적재된 때에 이전되며, 매수인은 그 시점으로부터 모든 비용을 부담한다.

매도인은 본선의 갑판상에 물품을 인도하거나 또는 선적을 위하여 이미 그와 같이 인도된 물품을 조달(procure)하여야 한다. 여기에서 "조달"이라는 언급은 상품무역에 있어서 흔히 발생하는 다수의 판매사슬("연속판매")에 부응하기 위한 것이다.

FOB는 물품이 본선의 갑판상에 적재되기 이전 운송인에게 물품이 교부되어지는 경우, 예컨대 전형적으로 터미널에서 인도되는 컨테이너 물품의 경우에는 적절하지 아니할 수 있다. 이러한 경

delivered at a terminal. In such situations, the FCA rule should be used.

FOB requires the seller to clear the goods for export, where applicable. However, the seller has no obligation to clear the goods for import, pay any import duty or carry out any import customs formalities.

A THE SELLER'S OBLIGATIONS

A1 General obligations of the seller

The seller must provide the goods and the commercial invoice in conformity with the contract of sale and any other evidence of conformity that may be required by the contract.

Any document referred to in A1-A10 may be an equivalent electronic record or procedure if agreed between the parties or customary.

A2 Licences, authorizations, security clearances and other formalities

Where applicable, the seller must obtain, at its own risk and expense, any export licence or other official authorization and carry out all customs formalities necessary for the export of the goods.

A3 Contracts of carriage and insurance

a) Contract of carriage

The seller has no obligation to the buyer to make a contract of carriage. However, if requested by the buyer or if it is commercial practice and the buyer does not give an instruction to the contrary in due time, the seller may contract for carriage on usual terms at the buyer's risk and expense. In either case, the seller may decline to make the contract of carriage and, if it does, shall promptly notify the buyer.

b) Contract of insurance

The seller has no obligation to the buyer to make a contract of insurance. However, the seller must provide the buyer, at the buyer's request, risk, and expense (if any), with information that the buyer needs for obtaining insurance.

A4 Delivery

The seller must deliver the goods either by placing them on board the vessel nominated by the buyer at the loading point, if any, indicated by the buyer at the named port of shipment or by procuring the goods so delivered. In either case, the seller must deliver the goods on the agreed date or within the agreed period and in the manner customary at the port.

우에는 FCA 규칙이 사용되어야 한다.

FOB는 적용 가능한 경우, 매도인에게 물품에 대한 수출통관을 하도록 요구하고 있다. 그러나 매도인은 물품의 수입통관을 하거나, 어떠한 수입관세의 지급 또는 어떠한 수입통관수속절차를 이행할 의무도 부담하지 아니한다.

A 매도인의 의무

A1 매도인의 일반적 의무

매도인은 매매계약과 일치하는 물품과 상업송장 및 그밖에 계약에서 요구되는 모든 기타 일치 증거를 제공하여야 한다.

A1-A10에 언급된 모든 서류는 당사자간에 합의하거나 관습적인 경우, 동등한 전자기록 또는 절차로 대체될 수 있다.

A2 허가, 승인, 안전통관 및 기타 수속절차

적용 가능한 경우, 매도인은 자신의 위험 및 비용으로, 모든 수출허가 또는 기타 공적 승인을 취득하여야 하며, 또한 물품수출에 필요한 모든 통관수속절차를 이행하여야 한다.

A3 운송 및 보험계약

a) 운송계약

매도인은 매수인에 대하여 운송계약을 체결할 의무를 부담하지 아니한다. 그러나 매수인이 요청한 경우 또는 상업적 관례가 있고 매수인이 적절한 때에 그 반대의 지시를 하지 아니한 경우, 매도인은 매수인의 위험과 비용으로 통상적인 조건의 운송계약을 할 수 있다. 매도인은 어느 경우에도 운송계약의 체결을 거절할 수 있으며 그렇게 하는 경우, 매수인에게 즉시 통지하여야 한다.

b) 보험계약

매도인은 매수인에 대하여 보험계약을 체결할 의무를 부담하지 아니한다. 그러나 매도인은 매수인의 요청과 위험 및 비용(있을 경우)으로 매수인이 보험을 부보 하는 데 필요한 정보를 제공하여야 한다.

A4 인도

매도인은 지정 선적항에서 매수인에 의하여 지명된 적재지점(있을 경우)에서 매수인에 의하여 지정된 본선의 갑판상에 물품을 두거나 또는 그렇게 인도된 물품을 조달함으로써 물품을 인도하여야 한다. 어느 경우에나, 매도인은 합의된 일자 또는 합의된 기간 내에 그리고 항구의 관습적인 방법에 따라 물품을 인도하여야 한다.

특정한 적재지점이 매수인에 의하여 지명되지 아니한 경우, 매도인은 자신의 목적에 가장 적합

If no specific loading point has been indicated by the buyer, the seller may select the point within the named port of shipment that best suits its purpose.

A5 Transfer of risks

The seller bears all risks of loss of or damage to the goods until they have been delivered in accordance with A4 with the exception of loss or damage in the circumstances described in B5.

A6 Allocation of costs

The seller must pay

a) all costs relating to the goods until they have been delivered in accordance with A4, other than those payable by the buyer as envisaged in B6; and

b) where applicable, the costs of customs formalities necessary for export, as well as all duties, taxes and other charges payable upon export.

A7 Notices to the buyer

The seller must, at the buyer's risk and expense, give the buyer sufficient notice either that the goods have been delivered in accordance with A4 or that the vessel has failed to take the goods within the time agreed.

A8 Delivery document

The seller must provide the buyer, at the seller's expense, with the usual proof that the goods have been delivered in accordance with A4.

Unless such proof is a transport document, the seller must provide assistance to the buyer, at the buyer's request, risk and expense, in obtaining a transport document.

A9 Checking-packaging-marking

The seller must pay the costs of those checking operations (such as checking quality, measuring, weighing, counting) that are necessary for the purpose of delivering the goods in accordance with A4, as well as the costs of any pre-shipment inspection mandated by the authority of the country of export.

The seller must, at its own expense, package the goods, unless it is usual for the particular trade to transport the type of goods sold un packaged. The seller may package the goods in the manner appropriate for their transport, unless the buyer has notified the seller of specific packaging requirements before the contract of sale is concluded. Packaging is to be marked appropriately.

한 지점을 선택할 수 있다.

A5 위험의 이전

매도인은 B5에 기술된 상황에서의 멸실 또는 손상을 제외하고, 물품이 A4에 따라 인도될 때까지 물품에 대한 멸실 또는 손상의 모든 위험을 부담한다.

A6 비용의 분담

매도인은 다음과 같은 비용을 지급하여야 한다.

a) B6에 규정된 대로 매수인이 지급하는 비용을 제외하고, 물품이 A4에 따라 인도될 때까지 물품에 관련한 모든 비용; 그리고

b) 적용 가능한 경우, 수출시 지급될 수 있는 모든 관세, 조세 및 기타 요금뿐만이 아니라 수출에 필요한 통관절차수속비용.

A7 매수인에 대한 통지

매도인은 매수인의 위험과 비용으로 물품이 A4에 따라 인도되었다거나 또는 본선이 합의된 시간 내에 물품을 수령하지 못하였다는 것에 관하여 매수인에게 충분한 통지를 하여야 한다.

A8 인도서류

매도인은 자신의 비용으로 물품이 A4에 따라 인도되었다는 통상적인 증거를 매수인에게 제공하여야 한다.

그와 같은 증거가 운송서류가 아닌 경우, 매도인은 매수인의 요청과 위험 및 비용으로 운송서류를 취득하는 데 따른 협조를 매수인에게 제공하여야 한다.

A9 점검 · 포장 · 화인

매도인은 수출국가 당국에 의하여 강제된 모든 선적전 검사비용뿐만이 아니라, A4에 따라 물품을 인도하기 위하여 필요한 물품점검업무(품질, 용적, 중량, 수량 점검과 같은)의 비용을 지급하여야 한다.

매도인은 특수무역에서 물품이 무포장 상태로 매매되어 운송하는 것이 통상적이지 아니한 경우, 매도인은 자신의 비용으로 물품을 포장하여야 한다.

매수인이 매매계약의 체결 이전에 특정한 포장 요건을 통지하지 아니한 경우, 매도인은 물품운송에 적절한 방법으로 물품을 포장할 수 있다. 포장은 적절하게 화인이 표시되어야 한다.

A10 Assistance with information and related costs

The seller must, where applicable, in a timely manner, provide to or render assistance in obtaining for the buyer, at the buyer's request, risk and expense, any documents and information, including security-related information, that the buyer needs for the import of the goods and/or for their transport to the final destination.

The seller must reimburse the buyer for all costs and charges incurred by the buyer in providing or rendering assistance in obtaining documents and information as envisaged in B10.

B THE BUYER'S OBLIGATIONS

B1 General obligations of the buyer

The buyer must pay the price of the goods as provided in the contract of sale.

Any document referred to in B1-B10 may be an equivalent electronic record or procedure if agreed between the parties or customary.

B2 Licences, authorizations, security clearances and other formalities

Where applicable, it is up to the buyer to obtain, at its own risk and. expense, any import licence or other official authorization and carry out all customs formalities for the import, of the goods and for their transport through any country.

B3 Contracts of carriage and Insurance

a) contract of carriage

The buyer must contract. at its own expense for the carriage of the goods from the named port of shipment, except where the contract of carriage is made by the seller as provided for in A3 a).

b) Contract of insurance

The buyer has no obligation to the seller to make a contract of insurance.

B4 Taking delivery

The buyer must take delivery of the goods when they have been delivered as envisaged in A4.

B5 Transfer of risks

The buyer bears all risks of loss of or damage to the goods from the time they have been delivered as envisaged in A4.

A10 정보제공에 대한 협조 및 관련비용

매도인은 적용 가능한 경우, 시의적절한 방법으로, 매수인의 요청과 위험 및 비용으로 매수인이 물품수입 및/또는 최종목적지까지 물품운송에 필요한 안전 관련 정보를 포함하여 모든 서류 및 정보를 취득하는 데 협조를 제공하거나 제시하여야 한다.

매도인은 B10에 규정된 대로 서류 및 정보를 취득하는 데 따른 협조를 제공 또는 제시하고 매수인에 의하여 발생된 모든 비용과 요금을 상환하여야 한다.

B 매수인의 의무

B1 매수인의 일반적 의무

매수인은 매매계약에 약정된 대로 물품대금을 지급하여야 한다.

B1-B10에 언급된 모든 서류는 당사자간에 합의되었거나 관습적인 경우, 동등한 전자기록 또는 절차로 대체될 수 있다.

B2 허가, 승인, 안전통관 및 기타 수속절차

적용 가능한 경우, 매수인 자신의 위험과 비용으로 모든 수입허가 또는 기타 공적 승인을 취득하고 물품수입 및 어떠한 국가를 통과하는 운송을 위한 모든 통관수속절차를 이행하는 것은 매수인의 책임이다.

B3 운송 및 보험계약

a) 운송계약

매수인은 운송계약이 A3 a)에 규정된 대로 매도인에 의하여 체결된 경우를 제외하고, 매수인 자신의 비용으로 지정 선적항으로부터 물품운송계약을 체결하여야 한다.

b) 보험계약

매수인은 매도인에 대하여 보험계약을 체결할 의무를 부담하지 아니한다.

B4 인도의 수령

매수인은 A4와 A7에 규정된 대로 물품의 인도를 수령하여야 한다.

B5 위험의 이전

매수인은 물품이 A4에 규정된 대로 인도된 때로부터 물품의 멸실 또는 손상의 모든 위험을 부담한다.

If

a) the buyer fails to notify the nomination of a vessel in accordance with B7, or

b) the vessel nominated by the buyer fails to arrive on time to enable the seller to comply with A4, is unable to take the goods, or closes for cargo earlier than the time notified in accordance with B7;

then, the buyer bear's all risks of loss of or damage to the goods:

(i) from the agreed date, or in the absence of an agreed date,

(ii) from the date notified by the seller under A7 within the agreed period, or, if no such date has been notified,

(iii) from the expiry date of any agreed period for delivery

provided that the goods have been clearly identified as the contract goods.

B6 Allocation of costs

The buyer must pay

a) all costs relating to the goods from the time they have been delivered as envisaged in A4, except, where applicable, the costs of customs formalities necessary for export, as well as all duties, taxes and other charges payable upon export as referred to in A6 b);

b) any additional costs incurred, either because:

(i) the buyer has failed to give appropriate notice in accordance with B7, or

(ii) the vessel nominated by the buyer fails to arrive on time, is unable to take the goods, or closes for cargo earlier than the time notified in accordance with B7,

provided that the goods have been clearly identified as the contract goods; and

c) where applicable, all duties, taxes and other charges, as well as the costs of carrying out customs formalities payable upon import of the goods and the costs for their transport through any country.

B7 Notices to the seller

The buyer must give the seller sufficient notice of the vessel name, loading point and, where necessary, the selected delivery time within the agreed period.

B8 Proof of delivery

The buyer must accept the proof of delivery provided as envisaged in A8.

B9 Inspection of goods

The buyer must pay the costs of any mandatory pre-shpment inspection, except when such inspection is mandated by the authorities of the country of export.

a) 매수인이 B7에 따라 본선의 지정을 통지하지 못한 경우; 또는

b) 매수인에 의하여 지정된 본선이 A4에 규정에 따를 수 있도록 적기에 도착하지 아니하거나, 물품을 수령할 수 없거나, 또는 B7에 따라 통지된 때보다 조기에 화물을 마감한 경우에는, 그 때 매수인은 다음과 같은 때부터 멸실 또는 손상에 대한 모든 위험을 부담 한다:

(i) 합의된 일자로부터, 또는 합의된 일자가 없는 경우,

(ii) 합의된 기간 내에 A7에 따라 매도인에 의하여 통지된 일자로부터, 또는 그러한 일자가 통지되지 아니한 경우,

(iii) 모든 합의된 인도기간의 만료일자로부터.

단, 물품이 계약물품으로서 명확히 특정되어 있어야 한다.

B6 비용의 분담

매수인은 다음과 같은 비용을 지급하여야 한다.

a) 물품이 A4에 규정된 대로 인도된 때로부터 물품에 관련한 모든 비용.

단, 적용 가능한 경우, A6 b)에 언급된 대로 수출시에 지급되는 모든 관세, 조세 및 기타 요금 뿐만이 아니라 통관수속절차 비용은 제외 한다;

b) 다음과 같은 원인으로 발생된 모든 추가적인 비용:

(i) B7에 따라 매수인이 적절한 통지를 행하지 못한 경우, 또는

(ii) 매수인에 의하여 지명된 본선이 적기에 도착되지 못하거나, 물품을 수령할 수 없거나, 또는 B7에 따라 통지된 때보다 조기에 화물을 마감한 경우. 단, 물품이 계약물품으로서 명확히 특정되어 있어야 한다; 그리고

c) 적용 가능한 경우, 물품이 수입시에 지급되는 통관수속절차 비용뿐만이 아니라 모든 관세, 조세 및 기타 요금 및 어떠한 국가를 통과하는 운송을 위한 비용.

B7 매도인에 대한 통지

매수인은 본선의 명칭, 적재지점 및 필요한 경우에 합의된 기간 내 선택된 인도시기에 관하여 충분한 통지를 하여야 한다.

B8 인도의 증거

매수인은 A8에 규정된 대로 제공된 인도의 증거를 인수하여야 한다.

B9 물품검사

매수인은 수출국가 당국에 의하여 강제된 검사를 제외하고, 모든 강제적인 선적전 검사비용을 지급하여야 한다.

B10 Assistance with information and related costs

The buyer must, in a timely manner, advise the seller of any security information requirements so that the seller may comply with A10.

The buyer must reimburse the seller for all costs and charges incurred by the seller in providing or rendering assistance in obtaining documents and information as envisaged in A10.

The buyer must, where applicable, in a timely manner, provide to or render assistance in obtaining for the seller, at the seller's request, risk and expense, any documents and information, including security-related information, that the seller needs for the transport and export of the goods and for their transport through any country.

CFR

COST AND FREIGHT

CFR (insert named port of destination) Incoterms® 2010

GUIDANCE NOTE

This rule is to be used only for sea or inland waterway transport.

"Cost and Freight" means that the seller delivers the goods on board the vessel or procures the goods already so delivered. The risk of loss of or damage to the goods passes when the goods are on board the vessel. The seller must contract for and pay the costs and freight necessary to bring the goods to the named port of destination.

When CPT, CIP, CFR or CIF are used, the seller fulfills its obligation to deliver when it hands the goods over to the carrier in the manner specified in the chosen rule and not when the goods reach the place of destination.

This rule has two critical points, because risk passes and costs are transferred at different places. While the contract will always specify a destination port, it might not specify the port of shipment, which is where risk passes to the buyer. If the shipment port is of particular interest to the buyer, the parties are well advised to identify it as precisely as possible in the contract.

The parties are well advised to identify as precisely as possible the point at the agreed port of destination, as the costs to that point are for the account of the seller. The seller is advised to procure contracts of carriage that match this choice precisely. If the seller incurs costs under its contract of carriage related to unloading at the specified point at the port of destination, the seller is not entitled to recover such costs from the buyer unless otherwise agreed between the parties.

The seller is required either to deliver the goods on board the vessel or to procure

B10 정보제공에 대한 협조 및 관련비용

매수인은 매도인이 A10의 규정에 따를 수 있도록, 시의적절한 방법으로, 매도인에게 모든 안전정보 필요사항을 통지하여야 한다.

매수인은 A10의 규정된 대로 서류 및 정보를 취득하는 데 협조를 제공 또는 제시하고 매도인에 의하여 발생된 모든 비용과 요금을 매도인에게 상환하여야 한다.

적용 가능한 경우, 매수인은 매도인의 요청과 위험 및 비용으로 매도인이 물품운송과 수출 및 어떠한 국가를 통과하는 물품운송에 필요한 안전관련 정보를 포함하여 모든 서류 및 정보를 취득하는데 따른 협조를 시의 적절한 방법으로 매도인에게 제공 또는 제시하여야 한다.

10. 운임포함인도

운임포함인도(지정 목적항 삽입) Incoterms® 2010

안내요지

운임포함인도(Cost And Freight)는 해상운송 또는 내수로 운송에만 사용될 수 있다.

운임 · 보험료포함인도라 함은 매도인이 본선의 갑판상에 물품을 인도하거나 또는 이미 그렇게 인도된 물품을 조달하는 것을 의미한다. 물품의 멸실 또는 손상의 위험은 물품이 본선의 갑판상에 적재된 때에 이전된다. 매도인은 지정 목적항까지 물품을 운송하는데 필요한 운송계약을 체결하고 그 비용 및 운임을 지급하여야 한다.

CPT, CIP, CFR 또는 CIF가 사용되는 경우, 매도인이 인도에 대한 의무는 물품이 목적지에 도착될 때가 아닌 물품이 운송인에게 교부될 때에 완료된다.

이 규칙은 두 가지의 중요한 분기점이 있다, 즉 위험이 이전되고 비용이 이전되는 지점이 상이한 장소에서 이루어지기 때문이다. 보통 계약서에는 목적항을 명시하는 반면에, 위험이 매수인에게 이전되는 선적항을 명시하지 아니할 수 있다. 선적항이 매수인에게 특별한 이해관계가 있는 경우, 당사자들이 가능한 한 계약서에 이를 명확하게 확인하는 것이 바람직하다.

당사자는 합의된 목적항의 지점을 가능한 한 명확하게 확인하는 것이 바람직하다. 왜냐하면 그 지점까지 비용부담은 매도인이 하기 때문이다. 매도인은 그러한 선택에 명확하게 일치하는 운송계약을 취득하도록 하여야 한다. 매도인이 자신의 운송계약에 따라 목적항의 명시된 지점에서 양화와 관련된 비용을 부담하는 경우, 매도인은 당사자 간에 별도 합의가 없는 한 매수인으로부터 그러한 비용을 보상받을 권한이 없다.

매도인은 본선의 갑판상에 물품을 인도하거나 또는 선적을 위하여 이미 그와 같이 인도된 물품

goods already so delivered for shipment to the destination. In addition, the seller is required either to make a contract of carriage or to procure such a contract. The reference to "procure" here caters for multiple sales down a chain ('string sales'), particularly common in the commodity trades.

CFR may not be appropriate where goods are handed over to the carrier before they are on board the vessel, for example goods in containers, which are typically delivered at a terminal. In such circumstances, the CPT rule should be used.

CFR requires the seller to clear the goods for export, where applicable. However, the seller has no obligation to clear the goods for import, pay any import duty or carry out any import customs formalities.

A THE SELLER'S OBLIGATIONS

A1 General obligations of the seller

The seller must provide the goods and the commercial invoice in conformity with the contract of sale and any other evidence of conformity that may be required by the contract.

Any document referred to in A1-A10 may be an equivalent electronic record or procedure if agreed between the parties or customary.

A2 Licences, authorizations, security clearances and other formalities

Where applicable, the seller must obtain, at its own risk and expense, any export licence or other official authorization and carry out all customs formalities necessary for the export of the goods.

A3 Contracts of carriage and insurance

a) Contract of carriage

The seller must contract or procure a contract for the carriage of the goods from the agreed point of delivery, if any, at the place of delivery to the named port of destination or, if agreed, any point at that port. The contract of carriage must be made on usual terms at the seller's expense and provide for carriage by the usual route in a vessel of the type normally used for the transport of the type of goods sold.

b) Contract of insurance

The seller has no obligation to the buyer to make a contract of insurance. However, the seller must provide the buyer, at the buyer's request, risk, and expense (if any), with information that the buyer needs for obtaining insurance.

을 조달(procure)하여야 한다. 여기에서 "조달"이라는 언급은 상품무역에 있어서 흔히 발생하는 다수의 판매사슬("연속판매")에 부응하기 위한 것이다.

CFR은 물품이 본선의 갑판상에 적재되기 이전 운송인에게 물품이 교부되어지는 경우, 예컨대 전형적으로 터미널에서 인도되는 컨테이너 물품의 경우에는 적절하지 아니할 수 있다. 이러한 경우에는 CPT 규칙이 사용되어야 한다.

CFR은 적용 가능한 경우, 매도인에게 물품에 대한 수출통관을 하도록 요구하고 있다. 그러나 매도인은 물품의 수입통관을 하거나, 어떠한 수입관세의 지급 또는 어떠한 수입통관수속절차를 이행할 의무도 부담하지 아니한다.

A 매도인의 의무

A1 매도인의 일반적 의무

매도인은 매매계약과 일치하는 물품과 상업송장 및 그밖에 계약에서 요구되는 모든 기타 일치증거를 제공하여야 한다.

A1-A10에 언급된 모든 서류는 당사자간에 합의하거나 관습적인 경우, 동등한 전자기록 또는 절차로 대체될 수 있다.

A2 허가, 승인, 안전통관 및 기타 수속절차

적용 가능한 경우, 매도인은 자신의 위험 및 비용으로, 모든 수출허가 또는 기타 공적 승인을 취득하여야 하며, 또한 물품수출에 필요한 모든 통관수속절차를 이행하여야 한다.

A3 운송 및 보험계약

a) 운송계약

매도인은 인도장소에서 합의된 인도지점(있을 경우)으로부터 지정 목적항 또는 그 항구의 어떠한 지점(합의된 경우)까지 물품운송에 대하여 계약체결 또는 주선하여야 한다. 운송계약은 매도인의 비용으로 통상적인 조건에 따라 체결되어야 하며, 또한 매각되는 물품유형의 운송에 일반적으로 사용되는 유형의 선박으로 통상적인 경로에 의한 운송을 제공하여야 한다.

b) 보험계약

매도인은 매수인에 대하여 보험계약을 체결할 의무를 부담하지 아니한다. 그러나 매도인은 매수인의 요청과 위험 및 비용(있을 경우)으로 매수인이 보험을 부보 하는 데 필요한 정보를 제공하여야 한다.

A4 Delivery

The seller must deliver the goods either by placing them on board the vessel or by procuring the goods so delivered. In either case, the seller must deliver the goods on the agreed date or within the agreed period and in the manner customary at the port.

A5 Transfer of risks

The seller bears all risks of loss of or damage to the goods until they have been delivered in accordance with A4, with the exception of loss or damage in the circumstances described in B5.

A6 Allocation of costs

The seller must pay

a) all costs relating to the goods until they have been delivered in accordance with A4, other than those payable by the buyer as envisaged in B6;

b) the freight and all other costs resulting from A3 a), including the costs of loading the goods on board and any charges for unloading at the agreed port of discharge that were for the seller's account under the contract of carriage; and

c) where applicable, the costs of customs formalities necessary for export as well as all duties, taxes and other charges payable upon export, and the costs for their transport through any country that were for the seller's account under the contract of carriage.

A7 Notices to the buyer

The seller must give the buyer any notice needed in order to allow the buyer to take measures that are normally necessary to enable the buyer to take the goods.

A8 Delivery document

The seller must, at its own expense, provide the buyer without delay with the usual transport document for the agreed port of destination.

This transport document must cover the contract goods, be dated within the period agreed for shipment, enable the buyer to claim the goods from the carrier at the port of destination and, unless otherwise agreed, enable the buyer to sell the goods in transit by the transfer of the document to a subsequent buyer or by notification to the carrier.

When such a transport document is issued in negotiable form and in several originals, a full set of originals must be presented to the buyer.

A4 인도

매도인은 본선의 갑판상에 물품을 두거나 또는 그렇게 인도된 물품을 조달함으로써 물품을 인도하여야 한다. 어느 경우에나, 매도인은 합의된 일자 또는 합의된 기간 내에 그리고 항구의 관습적인 방법에 따라 물품을 인도하여야 한다.

A5 위험의 이전

매도인은 B5에 기술된 상황에서의 멸실 또는 손상을 제외하고, 물품이 A4에 따라 인도될 때까지 물품에 대한 멸실 또는 손상의 모든 위험을 부담한다.

A6 비용의 분담

매도인은 다음과 같은 비용을 지급하여야 한다.

a) B6에 규정된 대로 매수인이 지급하는 비용을 제외하고, 물품이 A4에 따라 인도될 때까지 물품에 관련한 모든 비용;

b) 갑판상에 물품의 적재비용 및 운송계약에 따라 매도인이 부담한 합의된 양륙항에서의 양화비를 포함하여, A3 a)의 결과로 발생하는 운임 및 모든 기타 비용; 그리고

c) 적용 가능한 경우, 수출시 지급될 수 있는 모든 관세, 조세 및 기타 요금뿐만이 아니라 수출에 필요한 통관절차수속비용 및 운송계약에 따라 매도인이 부담한 어떠한 국가를 통과하는 운송비용.

A7 매수인에 대한 통지

매도인은 매수인이 물품을 수령할 수 있도록 하기 위하여 정상적으로 필요한 조치를 취할 수 있도록 매수인에게 필요한 모든 통지를 하여야 한다.

A8 인도서류

매도인은 자신의 비용으로 합의된 목적항까지의 통상의 운송서류를 매수인에게 제공하여야 한다.

이 운송서류는 계약물품을 표시하여야 하며, 또한 선적을 위한 합의된 기간 내에 일부 되어 있어야 하고, 매수인이 목적항에서 운송인으로부터 물품을 청구할 수 있는 것이어야 하며, 또한 별도의 합의가 없는 경우, 매수인이 후속되는 매수인에게 서류의 양도에 의하거나 또는 운송인에게 통지에 의함으로서 운송중 물품을 매각할 수 있는 것이어야 한다.

그와 같은 운송서류가 유통 가능한 형식이면서 수통의 원본으로 발행되는 경우, 원본 전통이 매수인에게 제시되어야 한다.

A9 Checking-packaging-marking

The seller must pay the costs of those checking operations (such as checking quality, measuring, weighing, counting) that are necessary for the purpose of delivering the goods in accordance with A4, as well as the costs of any pre-shipment inspection mandated by the authority of the country of export.

The seller must, at its own expense, package the goods, unless it is usual for the particular trade to transport the type of goods sold unpackaged. The seller may package the goods in the manner appropriate for their transport, unless the buyer has notified the seller of specific packaging requirements before the contract of sale is concluded. Packaging is to be marked appropriately.

A10 Assistance with information and related costs

The seller must, where applicable, in a timely manner, provide to or render assistance in obtaining for the buyer, at the buyer's request, risk and expense, any documents and information, including security-related information, that the buyer needs for the import of the goods and/or for their transport to the final destination.

B THE BUYER'S OBLIGATIONS

B1 General obligations of the buyer

The buyer must pay the price of the goods as provided in the contract of sale.

Any document referred to in B1-B10 may be an equivalent electronic record or procedure if agreed between the parties or customary.

B2 Licences, authorizations, security clearances and other formalities

Where applicable, it is up to the buyer to obtain, at its own risk and expense, any import licence or other official authorization and carry out all customs formalities for the import of the goods and for their transport through any country.

B3 Contracts of carriage and insurance

a) Contract of carriage

The buyer has no obligation to the seller to make a contract of carriage.

b) Contract of insurance

The buyer has no obligation to the seller to make a contract of insurance. However, the buyer must provide the seller, upon request, with the necessary information for

A9 점검 · 포장 · 화인

매도인은 수출국가 당국에 의하여 강제된 모든 선적전 검사비용뿐만이 아니라, A4에 따라 물품을 인도하기 위하여 필요한 물품점검업무(품질, 용적, 중량, 수량 점검과 같은)의 비용을 지급하여야 한다.

매도인은 특수무역에서 물품이 무포장 상태로 매매되어 운송하는 것이 통상적이지 아니한 경우, 매도인은 자신의 비용으로 물품을 포장하여야 한다.

매수인이 매매계약의 체결 이전에 특정한 포장 요건을 통지하지 아니한 경우, 매도인은 물품운송에 적절한 방법으로 물품을 포장할 수 있다. 포장은 적절하게 화인이 표시되어야 한다.

A10 정보제공에 대한 협조 및 관련비용

매도인은 적용 가능한 경우, 시의적절한 방법으로, 매수인의 요청과 위험 및 비용으로 매수인이 물품수입 및/또는 최종목적지까지 물품운송에 필요한 안전 관련 정보를 포함하여 모든 서류 및 정보를 취득하는 데 협조를 제공하거나 제시하여야 한다.

매도인은 B10에 규정된 대로 서류 및 정보를 취득하는 데 따른 협조를 제공 또는 제시하고 매수인에 의하여 발생된 모든 비용과 요금을 상환하여야 한다.

B 매수인의 의무

B1 매수인의 일반적 의무

매수인은 매매계약에 약정된 대로 물품대금을 지급하여야 한다.

B1-B10에 언급된 모든 서류는 당사자간에 합의되었거나 관습적인 경우, 동등한 전자기록 또는 절차로 대체될 수 있다.

B2 허가, 승인, 안전통관 및 기타 수속절차

적용 가능한 경우, 매수인 자신의 위험과 비용으로 모든 수출과 수입허가 또는 기타 공적 승인을 취득하고 물품수입 및 어떠한 국가를 통과하는 운송을 위한 모든 통관수속절차를 이행하는 것은 매수인의 책임이다.

B3 운송 및 보험계약

a) 운송계약

매수인은 매도인에 대하여 운송계약을 체결할 의무를 부담하지 아니한다.

b) 보험계약

매수인은 매도인에 대하여 보험계약을 체결할 의무를 부담하지 아니한다. 그러나 매수인은 요청시 매도인이 A3 b)에 규정된 대로 매수인이 요청하는 모든 추가적인 보험을 주선하는데 필요한

obtaining insurance.

B4 Taking delivery

The buyer must take delivery of the goods when they have been delivered as envisaged in A4 and receive them from the carrier at the named port of destination.

B5 Transfer of risks

The buyer bears all risks of loss of or damage to the goods from the time they have been delivered as envisaged in A4.

If the buyer fails to give notice in accordance with B7, then it bears all risks of loss of or damage to the goods from the agreed date or the expiry date of the agreed period for shipment, provided that the goods have been clearly identified as the contract goods.

B6 Allocation of costs

The buyer must, subject to the provisions of A5 a), pay

a) all costs relating to the goods from the time they have been delivered as envisaged in A4, except, where applicable, the costs of customs formalities necessary for export as well as all duties, taxes, and other charges payable upon export as referred to in A6 c);

b) all costs and charges relating to the goods while in transit until their arrival at the port of destination, unless such costs and charges were for the seller's account under the contract of carriage;

c) unloading costs including lighterage and wharfage charges, unless such costs and charges were for the seller's account under the contract of carriage;

d) any additional costs incurred if it fails to give notice in accordance with B7, from the agreed date or the expiry date of the agreed period for shipment, provided that the goods have been clearly identified as the contract goods; and

e) where applicable, all duties, taxes and other charges, as well as the costs of carrying out customs formalities payable upon import of the goods and the costs for their transport through any country unless included within the cost of the contract of carriage.

B7 Notices to the seller

The buyer must, whenever it is entitled to determine the time for shipping the goods

모든 정보를 매도인에게 제공하여야 한다.

B4 인도의 수령

매수인은 A4에 규정된 대로 인도된 경우 물품의 인도를 수령하여야 하며, 또한 지정 목적항에서 운송인으로부터 물품을 수령하여야 한다.

B5 위험의 이전

매수인은 물품이 A4에 규정된 대로 인도된 때로부터 물품의 멸실 또는 손상의 모든 위험을 부담한다.

매수인이 B7에 따라 통지를 못한 경우, 이에 매수인은 인도에 대한 합의된 일자 또는 합의된 기간의 만료일자로부터 물품의 멸실 또는 손상에 대한 모든 위험을 부담한다. 단, 그 물품은 계약물품으로서 명확히 특정되어 있어야 한다.

B6 비용의 분담

매수인은 A3 a)의 규정을 조건으로, 다음과 같은 비용을 지급하여야 한다.

a) 물품이 A4에 규정된 대로 인도된 때로부터 물품에 관련한 모든 비용.

단, 적용 가능한 경우, A6 d)에 언급된 대로 수출시에 지급되는 모든 관세, 조세 및 기타 요금뿐만이 아니라 통관수속절차 비용은 제외 한다;

b) 운송계약에서 이와 같은 비용 및 요금이 매도인 부담이 아닌 경우, 목적항에 도착할 때까지 운송 중 물품에 관련한 모든 비용 및 요금;

c) 운송계약에서 이와 같은 비용 및 요금이 매도인이 부담이 아닌 경우, 부선사용료 및 부두사용료를 포함한 양화비용;

d) B7에 따라 매수인이 통지를 못한 경우, 선적을 위하여 합의된 일자 또는 합의된 기간의 만료일자로부터 발생되는 모든 추가비용. 단, 물품이 계약물품으로서 명확히 특정되어 있어야 한다;

e) 적용 가능한 경우, 통관수속절차 비용뿐만이 아니라 물품이 수입시에 지급되는 모든 관세, 조세 및 기타 요금 및 운송계약 비용에 포함되지 아니한 어떠한 국가를 통과하는 운송비용; 그리고 f) A3 b) 및 B3 b)에 따라 매수인의 요청으로 주선된 모든 추가보험비용.

B7 매도인에 대한 통지

매수인은 물품발송을 위한 시기 및/또는 지정목적지 또는 그 장소내의 물품수령 지점을 결정

and/or the point of receiving the goods within the named port of destination, give the seller sufficient notice thereof.

B8 Proof of delivery

The buyer must accept the transport document provided as envisaged in A8 if it is in conformity with the contract.

B9 Inspection of goods

The buyer must pay the costs of any mandatory pre-shipment inspection, except when such inspection is mandated by the authorities of the country of export.

B10 Assistance with information and related costs

The buyer must, in a timely manner, advise the seller of any security information requirements so that the seller may comply with A10.

The buyer must reimburse the seller for all costs and charges incurred by the seller in providing or rendering assistance in obtaining documents and information as envisaged in A10.

The buyer must, where applicable, in a timely manner, provide to or render assistance in obtaining for the seller, at the seller's request, risk and expense, any documents and information, including security-related information, that the seller needs for the transport and export of the goods and for their transport through any country.

CIF

COST, INSURANCE AND FREIGHT

CIF (insert named port of destination) Incoterms® 2010

GUIDANCE NOTE

This rule is to be used only for sea or inland waterway transport.

"Cost, Insurance and Freight" means that the seller delivers the goods on board the vessel or procures the goods already so delivered. The risk of loss of or damage to the goods passes when the goods are on board the vessel. The seller must contract for and pay the costs and freight necessary to bring the goods to the named port of destination.

The seller also contracts for insurance cover against the buyer's risk of loss of or damage to the goods during the carriage. The buyer should note that under CIF the

할 권한이 주어진 때에, 매도인에게 그에 관한 충분한 통지를 행하여야 한다.

B8 인도의 증거

매수인은 운송서류가 계약과 일치할 경우 A8에 규정된 대로 제공된 운송서류를 인수하여야 한다.

B9 물품검사

매수인은 수출국가 당국에 의하여 강제된 검사를 제외하고, 모든 강제적인 선적전 검사비용을 지급하여야 한다.

B10 정보제공에 대한 협조 및 관련비용

매수인은 매도인이 A10의 규정을 따를 수 있도록, 시의적절한 방법으로, 매도인에게 모든 안전정보 필요사항을 통지하여야 한다.

매수인은 A10의 규정된 대로 서류 및 정보를 취득하는 데 협조를 제공 또는 제시하고 매도인에 의하여 발생된 모든 비용과 요금을 매도인에게 상환하여야 한다.

적용 가능한 경우, 매수인은 매도인의 요청과 위험 및 비용으로 매도인이 물품운송과 수출 및 어떠한 국가를 통과하는 물품운송에 필요한 안전관련 정보를 포함하여 모든 서류 및 정보를 취득하는데 따른 협조를 시의 적절한 방법으로 매도인에게 제공 또는 제시하여야 한다.

11. 운임 · 보험료포함인도

운임 · 보험료포함인도(지정 목적항 삽입) Incoterms® 2010

안내요지

운임 · 보험료포함인도(Cost, Insurance and Freight)는 해상운송 또는 내수로 운송에만 사용될 수 있다.

운임 · 보험료포함인도라 함은 매도인이 본선의 갑판상에 물품을 인도하거나 또는 이미 그렇게 인도된 물품을 조달하는 것을 의미한다. 물품의 멸실 또는 손상의 위험은 물품이 본선의 갑판상에 적재된 때에 이전된다. 매도인은 지정 목적항까지 물품을 운송하는데 필요한 운송계약을 체결하고 그 비용 및 운임을 지급하여야 한다.

또한 매도인은 운송중 물품의 멸실 또는 손상에 대한 매수인의 위험에 대하여 보험부보계약을 체결한다. 매수인은 CIF 하에서 매도인이 단지 최소담보로 보험을 부보 하도록 요구되는 점을 주

seller is required to obtain insurance only on minimum cover. Should the buyer wish to have more insurance protection, it will need either to agree as much expressly with the seller or to make its own extra insurance arrangements.

When CPT, CIP, CFR, or CIF are used, the seller fulfils its obligation to deliver when it hands the goods over to the carrier in the manner specified in the chosen rule and not when the goods reach the place of destination.

This rule has two critical points, because risk passes and costs are transferred at different places. While the contract will always specify a destination port, it might not specify the port of shipment, which is where risk passes to the buyer. If the shipment port is of particular interest to the buyer, the parties are well advised to identify it as precisely as possible in the contract.

The parties are well advised to identify as precisely as possible the point at the agreed port of destination, as the costs to that point are for the account of the seller. The seller is advised to procure contracts of carriage that match this choice precisely. If the seller incurs costs under its contract of carriage related to unloading at the specified point at the port of destination, the seller is not entitled to recover such costs from the buyer unless otherwise agreed between the parties.

The seller is required either to deliver the goods on board the vessel or to procure goods already so delivered for shipment to the destination. In addition the seller is required either to make a contract of carriage or to procure such a contract. The reference to "procure" here caters for multiple sales down a chain ('string sales'), particularly common in the commodity trades.

CIF may not be appropriate where goods are handed over to the carrier before they are on board the vessel, for example goods in containers, which are typically delivered at a terminal. In such circumstances, the CIP rule should be used.

CIF requires the seller to clear the goods for export, where applicable. However, the seller has no obligation to clear the goods for import, pay any import duty or carry out any import customs formalities.

A THE SELLER'S OBLIGATIONS

A1 General obligations of the seller

The seller must provide the goods and the commercial invoice in conformity with the contract of sale and any other evidence of conformity that may be required by the contract.

Any document referred to in A1-A10 may be an equivalent electronic record or procedure if agreed between the parties or customary.

의하여야 한다. 매수인이 더 많은 보험담보를 원할 경우, 매도인과 그 만큼 명시적으로 합의하거나 또는 매수인 자신이 추가보험계약을 체결할 필요가 있다.

CPT, CIP, CFR 또는 CIF가 사용되는 경우, 매도인이 인도에 대한 의무는 물품이 목적지에 도착될 때가 아닌 물품이 운송인에게 교부될 때에 완료된다.

이 규칙은 두 가지의 중요한 분기점이 있다, 즉 위험이 이전되고 비용이 이전되는 지점이 상이한 장소에서 이루어지기 때문이다. 보통 계약서에는 목적항을 명시하는 반면에, 위험이 매수인에게 이전되는 선적항을 명시하지 아니할 수 있다. 선적항이 매수인에게 특별한 이해관계가 있는 경우, 당사자들이 가능한 한 계약서에 이를 명확하게 확인하는 것이 바람직하다.

당사자는 합의된 목적항의 지점을 가능한 한 명확하게 확인하는 것이 바람직하다. 왜냐하면 그 지점까지 비용부담은 매도인이 하기 때문이다. 매도인은 그러한 선택에 명확하게 일치하는 운송계약을 취득하도록 하여야 한다. 매도인이 자신의 운송계약에 따라 목적항의 명시된 지점에서 양화와 관련된 비용을 부담하는 경우, 매도인은 당사자 간에 별도 합의가 없는 한 매수인으로부터 그러한 비용을 보상받을 권한이 없다.

매도인은 본선의 갑판상에 물품을 인도하거나 또는 선적을 위하여 이미 그와 같이 인도된 물품을 조달(procure)하여야 한다. 여기에서 "조달"이라는 언급은 상품무역에 있어서 흔히 발생하는 다수의 판매사슬("연속판매")에 부응하기 위한 것이다.

CIF는 물품이 본선의 갑판상에 적재되기 이전 운송인에게 물품이 교부되어지는 경우, 예컨대 전형적으로 터미널에서 인도되는 컨테이너 물품의 경우에는 적절하지 아니할 수 있다. 이러한 경우에는 CIP 규칙이 사용되어야 한다.

CIF는 적용 가능한 경우, 매도인에게 물품에 대한 수출통관을 하도록 요구하고 있다. 그러나 매도인은 물품의 수입통관을 하거나, 어떠한 수입관세의 지급 또는 어떠한 수입통관수속절차를 이행할 의무도 부담하지 아니한다.

A 매도인의 의무

A1 매도인의 일반적 의무

매도인은 매매계약과 일치하는 물품과 상업송장 및 그밖에 계약에서 요구되는 모든 기타 일치증거를 제공하여야 한다.

A1-A10에 언급된 모든 서류는 당사자간에 합의하거나 관습적인 경우, 동등한 전자기록 또는 절차로 대체될 수 있다.

A2 Licences, authorizations, security clearances and other formalities

Where applicable, the seller must obtain, at its own risk and expense, any export licence or other official authorization and carry out all customs formalities necessary for the export of the goods.

A3 Contracts of carriage and insurance

a) Contract of carriage

The seller must contract or procure a contract for the carriage of the goods from the agreed point of delivery, if any, at the place of delivery to the named port of destination or, if agreed, any point at that port. The contract of carriage must be made on usual terms at the seller's expense and provide for carriage by the usual route in a vessel of the type normally used for the transport of the type of goods sold.

b) Contract of insurance

The seller must obtain, at its own expense, cargo insurance complying at least with the minimum cover provided by Clauses(C) of the Institute Cargo Clauses (LMA/IUA) or any similar clauses. The insurance shall be contracted with underwriters or an insurance company of good repute and entitle the buyer, or any other person having an insurable interest in the goods, to claim directly from the insurer.

When required by the buyer, the seller shall, subject to the buyer providing any necessary information requested by the seller, provide at the buyer's expense any additional cover, if procurable, such as cover as provided by Clauses (A) or (B) of the Institute Cargo Clauses (LMA/IUA) or any similar clauses and/or cover complying with the Institute War Clauses and/or Institute Strikes Clauses (LMA/IUA) or any similar clauses.

The insurance shall cover, at a minimum, the price provided in the contract plus 10% (i. e., 110%) and shall be in the currency of the contract.

The insurance shall cover the goods from the point of delivery set out in A4 and A5 to at least the named port of destination.

The seller must provide the buyer with the insurance policy or other evidence of insurance cover.

Moreover, the seller must provide the buyer, at the buyer's request, risk, and expense (if any), with information that the buyer needs to procure any additional insurance.

A4 Delivery

The seller must deliver the goods either by placing them on board the vessel or by procuring the goods so delivered. In either case, the seller must deliver the goods on

A2 허가, 승인, 안전통관 및 기타 수속절차

적용 가능한 경우, 매도인은 자신의 위험 및 비용으로, 모든 수출허가 또는 기타 공적 승인을 취득하여야 하며, 또한 물품수출에 필요한 모든 통관수속절차를 이행하여야 한다.

A3 운송 및 보험계약

a) 운송계약

매도인은 인도장소에서 합의된 인도지점(있을 경우)으로부터 지정 목적항 또는 그 항구의 어떠한 지점(합의된 경우)까지 물품운송에 대하여 계약체결 또는 주선하여야 한다. 운송계약은 매도인의 비용으로 통상적인 조건에 따라 체결되어야 하며, 또한 매각되는 물품유형의 운송에 일반적으로 사용되는 유형의 선박으로 통상적인 경로에 의한 운송을 제공하여야 한다.

b) 보험계약

매도인은 자신의 비용으로 적어도 협회적화약관(LMA/IUA)의 (C) 조건 또는 이와 유사한 약관으로 규정된 최소담보에 일치하는 적화보험을 부보 하여야 한다. 보험은 평판이 좋은 보험인수업자 또는 보험회사와 계약되어야 하며, 또한 매수인 또는 물품의 피보험이익을 가지고 있는 모든 기타의 자에게 보험자로부터 직접 보험금을 청구할 수 있는 권한이 부여되어야 한다.

매수인이 요청이 있는 경우, 매도인은 자신이 요청한 모든 필요한 정보를 매수인에게 제공하는 조건으로 매수인의 비용으로 주선 가능한 경우, 모든 추가적인 담보, 협회적화약관(LMA/IUA)의 (A) 또는 (B) 조건 또는 모든 유사한 약관에 의하여 규정된 담보 및/또는 협회전쟁약관 및/또는 협회동맹파업약관(LMA/IUA) 또는 모든 유사한 약관과 일치하는 담보를 제공하여야 한다.

보험은 최소한 계약금액에 10%를 가산한 금액(즉, 110%)을 부보 하여야 하며 또한 계약서의 통화로 되어야 한다.

보험은 A4 및 A5에 규정된 인도지점으로부터 최소한 지정 목적지까지 물품을 담보하여야 한다.

매도인은 매수인에게 보험증권 또는 기타 보험부보증명서를 제공하여야 한다.

그밖에 매도인은 매수인의 요청과 위험 및 비용(있을 경우)으로 매수인이 모든 추가보험을 주선하는 데 필요한 정보를 매수인에게 제공하여야 한다.

A4 인도

매도인은 본선의 갑판상에 물품을 두거나 또는 그렇게 인도된 물품을 조달함으로써 물품을 인도하여야 한다. 어느 경우에나, 매도인은 합의된 일자 또는 합의된 기간 내에 그리고 항구의 관습

the agreed date or within the agreed period and in the manner customary at the port.

A5 Transfer of risks

The seller bears all risks of loss of or damage to the goods until they have been delivered in accordance with A4, with the exception of loss or damage in the circumstances described in B5.

A6 Allocation of costs

The seller must pay

a) all costs relating to the goods until they have been delivered in accordance with A4, other than those payable by the buyer as envisaged in B6;

b) the freight and all other costs resulting from A3 a), including the costs of loading the goods on board and any charges for unloading at the agreed port of discharge that were for the seller's account under the contract of carriage;

c) the costs of insurance resulting from A3 b); and

d) where applicable, the costs of customs formalities necessary for export, as well as all duties, taxes and other charges payable upon export, and the costs for their transport through any country that were for the seller's account under the contract of carriage.

A7 Notices to the buyer

The seller must give the buyer any notice needed in order to allow the buyer to take measures that are normally necessary to enable the buyer to take the goods.

A8 Delivery document

The seller must, at its own expense provide the buyer without delay with the usual transport document for the agreed port of destination.

This transport document must cover the contract goods, be dated within the period agreed for shipment, enable the buyer to claim the goods from the carrier at the port of destination and, unless otherwise agreed, enable the buyer to sell the goods in transit by the transfer of the document to a subsequent buyer or by notification to the carrier.

When such a transport document is issued in negotiable form and in several originals, a full set of originals must be presented to the buyer.

A9 Checking-packaging-marking

The seller must pay the costs of those checking operations (such as checking

적인 방법에 따라 물품을 인도하여야 한다.

A5 위험의 이전

매도인은 B5에 기술된 상황에서의 멸실 또는 손상을 제외하고, 물품이 A4에 따라 인도될 때까지 물품에 대한 멸실 또는 손상의 모든 위험을 부담한다.

A6 비용의 분담

매도인은 다음과 같은 비용을 지급하여야 한다.

a) B6에 규정된 대로 매수인이 지급하는 비용을 제외하고, 물품이 A4에 따라 인도될 때까지 물품에 관련한 모든 비용;

b) 갑판상에 물품의 적재비용 및 운송계약에 따라 매도인이 부담한 합의된 양륙항에서의 양화비를 포함하여, A3 a)의 결과로 발생하는 운임 및 모든 기타 비용;

c) A3 a)의 결과로 발생하는 보험 비용; 그리고

d) 적용 가능한 경우, 수출시 지급될 수 있는 모든 관세, 조세 및 기타 요금뿐만이 아니라 수출에 필요한 통관절차수속비용 및 운송계약에 따라 매도인이 부담한 어떠한 국가를 통과하는 운송비용.

A7 매수인에 대한 통지

매도인은 매수인이 물품을 수령할 수 있도록 하기 위하여 정상적으로 필요한 조치를 취할 수 있도록 매수인에게 필요한 모든 통지를 하여야 한다.

A8 인도서류

매도인은 자신의 비용으로 합의된 목적항까지의 통상의 운송서류를 매수인에게 제공하여야 한다.

이 운송서류는 계약물품을 표시하여야 하며, 또한 선적을 위한 합의된 기간 내에 일부 되어 있어야 하고, 매수인이 목적항에서 운송인으로부터 물품을 청구할 수 있는 것이어야 하며, 또한 별도의 합의가 없는 경우, 매수인이 후속되는 매수인에게 서류의 양도에 의하거나 또는 운송인에게 통지에 의함으로서 운송중 물품을 매각할 수 있는 것이어야 한다.

그와 같은 운송서류가 유통 가능한 형식이면서 수통의 원본으로 발행되는 경우, 원본 전통이 매수인에게 제시되어야 한다.

A9 점검 · 포장 · 화인

매도인은 수출국가 당국에 의하여 강제된 모든 선적전 검사비용뿐만이 아니라, A4에 따라 물품

quality, measuring, weighing, counting) that are necessary for the purpose of delivering the goods in accordance with A4, as well as the costs of any pre-shipment inspection mandated by the authority of the country of export.

The seller must, at its own expense, package the goods, unless it is usual for the particular trade to transport the type of goods sold unpackaged. The seller may package the goods in the manner appropriate for their transport, unless the buyer has notified the seller of specific packaging requirements before the contract of sale is concluded. Packaging is to be marked appropriately.

A10 Assistance with information and related costs

The seller must, where applicable, in a timely manner, provide to or render assistance in obtaining for the buyer, at the buyer's request, risk and expense, any documents and information, including security-related information, that the buyer needs for the import of the goods and/or for their transport to the final destination.

The seller must reimburse the buyer for all costs and charges incurred by the buyer in providing or rendering assistance in obtaining documents and information as envisaged in B10.

B THE BUYER'S OBLIGATIONS

B1 General obligations of the buyer

The buyer must pay the price of the goods as provided in the contract of sale.

Any document referred to in B1-B10 may be an equivalent electronic record or procedure if agreed between the parties or customary.

B2 Licences, authorizations, security clearances and formalities

Where applicable, it is up to the buyer to obtain, at its own risk and expense, any import licence or other official authorization and carry out all customs formalities for the import of the goods and for their transport through any country.

B3 Contracts of carriage and insurance

a) Contract of carriage

The buyer has no obligation to the seller to make a contract of carnage.

b) Contract of insurance

The buyer has no obligation to the seller to make a contract of insurance. However, the buyer must provide the seller, upon request, with any information necessary for the seller to procure any additional insurance requested by the buyer as envisaged in

을 인도하기 위하여 필요한 물품점검업무(품질, 용적, 중량, 수량 점검과 같은)의 비용을 지급하여야 한다.

매도인은 특수무역에서 물품이 무포장 상태로 매매되어 운송하는 것이 통상적이지 아니한 경우, 매도인은 자신의 비용으로 물품을 포장하여야 한다.

매수인이 매매계약의 체결 이전에 특정한 포장 요건을 통지하지 아니한 경우, 매도인은 물품운송에 적절한 방법으로 물품을 포장할 수 있다. 포장은 적절하게 화인이 표시되어야 한다.

A10 정보제공에 대한 협조 및 관련비용

매도인은 적용 가능한 경우, 시의적절한 방법으로, 매수인의 요청과 위험 및 비용으로 매수인이 물품수입 및/또는 최종목적지까지 물품운송에 필요한 안전 관련 정보를 포함하여 모든 서류 및 정보를 취득하는 데 협조를 제공하거나 제시하여야 한다.

매도인은 B10에 규정된 대로 서류 및 정보를 취득하는 데 따른 협조를 제공 또는 제시하고 매수인에 의하여 발생된 모든 비용과 요금을 상환하여야 한다.

B 매수인의 의무

B1 매수인의 일반적 의무

매수인은 매매계약에 약정된 대로 물품대금을 지급하여야 한다.

B1-B10에 언급된 모든 서류는 당사자간에 합의되었거나 관습적인 경우, 동등한 전자기록 또는 절차로 대체될 수 있다.

B2 허가, 승인, 안전통관 및 기타 수속절차

적용 가능한 경우, 매수인 자신의 위험과 비용으로 모든 수출과 수입허가 또는 기타 공적 승인을 취득하고 물품수입 및 어떠한 국가를 통과하는 운송을 위한 모든 통관수속절차를 이행하는 것은 매수인의 책임이다.

B3 운송 및 보험계약

a) 운송계약

매수인은 매도인에 대하여 운송계약을 체결할 의무를 부담하지 아니한다.

b) 보험계약

매수인은 매도인에 대하여 보험계약을 체결할 의무를 부담하지 아니한다. 그러나 매수인은 요청시 매도인이 A3 b)에 규정된 대로 매수인이 요청하는 모든 추가적인 보험을 주선하는데 필요한

A5 b).

B4 Taking delivery

The buyer must take delivery of the goods when they have been delivered as envisaged in A4 and receive them from the carrier at the named port of destination.

B5 Transfer of risks

The buyer bears all risks of loss of or damage to the goods from the time they have been delivered as envisaged in A4.

If the buyer fails to give notice in accordance with B7, then it bears all risks of loss of or damage to the goods from the agreed date or the expiry date of the agreed period for shipment, provided that the goods have been clearly identified as the contract goods.

B6 Allocation of costs

The buyer must, subject to the provisions of A3 a), pay

a) all costs relating to the goods from the time they have been delivered as envisaged in A4, except, where applicable, the costs of customs formalities necessary for export, as well as all duties, taxes and other charges payable upon export as referred to in A6 d);

b) all costs and charges relating to the goods while in transit until their arrival at the port of destination, unless such costs and charges were for the seller's account under the contract of carriage;

c) unloading costs including lighterage and wharfage charges, unless such costs and charges were for the seller's account under the contract of carriage;

d) any additional costs incurred if it fails to give notice in accordance with B7, from the agreed date or the expiry date of the agreed period for shipment, provided that the goods have been clearly identified as the contract goods;

e) where applicable, all duties, taxes and other charges, as well as the costs of carrying out customs formalities payable upon import of the goods and the costs for their transport through any country, unless included within the cost of the contract of carriage; and

f) the costs of any additional insurance procured at the buyer's request under A3 b) and B3 b).

B7 Notices to the seller

The buyer must, whenever it is entitled to determine the time for shipping the goods

모든 정보를 매도인에게 제공하여야 한다.

B4 인도의 수령

매수인은 A4에 규정된 대로 인도된 경우 물품의 인도를 수령하여야 하며, 또한 지정 목적항에서 운송인으로부터 물품을 수령하여야 한다.

B5 위험의 이전

매수인은 물품이 A4에 규정된 대로 인도된 때로부터 물품의 멸실 또는 손상의 모든 위험을 부담한다.

매수인이 B7에 따라 통지를 못한 경우, 이에 매수인은 인도에 대한 합의된 일자 또는 합의된 기간의 만료일자로부터 물품의 멸실 또는 손상에 대한 모든 위험을 부담한다. 단, 그 물품은 계약물품으로서 명확히 특정되어 있어야 한다.

B6 비용의 분담

매수인은 A3 a)의 규정을 조건으로, 다음과 같은 비용을 지급하여야 한다.

a) 물품이 A4에 규정된 대로 인도된 때로부터 물품에 관련한 모든 비용.

단, 적용 가능한 경우, A6 d)에 언급된 대로 수출시에 지급되는 모든 관세, 조세 및 기타 요금뿐만이 아니라 통관수속절차 비용은 제외 한다;

b) 운송계약에서 이와 같은 비용 및 요금이 매도인 부담이 아닌 경우, 목적항에 도착할 때까지 운송 중 물품에 관련한 모든 비용 및 요금;

c) 운송계약에서 이와 같은 비용 및 요금이 매도인이 부담이 아닌 경우, 부선사용료 및 부두사용료를 포함한 양화비용;

d) B7에 따라 매수인이 통지를 못한 경우, 선적을 위하여 합의된 일자 또는 합의된 기간의 만료일자로부터 발생되는 모든 추가비용. 단, 물품이 계약물품으로서 명확히 특정되어 있어야 한다;

e) 적용 가능한 경우, 통관수속절차 비용뿐만이 아니라 물품이 수입시에 지급되는 모든 관세, 조세 및 기타 요금 및 운송계약 비용에 포함되지 아니한 어떠한 국가를 통과하는 운송비용; 그리고

f) A3 b) 및 B3 b)에 따라 매수인의 요청으로 주선된 모든 추가보험비용.

B7 매도인에 대한 통지

매수인은 물품발송을 위한 시기 및/또는 지정목적지 또는 그 장소내의 물품수령 지점을 결정

and/or the point of receiving the goods within the named port of destination, give the seller sufficient notice thereof.

B8 Proof of delivery

The buyer must accept the transport document provided as envisaged in A8 if it is in conformity with the contract.

B9 Inspection of goods

The buyer must pay the costs of any mandatory pre-shipment inspection, except when such inspection is mandated by the authorities of the country of export.

B10 Assistance with information and related costs

The buyer must, in a timely manner, advise the seller of any security information requirements so that the seller may comply with A10.

The buyer must reimburse the seller for all costs and charges incurred by the seller in providing or rendering assistance in obtaining documents and information as envisaged in A10.

The buyer must, where applicable, in a timely manner, provide to or render assistance in obtaining for the seller, at the seller's request, risk and expense, any documents and information, including security-related information, that the seller needs for the transport and export of the goods and for their transport through any country.

할 권한이 주어진 때에, 매도인에게 그에 관한 충분한 통지를 행하여야 한다.

B8 인도의 증거

매수인은 운송서류가 계약과 일치할 경우 A8에 규정된 대로 제공된 운송서류를 인수하여야 한다.

B9 물품검사

매수인은 수출국가 당국에 의하여 강제된 검사를 제외하고, 모든 강제적인 선적전 검사비용을 지급하여야 한다.

B10 정보제공에 대한 협조 및 관련비용

매수인은 매도인이 A10의 규정을 따를 수 있도록, 시의적절한 방법으로, 매도인에게 모든 안전정보 필요사항을 통지하여야 한다.

매수인은 A10의 규정된 대로 서류 및 정보를 취득하는 데 협조를 제공 또는 제시하고 매도인에 의하여 발생된 모든 비용과 요금을 매도인에게 상환하여야 한다.

적용 가능한 경우, 매수인은 매도인의 요청과 위험 및 비용으로 매도인이 물품운송과 수출 및 어떠한 국가를 통과하는 물품운송에 필요한 안전관련 정보를 포함하여 모든 서류 및 정보를 취득하는데 따른 협조를 시의 적절한 방법으로 매도인에게 제공 또는 제시하여야 한다.

2. United Nations Convention on Contracts for the International Sale of Goods, 1980

THE STATES PARTIES TO THIS CONVENTION,

BEARING IN MIND the broad objectives in the resolutions adopted by the sixth special session of the General Assembly of the United Nations on the establishment of a New International Economic Order,

CONSIDERING that the development of international trade on the basis of equality and mutual benefit is an important element in promoting friendly relations among States,

BEING OF THE OPINION that the adoption of uniform rules which govern contracts for the international sale of goods and take into account the different social, economic and legal systems would contribute to the removal of legal barriers in international trade and promote the development of international trade,

HAVE AGREED as follows:

PART I. SPHERE OF APPLICATION AND GENERAL PROVISIONS

Chapter I. SPHERE OF APPLICATION

Article 1

(1) This Convention applies to contracts of sale of goods between parties whose places of business are in different States:

(a) when the States are Contracting States; or

(b) when the rules of private international law lead to the application of the law of a Contracting State.

(2) The fact that the parties have their places of business in different States is to be disregarded whenever this fact does not appear either from the contract or from any dealings between, or from information disclosed by, the parties at any time before or at the conclusion of the contract.

(3) Neither the nationality of the parties nor the civil or commercial character of the parties or of the contract is to be taken into consideration in determining the application of this Convention.

Article 2

This Convention does not apply to sales:

2. 국제물품매매계약에 관한 유엔협약, 1980

이 협약의 당사국은,

국제연합총회 제6차 특별회기에서 채택된 신국제경제질서의 확립에 관한 결의안에 대한 광범한 목적을 유념하고,

평등과 상호이익을 기초로 한 국제무역의 발전이 국가간의 우호관계를 증진시키는 데 있어 중요한 요소라는 것을 고려하여,

국제물품매매계약을 규율하고, 상이한 사회적, 경제적 및 법률적 제도를 고려하는 통일규칙의 채택이 국제무역상의 법률적 장애를 제거하는 데 공헌하며, 또한 국제무역의 발전을 촉진할 것이라는 관점에서 다음과 같이 합의하였다.

제 1 편 적용범위와 총칙

제 1 장 적용범위

제 1 조 (적용의 기본원칙)

(1) 이 협약은 다음에 해당하는 경우 상이한 국가 내에 영업소가 있는 당사자간의 물품매매계약에 관하여 적용된다.

(a) 당사자의 영업소가 있는 국가들이 모두 협약국인 경우, 또는

(b) 국제사법의 원칙에 따라 어느 일방 협약국의 법률을 적용하게 되는 경우

(2) 당사자들이 상이한 국가 내에 그들의 영업소를 두고 있다는 사실은 그 사실이 계약중에서나 계약체결시에 또는 그 이전에 당사자간에 이루어진 거래중에서나, 또는 당사자에 의해서 밝혀진 정보로부터 나타나지 아니한 경우에는 무시된다.

(3) 당사자의 국적이나, 당사자 또는 계약의 민사적 또는 상사적인 성격은 이 협약의 적용을 결정하는 데 있어서 고려되지 아니한다.

제 2 조 (협약의 적용제외)

이 협약은 다음에 해당하는 매매에는 이를 적용하지 아니한다.

(a) of goods bought for personal, family or household use, unless the seller, at any time before or at the conclusion of the contract, neither knew nor ought to have known that the goods were bought for any such use;

(b) by auction;

(c) on execution or otherwise by authority of law;

(d) of stocks, shares, investment securities, negotiable instruments or money;

(e) of ships, vessels, hovercraft or aircraft;

(f) of electricity.

Article 3

(1) Contracts for the supply of goods to be manufactured or produced are to be considered sales unless the party who orders the goods undertakes to supply a substantial part of the materials necessary for such manufacture or production.

(2) This Convention does not apply to contracts in which the preponderant part of the obligations of the party who furnishes the goods consists in the supply of labour or other services.

Article 4

This Convention governs only the formation of the contract of sale and the rights and obligations of the seller and the buyer arising from such a contract. In particular, except as otherwise expressly provided in this Convention, it is not concerned with:

(a) the validity of the contract or of any of its provisions or of any usage;

(b) the effect which the contract may have on the property in the goods sold.

Article 5

This Convention does not apply to the liability of the seller for death or personal injury caused by the goods to any person.

Article 6

The parties may exclude the application of this Convention or, subject to article 12, derogate from or vary the effect of any of its provisions.

Chapter II. GENERAL PROVISIONS

Article 7

(1) In the interpretation of this Convention, regard is to be had to its international character and to the need to promote uniformity in its application and the observance of good faith in international trade.

(a) 개인용, 가족용 또는 가사용으로 구입되는 물품의 매매. 다만, 매도인이 계약체결시나 또는 그 이전에 물품이 그러한 사용목적으로 구입되었다는 사실을 알지 못하였거나, 또는 알 수가 없었던 경우에는 제외한다.

(b) 경매에 의한 매매

(c) 강제집행 또는 기타 법률상의 권한에 의한 매매

(d) 채권, 주식, 투자증권, 유통증권, 또는 화폐의 매매

(e) 선박, 배, 비행선, 또는 항공기의 매매

(f) 전력의 매매

제 3 조 (서비스계약 등의 제외)

(1) 제조 또는 생산된 물품의 공급계약은 이를 매매로 본다. 다만, 그 물품을 주문한 당사자가 그러한 제조 또는 생산하는 데 필요한 재료의 실질적인 부분을 공급하기로 약정한 경우에는 그러하지 아니하다.

(2) 이 협약은 물품을 공급하는 당사자의 의무 대부분이 노무 또는 기타 용역의 제공을 내용으로 하는 계약의 경우에는 적용하지 아니한다.

제 4 조 (적용 대상과 대상외의 문제)

이 협약은 매매계약의 성립과 그러한 매매계약으로부터 발생되는 매도인과 매수인의 권리와 의무에 대해서만 규율한다. 특히 이 협약에서 별도로 명시적으로 규정된 경우를 제외하고, 이 협약은 다음에 해당하는 사항에는 관여하지 아니한다.

(a) 계약 또는 그 조항 또는 관습의 효력.

(b) 매매된 물품의 소유권에 대하여 계약이 가질 수 있는 효력.

제 5 조 (사망 등의 적용제외)

이 협약은 물품으로 인하여 야기된 자연인의 사망 또는 신체적인 상해에 대한 매도인의 책임에 대하여는 적용하지 아니한다.

제 6 조 (계약에 의한 적용배제)

당사자는 이 협약의 적용을 배제하거나 또는 제12조의 규정에 따라 이 협약의 어떤 규정에 대하여서도 효력을 면하거나 변경시킬 수 있다.

제 2 장 총 칙

제 7 조 (협약의 해석원칙)

(1) 이 협약의 해석에 있어서는, 그 국제적인 성격과 적용상의 통일성을 촉진할 필요성 및 국제무역에서 신의성실의 준수에 대하여 유의하여야 한다.

(2) Questions concerning matters governed by this Convention which are not expressly settled in it are to be settled in conformity with the general principles on which it is based or, in the absence of such principles, in conformity with the law applicable by virtue of the rules of private international law.

Article 8

(1) For the purposes of this Convention statements made by and other conduct of a party are to be interpreted according to his intent where the other party knew or could not have been unaware what that intent was.

(2) If the preceding paragraph is not applicable, statements made by and other conduct of a party are to be interpreted according to the understanding that a reasonable person of the same kind as the other party would have had in the same circumstances.

(3) In determining the intent of a party or the understanding a reasonable person would have had, due consideration is to be given to all relevant circumstances of the case including the negotiations, any practices which the parties have established between themselves, usages and any subsequent conduct of the parties.

Article 9

(1) The parties are bound by any usage to which they have agreed and by any practices which they have established between themselves.

(2) The parties are considered, unless otherwise agreed, to have impliedly made applicable to their contract or its formation a usage of which the parties knew or ought to have known and which in international trade is widely known to, and regularly observed by, parties to contracts of the type involved in the particular trade concerned.

Article 10

For the purposes of this Convention:

(a) if a party has more than one place of business, the place of business is that which has the closest relationship to the contract and its performance, having regard to the circumstances known to or contemplated by the parties at any time before or at the conclusion of the contract;

(b) if a party does not have a place of business, reference is to be made to his habitual residence.

Article 11

A contract of sale need not be concluded in or evidenced by writing and is not subject to any other requirement as to form. It may be proved by any means, including

(2) 이 협약에 의하여 규율되는 사항으로서 이 협약중에 명백히 해결되어 있지 않은 문제는 이 협약의 기초가 되어 있는 일반원칙에 따라 해결되어야 하며, 만일 그러한 원칙이 없는 경우에는 국제사법의 원칙에 의하여 적용되는 법률에 따라 해결되어야 한다.

제 8 조 (당사자 진술이나 행위의 해석)

(1) 이 협약을 적용하는 데 있어 당사자의 진술 또는 기타의 행위는 상대방이 그 의도를 알았거나, 또는 알지 못하였을 리가 없는 경우에는 당사자의 의도에 따라 해석되어야 한다.

(2) 전항의 규정이 적용될 수 없는 경우에는 한 당사자의 진술이나 또는 기타의 행위는 상대방과 동일한 부류의 합리적인 자가 동일한 상황하에서 가질 수 있는 이해력에 따라 해석되어야 한다.

(3) 한 당사자의 의도 또는 합리적인 자가 가질 수 있는 이해력을 결정함에 있어서는 당사자간에 이미 확립되어 있는 교섭의 경위와 거래관행, 관습 및 당사자의 그 후의 행위 등을 포함한 일체의 관련사정이 충분히 고려되어야 한다.

제 9 조 (관습과 관행의 구속력)

(1) 당사자는 그들이 합의한 관습 및 당사자간에 이미 확립되어 있는 거래관행에 의하여 구속된다.

(2) 당사자는 별도로 합의한 경우를 제외하고 그들이 알았거나, 또는 알았어야 하는 관습으로서 당해 특수무역에 관련되는 형태의 계약의 당사자들에게 국제무역에서 널리 알려져 있고 그들에 의해 통상적으로 준수되는 관습은 이를 당사자간의 계약 또는 그 성립에 묵적으로 적용하는 것으로 본다.

제10조 (영업소의 정의)

이 협약을 적용하는 데 있어서,

(a) 한 당사자가 둘 이상의 영업소를 가지고 있는 경우에는 계약체결 당시 또는 그 이전에 당사자들이 알았거나, 또는 예기하였던 상황을 고려하여 계약 및 그 기행과 가장 밀접한 관계가 있는 곳을 그 영업소로 한다.

(b) 한 당사자가 영업소를 갖고 있지 아니한 경우에는 그가 상주하는 장소를 영업소로 한다.

제11조 (계약의 형식)

매매계약은 서면으로 체결되거나 입증될 필요가 없으며, 형식에 대하여도 기타의 다른 요건에 구속받지 아니한다.

witnesses.

Article 12

Any provision of article 11, article 29 or Part II of this Convention that allows a contract of sale or its modification or termination by agreement or any offer, acceptance or other indication of intention to be made in any form other than in writing does not apply where any party has his place of business in a Contracting State which has made a declaration under article 96 of this Convention. The parties may not derogate from or vary the effect or this article.

Article 13

For the purposes of this Convention "writing" includes telegram and telex.

PART II. FORMATION OF THE CONTRACT

Article 14

(1) A proposal for concluding a contract addressed to one or more specific persons constitutes an offer if it is sufficiently definite and indicates the intention of the offeror to be bound in case of acceptance. A proposal is sufficiently definite if it indicates the goods and expressly or implicitly fixes or makes provision for determining the quantity and the price.

(2) A proposal other than one addressed to one or more specific persons is to be considered merely as an invitation to make offers, unless the contrary is clearly indicated by the person making the proposal.

Article 15

(1) An offer becomes effective when it reaches the offeree.

(2) An offer, even if it is irrevocable, may be withdrawn if the withdrawal reaches the offeree before or at the same time as the offer.

Article 16

(1) Until a contract is concluded an offer may be revoked if the revocation reaches the offeree before he has dispatched an acceptance.

(2) However, an offer cannot be revoked:

(a) if it indicates, whether by stating a fixed time for acceptance or otherwise, that it is irrevocable; or

(b) if it was reasonable for the offeree to rely on the offer as being irrevocable and the offeree has acted in reliance on the offer.

매매계약은 증언을 포함하여 여하한 수단에 의해서도 입증될 수 있다.

제12조 (계약형식의 국내요건)

매매계약, 합의에 의한 매매계약의 변경, 해제, 청약, 승낙 또는 기타의 의사표시를 서면 이외의 방법에 의해서도 행할 수 있음을 인정하는 이 협약의 제11조, 제29조 또는 제2편에 있는 여하한 규정도, 어느 한 당사자가 이 협약 제96조의 규정에 의하여 선언을 한 협약국내에 영업소를 두고 있는 경우에는 적용하지 아니한다. 당사자들은 이 조항의 효력을 감하거나 변경하여서는 아니된다.

제13조 (서면의 정의)

이 협약을 적용하는 데 있어 "서면"에는 전보와 텔렉스를 포함한다.

제 2 편 계약의 성립

제14조 (청약의 기준)

(1) 1인 또는 그 이상의 특정인을 상대로 한 계약체결의 제의는 그 제의가 충분히 확정적이고, 또한 승낙할 경우에 구속된다는 청약자의 의사가 표시되어 있는 경우에 청약이 된다. 제의가 물품을 표시하고 있고, 또한 명시적 또는 묵시적으로 그 수량 또는 가격을 정하고 있거나 결정하기 위한 조항이 있는 경우에는 그 제의는 충분히 확정적인 것으로 한다.

(2) 1인 또는 그 이상의 특정한 자를 상태로 하는 경우 이외의 제의는 제의자에 의하여 반대의 의사가 명백히 표시되지 않았을 경우에는 단순히 청약의 유인에 불과한 것으로 본다.

15조 (청약의 효력발생)

(1) 청약은 피청약자에게 도달한때 효력이 발생한다.

(2) 청약은 취소불능인 경우에도 청약철회의 통지가 피청약자에게 청약의 도달 전 또는 청약과 동시에 도달하는 경우에는 이를 철회할 수 있다.

제16조 (청약의 취소)

(1) 어떠한 계약이 체결되기 전까지는 피청약자가 승낙의 통지를 발송하기 전에 취소의 통지가 상대방에게 도달하는 경우에 청약은 취소될 수 있다.

(2) 그러나 청약이 다음과 같은 경우에는 취소될 수 없다.

(a) 청약이 승낙기간을 명시하고 있거나 또는 기타의 방법으로 청약이 취소불능임을 표시하고 있는 경우, 또는

(b) 피청약자가 청약을 취소불능이라고 신뢰하는 것이 합리적이거나 또는 피청약자가 그 청약을 신뢰하여 행동하였을 경우

Article 17

An offer, even if it is irrevocable, is terminated when a rejection reaches the offeror.

Article 18

(1) A statement made by or other conduct of the offeree indicating assent to an offer is an acceptance. Silence or inactivity does not in itself amount to acceptance.

(2) An acceptance of an offer becomes effective at the moment the indication of assent reaches the offeror. An acceptance is not effective if the indication of assent does not reach the offeror within the time he has fixed or, if no time is fixed, within a reasonable time, due account being taken of the circumstances of the transaction, including the rapidity of the means of communication employed by the offeror. An oral offer must be accepted immediately unless the circumstances indicate otherwise.

(3) However, if, by virtue of the offer or as a result of practices which the parties have established between themselves or of usage, the offeree may indicate assent by performing an act, such as one relating to the dispatch of the goods or payment of the price, without notice to the offeror, the acceptance is effective at the moment the act is performed, provided that the act is performed within the period of time laid down in the preceding paragraph.

Article 19

(1) A reply to an offer which purports to be an acceptance but contains additions, limitations or other modifications is a rejection of the offer and constitutes a counter-offer.

(2) However, a reply to an offer which purports to be an acceptance but contains additional or different terms which do not materially alter the terms of the offer constitutes an acceptance, unless the offeror, without undue delay, objects orally to the discrepancy or dispatches a notice to that effect. If he does not so object, the terms of the contract are the terms of the offer with the modifications contained in the acceptance.

(3) Additional or different terms relating, among other things, to the price, payment, quality and quantity of the goods, place and time of delivery, extent of one party's liability to the other or the settlement of disputes are considered to alter the terms of the offer materially.

Article 20

(1) A period of time for acceptance fixed by the offeror in a telegram or a letter begins to run from the moment the telegram is handed in for dispatch or from the date shown on the letter or, if no such date is shown, from the date shown on the

제17조 (청약의 거절)
청약이 비록 취소불능이라 하더라도 거절통지가 청약자에게 도달한 때는 효력이 상실된다.

제18조 (승낙의 효력발생시기 및 방법)
(1) 청약에 대한 동의를 표시하는 피청약자의 진술 또는 그 밖의 행위는 승낙이 된다. 침묵이나 또는 어떠한 행위도 취하지 아니하는 것, 그 자체로서는 승낙이 되지 아니한다.
(2) 청약에 대한 승낙은 동의의 의사표시가 청약자에게 도달함과 동시에 그 효력이 발생한다. 동의의 의사표시가 청약자가 정한 기간 내에 또는 기간이 정하여지지 아니한 경우에는 청약자가 사용한 통신수단의 신속성을 포한하여 거래의 상황이 충분히 고려하여 합리적인 기간 내에 청약자에게 도달하지 아니한 때에 승낙은 효력이 없다. 구두에 의한 청약은 별도의 사정이 없는 한 즉시 승낙 되어야 한다.

(3) 그러나 청약의 성격상 또는 당사자간에 이미 확립되어 있는 관행이나 관습의 결과로서 피청약자가 청약자에게 아무런 통지 없이 물품의 발송이나 대금의 지급과 같은 행위를 함으로써 동의의 의사 표시를 하는 경우에는 승낙은 그 행위가 행하여짐과 동시에 효력이 발생한다. 다만, 그 행위는 전항에 규정된 기간 내에 행하여진 경우에 한한다.

제19조 (변경된 승낙의 효력)
(1) 청약에 대하여 승낙을 의도하고 있으나 그 청약에 대한 부가, 제한 또는 기타의 변경을 포함하고 있는 응답은 청약의 거절이며 반대청약이 된다.

(2) 그러나 청약에 대한 승낙을 의도한 응답이지만 청약의 조건을 실질적으로 변경하지 아니하는 부가적 조건 또는 상이한 조건을 포함하고 있는 응답은 청약자가 부당한 지체를 함이 없이 그 상이점에 대하요 구두로 반대하거나 또는 그러한 취지의 통지를 하지 않는 한 이는 승낙이 된다. 청약자가 그러한 반대를 하지 아니한 경우에는 승낙에 포함된 변경 내용대로 수정한 청약조건이 계약조건이 된다.

(3) 부가적 조건 또는 상이한 조건으로서 특히 가격, 결제, 물품의 품질 및 수량, 인도의 장소 및 시기, 상대방에 대한 당사자의 책임의 범위 또는 분쟁의 해결에 관한 것은 청약의 조건을 실질적으로 변경하는 것으로 간주된다.

제20조 (승낙기간의 해석)
(1) 청약자가 전보 또는 서한에서 정한 승낙기간은 전보문이 발신을 위하여 넘겨진 때로부터, 또는 서한에 표시된 일자로부터, 또는 그러한 일자가 표시되지 않은 경우에는 봉투에 표시된 일자로부터 시작된다. 청약자가 전화, 텔렉스 또는 기타의 동시적 통신수단에 의하여 정해진 승낙기간

envelope. A period of time for acceptance fixed by the offeror by telephone, telex or other means of instantaneous communication, begins to run from the moment that the offer reaches the offeree.

(2) Official holidays or non-business days occurring during the period for acceptance are included in calculating the period. However, if a notice of acceptance cannot be delivered at the address of the offeror on the last day of the period because that day falls on an official holiday or a non-business day at the place of business of the offeror, the period is extended until the first business day which follows.

Article 21

(1) A late acceptance is nevertheless effective as an acceptance if without delay the offeror orally so informs the offeree or dispatches a notice to that effect.

(2) If a letter or other writing containing a late acceptance shows that it has been sent in such circumstances that if its transmission had been normal it would have reached the offeror in due time, the late acceptance is effective as an acceptance unless, without delay, the offeror orally informs the offeree that he considers his offer as having lapsed or dispatches a notice to that effect.

Article 22

An acceptance may be withdrawn if the withdrawal reaches the offeror before or at the same time as the acceptance would have become effective.

Article 23

A contract is concluded at the moment when an acceptance of an offer becomes effective in accordance with the provisions of this Convention.

Article 24

For the purposes of this Part of the Convention, an offer, declaration of acceptance or any other indication of intention "reaches" the addressee when it is made orally to him or delivered by any other means to him personally, to his place of business or mailing address or, if he does not have a place of business or mailing address, to his habitual residence.

은 청약이 상대방에게 도달한 때로부터 시작된다.

(2) 승낙기간중에 들어 있는 공휴일 또는 휴업일은 승낙기간에 산입된다. 그러나 승낙기간의 말일이 청약자의 영업소 소재지의 공휴일 또는 휴업일에 해당함으로써 승낙의 통지가 기간의 말일에 청약자에게 도달될 수 없는 경우에는 그 다음의 첫번째의 영업일 까지 연장된다.

제21조 (지연된 승낙)

(1) 지연된 승낙의 경우에도 청약자가 유효하다는 취지를 지체 없이 피청약자에게 구두로 알리거나 그러한 통지를 발송하는 경우에는 승낙으로서의 효력을 가진다.

(2) 지연된 승낙이 들어 있는 서한 또는 기타의 서면으로서 통상적으로 전달된 경우라면, 예정된 시기에 청약자에게 도달하였을 상황하에서 발송된 사실을 나타내고 있을 때는 청약자가 상대방에게 대하여 지체 없이 자신의 청약이 이미 실효된 것으로 간주한다는 취지를 구두로 알리거나, 또는 그러한 취지의 통지를 발송하지 아니하는 한, 지연된 승낙의 경우라도 승낙으로서의 효력을 갖게 된다.

제22조 (승낙의 철회)

승낙은 승낙의 효력이 발생하기 이전에 또는 그와 동시에 그 취소통지가 청약자에게 도달하는 경우에 철회될 수 있다.

제23조 (계약의 성립시기)

계약은 청약에 대한 승낙이 이 협약의 규정에 따라 효력을 발생한 때에 성립된다.

제24조 (도달의 정의)

이 협약 제2편의 적용에 있어 청약, 승낙의 선언 또는 기타의 의사의 표시가 상대방에게 "도달"한 때라 함은 그 의사표시가 구두 또는 기타의 방법으로 직접 상대방에게 전달되었을 때, 또는 상대방의 영업소나 우편 주소로 전달되었을 때, 또는 상대방의 영업소나 우편주소가 없는 경우에는 상대방의 상주하는 거소로 전달되었을 때로 한다.

PART III. SALE OF GOODS

Chapter I. GENERAL PROVISIONS

Article 25

A breach of contract committed by one of the parties is fundamental if it results in such detriment to the other party as substantially to deprive him of what he is entitled to expect under the contract, unless the party in breach did not foresee and a reasonable person of the same kind in the same circumstances would not have foreseen such a result.

Article 26

A declaration of avoidance of the contract is effective only if made by notice to the other party.

Article 27

Unless otherwise expressly provided in this Part of the Convention, if any notice, request or other communication is given or made by a party in accordance with this Part and by means appropriate in the circumstances, a delay or error in the transmission of the communication or its failure to arrive does not deprive that party of the right to rely on the communication.

Article 28

If, in accordance with the provisions of this Convention, one party is entitled to require performance of any obligation by the other party, a court is not bound to enter a judgement for specific performance unless the court would do so under its own law in respect of similar contracts of sale not governed by this Convention.

Article 29

(1) A contract may be modified or terminated by the mere agreement of the parties.

(2) A contract in writing which contains a provision requiring any modification or termination by agreement to be in writing may not be otherwise modified or terminated by agreement. However, a party may be precluded by his conduct from asserting such a provision to the extent that the other party has relied on that conduct.

제 3 편 물품의 매매

제 1 장 총 칙

제25조 (본질적 위반의 정의)

당사자의 일방이 범한 계약위반은 그 계약에서 상대방이 기대할 권리가 있는 것을 실질적으로 박탈할 정도로 손해가 발생되는 경우에는 본질적인 위반이 된다. 다만, 위반한 당사자가 그런 결과를 예견하지 못하였고, 또한 동일 부류에 속하는 합리적인 자일지라도 동일한 상황하에서 그러한 결과를 능히 예전하지 못하였을 경우에는 그러하지 아니하다.

제26조 (계약해제의 통지)

계약해제의 선언은 상대방에게 통지가 이루어진 경우에 한하여 효력이 있다.

제27조 (통신상의 지연과 오류)

이 협약 제3편에서 별도로 명시적으로 규정하고 있지 않는 한 통지, 요청 또는 기타의 통신이 이 편의 규정에 따라, 또는 상황에 적절한 방법으로 당사자에 의해 행해진 경우에는 통신을 전달하는 데 있어 지연 또는 오류가 발생하거나, 또는 그것이 도달되지 아니한 경우일지라도 그 당사자는 당해 통신을 원용할 수 있는 권리를 박탈당지하지 아니한다.

제28조 (특정이행과 국내법)

이 협약의 규정에 따라 한 당사자가 상대방에게 의무의 이행을 요구할 수 있는 경우라도 법원은 이 협약이 적용되지 아니하는 유사한 매매계약에 대하여 국내법에 의해 특정이행을 명하는 판결을 내리게 될 만한 경우에 해당하지 아니하는 한 그러한 판결을 내릴 의무가 없다.

제29조 (계약변경 또는 합의종료)

(1) 계약은 당사자들의 단순한 합의만으로 변경되거나 또는 해제될 수 있다.

(2) 서면에 의한 계약으로써, 그 변경 또는 해제가 서면에 의한 합의를 요한다는 규정이 있는 경우에는 그 밖의 방법에 의한 합의에 의해서는 변경이나 해제를 할 수 없다. 그러나 당사자는 자기의 행동으로 인하여 상대방이 그러한 행동에 신뢰를 두었던 범위까지는 위는 규정의 원용으로부터 배제될 수 있다.

Chapter II. OBLIGATIONS OF THE SELLER

Article 30

The seller must deliver the goods, hand over any documents relating to them and transfer the property in the goods, as required by the contract and this Convention.

Section I. Delivery of the goods and handing over of documents

Article 31

If the seller is not bound to deliver the goods at any other particular place, his obligation to deliver consists:

(a) if the contract of sale involves carriage of the goods - in handing the goods over to the first carrier for transmission to the buyer;

(b) if, in cases not within the preceding subparagraph, the contract relates to specific goods, or unidentified goods to be drawn from a specific stock or to be manufactured or produced, and at the time of the conclusion of the contract the parties knew that the goods were at, or were to be manufactured or produced at, a particular place - in placing the goods at the buyer's disposal at that place;

(c) in other cases - in placing the goods at the buyer's disposal at the place where the seller had his place of business at the time of the conclusion of the contract.

Article 32

(1) If the seller, in accordance with the contract or this Convention, hands the goods over to a carrier and if the goods are not clearly identified to the contract by markings on the goods, by shipping documents or otherwise, the seller must give the buyer notice of the consignment specifying the goods.

(2) If the seller is bound to arrange for carriage of the goods, he must make such contracts as are necessary for carriage to the place fixed by means of transportation appropriate in the circumstances and according to the usual terms for such transportation.

(3) If the seller is not bound to effect insurance in respect of the carriage of the goods, he must, at the buyer's request, provide him with all available information necessary to enable him to effect such insurance.

Article 33

The seller must deliver the goods:

(a) if a date is fixed by or determinable from the contract, on that date;

(b) if a period of time is fixed by or determinable from the contract, at any time

제 2 장 매도인의 의무

제30조 (매도인의 의무요약)

매도인은 계약 및 이 협약이 요구하는 바에 따라 물품을 인도하고, 그 관계서류를 교부하며, 그리고 그 물품의 소유권을 이전하여야 한다.

제 1 절 물품의 인도 및 서류의 교부

제31조 (인도의 장소)

매도인이 물품을 어느 특정한 장소에서 인도하지 않아도 되는 경우에 매도인의 인도 의무는 다음과 같다.

(a) 매매계약이 물품의 운송을 수반하는 경우 - 매수인에게 전달하기 위하여 물품을 최초의 운송인에게 교부하는 것.

(b) 전항의 규정에 해당하지 아니하는 경우로서 계약이 특정물 또는 특정의 재고품 중에서 추출되는 불특정물 또는 제조 내지 생산되는 불특정물에 관련되어 있으며, 또한 계약체결 당시에 양 당사자가 물품이 특정한 장소에 있거나 또는 거기서 제조 및 생산된다는 것을 있었을 경우 - 그 장소에서 물품을 매수인의 임의처분상태대로 두는 것.

(c) 기타의 경우-계약체결 당시에 매도인의 영업소가 있는 장소에서 물품을 매수인의 임의처분상태대로 두는 것.

제32조 (선박수배의 의무)

(1) 매도인의 계약 또는 이 협약의 규정에 따라 물품을 운송인에게 교부하는 경우, 또 물품이 화인, 운송서류 또는 기타의 방법에 의하여 그 계약에 명확히 특정되어 있지 아니한 경우에 매도인은 물품을 상술한 탁송통지를 매수인에게 발송하여야 한다.

(2) 매도인이 물품의 운송을 주선할 책임이 있는 경우에 매도인은 상황에 따라 적당한 운송 수단에 의해, 또는 당해 운송을 위한 통상적인 조건으로 약정된 장소까지의 운송에 필요한 계약을 체결하여야 한다.

(3) 매도인이 물품의 운송과 관련하여 보험부보할 책임이 없는 경우로서 매수인의 요구가 있을 때 매도인은 매수인으로 하여금 보험부보하는 데 필요한 입수가능한 모든 정보를 매수인에게 제공하여야 한다.

제33조 (인도의 시기)

매도인은 다음에 해당하는 시기에 물품을 인도하여야 한다.

(a) 기일이 계약에 의하여 확정되어 있거나 또는 확정될 수 있는 경우에는 그 날,

(b) 기간이 계약에 의하여 확정되어 있거나, 또는 확정될 수 있는 경우에는 매수인이 기일을

within that period unless circumstances indicate that the buyer is to choose a date; or

(c) in any other case, within a reasonable time after the conclusion of the contract.

Article 34

If the seller is bound to hand over documents relating to the goods, he must hand them over at the time and place and in the form required by the contract. If the seller has handed over documents before that time, he may, up to that time, cure any lack of conformity in the documents, if the exercise of this right does not cause the buyer unreasonable inconvenience or unreasonable expense. However, the buyer retains any right to claim damages as provided for in this Convention.

Section II. Conformity of the goods and third party claims

Article 35

(1) The seller must deliver goods which are of the quantity, quality and description required by the contract and which are contained or packaged in the manner required by the contract.

(2) Except where the parties have agreed otherwise, the goods do not conform with the contract unless they:

(a) are fit for the purposes for which goods of the same description would ordinarily be used;

(b) are fit for any particular purpose expressly or impliedly made known to the seller at the time of the conclusion of the contract, except where the circumstances show that the buyer did not rely, or that it was unreasonable for him to rely, on the seller's skill and judgement;

(c) possess the qualities of goods which the seller has held out to the buyer as a sample or model;

(d) are contained or packaged in the manner usual for such goods or, where there is no such manner, in a manner adequate to preserve and protect the goods.

(3) The seller is not liable under subparagraphs (a) to (d) of the preceding paragraph for any lack of conformity of the goods if at the time of the conclusion of the contract the buyer knew or could not have been unaware of such lack of conformity.

Article 36

(1) The seller is liable in accordance with the contract and this Convention for any lack of conformity which exists at the time when the risk passes to the buyer, even though the lack of conformity becomes apparent only after that time.

선정하여야 하는 상황이 명시되어 있지 않는 한 그 기간 내의 임의의 시기, 또는

(c) 기타의 경우에는 계약체결 후의 상당한 기간 내.

제34조(물품에 관한 서류)

매도인이 물품에 관한 서류를 교부할 의무가 있는 경우에는 계약에서 요구하고 있는 시기, 장소 및 방법에 따라 이를 교부하여야 한다. 당해 기일 이전에 매도인이 서류를 교부하였을 경우에 매도인은 당해 시기까지는 이 권리의 행사가 불합리한 불편이나 또는 불합리한 경비를 매수인에게 발생시키지 않는다면 서류의 결함을 보완할 수 있다. 그러나 매수인은 이 협약에서 규정하고 있는 손해배상을 청구할 권리를 보유한다.

제 2 절 물품의 적합성과 제3자의 청구권

제35조 (물품의 적합성)

(1) 매도인은 계약에서 요구되는 수량, 품질 및 물품명세로 또한 계약에서 요구되는 방법에 따라 용기에 담거나, 또는 포장된 물품을 인도하여야 한다.

(2) 당사자가 별도로 합의한 경우를 제외하고 물품은 다음의 요건에 충족되지 않으면 계약과 일치하지 아니한 것으로 한다.

(a) 물품명세와 동일한 물품으로서 통상적으로 사용되는 목적에 적합할 것일 것.

(b) 계약체결 당시에 매도인에게 명시적 또는 묵시적으로 알려져 있는 특정목적에 적합한 것일 것. 다만, 매수인이 매도인의 기술 및 판단에 의존하고 있지 아니하거나, 또는 의존하는 것이 불합리한 것이었을 경우에는 제외한다.

(c) 매도인이 매수인에게 견본 또는 모형으로서 제시한 물품의 품질을 구비한 것일 것.

(d) 당해 물품이 통상적인 방법으로, 또한 그러한 방법이 없는 경우에는 그 물품을 보존하거나 또는 보호할 수 있는 적절한 방법으로 용기에 담거나 또는 포장되어 있는 것일 것.

(3) 매수인이 계약체결 당시에 물품이 전항 제a호 내지 제d호의 요건에 적합하지 않는다는 것을 알고 있었거나, 또는 알지 못하였을 리가 없는 경우에 매도인은 그러한 부적합에 대하여 책임을 지지 아니한다.

제36조 (적합성의 결정시기)

(1) 매도인은 위험이 매수인에게 이전할 때 존재하는 부적합에 대하여 또한 그 이후에 물품이 부적합하다고 명백히 밝혀진 경우에도 계약 및 이 협약에 규정된 바에 따라 책임을 진다.

(2) The seller is also liable for any lack of conformity which occurs after the time indicated in the preceding paragraph and which is due to a breach of any of his obligations, including a breach of any guarantee that for a period of time the goods will remain fit for their ordinary purpose or for some particular purpose or will retain specified qualities or characteristics.

Article 37

If the seller has delivered goods before the date for delivery, he may, up to that date, deliver any missing part or make up any deficiency in the quantity of the goods delivered, or deliver goods in replacement of any non-conforming goods delivered or remedy any lack of conformity in the goods delivered, provided that the exercise of this right does not cause the buyer unreasonable inconvenience or unreasonable expense. However, the buyer retains any right to claim damages as provided for in this Convention.

Article 38

(1) The buyer must examine the goods, or cause them to be examined, within as short a period as is practicable in the circumstances.

(2) If the contract involves carriage of the goods, examination may be deferred until after the goods have arrived at their destination.

(3) If the goods are redirected in transit or redispatched by the buyer without a reasonable opportunity for examination by him and at the time of the conclusion of the contract the seller knew or ought to have known of the possibility of such redirection or redispatch, examination may be deferred until after the goods have arrived at the new destination.

Article 39

(1) The buyer loses the right to rely on a lack of conformity of the goods if he does not give notice to the seller specifying the nature of the lack of conformity within a reasonable time after he has discovered it or ought to have discovered it.

(2) In any event, the buyer loses the right to rely on a lack of conformity of the goods if he does not give the seller notice thereof at the latest within a period of two years from the date on which the goods were actually handed over to the buyer, unless this time-limit is inconsistent with a contractual period of guarantee.

Article 40

The seller is not entitled to rely on the provisions of articles 38 and 39 if the lack of conformity relates to facts of which he knew or could not have been unaware and

(2) 매도인은 전항에서 규정하고 있는 시점 이후에 발생한 부적합에 대하여서도, 그 부적합이 매도인의 어떤 의무를 위반한 것에서 기인하고 있는 경우에는 책임을 진다. 그러한 의무위반 중에는 일정기간 동안 물품이 통상적인 목적 또는 어떤 특정의 목적에 적합할 것이라는 보증의 위반, 또는 일정의 품질이나 특성을 보유할 것이라는 보증의 위반이 포함된다.

제37조 (인도기일전의 보완권)

매도인은 인도기일 이전에 물품을 인도하였을 경우에 그 기일까지는 매수인에게 불합리한 불편이나 또는 불합리한 비용을 발생시키지 아니하는 한 누락된 부분을 추가로 인도하거나, 부족수량을 보전하거나, 또는 부적합한 인도품을 대체하기 위한 물품을 인도하거나, 또는 인도품의 부적합성을 보완할 수 있다. 그러나 매수인은 이 협약에서 규정하고 있는 바에 따라 손해배상을 청구할 권리를 보유한다.

제38조 (물품의 검사기간)

(1) 매수인은 상황에 따라 가능한 기간 내에 물품을 검사하거나 또는 검사하게 하여야 한다.

(2) 계약이 물품의 운송을 포함하고 있는 경우에 물품의 검사는 물품이 목적지에 도착한 후까지 이를 연기할 수 있다.

(3) 매수인이 검사를 하기 위한 합리적인 기회를 갖지 않은 상태로 운송중에 있는 물품의 목적지를 변경하거나, 또는 물품을 전송하는 경우로서, 매도인이 계약체결 당시에 그러한 변경 또는 전송의 가능성을 알았거나 또는 알았어야 하는 경우에 물품의 검사는 물품이 새로운 목적지에 도착한 후까지 연기될 수 있다.

제39조 (불일치의 통지시기)

(1) 매수인이 물품의 부적합을 발견하거나, 또는 발견하였어야 하는 때로부터 상당한 기간 내에 매도인에게 대하여 부적합의 성질을 명확히 하여 통지하지 아니한 경우에 매수인은 물품이 부적합하다는 사실을 원용할 권리를 상실한다.

(2) 여하한 경우에도 물품이 실제로 매수인에게 교부된 날로부터 늦어도 2년 이내에 매수인이 매도인에게 물품의 부적합에 대하여 전항의 통지를 아니한 경우에 매수인은 당해 물품이 부적합하다는 사실을 원용할 권리를 상실한다. 다만, 이 기한제한이 계약상 보증기간과 일치하지 아니하는 경우에는 그러지 아니하다.

제40조 (매도인의 악의)

물품의 부적합을 매도인이 알았거나, 또는 알지 못하였을 리가 없는 사실로서, 또한 매도인이 그 사실을 매수인에게 알리지 아니하였던 사실과 관련되어 있는 경우에 매도인은 제38조 제39조

which he did not disclose to the buyer.

Article 41

The seller must deliver goods which are free from any right or claim of a third party, unless the buyer agreed to take the goods subject to that right or claim. However, if such right or claim is based on industrial property or other intellectual property, the seller's obligation is governed by article 42.

Article 42

(1) The seller must deliver goods which are free from any right or claim of a third party based on industrial property or other intellectual property, of which at the time of the conclusion of the contract the seller knew or could not have been unaware, provided that the right or claim is based on industrial property or other intellectual property:

(a) under the law of the State where the goods will be resold or otherwise used, if it was contemplated by the parties at the time of the conclusion of the contract that the goods would be resold or otherwise used in that State; or

(b) in any other case, under the law of the State where the buyer has his place of business.

(2) The obligation of the seller under the preceding paragraph does not extend to cases where:

(a) at the time of the conclusion of the contract the buyer knew or could not have been unaware of the right or claim; or

(b) the right or claim results from the seller's compliance with technical drawings, designs, formulae or other such specifications furnished by the buyer.

Article 43

(1) The buyer loses the right to rely on the provisions of article 41 or article 42 if he does not give notice to the seller specifying the nature of the right or claim of the third party within a reasonable time after he has become aware or ought to have become aware of the right or claim.

(2) The seller is not entitled to rely on the provisions of the preceding paragraph if he knew of the right or claim of the third party and the nature of it.

Article 44

Notwithstanding the provisions of paragraph (1) of article 39 and paragraph (1) of article 43, the buyer may reduce the price in accordance with article 50 or claim damages, except for loss of profit, if he has a reasonable excuse for his failure to give

의 규정을 원용할 권리가 부여되지 않는다.

제41조 (제3자의 청구권)

매도인은 매수인이 제3자의 권리 또는 청구권을 조건으로 물품을 수령할 것을 동의한 경우를 제외하고는 제3자의 권리 또는 청구권과 구속되지 않는 물품을 인도하여야 한다. 그러나 이러한 제3자의 권리 또는 청구권이 공업소유권 또는 기타의 지적소유권에 기초를 두고 있는 경우에 매도인의 의무를 제42조의 규정에 의하여 규율된다.

제42조 (제3자의 지적재산권)

(1) 매도인은 매도인이 계약체결 당시에 그 존재를 알았거나, 또는 알지 못하였을 리가 없는 공업소유권 또는 기타의 지적소유권에 기초를 두고 있는 제3자의 권리 또는 청구권에 구속받지 아니하는 물품을 인도하여야 한다. 다만, 제3자의 권리 또는 청구권이 다음의 각호에 해당하는 국가의 법률에 의한 공업소유권 또는 기타의 지적소유권에 기초를 두고 있는 경우에 한한다.

(a) 당사자가 계약체결 당시에 물품이 어떤 국가에서 전매되거나 또는 사용될 것이 라는 것을 예상하고 있었을 경우에 당해 물품이 전매되거나, 또는 사용되는 국가의 법률.

(b) 기타의 경우에는 매수인의 영업소를 두고 있는 국가의 법률.

(2) 전항에서 규정하고 있는 매도인의 의무는 다음의 각호에 해당하는 이를 적용하지 아니한다.

(a) 계약체결 당시에 매수인이 그 권리 또는 청구권의 존재를 알았거나 또는 알지 못하였을 리가 없는 경우: 또는

(b) 그러한 권리 또는 청구권이 매수인이 제공한 기술설계, 의장, 처방서 또는 기타의 명세에 따라 매도인이 행한 결과로 발생한 것일 경우.

제43조 (제3자의 권리에 대한 통지)

(1) 매수인이 제3자의 권리 또는 청구권의 존재를 알거나, 또는 알게 된 때로부터 상당한 기간 내에 매도인에게 제3자의 권리 또는 청구권의 성질을 명확히 한 통지를 하지 아니한 경우에 매수인은 제41조 또는 제42조의 규정을 원용할 권리를 갖지 못한다.

(2) 매도인이 제3자의 권리 또는 청구권 및 그 성질을 알고 있었던 경우에 매도인은 전항의 규정을 원용할 권리를 부여받지 못한다.

제44조 (통지불이행의 정당한 이유)

제39조 제1항 및 제43조 제1항의 규정에도 불구하고 매수인은 요구된 통지를 하지 아니한 데 대한 합리적인 변명을 할 수 있는 경우에 상실된 이익을 제외하고 제50조의 규정에 의한 대금의 감액이나 또는 그 밖에 손해배상을 청구할 수 있다.

the required notice.

Section Ⅲ. Remedies for breach of contract by the seller

Article 45

(1) If the seller fails to perform any of his obligations under the contract or this Convention, the buyer may:

(a) exercise the rights provided in articles 46 to 52;

(b) claim damages as provided in articles 74 to 77.

(2) The buyer is not deprived of any right he may have to claim damages by exercising his right to other remedies.

(3) No period of grace may be granted to the seller by a court or arbitral tribunal when the buyer resorts to a remedy for breach of contract.

Article 46

(1) The buyer may require performance by the seller of his obligations unless the buyer has resorted to a remedy which is inconsistent with this requirement.

(2) If the goods do not conform with the contract, the buyer may require delivery of substitute goods only if the lack of conformity constitutes a fundamental breach of contract and a request for substitute goods is made either in conjunction with notice given under article 39 or within a reasonable time thereafter.

(3) If the goods do not conform with the contract, the buyer may require the seller to remedy the lack of conformity by repair, unless this is unreasonable having regard to all the circumstances. A request for repair must be made either in conjunction with notice given under article 39 or within a reasonable time thereafter.

Article 47

(1) The buyer may fix an additional period of time of reasonable length for performance by the seller of his obligations.

(2) Unless the buyer has received notice from the seller that he will not perform within the period so fixed, the buyer may not, during that period, resort to any remedy for breach of contract. However, the buyer is not deprived thereby of any right he may have to claim damages for delay in performance.

Article 48

(1) Subject to article 49, the seller may, even after the date for delivery, remedy at his own expense any failure to perform his obligations, if he can do so without unreasonable delay and without causing the buyer unreasonable inconvenience

제 3 절 매도인의 계약위반에 대한 구제

제45조 (매수인의 구제방법)

(1) 매도인이 계약 또는 이 협약에서 규정하고 있는 어떤 의무를 이행하지 못하는 경우에 매수인은 다음의 각호를 행할 수 있다.

(a) 제46조 내지 제 52조에서 규정된 권리의 행사.

(b) 제74조 내지 제77조에서 규정된 손해배상의 청구.

(2) 매수인이 손해배상을 청구할 수 있는 권리는 그 이하의 구제를 구하는 권리르 행사함에 의하여 박탈당하지 아니한다.

(3) 매수인이 계약위반에 대한 구제를 구하는 경우에 법원 또는 중재관정부는 매도인에게 유예기간을 허용하여서는 아니된다.

제46조 (매수인의 이행청구권)

(1) 매수인은 매도인으로 하여금 그의 의무의 이행을 청구할 수 있다. 다만, 매수인이 그 청구와 일치할 수 없는 구제를 구하는 경우에는 그러하지 아니하다.

(2) 물품이 계약과 일치하지 않을 때에는 오직 이 적합성의 결여가 본질적인 계약 위반이 되는 경우로서 당해 청구가 제39조의 규정에 의한 통지와 함께 또는 그 후 합리적인 기간 내에 행하여졌을 경우에 한하여 매수인은 대체품 인도를 요구할 수 있다.

(3) 물품이 계약과 일치하지 아니한 경우로서 모든 상황을 고려하여 불합리하지 아니한 때에는 매수인은 매도인으로 하여금 그 부적함을 보완하도록 청구할 수 있다. 보완의 청구는 제39조의 규정에 의한 통지와 함께 또는 그 후부터 합리적인 기간 내에 행하여져야 한다.

제47조 (이행추가 기간의 지정)

(1) 매수인은 매도인의 의무이행을 위하여 합리적인 기간을 추가기간으로 정할 수 있다.

(2) 당해 추가기간 내에 이행할 수가 없다는 내용의 통지를 매도인으로부터 접수한 경우를 제외하고 매수인은 당해 기간중에 계약위반에 대하여 여하한 구제수단도 구할 수 없다. 그러나 매수인은 그로 인하여 이행의 지연에 대한 손해배상을 청구할 여하한 권리를 박탈당하지 아니한다.

제48조 (인도기일 후의 보완)

(1) 제 49조의 규정에 따라 매도인은 인도기일 이후에도 자기의 비용으로 어떤 의무의 불이행에 대하여 이를 보완할 수 있다. 다만, 이 경우에는 불합리하게 지체되지 않아야 하며, 매수인에게 불합리한 불편을 주게 되거나, 또는 매수인이 선급한 비용을 매도인으로부터 상환받는 데 있어서

or uncertainty of reimbursement by the seller of expenses advanced by the buyer. However, the buyer retains any right to claim damages as provided for in this Convention.

(2) If the seller requests the buyer to make known whether he will accept performance and the buyer does not comply with the request within a reasonable time, the seller may perform within the time indicated in his request. The buyer may not, during that period of time, resort to any remedy which is inconsistent with performance by the seller.

(3) A notice by the seller that he will perform within a specified period of time is assumed to include a request, under the preceding paragraph, that the buyer make known his decision.

(4) A request or notice by the seller under paragraph (2) or (3) of this article is not effective unless received by the buyer.

Article 49

(1) The buyer may declare the contract avoided:

(a) if the failure by the seller to perform any of his obligations under the contract or this Convention amounts to a fundamental breach of contract; or

(b) in case of non-delivery, if the seller does not deliver the goods within the additional period of time fixed by the buyer in accordance with paragraph (1) of article 47 or declares that he will not deliver within the period so fixed.

(2) However, in cases where the seller has delivered the goods, the buyer loses the right to declare the contract avoided unless he does so:

(a) in respect of late delivery, within a reasonable time after he has become aware that delivery has been made;

(b) in respect of any breach other than late delivery, within a reasonable time:

(i) after he knew or ought to have known of the breach;

(ii) after the expiration of any additional period of time fixed by the buyer in accordance with paragraph (1) of article 47, or after the seller has declared that he will not perform his obligations within such an additional period; or

(iii) after the expiration of any additional period of time indicated by the seller in accordance with paragraph (2) of article 48, or after the buyer has declared that he will not accept performance.

Article 50

If the goods do not conform with the contract and whether or not the price has already been paid, the buyer may reduce the price in the same proportion as the value that the goods actually delivered had at the time of the delivery bears to the value that

불확실성이 기재되어서는 아니된다. 그러나 매수인은 이 협약에 규정된 손해배상을 청구할 권리를 가진다.

(2) 매도인이 매수인에게 대하여 이행을 수락할 것인지 여부를 알려주도록 요구하였고, 매수인이 상당한 기간 내에 그러한 요구에 응답하지 아니한 경우에 매도인은 그러한 요구상에 제시된 기간 내에 이행할 수 있다. 그 기간중에 매수인은 매도인의 이행과 일치하지 않는 구제를 구할 수 없다.

(3) 특정한 기간 내에 이행한다는 내용에 대한 매도인의 통지는 매수인이 승낙여부에 관한 결정을 알려야 한다는 전항에서 규정하고 있는 요구를 포함하는 것으로 추정한다.

(4) 이 조 제2항 또는 제3항의 규정에 의한 매도인의 요구 또는 통지는 매수인이 이를 수령하지 아니하는 경우에는 그 효력이 발생되어 아니한다.

제49조 (매수인의 계약해제권)

(1) 매수인은 다음 각호의 하나에 해당하는 경우에는 계약을 해제할 수 있다.

(a) 계약 또는 이 협약의 규정에 의한 매도인의 의무불이행이 본질적인 계약위반이 되는 경우, 또는

(b) 인도불이행의 경우에는 제47조 제1항의 규정에 따라 매수인이 정한 추가기간내에 매도인이 물품을 인도하지 않았거나, 또는 이 기간 내에 인도하지 아니할 것이라고 표명한 경우.

(2) 그러나 매도인이 물품을 이미 인도하였을 경우에는 다음에 게기하는 시기에 계약을 해제하지 아니하는 한 매수인은 계약의 해제권을 상실한다.

(a) 인도의 지체에 대하여서는 매수인이 인도된 사실을 알게 된 시기로부터 상당한 기간 내.

(b) 인도의 지체 이외의 위반에 대하여서는 다음에 게기하는 시기로부터 상당한 기간 내.

(i) 매수인이 그 위반을 알았거나 또는 알았어야 하는 시기 이후.

(ii) 제 47조 제1항의 규정에 따라 매수인이 정한 추가기간의 유효기간이 경과한 이후, 또는 그 추가기간 내에 의무를 이행하지 아니할 것이라고 매도인이 표명한 시기 이후, 또는

(iii)제 48조 제2항의 규정에 따라 매도인이 제시한 추가기일의 유효기간이 경과한 때, 또는 매수인이 이행을 승낙하지 아니할 것이라고 표명된 시기 이후.

제50조 (대금의 감액권)

물품이 계약에 일치하지 아니한 경우에는 대금의 지급여부에 관계없이 매수인은 실제로 인도된 물품의 인도당시의 가치가 계약에 일치하는 물품이었더라면 그 당시에 보유하고 있었을 가치에 대한 비율에 따라 대금을 감액할 수 있다. 다만, 매도인이 제37조 또는 제48조의 규정에 따라

conforming goods would have had at that time. However, if the seller remedies any failure to perform his obligations in accordance with article 37 or article 48 or if the buyer refuses to accept performance by the seller in accordance with those articles, the buyer may not reduce the price.

Article 51

(1) If the seller delivers only a part of the goods or if only a part of the goods delivered is in conformity with the contract, articles 46 to 50 apply in respect of the part which is missing or which does not conform.

(2) The buyer may declare the contract avoided in its entirety only if the failure to make delivery completely or in conformity with the contract amounts to a fundamental breach of the contract.

Article 52

(1) If the seller delivers the goods before the date fixed, the buyer may take delivery or refuse to take delivery.

(2) If the seller delivers a quantity of goods greater than that provided for in the contract, the buyer may take delivery or refuse to take delivery of the excess quantity. If the buyer takes delivery of all or part of the excess quantity, he must pay for it at the contract rate.

Chapter III. OBLIGATIONS OF THE BUYER

Article 53

The buyer must pay the price for the goods and take delivery of them as required by the contract and this Convention.

Section I. Payment of the price

Article 54

The buyer's obligation to pay the price includes taking such steps and complying with such formalities as may be required under the contract or any laws and regulations to enable payment to be made.

Article 55

Where a contract has been validly concluded but does not expressly or implicitly fix or make provision for determining the price, the parties are considered, in the absence of any indication to the contrary, to have impliedly made reference to the price

의무의 불이행을 보완하는 경우이거나, 또는 이들의 규정에 따라 매도인이 행하는 이행의 승낙을 매수인이 거절하는 경우에 매수인은 대금을 감액할 수 없다.

제51조 (물품일부의 불일치)

(1) 매도인이 물품의 일부만을 인도하였거나, 또는 인도된 물품의 일부만이 계약과 일치하는 경우에 제46조 내지 제50조의 규정은 당해 부족부분 또는 부적합부분에 대하여 적용된다.

(2) 인도가 완전하게 이행되지 아니하였거나, 또는 계약에 일치하지 아니함으로써, 그것이 당해 계약에 본질적인 위반이 되는 경우에 한하여 매수인은 계약전부를 해제할 수 있다.

제52조 (기일전의 인도 및 초과 수량)

(1) 매도인이 이행기 전에 물품을 인도하는 경우에 매수인은 인도를 수령하거나 또는 이를 거절할 수 있다.

(2) 매도인이 계약에서 정해진 수량보다도 다량의 물품을 인도하는 경우에 매수인은 초과수량의 인도를 수령하거나, 또는 이를 거절할 수 있다. 매수인이 초과수량의 전부 또는 일부의 인도를 수령하는 경우에는 계약금액의 비율에 따라 그 대금을 지급하여야 한다.

제 3 장 매수인의 의무

제53조 (매수인의 의무요약)

매수인은 계약 및 이 협약의 규정에 따라 물품대금을 지급하여야 하며, 물품을 수령하여야 한다.

제 1 절 대금의 지급

제54조 (대금지급을 위한 조치)

매수인의 대금지급의무에는 계약 또는 법률 및 규정이 정하는 바에 따라 지급을 가능하게 하는 조치를 취하고 정식절차를 이행하는 것이 포함된다.

제55조 (대금이 불확정된 계약)

계약이 유효하게 체결되었으나 대금을 명시적 또는 묵시적으로 결정하지 아니하거나, 또는 이를 결정하기 위한 조항을 두고 있지 아니하는 경우에는 별도의 반대표시가 없는 한 당사자는 계약체결 당시에 당해 무역거래와 유사한 상황하에서 매매된 것과 동종의 물품에 대하여 일반적으로

generally charged at the time of the conclusion of the contract for such goods sold under comparable circumstances in the trade concerned.

Article 56

If the price is fixed according to the weight of the goods, in case of doubt it is to be determined by the net weight.

Article 57

(1) If the buyer is not bound to pay the price at any other particular place, he must pay it to the seller:

(a) at the seller's place of business; or

(b) if the payment is to be made against the handing over of the goods or of documents, at the place where the handing over takes place.

(2) The seller must bear any increases in the expenses incidental to payment which is caused by a change in his place of business subsequent to the conclusion of the contract.

Article 58

(1) If the buyer is not bound to pay the price at any other specific time, he must pay it when the seller places either the goods or documents controlling their disposition at the buyer's disposal in accordance with the contract and this Convention. The seller may make such payment a condition for handing over the goods or documents.

(2) If the contract involves carriage of the goods, the seller may dispatch the goods on terms whereby the goods, or documents controlling their disposition, will not be handed over to the buyer except against payment of the price.

(3) The buyer is not bound to pay the price until he has had an opportunity to examine the goods, unless the procedures for delivery or payment agreed upon by the parties are inconsistent with his having such an opportunity.

Article 59

The buyer must pay the price on the date fixed by or determinable from the contract and this Convention without the need for any request or compliance with any formality on the part of the seller.

Section II. Taking delivery

Article 60

The buyer's obligation to take delivery consists:

청구되는 대금을 묵시적으로 참조한 것으로 한다.

제56조(순중량에 의한 결정)

대금이 물품의 중량에 따라 확정되는 경우로서 의문의 여지가 있는 경우에는 물품의 순중량에 의하여 결정되는 것으로 한다.

제57조 (대금지급의 장소)

(1) 매수인이 대금을 다른 특정한 장소에서 지급할 의무가 없는 경우에도 다음의 장소에서 매도인에게 지급하여야 한다.

(a) 매도인의 영업소, 또는

(b) 물품 또는 서류의 교부와 동시에 대금이 지급되어야 하는 경우에는 그 교부가 행하여지는 장소.

(2) 계약이 체결된 후에 매도인이 영업소를 변경함에 의해 야기된 대금지급에 부수하여 발생하는 비용의 증가는 매도인이 부담하여야 한다.

제 58조(대금지급의 시기)

(1) 매수인은 대금을 다른 특정 기일에 지급하여야 할 의무가 없는 경우에는 계약 및 이 협약의 규정에 따라 매도인이 물품 또는 물품을 처분할 수 있는 서류를 매수인의 처분에 맡겨진 경우에 대금을 지급하여야 한다, 매도인은 당해 지급을 물품 또는 서류의 교부를 위한 조건으로 할 수 있다.

(2) 계약이 물품의 운송을 수반하는 경우에 매도인은 대금의 지급과 동시에 교환하는 경우가 아니면 물품 또는 물품을 처분할 수 있는 서류를 매수인에게 교부하지 아니한다는 조건으로 물품을 송부할 수 있다.

(3) 매수인은 물품을 검사할 기회를 가질 때까지는 대금을 지급할 의무가 없다. 다만 당사자간에 합의된 인도 또는 지급의 절차가 매수인이 검사의 기회를 가지는 것과 일치 하지 아니하는 경우에는 그러하지 아니하다.

제59조 (지급청구에 앞선 지급)

매수인은 계약 및 이 협약에서 정한 날 또는 확정할 수 있는 날에 대금을 지급하여야 하며, 매도인측으로부터 하등의 용구나 그에 따른 절차를 준수하지 않아도 된다.

제 2 절 인도의 수령

제60조 (인도수령의 의무)

매수인의 인도수령(인수)하기 위한 의무는 다음과 같다.

(a) in doing all the acts which could reasonably be expected of him in order to enable the seller to make delivery; and

(b) in taking over the goods.

Section III. Remedies for breach of contract by the buyer

Article 61

(1) If the buyer fails to perform any of his obligations under the contract or this Convention, the seller may:

(a) exercise the rights provided in articles 62 to 65;

(b) claim damages as provided in articles 74 to 77.

(2) The seller is not deprived of any right he may have to claim damages by exercising his right to other remedies.

(3) No period of grace may be granted to the buyer by a court or arbitral tribunal when the seller resorts to a remedy for breach of contract.

Article 62

The seller may require the buyer to pay the price, take delivery or perform his other obligations, unless the seller has resorted to a remedy which is inconsistent with this requirement.

Article 63

(1) The seller may fix an additional period of time of reasonable length for performance by the buyer of his obligations.

(2) Unless the seller has received notice from the buyer that he will not perform within the period so fixed, the seller may not, during that period, resort to any remedy for breach of contract. However, the seller is not deprived thereby of any right he may have to claim damages for delay in performance.

Article 64

(1) The seller may declare the contract avoided:

(a) if the failure by the buyer to perform any of his obligations under the contract or this Convention amounts to a fundamental breach of contract; or

(b) if the buyer does not, within the additional period of time fixed by the seller in accordance with paragraph (1) of article 63, perform his obligation to pay the price or take delivery of the goods, or if he declares that he will not do so within the period so fixed.

(2) However, in cases where the buyer has paid the price, the seller loses the right

(a) 매도인이 인도를 가능하게 하기 위하여 매수인에게 합리적으로 기대될 수 있는 모든 행위를 하는 일.

(b) 물품을 수령하는 일.

제 3 절 매수인의 계약위반에 대한 구제

제61조 (매도인의 구제방법)

(1) 매수인이 계약 또는 이 협약의 규정에 의한 어떤 의무를 이행하지 아니하는 경우에 매도인은 다음의 구제를 구할 수 있다.

(a) 제62조 내지 제65조에 규정된 권리의 행사

(b) 제74조 내지 제77조의 규정에 따른 손해배상의 청구

(2) 매도인이 손해배상을 청구할 수 있는 권리는, 그 이외의 구제를 구하는 권리를 행사하더라도 박탈당하지 아니한다.

(3) 매도인의 계약위반에 대한 구제를 구하는 경우에 법원 또는 중재판정부는 매수인에게 유예기간을 줄 수 없다.

제62조 (매도인의 이행청구권)

매도인은 매수인에게 대하여 대금의 지급, 인도의 수령 또는 기타의 매수인의 의무이행을 요구할 수 있다. 다만, 매도인이 그 요구와 일치할 수 없는 구제를 구하고 있는 경우에는 그러하지 아니하다.

제63조 (이행추가 기간의 지정)

(1) 매도인은 매수인이 그의 의무를 이행하도록 하기 위하여 상당한 추가기간을 정할 수 있다.

(2) 당해 추가기간 내에 이행할 의사가 없다는 취지의 통지를 매수인으로부터 접수하지 않는 한 매도인은 그 기간중에 계약의 위반에 대하여 여하한 구제도 구할 수 없다. 그러나 매도인은 그로 인하여 이행의 지연에 대한 손해배상을 청구할 수 있는 권리를 박탈당하지 아니한다.

제64조 (매도인의 계약해제권)

(1) 매도인은 다음 각호의 하나에 해당하는 경우에는 계약을 해제할 수 있다.

(a) 계약 또는 이 협약의 규정에 의한 어떤 의무를 매수인이 이행하지 아니함에 따라 본질적 계약위반이 되는 경우, 또는

(b) 제63조 제 1 항의 규정에 따라 매도인이 정한 추가기간 내에 매수인이 대금지급의무 또는 물품인도의 수령의무를 이행하지 아니하였거나 또는 매수인이 이 기간 내에 그 의무를 이행하지 아니할 것이라고 매수인이 표명한 경우.

(2) 그러나 매수인이 대금을 이미 지급하였을 경우에는 다음의 각호의 하나에 해당하는 시기

to declare the contract avoided unless he does so:

(a) in respect of late performance by the buyer, before the seller has become aware that performance has been rendered; or

(b) in respect of any breach other than late performance by the buyer, within a reasonable time:

(i) after the seller knew or ought to have known of the breach; or

(ii) after the expiration of any additional period of time fixed by the seller in accordance with paragraph (1) of article 63, or after the buyer has declared that he will not perform his obligations within such an additional period.

Article 65

(1) If under the contract the buyer is to specify the form, measurement or other features of the goods and he fails to make such specification either on the date agreed upon or within a reasonable time after receipt of a request from the seller, the seller may, without prejudice to any other rights he may have, make the specification himself in accordance with the requirements of the buyer that may be known to him.

(2) If the seller makes the specification himself, he must inform the buyer of the details thereof and must fix a reasonable time within which the buyer may make a different specification. If, after receipt of such a communication, the buyer fails to do so within the time so fixed, the specification made by the seller is binding.

Chapter IV. PASSING OF RISK

Article 66

Loss of or damage to the goods after the risk has passed to the buyer does not discharge him from his obligation to pay the price, unless the loss or damage is due to an act or omission of the seller.

Article 67

(1) If the contract of sale involves carriage of the goods and the seller is not bound to hand them over at a particular place, the risk passes to the buyer when the goods are handed over to the first carrier for transmission to the buyer in accordance with the contract of sale. If the seller is bound to hand the goods over to a carrier at a particular place, the risk does not pass to the buyer until the goods are handed over to the carrier at that place. The fact that the seller is authorized to retain documents controlling the disposition of the goods does not affect the passage of the risk.

(2) Nevertheless, the risk does not pass to the buyer until the goods are clearly identified to the contract, whether by markings on the goods, by shipping documents,

에 계약을 해제하지 아니하는 한 매도인은 계약의 해제권을 상실한다

(a) 매수인의 이행지연에 대하여서는 매도인이 이행된 사실을 알기 이전, 또는

(b) 매수인의 이행지연 이외의 위반에 대하여서는 다음 각호의 하나에 해당하는 시기 이후에 상당한 기간 내.

(i) 매도인이 그 계약위반을 알 수 있었던 시기 이후.

(ii) 제63조 제1항의 규정에 따라 매도인이 정한 추가시간이 경과한 시기 이후, 또는 당해 추가기간 내의 의무의 이행을 하지 아니할 것이라고 매수인이 표명한 시기 이후.

제65조 (물품명세의 확정권)

(1) 계약상 매수인이 물품의 형태. 용적 또는 기타의 특징을 지정하기로 되어 있는 경우로서 합의된 기일 또는 매도인으로부터 요구를 접수한 후의 상당한 기간 내에 매수인이 그 물품명세를 지정하지 아니할 때에는, 매도인은 매도인이 보유하고 있는 다른 권리를 훼손당함이 없이 매도인이 알고 있는 매수인의 필요 요건에 따라 스스로 물품명세를 작성할 수 있다.

(2) 매도인 자신이 물품명세를 작성하는 경우에는, 매수인에게 상세한 물품명세를 통지하여야 하며, 또한 매수인이 그와 상이한 물품명세를 작성할 수 있는 상당한 기간을 설정하여야 한다. 매수인이 그러한 통지를 접수한 후 설정된 기간 내에 상이한 물품명세를 작성하지 아니하는 경우에는 매도인이 작성한 물품명세사항이 구속력을 가진다.

제 4 장 위험의 이전

제66조 (위험부담의 일반원칙)

위험이 매수인에게 이전된 후에는 물품이 멸실되거나 또는 손상되더라도 매수인은 대금지급의무가 면제되지 아니한다. 다만, 당해 멸실 또는 손상이 매도인의 작위 또는 부작위에 의한 것일 경우에는 그러하지 아니하다.

제67조 (운송조건부 계약품의 위험)

(1) 매매계약이 물품의 운송을 수반하는 경우로서 매도인이 특정한 장소에서 물품을 교부할 의무가 없을 때에는 매매계약에 따라 매수인에게 송부하기 위하여 물품이 최초의 운송인에게 교부된 때에 위험은 매수인에게 이전한다. 매도인이 특정한 장소에서 물품을 운송인에게 교부하여야 하는 경우에는 물품이 당해 장소에서 운송인에게 교부될 때까지 위험은 매수인에게 이전하지 아니한다. 매도인이 물품을 처분할 수 있는 서류를 보유하는 권한이 있다는 사실은 위험의 이전에 영향을 미치지 아니한다.

(2) 그럼에도 불구하고 물품이 화인, 운송서류, 매수인에 대한 통지 또는 기타의 방법에 의하여 계약의 목적물로서 명확히 확인될 때까지 위험은 매수인에게 이전되지 아니한다.

by notice given to the buyer or otherwise.

Article 68

The risk in respect of goods sold in transit passes to the buyer from the time of the conclusion of the contract. However, if the circumstances so indicate, the risk is assumed by the buyer from the time the goods were handed over to the carrier who issued the documents embodying the contract of carriage. Nevertheless, if at the time of the conclusion of the contract of sale the seller knew or ought to have known that the goods had been lost or damaged and did not disclose this to the buyer, the loss or damage is at the risk of the seller.

Article 69

(1) In cases not within articles 67 and 68, the risk passes to the buyer when he takes over the goods or, if he does not do so in due time, from the time when the goods are placed at his disposal and he commits a breach of contract by failing to take delivery.

(2) However, if the buyer is bound to take over the goods at a place other than a place of business of the seller, the risk passes when delivery is due and the buyer is aware of the fact that the goods are placed at his disposal at that place.

(3) If the contract relates to goods not then identified, the goods are considered not to be placed at the disposal of the buyer until they are clearly identified to the contract.

Article 70

If the seller has committed a fundamental breach of contract, articles 67, 68 and 69 do not impair the remedies available to the buyer on account of the breach.

Chapter V. PROVISIONS COMMON TO THE OBLIGATIONS OF THE SELLER AND OF THE BUYER

Section I. Anticipatory breach and instalment contracts

Article 71

(1) A party may suspend the performance of his obligations if, after the conclusion of the contract, it becomes apparent that the other party will not perform a substantial part of his obligations as a result of:

(a) a serious deficiency in his ability to perform or in his creditworthiness; or

(b) his conduct in preparing to perform or in performing the contract.

제68조 (운송 중 매매물의 위험)

운송도중에 있는 물품이 매매되는 경우의 위험은 당해 매매계약이 체결된 때로부터 매수인에게 이전한다. 그러나 상황으로 보아 인정될 수 있는 경우에는 위험은 운송계약을 구현하는 서류를 발생한 운송인에게 물품을 인도한 때로부터 매수인이 부담한다. 그럼에도 불구하고 매매계약체결시에 매도인이 물품이 이미 멸실 또는 손상된 사실을 알았거나, 또는 알 수 있었던 경우로서, 이를 매수인에게 알리지 아니하였을 때는 당해 멸실 또는 손상은 매도인의 위험부담으로 한다.

제69조 (기타 경우의 위험)

(1) 제 67조 및 제68조의 규정이 적용되지 않는 경우에 위험은 매수인이 물품을 수령한 때 또는 매수인이 상당한 기간 내에 물품을 수령하지 아니하는 경우에는 물품이 매수인의 처분에 맡기고 있음에도 불구하고 매수인이 이를 수령하지 아니하여 계약위반을 범하게 된 때로부터 매수인에게 이전된다.

(2) 그러나 매수인이 매도인의 영업소 이외의 장소에서 물품을 수령하여야 하는 경우에는 인도의 이행기가 도래하고, 또한 물품이 당해 장소에서 매수인의 처분에 맡겨진 사실을 매수인이 알았을 때 위험이 이전된다.

(3) 계약이, 그 체결시에 불특정물의 매매에 관한 것일 경우에 물품은 계약상으로 명확히 특정될 때까지는 매수인의 임의처분상태에 놓여져 있지 아니한 것으로 간주된다.

제70조 (매도인의 계약위반시의 위험)

매도인이 본질적인 계약위반을 범하였을 경우에도 제67조, 제68조 및 제69조의 규정은 당해 위반을 이유로 하여 매수인이 이용할 수 있는 구제수단을 해치지 아니한다.

제 5 장 매도인과 매수인의 의무에 공통되는 규정

제 1 절 이행기 전의 계약위반 및 분할이행계약

제71조(이행의 정지)

(1) 계약을 체결한 후에 다음 각호의 하나에 해당하는 사유로서 상대방이 그 의무와 중요한 부분을 이행하지 아니할 것이라는 것이 명백하여질 경우에 당사자는 자기의 의무의 이행을 정지할 수 있다.

(a) 상대방의 이행능력 또는 그 신뢰성의 현저한 실추 또는

(b) 계약의 이행을 준비하거나 또는 계약을 이행하는 데 있어서의 상대방의 행위.

(2) If the seller has already dispatched the goods before the grounds described in the preceding paragraph become evident, he may prevent the handing over of the goods to the buyer even though the buyer holds a document which entitles him to obtain them. The present paragraph relates only to the rights in the goods as between the buyer and the seller.

(3) A party suspending performance, whether before or after dispatch of the goods, must immediately give notice of the suspension to the other party and must continue with performance if the other party provides adequate assurance of his performance.

Article 72

(1) If prior to the date for performance of the contract it is clear that one of the parties will commit a fundamental breach of contract, the other party may declare the contract avoided.

(2) If time allows, the party intending to declare the contract avoided must give reasonable notice to the other party in order to permit him to provide adequate assurance of his performance.

(3) The requirements of the preceding paragraph do not apply if the other party has declared that he will not perform his obligations.

Article 73

(1) In the case of a contract for delivery of goods by instalments, if the failure of one party to perform any of his obligations in respect of any instalment constitutes a fundamental breach of contract with respect to that instalment, the other party may declare the contract avoided with respect to that instalment.

(2) If one party's failure to perform any of his obligations in respect of any instalment gives the other party good grounds to conclude that a fundamental breach of contract will occur with respect to future instalments, he may declare the contract avoided for the future, provided that he does so within a reasonable time.

(3) A buyer who declares the contract avoided in respect of any delivery may, at the same time, declare it avoided in respect of deliveries already made or of future deliveries if, by reason of their interdependence, those deliveries could not be used for the purpose contemplated by the parties at the time of the conclusion of the contract.

Section II. Damages

Article 74

Damages for breach of contract by one party consist of a sum equal to the loss, including loss of profit, suffered by the other party as a consequence of the breach.

(2) 전항에 규정된 사유가 명백하여지기 이전에 매도인이 물품을 이미 발송하였을 경우에는 비록 물품을 취득할 수 있는 서류를 매수인이 보유하고 있다하여도 매도인은 물품이 매수인에게 교부되는 것을 중지시킬 수 있다. 이 항의 규정은 매도인과 매수인 상호간의 물품에 대한 권리에만 적용된다.

(3) 물품의 발송 전후에 관계없이 이행을 정지한 당사자는 당해 정지의 통지를 상대방에게 즉시 발송하여야 하며, 상대방이 그 이행에 대하여 적절한 보장을 제공한다면 계속하여 이행하여야 한다.

제72조 (이행기일전의 계약해제)

(1) 계약의 이행기일 이전에 당사자의 일방이 본질적인 계약위반을 범할 것이 명백한 경우에 상대방은 계약을 해제할 수 있다.

(2) 시간이 허용되는 경우에 계약을 해제하고자 하는 당사자는 상대방이 그 이행에 대하여 적절한 보장을 제공할 수 있도록 하기 위하여 합리적인 통지를 발송하여야 한다.

(3) 전항의 규정은 상대방이 그 의무를 이행하지 아니할 것이라고 표명하였을 경우에는 이를 적용하지 아니한다.

제73조 (분할이행계약의 해제)

(1) 물품을 분할하여 인도하는 계약의 경우로서 어느 분할부분에 관한 일방 당사자의 어떤 의무의 불이행이 당해 분할부분에 대하여 본질적인 계약위반을 구성하는 경우에 상대방은 당해 분할부분에 대하여 계약을 해제할 수 있다.

(2) 어느 분할부분에 관한 일방당사자의 어떤 의무의 불이행이 상대방으로 하여금 장래의 분할부분에 대하여 본질적인 계약위반이 발생할 것이라고 미루어 판단하는 충분한 근거가 되는 경우에 장래의 분할부분에 대하여 계약을 해제할 수 있다. 다만, 상대방은 상당한 기간 내에 계약을 해제하여야 한다.

(3) 어느 인도부분에 대하여 계약을 해제하려는 매수인은 이미 이루어진 인도 또는 장래에 이루어질 인도에 대하여서도 동시에 계약을 해제할 수 있다. 다만, 그러한 인도들이 상호의존관계에 있음으로써 계약의 체결 당시에 양 당사자가 의도하였던 목적을 위하여 그러한 인도가 사용될 수 없게 된 경우에 한한다.

제 2 절 손해배상금

제74조 (손해배상액 산정의 원칙)

일방 당사자의 계약위반에 대한 손해배상액은 예상이익의 손실을 포함하여 당해위반의 결과에 따라 상대방이 입은 손실과 동등한 금액으로 구성된다. 당해 손해배상액은 위반을 한 당사자가 계

Such damages may not exceed the loss which the party in breach foresaw or ought to have foreseen at the time of the conclusion of the contract, in the light of the facts and matters of which he then knew or ought to have known, as a possible consequence of the breach of contract.

Article 75

If the contract is avoided and if, in a reasonable manner and within a reasonable time after avoidance, the buyer has bought goods in replacement or the seller has resold the goods, the party claiming damages may recover the difference between the contract price and the price in the substitute transaction as well as any further damages recoverable under article 74.

Article 76

(1) If the contract is avoided and there is a current price for the goods, the party claiming damages may, if he has not made a purchase or resale under article 75, recover the difference between the price fixed by the contract and the current price at the time of avoidance as well as any further damages recoverable under article 74. If, however, the party claiming damages has avoided the contract after taking over the goods, the current price at the time of such taking over shall be applied instead of the current price at the time of avoidance.

(2) For the purposes of the preceding paragraph, the current price is the price prevailing at the place where delivery of the goods should have been made or, if there is no current price at that place, the price at such other place as serves as a reasonable substitute, making due allowance for differences in the cost of transporting the goods.

Article 77

A party who relies on a breach of contract must take such measures as are reasonable in the circumstances to mitigate the loss, including loss of profit, resulting from the breach. If he fails to take such measures, the party in breach may claim a reduction in the damages in the amount by which the loss should have been mitigated.

Section III. Interest

Article 78

If a party fails to pay the price or any other sum that is in arrears, the other party is entitled to interest on it, without prejudice to any claim for damages recoverable under article 74.

약의 체결 당시에 알았거나 또는 알았어야 하였던 사실 및 사항에 비추어 계약위반의 결과에 따라 발생할 가능성이 있는 결과라는 것을 계약의 체결 당시에 예견하였거나 또는 예견하였어야 하는 손실액을 초과할 수는 없다.

제75조 (대체거래시의 손해배상액)

계약이 해제된 경우로서 해제된 후 합리적인 방법과 합리적인 기간 내에 매수인이 대체품을 구입하거나, 또는 매도인이 물품을 타에 전매하였을 경우에 손해배상을 청구하는 당사자는 계약대금과 대체거래에 있어서의 대금과의 차액 및 제74조의 규정에 의하여 받을 수 있는 여타의 배상금을 보상받을 수 있다.

제76조 (시가에 기초한 손해배상액)

(1) 계약이 해제되고 또한 물품에 시가가 있는 경우로서 손해배상을 청구하는 당사자가 제75조의 규정에 의한 구입 또는 전매를 하지 아니하였을 때는 계약대금과 계약해제 당시의 시가외의 차액 및 그 밖에 제74조의 규정에 의하여 받을 수 있는 여타의 배상금을 보상받을 수 있다. 그러나 손해보상을 청구하는 당사자가 물품을 수령한 후에 계약을 해제하였을 경우에는 계약해제 당시의 시가를 대신하여 물품수령 당시의 시가를 적용한다.

(2) 전항의 규정을 적용하는 데 있어 시가라 함은 물품의 인도가 행하여졌어야 하는 장소에서 지배적인 가격인 것으로 한다. 당해 장소에서의 시가가 없는 경우에는, 이에 합리적으로 대체될 만한 다른 장소에서의 시가로 하며, 이 때 물품운송비용의 차이를 충분히 허용하여야 한다.

제77조 (손해경감의 의무)

계약위반을 주장하는 당사자는 희망이익의 손실을 포함하여 그 위반에 따라 야기된 손실을 경감하기 위하여, 그 상황하에서 합리적인 조치를 취하여야 한다. 그러한 조치를 취하지 아니하는 경우에 위반한 당사자는 경감되어야 하는 손실에 해당하는 금액을 손해배상금중에서 감액하도록 청구할 수 있다.

제 3 절 이　　자

제78조 (연체금액의 이자)

당사자가 대금 또는 기타 연체금액의 지급을 하지 못한 경우 상대방은 제74조의 규정에 의하여 받을 수 있는 손해배상청구권이 침해당하지 아니하고 당해 금액에 대한 이자를 받을 권리가 있다.

Section IV. Exemptions

Article 79

(1) A party is not liable for a failure to perform any of his obligations if he proves that the failure was due to an impediment beyond his control and that he could not reasonably be expected to have taken the impediment into account at the time of the conclusion of the contract or to have avoided or overcome it or its consequences.

(2) If the party's failure is due to the failure by a third person whom he has engaged to perform the whole or a part of the contract, that party is exempt from liability only if:

(a) he is exempt under the preceding paragraph; and

(b) the person whom he has so engaged would be so exempt if the provisions of that paragraph were applied to him.

(3) The exemption provided by this article has effect for the period during which the impediment exists.

(4) The party who fails to perform must give notice to the other party of the impediment and its effect on his ability to perform. If the notice is not received by the other party within a reasonable time after the party who fails to perform knew or ought to have known of the impediment, he is liable for damages resulting from such non-receipt.

(5) Nothing in this article prevents either party from exercising any right other than to claim damages under this Convention.

Article 80

A party may not rely on a failure of the other party to perform, to the extent that such failure was caused by the first party's act or omission.

Section V. Effects of avoidance

Article 81

(1) Avoidance of the contract releases both parties from their obligations under it, subject to any damages which may be due. Avoidance does not affect any provision of the contract for the settlement of disputes or any other provision of the contract governing the rights and obligations of the parties consequent upon the avoidance of the contract.

(2) A party who has performed the contract either wholly or in part may claim restitution from the other party of whatever the first party has supplied or paid under the contract. If both parties are bound to make restitution, they must do so

제 4 절 면　　책

제79조 (손해배상책임의 면제)

(1) 자기의 어떤 의무를 이행하지 못한 당사자가, 그러한 불이행이 불가항력적인 장해에 기인하였던 것이라는 점 및 그와 같은 장해를 계약의 체결 당시에 고려하였거나, 또는 그 장해나 결과는 회피하거나 극복하는 일이 합리적으로 기대될 수 없었던 것이라는 점을 입증하였을 경우에는, 그 불이행에 대하여는 책임을 지지 아니한다.

(2) 당사자의 불이행의 계약의 전부 또는 일부를 이행하기 위하여 고용된 제3자에 의하여 발생된 불이행에 기안하는 것일 경우에 당사자는 다음의 경우에 한하여 면책된다.

(a) 당사자가 전항의 규정에 의한 면책이 되는 경우, 및
(b) 당사자가 고용한 제3자에게 전항이 규정이 적용된다면 그 제3자가 면책될 수 있는 경우.

(3)이 조에서 규정하고 있는 면책은 장해가 존재하는 기간 동안 효력을 갖는다.

(4) 불이행의 당사자는 상대방에게 장해와 이 장해가 자신의 이해능력에 미치는 효과에 관하여 통지하여야 한다. 불이행의 당사자가 장해를 알았거나 또는 알았어야 하는 때로부터 상당한 기간 내에, 그 통지가 상대방에게 도달되지 아니한 경우에 당사자는 당해 불수령으로 인하여 발생하는 손해배상에 대한 책임을 진다.

(5) 이 조의 규정은 어느 당사자에 대하여서나, 이 협약의 규정에 의한 손해배상청구 이외의 여하한 권리의 행사도 이를 방해하지 아니한다.

제80조 (자신의 귀책사유와 불이행)

당사자가 자기의 작위 또는 부작위의 결과에 따라 상대방의 불이행이 야기되었을 경우에 그 한도까지는 상대방의 불이행의 사실을 원용하여서는 안 된다.

제 5 절 해제의 효력

제81조 (계약의무의 소멸과 반환청구)

(1) 계약의 해제는 정당한 손해배상에 순응할 것이라는 조건하에 양 당사자는 계약의 의무로부터 면제된다. 계약의 해제는 분쟁해결을 위한 계약조항이나 계약해제에 따른 당사자의 권리와 의무를 규정하는 기타의 계약조항에 영향을 미치지 아니한다.

(2) 계약의 전부 또는 일부를 이미 이행한 자는 상대방에 대하여 자기가 당해 계약하에서 이미 공급 또는 지급한 것에 대한 반환을 청구할 수 있다. 당사자 쌍방이 반환하여 야 할 의무가 있는 경우에 양당사자는 이를 동시에 이행하여야 한다.

concurrently.

Article 82

(1) The buyer loses the right to declare the contract avoided or to require the seller to deliver substitute goods if it is impossible for him to make restitution of the goods substantially in the condition in which he received them.

(2) The preceding paragraph does not apply:

(a) if the impossibility of making restitution of the goods or of making restitution of the goods substantially in the condition in which the buyer received them is not due to his act or omission;

(b) if the goods or part of the goods have perished or deteriorated as a result of the examination provided for in article 38; or

(c) if the goods or part of the goods have been sold in the normal course of business or have been consumed or transformed by the buyer in the course of normal use before he discovered or ought to have discovered the lack of conformity.

Article 83

A buyer who has lost the right to declare the contract avoided or to require the seller to deliver substitute goods in accordance with article 82 retains all other remedies under the contract and this Convention.

Article 84

(1) If the seller is bound to refund the price, he must also pay interest on it, from the date on which the price was paid.

(2) The buyer must account to the seller for all benefits which he has derived from the goods or part of them:

(a) if he must make restitution of the goods or part of them; or

(b) if it is impossible for him to make restitution of all or part of the goods or to make restitution of all or part of the goods substantially in the condition in which he received them, but he has nevertheless declared the contract avoided or required the seller to deliver substitute goods.

Section VI. Preservation of the goods

Article 85

If the buyer is in delay in taking delivery of the goods or, where payment of the price and delivery of the goods are to be made concurrently, if he fails to pay the price, and the seller is either in possession of the goods or otherwise able to control

제82조 (물품반환이 불가능한 경우)

(1) 매수인이 물품을 수령한 당시의 실질적으로 동일한 상태로 당해 물품을 반환하는 것이 불가능한 경우에 매수인은 계약을 해체할 권리 또는 매도인에게 대체품의 인도를 요구할 권리를 상실한다.

(2) 전항의 규정은 다음의 경우에는 이를 적용하지 아니한다.

(a) 물품의 반환이 불가능하거나 또는 물품의 수령 당시와 실질적으로 동일한 상태로의 반환이 불가능한 사유가 매수인의 작위 또는 부작위에 기인하는 것이 아닌 경우.

(b) 물품의 전부 또는 일부가 제38조 규정된 검사의 결과로서 이미 멸실 또는 변질된 경우.

(c) 매수인이 부적합을 발견하였거나 또는 발견하였어야 하는 시기 이전에 이미 물품의 전부 또는 일부가 통상의 영업과정에서 매수인에 의하여 매각되었거나 또는 통상의 사용과정에서 소비 또는 변형된 경우.

제83조 (기타의 구제방법)

제82조의 규정에 의하여 계약을 해제할 권리나 또는 매도인에게 대체품을 인도하도록 요구할 권리를 상실한 매수인은 계약 및 이 협약에서 규정하고 있는 기타의 구제를 구하는 권리를 보유한다.

제84조 (이익의 반환)

(1) 매도인이 대금을 반환하여야 하는 경우에 매도인은 대금이 지급된 날로부터 기산한 이자도 또한 지급하여야 한다.

(2) 매수인은 다음에 해당하는 경우에는 물품의 전부 또는 일부로부터 유래하는 모든 이익을 매도인에게 반환하여야 한다.

(a) 매수인이 물품의 전부 또는 일부를 반환하여야 하는 경우.

(b) 물품의 전부 또는 일부를 반환하는 것이 불가능하거나, 또는 물품의 수령 당시와 실질적으로 동일한 상태로 전부 또는 일부를 반환하는 것이 불가능한 경우에도 불구하고 매수인이 계약을 해제하였거나 또는 매도인에게 대체품을 인도하도록 요구하였을 경우.

제 6 절 물품의 보존

제85조 (매도인의 보존의무)

매수인이 물품인도의 수령을 지체한 경우, 또는 대금의 지급과 물품의 인도가 동시에 이행되어야 하는 경우로서 매수인이 대금을 지급하지 아니하고 매도인이 물품을 점유하고 있거나, 또는 기타의 방법으로 처분할 수 있는 경우에 매도인은 그 상황하에서 합리적으로 물품을 보존하기 위한

their disposition, the seller must take such steps as are reasonable in the circumstances to preserve them. He is entitled to retain them until he has been reimbursed his reasonable expenses by the buyer.

Article 86

(1) If the buyer has received the goods and intends to exercise any right under the contract or this Convention to reject them, he must take such steps to preserve them as are reasonable in the circumstances. He is entitled to retain them until he has been reimbursed his reasonable expenses by the seller.

(2) If goods dispatched to the buyer have been placed at his disposal at their destination and he exercises the right to reject them, he must take possession of them on behalf of the seller, provided that this can be done without payment of the price and without unreasonable inconvenience or unreasonable expense. This provision does not apply if the seller or a person authorized to take charge of the goods on his behalf is present at the destination. If the buyer takes possession of the goods under this paragraph, his rights and obligations are governed by the preceding paragraph.

Article 87

A party who is bound to take steps to preserve the goods may deposit them in a warehouse of a third person at the expense of the other party provided that the expense incurred is not unreasonable.

Article 88

(1) A party who is bound to preserve the goods in accordance with article 85 or 86 may sell them by any appropriate means if there has been an unreasonable delay by the other party in taking possession of the goods or in taking them back or in paying the price or the cost of preservation, provided that reasonable notice of the intention to sell has been given to the other party.

(2) If the goods are subject to rapid deterioration or their preservation would involve unreasonable expense, a party who is bound to preserve the goods in accordance with article 85 or 86 must take reasonable measures to sell them. To the extent possible he must give notice to the other party of his intention to sell.

(3) A party selling the goods has the right to retain out of the proceeds of sale an amount equal to the reasonable expenses of preserving the goods and of selling them. He must account to the other party for the balance.

조치를 취하여야 한다. 매도인은 매수인으로부터 그 합리적인 비용을 상환받을 때까지 물품을 유치할 권한이 있다.

제86조 (매수인의 보존의무)

(1) 매수인이 물품을 수령하였으나 그 물품을 거절하기 위하여 계약 또는 이 협약의 규정에 의한 권리를 행사하고자 할 경우에 매수인은 그 상황하에서 합리적으로 물품을 보존하기 위한 조치를 취하여야 한다. 매수인은 매도인으로부터 그 합리적인 비용을 상환 받을 때까지 물품을 유치할 권한이 있다.

(2) 매수인 앞으로 발송된 물품이 목적지에서 매수인의 처분상태에 놓여졌으나 매수인이 물품을 거절할 권리를 행사하는 경우에 매수인은 매도인을 대신하여 물품을 점유하여야 한다. 다만, 대금을 지급함이 없이, 또한 불합리한 불편이나 불합리한 비용을 수반함이 없이 점유할 수 있는 경우에 한한다. 이 규칙은 매도인 또는 매도인을 대신하여 물품의 관리권한을 위임받은 자가 목적지에 있는 경우에는 적용하지 아니한다. 매수인이 이 항의 규정에 따라 물품을 점유하는 경우에 매수인의 권리 및 의무에 대하여서는 전항의 규정을 적용한다.

제87조 (제3자 창고에의 기탁)

물품을 보존하기 위한 조치를 취할 의무가 있는 당사자는 그 비용이 불합리한 것이 아닌 한 상대방의 비용으로 하여 물품을 제3자의 창고에 임치할 수 있다.

제88조 (물품의 매각)

(1) 제85조 또는 제86조의 규정에 따라 물품을 보존할 의무가 있는 당사자는 상대방이 물품의 점유의 취득, 그 반환, 또는 대금이나 보존비용을 지급함에 있어 불합리하게 지연되었을 경우에는 적당한 방법으로 물품을 매각할 수 있다. 다만, 상대방에게 매각의 의도에 대한 합리적인 통지를 하였을 경우에 한한다.

(2) 물품이 급속히 변질되기 쉬운 것이거나, 또는 그 보관에 불합리한 비용이 수반되는 것일 경우에는 제85조 또는 제86조의 규정에 의하여 물품을 보존할 의무가 있는 당사자는 물품을 매각하기 위한 합리적인 조치를 취하여야 한다. 이 경우에는 가능한 한 그러한 당사자는 상대방에게 매각의 의도에 관하여 통지를 하여야 한다.

(3) 물품을 매각하는 당사자는 매각대전 중에서 물품의 보존 및 그 매각에 소요된 합리적인 비용과 동일한 금액을 공제할 권리가 있다. 다만, 그러한 당사자는 그 잔액에 대하여 상대방에게 정산하여야 한다.

PART IV. FINAL PROVISIONS

Article 89

The Secretary-General of the United Nations is hereby designated as the depositary for this Convention.

Article 90

This Convention does not prevail over any international agreement which has already been or may be entered into and which contains provisions concerning the matters governed by this Convention, provided that the parties have their places of business in States parties to such agreement.

Article 91

(1) This Convention is open for signature at the concluding meeting of the United Nations Conference on Contracts for the International Sale of Goods and will remain open for signature by all States at the Headquarters of the United Nations, New York until 30 September 1981.

(2) This Convention is subject to ratification, acceptance or approval by the signatory States.

(3) This Convention is open for accession by all States which are not signatory States as from the date it is open for signature.

(4) Instruments of ratification, acceptance, approval and accession are to be deposited with the Secretary-General of the United Nations.

Article 92

(1) A Contracting State may declare at the time of signature, ratification, acceptance, approval or accession that it will not be bound by Part II of this Convention or that it will not be bound by Part III of this Convention.

(2) A Contracting State which makes a declaration in accordance with the preceding paragraph in respect of Part II or Part III of this Convention is not to be considered a Contracting State within paragraph (1) of article 1 of this Convention in respect of matters governed by the Part to which the declaration applies.

Article 93

(1) If a Contracting State has two or more territorial units in which, according to its constitution, different systems of law are applicable in relation to the matters dealt with in this Convention, it may, at the time of signature, ratification, acceptance, approval or accession, declare that this Convention is to extend to all its territorial units or only to

제 4 편 최종조항

제89조 (협약의 수탁자)

국제연합 사무총장을 이 협약의 수탁자로 지정한다.

제90조 (타 협정과의 관계)

이미 발효되었거나, 또는 이후 발효하게 될 국제협정으로서, 이 협약에 의하여 규율되는 사항에 관한 규정을 그 협정 내에 포함하고 있는 경우에 이 협약은 당해 협정에 우선하여 적용되지 아니한다. 다만, 계약당사자가 당해 협정의 당사국 내에 영업소를 갖고 있는 경우에 한한다.

제91조 (서명과 협약이 채택)

(1) 이 협약은 국제물품매매계약에 관한 국제연합회의의 최종회합에서 서명을 위하여 개방되며, 뉴욕의 국제연합본부에서 1981년 9월 30일까지 모든 국가가 서명할 수 있도록 개방된다.

(2) 이 협약은 서명국에 의하여 비준, 수락 또는 승인되어야 한다.

(3) 이 협약은 서명을 위하여 개방된 날로부터 모든 비서명국들이 가입하도록 하기 위하여 개방된다.

(4) 비준서, 수락서, 승인서 및 가입서는 국제연합 사무총장에게 기탁하는 것으로 한다.

제92조 (일부규정의 채택)

(1) 체약국은 서명, 비준, 수락, 승인 또는 가입시에, 그 국가가 이 협약 제2편의 규정에 구속되지 아니할 것이라는 취지, 또는 그 국가가 이 협약 제3편의 규정에 구속되지 아니할 것이라는 취지를 선언할 수 있다.

(2) 이 협약의 제2편 또는 제 3편의 규정에 관하여 전항의 규정에 따라 선언을 한 체약국은 그 선언이 적용되는 당해 각 편의 규정에 의하여 규율되는 사항에 관하여서는, 이 협약 제1조 제1항에 의한 소정의 체약국으로 간주되지 아니한다.

제93조 (연방국가의 채택)

(1) 체약국이 둘 이상의 영역을 보유하고 있고 또한 당해국의 헌법에 의하면 이 협약이 취급하고 있는 사항과 관련하여 각 영역에서 상이한 법제가 적용되고 있는 경우에, 체약국은 서명, 비준, 수락, 승인 또는 가입할 당시에 이 협약을 전부의 영역에, 또는 그 중의 하나 또는 그 이상의 영역에만 적용할 것이라는 것을 선언할 수 있으며, 또한 언제라도 다른 선언을 제시함으로써 이전의

one or more of them, and may amend its declaration by submitting another declaration at any time.

(2) These declarations are to be notified to the depositary and are to state expressly the territorial units to which the Convention extends.

(3) If, by virtue of a declaration under this article, this Convention extends to one or more but not all of the territorial units of a Contracting State, and if the place of business of a party is located in that State, this place of business, for the purposes of this Convention, is considered not to be in a Contracting State, unless it is in a territorial unit to which the Convention extends.

(4) If a Contracting State makes no declaration under paragraph (1) of this article, the Convention is to extend to all territorial units of that State.

Article 94

(1) Two or more Contracting States which have the same or closely related legal rules on matters governed by this Convention may at any time declare that the Convention is not to apply to contracts of sale or to their formation where the parties have their places of business in those States. Such declarations may be made jointly or by reciprocal unilateral declarations.

(2) A Contracting State which has the same or closely related legal rules on matters governed by this Convention as one or more non-Contracting States may at any time declare that the Convention is not to apply to contracts of sale or to their formation where the parties have their places of business in those States.

(3) If a State which is the object of a declaration under the preceding paragraph subsequently becomes a Contracting State, the declaration made will, as from the date on which the Convention enters into force in respect of the new Contracting State, have the effect of a declaration made under paragraph (1), provided that the new Contracting State joins in such declaration or makes a reciprocal unilateral declaration.

Article 95

Any State may declare at the time of the deposit of its instrument of ratification, acceptance, approval or accession that it will not be bound by subparagraph (1)(b) of article 1 of this Convention.

Article 96

A Contracting State whose legislation requires contracts of sale to be concluded in or evidenced by writing may at any time make a declaration in accordance with article 12 that any provision of article 11, article 29, or Part II of this Convention, that allows a contract of sale or its modification or termination by agreement or any offer,

선언을 변경할 수 있다.

(2) 전항의 선언은 수탁자에게 통보되어야 하며, 이 협약이 적용될 영역을 명시적으로 기재되어야 한다.

(3) 이 조에 의한 선언의 결과로, 이 협약이 체약국의 하나 또는 그 이상의 영역에 적용되면서도, 그것이 전 영역에는 미치지 아니하고 당사자의 영업소가 당해국 내에 있는 경우에는, 그 영업소가 이 협약이 적용되는 영역 내에 있지 않는 한 이 협약을 적용하는데 있어 영업소는 체약국 내에 없는 것으로 간주한다.

(4) 체약국이 이 조 제1항의 선언을 하지 아니하는 경우에 이 협약은 당해국의 전역에 적용되는 것으로 한다.

제94조 (연방법령이 있는 국가의 채택)

(1) 이 협약이 규율하는 사항에 관하여 상호 동일하거나 또는 밀접한 관계가 있는 법령을 두고 있는 둘 또는 그 이상의 채택국은 양 당사자의 영업소가 그들 국가 내에 소재하고 있는 경우에는 그 협약이 그 매매계약의 성립에 대하여 적용되지 아니한다는 취지의 선언을 언제라도 할 수 있다. 이와 같은 선언은 공동으로, 또는 호혜주의를 조건으로 하여 일방적으로 행할 수 있다.

(2) 이 협약이 규율하는 사항에 대하여 하나 또는 그 이상의 비체약국과 상호 동일하거나 또는 밀접한 관계가 있는 법령을 두고 있는 체약국은 양 당사자의 당해 업소가 그들 국가 내에 소재하고 있는 경우에 이 협약을 그 매매계약 및 성립에 대하여는 적용되지 아니한다는 취지의 선언을 언제든지 할 수 있다.

(3) 전항의 선언의 대상이 된 국가가, 그 후 체약국이 된 경우에 당해 선언은 이 협약이 그 새로운 체약국에 대하여 효력을 발생한 날로부터, 이 조 제1항에 의해서 규정된 선언으로서의 효력이 있다. 다만, 새로운 체약국이 그 선언에 참가하거나 또는 호혜주의를 조건으로 하는 일방적인 선언을 행하는 경우에 한한다.

제95조 (제1조 1항 b호의 배제)

어느 체약국의 경우에도 비준서, 수락서, 승인서 또는 가입서를 기탁할 당시에 이 협약 제1조 제1항 (b)호의 규정에 의하여 구속되지 아니할 것이라고 선언할 수 있다.

제96조 (계약형식요건의 유보)

그 국가의 입법에 의하여 매매계약의 체결이 서면에 의하여 이루어지거나 입증되어야 할 것임을 요구하고 있는 체약국은 제12조의 규정에 따라 매매계약 또는 합의에 의한 그 변경이나 해제 또는 청약, 승낙 기타의 의사표시를 서면 이외의 방법에 의하여 행하는 것을 인정하는 제11조, 제29조, 또는 이 협약 제2부의 어떤 규정도 당사자의 어느 일방이 그 국가 내에 영업소를 두고 있는

acceptance, or other indication of intention to be made in any form other than in writing, does not apply where any party has his place of business in that State.

Article 97

(1) Declarations made under this Convention at the time of signature are subject to confirmation upon ratification, acceptance or approval.

(2) Declarations and confirmations of declarations are to be in writing and be formally notified to the depositary.

(3) A declaration takes effect simultaneously with the entry into force of this Convention in respect of the State concerned. However, a declaration of which the depositary receives formal notification after such entry into force takes effect on the first day of the month following the expiration of six months after the date of its receipt by the depositary. Reciprocal unilateral declarations under article 94 take effect on the first day of the month following the expiration of six months after the receipt of the latest declaration by the depositary.

(4) Any State which makes a declaration under this Convention may withdraw it at any time by a formal notification in writing addressed to the depositary. Such withdrawal is to take effect on the first day of the month following the expiration of six months after the date of the receipt of the notification by the depositary.

(5) A withdrawal of a declaration made under article 94 renders inoperative, as from the date on which the withdrawal takes effect, any reciprocal declaration made by another State under that article.

Article 98

No reservations are permitted except those expressly authorized in this Convention.

Article 99

(1) This Convention enters into force, subject to the provisions of paragraph (6) of this article, on the first day of the month following the expiration of twelve months after the date of deposit of the tenth instrument of ratification, acceptance, approval or accession, including an instrument which contains a declaration made under article 92.

(2) When a State ratifies, accepts, approves or accedes to this Convention after the deposit of the tenth instrument of ratification, acceptance, approval or accession, this Convention, with the exception of the Part excluded, enters into force in respect of that State, subject to the provisions of paragraph (6) of this article, on the first day of the month following the expiration of twelve months after the date of the deposit of its instrument of ratification, acceptance, approval or accession.

(3) A State which ratifies, accepts, approves or accedes to this Convention and is a

경우에는 이를 적용하지 아니한다는 취지의 선언을 할 수 있다.

제97조 (협약에 관한 선언 절차)

(1) 서명 당시에 이 협약에 의하여 행하여진 선언은 비준, 수락 또는 승인에 즈음하여 이를 확인하여야 하는 것으로 한다.

(2) 선언 및 선언의 확인은 서면에 의하여 행하여져야 하며, 또는 정식으로 수탁자에게 통지하여야 한다.

(3) 선언은 이를 행한 국가에 대하여 이 협약이 효력을 발생함과 동시에 효력이 발생된다. 다만, 이 협약이 그 국가에 대하여 효력을 발생한 후 수탁자가 선언에 대한 정식의 통지를 수령하였을 경우에 당해 선언은 수탁자가 이를 수령한 날로부터 6개월을 경과한 후의 최초 월의 초일에 효력을 발생한다. 제94조의 규정에 의한 호혜주의를 조건으로 하는 일방적 선언은 수탁자가 최종의 선언을 수령한 날로부터 6개월을 경과한 후의 최초월의 초일에 효력을 발생한다.

(4) 이 협약에 의한 선언을 행한 국가는 수탁자 앞으로 송부하는 서면에 의한 정식의 통지를 함으로써 그 선언을 언제든지 철회할 수 있다. 그러한 철회는 수탁자가 통지를 수령한 날로부터 6개월이 경과한 후의 최초 월의 초일에 효력을 발생한다.

(5) 제94조의 규정에 의한 선언의 철회는 그 철회가 효력을 발생한 날로부터 동 조의 규정에 의거 행하여진 다른 국가에 의하여 행하여진 호혜적 선언의 효력을 정지시킨다.

제98조 (유보의 금지)

어떠한 유보도 이 협약 중에 명백하게 인정한 경우를 제외하고는 허용되지 아니한다.

제99조 (협약의 발효)

(1) 이 협약은 이 조 제6항의 규정에 따른 것을 조건으로 하고, 제92조의 규정에 의한 선언에 기재되어 있는 문서를 포함하여 제10번째의 비준서, 수락서, 승인서 또는 가입서가 기탁된 날로부터 12개월을 경과한 후의 최초 월의 초일에 효력을 발생한다.

(2) 이 협약의 제10번째의 비준서, 수락서, 승인서 또는 가입서의 기탁 후에 비준, 수락, 승인 또는 가입을 하는 국가에 대하여서 이 협약은 그 적용이 배제되는 당해 부를 제외하고 이 조 제6항의 규정에 따를 것을 조건으로 하여 당해 국가의 비준서, 수락서, 승인서 또는 가입서가 기탁된 날로부터 12개월을 경과한 후의 최초 월의 초일에 효력을 발생한다.

(3) 1964년 7월 1일 헤이그에서 작성된 국제물품매매계약의 성립에 관한 통일법에 관한 협약

party to either or both the Convention relating to a Uniform Law on the Formation of Contracts for the International Sale of Goods done at The Hague on 1 July 1964 (1964 Hague Formation Convention) and the Convention relating to a Uniform Law on the International Sale of Goods done at The Hague on 1 July 1964 (1964 Hague Sales Convention) shall at the same time denounce, as the case may be, either or both the 1964 Hague Sales Convention and the 1964 Hague Formation Convention by notifying the Government of the Netherlands to that effect.

(4) A State party to the 1964 Hague Sales Convention which ratifies, accepts, approves or accedes to the present Convention and declares or has declared under article 52 that it will not be bound by Part II of this Convention shall at the time of ratification, acceptance, approval or accession denounce the 1964 Hague Sales Convention by notifying the Government of the Netherlands to that effect.

(5) A State party to the 1964 Hague Formation Convention which ratifies, accepts, approves or accedes to the present Convention and declares or has declared under article 92 that it will not be bound by Part III of this Convention shall at the time of ratification, acceptance, approval or accession denounce the 1964 Hague Formation Convention by notifying the Government of the Netherlands to that effect.

(6) For the purpose of this article, ratifications, acceptances, approvals and accessions in respect of this Convention by States parties to the 1964 Hague Formation Convention or to the 1964 Hague Sales Convention shall not be effective until such denunciations as may be required on the part of those States in respect of the latter two Conventions have themselves become effective. The depositary of this Convention shall consult with the Government of the Netherlands, as the depositary of the 1964 Conventions, so as to ensure necessary co-ordination in this respect.

Article 100

(1) This Convention applies to the formation of a contract only when the proposal for concluding the contract is made on or after the date when the Convention enters into force in respect of the Contracting States referred to in subparagraph (1)(a) or the Contracting State referred to in subparagraph (1)(b) of article 1.

(2) This Convention applies only to contracts concluded on or after the date when the Convention enters into force in respect of the Contracting States referred to in subparagraph (1)(a) or the Contracting State referred to in subparagraph (1)(b) of article 1.

Article 101

(1) A Contracting State may denounce this Convention, or Part II or Part III of the Convention, by a formal notification in writing addressed to the depositary.

(1964년 헤이그 계약성립에 관한 협약) 및 1964년 7월 1일 헤이그에서 작성된 국제물품매매에 관한 통일법에 관한 협약(1964년 헤이그 매매협약)의 일방 또는 쌍방의 당사국이 이 협약에의 비준, 수락, 승인 또는 가입을 할 때는 네덜란드 정부에 그러한 취지의 통지를 함으로써, 경우에 따라서는 1964년 헤이그 성립협약 및 1964년 헤이그 매매협약의 일방 또는 쌍방을 동시에 폐기하여야 한다.

(4) 1964년 헤이그 매매협약의 당사국으로서 이 협약에의 비준, 수락, 승인 또는 가입을 하는 국가가 제92조의 규정에 의하여 이 협약 제2편의 규정에 구속되지 아니한다는 취지의 선언을 행하거나 또는 행하였을 경우에 당해 국가는 비준, 승낙, 승인 또는 가입할 당시에 네덜란드 정부에 그러한 취지를 통지함으로써 1964년 헤이그 매매협약을 폐기하여야 한다.

(5) 1964년 헤이그 성립협약의 당사국으로서 이 협약에의 비준, 수락, 승인 또는 가입을 하는 국가가 제92조의 규정에 의하여 이 협약 제3편의 규정에 구속되지 아니한다는 취지의 선언을 행하거나 또는 행하였을 경우에 당해 국가는 비준, 수락, 승인 또는 가입할 당시에 네덜란드 정부에 그러한 취지를 통지함으로써 1964년 헤이그 성립협약을 폐기하여야 한다.

(6) 이 조를 적용하는 데 있어 1964년 헤이그 성립협약 또는 1964년 헤이그 매매협약의 당사국이 이 협약에 관한 비준, 수락, 승인 또는 가입은 당사국이 전자의 두 가지 협약에 관한 폐기통지가 효력을 발생할 때까지는 효력을 발생하지 아니한다. 이 협약의 수탁자는 이 점에 대한 필요한 상호 조정을 확실하게 하기 위하여 1964년 협약의 수탁자인 네덜란드 정부와 협의하여야 한다.

제100조 (협약에 대한 적용일)

(1) 이 협약은 이 협약의 제1조 제1항 (a)호의 규정에 의한 체약국이나 동 항 (b)호의 규정에 의한 체약국에 대하여 효력을 발생하는 날, 또는 그 날 이후에 계약을 체결하기 위한 청약이 행하여진 경우에만 계약의 성립에 관하여 적용된다.

(2) 이 협약은 이 협약의 제1조 제1항 (a)호의 규정에 의한 체약국이나 동 항 (b)호의 규정에 의한 체약국에 대한 효력을 발생한 날, 또는 그 이후에 체결된 계약에 대해서만 적용된다.

제101조 (협약의 폐기)

(1) 체약국은 수탁자 앞으로 송부하는 서면의 통지를 함으로써 이 협약 또는 이 협약의 제2편 또는 제3편을 폐기할 수 있다.

(2) The denunciation takes effect on the first day of the month following the expiration of twelve months after the notification is received by the depositary. Where a longer period for the denunciation to take effect is specified in the notification, the denunciation takes effect upon the expiration of such longer period after the notification is received by the depositary.

DONE at Vienna, this day of eleventh day of April, one thousand nine hundred and eighty, in a single original, of which the Arabic, Chinese, English, French, Russian and Spanish texts are equally authentic.

IN WITNESS WHEREOF the undersigned plenipotentiaries, being duly authorized by their respective Governments, have signed this Convention.

(2) 폐기는 수탁자가 통지를 수령한 날로부터 12개월을 경과한 후의 최초 월의 초일에 효력을 발생한다. 그러한 통지 중에 폐기가 효력을 발생하기 위한 더욱 장기의 기간이 명시되어 있을 경우에 폐기는 수탁자가 통지를 수령한 후 당해 기간이 경과함과 동시에 효력을 발생한다.

이 협약서는 1980년 4월 11일 비엔나에서 단일원본으로 작성되었으며, 이에 관하여 아랍어, 중국어, 영어, 불어, 러시아어 및 서반아어로 작성된 각 정본은 모두 동등하게 인증된 정본인 것으로 한다.

위의 증거로서 각 해당국 정부에 의하여 정식으로 부여받은 전권대표들은 이 협약에 서명하였다.

3. United Nations Convention onthe Use of Electronic Communications in International Contracts, 2005

The States Parties to this Convention,

Reaffirming their belief that international trade on the basis of equality and mutual benefit is an important element in promoting friendly relations among States,

Noting that the increased use of electronic communications improves the efficiency of commercial activities, enhances trade connections and allows new access opportunities for previously remote parties and markets, thus playing a fundamental role in promoting trade and economic development, both domestically and internationally,

Considering that problems created by uncertainty as to the legal value of the use of electronic communications in international contracts constitute an obstacle to

international trade,

Convinced that the adoption of uniform rules to remove obstacles to the use of electronic communications in international contracts, including obstacles that might

result from the operation of existing international trade law instruments, would enhance legal certainty and commercial predictability for international contracts and

help States gain access to modern trade routes,

Being of the opinion that uniform rules should respect the freedom of parties to choose appropriate media and technologies, taking account of the principles of technological neutrality and functional equivalence, to the extent that the means chosen by the parties comply with the purpose of the relevant rules of law,

Desiring to provide a common solution to remove legal obstacles to the use of electronic communications in a manner acceptable to States with different legal, social and economic systems,

Have agreed as follows:

Chapter I Sphere of application

Article 1 Scope of application

(1) This Convention applies to the use of electronic communications in connection with the formation or performance of a contract between parties whose places of business are in different States.

(2) The fact that the parties have their places of business in different States is to be disregarded whenever this fact does not appear either from the contract or from any dealings between the parties or from information disclosed by the parties at any time

3. 국제계약에서 전자통신의 사용에 관한 유엔협약, 2005

이 협약의 당사국은,

평등과 상호이익을 기초로 한 국제무역이 국가간의 우호관계를 증진시키는 데 있어 중요한 요소라는 확신을 재확인하고,

증가하고 있는 전자통신의 사용이 상업 활동의 효율성을 증대시키고 무역거래관계를 강화하며 이전의 원격지 당사자 및 시장에 새로운 접근기회를 부여함으로써 국내적으로나 국제적으로 무역 및 경제발전을 증진시키는데 근본적 역할을 수행하게 될 것이라는 점을 주목하며,

국제계약에서 전자통신 사용의 법적 가치에 관하여 불확실성으로부터 야기되는 문제점이 국제무역에 장애를 준다는 점을 고려하고,

현존하는 국제무역법규의 시행으로부터 야기되는 장애를 포함한 국제계약에서의 전자통신 사용상의 장애를 제거하기 위한 통일규칙 채택이 국제계약의 법적 확실성과 상업적 예측가능성을 높이고 국가가 현대 무역경로에 접근할 수 있도록 하는 데 기여할 것을 확신하며,

당사자가 관련 법규의 목적을 준수하는 범위 내에서 기술적 중립성과 기능적 동등성의 원칙을 고려하여 통일규칙은 적절한 매체와 기술을 선택할 당사자의 자유를 존중하여야 하는 것으로 생각하며,

각각 상이한 법률, 사회 및 경제 제도를 가진 국가가 용인할 수 있는 방식으로 전자통신의 사용의 법적 장애를 제거하기 위한 일반적 해결책을 제공하기를 희망하면서,

다음과 같이 합의하였다:

제 1 장 적용범위

제 1 조 적용범위

(1) 이 협약은 상이한 국가내에 영업소가 있는 당사자간의 계약성립 또는 이행에 관련한 전자통신의 사용에 적용된다.

(2) 당사자가 상이한 국가내에 영업소를 두고 있다는 사실은 그 사실이 계약 중에서나 계약체결시에 또는 그 이전에 당사자간에 이루어진 거래 중에서 또는 당사자에 의하여 밝혀진 정보로부터 나타나지 아니하는 경우 무시된다.

before or at the conclusion of the contract.

(3) Neither the nationality of the parties nor the civil or commercial character of the parties or of the contract is to be taken into consideration in determining the application of this Convention.

Article 2 Exclusions

(1) This Convention does not apply to electronic communications relating to any of the following:

(a) Contracts concluded for personal, family or household purposes;

(b) (i) Transactions on a regulated exchange; (ii) foreign exchange transactions; (iii) inter-bank payment systems, inter-bank payment agreements or clearance and settlement systems relating to securities or other financial assets or instruments; (iv) the transfer of security rights in sale, loan or holding of or agreement to repurchase securities or other financial assets or instruments held with an intermediary.

(2) This Convention does not apply to bills of exchange, promissory notes, consignment notes, bills of lading, warehouse receipts or any transferable document or instrument that entitles the bearer or beneficiary to claim the delivery of goods or the payment of a sum of money.

Article 3 Party autonomy

The parties may exclude the application of this Convention or derogate from or vary the effect of any of its provisions.

Chapter II General provisions

Article 4 Definitions

For the purposes of this Convention:

(a) "Communication" means any statement, declaration, demand, notice or request, including an offer and the acceptance of an offer, that the parties are required to make or choose to make in connection with the formation or performance of a contract;

(b) "Electronic communication" means any communication that the parties make by means of data messages;

(c) "Data message" means information generated, sent, received or stored by electronic, magnetic, optical or similar means, including, but not limited to, electronic data interchange, electronic mail, telegram, telex or telecopy;

(d) "Originator" of an electronic communication means a party by whom, or on whose behalf, the electronic communication has been sent or generated prior to

(3) 당사자의 국적이나 당사자 또는 계약의 민사적 또는 상사적 성격은 이 협약의 적용을 결정하는 데 고려되지 아니한다.

제 2 조 적용제외

(1) 이 협약은 다음에 관련한 전자통신에는 적용되지 아니한다.

(a) 개인용, 가족용, 또는 가사용의 목적으로 체결된 계약

(b) (ⅰ) 등록된 거래소에서의 거래, (ⅱ) 외국환거래, (ⅲ) 은행간 지급시스템, 은행간 지급약정 또는 결제정산소 및 증권 또는 기타 금융자산 또는 금융증권에 관련된 결제시스템, (ⅳ) 매매, 대부 또는 점유에 관련된 담보권의 이전 또는 증권 또는 기타 금융자산 또는 중개자를 통하여 보유한 증권에 대한 환매조건부 약정

(2) 이 협약은 환어음, 약속어음, 양도증서, 선화증권, 창고증권 또는 기타 소지인이나 수익자에게 물품인도 또는 금전지급을 청구하는 권리를 부여하는 모든 양도성 서류 또는 증권에는 적용되지 아니한다.

제 3 조 당사자자치

당사자는 이 협약의 적용을 배제하거나 이 협약의 어떤 규정에 대하여도 그 효력을 면하거나 변경시킬 수 있다.

제 2 장 총 칙

제 4 조 정의

이 협약을 적용하는 데 있어서:

(a) "통신"이라 함은 계약의 성립 또는 이행과 관련하여 청약 및 청약에 대한 승낙을 포함하여 당사자에게 요구되거나 선택에 따른 모든 진술, 선언, 청구, 통지 또는 요청을 말한다.

(b) "전자통신"이라 함은 당사자가 데이터 메시지 수단으로 행하는 모든 통신을 말한다.

(c) "데이터 메시지"라 함은 전자문서교환, 전자우편, 전보, 텔렉스, 텔레카피를 포함하되, 이에 한정되지 아니하고 전자적, 자기적, 광학적, 또는 이와 유사한 수단에 의하여 생성, 송신, 수신 또는 저장되는 정보를 말한다.

(d) 전자통신의 "송신자"라 함은 전자통신을 송신한 자 또는 저장되기 이전에 전자통신을 작성한 자 또는 그 대리인을 말하나 전자통신과 관련하여 중개자로 행동하는 자를 포함하지 아니한다.

storage, if any, but it does not include a party acting as an intermediary with respect to that electronic communication;

(e) "Addressee" of an electronic communication means a party who is intended by the originator to receive the electronic communication, but does not include a party acting as an intermediary with respect to that electronic communication;

(f) "Information system" means a system for generating, sending, receiving, storing or otherwise processing data messages;

(g) "Automated message system" means a computer program or an electronic or other automated means used to initiate an action or respond to data messages or performances in whole or in part, without review or intervention by a natural person each time an action is initiated or a response is generated by the system;

(h) "Place of business" means any place where a party maintains a nontransitory establishment to pursue an economic activity other than the temporary provision of goods or services out of a specific location.

Article 5 Interpretation

(1) In the interpretation of this Convention, regard is to be had to its international character and to the need to promote uniformity in its application and the observance of good faith in international trade.

2.Questions concerning matters governed by this Convention which are not expressly settled in it are to be settled in conformity with the general principles on which it is based or, in the absence of such principles, in conformity with the law applicable by virtue of the rules of private international law.

Article 6 Location of the parties

(1) For the purposes of this Convention, a party's place of business is presumed to be the location indicated by that party, unless another party demonstrates that the party making the indication does not have a place of business at that location.

(2) If a party has not indicated a place of business and has more than one place of business, then the place of business for the purposes of this Convention is that which has the closest relationship to the relevant contract, having regard to the circumstances known to or contemplated by the parties at any time before or at the conclusion of the contract.

(3) If a natural person does not have a place of business, reference is to be made to the person's habitual residence.

(4) A location is not a place of business merely because that is: (a) where equipment and technology supporting an information system used by a party in connection with the formation of a contract are located; or (b) where the

(e) 전자통신의 "수신자"라 함은 송신자가 전자통신을 수신할 것으로 의도된 자를 말하나 전자통신과 관련하여 중개자로 행동하는 자를 포함하지 아니한다.

(f) "정보시스템"이라 함은 데이터 메시지를 생성, 송신, 수신, 저장, 기타의 처리과정을 위한 시스템을 말한다.

(g) "자동화 메시지 시스템"이라 함은 전체적 또는 부분적으로 시스템에 의하여 어떤 행위가 개시되거나 반응이 생성될 때마다 자연인에 의한 검토 또는 개입 없이 데이터 메시지 또는 이행에 대하여 행위의 개시 또는 반응에 사용되는 컴퓨터프로그램 또는 전자적 또는 기타 자동화된 수단을 말한다.

(h) "영업소"라 함은 당사자가 특정한 장소에서 물품 또는 서비스의 일시적 제공을 하는 것이 아닌 경제적 활동을 수행하기 위하여 상설로 운영하는 장소를 말한다.

제 5 조 해석

(1) 이 협약의 해석에 있어서는, 협약의 국제적인 성격 및 적용상의 통일성을 촉진할 필요성 및 국제무역에서 신의성실의 준수에 대하여 유의하여야 한다.

(2) 이 협약에 의하여 적용되는 사항으로서 이 협약중에 명시적으로 규정되지 아니한 문제는 이 협약의 기초가 되어 있는 일반원칙에 따라 해결되어야 하며, 그러한 원칙이 없는 경우 국제사법의 규정에 의하여 적용 가능한 법에 따라 해결되어야 한다.

제 6 조 당사자의 소재지

(1) 이 협약을 적용하는 데 있어서, 당사자의 영업소는 그 영업소 표시를 한 당사자가 그 장소에 영업소를 가지고 있지 않음을 다른 당사자가 반증하지 아니한 경우 당사자가 표시한 장소에 있는 것으로 추정된다.

(2) 한 당사자가 영업소를 표시하지 아니하고 또한 둘 이상의 영업소를 가지고 있는 경우, 이 협약을 적용하는 데 있어서, 영업소는 계약체결 이전 또는 당시 당사자들이 알았거나 또는 예기하였던 상황을 고려하여 관련 계약과 가장 밀접한 관계를 갖는 곳을 그 영업소로 한다.

(3) 자연인이 영업소를 가지고 있지 아니한 경우에는 그가 상주하는 장소를 영업소로 본다.

(4) 어떠한 장소가 단순히 다음과 같은 이유만으로 영업소가 되지 아니한다: (a) 계약성립과 관련하여 당사자에 의하여 사용된 정보시스템을 지원하는 장비 또는 기술이 소재하는 장소: 또는 (b) 정보시스템이 다른 당사자에 의해 접근될 수 있는 장소.

information system may be accessed by other parties.

(5) The sole fact that a party makes use of a domain name or electronic mail address connected to a specific country does not create a presumption that its place of business is located in that country.

Article 7 Information requirements

Nothing in this Convention affects the application of any rule of law that may require the parties to disclose their identities, places of business or other information, or relieves a party from the legal consequences of making inaccurate, incomplete or false statements in that regard.

Chapter Ⅲ Use of electronic communications in international contracts

Article 8 Legal recognition of electronic communications

(1) A communication or a contract shall not be denied validity or enforceability on the sole ground that it is in the form of an electronic communication.

(2) Nothing in this Convention requires a party to use or accept electronic communications, but a party's agreement to do so may be inferred from the party's conduct.

Article 9 Form requirements

(1) Nothing in this Convention requires a communication or a contract to be made or evidenced in any particular form.

(2) Where the law requires that a communication or a contract should be in writing, or provides consequences for the absence of a writing, that requirement is met by an electronic communication if the information contained therein is accessible so as to be usable for subsequent reference.

(3) Where the law requires that a communication or a contract should be signed by a party, or provides consequences for the absence of a signature, that requirement is met in relation to an electronic communication if:

(a) A method is used to identify the party and to indicate that party's intention in respect of the information contained in the electronic communication; and

(b) The method used is either:

(i) As reliable as appropriate for the purpose for which the electronic communication was generated or communicated, in the light of all the circumstances, including any relevant agreement; or

(ii) Proven in fact to have fulfilled the functions described in subparagraph (a) above, by itself or together with further evidence.

(5) 당사자가 특정 국가와 연결된 도메인 이름이나 전자우편 주소를 사용한다는 사실만으로는 그의 영업소가 그 국가에 존재되는 것으로 추정되지 아니한다.

제 7 조 정보요건

이 협약의 어떠한 규정도 당사자에게 그의 신원, 영업소 또는 다른 정보를 공개하도록 요구하는 모든 법규의 적용에 영향을 주지 아니하며, 또는 그와 관련된 부정확, 불완전 또는 허위의 진술에 대한 당사자의 법적 책임을 경감시키지 아니한다.

제 3 장 국제계약에서 전자통신의 사용

제 8 조 전자통신의 법적 승인

(1) 통신이나 계약은 그것이 전자통신의 형식으로 되어있다는 이유만으로 유효성 및 구속력이 부인되지 아니한다.

(2) 이 협약의 어떠한 규정도 당사자가 전자통신을 사용 또는 승낙할 것을 요구하지 아니하지만, 당사자의 행위로부터 그렇게 할 것이라는 합의를 추측할 수 있다.

제 9 조 형식요건

(1) 이 협약의 어떠한 규정도 통신 또는 계약이 특정한 형식으로 작성되거나 증명되는 것을 요구하지 아니한다.

(2) 법이 서면으로 이루어지는 통신 또는 계약을 요구하는 경우, 또는 서면작성부존재의 효과를 규정하는 경우, 그러한 요건은 전자통신에 포함된 정보가 이후의 참조를 위하여 사용될 수 있도록 접근 가능한 경우 전자통신에 의하여 충족될 수 있다.

(3) 법이 당사자가 서명된 통신 또는 계약을 요구하는 경우, 또는 서명의 부존재 효과를 규정하는 경우, 그러한 요건은 전자통신이 다음과 같은 경우에 충족될 수 있다.

(a) 당사자의 신원을 확인하고 전자통신에 포함된 정보에 관한 당해 당사자의 의도를 표시하기 위한 방법이 사용된 경우, 및

(b) 사용된 방법이 다음 중 하나인 경우:

(ⅰ) 모든 관련 약정을 포함한 모든 사정에 비추어 전자통신이 생성 또는 통신된 목적에 적합한 것으로 신뢰할 수 있는 경우: 및

(ⅱ) 그 자체로 또는 추가적 증거와 함께 본조 제a호에 기술된 기능을 수행하였음이 실제로 증명된 경우.

(4) Where the law requires that a communication or a contract should be made available or retained in its original form, or provides consequences for the absence of an original, that requirement is met in relation to an electronic communication if:

(a) There exists a reliable assurance as to the integrity of the information it contains from the time when it was first generated in its final form, as an electronic communication or otherwise; and

(b) Where it is required that the information it contains be made available, that information is capable of being displayed to the person to whom it is to be made available.

(5) For the purposes of paragraph 4 (a):

(a) The criteria for assessing integrity shall be whether the information has remained complete and unaltered, apart from the addition of any endorsement and any change that arises in the normal course of communication, storage and display; and

(b) The standard of reliability required shall be assessed in the light of the purpose for which the information was generated and in the light of all the relevant circumstances.

Article 10 Time and place of dispatch and receipt of electronic communications

(1) The time of dispatch of an electronic communication is the time when it leaves an information system under the control of the originator or of the party who sent it on behalf of the originator or, if the electronic communication has not left an information system under the control of the originator or of the party who sent it on behalf of the originator, the time when the electronic communication is received.

(2) The time of receipt of an electronic communication is the time when it becomes capable of being retrieved by the addressee at an electronic address designated by the addressee. The time of receipt of an electronic communication at another electronic address of the addressee is the time when it becomes capable of being retrieved by the addressee at that address and the addressee becomes aware that the electronic communication has been sent to that address. An electronic communication is presumed to be capable of being retrieved by the addressee when it reaches the addressee's electronic address.

(3) An electronic communication is deemed to be dispatched at the place where the originator has its place of business and is deemed to be received at the place where the addressee has its place of business, as determined in accordance with article 6.

(4) Paragraph 2 of this article applies notwithstanding that the place where the information system supporting an electronic address is located may be different from the place where the electronic communication is deemed to be received

(4) 법이 통신 또는 계약이 원본 형식으로 사용가능하거나 보관되도록 요구하는 경우, 또는 원본의 부존재 효과를 규정하는 경우, 그러한 요건은 다음과 같은 경우에 전자통신에 의하여 충족될 수 있다.

(a) 전자통신 또는 그 밖의 다른 최종적인 형식으로 처음 생성된 때로부터 그 안에 포함되어 있는 정보의 무결성에 관한 신뢰할 만한 증명이 있고: 또한

(b) 전자통신이 포함하고 있는 정보가 사용가능하도록 요구되는 경우, 그러한 정보가 사용가능한 자에게 재현될 수 있는 경우.

(5) 제 4 항 제a호를 적용하는 데 있어서:

(a) 무결성을 평가하는 기준은 배서의 추가 및 통상적인 통신, 저장, 재현의 과정에서 발생하는 모든 변경과 관계없이 완전하고 변경되지 않은 상태로 남아 있고 완전하게 보존되어 있는가 여부이어야 하고: 또한

(b) 요구되는 신뢰성의 기준은 정보가 생성된 목적과 모든 관련 사정에 비추어 평가되어야 한다.

제10조 전자통신의 송신과 수신의 시기 및 장소

(1) 전자통신의 송신 시기는 전자통신의 송신자 또는 송신자를 대리하여 전자통신을 송신하는 당사자의 통제하에 있는 정보시스템을 떠난 때, 또는 전자통신이 송신자 또는 송신자를 대리하여 전자통신을 송신하는 당사자의 통제하에 있는 정보시스템을 떠나지 아니하였을 경우에는 전자통신이 수신된 때이다.

(2) 전자통신의 수신시기는 수신자가 지정한 전자주소에서 수신자가 전자통신을 검색할 수 있게 된 때이다. 수신자의 다른 전자주소에서 전자통신의 수신시기는 수신자가 그 주소에서 검색할 수 있고 또한 수신자가 전자통신이 그 주소로 송신되었다는 것을 알게 된 때이다. 전자통신은 그것이 수신자의 전자주소에 도달한 때 수신자가 검색할 수 있게 된 것으로 추정된다.

(3) 전자통신은 제6조와 같은 결정에 따라 송신자가 자신의 영업소를 가지고 있는 장소에서 송신되고 수신자가 자신의 영업소를 가지고 있는 장소에서 수신된 것으로 본다.

(4) 이 조 제2항은 전자주소를 지원하는 정보시스템이 소재하는 장소가 이 조 제3항에 의하여 전자통신이 수신된 것으로 간주되는 장소와 다른 경우에도 적용된다.

underparagraph 3 of this article.

Article 11 Invitations to make offers

A proposal to conclude a contract made through one or more electronic communications which is not addressed to one or more specific parties, but is generally accessible to parties making use of information systems, including proposals that make use of interactive applications for the placement of orders through such information systems, is to be considered as an invitation to make offers, unless it clearly indicates the intention of the party making the proposal to be bound in case of acceptance.

Article 12 Use of automated message systems for contract formation

A contract formed by the interaction of an automated message system and a natural person, or by the interaction of automated message systems, shall not be denied validity or enforceability on the sole ground that no natural person reviewed or intervened in each of the individual actions carried out by the automated message systems or the resulting contract.

Article 13 Availability of contract terms

Nothing in this Convention affects the application of any rule of law that may require a party that negotiates some or all of the terms of a contract through the exchange of electronic communications to make available to the other party those electronic communications which contain the contractual terms in a particular manner, or relieves a party from the legal consequences of its failure to do so.

Article 14 Error in electronic communications

(1) Where a natural person makes an input error in an electronic communication exchanged with the automated message system of another party and the automated message system does not provide the person with an opportunity to correct the error, that person, or the party on whose behalf that person was acting, has the right to withdraw the portion of the electronic communication in which the input error was made if:

(a) The person, or the party on whose behalf that person was acting, notifies the other party of the error as soon as possible after having learned of the error and indicates that he or she made an error in the electronic communication; and

(b) The person, or the party on whose behalf that person was acting, has not used or received any material benefit or value from the goods or services, if any, received from the other party.

제11조 청약의 유인

정보시스템을 통하여 주문을 하는 대화형 응용프로그램을 사용하는 제의를 포함하여 일인 또는 그 이상의 특정 당사자 앞이 아닌 정보시스템을 사용하는 당사자가 일반적으로 접근할 수 있는 하나 또는 그 이상의 전자통신을 통하여 이루어지는 계약을 체결하기 위한 제의는 그것이 승낙의 경우 구속된다고 하는 제의를 한 당사자의 의사를 분명히 표시하지 아니한 경우 청약의 유인으로 간주된다.

제12조 계약성립을 위한 자동화 메시지 시스템의 사용

자동화 메시지 시스템과 자연인, 또는 자동화 메시지 시스템의 대화형에 의하여 성립된 계약은 자연인이 자동화 메시지 시스템 또는 성립되는 계약의 결과를 검토하거나 간여하지 않았다는 이유만으로 유효성 및 구속력이 부인되지 아니한다.

제13조 계약조건의 사용가능성

이 협약의 어떠한 규정도 전자통신의 교환을 통하여 계약조건의 일부 또는 전부를 협상하는 당사자로 하여금 그 밖의 당사자에게 특정한 방법으로 계약조건에 포함된 전자통신을 사용가능하도록 요구하는 법규의 적용에 영향을 주거나 또는 그가 그렇게 하지 못한 때의 법적 결과로부터 당사자의 법적 책임을 경감시키지 아니한다.

제14조 전자통신의 오류

(1) 자연인이 그 밖의 당사자의 자동화 메시지 시스템과 전자통신을 교환하면서 입력오류를 범하고 그 자동화 메시지 시스템이 그러한 오류를 정정할 기회를 그에게 제공하지 아니한 경우, 그 자연인 또는 그를 대리하여 행동한 당사자는 다음과 같은 경우 입력오류를 범한 전자통신의 부분을 철회할 권리를 가진다:

(a) 자연인 또는 그를 대리하여 행동한 당사자가 그러한 오류를 안 이후에 가능한 한 빨리 그 밖의 당사자에게 오류를 통지하고 전자통신상의 오류를 범하였음을 표시한 경우: 또한

(b) 자연인 또는 그를 대리하여 행동한 당사자가 그 밖의 당사자로부터 수령한 물품 또는 서비스로부터 어떠한 물질적 이익이나 가치를 사용하지 아니하였거나 수령하지 아니한 경우.

(2) Nothing in this article affects the application of any rule of law that may govern the consequences of any error other than as provided for in paragraph 1.

Chapter Ⅳ Final provisions

Article 15 Depositary

The Secretary-General of the United Nations is hereby designated as the depositary for this Convention.

Article 16 Signature, ratification, acceptance or approval

(1) This Convention is open for signature by all States at United Nations Headquarters in New York from 16 January 2006 to 16 January 2008.

(2) This Convention is subject to ratification, acceptance or approval by the signatory States.

(3) This Convention is open for accession by all States that are not signatory States as from the date it is open for signature.

(4) Instruments of ratification, acceptance, approval and accession are to be deposited with the Secretary-General of the United Nations.

Article 17 Participation by regional economic integration organizations

(1) A regional economic integration organization that is constituted by sovereign States and has competence over certain matters governed by this Convention may similarly sign, ratify, accept, approve or accede to this Convention. The regional economic integration organization shall in that case have the rights and obligations of a Contracting State, to the extent that organization has competence over matters governed by this Convention. Where the number of Contracting States is relevant in this Convention, the regional economic integration organization shall not count as a Contracting State in addition to its member States that are Contracting States.

(2) The regional economic integration organization shall, at the time of signature, ratification, acceptance, approval or accession, make a declaration to the depositary specifying the matters governed by this Convention in respect of which competence has been transferred to that organization by its member States. The regional economic integration organization shall promptly notify the depositary of any changes to the distribution of competence, including new transfers of competence, specified in the declaration under this paragraph.

(3) Any reference to a "Contracting State" or "Contracting States" in this Convention applies equally to a regional economic integration organization where the context so requires.

(2) 이 조의 어떠한 규정도 제1항에 규정된 여타 오류의 결과를 규율하는 모든 법규의 적용에 영향을 미치지 아니한다.

제 4 장 최종규정

제15조 수탁자

국제연합 사무총장을 이 협약의 수탁자로 지정한다.

제16조 서명, 비준, 수락 또는 승인

(1) 이 협약은 2006년 1월 16일부터 2008년 1월 16일까지 뉴욕의 국제연합본부에서 모든 국가의 서명을 위하여 개방된다.

(2) 이 협약은 서명국에 의하여 비준, 수락 또는 승인되어야 한다.

(3) 이 협약은 서명을 위하여 개방된 날로부터 모든 비서명국들이 가입을 위하여 개방된다.

(4) 비준서, 수락서, 승인서 및 가입서는 국제연합 사무총장에게 기탁하는 것으로 한다.

제17조 지역경제통합기구의 참여

(1) 주권국가들로 구성되고 이 협약에 의하여 적용되는 특정 사항에 대한 관할권을 가지는 지역경제통합기구는 마찬가지로 이 협약에 서명, 비준, 수락, 승인 또는 가입할 수 있다. 그러한 경우 지역경제통합기구는 이 협약에 의하여 적용되는 특정사항에 대한 관할권을 가지는 범위 내에서는 체약국의 권리와 의무를 갖는다. 이 협약에서 체약국의 수와 관련하여, 지역경제통합기구는 체약국 회원 국가에 추가하여 체약국으로 계산하지 아니한다.

(2) 지역경제통합기구는 서명, 비준, 수락, 승인 또는 가입시에 회원국이 그 기구에게 권한이 이전된 것과 관련하여 이 협약에 의하여 적용되는 사항을 명시하여 수탁자에게 선언하여야 한다. 지역경제통합기구는 권한의 새로운 이전을 포함하여 본 항에 따른 선언서에 명시된 권한의 배분에 관한 모든 변경사항도 수탁자에게 즉시 통지하여야 한다.

(3) 이 협약에서 "체약국" 또는 "체약국들"이라는 모든 언급은 문맥이 그렇게 요구하는 경우에는 지역경제통합기구에도 동등하게 적용된다.

(4) This Convention shall not prevail over any conflicting rules of any regional economic integration organization as applicable to parties whose respective places of business are located in States members of any such organization, as set out by declaration made in accordance with article 21.

Article 18 Effect in domestic territorial units

(1) If a Contracting State has two or more territorial units in which different systems of law are applicable in relation to the matters dealt with in this Convention, it may, at the time of signature, ratification, acceptance, approval or accession, declare that this Convention is to extend to all its territorial units or only to one or more of them, and may amend its declaration by submitting another

declaration at any time.

(2) These declarations are to be notified to the depositary and are to state expressly the territorial units to which the Convention extends.

(3) If, by virtue of a declaration under this article, this Convention extends to one or more but not all of the territorial units of a Contracting State, and if the place of business of a party is located in that State, this place of business, for the purposes of this Convention, is considered not to be in a Contracting State, unless it is in a territorial unit to which the Convention extends.

(4) If a Contracting State makes no declaration under paragraph 1 of this article, the Convention is to extend to all territorial units of that State.

Article 19 Declarations on the scope of application

(1) Any Contracting State may declare, in accordance with article 21, that it will apply this Convention only:

(a) When the States referred to in article 1, paragraph 1, are Contracting States to this Convention; or

(b) When the parties have agreed that it applies.

(2) Any Contracting State may exclude from the scope of application of this Convention the matters it specifies in a declaration made in accordance with article 21.

Article 20 Communications exchanged under other international conventions

(1) The provisions of this Convention apply to the use of electronic communications in connection with the formation or performance of a contract to which any of the following international conventions, to which a Contracting State to this Convention is or may become a Contracting State, apply:

Convention on the Recognition and Enforcement of Foreign Arbitral Awards (New York, 10 June 1958);

(4) 제21조에 따라 행하여진 선언에서와 같이, 이 협약은 각 영업소가 모든 지역경제통합기구의 회원국에 소재하는 당사자에게 적용되는 모든 지역경제통합기구의 규정보다 우선하게 적용되지 아니한다.

제18조 자국영역내의 효력

(1) 체약국이 둘 이상의 영역을 보유하고 있고 이 협약이 취급하고 있는 사항과 관련하여 각 영역에서 상이한 법제가 적용되고 있는 경우에, 체약국은 서명, 비준, 수락, 승인 또는 가입할 당시에 이 협약을 전부의 영역에, 또는 그 중의 하나 또는 그 이상의 영역에만 적용할 것이라는 것을 선언할 수 있으며, 또한 언제라도 다른 선언을 제시함으로써 이전의 선언을 변경할 수 있다.

(2) 전항의 선언은 수탁자에게 통보되어야 하며, 또한 이 협약이 적용되는 영역이 명시적으로 기재되어야 한다.

(3) 이 조에 의한 선언의 결과로, 이 협약이 체약국의 하나 또는 그 이상의 영역에 적용되면서도, 그것이 전 영역에는 미치지 아니하고 당사자의 영업소가 당해국내에 있는 경우에는, 그 영업소가 이 협약이 적용되는 영역 내에 있지 아니하는 한, 이 협약을 적용하는 데 있어, 영업소는 체약국 내에 없는 것으로 간주한다.

(4) 체약국이 이 조 제1항의 선언을 하지 아니하는 경우에 이 협약은 당해국의 전역에 적용되는 것으로 한다.

제19조 적용범위에 관한 선언

(1) 체약국은 제21조에 따라 이 협약이 다음과 같은 경우에만 적용된다는 것을 선언할 수 있다:

(a) 제1조 제1항에 언급된 국가가 이 협약의 체약국인 경우: 또는

(b) 당사자들이 이 협약을 적용하기로 합의한 경우.

(2) 체약국은 제21조에 따라 행한 선언에; 특정사항을 명시하여 이를 이 협약의 적용범위에서 배제할 수 있다.

제20조 다른 국제협약하에서 교환되는 통신

(1) 이 협약의 체약국이 이 협약의 체약국이거나 또는 체약국이 되는 경우, 다음과 같은 모든 국제협약상의 계약의 성립 또는 이행과 관련하여 전자통신의 사용에는 이 협약의 규정이 적용된다: 외국중재판정의 승인 및 집행에 관한 협약(1958년 6월 10일, 뉴욕): 국제 물품매매에서의 출소기한에 관한 협약(1974년 6월 14일, 뉴욕) 및 그 의정서(1980년 4월 11일, 비엔나): 국제물품매매계약에 관한 유엔협약(1980년 4월 11일, 비엔나); 국제무역에서 운송터미널운영자의 책임에 관한 유엔협약(1991년 4월 19일, 비엔나): 독립보증과 보증신용장애 관한 유엔협약(1995년 12월

Convention on the Limitation Period in the International Sale of Goods (New York, 14 June 1974) and Protocol thereto (Vienna, 11 April 1980);

United Nations Convention on Contracts for the International Sale of Goods (Vienna, 11 April 1980);

United Nations Convention on the Liability of Operators of Transport Terminals in International Trade (Vienna, 19 April 1991);

United Nations Convention on Independent Guarantees and Stand-by Letters of Credit (New York, 11 December 1995);

United Nations Convention on the Assignment of Receivables in International Trade (New York, 12 December 2001).

(2) The provisions of this Convention apply further to electronic communications in connection with the formation or performance of a contract to which another international convention, treaty or agreement not specifically referred to in paragraph 1 of this article, and to which a Contracting State to this Convention is or may become a Contracting State, applies, unless the State has declared, in accordance with article 21, that it will not be bound by this paragraph.

(3) A State that makes a declaration pursuant to paragraph 2 of this article may also declare that it will nevertheless apply the provisions of this Convention to the use of electronic communications in connection with the formation or performance of any contract to which a specified international convention, treaty or agreement applies to which the State is or may become a Contracting State.

(4) Any State may declare that it will not apply the provisions of this Convention to the use of electronic communications in connection with the formation or performance of a contract to which any international convention, treaty or agreement specified in that State's declaration, to which the State is or may become a Contracting State, applies, including any of the conventions referred to in paragraph 1 of this article, even if such State has not excluded the application of paragraph 2 of this article by a declaration made in accordance with article 21.

Article 21 Procedure and effects of declarations

(1) Declarations under article 17, paragraph 4, article 19, paragraphs 1 and 2, and article 20, paragraphs 2, 3 and 4, may be made at any time. Declarations made at the time of signature are subject to confirmation upon ratification, acceptance or approval.

(2) Declarations and their confirmations are to be in writing and to be formally notified to the depositary.

(3) A declaration takes effect simultaneously with the entry into force of this Convention in respect of the State concerned. However, a declaration of which the depositary receives formal notification after such entry into force takes effect on

11일, 뉴욕) : 국제무역에서 채권양도에 관한 유엔협약(2001년 12월 12일, 뉴욕)

(2) 이 협약이 규정은 제1항에서 특별히 명시되지 아니하였으나 이 협약의 체약국이 체약국이거나 체약국이 될 수 있는 다른 국제협약, 조약 또는 협정이 적용되는 계약의 성립 또는 이행에 관련된 전자통신에도 적용된다. 다만 당해 국가가 제21조에 따라 본 항에 구속되지 아니함을 선언하는 경우에는 그러하지 아니하다.

(3) 이 조의 제2항에 따른 선언을 한 국가는 그럼에도 불구하고 당해 국가가 체약국이거나 체약국이 될 수 있는 특정한 국제협약, 조약 또는 협정이 적용되는 계약의 성립 또는 이행과 관련한 전자통신의 사용에 이 협약의 규정이 적용된다고 선언할 수 있다.

(4) 모든 국가는 당해 국가가 제21조에 따라 행한 선언에 의하여 이 조 제2항의 적용을 배제하지 아니하였다 하더라도, 이 조의 제1항에 언급된 모든 협약을 포함하여 당해 국가가 체약국이거나 체약국이 될 국가의 선언에 특정된 모든 국제협약, 조약 또는 협정이 적용되는 계약의 성립 또는 이행과 관련한 전자통신의 사용에 이 협약의 규정이 적용되지 아니한다고 선언할 수 있다.

제21조 선언의 절차 및 효과

(1) 제17조 제4항, 제19조 제1항 및 제2항, 제20조 제2항, 제3항 및 제4항에 다른 선언은 언제든지 행하여질 수 있다. 서명 당시에 행하여진 선언은 비준, 수락, 또는 승인에 즈음하여 이를 확인하는 것으로 한다.

(2) 선언 및 선언의 확인은 서면에 의하여 행하여져야 하며, 또한 정식으로 수탁자에게 통지되어야 한다.

(3) 선언은 이를 행한 국가에 대하여 이 협약의 발효와 동시에 효력이 발생된다. 다만, 이 협약의 발효 이후 수탁자가 선언에 대한 정식의 통지를 수령하였을 경우에 당해 선언은 수탁자가 이를 수령한 날로부터 6개월이 경과한 다음 달의 첫째 날에 효력을 발생한다.

the first day of the month following the expiration of six months after the date of its receipt by the depositary.

(4) Any State that makes a declaration under this Convention may modify or withdraw it at any time by a formal notification in writing addressed to the depositary. The modification or withdrawal is to take effect on the first day of the month following the expiration of six months after the date of the receipt of the notification by the depositary.

Article 22 Reservations

No reservations may be made under this Convention.

Article 23 Entry into force

(1) This Convention enters into force on the first day of the month following the expiration of six months after the date of deposit of the third instrument of ratification, acceptance, approval or accession.

(2) When a State ratifies, accepts, approves or accedes to this Convention after the deposit of the third instrument of ratification, acceptance, approval or accession, this Convention enters into force in respect of that State on the first day of the month following the expiration of six months after the date of the deposit of its instrument of ratification, acceptance, approval or accession.

Article 24 Time of application

This Convention and any declaration apply only to electronic communications that are made after the date when the Convention or the declaration enters into force or takes effect in respect of each Contracting State.

Article 25 Denunciations

(1) A Contracting State may denounce this Convention by a formal notification in writing addressed to the depositary.

(2) The denunciation takes effect on the first day of the month following the expiration of twelve months after the notification is received by the depositary. Where a longer period for the denunciation to take effect is specified in the notification, the denunciation takes effect upon the expiration of such longer period

after the notification is received by the depositary.

DONE at New York, this [···] day of [···], 2005, in a single original, of which the Arabic, Chinese, English, French, Russian and Spanish texts are equally authentic.

IN WITNESS WHEREOF the undersigned plenipotentiaries, being duly authorized by their respective Governments, have signed this Convention.

(4) 이 협약에 의한 선언을 행한 국가는 수탁자에게 서면으로 정식의 통지를 함으로써 그 선언은 언제든지 변경 또는 철회할 수 있다. 변경 또는 철회는 수탁자가 통지를 수령한 날로부터 6개월이 경과한 다음 달의 첫째 날에 효력을 발생한다.

제22조 유보

이 협약하에서는 어떠한 유보도 허용되지 아니한다.

제23조 효력발생

(1) 이 협약은 세 번째의 비준서, 수락서, 승인서 또는 가입서가 기탁된 날로부터 6개월이 경과한 다음 날의 첫째 날에 효력을 발생한다.

(2) 이 협약의 세 번째의 비준서, 수락서, 승인서 또는 가입서가 기탁된 후에 비준, 수락, 승인 또는 가입을 하는 국가에 대하여 이 협약은 당해 국가의 비준서, 수락서, 승인서 또는 가입서의 수탁일로부터 6개월이 경과한 다음 달의 첫째 날에 효력을 발생한다.

제24조 적용시기

이 협약 및 모든 선언은 이 협약 또는 선언이 각 체약국에 대하여 효력을 발생한 날 이후 행하여진 전자통신에만 적용된다.

제25조 폐기

(1) 체약국은 수탁자에게 송부하는 정식의 선면통지를 함으로써 이 협약을 폐기할 수 있다.

(2) 폐기는 수탁자가 통지를 수령한 날로부터 12개월이 경과한 다음 달의 첫째 날에 효력을 발생한다. 그러한 통지중에 폐기가 효력을 발생하기 위한 그 이상의 기간이 명시된 경우, 폐기는 수탁자가 통지를 수령한 후 당해 기간이 경과함과 동시에 효력을 발생한다.

이 협약은 2005년 […]월 […]일에 뉴욕에서 단일원본으로 작성되었으며, 이에 관하여 아랍어본, 중국어본, 영어본, 프랑스어본, 러시아본 및 스페인어본 각 정본은 동등하게 인증된다.

위의 증거로서 각 해당국 정부에 의하여 정식으로 위임받은 전권대표들은 이 협약에 서명하였다.

참고문헌

1. 한국문헌

강병창, "국제물품매매계약에 있어서 당사자의 권리와 의무," 박사학위논문, 부산대, 1986.

강원진, 「국제상무론」 제3판, 법문사, 2009.

______, "국제물품매매계약에서의 승낙과 효력," 「무역학회지」, 제19권, 1994.

______, 「신용장론」, 제5판, 박영사, 2007.

강이수, 「국제무역관습론」, 삼영사, 1993.

고범준, 「국제상사중재법해의」, 대한상사중재원, 1991.

곽윤직, 「채권각론」, 박영사, 1992.

김건식, "비엔나 협약의 역사, 현상, 장래," 「국제물품매매계약에 관한 유엔 협약상의 제문제」, 삼지원, 1991.

김상호, "외국상사중재판정에 관한 연구," 박사학위논문, 중앙대, 1988.

김선광, "CIF거래조건에 있어서 Frustration원리의 적용에 관한 연구," 박사학위논문, 중앙대, 1989.

김주수, 「민법개론」, 삼영사, 1992.

김증한, 「채권각론」, 박영사, 1988.

대한상공회의소, 「인코텀즈 2000」, 1999.

박대위, 「국제무역법규」, 박영사, 1991.

법무부, “전자계약의 현안과 과제,” 2008.

서돈각, 「상법강의(하)」, 법문사, 1981.

서희원, 「영미법강의」, 박영사, 1987.

손경한, “UN국제물품매매계약과 계약의 해제,” 「국제물품매매계약에 관한 유엔 협약상의 제문제」, 삼지원, 1991.

손주찬, “상관습법의 법원성,” 「법정」, 1965.

신동수, 「국제무역법칙」, 법경사, 1991.

옥선종, 「무역계약론」, 법문사, 1991.

오세창, 「무역계약론」, 동성사, 1991.

______, 유엔전자협약의 제정과정과 이해, 계명대학교출판부, 2006.

원봉희, 「미국의 비즈니스로」, 한국경제신문사, 1985.

이균성, “국제매매계약의 성립,” 「국제물품매매계약에 관한 유엔협약상의 제문제」, 삼지원, 1991.

이태희, 「국제계약법」, 학연사, 1985.

______, “국제물품매매계약에 관한 UN협약상의 당사자의 의무,” 「국제물품매매계약에 관한 유엔 협약상의 제문제」, 삼지원, 1991.

박홍근(역), 「수출무역계약의 법리」, 삼영사, 1976.

장영준, 「무역계약론」, 학문사, 1992.

장치순, 「무역계약론」, 형설출판사, 1990.

정상직, 「무역계약론」, 대명출판사, 1990.

조경근, “국제물품매매계약에 있어서 당사자의 권리구제,” 「국제물품매매계약에 관한 UN 협약상의 제문제」, 삼지원, 1991.

한주섭 외, 「한국상사중재론」, 동성사, 1990.

한주섭 · 이용근, 「무역관습론」, 동성사, 1993.

홍무부, 「영문국제계약」, 경영문화원, 1985.

2. 일본문헌

木下 毅, 「英美契約法の理論」, 東京大學出版會, 1985.

浜谷源藏, 「貿易賣買の研究」, 同文館, 1964.

______,「貿易實務」, 同文館, 1987.
上坂西三,「貿易契約」, 東洋經濟新報社, 1967.
新堀 聰,「貿易賣買入門」, 同文館, 1971.
______,「貿易取引入門」, 日本經濟新聞社, 1992.
原 猛雄,「貿易契約の研究」, ミネルウア書店, 1970.
朝岡良平,「貿易賣買と商慣習」, 東京布井出版, 1982.
岩崎一生,「英文契約書」, 同文館, 1979.
淺田福一,「國際取引契約」, 東京布井出版株式會社, 1992.
田中和夫,「英米契約法」, 有斐閣, 1970.
中村巳喜人,「貿易契約論」, 有朋堂, 1975.
末川 博,「契約法」, 法經出版社, 1985.
中村 弘,「貿易契約の基礎」, 東洋經濟新聞社, 1983.
______, "荷爲替決濟とF.O.B.契約,"「貿易クレームと仲裁」, 國際商事仲裁協會, 1969, 1975.
村光三・村光二,「輸出入契約書の解論」, 大成出版社, 1980.
竝木俊守,「アメリカ統一商法典」, 東洋經濟新聞社, 1971.
土井輝生(編),「國際契約ハンドブック」, 同交館, 1971.

3. 구미문헌

American Law Institute, *Restatment of the Law, Second Contract*, 2nd., St. Paul, 1973, 1981.
Anderson, Ronald A and Kumpf Walter A., *Business Law*, 9th ed., South-Western Publishing Co., 1972.
Atiyah P.S *The Law of Contract*, Fourth ed., Clarendon Press, 1989.
______, The Sale of Goods, 7th ed., Pitman Publishing Ltd., 1985.
Baum, Michael S. and Perritt, Henry H., *Electronic Contracting, Publishing, and EDI Law*, John Wiley & Sins, Inc., 1991.
Berman, "The Uniform Law on International Sale of Goods : A Constructive Critique," 30 Law & Contemp. Prob. 354, 1966.

Bes, J., *Chhartering and Shipping Terms*, 7th ed., Barke 7th ed., & Howard, 1970.

Bianca C.M. and Bonell M.J. *Commentary on the International Sales Law The 1980 Vienna Sales Convention*, Giuffre-Milan, 1987.

Brown IAN, "Acceptance in the Sale of Goods," *The Journal of Business Law*, Stevens & Sons Ltd., January, 1988.

Chorlery & Giles, *Slater's Mercantile Law*, 17th ed., Pitman Pulishing Ltd., 1978.

Day D.M. *The Law of International Trade*, Buterworths, 1981.

Debattista, Charles, Sale of Goods Carried by Sea, Buterworths, 1990.

Dolan, John F., *Uniform Commercial Code Terms and Transactions in Commercial Law*, Little Brown and Company, 1991.

Ersi, Gyula, "Comment : Apropos the 1980 Vienna Convention on Contracts for the International Sale of Goods," *The American Journal of Comparative Law*, Vol. 31. 1983.

Guest, A.G., *Anson's Law of contract*, Clarendon Press, 1984.

Guest, A.G. and Others, *Benjamin's Sale of Goods*, 3rd ed., Sweet & Maxwell, 1987.

Guest, A.G. and Others, *Chitty on Contracts*, 24th ed., Sweet & Maxwell, 1977.

Honnold, John, *Uniform Law for International Sales under the 1980 United Nations Convention*, Kluwer Law and Taxation Publishers, 1982.

International Clamber of Commerce, *Force Majeure and Hardship*, ICC Publication No. 421, ICC Publishing S.A., 1985.

______, *Guide to Documentary Credit Operations*, ICC Publishing S.A., 1986.

Kazuaki Sono, "Formattion of International Contracts under the Vienna Convention: A Shift above the Comparative Law," *International Sale of Goods*, Oceana Publications, Inc., 1986.

Lloyd's Law Reports, 1984~1992.

Lloyd's List Law Reports(Digest), 1919~1985.

Michael Mark, *Chalmer's Sale of Goods Act 1983*, 17th ed., Butterworths, 1975.

Paul Todd, *Contracts for the Carriage of Goods by Sea*, BSP Professional Books, 1988.

______, Modern Bills of Lading, Collins, 1986.

Posner Richard A. & Rosenfield Andrew M., "Impossibility and Related Doctrinees in Contract Law : A Economic Analysis," *Journal of Legal Studies*, Vol. 6, 1977.

Ramberg Jan, *Guide to Incoterms 2000*, ICC Publishing S.A., 1999.

Ramberg Jan, *ICC Guide to Incoterms® 2010*, ICC Publication No. 720E, ICC Publications, 2011.

Redimond PWO, *Introduction to Business Law*, Sixth ed., Pitman Publishing, 1991.

Richard C. Crews, *Business Law, Principles and Cases*, Kent Publishing Company, 1984.

Sarcevic, Patar and Volken, Paul, *International Sale of Goods*, Oceana Publications, Inc., 1986.

Sassoon, David M. and Merren, H. Orren, *CIF and FOB Contract*, 3rd ed., Stevens & Sons, 1980.

Schmitthoff Clive M., Export Trade, 9th ed., Stevens & Sons, 1990.

______, *The Sources of the International Trade*, Stevens & Sons, 1964.

Shaterian, W.S., *Export-Import Banking*, The Ronald Press, 1956.

Sirianni, Stephen J., "The Developing Law of Contractual Impracticability and Impossibility: Part I," Unifrom Commercial Code Law Journal, Vol. 14, No.1, Summer, 1981.

The Institute of Export, "Proposed Definition of the Term FOB," 14 Export, 1951.

Tillotson, John, Contract Law in Perspective, Butterworths, 1981.

UNCTAD/GATT, Legal Aspects of Foreign Trade, 1984.

Walker, A. G., *Export Practice and Documentation*, Newnes-Butterworth, 1977.

Watson Alasdair, *Finance of International Trade*, The Institute of Bankers,

1987.

White James J. and Summers Robert S., *Uniform Commercial Code*, 3rd ed, West Publishing Books, 1988.

Williston S., A *Treatise on the Law of Contracts*, 3rd ed., New York, 1961.

4. 국제무역법규

ICC rules for the use of domestic and international of trade terms, 2010.

International Rules for the Interpretation of Trade Terms, 2000.

Revised American Foreign Trade Definitions, 1991.

Sale of Goods Act, 1979.

UNCITRAL Arbitration Rules, 1976.

UNCITRAL Model Law on International Commercial Arbitration, 1985.

Uniform Commercial Code, 1952, 1988.

Uniform Customs and Practice for Documentary Credits, 2007.

Uniform Law on the Formation of Contract for the International Sale of Goods, 1964.

United Nations Convention on Contracts for International Sale for Goods, 1980.

United Nations Convention on the Recognition and Enforcement of Foreign Arbitral Awards, 1958.

United Nations Convention of the Use of Electronic Communications in International Contracts, 2005. 1

Warsaw-Oxford Rules for CIF Contract, 1932.

국문색인

ㄷ

ㅁ

ㅂ

ㅇ

ㅈ

영문색인

A

B

C

D

E

U

V

W